LA PRÉVENTION DE LA FRAUDE FISCALE AU BÉNIN

Préface de Romuald WADAGNI
Ministre d'État, ministre de l'Économie
et des Finances

Nicaise MEDE & Nicolas YENOUSSI

LA PRÉVENTION DE LA FRAUDE FISCALE AU BÉNIN

Préface de Romuald WADAGNI
Ministre d'État, ministre de l'Économie
et des Finances

L'Harmattan
Sénégal

10 VDN, Sicap Amitié 3, Lotissement Cité Police, DAKAR

http://www.harmattansenegal.com
senharmattan@gmail.com
senlibrairie@gmail.com

ISBN : 978-2-336-46660-6
EAN : 9782336466606

COMITÉ SCIENTIFIQUE DU COLLOQUE

- Professeur **Nicaise MEDE**, Directeur du Centre d'Études et de Recherche sur l'Administration et les Finances (CERAF)
- Professeur **Jean-Luc PIERRE**, Lyon 3
- Professeur **Gérard PEKASSA**, Université de Yaoundé II
- Dr Nara MONKAM, ATAF

COMITÉ D'ORGANISATION

- **Président :** Monsieur Nicolas YENOUSSI, Directeur général des Impôts
- **1er Vice-Président :** Monsieur Nicaise MEDE
- **2e Vice-Président :** Monsieur Eudes Alain AZANMASSO
- **Rapporteur :** Roger Saka SOBABE
- **Membres :**

• Charles YEHOUENOU
• Prosper TOVIHEZON
• Géraud A. FAGBEMI
• Wehelmine AGUEMON
• Pierrot SEGO
• Olivier OKOTCHE
• Marion Leriche ATINMAKAN
• Michelle BOCO ATTAKPA
• Lambert SOKPIN
• Franck AFFOGOUN
• Jean-Claude TOGBE (DGTCP)
• Romaric Alban ALLADAYE

SOMMAIRE

PRÉFACE

C'est avec un grand intérêt que j'ai décidé de préfacer le présent livre, représentatif des actes du colloque scientifique national tenu à Cotonou les 12 et 13 octobre 2023, sur le thème : **la prévention de la fraude fiscale**. En s'attaquant à la problématique de la fraude fiscale, à travers une réflexion croisée entre praticiens de la fiscalité et théoriciens du droit de la fiscalité et des finances publiques, la Direction générale des Impôts (DGI) et le Centre d'Études et de Recherche sur l'Administration et les Finances (CERAF) ciblent une question aussi vieille que la genèse de l'impôt, mais exacerbée par le développement de la digitalisation dans les différents compartiments du monde économique.

La fraude fiscale constitue une barrière aux efforts de développement de nos États et d'instauration de la justice fiscale au sein des citoyens. Bien qu'il n'existe pas pour le moment une étude qui évalue de façon précise son impact, il est clair que le manque à gagner que l'État subit du fait de ce fléau n'est pas moindre. Le niveau actuel du taux de pression fiscale (13 % à fin 2023), préjuge de la réalité du fléau qui évolue en duo avec l'évasion fiscale.

Il s'agit donc manifestement d'un véritable fléau qui prive nos nations de ressources propres, empêchant ainsi une contribution subséquente à la croissance et au développement économique et social. Il met à épreuve, la garantie de services publics essentiels dont, entre autres, l'éducation, la santé, la sécurité et globalement le bien-être de nos populations. La fraude fiscale fragilise notre modèle social et crée un sentiment d'injustice parmi les citoyens qui s'acquittent consciencieusement de leurs obligations fiscales.

C'est dire que la lutte contre ce phénomène est une priorité absolue du Gouvernement du Bénin. S'il est vrai que nous disposons d'une kyrielle de textes en matière de corruption, de contrôles et de sanctions, il n'est pas moins vrai qu'il convient de renforcer notre arsenal juridique aux fins d'une prévention optimale de la fraude fiscale.

C'est pourquoi je me réjouis personnellement de ce que le colloque a permis de mettre en évidence plusieurs points clés et de formuler d'importantes recommandations parmi lesquelles il me plaît d'évoquer ici quelques-unes.

Primo, la promotion d'une culture de l'exemplarité en sanctionnant sévèrement les fraudeurs et en récompensant les comportements vertueux ;

Secundo, la nécessité de renforcer la coopération entre les administrations fiscales afin de lutter efficacement contre la fraude transfrontalière ;

Tertio, l'utilisation des technologies innovantes, notamment l'intelligence artificielle, pour détecter et prévenir ce phénomène très nuisible au financement des actions et programmes de développement de notre cher pays ;

Quarto, la nécessité de sensibiliser les citoyens aux enjeux de la fraude fiscale et de les encourager à adopter un comportement responsable en payant spontanément leurs impôts.

Je suis convaincu que la mise en œuvre des recommandations permettra de progresser significativement dans la lutte contre la fraude fiscale.

Je m'en voudrais de ne pas remercier tous les participants à ce colloque scientifique pour leur contribution précieuse aux réflexions sur ce sujet d'actualité.

Romuald WADAGNI
Ministre d'État, ministre de l'Économie et des Finances

JOURNÉE DU 12 OCTOBRE 2023

ALLOCUTION DE BIENVENUE DU DIRECTEUR GÉNÉRAL DES IMPÔTS

– Monsieur le Représentant pays de l'OCDE,

– Monsieur le Directeur du Centre d'Études et de Recherche sur l'Administration et les Finances ;

– Mesdames et Messieurs les experts internationaux,

– Monsieur le Directeur général des Impôts,

– Mesdames et Messieurs les responsables des institutions,

– Mesdames et Messieurs les Directeurs et Doyens des universités et facultés,

– Mesdames et Messieurs les Directeurs,

– Mesdames et Messieurs les Chefs de service,

– Distingués invités en vos rangs respectifs ;

– Chers participants,

Mesdames et Messieurs,

Permettez-moi, en cette solennelle circonstance, de vous souhaiter la bienvenue à ce colloque scientifique.

Vous êtes venus d'horizons divers et nous sommes heureux de vous accueillir à l'occasion de cette rencontre dont l'objectif est d'offrir un cadre de réflexions scientifiques afin d'apporter avec le concours de compétences de tous ici réunis, des réponses novatrices et prospectives à la lutte contre la fraude fiscale.

Mesdames et Messieurs,

Nous le savons tous, dans notre pays et à l'instar de la plupart des États ouest-africains francophones, les ressources budgétaires sont essentiellement composées de recettes fiscales. Ces dernières contribuent pour près de 10 à 20 % dans la détermination et la constitution du Produit intérieur brut (PIB) des pays en développement, contre 30 à

40 % dans les pays de l'Organisation de Coopération et de Développement économiques (OCDE). Mais les États africains ont du mal à atteindre un niveau de recettes fiscales dépassant 20 % de leur Produit intérieur brut (PIB). Cela est dû d'après les différentes analyses faites, à la structure socio-économique des pays, à la politique fiscale et l'efficacité de la collecte des impôts et surtout à l'insuffisance des capacités des administrations en termes d'organisation institutionnelle et à la fraude fiscale.

Mesdames et Messieurs,

Faut-il le rappeler, la fraude fiscale est un fléau à facettes multiples qui présente plusieurs enjeux et défis. De l'économie informelle ou souterraine aux prix de transferts, en passant par les flux financiers illicites, la fraude fiscale affecte le consentement à l'impôt, induit des manques à gagner et compromet la répartition de la charge fiscale. Par ailleurs, elle ne fait que s'accentuer avec le développement des outils de la digitalisation et le e-commerce qui rendent possible la réalisation d'opérations et de revenus qui, bien que taxables localement sont réalisés par des entreprises non territorialement implantées en Afrique.

Mesdames et Messieurs,

Georges POMPIDOU a dit : « La fraude est à l'impôt ce que l'ombre est à l'homme ».

L'idée de la tenue d'un tel colloque qui se veut être un espace de partage et d'échange, vient alors à point nommé et permettra à notre pays de redynamiser son système de prévention et de lutte contre la fraude fiscale.

Mesdames et Messieurs,

Ce colloque ne sera pas que riche en communications de scientifiques et de professionnels. Il sera ponctué des débats, des réflexions, des contributions et propositions qui certainement nous seront d'une grande utilité.

Je suis convaincu que le présent colloque qui se déroulera sur deux (02) jours permettra de mener des réflexions débouchant sur des propositions concrètes en vue d'apporter des réponses et stratégies imminentes afin de faire face aux défis liés à cette problématique et par la même occasion de contribuer efficacement à l'instauration du cadre institutionnel en la matière au sein de notre Administration.

Mesdames et Messieurs,

Il faut reconnaître que la vertu de notre époque, qui est certes une période de risques accrus d'évasion fiscale, est qu'elle nous offre aussi des opportunités de réflexions, des défis à relever et de nouvelles stratégies à développer.

Mesdames et Messieurs,

Chers participants,

La présente rencontre est une initiative conjointe du Centre d'Études et de Recherche sur l'Administration et les Finances (CERAF) et de la Direction générale des Impôts (DGI).

Je m'en voudrais donc de terminer mon propos sans remercier tout le comité d'organisation et vous tous ici présents d'ailleurs.

Je vous souhaite beaucoup de courage et plein succès à vos travaux.

Je vous remercie.

DISCOURS D'OUVERTURE DU DIRECTEUR DE CABINET DU MINISTÈRE DE L'ÉCONOMIE ET DES FINANCES

- **Monsieur le Directeur du Centre d'Études et de Recherche en Administration Fiscale (CERAF) ;**
- **Monsieur le Président de la Société Ouest-Africaine de Finances Publiques (SOAFiP) ;**
- **Monsieur le Directeur général des Impôts ;**
- **Mesdames et Messieurs les membres du CODIR du MEF ;**
- **Mesdames et Messieurs les représentants du secteur privé ;**
- **Mesdames et Messieurs les cadres de la Direction générale des Impôts ;**
- **Chers participants ;**

Mesdames et Messieurs,

Je voudrais au nom du ministre d'État, ministre de l'Économie et des Finances, vous souhaiter la bienvenue dans cette salle du Palais des Congrès, à l'occasion des travaux du colloque scientifique sur la prévention de la fraude fiscale.

Je voudrais également vous remercier pour avoir effectué massivement le déplacement. Votre présence témoigne de l'intérêt que vous accordez à l'amélioration constante du système fiscal béninois.

Mesdames et Messieurs,

Le code général des Impôts du Bénin définit la fraude fiscale comme étant la mise en œuvre volontaire de moyens dans le but de se soustraire totalement ou en partie à l'établissement ou au paiement des impôts et taxes. C'est donc une pratique qui permet aux personnes physiques et morales, de contourner les dispositions fiscales en vigueur pour réduire et/ou ne pas payer les impôts auxquels ils sont assujettis.

Elle prive l'État de ressources essentielles qui pourraient être utilisées pour financer la mise en œuvre de programmes d'action visant à rendre disponibles les services publics essentiels tels que l'éducation, la santé et les infrastructures de toutes sortes. C'est à juste titre que nous entendons dans la littérature qu'elle est ***« un crime contre l'État et la solidarité nationale »***. Vous vous posez certainement la question de savoir comment se manifeste la fraude fiscale.

En effet, la fraude fiscale prend diverses formes telles que le blanchiment d'argent, la sous-déclaration des revenus, la dissimulation des actifs et l'utilisation de sociétés-écrans.

Elle n'est pas seulement un problème pour l'État. Elle l'est aussi pour les honnêtes contribuables qui respectent la législation fiscale. Elle crée par exemple un environnement concurrentiel déloyal.

Au vu des désagréments que cette pratique cause à la société, il est impérieux de mettre en place des mécanismes et dispositifs pour une lutte efficace et efficiente.

Mesdames et Messieurs,

Une lutte efficace contre la fraude fiscale passe par une combinaison de mesures à la fois répressives et préventives.

Au plan répressif, l'administration fiscale s'efforce de renforcer ses moyens de contrôle et de sanction aux fins de dissuader les fraudeurs.

Au plan préventif, nous avons réussi, ces dernières années, à mettre en œuvre plusieurs réformes aux fins de faciliter à tous les contribuables le respect de leurs obligations fiscales. Nous pouvons mentionner entre autres les télé-procédures fiscales – déclaration et paiement des impôts en ligne, la dématérialisation du dépôt des états financiers, le télépaiement de la Taxe sur les Véhicules à Moteur (TVM) et la dématérialisation de l'immatriculation à l'Identifiant Fiscal Unique, sans oublier la mise en place d'un service aux contribuables pour améliorer la communication avec les contribuables. Il s'agit là des réformes qui permettent à ceux-ci d'accéder aisément aux services offerts par la Direction générale des Impôts.

Certes l'administration, à travers ses différentes actions de sensibilisation et de promotion du civisme, fait des efforts pour lutter contre la fraude fiscale. Mais pour réussir cette lutte, nous devons nous donner la main, travailler tous ensemble.

Mesdames et Messieurs,

Ces assises se veulent être un creuset de réflexions qui permettront de formuler des recommandations au service de toutes les parties prenantes, dont la mise en œuvre limitera cette pratique au sein de notre société.

Il est prévu plusieurs panels qui porteront sur des thèmes très intéressants tels que la prévention normative de la fraude fiscale, la prévention managériale et la prévention technologique.

Ce colloque offre l'occasion de partager les connaissances et les expériences des différents experts fiscalistes, spécialistes et universitaires tant du Bénin que des autres pays représentés.

Je reste convaincu que les recommandations qui découleront de ce colloque permettront de faire une lutte efficace et efficiente contre ce fléau.

Je voudrais pour terminer, exprimer toute ma gratitude au Comité d'organisation pour les efforts fournis.

C'est sur ces mots que je déclare ouvert, au nom du ministre d'État, les travaux du colloque scientifique sur la prévention de la fraude fiscale.

JE VOUS REMERCIE.

RAPPORT INTRODUCTIF

MÉDÉ Nicaise

Professeur des universités
Président de la Société Ouest-Africaine
de Finances Publiques (SOAFiP)

Je voudrais d'abord remercier Monsieur le Directeur général des impôts pour la constance de son engagement pour des journées finances-universités depuis 2018. Ce qui est notable, c'est que son initiative a commencé par essaimer au point où, à l'est, il y a déjà eu deux éditions de dialogue interprofessionnel de fiscalité organisées par l'Office togolais des recettes. Je crois, Mesdames et messieurs, que Monsieur Nicolas Yenoussi mérite vos applaudissements approbateurs !

Ceci étant, mesdames et messieurs, je voudrais invoquer ce que la doctrine juridique appelle la « *globalisation du droit* »[1], une globalisation qui se manifeste par une dynamique de « *convergence* »[2] elle-même traduite par « *le recours explicite aux précédents étrangers*, »[3] c'est-à-dire

---

[1] M. Tushnet "The Inevitable Globalization of Constitutional Law", cité par M.-C. Ponthoreau, "La globalisation du droit constitutionnel en question (s)", *in* Mélanges Jean du Bois de Gaudusson, Bordeaux, Presses Universitaires de Bordeaux, 2013, p. 549.

[2] *Idem* p. 549.

[3] *Idem* p.551. La Cour constitutionnelle d'Afrique du Sud invoque ce qui a été dit par les Cours suprêmes des États-Unis, du Canada et de l'Inde en matière de peine de mort ; La question de la privation automatique des condamnés de leurs droits électoraux a été inspirée à la Belgique par un précédent de la Cour constitutionnelle de Slovénie laquelle a attendu, "*pour rendre son arrêt que la Cour européenne des droits de l'homme ait rendu son arrêt Hirst qui va confirmer l'arrêt rendu le 30 mars 2004 où elle s'inspire d'une décision rendue par la Cour suprême du Canada en 1992 et d'une décision de la Cour constitutionnelle d'Afrique du sud du 1er avril 1999* "; L'Argentine s'inspire de la Cour interaméricaine des droits de l'homme pour décider qu'il n'est pas discriminatoire de ne pas autoriser la mère à agir en contestation de paternité légitime. Sur l'ensemble voir P. Martens, "*L'ébauche d'une culture commune des Cours suprêmes ou constitutionnelles*", *in Le dialogue des juges, Actes du colloque organisé le 28 avril 2006 à l'Université libre de Bruxelles*, Bruxelles,

aux décisions rendues par des juridictions d'autres pays.[4] (...) C'est en me fondant sur cette démarche que je vais invoquer la décision du Conseil constitutionnel français Décision n° 83-164 DC du 29 décembre 1983, *Loi de finances pour 1984*.[5] La haute juridiction française reconnaît comme un principe à valeur constitutionnelle, la lutte contre la fraude fiscale. Un principe juridique a quelque chose de transcendant, d'idéal et d'absolu.[6] Il préexiste à la norme juridique et est un des motifs de censure, d'annulation de la règle de droit, lorsque celle-ci est en contradiction avec lui.

Lorsqu'on examine cette décision au fond, on se rend compte que la lutte contre la fraude fiscale se retrouve dans la galerie des principes à valeur constitutionnelle comme la liberté d'aller et de venir, la liberté de l'industrie et du commerce, la liberté de choisir sa résidence, la liberté contractuelle, le principe d'égalité des citoyens, etc., en clair, on ne peut pas invoquer les principes découlant des libertés individuelles pour faire échec à des lois ou règlements qui organisent la lutte contre la fraude fiscale. Parce que lutter contre la déperdition, en amont, des deniers publics par destination, c'est aussi contribuer à construire un État de droit solidaire et résilient, bâtir une nation forte !

Parce qu'elle est un principe constitutionnel, la lutte contre la fraude fiscale s'impose juridiquement sous le manteau contraignant des règles en vigueur dans l'État. Elle est accommodée et s'accommode réciproquement des aménagements techniques et conjoncturels nécessaires pour préserver à la fois les libertés fondamentales du citoyen, mais aussi, permettre l'optimisation des rentrées fiscales de l'État et des

---

Bruylant, 2007, pp.9 et 10. Dans le même sens, dans sa décision n° ECW/CCJ/JUG/16/15 *Congrès pour la démocratie/État du Burkina* dans l'affaire dite du code électoral discriminatoire contre les partisans de l'ancien Président Blaise Compaoré, la Cour de justice de la CEDEAO fait référence et cite les motifs de l'Arrêt du 6 janvier 2011, *Paksas/Lituanie* rend par la Cour européenne des droits de l'homme et renvoie aussi à un autre arrêt de la Cour sans le citer, l'Arrêt 22 septembre 2004, *Aziz/Chypre*).

[4] X. Philippe, cité par Pierre Foucher, "Contrôle de constitutionnalité, droits fondamentaux, démocratie : convergences, divergences, tendances " *in* F. Delpérée et P. Foucher (dir.) *op. cit.* p. 44. "*Le trans-constitutionnalisme se présente donc comme la recherche de normes et pratiques constitutionnelles transversales, c'est-à-dire que l'on peut retrouver dans divers Etats aux systèmes juridiques différents, sans qu'il n'y ait nécessairement eu emprunt*"

[5] Journal officiel de la République française du 30 décembre 1983, page 3871.

[6] P. MORVAN, *Le principe de droit privé*, Paris, Editions Panthéon-Assas, 1999, *passim*.

autres collectivités publiques. C'est donc à bon droit que nous sommes ici réunis aujourd'hui pour parler de la prévention de la fraude fiscale. Nous sommes aussi légitimes et pertinents que si nous étions assemblés pour gloser sur la liberté de la presse, sur la liberté de réunion ou de manifestation, sur la liberté de pensée.

La question de la fraude fiscale mérite quelques précautions sémantiques. Je ne vais pas m'y attarder outre mesure, sachant que la communication de Monsieur Fiacre AVAHOUNDJE est entièrement consacrée à cela. Je dirais simplement, en prologue, que le terme fraude est pris ici dans son sens très générique. Il gomme les nuances entre la fraude, l'optimisation fiscale, l'évasion fiscale, l'évitement de l'impôt, l'habileté fiscale et toutes les terminologies voisines. Pour mieux la cibler, je prendrai l'image du réseau des tuyaux de la société nationale des eaux du Bénin. Plus il y a de fuites sur le réseau, moins la pression de l'eau dans les robinets du consommateur est bonne. Image pour image, une pression de l'eau faible signifie en matière fiscale, une insuffisance d'argent pour payer les bourses des étudiants, alimenter les cantines scolaires, construire les routes et hôpitaux, payer les salaires. En un mot, une insuffisance d'argent pour faire face aux dépenses publiques. Lutter contre la fraude fiscale est donc un impératif de salut public. Prévenir la fraude fiscale en est une modalité.

LES DONNÉES DU PROBLÈME

L'état des lieux fait par *Tax Justice Network* dans son rapport de 2023 donne les chiffres suivants : des pertes fiscales annuelles de 480 milliards de dollars américains dans le monde entier. Pour la décennie du développement durable (2023-2033), les pertes mondiales globales s'élèveraient à 4,8 billions de dollars américain.[7] Pour la CNUCED, « *l'Afrique pourrait gagner 89 milliards de dollars par an en freinant les flux financiers illicites* ».[8] Signe des temps, l'université Jean Moulin de Lyon a organisé en mai dernier un colloque sur la question de la fraude fiscale.[9]

---

[7] Tax Justice Network, Justice Fiscale : État des Lieux 2023 p. 11. (https://taxjustice.net).

[8] CNUCED, *Les flux financiers illicites et le développement durable en Afrique, Le développement économique en Afrique*, Rapport 2020, p. 23

[9] Université Jean Moulin Lyon3, Faculté de droit, "La fraude fiscale en France, en Europe, et à l'international : contradictions, efficacité et nouvelles technologies" colloque du 5 mai 2023. 35 et 50 milliards, par la Commission d'enquête sur l'évasion

Le sommet de Paris sur le nouveau pacte financier global (22 et 23 juin 2023) a mis en évidence les incohérences du système actuel de financement du développement. FMI, Banque mondiale et tout le reste ne sont pas des institutions démocratiques reposant sur les règles que nous connaissons. Ce n'est pas un membre, une voix mais la décision est pondérée par le paquet de parts que chaque État détient dans le capital. Le résultat est que plus un pays a besoin de financements concessionnels moins il en reçoit. Et la déception se lit sur toute la ligne. Déception par rapport au Fonds vert sur le changement climatique décidé à la COP15 en 2009 à Copenhague. Ce Fonds devrait consacrer 100 milliards de dollars par an au financement des actions liées au changement climatique. Déception aussi par rapport à la rétrocession aux pays en développement des DTS du Fonds monétaire international accordés aux pays développés. Le pilotage de cette rétrocession est confié au Fonds fiduciaire RD (résilience et durabilité) du FMI créé en mai 2022. Les 650 milliards de dollars de ressources de financement additionnels attendus de ce fonds ont du mal à se mettre en place. Face à autant de promesses non tenues, le sommet de Paris s'est fixé comme objectif d'« *intensifier la mobilisation de financements concessionnels et publics (par un effet de levier plus important et des sources innovantes*). » Le paradoxe des institutions financières internationales, notamment celles chargées de financer le développement est qu'elles financent plus aisément les pays développés plutôt que les pays qui en ont le plus besoin. Il y a maldonne, selon le groupe des PEPD. Paris aura été une occasion de parler avec force de ce qui est pourtant une évidence.

La Commission économique des Nations Unies pour l'Afrique (CEA) a fait remarquer, en 2015, que « *les peuples africains* (…) *sont* (…) *de plus en plus sensibles aux limites posées par les sources traditionnelles du financement du développement.* »[10] En effet, la question du financement du développement fait aujourd'hui face à un triple goulot : d'abord le goulot presque traditionnel de l'insuffisance de concours financiers à taux concessionnels habituellement fournis par le groupe de la Banque mondiale et du FMI. Ensuite, il faut mentionner l'ouverture de nouveaux guichets de financement comme la Banque des BRICS mais dont les taux d'intérêt ne sont pas pour autant des taux

fiscale et les actifs hors de France et ses incidences fiscales, et à plus de 100 milliards, par la Cour des Comptes.

[10] CEA, *Financements novateurs et transformation économique en Afrique*, Addis-Abeba, 2015, p. 3.

concessionnels (3-4 %). Enfin, le marché financier international dont les taux (6-7 %) ne sont pas adaptés au financement du développement.

Au total, il convient de se rendre à l'évidence. Si nous ne recevons pas suffisamment d'argent et que nous en perdons beaucoup, il faut agir sur le maillon que nous contrôlons. C'est-à-dire limiter la fraude fiscale. Ce colloque se justifie ainsi par sa pertinence dans le contexte actuel des finances publiques de notre pays mais aussi, d'une manière générale des finances publiques des pays émergents pays en développement (PEPD).

La limitation de la fraude fiscale comporte plusieurs angles d'attaque. On peut s'atteler à la répression qui encourage l'accentuation de mesures de sanctions juridiques et opérationnelles. Une autre approche est la prévention. Il s'agit d'empêcher la commission de l'infraction. Que cette infraction se traduise par une action ou qu'elle soit constitutive d'une abstention, une omission.

APPROCHE D'ANALYSE ET DE RECHERCHE

La fraude fiscale a plusieurs visages et parcourt plusieurs disciplines. Sont interpellés les juristes, les gestionnaires, les urbanistes-gestionnaires du domaine public, les économistes, les spécialistes du numérique et de la digitalisation. C'est pourquoi le comité scientifique du colloque a fait l'option d'une approche en escadrille pour cerner les différentes facettes de ce que la prévention peut être.

Dans un souci de clarté, les différentes communications ont été regroupées en quatre panels.

Le premier panel est consacré à la revue des normes juridiques, l'environnement juridique et les supports de droit. Dans un État de droit, le premier dispositif à interpeller est la règle de droit. Ce panel est animé par un Salifou Yonaba, professeur agrégé de droit public, et donc juriste de son état. Nous entendrons des propos sur les conventions fiscales et nous écouterons les conseils fiscaux, leur rôle dans la prévention de la fraude en ce qu'ils sont les premiers contacts des contribuables sur les questions de fiscalité.

Le deuxième panel est consacré aux questions managériales, l'organisation du travail et le système d'information au niveau de l'administration fiscale. Ce panel est présidé par le contrôleur général de l'OTR, grand manager d'administration fiscale devant l'Éternel.

Le troisième panel est celui de la technologie au service de la prévention de la fraude. Divers outils ont été et sont mis en œuvre par l'administration fiscale pour anticiper et prévenir la fraude fiscale au

Bénin. Une revue de ces outils sera faite. Dans la mesure du possible, une évaluation sera conduite par les animateurs de ce panel présidé par Jean Luc Pierre, professeur émérite à Lyon3 et avocat-conseil fiscal installé en cabinet.

Enfin, un quatrième panel est consacré aux expériences étrangères. Pêle-mêle, nous parlerons de l'Afrique centrale avec Trésor-Gauthier Kalonji, de l'Europe, de la France, de la Belgique et de la Suisse. Un regard croisé duquel nous espérons tirer quelques enseignements utiles pour le Bénin.

Voilà ce à quoi nous convie la direction générale des impôts en ces deux jours d'assises, avec l'appui bienveillant et toujours disponible du CERAF et de la SOAFiP.

Bonnes assises à toutes et à tous

Je vous remercie.

PANEL 1

LA PRÉVENTION NORMATIVE DE LA FRAUDE FISCALE

Président de séance : Salifou YONABA

Rapporteur de séance : Dieudonné ASSOUVI

Discutant : Mohamed Nagib DIOP

LA FRAUDE FISCALE :
LA QUESTION CONCEPTUELLE

Fiacre J. J. AVAHOUNDJE

Chercheur au Centre d'Études et de Recherche
sur l'Administration et les Finances (CERAF)

INTRODUCTION

Dans le domaine fiscal, le vocabulaire juridique est diversifié et prête à confusion[11] : impôt, taxe, surtaxe, taxe parafiscale, cotisation, contribution, péage, octroi, redevance, etc. Pendant longtemps, la jurisprudence n'a pas permis de dégager le critère satisfaisant et la doctrine ne s'est pas privée de dénoncer le désordre des qualifications[12] en droit fiscal. Ce désordre, depuis dénoncé[13], est malheureusement persistant[14]. Les redevances pour service rendu, précédemment recettes non fiscales feraient-elles partie des impositions de toutes natures ? Les concepts qualificatifs[15], les concepts normatifs[16] doivent être qualifiés et clairement définis, même si MM. GROSCLAUDE et MARCHESSOU ont affirmé que « *le droit fiscal est réfractaire à la conceptualisation* »[17].

---

[11] L. PHILIP, *Droit fiscal constitutionnel, évolution d'une jurisprudence,* Coll. Finances publiques, Paris, Économica, 2014, p. 15.

[12] F. MODERNE, « À propos des taxes dites redevances d'assainissement : le désordre des qualifications en droit fiscal », *RJF* n° 5, 1976, pp. 157 - 161.

[13] P. AMSELEK, « Une curiosité du droit public financier : les impositions autres que les taxes fiscales ou parafiscales », *Mélanges offerts à Marcel Waline*, Paris, LGDJ, 1974, p. 89 s.

[14] P. AMSELEK, « Un phénix du droit public financier, les impositions quasi-fiscales », *Liberamicorum Jean Waline*, Paris, Dalloz, 2002, p. 111 s.

[15] Il s'agit des concepts qui rendent possible l'application par l'Administration fiscale de la norme fiscale aux différentes situations concrètes en tenant compte du rôle que jouent les actes conditions par rapport aux normes juridiques.

[16] Il s'agit des concepts qui rendent possible l'organisation de l'obligation fiscale qui sous-tendent les règles juridiques, la notion d'impôt et d'impositions de toutes nature, les notions de contribuable, redevable, assujetti etc.

[17] G. TOURNIÉ, « De l'impôt et des mots : réflexions sur le déficit conceptuel en Droit fiscal », *in Études en l'honneur de Loïc PHILIP, Constitution et finances publiques*,

C'est dans cette grande confusion, que M. TOURNIÉ affirme « *qu'il existe invraisemblablement une faiblesse de la conceptualisation du droit fiscal qui est due à la volonté de le maintenir dans une relative flexibilité* »[18]. Pourquoi en serait-il ainsi ? Est-ce la prétendue technicité ou complexité de la matière fiscale[19] ? Le même problème se pose pour ce qui est de la définition de l'évasion fiscale.

Certains[20] auteurs pensent que la fraude fiscale est à l'origine de l'évasion fiscale contrairement à d'autres. Il s'avère donc important de cerner les contours de la notion de la fraude fiscale avant d'essayer de la comparer et de la distinguer de celle de l'évasion fiscale. Toutefois, il convient au premier abord, de comprendre le sens précis de l'adjectif « *fiscal* » avant toute autre clarification.

Peut-il exister un État sans finances ? La protection et la survie de l'État nécessitent des ressources financières importantes. Pour les réunir, il est fait recours à une « *contribution commune* », quelle que soit la forme que celle-ci peut prendre, qu'elle soit en prestations de services, en nature, ou enfin sous forme pécuniaire[21] : l'impôt. Cependant, le concept d'impôt ne permettra pas de définir le domaine de l'étude. Il s'est agi d'essayer de conceptualiser la notion d'imposition de toutes natures.

En se référant à l'article 98[22] de la Loi n° 90 - 32 du 11 décembre 1990 portant Constitution de la République du Bénin, modifiée par les dispositions de la loi 2019-40 du 07 novembre 2019 portant révision de la loi n° 90-32 du 11 décembre 1990 portant Constitution de la République du Bénin, l'expression « *impositions de toutes natures…* »[23] est utilisée

---

p. 610 ; M. ABDULGHANI, *Les sources infra-législatives en droit fiscal : analyse d'un désordre normatif,* Thèse de doctorat de droit public, Université d'Aix-Marseille, 2014, p. 35.

[18] G. TOURNIE, *ibid.*

[19] T. LAMBERT, « Le fiscaliste, un juriste comme les autres », *Revue Gestion et Finances publiques* n°3-4, Mars -Avril 2014, pp.12-20.

[20] Par exemple le Professeur Maurice COZIAN, André PIATIER, etc.

[21] Cette origine militaire de l'impôt est confirmée par de nombreux auteurs historiens, par exemple, G. ARDANT, *Histoire de l'impôt*, Fayard, deux tomes, 1972.

[22] Sont du domaine de la loi les règles concernant…, l'assiette, le taux et les modalités de recouvrement des impositions de toutes natures….

[23] Véritable catégorie sans critère, la notion d'imposition de toutes natures procède d'une qualification par défaut et recouvre un ensemble de prélèvements singulièrement hétérogène autant par leur objet et leur affectation que par le régime juridique dont ils sont assortis. Cf., J. - P. CAMBY, *op. cit.,* p. 339 ; J. BUISSON, « Le grand désordre des qualifications fiscales : l'exemple de la CSG », *in* Études en

pour désigner les impôts et taxes. Cette notion d'« *impositions de toutes natures* » n'est pas d'une limpidité absolue dans la jurisprudence béninoise à tel point que pour le Professeur Nicaise MÈDÉ, « *la Cour constitutionnelle béninoise contribue peu à clarifier le bazar des impositions de toutes natures* »[24]. La clarification de ce vocable permettrait de mieux définir le domaine fiscal, dans lequel se sont effectuées les analyses.

A- La notion « *d'impôt* » au sens classique

1. Terme générique pour désigner la ressource principale de l'État, « *l'impôt* », moyen de solidarité du groupe social, a pu se présenter comme le moyen privilégié de la cohésion et de l'intégration de la communauté, puis de la nation et de l'État. C'est l'instrument de réalisation du bien-être et de l'intérêt général. Vieille institution connue dans nos sociétés africaines mais également dans les sociétés du monde, l'impôt a d'abord une fonction sociale en ce sens que le Doyen Georges VEDEL l'appréhende comme « *un fait de l'homme, un produit de la vie en société, une exigence de la vie sociale* »[25]. Pour M. LEROY-BEAULIEU, l'impôt est « *une assurance collective* »[26].

2. De nos jours, l'impôt est devenu le mode normal de répartition des charges publiques entre les citoyens. Selon les théoriciens des finances publiques, l'impôt « *est une prestation pécuniaire requise des particuliers par voie d'autorité à titre définitif et sans contrepartie en vue de la couverture des charges publiques* »[27]. M. MEHL le définit comme « *une prestation pécuniaire requise des personnes physiques ou morales, de droit privé et éventuellement de droit public, d'après leur faculté contributive, par voie d'autorité, à titre définitif et sans contrepartie déterminée, en vue de la couverture des charges publiques*

---

l'honneur de Loïc PHILIP, Constitution et finances publiques, Paris, Economica, 2005, p. 309.

[24]N. MÈDÉ, *Les grandes décisions de la Cour constitutionnelle du Bénin*, EUE, 2011, p. 116.

[25] M. BOUVIER, « Repenser et reconstruire les finances publiques de demain », *in* M. BOUVIER (dir.), *Réforme des finances publiques, démocratie et bonne gouvernance : actes de la première université de printemps du GERFIP,* Paris, LGDJ, 2004, p. 6. L'auteur parlait de l'impôt comme une « *chose de l'homme* ».

[26] P. LEROY - BEAULIEU, cité par M. BOUVIER, M. – C. ESCLASSAN et J. - P. LASSALE, *op. cit.*, p. 622 ; E. ALLIX, *Traité de science des finances et de législation financière*, ROUSSEAU et Cie, 1931.

[27] G. JÈZE, cité par M. BOUVIER, M – C. ESCLASSAN et J. - P. LASSALE, *op. cit.,* p. 513.

de l'État et des autres collectivités territoriales, ou en vue de l'intervention de la puissance publique »[28].

3. En dehors des corrections mineures qu'apporte l'immense majorité de la doctrine à ces définitions, seul le Professeur Emmanuel DE CROUY-CHANEL semble s'écarter de cette tendance dominante en proposant une nouvelle définition de l'impôt comme étant « *une créance pécuniaire, sans caractère pénal, qui n'a de but que la volonté du souverain* »[29]. Pour M. PELLETIER, cette définition n'envisagerait pas l'impôt dans une perspective juridique, elle se contente de décrire les attributs de l'impôt. Elle a un intérêt essentiellement pédagogique car elle présente seulement les caractères du prélèvement fiscal. Il préconise à la suite, de maintenir la définition du Doyen Gaston JÈZE, qui estimait que, « *l'impôt dans les États civilisés modernes, est une prestation de valeur pécuniaire, exigée des individus d'après des règles fixes, afin de permettre l'exécution des dépenses d'intérêt général* ».[30]

4. L'impôt est un versement obligatoire sans contrepartie à une addition publique nationale ou aux institutions communautaires. L'évolution de la notion de l'impôt marquée par la transformation sociale de la fiscalité engendre la nécessité de compléter ces définitions classiques[31]. M. FAUSTCH a pu donc définir l'impôt comme « *un prélèvement fait d'autorité conformément à la loi sur les revenus personnels pour réaliser certains buts jugés d'utilité générale par l'autorité gouvernementale* ».

5. Toutefois, au sein des différents types de prélèvements, « *la catégorie juridique de l'impôt reste confuse* »[32] et la distinction de l'impôt par rapport à la taxe, la redevance pour services rendus, la cotisation sociale ou la participation constitue une préoccupation toujours renouvelée de la doctrine de droit fiscal. « *Le principe de l'impôt paraît surtout aller de soi dans la mesure où il existe des*

---

[28] P. BELTRAME, L. MEHL, *Techniques, politiques et institutions fiscales comparées*, Coll, Thémis, 2e édition refondue.

[29] E. DE CROUY-CHANEL, « La définition juridique de l'impôt : l'exemple de la doctrine française », *in* T. BERNS, J. - C. K. DUPONT, M. XIFARAS (dir), *Philosophie de l'impôt*, éd. Bruylant, coll. Penser le Droit, 2006, pp. 135-167, p. 164 ; M. COLLET, *Droit fiscal,* 5e éd., Paris, PUF, 2015, p. 26.

[30] M. PELLETIER, *Les normes du droit fiscal*, Thèse de doctorat en droit de l'université Panthéon-Sorbonne (Paris I), éd. DALLOZ, 2006, p. 25.

[31] Les définitions de Gaston JÈZE, de Paul Leroy Beaulieu etc.

[32] J.-P. CAMBY, « Les impositions de toutes natures : une catégorie sans critère ? » *in* AJDA 1991, p. 338.

dépenses d'intérêt général qu'il faut bien couvrir »[33]. Le Doyen Gaston JÈZE pensait qu'« *il y a entre l'impôt et les dépenses, une relation tellement étroite que l'on peut dire que la dépense d'intérêt général est le fondement et la mesure de l'impôt moderne* »[34]. Mais la confusion est accentuée par la démarche combinée du juge de l'impôt et du Conseil constitutionnel français au point que « *l'imposition est, en quelque sorte définie de façon résiduelle et négative* »[35]. Il demeure en droit français des prélèvements non fiscaux n'entrant dans aucune de ces qualifications, si bien qu'à l'image du phénix, les impositions quasi-fiscales que l'on croyait disparues renaissent de leurs cendres.[36]

6. Par exemple, dans le droit positif béninois, il est possible de distinguer les recettes non fiscales[37] et fiscales[38]. Les premières, aux termes de l'article 10 de la loi n° 2013-14 du 27 septembre 2013 relative aux lois de finances désignent « *les revenus courants des activités industrielles et commerciales de l'État, les revenus des domaines et des participations financières, les rémunérations des services rendus et les redevances, le produit des amendes, les fonds de concours ainsi que les dons et legs consentis au profit de l'État, les produits exceptionnels divers, etc.* ». Les secondes seraient « *les impôts et taxes* ». Cette assertion est commune à l'ensemble des pays en étude. La clarification de l'adjectif « *fiscal* » étant effectuée, que peut-on retenir concrètement du terme « *impositions de toutes natures* » ?

B- Le concept « *d'impositions de toutes natures* »

7. Le mot imposition peut renvoyer à « *l'ensemble des règles gouvernant les prélèvements fiscaux portant sur une matière imposable déterminée* »[39], ou peut désigner « *une catégorie fiscale donnée* »[40]. À

---

[33] M. BOUVIER, M – C. ESCLASSAN et J. - P. LASSALE, *op. cit.*, p. 513.

[34] *Ibid.*

[35] Concl. P. - F. RACINE, *in* C. DAVID, O. FOUQUET, B. PLAGNET, P. - F. RACINE, *Les grands arrêts de la jurisprudence fiscale*, Paris, Dalloz, coll. Grands arrêts, 5e édition, 2009, p. 5.

[36] P. AMSELEK, « Un phénix du droit public financier, les impositions quasi-fiscales », *Liber amicorum*, Jean WALINE, Dalloz, 2002, p. 109.

[37] Art. 10 de la loi 2013-14 du 27 septembre 2013 relative aux lois de finances.

[38] *Idem.*

[39] C. MBOUMBA, *Les impositions de toutes natures, contribution à l'étude de la théorie de l'impôt,* Thèse de doctorat en droit public, Université Jean Moulin-Lyon 3, 2009, p. 20.

[40] X. PRETOT, « La notion d'imposition de toutes natures », *RFFP* n°100, novembre 2007, p. 145.

tous égards, en dehors d'une qualification par défaut, relevant de la connaissance parfaite des autres catégories de prélèvements obligatoires à savoir, les cotisations sociales, les taxes parafiscales [41] et les redevances pour service rendu, l'existence d'un régime juridique bien déterminé, satisfaisant aux exigences de la répartition du pouvoir normatif et financier entre le parlement et le gouvernement permet de définir les impositions de toutes natures. En effet, « *les impositions de toutes natures sont le concept qui permet de mieux circonscrire le domaine fiscal* »[42].

8. Afin de retenir une définition satisfaisante de cette notion, le raisonnement généralement mené consiste à éliminer les éléments ayant trait à l'imposition, mais ne pouvant constituer une imposition de toutes natures et retenir aux termes de l'analyse, les éléments « *constituant les impositions de toutes natures* ». D'abord, dans un premier temps, il est exclu les cotisations sociales et relativement pris en compte les redevances. Ensuite, il est tenu compte des autres catégories de recettes fiscales pouvant être contenues dans la notion d'impositions de toutes natures.

9. Au sens de l'article 67 de la Constitution du Sénégal, le mot *« imposition »* prend en compte les impôts, taxes et autres prélèvements fiscaux proprement dits, y compris les taxes parafiscales. Cependant, il est souhaitable d'exclure des impositions de toutes natures, les taxes parafiscales d'origine réglementaire[43]. En effet, le règlement est différent de la loi qui, seule, peut définir une imposition de toutes natures. De plus, si les droits de douane équivalent aux redevances[44], il convient également de les exclure du champ des impositions de toutes natures. Toutefois, il existe une distinction entre rémunération pour service rendu et redevance. Au sens de la Loi Organique relative aux Lois de Finances (LOLF) togolaise, la redevance est différente des rémunérations pour service rendu et des revenus des domaines, s'il est

---

[41] Art. 11 de la Loi béninoise 2013-14 du 27 septembre 2013 relative aux lois de finances par exemple. Les dispositions de la Loi organique burkinabè n° 073-2015/CNT du 21 avril 2016, de la Loi organique n° 2014-336 du 5 juin 2014 de la Côte d'ivoire, de la Loi n° 2013-028 du 11 juillet 2013 du Mali, de la Loi organique n° 2012-09 du 26 mars 2012 du Niger, de la Loi organique n° 2011-15 du 8 juillet 2011 du Sénégal, de la Loi organique n° 2014-013 du 27 juin 2014, de la Loi organique n° 073-2015/CNT du 21 avril 2016 du Togo éclairent sur la question. 4.

[42] C. MBOUMBA, *op. cit.*, p. 19.

[43] Art. 12 et 10 de la LOLF sénégalaise.

[44] CJCE, 2 mai 1990, État néerlandais c/Bakker Hillegom, aff. C-111/89, Rec. p. I-1735.

assimilé revenu des domaines à redevance pour occupation du domaine. Or, la redevance prévue par la LOLF n'est pas expressément d'origine réglementaire[45] ; en conséquence, elle peut être d'origine législative et sans contrepartie et devait être assimilée à une taxe.

10. Il existe aussi une dernière catégorie d'impositions à caractère résiduel qu'il est possible de désigner sous le sens des impositions quasi-fiscales. Cette dernière catégorie que la doctrine française a baptisée d'« *OVNI du droit public financier* », désigne un ensemble de prélèvements obligatoires créés par le législateur pour alimenter les caisses publiques, mais n'étant ni des impôts, ni des taxes. Leur originalité tient aux traits distinctifs que la loi entend imprimer à leur régime juridique[46].

11. En résumé, en Afrique de l'Ouest francophone, en tenant compte à la fois de l'état de la jurisprudence et de l'évolution de cette notion dans la doctrine française, les impositions de toutes natures doivent en principe désigner les impôts et taxes, les impositions quasi-fiscales, les autres prélèvements fiscaux proprement dits à savoir les droits de douane et les redevances à l'exclusion des redevances pour service rendu, des redevances pour occupation du domaine public, des taxes parafiscales d'origine réglementaire et des cotisations sociales. Que retenir ensuite de l'évasion fiscale ? C'est un questionnement dont la réponse nécessite beaucoup d'encre et d'analyses précises entrecoupées.

12. Cet exercice de clarifications conceptuelles de la notion de fraude fiscale et de ses notions voisines est fait par la mise en évidence de la similitude entre les notions de fraude et d'évasion fiscale (I) et ensuite la distinction entre la fraude et l'évasion fiscale (II)

I- LA FRAUDE ET L'ÉVASION FISCALES : DEUX NOTIONS APPAREMMENT SIMILAIRES

13. Les auteurs qui ont entrepris de faire la distinction entre la fraude et l'évasion illustrent presque toujours leurs propos avec la matière fiscale[47]. La distinction entre l'évasion et la fraude fiscales est relativement floue et les avis divergent sur les qualifications et le contenu à donner à la fraude en matière fiscale.

14. De manière générale, « *la fraude est restée l'art perfide de braver les lois avec l'apparence de la soumission, de violer les traités*

[45] Art. 10 et 011 de la LOLF béninoise.

[46] M. COLLET, *Droit fiscal,* 5e éd., Paris, PUF, 2015, p. 25.

[47] E. CORNUT, *op. cit.,* p. 81.

en paraissant les exécuter, et de tromper, par l'acte extérieur des actes et des faits, sinon ceux qu'on dépouille, du moins les tribunaux dont ils pourraient invoquer la puissance »[48]. *Lato sensu*, la fraude désigne tout acte de malice, de mauvaise foi et intègre en son sein tout comportement qui pourrait, de près ou de loin s'apparenter à un acte illicite, une simulation, un abus de droit et une fraude[49]. *Stricto sensu*, la fraude vise un comportement précis qui consiste à faire jouer une règle de droit pour tourner une autre règle de droit[50].

15. Systématisée par le Doyen VIDAL[51], la notion de fraude est une notion *à « contenu variable »*[52] *ou « fuyant »,* une *« idée encore un peu vague »*[53]. Selon M. CORNUT, c'est en droit international privé que la théorie de la fraude a trouvé son empire d'élection et acquis sa notoriété[54]. La fraude en matière fiscale désigne une multitude de phénomènes. Tantôt, elle est envisagée comme une fraude par simulation, tantôt par l'abus de droit, d'acte illicite ou de fraude à la loi. La clarification de l'histoire de la fraude permet de mieux circonscrire le débat.

16. L'apophtegme *fraus omnia corrumpit*[55] pose le principe. L'histoire de la fraude est très ancienne et remonte au XVIIe siècle. Le droit romain sanctionnait les comportements déloyaux. Il distinguait deux grandes catégories de fraude à savoir *la fraus legis*[56] et la *fraus creditorum*[57]. Le moyen par lequel le fraudeur réussit à contourner la loi est la ruse, la tromperie ou la fourberie. Les auteurs de ce droit romain pensent que la fraude s'assimile au dol et est distincte de la

---

[48] J. BEDARRIDE, *Traité du dol et de la fraude en matière civile et commerciale*, t. II, Paris, 1851, n° 642 ; cité par E. CORNUT, *op. cit.*, p. 5.

[49] E. CORNUT, *op. cit.*, p. 6.

[50] J. GHESTIN, G. GOUBEAUX et M. FABRE-MAGNAN, n° 813.

[51] J. VIDAL, *Essai d'une théorie générale de la fraude en droit français : le principe fraus omnia corrumpit*, éd. Dalloz, 1957, p. 1 ; E. CORNUT *op. cit.*, p. 6.

[52] Ch. PERELMAN, R. VANDER (Sous la dir de), *Les notions à contenu variable en droit*, éd. Bruylant, 1984 ; J. OUEDRAOGO, *De la notion d'abus de droit fiscal*, Thèse de doctorat de l'université Jean Moulin Lyon III, soutenue publiquement le 25/10/2016 à 14h, p. 17.

[53] J. GHESTIN et G. GOUBEAUX, M. FABRE-MAGNAN, *Droit civil, Introduction générale*, Paris, LGDJ, 4e éd. 1994, n° 809.

[54] E. CORNUT, *op. cit.*, p. 6 ; H. DESBOIS, *La notion de fraude à la loi et la jurisprudence française*, Paris, Dalloz, 1927, p. 203.

[55] La fraude corrompt tout.

[56] Cass. civ. 1 17 nov. 2010.

[57] La fraus creditorum désigne l'idée de la fraude du débiteur insolvable contre son créancier.

simulation. L'acte frauduleux serait réel et l'acte simulé fictif. La différence devrait être recherchée dans la gravité de la sanction applicable. La notion de fraude se distinguait donc difficilement de celle de la simulation.

17. Le mot simulation vient du latin « *simulo* » qui signifie feindre, lui-même issu de *« similis »* c'est-à-dire « *semblable* ». L'article L. 44 du Livre de Procédure fiscale béninois (LPF) n'évoque que la question des actes ayant un caractère fictif. Or, la simulation fiscale peut désigner en droit civil, le subterfuge par un acte fictif, un acte déguisé, plus encore l'interposition d'une personne. Le terme de fictivité, ou ceux qualifiés d'actes à caractère fictif visés à l'article L. 44 du LPF béninois ou L. 25 du LPF ivoirien par exemple englobent ces trois hypothèses, lesquelles traduisent toute la volonté de créer une apparence autre que la réalité. S'agit-il d'une simulation ou d'un abus de droit ? La question demeure entière et nous y reviendrons.

18. Le concept de la fraude s'assimilait aussi parfois à l'idée d'une malversation[58]. L'office de la loi est de nous protéger contre la fraude d'autrui, mais non pas de nous dispenser de faire usage de notre propre raison (…)[59]. L'adage *fraus omnia corrumpit* fait partie des anciens principes ayant survécu après l'apparition du Code civil[60]. La qualification de la fraude en droit général, possible dès le XVIIe siècle, suppose comme toute infraction, la réunion de trois éléments essentiels repris par la théorie moderne du droit pénal. Il s'agit de l'élément légal, de l'élément matériel et de l'élément intentionnel. La loi fiscale[61] est l'élément légal. L'élément matériel, en fiscalité, est principalement le comportement actif, même si la fraude par omission n'est ni rare, ni exclue. L'intention du contribuable doit alors éclairer les circonstances. C'est précisément entre l'élément légal et l'élément intentionnel, que se jouent toutes les circonspections dans la nuance entre la fraude et l'évasion.

19. Tantôt de façon directe, pour désigner l'évasion fiscale, il est fait allusion aux expressions comme gestion fiscale, habileté fiscale, évasion légale, évasion illégale, planification fiscale abusive, évasion internationale, évasion admise et/ou refusée, fuite devant l'impôt, libre

---

[58] Art. 82 de l'ordonnance Villers-Cotterêts du 25 août 1539.

[59] E. CORNUT, *op. cit.*, p. 15.

[60] J. BOULANGER, *Principes généraux du droit et droit positif*, *in* Le droit privé au milieu du XXe siècle, Mél. Ripert, Paris, LGDJ, 1950, p. 51 et s., spéc. n° 11.

[61] La loi fiscale est entendue ici par les sources du droit fiscal positif.

choix de la voie la moins imposée[62], évitement de l'impôt, ou chez les Anglo-saxons, tax evasion[63], tax avoidance[64], tax planning, économie souterraine et/ou informelle, anachorésie fiscale[65], ou même, des termes hybrides telles que « *tax avoision* » de M. SELDON ou encore le terme subjectif « *tax aversion* » suggéré par MM. CROSS et SHAW[66]. Cet ensemble s'apparente à des actes de délinquances fiscales, au refus de payer l'impôt, aux résistances à l'impôt, aux manifestations d'un certain antifiscalisme, aux infractions fiscales ou aux comportements fiscaux négatifs.

20. Tantôt de manière indirecte, d'autres terminologies comme l'utilisation des refuges, abris fiscaux ou les paradis fiscaux, la sous-estimation fiscale ou la minimisation fiscale, les prix de transfert, l'abus de droit en matière fiscale, la simulation, l'acte anormal de gestion, les sociétés offshore, les holdings, le blanchiment des capitaux[67] sont utilisées et ont un certain lien avec ce générique de fraude. Il est donc important de retenir une définition unique de l'évasion fiscale à distinguer de la fraude fiscale pour les développements futurs.

21. M. COUDERC[68] et M. GIRARD[69] utilisaient indistinctement les notions de fraude et d'évasion fiscale. Tandis que le premier parle d'évasion fiscale en matière de droit de mutations par décès, le second met l'accent sur la fraude fiscale des valeurs immobilières. Quant à M. BERLAND, il évoquait l'apparition d'une nouvelle forme de fraude, notamment l'évasion fiscale réservée aux problèmes confiés aux pays

---

[62] J. OUEDRAOGO, *op. cit.*, p. 172.

[63] Il y a *« Tax Evasion »* lorsque le contribuable américain parvient à se soustraire à la loi fiscale américaine qu'il s'agisse de l'établissement de l'impôt ou du recouvrement. Le comportement rentrant dans le champ de « *Tax Evasion* » doit être réprimé dans tous les cas.

[64] La « *Tax Avoidance* » n'est pas aux yeux des américains répréhensible dans les cas où elle se produit en dehors des États-Unis et tend à éluder la loi fiscale étrangère.

[65] Expression de M. BOUVIER reprise par C. BAZART, *op. cit.*, p. 18.

[66] C. BAZART, *op. cit.*, p. 19.

[67] À travers la troisième directive 2005/60/CE du 26 octobre 2005 relative à la lutte contre le blanchiment de capitaux, il a été introduit la notion de la fraude fiscale dans le champ de détection des infractions sous-jacentes.

[68] Section 3 du Chap. 1er : « Les valeurs mobilières et l'évasion fiscale », *in* J. COURDERC, *L'évasion fiscale des valeurs mobilières devant l'impôt général sur le revenu,* th. Bordeaux, 1922, p. 23 ; cité par C. - R. MASSON, *op. cit.*, p. 77.

[69] E. GIRARD, *De l'évasion fiscale en matière de droits de mutation par décès,* th. Paris, 1916, p. 11.

voisins[70]. De même, M. PILON affirmait qu'« *à vrai dire, ce qu'on convient d'appeler l'évasion fiscale, ce qui pour parler, simplement, constitue la fraude, tient moins, de la part des redevables, à une intention de mal faire, qu'à un certain état d'esprit* »[71]. C'est dans ce cadre que le Professeur Robbez MASSON affirme que *« la fraude est un procédé de soustraction de tout ou partie de ses biens ou de ses revenus hors de l'emprise du fisc ; que c'est d'ailleurs l'utilisation de la locution "hors de" qui fait préférer à "fraude", le nom plus imagé d'évasion* »[72].

22. Il n'est pas non plus rare de constater parfois l'assimilation de l'évasion fiscale, voire de la fraude fiscale à l'abus de droit ou à l'acte anormal de gestion. À chaque situation juridique correspondrait une manière d'abuser du droit. L'abus de droit est une notion à mi-chemin entre la simulation et la fraude à la loi, entre la fraude fiscale et l'évasion fiscale. Elle n'est ni entièrement une simulation, ni entièrement une fraude à la loi, ni tout à fait une fraude fiscale, ni tout à fait une évasion fiscale. Tantôt forme de simulation, tantôt fraude à la loi, tantôt fraude fiscale et tantôt évasion fiscale, elle est à la fiscalité ce que le caméléon est aux sauriens[73]. Ainsi, en s'inspirant de l'excellente formule du professeur Maurice COZIAN, jusqu'où il ne faut pas aller trop loin pour violer la loi ou exploiter les failles de la loi fiscale afin de diminuer sa charge fiscale ?[74]

23. L'abus de droit[75] est une notion répressive. La sanction la plus souvent appliquée dans le cas français plus explicite que celui béninois est une majoration de 80 %, associée à l'intérêt de retard. Cette majoration conduit le contribuable à s'acquitter d'une obligation fiscale

[70] M. BERLAND, *Les évasions fiscales*, th. Paris, 1922, p. 2 ; nous trouvons aussi, p. 6 : « *abandonnons la fraude à l'intérieur et abordons l'envol des capitaux étrangers, l'évasion fiscale proprement dite* ».

[71] E. PILON, *Principes et techniques des droits d'enregistrement*, Paris, DALLOZ, I, 1929, p. 658.

[72] C - R. MASSON, *op. cit.*, p. 78.

[73] M. COZIAN, F. DEBOISSY, *Précis de fiscalité des entreprises*, Paris, LexisNexis, 39e éd., 2015, n°7, p. 23.

[74] *Ibid.*

[75] C. DE LA MARDIÈRE, « La notion d'abus de droit, arme de répression fiscal », *Droit fiscal* n° 51-52, 18 décembre 2014, p. 700 ; F. ALADJIDI, Rachat de société « *liquides* » et abus de droit : le Conseil d'État écarte le motif autre que fiscal présentant un caractère négligeable et précise le régime des sociétés mères, Concl. sur CE., 9e et 10e ss. sect., 17 juillet. 2013, n° 352989, min. c/SARL Garnier Choiseul Holding : Dr fisc., 2013, n° 41, comm. 477.

presque égale au double de l'économie d'impôt qu'il comptait réaliser. Le contribuable qui enfreint directement la règle, par exemple en minimisant sciemment une base imposable, ne paie qu'une pénalité de 40 %[76]. Le plus bel exemple a été donné par l'Arrêt Halifax[77], rendu par la Cour européenne de justice en 2006, où une banque dont le droit à déduction de la TVA était limité à 5 % est parvenue, au moyen d'un montage infernal, à déduire la totalité de la taxe sur la construction d'immeubles.

24. L'abus de droit fiscal peut être une fraude[78] qui peut consister en une donation déguisée où les parties font un usage frauduleux des règles de la vente. Les parties à la vente prévoient les conséquences produites par un contrat à titre onéreux et non à titre gratuit. La fraude à la loi semble ainsi constituer un abus tel qu'il ressort de l'article L. 44 du LPF béninois par exemple ou L. 64 du Livre de Procédures fiscales français (LPF). D'abord, le contribuable applique une norme en vue de jouir d'un avantage ; ensuite, il affiche son unique intention d'éluder ou d'éviter le paiement de l'impôt.

25. Si l'objectif du montage est exclusivement fiscal, et donc seulement sanctionnable, sans une prévalence de conflit avec la règle abusée, toute optimisation fiscale non frauduleuse peut déboucher sur un abus de droit. Le fisc serait en mesure d'éliminer les actes qui, non seulement sont contraires à l'esprit de la norme fiscale, mais également n'ayant comme motif que d'éluder ou d'atténuer l'impôt à payer.

---

[76] Selon Jérôme TUROT, « *il en coûte plus de chatouiller la loi que de la bousculer* » ; J. TUROT, « L'abus de droit est-il un vice ? » : *RJF* 7/1996, p. 486.

[77] En 2006, par l'arrêt Halifax, la Cour de Justice européenne consacra la fraude à la loi en matière de TVA ; CJCE., gde ch., 21 févr. 2006, aff. C-255/02, Halifax plc, Leeds Permanent Development Services Ltd, County Wide Property Investments Ltd : *RJF* 5/2006, n° 648, chron. O. FOUQUET, p. 383 ; BDCF 5/2006, n° 68, concl. L. M. Poiares Maduro ; Europe 2006, n° 4, comm. 128, note F. MARIATTE ; V. Y. SÉRANDOUR, L'abus de droit selon la CJCE., À propos de l'arrêt Halifax (CJCE., 21 févr. 2006, aff. C-255/02), Dr fisc., 2006, n° 16 ; J. -M. GARINOT, Le secret des affaires : LexisNexis, 2013, n° 249, CC., déc. n° 2013-685 DC, 29 déc. 2013, consid. 112 et s. : Dr. fisc., 2014, n° 1, comm. 70 ; CE., 9e et 10e ss-sect., 17 juill. 2013, n° 356523, min. c/SAS Garnier Choiseul Holding, n° 352989, min. c/SARL Garnier Choiseul, Holding et n° 360706, min. c/SARL Garnier Choiseul Holding : Dr fisc., 2013, n° 41, comm. 477, concl. F. ALADJIDI, note F. DEBOISSY et G. WICKER ; RJF 11/2013, n° 1064 ; BDCF 11/2013, n° 119, concl. F. ALADJIDI ; – V. É. Bokdam-Tognetti, Coquilles et abus de droit : les délices de la conchyliologie *: RJF 11/2013*, p. 883.

[78] J. OUEDRAOGO, *op. cit.,* p. 127.

26. Quant à l'acte anormal de gestion, il peut concerner le chef d'entreprise, qui dans le cadre de sa gestion, peut être amené à prendre des décisions qui toucheraient à l'intérêt de son entreprise (achat, vente, gestion complète de l'entreprise). Ces décisions consistent par moment à majorer les charges déductibles (les frais généraux, les amortissements et les provisions) ou minorer les bénéfices imposables[79]. Par exemple, il y a acte anormal de gestion lorsqu'une entreprise prend en charge sans contrepartie des frais incombant à une autre société[80]. D'une manière générale, une entreprise est considérée comme effectuant un acte de gestion anormal, lorsque cet acte met à sa charge une dépense ou la prive d'une recette sans être justifié par les intérêts de l'exploitation commerciale.

27. La notion d'acte anormal de gestion est en revanche étrangère à la TVA, sauf dans des circonstances très précises. Ce principe se vérifie notamment en matière de détermination de la TVA exigible et de déduction. [81] Il existe cependant des restrictions, comme l'interdiction de déduire la TVA qui a grevé des biens cédés sans rémunération ou moyennant une rémunération très inférieure à leur prix normal[82]. La TVA étant due sur les sommes réellement encaissées, l'administration ne peut modifier la base taxable en cas de prix anormalement bas ou de renonciation à des recettes. Le principe selon lequel, la théorie de l'acte anormal de gestion ne s'applique pas en matière de TVA, concerne également la TVA déductible. Ainsi, un redevable est normalement en droit de déduire la taxe grevant des biens acquis à un prix anormalement élevé ou à un prix supérieur à celui qui avait été convenu[83]. Des développements plus profonds viendront davantage éclairer cette notion.

---

[79] Droit fiscal n° 46, 13 novembre 2002, comm. 892 ; CAA Douai, 3e ch., 27 mars 2002, req. n° 98-1552, Sté « 3 Suisses International » ; la prise en charge par une société de frais financiers supportés par une autre société lors d'achat d'actions pour son compte ne constitue pas un acte anormal de gestion.

[80] CE., 28 oct. 1985, n° 39 065 : Dr fisc., 1986, n° 49, comm. 2148 ; CE., 12 févr. 1992, n° 67 385, Sté Sarpa : Dr fisc., 1992, n° 21-22, comm. 1033 ; CAA Paris, 23 déc 1994, n° 92-1351, Société d'études et d'aménagement des îlots Saint-Martin (SEDAM) : Dr fisc., 1995, n° 31-36, comm. 1642.

[81] CE., 19-2-1975 n° 93262 : RJF 4/75 n° 183 ; CE 16-6-1986 n° 42523 : *RJF 10/86* n° 927.

[82] L'article 206, IV - 2 - 3° de l'annexe II au CGI français.

[83] CE., 6-7-1988 n° 46549 : RJF 10/88 n° 1085 ; F. DEBOISSY, « Avances intragroupe et acte anormal de gestion », RGFP n° 2, février 2011, pp. 136 - 139.

28. En tout état de cause, il existe une apparente similitude entre ces notions, qui d'une manière ou d'une autre s'entremêlent les unes aux autres. Un certain courant d'auteurs pense que l'évasion fiscale inclue la notion de fraude fiscale (A), alors que d'autres soutiennent le contraire (B).

A- L'évasion fiscale incluse dans la fraude fiscale

29. M. ROSIER, affirmait que « *la fraude fiscale embrasse tous les gestes matériels, toutes les opérations comptables, tous les actes juridiques, toutes les manœuvres et combinaisons auxquelles ont recours des contribuables ou des tiers pour se soustraire à l'application des impôts et contributions* »[84]. Il a poursuivi en soutenant que « *sous tous ces aspects, la fraude... est un moyen critiquable... qu'elle consiste en une abstention, une insuffisance, une simulation ou une dissimulation, que l'auteur de l'infraction ait, ou non, agi volontairement, de bonne ou de mauvaise foi* »[85].

30. En matière fiscale, la fraude peut résulter de la tenue d'une comptabilité occulte, de l'établissement des fausses factures, de la réitération de la dissimulation, de l'importance des sommes omises, du caractère réitéré de manquements constatés, tel qu'un redressement antérieur fondé sur les mêmes infractions, du défaut de réponse aux mises en demeure de l'administration, ou encore, d'un défaut de tenue de la comptabilité.[86]

31. Pour M. PIATIER, « *la notion de fraude englobe deux ordres de phénomènes distincts : la fraude intérieure et l'évasion* »[87]. M. LEROUGE développe une conception et une notion très large de la fraude. Il fait de l'évasion l'aspect international et illégal de ce dernier. Selon lui en effet, la fraude se subdivise en deux parties : la fraude intérieure comportant la fraude de fait (violation directe de la loi), la fraude d'intention (violation indirecte de la loi) et la fraude par impuissance de la loi ; la fraude extérieure, réunissant quant à elle l'évasion (illégale, consistant en des dissimulations de revenus de source extérieure) et l'exportation de capitaux (légale, si ces derniers

---

[84] C. ROSIER, *L'impôt,* éd. Montaigne, Paris, 1936, p. 152.
[85] *Ibid.*
[86] R. SALOMON, « Droit pénal fiscal », *in Revue de droit fiscal* n° 4, 23 janvier 2014, p. 23.
[87] A. PIATIER, *L'évasion fiscale et l'assistance administrative entre États*, Paris, Sirey, 1938, pp. 27-58.

ont été déclarés à l'Administration, illégale, donc entraînant une évasion dans le cas contraire).[88] L'évasion fiscale ne serait donc qu'une fraude fiscale.

B- L'évasion fiscale incluant la fraude fiscale

32. M. BOUE a soutenu l'idée que l'évasion fiscale est « *le fait pour un contribuable de profiter soit de l'obscurité, du silence ou même des dispositions de la loi fiscale d'un ou plusieurs pays, soit de l'impuissance de leur contrôle fiscal* », alors qu'il y a fraude lorsque le même redevable « *soustrait tout ou partie de son revenu ou capital à l'application des lois fiscales* »[89]. Autrement dit, l'évasion peut être à la fois interne et externe, alors que la fraude ne peut s'appréhender qu'à l'interne. Ainsi, la fraude fiscale est incluse dans l'évasion fiscale tandis que cette dernière n'implique pas nécessairement une « *fraude fiscale* ».

33. Une autre conséquence déductible de la théorie de M. BOUE est que la fraude est dans l'illégal, alors que l'évasion serait soit légale, soit extra-légale, soit encore issue d'une imposition du contrôle de l'application de la loi. Dans ces deux derniers cas, comme une chose ne peut tout à la fois *« être et ne pas être... légale »*, le lien entre la fraude et l'évasion serait là où, le législateur a prévu une imposition à laquelle le contribuable se soustrait, sans que l'administration puisse découvrir cette manipulation[90].

34. Dans le même ordre d'idées, M. NAVETTE en utilisant une inclusion soutenait que « *l'évasion revêt deux aspects : l'un illégal, c'est le domaine de la fraude, l'autre légal, c'est là que l'habileté a lieu de se manifester* »[91]. Il en résulte une tendance à la confusion dans la mesure où **l'habileté fiscale serait incluse dans l'évasion fiscale** et que la **fraude ne pourrait en aucun cas impliquer une certaine habileté fiscale**.

35. S'inscrivant dans la même logique, M. MEHL reprenait M. MORANGE et distinguait également deux cas d'évasion, l'une légale (allant de l'application de la loi à la liberté de gestion) et l'autre illégale (la fraude, y incluant les notions de fraude à la loi et d'abus de

---

[88] « Toute machination en vue de se soustraire soit à l'assiette, soit au paiement d'un impôt », *in* G. LEROUGE, « Théorie de la fraude en droit fiscal », LGDJ., Paris, 1944, p. 2 ; cf. C. R. MASSON, *op. cit.*, p. 80.
[89] O. BOUE, *Double imposition et évasion fiscale*, th. Lille, 1920, p. 10.
[90] C-R. MASSON, *op. cit.*, p. 79.
[91] B. NAVETTE, *La fraude et l'habileté en droit fiscal*, D. S., 1951, p. 87.

droit)[92]. Par exemple, M. ARDANT dans l'une de ses analyses évoqua la notion de sous-évaluation comme déduction de la perte du rendement de l'impôt, un manque à gagner fiscal qu'il peut désigner par fraude et non évasion[93]. Toutefois, ces deux notions revêtent des spécificités qu'il convient d'apprécier.

II- LA FRAUDE ET L'ÉVASION FISCALE : DEUX NOTIONS DISTINCTES D'AUTRES NOTIONS

36. Le bien-fondé de la distinction (A) est fait avant qu'un accent particulier soit mis sur l'évasion fiscale comme une infraction particulière (B).

A- Le bien - fondé de la distinction

37. Le Professeur Paul Marie GAUDEMET a estimé que la « *fuite fiscale* » peut se traduire par deux manifestations : la fraude fiscale, « *violation directe, voulue ou inconsciente de la loi fiscale* » et l'évasion, consistant à « *éluder l'impôt en tournant intentionnellement la loi fiscale mais sans la violer* »[94]. Selon lui, la fraude fiscale pourrait se réaliser par dissimulation matérielle (par exemple, partie du patrimoine), par dissimulation comptable, par disqualification de la nature du fait imposable (maquillage d'une situation de fait derrière une situation juridique apparente), ou par fraude involontaire (exemple de l'oubli de faire sa déclaration)[95]. Sur le volet de l'illégalité, cette position est rejointe par celle de M. TIXIER et M. ROBERT soutenant que la notion de fraude comporte « *l'idée des agissements illégaux* », extrêmement nombreux « *ayant en commun leur caractère volontaire* ».[96] Étant un fait illégal et volontaire, la fraude doit être distinguée de l'erreur[97].

38. En revanche, l'évasion fiscale peut être circonscrite en trois procédés. D'abord, elle est une abstention consistante, pour le contribuable à ne plus accomplir une opération imposable afin d'éviter l'impôt

---

[92] L. MEHL, *Science et technique fiscale*, Paris, P. U. F., Coll. Thémis, 1959, p. 733 ; cité par C. - R. MASSON, *op. cit.*, p. 83 ; Voir aussi M. DUVERGER, *Précis de finances publiques*, éd. PUF, 1965, p. 383 ; G. ARDANT, *Histoire de l'impôt*, L. II, éd. Fayard, 1972, p. 671 ; B. TADDEI, *La fraude fiscale*, LITEC, 1974, p. 12.
[93] L. MEHL, *op. cit.*, pp. 732-738.
[94] P. - M. GAUDEMET, *Cours de Finances publiques*, éd. « Les cours du droit », 1986, p. 681 à 683.
[95] C. - R. MASSON, *op. cit.*, p. 86.
[96] C. - R. MASSON, *op. cit.*, p. 84.
[97] C. - R. MASSON, *ibid.*

afférent. Ensuite, elle **désigne l'utilisation des lacunes du système fiscal**, par l'application du principe de liberté d'aménagement de son patrimoine. Enfin, elle est « *l'abdication de la loi* » traduisant la volonté du législateur de ne pas vouloir appréhender la totalité de la matière imposable, par le système du forfait par exemple[98].

39. Dans le même ordre d'idées, M. COURTOIS et le Professeur Maurice COZIAN après avoir posé comme principe général, qu'éluder l'impôt n'est pas forcément frauder le fisc, en tire comme conséquence que l'évasion ne se confond pas avec la fraude fiscale[99]. Le Professeur Robbez MASSON précise dans une méticuleuse argumentation juridique fondée sur un brassage des diverses conceptions doctrinales[100] que l'évasion fiscale « *consiste en une action volontaire, non violente et extra-légale d'un contribuable qui, par la mise en œuvre d'une technique juridique (...) se place indirectement dans une situation fiscale donnée, afin d'obtenir un résultat économique équivalent à celui recherché, tout en lui étant fiscalement favorable* »[101]. L'évasion fiscale se situerait alors dans un espace de liberté légale entre la fraude illégale et le choix légal empruntant tantôt à l'un, tantôt à l'autre, tout en se rapprochant de ces deux notions par son résultat de moindre imposition.

40. Le Professeur Jean-Claude MARTINEZ a évoqué trois façons d'échapper à l'impôt. Il s'agit de la zone légale (*intra legem),* celle du confort où le législateur propose aux contribuables le choix entre plusieurs voies inégalement taxées. La zone illégale (*contra legem*), encore appelée fraude fiscale, est celle où les fraudeurs n'hésitent pas à emprunter les sens des interdits fiscaux à leurs risques et périls ; le cas échéant, ils sont condamnés dès lors qu'ils sont appréhendés. Et, la zone extra-légale où la loi n'a tracé aucun interdit, ni davantage indiqué les voies que les contribuables sont autorisés à emprunter. C'est le domaine non réglementé où le contribuable choisit de se mouvoir et, où le juge dispose de peu d'arguments de défense pour une possible sanction[102]. Pour s'en convaincre, il précisait que l'échelle décroissante de l'illégalité

---

[98] P.-M. GAUDEMET, *op. cit.,* p. 684-685.

[99] P. COURTOIS, *La réforme du contentieux fiscal*, 2e partie, Gaz. Pal., 1984, doctrine, p. 87.

[100] E. GUIMARD, *L'évasion fiscale, compte de dépôts et comptes joints, en France et à l'étranger*, libr. P. Rosier, Paris, 1908, pp. 44-49 ; E. GIRARD, *op. cit.,* p. 11 ; M. BERLAND, *op. cit.,* p. 2 etc..

[101] C. R. MASSON, *op. cit.,* p. 182.

[102] J. - C. MARTINEZ, *La fraude fiscale*, coll, « Que sais-je ? », Paris, 1984, n° 2180, p. 10.

étant la fraude, l'abus de droit, l'habileté fiscale, l'abstention, l'application des régimes fiscaux de faveur, l'erreur, et le respect de la loi, **l'évasion fiscale prend en compte l'abus de droit, l'habileté fiscale, l'abstention et l'application des régimes fiscaux de faveur** (souligné par nous)[103].

41. La jurisprudence refuse de penser et de voir ces agissements comme une fraude en considérant l'ampleur des effets qui s'y découleraient, au point où elle affirme que la fraude à la loi est incompatible avec le droit fiscal, et ce dans la mesure où le non-paiement de l'impôt est soit illicite, soit légal mais jamais frauduleux.[104] Elle n'hésite pas à consacrer le droit pour le contribuable de choisir la voie la moins imposée par le biais d'un acte juridique qui, s'il n'est pas le plus naturel, tend à diminuer le droit de perception du Trésor[105].

42. Tout porte à croire qu'en matière fiscale, il y a l'habileté fiscale et la violation ouverte et cachée de la loi. L'obligation de s'acquitter de l'impôt existe parce que l'on se trouve dans la situation prévue pour sa perception, et on viole cette obligation en ne l'acquittant pas, ou, l'on ne se trouve pas dans une telle situation, et aucune obligation n'existe. Il n'existe pas alors une situation de fraude fiscale. Cette hypothèse ne prend pas en considération la manœuvre du contribuable qui n'en est pas une, consistant à rester en dehors de l'existence de l'obligation d'acquitter l'impôt ; or, l'obligation fiscale qui existe déjà peut très bien être éludée, sans pour autant que cette éviction soit illicite, ou se réaliser par le biais d'un acte juridique, lequel pourrait se révéler frauduleux[106]. C'est alors que M. DELAHAYE soutint que « *l'exercice du choix de la voie la moins imposée part toujours de l'intention d'échapper à l'impôt ; qu'affirmer dès lors que ce droit appartient au contribuable et qu'il ne peut l'exercer que dans sa volonté consciente, délibérée et primordiale de frustrer le trésor, c'est ruiner la première proposition* »[107].

---

[103] J.-C. MARTINEZ, *Droit fiscal contemporain*, Paris, Litec, tome 1, 1986, p. 354.

[104] A. LIGEROPOULO, *Le problème de la fraude à la loi, Thèse de doctorat en droit public*, Université d'Aix-Marseille, 1928, p. 293 et s.

[105] E. CORNUT, *op. cit.*, p. 91 ; H. DELAHAYE, *Le choix de la voie la moins imposée*, Étude de droit fiscal comparé (Belgique-France-Royaume Uni) éd. Bruylant, 1977 ; G. VIGNAUD, L'abus de droit en droit fiscal, Thèse dact., Bordeaux, 1981 ; F. DEBOISSY, *La simulation en droit fiscal,* éd. LGDJ, 1997 ; R. GOUYET, *L'illicite et le droit fiscal*, Thèse dact., DIJON, 1998 ; A. H. DESBOIS, *op. cit.,* p. 91 et s ; J. VIDAL, *op. cit.,* p. 96 et s ; M. COZIAN, *op. cit.,* p. 19 et s.

[106] E. CORNUT, *op. cit.,* p. 91.

[107] H. DELAHAYE, *op. cit.,* n° 76.

Il s'agirait d'une méconnaissance même du principe « *fraus omnia corrumpit* » qui, justement a pour but de sanctionner un comportement en fait et en droit parfaitement réel et licite, réalisé dans le but de se soustraire à une prescription légale.

43. En tout état de cause, « *on ne peut en effet tout à la fois frauder, c'est-à-dire transgresser directement une règle de droit légiférée et le faire légalement, c'est-à-dire en accord avec la loi* »[108]. Les procédés sont donc tout à fait différents. L'évasion fiscale reste un moyen légal d'éluder l'impôt. C'est l'existence même de la manœuvre frauduleuse (dissimulation ou déguisement) qui transforme une évasion fiscale, légitime peut-être, en une fraude fiscale caractérisée. La fraude suppose ainsi la violation délibérée des prescriptions légales… pouvant être plus ou moins élaborée… dans ses formes les plus complexes, par des montages juridiques destinés à simuler la réalité.

B- L'évasion fiscale, une infraction fiscale particulière

44. Les expressions telles que les paradis fiscaux, les prix de transfert, *les sociétés offshores,* les planifications agressives font davantage appel à la notion d'évasion fiscale au sens du Professeur MARTINEZ. De même, l'évasion illégale, discutée en doctrine, est une fraude fiscale tandis que la fraude fiscale légale[109] est l'évasion fiscale ou *tax planning* anglo-saxonne, ou encore *tax evasion* américaine.

45. Dans le cadre de notre étude, nous retiendrons que l'évasion fiscale est d'abord de la fraude[110] et va ensuite au-delà de celle-ci. En effet, étymologiquement dérivé du latin « *evadere* » qui vient du latin « *evasio* » signifiant « *sortir de, s'échapper de* », ou « *l'action de s'évader* » le mot « *évasion* » ou « *evasio-onis* »[111] signifie la délivrance. Affilié à l'adjectif « *fiscal* », l'évasion dénote d'une connotation un peu vulgaire et pourrait signifier la libération, de certaines contraintes

---

[108] A. PIATIER, *op. cit.,* p. 23.

[109] Une hypothèse que nous réfutons : une fraude ne saurait être légale.

[110] La fraude fiscale se définit selon l'article 1741 du CGI, comme la soustraction frauduleuse à l'établissement ou au paiement de l'impôt par la méconnaissance des obligations fiscales applicables. Les caractères frauduleux et illégal de ce comportement permettent de le distinguer des irrégularités fiscales comme de l'optimisation fiscale. Le délit général comporte cinq modalités d'application : le défaut de déclaration dans les délais, la dissimulation de sommes sujettes à l'impôt, l'organisation de l'insolvabilité, les manœuvres destinées à empêcher le recouvrement de l'impôt ; art. 1741, al. 1 du CGI.

[111] Empr. au lat. chrét.

fiscales pour mieux en profiter. De façon imagée, le contribuable fait preuve d'une malice, d'une habileté ou d'un savoir - faire subtil pour sortir du joug d'une loi fiscale ou d'un fait pouvant y être soumis. Or, la fraude dérivée du latin « *fraus ou fraudis* » renvoie à la « *mauvaise foi, fourberie, tromperie* ». Selon le Dictionnaire Larousse, « *l'évasion est l'action de s'échapper furtivement, de se libérer…* »[112], et « *la fraude est l'acte de mauvaise foi accompli en contrevenant à la loi ou aux règlements et en nuisant aux droits d'autrui…* »[113]. En traduction anglaise, il fait allusion à « *Tax evasion* » or l'évasion s'intitulerait « *Tax avoidance* ». La distinction étant un peu plus clair, il s'explique davantage selon M. ADETONAH par le fait qu'il s'agit de l'influence de certains amateurs fonctionnaires français de « *franglais* » qui par analogie anglo-américaine ont introduit la notion d'évasion fiscale dans le vocabulaire français[114]. Ainsi, le même dictionnaire français définit « *l'évasion fiscale comme le fait de parvenir à ne pas payer l'impôt auquel on est normalement assujetti* »[115].

46. Sur le plan purement définitionnel, il est donc envisageable de déduire de cette assertion que tout procédé qu'il soit frauduleux ou non, relève de l'évasion fiscale. Il s'agit de la définition fournie en droit fiscal qui désigne « *l'évasion comme la fuite devant le fisc consistant à soustraire à l'application des règles fiscales, par interprétation habile de la loi ou par* ***divers procédés frauduleux****, des revenus normalement imposables* »[116]. **Elle peut être simple (sans violence) ou complexe (*orchestration* machinale), interne ou internationale**_(souligné par nous). En conséquence, il est préférable d'être d'avis avec M. GARABEDIAN qui affirme que, l'évasion fiscale est un concept qui engloberait la notion de fraude fiscale, encore appelée « *l'évasion illégale* »[117] et l'évasion fiscale proprement dite c'est-à-dire l'évasion

---

[112] Nouveau dictionnaire encyclopédique Larousse, 3 vol., éd. Lib. Larousse, 1968 ; Dictionnaire Le Petit Robert, éd. S.N.L., 1972.

[113] *Ibid.*

[114] G. S. O. ADETONAH, *op. cit.*, p. 16.

[115] *Ibid.*

[116]http://www.cnrtl.fr/definition/evasion, consulté le 12/05/2014 à 12h 14 mn.

[117]D. GARABEDIAN, « Politique belge de prévention de l'évasion fiscale – une introduction à l'usage des non-spécialistes », *in* CENTRE DE DROIT INTERNATIONAL DE LA FACULTE DE DROIT DE L'UNIVERSITE LIBRE DE BRUXELLES, Les paradis fiscaux et l'évasion fiscale, BRUYLANT, Bruxelles, 2001, p. 198 ; Voir aussi M. BOUVIER, « La lutte contre l'évasion fiscale internationale : répression ou prévention ? » *in* RFFP n°110 - Avril 2010, pp. V-VI ; Voir également B. CASTAGNEDE, « La lutte contre la fraude ou l'évasion fiscale

légale, et la sanctionner. Ainsi, même si la fraude fiscale et l'évasion fiscale sont deux notions distinctes[118], et qu'il existe la possibilité que la fraude fiscale englobe l'évasion, c'est-à-dire que **l'évasion fiscale soit une fraude fiscale réussie**[119], il faudra retenir que la fraude fiscale est de l'évasion fiscale qui doit être sanctionnée.

47. Toutefois, cette conception de l'évasion fiscale peut paraître trop large, en même temps, superflue et incomplète. Elle peut paraître également plus économique que juridique car, elle résulte de la mise en commun des comportements légaux et illégaux par leur seul résultat financier commun, la moins-value d'impôt. Cependant, il faudra tenir compte de la position de l'Administration fiscale béninoise et de l'état du droit positif béninois encore en réadaptation et en évolution. Traiter de l'exploitation intelligente des failles de la loi, revient à saisir le domaine de l'informel que celui de la jurisprudence et des textes existant en matière fiscale. Dans ce cas de figure, il serait essentiel de retenir que, seule la norme juridique fiscale globale et l'esprit du contribuable ouest-africain francophone permettent de distinguer la fraude fiscale de l'évasion fiscale ou, de l'optimisation fiscale, qui relève d'une nouvelle appellation plus intellectuellement soutenue et plus contemporaine que l'habileté fiscale[120].

48. Ainsi, cette définition retenue est encore renforcée dans le cadre de notre étude par le fait que l'Administration fiscale béninoise à l'issue de nos enquêtes ne fait pas une nette distinction entre la fraude fiscale et l'évasion fiscale. Pour certains, l'optimisation fiscale serait de l'évasion fiscale et ne saurait être sanctionnée. Or, l'optimisation fiscale peut conduire à l'abus de droit et plus loin à l'évasion fiscale. Il s'en suit donc que, ne pas jeter un regard critique sur l'optimisation revient à ne pas sanctionner l'évasion fiscale. L'évasion fiscale serait exclusivement l'évasion internationale. C'est donc la position de

internationale : la nouvelle donne », RFFP n°110 - Avril 2010, p. 3. Ces auteurs utilisent indistinctement les notions de fraude et d'évasion fiscale pour signifier la même chose, c'est-à-dire l'évitement de l'impôt.

118 Messieurs COURTOIS, GAUDEMET, MARTINEZ, UNTERMAIER distinguent strictement les notions d'évasion fiscale et de fraude fiscale.

119 P. RASSAT, « Les tours de Manhattan et la fiscalité du XXIe siècle » *in* Liber Amicorum Cyrille David, Regards critiques et perspectives sur le droit et la fiscalité, LGDJ, Paris, 2005, p. 213.

120 G. S. O. ADETONAH, *op. cit.*, p. 18.

l'Organisation de Coopération et de Développement économiques (OCDE)[121] qui influence les acteurs du système fiscal béninois.

49. Ces acteurs soutiennent qu'il n'existe pas d'évasion fiscale à l'interne, mais plutôt de l'abus de droit réprimé par l'article L. 44 du Livre de Procédures fiscales béninois (LPF) comme par l'article L. 64 du Livre de Procédures fiscales français (LPF). Il n'existe pas non plus un Comité d'abus de droit pouvant réprimer cette infraction. L'impossibilité de réprimer régulièrement et rigoureusement cette infraction conduit en tout état de cause à un mélange, ou la sanction de l'abus de droit se confond à la répression de la fraude fiscale, ou de l'évasion fiscale. La conséquence logique est que l'Administration fiscale des pays de l'Afrique de l'Ouest francophone réprime au même degré la fraude fiscale, l'évasion fiscale et même l'abus de droit (car ne la distinguant pas – absence récurrent de doctrine administrative fiscale), et ce, tout en préservant l'intégrité des normes communautaires et internationales. S'il faut préserver l'intégrité des normes internationales, la sanction de l'évasion fiscale, telle une infraction fiscale est juridiquement non acceptable. L'infraction fiscale suppose avant toute chose, la violation d'un élément légal, ce qui n'est pas toujours le cas en matière d'évasion fiscale. Il est donc difficile de considérer l'évasion fiscale telle une infraction fiscale. Toutefois, de telles pratiques sont condamnables et doivent être juridiquement sanctionnées, peu importe la mesure légale à prendre. C'est sûrement une infraction fiscale particulière. Il est peut-être plus prudent d'envisager la question sous l'aspect de « *l'évitement de l'impôt* ». Il résume et répond mieux à la préoccupation de la distinction entre la fraude et l'évasion fiscales dans leur sens *stricto sensu.*

---

[121] L'Organisation de Coopération et de Développement économiques (OCDE, en anglais Organisation for Economic Coopération and Development, OECD). Cf. https://fr.wikipedia.org/wiki/Organisation_de_coopération_et_de_développement_économiques, consulté le 13/10/2016 à 00h 59 min.

FAUT-IL REVISITER LES CONVENTIONS FISCALES ENTRE LE BÉNIN ET LES ÉTATS COSIGNATAIRES ET POUR QUELS ENJEUX ?

Alain Eudes AZANMASSO

Administrateur des Impôts – Directeur de la Législation et du Contentieux DGI-BENIN

INTRODUCTION

Les conventions fiscales représentent un aspect important des règles fiscales internationales de nombreux pays. On compte déjà plus de 3 000 conventions fiscales bilatérales et leur nombre ne cesse d'augmenter. L'écrasante majorité de ces conventions est fortement inspirée du modèle de convention des Nations Unies concernant les doubles impositions entre pays développés et pays en développement (Modèle de convention des Nations unies) et du modèle de convention fiscale concernant le revenu et la fortune de l'OCDE. Ces modèles sont disponibles sur les sites Web de l'OCDE et de l'ONU.

En matière fiscale, les traités sont souvent appelés « *accords* » ou « *conventions* » mais la dénomination utilisée importe peu.

Les conventions fiscales bilatérales confèrent des droits et imposent des obligations aux États contractants, mais pas aux tiers, y compris les contribuables ; cela étant, elles sont de toute évidence destinées à bénéficier aux contribuables des États contractants. Qu'il en soit ainsi ou non dépend du droit interne de chaque État. Dans certains États, les conventions sont d'application directe, ce qui signifie que les résidents peuvent s'en prévaloir dès qu'elles sont conclues ; dans d'autres, un certain nombre de formalités doivent tout d'abord être accomplies (par exemple la transposition en droit interne) avant que les résidents puissent en bénéficier.

I- OBJECTIFS DES CONVENTIONS FISCALES

Une convention fiscale est un accord entre deux pays qui décrit comment chaque pays traitera les revenus gagnés par les résidents de l'autre pays.

Avant l'adoption des conventions, les États étaient confrontés à deux problèmes majeurs, celui de la double imposition et du règlement des différends nés des impositions. Ces problèmes ont conduit à l'élaboration des modèles de convention.

Il existe deux grands modèles de convention fiscale : celui de l'ONU et celui de l'OCDE. On trouve également des modèles nationaux de convention fiscale, qui, souvent, ne sont pas publiés mais sont utilisés lors des négociations bilatérales. Le modèle de convention fiscale de l'ONU s'inspire fortement de celui de l'OCDE. Les modèles de convention fiscale ont une longue histoire, qui remonte aux premiers traités diplomatiques du XIXe siècle. De portée limitée, ces textes avaient pour objet de mettre les diplomates en poste dans un pays étranger à l'abri des discriminations. Leur champ d'application a ensuite été étendu à l'impôt sur le revenu quand cette forme d'imposition a pris de l'importance au début du XXe siècle. Après la Première Guerre mondiale, la Société des Nations a commencé à travailler à l'élaboration de modèles de conventions fiscales, y compris de modèles concernant l'imposition du revenu et de la fortune. Ces travaux ont débouché sur la rédaction des modèles de convention de 1943 et de 1946. Toutefois, ces modèles n'ont pas été unanimement admis. Les travaux sur l'élaboration d'un modèle de traité qui soit acceptable par tous ont été par la suite repris par l'OCDE et, quelques années plus tard, par l'ONU. L'OCDE compte actuellement 38 membres, dont un grand nombre des pays les plus industrialisés. Le modèle de convention de l'OCDE a été publié pour la première fois sous forme de projet en 1963. Il a été révisé en 1977, puis à nouveau en 1992, date depuis laquelle il est publié sous forme de feuillets mobiles pour favoriser les mises à jour régulières. Depuis, il a été modifié au fil des ans à neuf reprises, la dernière fois en 2017. Le Comité des affaires fiscales, qui rassemble de hauts représentants des autorités fiscales des pays membres, est chargé du modèle de convention et d'autres questions de coopération internationale en matière fiscale. Son fonctionnement repose sur plusieurs groupes de travail et son secrétariat est assuré par le Centre de politique et d'administration fiscale. Les groupes de travail sont composés de représentants des pays membres. Le Groupe de travail sur les conventions fiscales et questions connexes est responsable du modèle de convention et examine régulièrement les questions s'y rapportant.

Les conventions fiscales visent souvent un double objectif : promouvoir le développement économique en facilitant les conditions pour attirer des capitaux étrangers et éviter la double imposition ou la non double imposition.

Pour promouvoir le développement économique, il convient d'éviter les obstacles à la double imposition internationale en répartissant les droits d'imposition (limitation de l'impôt dans l'État de la source et exemption ou système de crédit dans l'État de résidence) et en interdisant les traitements discriminatoires causés par la législation fiscale nationale, d'établir un règlement des différends internationaux et de renforcer la sécurité juridique, tout en empêchant l'évasion et la fraude fiscales grâce à des mesures anti-abus et à la coopération administrative.

Source : BRIAN J. ARNOLD « *Introduction aux conventions fiscales* »

A- La notion de double imposition

La double imposition peut être définie comme la perception de deux ou plusieurs taxes sur le même revenu, actif ou transaction financière. Cela se produit souvent lorsque le revenu est imposé à la fois au niveau du pays de résidence et du pays de la source des revenus, ou lorsque les gains en capital sont imposés à la fois au niveau de l'État et au niveau fédéral pour ce qui est des États fédérés. Bien que certains pays aient conclu des conventions fiscales qui allègent le fardeau de la double imposition, celle-ci reste un problème important pour de nombreuses entreprises et personnes. La forme la plus courante de la double imposition se produit lorsque les États ne sont pas liés par une convention qui prévoit l'élimination de la double imposition. Le revenu risque d'être imposé à la fois dans le pays de source et dans le pays de résidence.

B- Quels sont les procédés pour éviter la double imposition ?

Il existe quelques procédés qui peuvent être utilisés pour éviter la double imposition. La première méthode est de conclure des conventions. La deuxième méthode est celle d'exemption et enfin la méthode de crédit d'impôt.

- La méthode de la conclusion des conventions fiscales

Conclure des conventions fiscales permet de régler les problèmes de double imposition car cela permet d'attribuer l'imposition soit au pays de résidence ou au pays de source.

- La méthode de l'exemption

La méthode de l'exemption est simple du point de vue conceptuel. Elle suggère que si les revenus ont été imposés de manière appropriée dans le pays de source, le pays de résidence devrait éliminer le risque de double imposition en exemptant d'impôts ces revenus de source étrangère. Les mécanismes d'administration d'un système d'exemption ne sont pas si simples, surtout si le pays de résidence veut s'assurer que le système n'est pas ouvert aux abus. Lorsqu'il n'y a pas d'imposition dans le pays de source, si le pays de résidence accorde une exemption au titre des revenus de source étrangère, ça voudra dire que les revenus ne sont pas du tout imposés. Cela peut fausser la bonne répartition des ressources et aller à l'encontre des raisons qu'a le pays de résidence de fournir un allègement. C'est pourquoi, les conventions fiscales limitent généralement la méthode de l'exemption aux revenus qui peuvent être pleinement imposables dans le pays de source, tels les revenus fonciers et les revenus tirés d'entreprises (établissement stable), de professions libérales et d'emploi. Toutefois, l'article 23 A (1) n'exige pas que le pays de source impose réellement. Le fait que le pays de source « *peut* » imposer est suffisant pour obliger le pays de résidence à exempter d'impôts les revenus de source étrangère. Cela peut être particulièrement problématique lorsque le pays de résidence a évalué (parfois à tort, car il fait référence à sa propre législation fiscale pour l'imposition des revenus de source étrangère) que le pays de source peut imposer, mais le pays de source n'est pas d'accord ou n'impose pas de façon délibérée. Un bon exemple est le cas où les pays de source et de résidence ne s'accordent pas sur la portée de ce qu'est et ce que n'est pas un établissement stable (donnant lieu à un plein droit d'imposition du pays de source en vertu de l'article 7). La situation peut aussi être compliquée si le pays de résidence consent unilatéralement une exemption et la portée de cette exemption est plus large que le droit du pays de source d'imposer en vertu d'une convention fiscale avec le pays de résidence. De ce fait, certains pays dans leurs conventions fiscales, et unilatéralement, exigent que le pays de source soumette effectivement les revenus à l'impôt avant de pouvoir bénéficier de l'exemption du pays de résidence. Les clauses de soumission à l'impôt, qui pourraient constituer une importante limitation de l'octroi d'une exemption, soulèvent des questions administratives complexes sur ce qu'est précisément la soumission par le pays de source des revenus de source étrangère à l'impôt. Il peut y avoir des questions quant à savoir quel type d'impôt étranger est admissible, si le quantum de l'impôt étranger est pertinent et si le contribuable peut choisir de payer l'impôt pour être admis au bénéfice de l'exemption dans le pays de résidence.

Source : Manuel de l'ONU relatif à certains aspects de l'administration des conventions concernant la double imposition.

- La méthode de crédit d'impôt

La méthode du crédit d'impôt étranger est la méthode par laquelle les pays de résidence éliminent la double imposition des revenus de source étrangère et, comme mentionné au sujet de la méthode de l'exemption, est généralement au moins la méthode résiduelle. Cette méthode est explicitement prévue par l'article 23 B des Modèles de convention, mais cette disposition est brève et ne contient pas beaucoup des détails nécessaires au fonctionnement et à l'administration d'un système de crédit d'impôt étranger. Comme on l'a indiqué, ces détails sont généralement fournis par le droit interne, souvent dans le contexte de l'allègement unilatéral. Il est juste de penser que les règles à l'article 23 B ne limitent pas les choix offerts à un pays de résidence dans la mise en œuvre d'un système de crédit d'impôt étranger. Bien au contraire, elles les facilitent. Le système de crédit d'impôt étranger élimine la double imposition en réduisant l'impôt du pays de résidence dû au titre du revenu de source étrangère par tout impôt prélevé sur ce revenu par le pays de source. Tous les systèmes de crédit d'impôt étranger doivent composer avec la possibilité que l'impôt du pays de source excède l'impôt du pays de résidence, ce qui peut donner lieu à ce qui est communément appelé excédent de crédits d'impôt étranger. Pratiquement tous les systèmes de crédit d'impôt étranger incluent une limitation de l'imputation, qui fonctionne de sorte que l'excédent de crédits d'impôt étranger ne soit pas remboursable et ne puisse pas être déductible de l'impôt dû au titre des revenus de source nationale (parfois appelée imputation ordinaire). Cette limitation est expressément admise à l'article 23, mais cette disposition ne contient pas de détails sur la façon dont la limitation de l'imputation doit être calculée.

Source : Manuel de l'ONU relatif à certains aspects de l'administration des conventions concernant la double imposition.

II- DÉFINITION DE QUELQUES CONCEPTS

A- Établissement stable

L'expression « *établissement stable* », **désigne une installation fixe d'affaires par l'intermédiaire de laquelle une entreprise exerce tout ou partie de son activité.**

La notion d'établissement stable permet de déterminer si la réalisation d'activités industrielles ou commerciales d'une entreprise dans un État, qui n'est pas son État de résidence doit être imposée dans cet État. Ainsi, la présence ou l'absence d'un établissement déterminera le lieu d'imposition des revenus émanant de l'activité industrielle ou commerciale de l'entreprise. Il peut être défini comme étant une installation fixe d'affaires ayant une activité propre ou un agent dépendant disposant du pouvoir d'engager la société.

Au niveau international, la définition de l'établissement stable varie en fonction des conventions fiscales signées par les différents États. Cependant, la définition de base de l'établissement stable au niveau conventionnel, se trouve à l'article 5 du modèle de convention fiscale de l'OCDE.

B- La notion de non-discrimination

1. « *Les nationaux d'un État contractant ne sont soumis dans l'autre État contractant à aucune imposition ou obligation y relative, qui est autre ou plus lourde que celles auxquelles sont ou pourront être assujettis les nationaux de cet autre État qui se trouvent dans la même situation, notamment au regard de la résidence. La présente disposition s'applique aussi aux personnes qui ne sont pas des résidents d'un État contractant ou des deux États contractants* ». 2. « *L'imposition d'un établissement stable qu'une entreprise d'un État contractant a dans l'autre État contractant n'est pas établie dans cet autre État d'une façon moins favorable que l'imposition des entreprises de cet autre État qui exercent la même activité. La présente disposition ne peut être interprétée comme obligeant un État contractant à accorder aux résidents de l'autre État contractant les déductions personnelles, abattements et réductions d'impôt en fonction de la situation ou des charges de famille qu'il accorde à ses propres résidents* ». 3. « *Les entreprises d'un État contractant, dont le capital est en totalité ou en partie, directement ou indirectement, détenu ou contrôlé par un ou plusieurs résidents de l'autre État contractant, ne sont soumises dans le premier État à aucune imposition ou obligation y relative, qui est autre ou plus lourde que celles auxquelles sont ou pourront être assujetties les autres entreprises similaires du premier État* ». Toute discrimination fondée sur la nationalité est interdite.

Source : Roland WALTER, Fiche de droit fiscal international 2016

C- Action 6 BEPS

La norme minimale sur le chalandage fiscal figurant dans le Rapport sur l'Action 6 est constituée des dispositions que les juridictions qui sont membres du cadre inclusif sur le BEPS se sont engagées à inclure dans leurs conventions fiscales. Concrètement, ces juridictions seront tenues, pour se conformer à la norme minimale sur le chalandage fiscal, de faire figurer dans leurs conventions fiscales :

– une déclaration explicite indiquant que leur intention commune est d'éliminer la double imposition sans créer de possibilités de non-imposition ou d'imposition réduite résultant de comportements de fraude ou d'évasion fiscale, imputables notamment au recours à des mécanismes de chalandage fiscal. Il conviendrait en général de le faire en faisant figurer le préambule suivant dans les conventions fiscales concernées : Entendant conclure une Convention pour l'élimination de la double imposition en matière d'impôts sur le revenu et sur la fortune sans créer de possibilités de non-imposition ou d'imposition réduite par l'évasion ou la fraude fiscale (y compris par des mécanismes de chalandage fiscal destinés à obtenir les allègements prévus dans la présente Convention au bénéfice indirect de résidents d'États tiers).

L'Action 6 du Plan d'action BEPS mentionne l'utilisation abusive des conventions fiscales et, en particulier, le chalandage fiscal comme l'un des plus importants sujets de préoccupation dans le domaine de l'érosion de la base d'imposition et du transfert de bénéfices. Elle décrit les travaux à mener pour :

– élaborer des dispositions conventionnelles types et des recommandations visant à concevoir des règles nationales qui empêchent que les avantages prévus par les conventions puissent être accordés lorsque cela n'est pas justifié.

– préciser que les conventions fiscales ne doivent pas être utilisées pour générer une double non-imposition.

– cerner les considérations de politique fiscale que les pays doivent, de façon générale, prendre en compte avant de décider de conclure une convention fiscale avec un autre pays.

III- PRÉSENTATION DES CONVENTIONS FISCALES SIGNÉES PAR LE BÉNIN

Le réseau conventionnel du Bénin aujourd'hui est peu développé. Le Bénin a des conventions avec la France, la Norvège, le Maroc, les Émirats et le Rwanda. Les conventions signées avec ces deux derniers pays ne sont pas encore ratifiées. Outre ces conventions bilatérales, le Bénin est partie au règlement 08/2008 de l'UEMOA et à l'Acte Additionnel de la CEDEAO.

A- Convention Bénin-France

Cette convention a été signée par les parties le 27 février 1975 et comporte 44 articles qui traitent de l'impôt sur le revenu, l'impôt sur les successions, les droits d'enregistrement et les droits de timbre.

Avec le développement de la fiscalité internationale notamment le projet BEPS de l'OCDE et du G20 dont les 15 actions visent à équiper les gouvernements d'instruments nationaux et internationaux pour lutter contre l'évasion fiscale en s'assurant que les profits soient taxés à l'endroit même où ceux-ci sont générés et où a lieu la création de valeur, cette convention semble présenter quelques insuffisances.

a- Analyse de la convention fiscale entre le Bénin et la France (1975)

Préambule et article 29 (Droit aux avantages)

La convention fiscale entre le Bénin et la France ne contient pas le préambule de l'Action 6 du BEPS.

Le Bénin est membre du Cadre inclusif et est tenu à ce titre d'adopter le texte du préambule de l'Action 6. Un préambule indiquant expressément que les parties à la convention entendent éliminer la double imposition sans créer de possibilités de fraude et d'évasion fiscale pourrait jouer un rôle important dans l'interprétation des dispositions de la convention fiscale. L'adoption du texte du préambule pourrait être utile pour prévenir l'utilisation abusive de la convention fiscale et est recommandée pour toutes les juridictions concernées par le chalandage fiscal, qu'elles aient ou non l'obligation de mettre en œuvre le standard minimum de l'Action 6.

La convention fiscale entre le Bénin et la France ne contient pas de disposition générale anti-abus.

Le Bénin est membre du Cadre inclusif et est tenu à ce titre d'adopter des dispositions anti-abus dans ses conventions fiscales pour mettre en œuvre le standard minimum de l'Action 6. L'adoption d'une disposition anti-abus telle que la règle du critère des objets principaux figurant à l'article 29 (9) des Modèles de l'OCDE et des Nations Unies fournirait au Bénin un outil efficace pour se protéger contre le chalandage fiscal et d'autres utilisations potentiellement abusives de la convention fiscale, indépendamment de toute obligation de mettre en œuvre le standard minimum de l'Action 6.

La France a signé l'IM sur le BEPS et notifié sa convention fiscale avec le Bénin en tant que convention fiscale couverte. Le Bénin pourrait donc intégrer le préambule de l'Action 6 du Projet BEPS et une disposition générale anti-abus dans la convention fiscale en signant et ratifiant l'IM sur le BEPS et en notifiant la convention fiscale conclue avec la France en tant que convention fiscale couverte.

Article 4 (Résident)

L'article relatif à la résidence de la convention fiscale entre le Bénin et la France (article 2 – Domicile) ne contient pas de règles conventionnelles de départage, mais ses dispositions semblent adéquates pour résoudre les cas de double résidence.

Article 5 (Établissement stable)

L'article relatif à l'établissement stable de la convention fiscale entre le Bénin et la France (article 3) suit d'une manière générale une formulation standard. Il ne fixe pas de seuil temporel précis pour les chantiers de construction ou de montage.

Article 6 (Revenus immobiliers)

Les dispositions de la convention fiscale entre le Bénin et la France sur les revenus de biens immobiliers (articles 4 et 9) confèrent un droit d'imposition exclusif à l'État sur le territoire duquel est situé le bien immobilier et préservent ainsi le droit d'imposer ce revenu conformément au droit interne de l'État de la source. La convention fiscale ne contient pas de dispositions correspondant aux paragraphes 3 et 4 de l'article 6 des Modèles de l'OCDE et des Nations Unies, qui pourraient être garants d'une plus grande certitude en matière d'application.

Article 7 (Bénéfices des entreprises)

L'article sur les bénéfices des entreprises de la convention fiscale entre le Bénin et la France (article 10) ne suit pas une formulation standard. L'article confère un droit d'imposition exclusif sur les revenus des « *entreprises industrielles, minières, commerciales ou financières* » à l'État sur le territoire duquel se trouve un établissement stable. L'approche adoptée dans l'article consiste généralement à s'appuyer sur une « *comptabilité régulière faisant ressortir distinctement et exactement les bénéfices afférents aux établissements stables sis dans l'un et l'autre État* » ; en l'absence de tels comptes, le montant des bénéfices imposables par chaque État peut être déterminé en répartissant les bénéfices totaux entre les deux États au prorata du chiffre d'affaires réalisé dans chacun d'entre eux.

Article 9 (Entreprises associées)

L'article relatif aux entreprises associées de la convention fiscale entre le Bénin et la France (article 11) ne contient qu'une disposition correspondant à l'article 9 (1) des Modèles de l'OCDE et des Nations Unies.

L'absence de disposition correspondant à l'article 9 (2) des Modèles de l'OCDE et des Nations Unies crée une incertitude quant à la possibilité d'éliminer la double imposition économique qui pourrait résulter d'un ajustement des prix de transfert. Suite à l'ajustement d'une transaction entre entreprises associées dans la situation prévue à l'article 9 (1), une double imposition économique (imposition du même revenu à la charge de personnes différentes) peut survenir dans la mesure où une entreprise d'un État (État A), dont les bénéfices sont révisés à la hausse, sera assujettie à l'impôt sur un montant de bénéfices qui a déjà été imposé à la charge de son entreprise associée dans l'autre État (État B). L'article 9 (2) dispose que dans ces circonstances, l'État B procède à un ajustement approprié pour éliminer la double imposition (« *ajustement corrélatif* »). Un ajustement corrélatif n'est pas automatique, mais n'est dû que si l'État B considère que le montant des bénéfices ajustés reflète correctement les bénéfices qui auraient été réalisés si les transactions avaient été effectuées dans des conditions de pleine concurrence. En l'absence de disposition correspondant à l'article 9 (2), certains États peuvent ne pas être habilités, en vertu de leur droit interne, à procéder à des ajustements corrélatifs.

L'adoption d'une disposition correspondant à l'article 9 (2) est donc importante pour garantir l'élimination de la double imposition, qui constitue l'un des principaux objectifs d'une convention fiscale. Une telle disposition permettrait également au Bénin de satisfaire à l'élément du standard minimum de l'Action 14 du BEPS qui exige des pays de donner accès à la procédure amiable dans les affaires de prix de transfert.

La France a signé l'IM sur le BEPS et notifié sa convention fiscale avec le Bénin en tant que convention fiscale couverte. Le Bénin pourrait donc adopter une disposition correspondant à l'article 9 (2) en signant et ratifiant l'IM sur le BEPS et en notifiant la convention fiscale conclue avec la France en tant que convention fiscale couverte.

Article 10 (Dividendes), article 11 (Intérêts) et article 12 (Redevances)

La convention fiscale conclue entre le Bénin et la France ne fixe aucune limite à l'imposition des dividendes et des intérêts par l'État de la source, de sorte que la question de l'absence de critère du bénéficiaire effectif dans les dispositions correspondantes ne semble pas se poser.

La convention fiscale conclue entre le Bénin et la France confère le droit d'imposition exclusive des redevances à l'État de résidence. L'adoption d'un article sur les redevances reposant sur une formulation standard et assortie du critère du bénéficiaire effectif pourrait contribuer à faire en sorte que les avantages prévus par la convention fiscale ne puissent être octroyés qu'à un bénéficiaire traité comme le détenteur effectif de ces redevances à des fins fiscales dans son État de résidence.

Article 13 (Gains en capital)

En l'absence d'article sur les gains en capital dans la convention fiscale entre le Bénin et la France, les modalités de traitement de ces gains dans le cadre de cette convention fiscale ne sont pas clairement établies. L'article relatif aux « *autres revenus* » (article 25) de la convention fiscale dispose que les revenus non expressément mentionnés ne sont imposables que dans l'État de résidence du bénéficiaire, à moins que ces revenus ne se rattachent à l'activité d'un établissement stable. Il est toutefois difficile de déterminer si ce résultat était celui visé par les négociateurs de la convention fiscale pour les gains en capital. L'adoption d'une disposition suivant une formulation standard pour l'article 13 permettrait d'éviter l'incertitude et garantirait à l'État de la source certains droits d'imposition reconnus dans le Modèle de l'OCDE et dans celui des Nations Unies.

La France a signé l'IM sur le BEPS et notifié sa convention fiscale avec le Bénin en tant que convention fiscale couverte. Le Bénin pourrait donc adopter une disposition correspondant à l'article 13 (4) en signant et ratifiant l'IM sur le BEPS et en notifiant la convention fiscale avec la France en tant que convention fiscale couverte.

Article 15 (Revenus d'emploi)

L'exonération dans l'État de la source prévue dans la disposition correspondant à l'article 15 (2) (article 22 de la convention fiscale entre le Bénin et la France) fait référence à une période de « *183 jours au cours de l'année fiscale considérée* ». La modification du texte afin de désigner une période de présence « *n'excédant pas au total 183 jours durant toute période de douze mois* ***commençant ou se terminant durant l'année fiscale considérée*** » permettrait d'éviter certaines possibilités d'évasion fiscale créées par la formulation actuelle ainsi que les difficultés pouvant survenir lorsque les exercices fiscaux des États contractants ne coïncident pas.

Article 21 (Autres revenus)

L'association de l'article « *autres revenus* » de la convention fiscale entre le Bénin et la France (article 25) et des dispositions relatives aux revenus immobiliers (articles 4 et 9) semble aboutir à un résultat équivalent à celui visé par la formulation standard utilisée aux paragraphes 1 et 2 de l'article 21.

Article 25 (Procédure amiable)

Les dispositions relatives à la procédure amiable de la convention fiscale entre le Bénin et la France (articles 41 et 42) ne suivent pas une formulation standard. L'adoption d'une disposition suivant la formulation standard de l'article 25 donnerait plus de certitude quant à la procédure amiable prévue par la convention fiscale et garantirait que le Bénin satisfasse aux éléments correspondants du standard minimum de l'Action 14.

La France a signé l'IM sur le BEPS et notifié sa convention fiscale avec le Bénin en tant que convention fiscale couverte. Le Bénin pourrait donc adopter des dispositions correspondant aux paragraphes 1, 2 et 3 de l'article 25 en signant et ratifiant l'IM sur le BEPS et en notifiant la convention fiscale avec la France en tant que convention fiscale couverte.

Article 26 (Échange de renseignements)

Le Bénin est membre du Forum mondial sur la transparence et l'échange de renseignements à des fins fiscales (le Forum mondial), n'a pas encore fait à ce titre l'objet d'un examen par les pairs.

L'article relatif à l'échange de renseignements figurant dans la convention fiscale entre le Bénin et la France (article 37) ne reflète pas les dispositions de l'article 26 des Modèles de l'OCDE et de l'ONU. D'une manière générale, cette disposition devrait être remplacée ou complétée par une disposition reflétant les principes universellement admis de l'échange effectif de renseignements sur demande à des fins fiscales. À cet égard, il convient de noter que le Bénin a signé, et a ratifié, la Convention concernant l'assistance administrative mutuelle en matière fiscale, qui prévoit l'échange de renseignements conformément à la norme internationale et qui est en vigueur pour la France.

Source : OCDE, Examen des conventions fiscales conclues par le Bénin, avril 2021

B- Convention BÉNIN- NORVEGE

Elle a été signée le 29 mai 1979 et est entrée en vigueur le 24 juin 1982. Le contexte, c'est la découverte et l'exploitation du gisement de pétrole à Sèmé-kpodji qui a conduit les États à signer cette convention fiscale. Le but des conventions fiscales, non seulement ne vise pas à éliminer la double imposition mais également attirer les investisseurs. La signature de cette convention rentre bien dans ce cadre.

a- Analyse de la Convention fiscale entre le Bénin et la Norvège (1979)

Préambule et article 29 (Droit aux avantages)

La convention fiscale entre le Bénin et la Norvège ne contient pas le préambule de l'Action 6 du BEPS.

Le Bénin est membre du Cadre inclusif et est tenu à ce titre d'adopter le texte du préambule de l'Action 6. Un préambule indiquant expressément que les parties à la convention entendent éliminer la double imposition sans créer de possibilités de fraude et d'évasion fiscales pourrait jouer un rôle important dans l'interprétation des dispositions de la convention fiscale. L'adoption de ce préambule peut être utile pour empêcher l'utilisation abusive de la convention fiscale et est recommandée pour l'ensemble des juridictions qui s'inquiètent des pratiques de chalandage fiscal, qu'elles soient ou non soumises à l'obligation d'appliquer le standard minimum établi par l'Action 6.

La convention fiscale entre le Bénin et la Norvège ne contient pas de disposition générale anti-abus.

Le Bénin est membre du Cadre inclusif et est tenu à ce titre d'adopter des dispositions anti-abus dans ses conventions fiscales pour mettre en œuvre le standard minimum de l'Action 6. L'adoption d'une disposition anti-abus telle que la règle du critère des objets principaux (COP) figurant à l'article 29 (9) des Modèles de l'OCDE et des Nations Unies fournirait au Bénin un outil efficace pour se protéger contre le chalandage fiscal et d'autres utilisations potentiellement abusives de la convention fiscale, indépendamment de toute obligation de mettre en œuvre le standard minimum de l'Action 6.

La Norvège a signé l'IM sur le BEPS, mais n'a pas notifié sa convention fiscale avec le Bénin en tant que convention fiscale couverte. La Norvège serait tenue d'ajouter la convention fiscale à sa liste des conventions fiscales couvertes si le Bénin souhaitait adopter le préambule de l'Action 6 du Projet BEPS et une disposition générale anti-abus dans la convention en ayant recours à l'IM sur le BEPS.

Article 4 (Résident)

L'article relatif à la résidence de la convention fiscale entre le Bénin et la Norvège contient des règles classiques de départage.

Article 5 (Établissement stable)

L'article relatif à l'établissement stable de la convention entre le Bénin et la Norvège suit d'une manière générale une formulation standard.

Article 6 (Revenus immobiliers)

L'article relatif aux revenus immobiliers de la convention entre le Bénin et la Norvège suit une formulation standard.

Article 7 (Bénéfices des entreprises)

L'article sur les bénéfices des entreprises de la convention entre le Bénin et la Norvège (article 10) suit une formulation standard.

Article 9 (Entreprises associées)

L'article relatif aux entreprises associées de la convention fiscale entre le Bénin et la Norvège (article 11) ne contient qu'une disposition correspondant à l'article 9 (1) des Modèles de l'OCDE et des Nations Unies.

L'absence de disposition correspondant à l'article 9 (2) des Modèles de l'OCDE et des Nations Unies crée une incertitude quant à la possibilité d'éliminer la double imposition économique qui pourrait résulter d'un ajustement des prix de transfert. Suite à l'ajustement d'une transaction entre entreprises associées dans la situation prévue à l'article 9 (1), une double imposition économique (imposition du même revenu à la charge de personnes différentes) peut survenir dans la mesure où une entreprise d'un État (État A), dont les bénéfices sont révisés à la hausse, sera assujettie à l'impôt sur un montant de bénéfices qui a déjà été imposé à la charge de son entreprise associée dans l'autre État (État B). L'article 9 (2) dispose que dans ces circonstances, l'État B procède à un ajustement approprié pour éviter la double imposition

(« *ajustement corrélatif* »). Un ajustement corrélatif n'est pas automatique, mais n'est dû que si l'État B considère que le montant des bénéfices ajustés reflète correctement les bénéfices qui auraient été réalisés si les transactions avaient été effectuées dans des conditions de pleine concurrence. En l'absence de disposition correspondant à l'article 9 (2), certains États peuvent ne pas être habilités, en vertu de leur droit interne, à procéder à des ajustements corrélatifs.

L'adoption d'une disposition correspondant à l'article 9 (2) est donc importante pour garantir l'élimination de la double imposition qui constitue l'un des principaux objectifs d'une convention fiscale. Une telle disposition permettrait également au Bénin de satisfaire à l'élément du standard minimum de l'Action 14 du BEPS qui exige des pays de donner accès à la procédure amiable dans les affaires de prix de transfert.

La Norvège a signé l'IM du Projet BEPS, mais n'a pas notifié sa convention fiscale avec le Bénin en tant que convention fiscale couverte. La Norvège serait tenue d'ajouter la convention fiscale à sa liste de conventions fiscales couvertes si le Bénin souhaitait adopter une disposition correspondant à l'article 9 (2) dans la convention en ayant recours à l'IM sur le BEPS.

Article 10 (Dividendes), article 11 (Intérêts) et article 12 (Redevances)

Les dispositions pertinentes des articles sur les dividendes et les redevances de la convention fiscale entre le Bénin et la Norvège suivent une formulation standard qui intègre le critère du bénéficiaire effectif.

L'article 11 (2) de la convention fiscale ne prévoit pas de critère du bénéficiaire effectif, mais autorise l'État de la source à imposer les intérêts à un taux ne dépassant pas 25 % du montant brut des intérêts. L'importance potentielle de la question de l'absence de critère du bénéficiaire effectif dans ce contexte dépendra du taux d'imposition qu'un État de la source appliquerait, à défaut, à un paiement d'intérêts destiné à un non-résident en vertu de sa législation interne (autrement dit, l'absence de critère du bénéficiaire effectif ne semble pas déterminante si le taux d'imposition applicable en droit interne à un paiement d'intérêts est inférieur ou égal à 25 %).

Article 13 (Gains en capital)

L'article relatif aux gains en capital de la convention fiscale entre le Bénin et la Norvège ne contient pas de disposition correspondant à l'article 13 (4) des Modèles de l'OCDE et des Nations Unies.

La Norvège a signé l'IM sur le BEPS, mais n'a pas notifié sa convention fiscale avec le Bénin en tant que convention fiscale couverte. La Norvège serait tenue d'ajouter la convention fiscale à sa liste de conventions fiscales couvertes si le Bénin souhaitait adopter une disposition correspondant à l'article 13 (4) de la convention en ayant recours à l'IM sur le BEPS. La Norvège devrait également modifier sa position au regard de l'IM et choisir d'appliquer l'article 9 (4) de l'IM sur le BEPS.

Article 15 (Revenus d'emploi)

L'exonération dans l'État de la source prévue dans la disposition correspondant à l'article 15 (2) (article 22 de la convention fiscale entre le Bénin et la Norvège) fait référence à une période de « *183 jours au cours de l'année fiscale considérée* ». La modification du texte afin de désigner une période de présence « *n'excédant pas au total 183 jours durant toute période de douze mois* ***commençant ou se terminant durant l'année fiscale considérée*** » permettrait d'éviter certaines possibilités d'évasion fiscale créées par la formulation actuelle ainsi que les difficultés pouvant survenir lorsque les exercices fiscaux des États contractants ne coïncident pas.

Article 21 (Autres revenus)

La convention fiscale entre le Bénin et la Norvège ne contient pas de disposition correspondant à l'article 21 (2) des Modèles de l'OCDE et des Nations Unies. En conséquence, la convention fiscale ne permet pas à l'État dans lequel se trouve un établissement stable d'imposer les « *autres revenus* » tirés de droits ou de biens qui sont effectivement liés à l'établissement stable.

Article 25 (Procédure amiable)

L'article 25 de la convention fiscale entre le Bénin et la Norvège suit d'une manière générale une formulation standard.

Article 26 (Échange de renseignements)

Le Bénin est membre du Forum mondial sur la transparence et l'échange de renseignements à des fins fiscales (le Forum mondial), mais n'a pas encore fait l'objet d'un examen par les pairs.

L'article 26 de la convention entre le Bénin et la Norvège ne reflète pas toutes les dispositions de l'article 26 des Modèles de l'OCDE et des Nations Unies. D'une manière générale, une telle disposition devrait être remplacée ou complétée par une disposition reflétant les principes universellement admis de l'échange effectif de renseignements sur demande à des fins fiscales. À cet égard, il convient de noter que le Bénin a signé, mais pas ratifié, la Convention concernant l'assistance administrative mutuelle en matière fiscale, qui prévoit l'échange de renseignements conformément à la norme internationale et qui est en vigueur pour la Norvège.

Autres dispositions

Les dispositions de l'article IV du Protocole à la Convention fiscale entre le Bénin et la Norvège relatives aux activités offshore protègent le droit de l'État de la source d'imposer les revenus de l'exploration ou de l'exploitation de ressources naturelles offshore ainsi que les revenus de l'emploi salarié lié à de telles activités.

Source : OCDE, Examen des conventions fiscales conclues par le Bénin, avril 2021

C- **Convention Bénin-Maroc**

La convention entre la République du Bénin et le Royaume du Maroc a été signée à Marrakech le 25 mars 2019. Elle a été ratifiée par le parlement du Bénin en sa séance du 12 janvier 2022 par la loi n° 2022-03 du 23 janvier 2022. Cette loi a été promulguée par le Président de la République, le 25 janvier 2022.

La convention fiscale signée entre le Bénin et le Maroc est une convention moderne qui prend en compte les derniers développements du droit fiscal international en perpétuelle évolution. Les dispositions contenues dans cette convention prennent en compte les recommandations de BEPS.

En dehors de ces trois conventions citées précédemment, le Bénin a signé deux autres conventions. L'une avec les Émirats arabes unis en 2013 et l'autre avec le Rwanda en 2023 dont les ratifications sont en cours.

En ce qui concerne la convention avec les Émirats, certaines dispositions ne respectent pas totalement les recommandations des actions BEPS.

Outre ces conventions bilatérales signées par le Bénin avec certains pays, le Bénin est partie prenante de certaines conventions multilatérales.

Au nombre de ces conventions, nous avons :

- le Règlement 08/2008/CM/UEMOA du 26 septembre 2008 relatif aux règles visant à éviter la double imposition au sein de l'UEMOA et des règles d'assistance en matière fiscale ;
- l'Acte Additionnel de la CEDEAO du 22 décembre 2018 portant adoption des règles communautaires pour l'élimination de la double imposition ;
- la convention fiscale entre les États de l'OCAM signée en 1971 ;
- la Convention d'Assistance Multilatérale en matière fiscale (MAC).

D- le Règlement 08/2008/CM/UEMOA du 26 septembre 2008 relatif aux règles visant à éviter la double imposition au sein de l'UEMOA et des règles d'assistance en matière fiscale

Ce règlement est la convention fiscale des pays de l'UEMOA. Il a été signé à Bamako au Mali le 26 septembre 2008 et est entré en vigueur le 1er janvier 2009. Ce traité est en vigueur entre le Bénin, le Burkina Faso, la Côte d'Ivoire, la Guinée-Bissau, le Mali, le Niger, le Sénégal et le Togo.

Mais, un peu comme les conventions signées depuis un certain temps, le règlement 08/2008 a besoin d'être toiletté et d'être mis aux normes des standards minimums. C'est ce qu'a compris la commission de l'UEMOA qui travaille déjà à cet effet.

a- **Analyse du Règlement 08/2008/CM/UEMOA**

Préambule et article 29 (droit aux avantages)

Le traité de l'UEMOA ne contient pas le préambule de l'Action 6 du BEPS.

Quatre États membres de l'UEMOA (Bénin, Burkina Faso, Côte d'Ivoire et Sénégal) sont membres du Cadre inclusif et sont tenus à ce titre d'adopter le texte du préambule de l'Action 6. Un préambule indiquant expressément que les parties au Traité entendent éliminer la double imposition sans créer de possibilités de fraude et d'évasion fiscales pourrait jouer un rôle important dans l'interprétation des dispositions de la convention. L'adoption de ce préambule peut être utile pour empêcher l'utilisation abusive du Traité et est recommandée pour l'ensemble des juridictions qui s'inquiètent des pratiques de chalandage fiscal, qu'elles soient ou non soumises à l'obligation d'appliquer le standard minimum établi par l'Action 6 du projet BEPS.

Le Traité de l'UEMOA ne contient pas de disposition générale anti-abus.

Quatre États membres de l'UEMOA (Bénin, Burkina Faso, Côte d'Ivoire et Sénégal) sont membres du Cadre inclusif et sont tenus d'adopter des dispositions anti-abus dans leurs conventions fiscales pour mettre en œuvre le standard minimum de l'Action 6. L'adoption d'une disposition anti-abus telle que la règle du critère des objets principaux (COP) figurant à l'article 29 (9) des Modèles de l'OCDE et des Nations Unies fournirait un outil efficace pour se protéger contre le chalandage fiscal et d'autres utilisations potentiellement abusives du Traité, indépendamment de toute obligation de mettre en œuvre le standard minimum de l'Action 6.

Trois États membres de l'UEMOA (Burkina Faso, Côte d'Ivoire et Sénégal) ont signé l'IM sur le BEPS. Aucun de ces pays n'a inscrit le traité de l'UEMOA dans sa liste de conventions fiscales couvertes. Les parties au traité de l'UEMOA devraient prendre en compte les considérations générales relatives à l'IM sur le BEPS décrites ci-avant pour étudier la possibilité de recourir à l'IM sur le BEPS pour adopter le préambule de l'Action 6 du Projet BEPS et une disposition générale anti-abus dans le Traité.

Article 4 (Résident)

L'article relatif à la résidence du Traité de l'UEMOA (article 3) contient des règles conventionnelles de départage.

Article 5 (Établissement stable)

L'article relatif à l'établissement stable du Traité de l'UEMOA (article 4) suit d'une manière générale une formulation standard.

Article 6 (Revenus immobiliers)

L'article relatif aux revenus de biens immobiliers du Traité de l'UEMOA (article 7) suit d'une manière générale une formulation standard, mais n'inclut pas expressément dans son champ d'application les « *revenus des exploitations agricoles et forestières* ». L'inclusion d'une telle expression confirmerait que l'État de la source se réserve le droit illimité d'imposer les revenus des exploitations agricoles et forestières.

Article 7 (Bénéfices des entreprises)

L'article relatif aux bénéfices des entreprises du Traité de l'UEMOA (article 8) suit une formulation standard. La disposition suit l'article 7 (1) du Modèle des Nations Unies et prévoit le principe de la force d'attraction.

Article 9 (Entreprises associées)

L'article relatif aux bénéfices des entreprises du Traité de l'UEMOA (article 10) suit une formulation standard. Il inclut une disposition correspondant à l'article 9 (3) du Modèle des Nations Unies selon lequel l'obligation de procéder à un ajustement corrélatif prévue à l'article 9 (2) ne s'applique pas lorsque, à la suite d'une procédure judiciaire, administrative ou encore légale, une décision finale a établi que, du fait d'actions entraînant un ajustement des bénéfices en vertu de l'article 9 (1), une des entreprises en cause est passible d'une pénalité pour fraude, faute lourde ou défaillance.

Article 10 (Dividendes), article 11 (Intérêts) et article 12 (Redevances)

Les articles sur les dividendes et les intérêts du Traité de l'UEMOA (articles 11 et 12) suivent une formulation standard qui intègre le critère du bénéficiaire effectif.

L'article sur les redevances du Traité de l'UEMOA (article 13) ne suit pas une formulation standard qui intègre le critère du bénéficiaire effectif. L'adoption d'un article sur les redevances fondé sur une formulation standard et assorti du critère du bénéficiaire effectif pourrait contribuer à faire en sorte que les avantages prévus par le Traité ne puissent être octroyés qu'à un bénéficiaire traité comme le détenteur effectif de ces redevances à des fins fiscales dans son État de résidence.

Article 13 (Gains en capital)

L'article relatif aux gains en capital du Traité de l'UEMOA (article 14) contient une disposition correspondant à l'article 13 (4) des Modèles de l'OCDE et des Nations Unies. La disposition ne contient pas de référence à des « *intérêts similaires* » et ne prévoit pas de période de reprise. Les parties au Traité de l'UEMOA devraient prendre en compte les considérations générales ci-avant relatives à l'IM sur le BEPS pour étudier la possibilité de recourir à l'IM sur le BEPS afin d'intégrer une référence à des « *intérêts similaires* » et prévoir une période de reprise.

Article 15 (Revenus d'emploi)

L'exonération dans l'État de la source prévue dans la disposition correspondant à l'article 15 (2) (article 16 du Traité de l'UEMOA) fait référence à une période de « *183 jours au cours de l'année fiscale considérée* ». La modification du texte afin de désigner une période de présence « *n'excédant pas au total 183 jours durant toute période de douze mois* ***commençant ou se terminant durant l'année fiscale considérée*** » permettrait d'éviter certaines possibilités d'évasion fiscale créées par la formulation actuelle ainsi que les difficultés pouvant survenir lorsque les exercices fiscaux des États contractants ne coïncident pas.

Article 21 (Autres revenus)

L'article relatif aux autres revenus du Traité de l'UEMOA (article 22) suit une formulation standard.

Article 25 (Procédure amiable)

L'article relatif à la procédure amiable du Traité de l'UEMOA (article 38) suit d'une manière générale une formulation standard. Les autres paragraphes de l'article ne suivent pas une formulation standard.

L'adoption d'une formulation standard de l'article 25 donnerait plus de certitude quant à la procédure amiable prévue par le Traité. Le Traité ne contient pas de disposition correspondant à la deuxième phrase de l'article 25 (2) des Modèles de l'OCDE et des Nations Unies (qui prévoit qu'un accord conclu par la procédure amiable est appliqué, quels que soient les délais prévus par le droit interne des États contractants). Le Traité pourrait être modifié afin d'inclure des dispositions correspondant aux premier, deuxième et troisième paragraphes de l'article 25 en ayant recours à l'IM sur le BEPS.

Article 26 (Échange de renseignements)

L'article 33 du Traité de l'UEMOA semble refléter toutes les dispositions de l'article 26 des Modèles de l'OCDE et des Nations Unies et la norme internationale concernant l'échange de renseignements à des fins fiscales.

Source : OCDE, Examen des conventions fiscales conclues par le Bénin, avril 2021

E- L'Acte Additionnel de la CEDEAO du 22 décembre 2018 portant adoption des règles communautaires pour l'élimination de la double imposition

Un peu comme le règlement 08/2008, l'Acte Additionnel, c'est la convention fiscale entre les 15 pays de la CEDEAO. Cette convention a été adoptée en 2018 et comporte 45 articles qui fixent les règles d'élimination de la double imposition, de la lutte contre la fraude et l'évasion fiscales de même que les règles d'assistance administrative et d'assistance au recouvrement entre les pays de la CEDEAO.

Cette convention récente est conforme aux standards minimums préconisés par le projet BEPS.

F- La convention OCAM

Les États membres de l'Organisation Commune Africaine et Malgache ont signé entre eux le 29 juillet 1971 une convention fiscale. Bien que l'OCAM ait été dissoute, certains pays comme le Congo et la Côte d'Ivoire ont continué d'appliquer cette convention jusqu'en 2015.

G- La Convention d'Assistance Multilatérale en matière fiscale (MAC)

La **Convention concernant l'assistance administrative mutuelle en matière fiscale** a été élaborée par le Conseil de l'Europe et l'OCDE en 1988 et a été amendée en 2010 par un Protocole. La Convention est l'instrument multilatéral le plus complet et offre toutes les formes possibles de coopération fiscale pour combattre l'évasion et la fraude fiscales.

La Convention facilite la coopération internationale pour une meilleure mise en œuvre des législations fiscales internes, tout en préservant les droits fondamentaux des contribuables. Elle prévoit toutes les formes possibles de coopération administrative entre les États en vue de l'établissement et du recouvrement de l'impôt. Cette coopération s'étend de l'échange d'information, y compris les échanges automatiques, au recouvrement de l'impôt à l'étranger.

Aujourd'hui, plus de **147 juridictions** participent à la Convention.

Cette convention multilatérale est un instrument de coopération qui offre trois principales formes d'assistance fiscale, à savoir : l'échange de renseignements, l'assistance en matière de contrôles fiscaux simultanés et la participation à des contrôles fiscaux menés à l'étranger, l'assistance au recouvrement des créances fiscales.

Le Bénin a signé la MAC à paris le 27 novembre 2019, l'a ratifiée le 23 février 2022 et elle est entrée en vigueur le 01 mars 2023.

IV- POURQUOI DOIT-ON RÉVISER CERTAINES CONVENTIONS FISCALES

A- La pertinence

La pertinence de la révision d'une convention dépend des enjeux visés par la juridiction qui en fait la demande.

Les objectifs doivent être fixés en tenant compte des paramètres :

➢ enjeux économiques et budgétaires ;

• coûts : limitation des droits d'imposition, investissement en personnel pour renégocier et mettre en œuvre les conventions fiscales, y compris la coopération administrative et le règlement des différends ;

• avantages : impôts supplémentaires par l'hypothèse d'une croissance économique difficile à mesurer, impôts supplémentaires par l'hypothèse d'une réduction de la fraude et de l'évasion fiscales et d'une assistance mutuelle pour le recouvrement des impôts impayés ;

➢ enjeux de lutte contre la fraude et l'évasion fiscale (Respect des standards minimums du projet BEPS).

L'objectif de la renégociation de la convention peut viser aussi la mise aux standards minimums des conventions déjà conclues et qui ne respectent pas les normes. La renégociation d'une convention peut intervenir lorsqu'une juridiction estime que les clauses contenues dans la convention ne permettent plus de réaliser ces objectifs de mobilisation de recette, de lutte contre la fraude et l'évasion fiscales, lorsque la convention n'offre plus l'assistance en matière d'échange de renseignements et de recouvrement des créances à l'étranger.

La révision peut aussi intervenir pour mettre la convention aux normes internationales.

B- Comment réviser ?

La manière de réviser les conventions fiscales dépend des enjeux visés par le pays. Ainsi, une révision peut se faire par négociation bilatérale ou par la signature de l'instrument multilatérale de l'OCDE.

La révision par négociation bilatérale est indiquée dans les cas où la juridiction n'a pas un réseau conventionnel développé. Il est aussi indiqué lorsque les objectifs visés vont au-delà de la mise aux standards minimums de la convention.

La révision par le biais de l'Instrument Multilatéral BEPS permet aux juridictions de mettre en œuvre efficacement des mesures visant à renforcer leurs conventions fiscales existantes, afin de se protéger contre les stratégies d'évasion fiscale qui utilisent de manière inappropriée les conventions fiscales pour transférer les profits.

Les signataires et parties qui ont rejoint l'IM BEPS ont identifié lesquelles de leurs conventions fiscales ils souhaitent voir modifiées par l'IM BEPS et les dispositions de celui-ci qu'ils souhaitent mettre en œuvre. Dès lors qu'une convention fiscale a été listée par ses deux partenaires, elle devient une convention couverte par l'IM BEPS.

Eu égard à tout ce qui précède, il convient de dire que le mode indiqué pour le Bénin pour réviser éventuellement ses conventions est la renégociation de façon bilatérale car sur les trois conventions en vigueur, c'est seulement deux (Convention Bénin-France et Bénin Norvège) qui pourraient faire l'objet de renégociation.

CONCLUSION

Nous retenons au terme que le réseau conventionnel du Bénin n'est pas assez riche. Trois conventions sont actuellement en vigueur. Deux autres sont déjà signées et attendent la ratification par le parlement.

Le Bénin est partie prenante de deux textes communautaires à savoir le règlement 08/2008 de l'UEMOA et l'Acte Additionnel de la CEDEAO.

Le Bénin a enfin signé La Convention d'Assistance Multilatérale en matière fiscale (MAC).

Des conventions en vigueur, deux ne sont pas conformes aux standards minimums et une révision de ces deux textes pourrait être envisagée. Le pays pourrait aussi profiter de cette révision pour corriger les insuffisances liées au partage d'imposition sur certaines natures ou renégocier certaines dispositions qu'il juge dépassées.

Quant au règlement 08/2008 du 26 septembre 2008 qui n'est pas aussi conforme aux standards minimums, la Commission de l'UEMOA entreprend déjà son actualisation.

S'agissant de la convention fiscale entre les États de l'OCAM, il importe de la dénoncer.

ÉTABLISSEMENT STABLE ET LE JUGE EN MATIÈRE DE NON DOUBLE IMPOSITION

Aymar Ben BINASSOUA

INTRODUCTION

Selon une logique datée, « *la principale utilité des colonies est le commerce des métropoles* ». Il apparaissait que « *l'objet d'une colonie était d'être pour la métropole une source de profit*[122]». L'idée était d'en faire une source d'approvisionnement en « *matières premières à bon marché* » et un moyen de « *faciliter le commerce des puissances impérialistes* [123]». Cela permettait de mettre en œuvre un certain nombre de moyens dont l'impôt de capitation, à la charge des indigènes, les compagnies et maisons de commerce s'assurant d'exploiter les ressources au profit exclusif de la métropole. On aurait pu considérer que plusieurs décennies après la décolonisation, une telle logique ne doit plus être évoquée si, pour les anciennes colonies devenues indépendantes, « *les conventions fiscales, instruments d'autolimitation concédée en principe pour protéger les ressources souveraines, en évitant la double imposition n'étaient pas devenues en définitive des instruments d'affaiblissement fiscal des États, en promouvant la double non-imposition*[124] ». Pourtant, les bonnes intentions n'ont pas manqué. L'Organisation des Nations Unies (ONU), dès la fin des années 1960 va se préoccuper des relations fiscales entre les États développés et les États les moins avancés[125]. Mais l'insuffisance du cadre normatif, les mesures de désarmement fiscal pour attirer les investissements et le déficit de capacité, ont fait perdre aux États africains des sommes

---

[122] LEROY-BEAULIEU P., *De la colonisation chez les peuples modernes*, Paris, 1874.

[123] ETIENNE E., Chef du parti colonial, cité par M. AHAHANZO, *Naissance d'un État Noir. L'évolution politique et constitutionnelle du Dahomey, de la colonisation à nos jours,* LGDJ, 1969

[124]BINASSOUA A., *L'impôt en Afrique de l'Ouest francophone, l'exemple du Bénin, L'Harmattan*, 2022, p.108

[125]Le modèle de convention des Nations Unies concernant les doubles impositions cible particulièrement les relations entre pays développés et pays en développement.

conséquentes depuis les indépendances[126]. La situation s'est aggravée avec le double contexte de l'accélération de la globalisation et l'émergence de l'économie du numérique[127].

En effet, la mondialisation et le commerce électronique font prospérer toute une nouvelle économie qui rompt avec l'économie traditionnelle. Le processus de création de la richesse s'est diffusé sur plusieurs territoires fiscaux avec pour conséquence, la concurrence fiscale entre États, une crise de la localisation et de l'identification des instances capables de percevoir l'impôt.[128] Les risques de double imposition pour les entreprises et d'évasion fiscale pour les États qui en découlent, nécessitent l'institution de règles consensuelles et harmonisées pour ne pas entraver le développement du commerce international, ni affaiblir le pouvoir fiscal des États, élément essentiel de leur souveraineté[129]. La sécurité juridique des transactions au plan fiscal, commande surtout de « *régler uniformément les problèmes qui se posent le plus couramment dans le domaine de la double imposition juridique internationale*[130] ». Il s'agit d'un impératif pour la prévisibilité des relations fiscales entre les États africains et les multinationales occidentales. C'est également d'un impératif pour réussir l'intégration économique et la liberté d'établissement portées par la zone de libre-échange continentale africaine (ZLECAF) et les organisations régionales[131].

---

[126] Les pertes sont dues aux flux financiers illicites dont l'évasion fiscale est une composante essentielle. En 2019, la Commission de l'Union Africaine (UA) a estimé que le montant des Flux Financiers Illicites (FFI) en provenance d'Afrique se situait entre 50 et 80 milliards USD par an. Voir Commission de l'Union Africaine (2019), *Domestic Resource Mobilization Fighiting Aigainst Corruption and Illicit Financial Flows.*

[127] Voir Conseil d'État, *La fiscalité internationale à réinventer, Colloque du 30 novembre 2018, dossier du participant,* p. 4.

[128] MOULIER BOUTANG Y., « Transformation de la valeur économique », *in* Th. BERNS et *al. Philosophie de l'impôt, op. cit.*

[129] « *La souveraineté est indissociable du droit d'imposer. L'impôt est le versant financier du pouvoir politique* », Voir BINASSOUA A., *Ibid.*, p. 39.

[130] OCDE, *Modèle de convention fiscale concernant le revenu et la fortune*, introd, parag 5.

[131] Il s'agit d'organisations comme la CEDEAO et l'UEMOA par exemple. Selon l'article 4e) du Traité : « *Sans préjudice des objectifs définis dans le Traité de l'UMOA, l'Union poursuit, dans les conditions établies par le présent Traité, la réalisation des objectifs ci-après : ... harmoniser, dans la mesure nécessaire au bon fonctionnement du marché commun, les législations des États-membres et particulièrement le régime de la fiscalité* ». Les dispositions de l'article 5 du Traité

Il n'est donc pas illogique de neutraliser la double imposition[132]. La fiscalité internationale, entendue ici comme englobant les dispositions découlant des conventions conclues entre les États et les modèles de convention[133], l'a organisée en s'appuyant sur certains concepts dont la notion d'établissement stable. Notion exclusive du droit fiscal,[134] elle constitue un moyen pour les États, d'appréhender « *les entités non incorporées juridiquement au travers desquelles les sociétés étrangères conduisent tout ou partie de leur activité*[135]». Elle se caractérise de plusieurs façons et est saisie par plusieurs définitions soit d'origine conventionnelle, soit de droit interne, mais qui se recoupent sur un

---

doivent être lues en parallèle avec les objectifs poursuivis par l'article 4 du Traité en matière fiscale. Celui-ci prévoit en effet d'« *harmoniser, dans la mesure nécessaire au bon fonctionnement du marché commun, les législations des États-membres et particulièrement le régime de la fiscalité* ».

[132] Au sens juridique, la double imposition consiste à imposer une même matière imposable deux fois dans les mains d'un même contribuable dans deux états différents.

[133] On peut citer au titre des accords et conventions : l'Accord de l'ATAF sur l'assistance administrative mutuelle en matière fiscale (AMATM), de la convention en vue d'éviter la double imposition et d'établir des règles d'assistance mutuelle en matière d'impôts sur le revenu entre les États de l'Union du Maghreb arabe (UMA), de l'accord de la Communauté de développement de l'Afrique australe sur l'assistance mutuelle en matière fiscale (accord de la SADC) ; de l'Acte additionnel 5/12/18 de la Communauté économique des États de l'Afrique de l'Ouest (CEDEAO) portant adoption des règles communautaires relatives à l'élimination de la double imposition en matière d'impôts sur le revenu, sur la fortune et sur les successions et à la prévention de la fraude et de l'évasion fiscales dans les États membres de la CEDEAO (Acte additionnel 5/12/18 de la CEDEAO) ; de l'Accord de la Communauté économique et monétaire de l'Afrique centrale Règlement n° 07/19 du 7 avril 2019 portant révision de la l'Acte n° 5/66 du 13 décembre 1966 tendant à éviter les doubles impositions ; de la Convention de double imposition de la Communauté de l'Afrique de l'Est (CAE) ; et du Règlement n° 08/2008 de l'Union économique et monétaire ouest-africaine (UEMOA) portant adoption des règles tendant à éviter la double imposition au sein de l'UEMOA et des règles d'assistance en matière fiscale.

Au titre des modèles on peut citer : OCDE (2017), Modèle de convention fiscale concernant le revenu et la fortune : Version condensée 2017, Éditions OCDE, Paris, disponible en ligne: https://www.oecd.org/fr/ctp/modele-de-convention-fiscale-concernant-le-revenu-et-la-fortune-version-complete-1c00663f-fr.htm; ONU (2017), *Modèle de Convention des Nations Unies concernant les doubles impositions entre pays développés et pays en développement*, Publications des Nations Unies, New York , disponible en ligne: https://www.un.org/esa/ffd/wp-content/uploads/2018/05/MDT_2017.pdf.

[134] Voir Isabelle RIU, *Sociétés et établissements en droit fiscal international et de l'union européenne,* L'Harmattan, 2013, p. 13.

[135] *Ibid.*

point : « *Celle de déterminer dans quelles limites l'activité exercée sur un territoire présente un caractère économique pour caractériser un établissement stable imposable* ».[136]

Pour les pays en développement, la notion présente un intérêt particulier. En principe, tous les bénéfices, réalisés par une entreprise sont imposables dans l'État où se trouve sa résidence. C'est le principe de mondialité. Mais par exception, les bénéfices sont imposables dans l'État dans lequel l'entreprise est suffisamment implantée par l'intermédiaire d'un établissement stable. C'est le principe de la territorialité. Lieu d'implantation des multinationales ayant leur siège hors de leur juridiction, la notion est donc centrale pour les pays en développement et sa bonne caractérisation est de nature à organiser et équilibrer les intérêts des Entreprises Multinationales (EMN) et des États. Elle revêt une importance particulière en matière conventionnelle car elle permet l'attribution à un État contractant le droit d'imposer les bénéfices d'une entreprise de l'autre État contractant[137] et de neutraliser une éventuelle double imposition.

La notion d'établissement simple est une notion faussement simple. Elle s'applique également en matière de TVA. Il existe également une correspondance entre d'établissement d'origine droit interne et établissement stable d'origine conventionnelle[138]. Mais notre présentation se limite à la notion d'établissement stable au sens conventionnel et exclut son application au champ matériel de la TVA.

L'interprétation des textes entraîne des divergences, surtout que ces textes émanent de conventions, subissant le poids du langage diplomatique souvent peu compatible avec la clarté technique nécessaire. Elle

---

136 RIU I., *Ibid.*, p.21.

137 Selon l'article 2-b) du Code général des Impôts du Bénin, sont réputées exploitées au Bénin, les sociétés et autres entités non-résidentes disposant d'un établissement stable en République du Bénin.

138 Il existe en effet une correspondance entre un établissement autonome au sens du droit interne et l'établissement fixe au sens du droit conventionnel. Les deux notions ne sont pas forcément identiques. La convention modèle de l'OCDE n'exige pas, pour la caractérisation d'un établissement stable, une autonomie de gestion de l'installation située en France. Dans cette hypothèse rare, la France a le droit d'imposer les bénéfices d'un tel établissement stable sur le fondement de la convention. Ainsi, l'établissement français d'une société étrangère ne constitue pas une entreprise autonome au sens du droit interne dès lors qu'il ne dispose d'aucune autonomie de gestion, mais peut être regardé comme un établissement stable au sens conventionnel. Voir CE 18 oct. 2018, Sté Aravis Business Retreats Ltd, no 405468: RJF 2019. 19, *concl.* Crépey.

entraîne des contentieux, car mettant en jeu des acteurs aux intérêts divergents, notamment Entreprise, État de source, État d'origine.

Le contentieux de l'interprétation des textes a permis au juge d'apporter des clarifications sur bien des aspects liés à la notion d'établissement stable. Il a permis une construction prétorienne des règles liées à la notion d'établissement stable et son corollaire la non double imposition. Cette construction est essentiellement issue du droit comparé.

Comment le juge, opère-t-il le règlement des contentieux relatifs à l'assiette de l'impôt, l'établissement de l'imposition et la répartition du bénéfice et des droits entre États ?

Le juge utilise généralement un ensemble de faits et de circonstances sélectionnés qui, mis ensemble, soutiennent sa position pour évaluer une situation.

En procédant ainsi, le juge a particulièrement permis d'affermir les règles de rattachement des bénéfices (**I**) et s'est attaché à clarifier les règles liées permettant de prévenir l'imposition d'une même matière par deux États différents (**II**).

I- L'AFFERMISSEMENT DES RÈGLES DE RATTACHEMENT DU BÉNÉFICE

Les travaux relatifs à la caractérisation de la notion d'établissement stable relèvent d'une époque où le développement économique était basé sur la révolution industrielle. Ce contexte a profondément évolué avec le développement de l'économie numérique. En s'attachant à interpréter les dispositions conventionnelles pour rechercher si une activité exercée dans un État autre que celui où est établie la personne morale est imposable au lieu de résidence de cette personne morale ou au lieu d'exercice de l'activité, le défi du juge est double : répondre aux problèmes posés par l'économie traditionnelle (**A**) tout en s'adaptant aux nouveaux enjeux (**B**).

A- La consolidation des règles de rattachement pour les bénéfices issus des transactions relevant de l'économie traditionnelle

De l'analyse des textes issus du droit fiscal international, la définition de l'établissement stable se scinde en deux branches. L'une matérielle, caractérisée par l'existence d'une installation fixe d'affaires (**1**) et l'autre juridique, caractérisée par la dépendance d'un agent (**2**)[139]. L'œuvre du juge permet de mieux préciser les contours de ces deux notions.

[139] RIU I, *Sociétés et établissements en droit fiscal international et de l'union européenne,* p. 14.

1- La mise en évidence des éléments d'identification d'une installation fixe

De façon générale, l'installation fixe d'affaires en tant qu'établissement stable est caractérisée par la durée d'exploitation (**a**), la présence physique (**b**), des activités significatives ou la direction effective (**c**). Ces énumérations ne suffisent pas pour régler les désaccords de qualification. L'on comprend donc les clarifications apportées par différentes jurisprudences qui ont permis de clarifier chacun de ces aspects.

a) La présence physique substantielle

De façon traditionnelle, la possibilité d'imposer l'activité d'une entreprise étrangère est liée à une certaine matérialité de sa présence. Cette matérialité correspond à l'installation fixe d'affaires par l'intermédiaire de laquelle une entreprise exerce tout ou partie de son activité. Une installation fixe est le lieu d'activité dans lequel l'entreprise exerce tout ou partie de ses activités. Sous cet angle, le concept d'établissement stable désigne une présence physique substantielle dans le pays concerné[140]. Les modèles de l'OCDE et de l'ONU donnent une liste non limitative d'établissements stables généralement retenus dans les conventions : Il s'agit notamment d'un siège de direction, d'une succursale, d'un bureau. Il peut également s'agir d'une usine, un atelier, une mine, un puits de pétrole ou de gaz, une carrière ou tout autre lieu d'extraction de ressources naturelles.

La présence physique est substantielle lorsqu'elle est soutenue par des équipements et non de simples liens, indépendamment de tout critère d'indépendance ou d'autonomie[141]. Il en est ainsi pour une société étrangère intervenant dans le domaine du recrutement de personnel et qui dispose, pour son activité en France, « *de bureaux occupés exclusivement et de manière permanente par les salariés d'une société suisse, (alors) que tout le processus d'élaboration des contrats*

---

[140] Projet OCDE/G20 sur l'érosion de la base d'imposition et le transfert de bénéfices, Empêcher les mesures visant à éviter artificiellement le statut d'établissement stable, Action 7, Rapport final 2015.

[141] Longtemps considéré comme une exigence, l'autonomie de gestion n'est plus une exigence. Le Conseil d'État précise à ce sujet qu'il importe peu que le local ou la structure soit dotée d'une autonomie de gestion. Une structure recevant des instructions de la part de société étrangère et donc sans autonomie de gestion, n'en est pas moins une installation fixe d'affaire[141], du moment où elle remplit les autres critères cités.

se situe en France et qu'en réalité c'est tout le processus d'élaboration du résultat de la société qui s'exécute principalement en France »[142].

Il est donc tenu compte des éléments utilisés ou mobilisés par une entité pour l'exploitation sur le territoire national. Le Conseil d'État insiste sur l'existence d'éléments « *essentiels* » pour l'exploitation. Pour la haute juridiction, l'entité qui « *dispose de locaux aménagés à partir de laquelle elle exerce une partie de son activité à l'aide de plusieurs salariés permanents ou intermittents* »[143], peut être caractérisée comme une installation fixe d'affaires et donc comme un établissement stable.

L'existence d'éléments « *essentiels* » peut être également caractérisée lorsqu'une entité utilise des étiquettes à son nom et portant les coordonnées du siège à l'étranger, des carnets de tarification et de livraison la concernant, des classeurs des offres de prix, les éléments relatifs aux frais de déplacement, un fax de la commande d'un de ses clients, des factures de fournisseur, des réunions concernant le personnel de la société dans les locaux, les salariés domiciliés sur le territoire national, le site internet et les coordonnées téléphoniques[144].

Lorsqu'il s'agit d'une entreprise industrielle, la reconnaissance s'entend du centre de fabrication (usine ou atelier) où s'effectue l'ensemble de l'activité. Il n'est pas nécessaire que tous les travaux de l'entreprise y soient exécutés[145]. Lorsqu'il s'agit d'une entreprise commerciale, cela s'entend du centre (magasin, bureau) où sont proposés à la clientèle les services de l'entreprise, indépendamment du siège social, pourvu que la condition d'« *habitude* » soit remplie[146]. Le Conseil d'État assimile les bureaux d'achat à de véritables établissements[147].

En l'absence de présence physique significative, il ne saurait avoir d'installation fixe d'affaires assimilable à un établissement stable. C'est le cas s'il est fait usage d'installations aux seules fins de stockage ou d'exposition de marchandises appartenant à l'entreprise ou si des marchandises appartenant à l'entreprise sont entreposées aux seules fins de stockage ou d'exposition[148]. Il en est de même des installations fixes d'affaires utilisées pour l'exercice d'activités préparatoires. Sauf que la

---

142 TA Dijon, 16 avr. 2002, no 98-7130, no 99-353: Dr fisc. 2003. 26.
143 CE, 5 avril 2006, n°281098, Société Midex.
144 CE 12 mars 2010 n° 307235, 8e et 3e s.-s., Sté Imagin'action Luxembourg.
145 CE, 28 mars 1930, n° 84.159 ; CE, 13 mars 1939, n°40.022).
146 CE, 3 mars 1958, n° 41.135.
147 CE, 12 novembre 1969, n° 75.410.
148 Article 6-4 a) et b) CGI Bénin.

frontière entre activité préparatoire et activité principale peut être artificielle ou difficile à délimiter. Pour mieux marquer cette frontière et la rendre visible, la jurisprudence finlandaise a étendu la notion d'activités auxiliaires aux ventes dans certaines circonstances. Pour la Cour administrative de Finlande, les activités de vente peuvent être considérées comme préparatoires ou auxiliaires lorsque les employés d'une société étrangère se contentent de présenter les produits de la société en Finlande sans participer d'aucune manière aux ventes proprement dites[149].

La question de l'existence de l'établissement stable s'est posée en ce qui concerne une entreprise suisse qui réalise uniquement en France des revenus provenant de biens immobiliers dans cet État, du seul fait de la situation de ces immeubles. Pour le Conseil d'État, « *il n'y a pas lieu de retenir l'existence d'un établissement stable dans un tel cas de figure* »[150].

b) Une certaine durée d'exploitation

La durée d'exploitation est un critère important de caractérisation d'un établissement fixe notamment pour certaines activités. Ainsi, le local ou la structure doit avoir une assise temporelle et donc être maintenue pendant un certain temps au même endroit. Cette durée varie entre trois (3) mois et six (6) mois selon le cas. Cela concerne particulièrement les chantiers de construction, les projets de montage ou d'installation, les activités de surveillance et les fournitures de service. Selon l'article 6-3 du Code général des Impôts du Bénin, une durée de trois (3) mois est requise pour un chantier de construction, un projet de montage ou d'installation ou des activités de surveillance s'y exerçant. Il est prévu que la qualité d'établissement stable est réputée être possédée pour la fourniture de services, y compris les services de consultants, par une entreprise agissant par l'intermédiaire de salariés ou d'autre personnel engagé par l'entreprise à cette fin, mais seulement si les activités de cette nature se poursuivent pour le même projet ou un projet connexe sur le territoire béninois pendant une ou des périodes représentant un total de plus de cent quatre-vingt-trois (183) jours, dans les limites d'une période quelconque de douze (12) mois. Il en est de même dans le cadre du Traité Canada-États-Unis.

---

[149] Décision KHO 2021 : 171 de la Cour administrative suprême.

[150] CE, 20 octobre 2000, n°182165, SA New Building Promotion Ltd.

La jurisprudence canadienne a jugé que le fait qu'une société ait fourni des services (de conseil) au Canada pendant au moins 183 jours au cours d'une période de douze mois, est déterminant pour satisfaire aux exigences de la disposition relative à l'établissement stable de services du traité fiscal Canada-États-Unis.[151]

c) Le siège de la direction effective

Selon l'article 6-1 du Code général des Impôts du Bénin, constituent notamment des établissements stables un siège de direction ou d'exploitation. Un siège de direction peut donc être un établissement stable.

L'effectivité de la direction doit être établie. Cette effectivité est établie pour un siège de direction[152] en France, lorsque les services nécessaires de holding y sont situés, les décisions stratégiques, y avaient été préparées et décidées dans leur principe à l'occasion de réunions antérieures du conseil d'administration, laissant entrevoir que le lieu où les personnes exerçant les fonctions les plus élevées prenaient leur décision avait été transféré en France. Il peut également être tenu compte des mouvements des dirigeants de la société susceptibles d'être un indice pertinent du lieu de l'installation fixe.

2- La mise en évidence des éléments de qualification d'agent dépendant

Le critère juridique de qualification d'un établissement stable est l'existence d'agent dépendant, c'est-à-dire un représentant agissant pour le compte de l'entreprise. Selon l'article 6-6 du Code général des Impôts du Bénin, lorsqu'une personne agit en République du Bénin pour le compte d'une entreprise, cette entreprise est réputée avoir un établissement stable en République du Bénin pour toutes les activités que cette personne exerce pour l'entreprise, si cette personne conclut habituellement des contrats ou joue habituellement le rôle principal menant à la conclusion de contrats qui, de façon routinière, sont conclus sans modification importante par l'entreprise. Il est précisé que même si cette personne ne conclut pas habituellement des contrats ni ne joue habituellement le rôle principal menant à la conclusion de contrats, elle peut être considérée comme établissement stable si son rôle est de maintenir de manière habituelle en République du Bénin des stocks de marchandises à partir desquels cette personne livre de manière régulière

[151] Affaire Triskelion Projects International Inc. v. the Queen, Appeal heard on May 2, 2022, at Toronto, Ontario Before: The Honourable Justice David E. Spiro.
[152] CE, 10 et 9e ss, 2016.

des marchandises pour le compte de l'entreprise. Il s'agit d'une mesure visant à s'assurer toutes les activités essentielles effectuées dans le cadre d'un lien de dépendance soient effectivement imposées.

Ce qui est donc déterminant c'est l'exercice d'activités considérées comme essentielles dans le cadre d'un lien de dépendance. Pour l'établir, la jurisprudence se base sur une analyse des éléments réels et non apparents. La qualification nécessite donc une analyse des faits et des circonstances[153]. Chaque situation est spécifique et fait l'objet d'une analyse par le juge des éléments qui lui sont présentés.

L'analyse peut concerner un commissionnaire, une filiale ou toute autre entité exerçant sur le territoire national pour le compte d'une société étrangère. La forme juridique apparente n'exclut pas une analyse de la nature de leur relation pour établir s'ils peuvent être considérés comme des agents dépendants et donc des établissements stables. Par conséquent, le juge ne s'en tient pas qu'à la nature juridique apparente des relations entre la société étrangère et l'entité locale.

Cette approche a permis au juge de décider qu'un agent dont les missions qui lui sont confiées par l'entreprise ne concernent pas des opérations constituant l'activité propre de la société[154], ne constitue pas un établissement stable. De même, « *ne constitue pas un établissement stable, un agent dépendant qui, ayant le pouvoir d'engager une société, n'utilise pas ses pouvoirs ou ne le fait que de manière occasionnelle*[155] ».

Il n'est pas exclu que les contrats de commissionnaire soient utilisés pour éviter de manière abusive la qualification d'établissement stable. En effet, le recours aux accords formels de commissionnaire peut cacher un montage artificiel visant à éviter l'imposition. Le risque de transformation du contrat de distribution en contrat de commissionnaire existe ; ce qui aurait pour conséquence de réduire les bases d'imposition de manière artificielle. Le juge français y est particulièrement attentif. Si les commissionnaires travaillant pour différents entrepreneurs, échappent à la qualification d'établissement stable, il en demeure autrement s'ils ne conduisent pas leurs activités dans le cadre strict des droits et obligations d'un commissionnaire. Ainsi, un commissionnaire ne peut en principe constituer, du seul fait de ce qu'en exécution de son contrat de commission, s'il vend, tout en signant les contrats en son propre nom, les produits ou services du commettant pour le compte de

[153] CE 20 juin 2003, n°224.407, sté interhome.
[154] CAA Bordeaux, 5 février 2004, Sté Something Spécial.
[155] CE, 1er janvier 2005, n°259617, Nouvelle calédonie C/Sté allinz-Vie.

celui-ci, un établissement stable du commettant. Il n'en est pas ainsi s'il ressort soit des termes même du contrat de commission, soit de tout autre élément, qu'en dépit de la qualification de commission donnée par les parties au contrat qui les lie, le commettant est personnellement engagé par les contrats conclus avec des tiers par son commissionnaire qui doit alors, de ce fait, être regardé comme son représentant et constituer un établissement stable[156]. En tout état de cause, l'absence de pouvoirs permettant d'engager une société est un facteur de négation de reconnaissance du statut d'établissement stable. Ainsi, le fait pour une Cour d'appel, d'estimer qu'une filiale française d'une société étrangère, ne constituait pas un établissement stable de cette dernière société, parce que cette filiale ne disposait pas du pouvoir de conclure en son nom les contrats de mandats de location avec les propriétaires, sans rechercher si la société **exerçait en fait**, et non seulement en droit, des pouvoirs lui permettant d'engager sa société mère dans une relation commerciale ayant trait aux opérations constituant les activités propres de cette société, constituait pour le Conseil d'État, une erreur de droit[157]. Cette jurisprudence confirme l'importance de dépasser le cadre formel des relations entre entités et de s'intéresser aux éléments factuels qui établissent la réalité des liens existants.

La jurisprudence a également eu l'occasion d'analyser le cas de la filiale française d'une société agissant en tant qu'agent immobilier. Le principe d'établissement stable est admis pour une filiale non considérée comme un agent indépendant de sa société mère, et qui exerce habituellement en fait et en droit, des pouvoirs lui permettant d'engager cette société dans une relation commerciale ayant trait aux opérations constituant les activités propres de cette société[158].

Si le juge a contribué à éclaircir et préciser le droit conventionnel régissant la notion d'établissement stable sous l'angle matériel et sous l'angle juridique, le commerce électronique et l'économie numérique, qui ont démontré les limites des logiques habituelles de rattachement territorial et donc des critères d'identification de l'établissement stable, constituent un véritable défi. Le juge s'est adapté à cette évolution de l'économie tout en tirant profit des évolutions du droit fiscal interne et international.

---

[156] CE, 31 mars 2010, Société Zimmer Ltd, n° 304715 308525, nos 304715 et 308525 : Dr fisc. 2010. 289, concl. Burguburu, note Rivière, Escaut et Bonneaud ; RJF 2010. 568 ; Chron. Gelin et Gutmann au FR Lefebvre 18/10, p. 8.

[157] CE Plénière fiscale, 11 décembre 2020, n° 420174, publié au recueil Lebon.

[158] CE 20 juin 2003, Sté interhome AG.

B- Des tentatives d'adaptation aux nouveaux enjeux

Si à l'origine, il était inconcevable qu'une entreprise intervienne sur le marché sans présence physique, la nouvelle économie liée au numérique notamment, a rendu inopérantes, les règles de taxation basées sur la présence physique. Les transformations engendrées posent de véritables défis. L'apparition d'entreprises utilisant la présence virtuelle au détriment de la présence virtuelle physique soulève des problématiques importantes. Ces problématiques ont conduit à des propositions de réformes au plan international et national, afin de ne pas créer une rupture d'égalité entre les acteurs de l'économie traditionnelle et ceux de la nouvelle économie, virtuelle et numérique.

La jurisprudence a tenté de surmonter ces défis, débouchant sur des avancées significatives (**1**) en dépit des limites qui persistent (**2**).

1- Des avancées significatives

Issue de traités anciens difficilement négociables, la notion d'établissement stable s'adapte, mais difficilement, aux réalités contemporaines.

Des initiatives au plan interne et au plan international, tentent de traiter de la question et de résoudre les difficultés y afférentes.

L'on relève une adaptation et parfois une évolution quoique perfectibles de la législation instituée dans un contexte d'économie traditionnelle aux enjeux de l'économie nouvelle. Pour l'administration fiscale française, la notion d'établissement stable suppose une présence effective de l'entreprise sur un territoire. Selon elle, ce n'est donc que dans les cas très exceptionnels où une entreprise disposerait en France d'un équipement informatique et exploiterait des personnels pour le faire fonctionner que cette entreprise disposerait sur le territoire national d'un établissement stable[159].

Depuis 2018, le législateur italien a élargi la définition d'établissement stable pour tenir compte du développement de la technologie numérique qui rend de moins en moins nécessaire la présence physique des entreprises étrangères pour opérer sur le territoire italien. L'établissement stable virtuel est prévu par l'article 16-f-bis du décret présidentiel n° 917/86. Cette nouvelle définition concerne les sociétés non résidentes en Italie mais caractérisées par une « *présence économique significative*

[159] Réponse. Ministérielle n° 15728, JOAN, 26 octobre 1998, p. 5849.

et continue sur le territoire de l'État, construite de manière à ne pas montrer sa consistance physique sur le territoire de celui-ci [160]».

Le Nigéria a élargi la règle d'attribution des bénéfices aux entreprises non résidentes en introduisant la règle de la présence économique significative.

L'OCDE et l'ONU se sont intéressées à l'adéquation du concept actuel d'établissement stable au commerce électronique[161]. Au titre du traitement des préoccupations liées aux « *défis fiscaux posés par l'économie numérique*[162] », les travaux du plan d'action BEPS[163] de l'OCDE n'ont pas manqué de prendre en compte les mesures permettant d'éviter artificiellement le statut d'établissement stable. Ces travaux rappellent le rôle des juges dans la mise en œuvre et l'interprétation des nouvelles règles issues des travaux.

À législation constante, des tribunaux essaient d'adapter ces concepts traditionnels à l'économie numérique. C'est le cas du Conseil d'État français qui a tenté une approche dans un cas concernant d'une société française liée à une société irlandaise, ayant une activité de marketing digital via l'exploitation des droits de propriété intellectuelle concédés par sa société mère américaine, qui utilisait ses services (identification et prospection de clientèle). La haute juridiction en déduit après analyse qu'un établissement stable est établi en France lorsqu'« *une société française qui décide de manière habituelle de transactions que la société irlandaise se borne à entériner, même si elle ne conclut pas formellement de contrats à son nom, doit être regardée comme disposant de pouvoirs lui permettant de l'engager dans une relation commerciale* ».[164]. Elle révèle à travers sa jurisprudence, sa

---

[160] En 2022, la police des finances de Bologna a constaté pour la première fois en Italie, l'existence d'établissement stable caché d'une multinationale basée au Royaume-Uni opérant dans le secteur du commerce électronique. Cette société a conclu un accord avec les autorités italiennes finalisé au paiement de 12 millions d'euros.

[161] ONU Secrétariat, Groupe spécial d'experts, de la coopération internationale en matière fiscale, 10e session, *Le commerce électronique, une gageure pour l'administration fiscale*, Genève 2001.

[162] Voir Projet OCDE/G20 sur l'érosion de la base d'imposition et le transfert de bénéfices.

[163] Base Erosion Profit Shifting ou encore Erosion de la base d'imposition et le transfert de bénéfice.

[164] L'argument du juge est le suivant : « aux *termes de l'article 2 de cette même convention : « Pour l'application de la présente convention : (...)/9. Le terme « établissement stable » désigne une installation fixe d'affaires où une entreprise*

doctrine applicable à l'économie numérique et qui promeut en la matière, une conception large de la notion d'établissement stable[165]. Elle ne fait pas référence à la nouvelle définition issue des nouveaux modèles de convention fiscale modifiés par BEPS. Par contre, elle fait recours aux commentaires de l'OCDE publiés après la signature de la

---

exerce tout ou partie de son activité. /(...) c) Une personne agissant dans un État contractant pour le compte d'une entreprise de l'autre État contractant autre qu'un agent jouissant d'un statut indépendant, visé à l'alinéa d ci-après, est considérée comme « établissement stable » dans le premier État si elle dispose dans cet État de pouvoirs qu'elle y exerce habituellement lui permettant de conclure des contrats au nom de l'entreprise, à moins que l'activité de cette personne ne soit limitée à l'achat de marchandises pour l'entreprise. (...) ». Pour avoir un établissement stable en France au sens des stipulations citées ci-dessus, une société résidente d'Irlande doit soit disposer d'une installation fixe d'affaires par laquelle elle exerce tout ou partie de son activité, soit avoir recours à une personne non indépendante exerçant habituellement en France des pouvoirs lui permettant de l'engager dans une relation commerciale ayant trait aux opérations constituant ses activités propres. Doit être regardée comme exerçant de tels pouvoirs, ainsi d'ailleurs qu'il résulte des paragraphes 32.1 et 33 des commentaires au modèle de convention établi par l'Organisation pour la coopération et le développement économique (OCDE) publiés respectivement le 28 janvier 2003 et le 15 juillet 2005, une société française qui, de manière habituelle, même si elle ne conclut pas formellement de contrats au nom de la société irlandaise, décide de transactions que la société irlandaise se borne à entériner et qui, ainsi entérinées, l'engagent. Il résulte de l'instruction que les personnels de la société Valueclick France négociaient les termes des contrats et la rédaction de certaines clauses avec les clients, que la signature apposée sur les contrats par les dirigeants irlandais présentait un caractère d'automatisme et s'apparentait à une simple validation des contrats négociés et élaborés par les dirigeants et salariés de la société Valueclick France, que les programmes publicitaires étaient mis au point et suivis par des salariés de la société Valueclick France, que le personnel de la société française se comportait auprès des tiers comme agissant en tant que salariés de la société irlandaise et qu'il existait, dans l'esprit des clients et des éditeurs, une confusion entre la société Valueclick International Ltd et la société Valueclick France. Si la société irlandaise fixait le modèle des contrats conclus avec les annonceurs pour leur ouvrir le bénéfice des services dont elle assurait l'exploitation ainsi que les conditions tarifaires générales, le choix de conclure un contrat avec un annonceur et l'ensemble des tâches nécessaires à sa conclusion relevaient des salariés de la société française, la société irlandaise se bornant à valider le contrat par une signature qui présentait, ainsi qu'il a été dit, un caractère automatique. Il résulte de ce qui a été dit précédemment que la société française était pour la société irlandaise un établissement stable au sens du c) de l'article 2.9 de la convention franco-irlandaise.

[165] Pour ce faire, le juge s'est référé aux paragraphes 32.1 et 33 des commentaires OCDE publiés en 2003 et 2005.

convention fiscale applicable. L'approche du Conseil d'État est particulière en ce que le juge a retenu une approche singulière[166].

Ce qui ressort également de cette décision, c'est qu'elle laisse apparaître en filigrane une étape vers l'application de la définition extensive de l'établissement stable proposée par l'article 12 de l'Instrument Multilatéral de l'OCDE[167]. À la lumière de cet article, la qualité d'établissement stable est reconnue en présence de personnes (exerçant également dans le domaine de l'économie numérique) agissant en qualité d'agent dépendant d'une entreprise, concluant habituellement des contrats ou jouant habituellement le rôle principal menant à la conclusion de contrats qui, de façon routinière, sont conclus sans modification importante par l'entreprise.[168]

2- Des limites persistantes

En dépit des avancées, il n'en demeure pas moins que le pari est loin d'être gagné.

À Hong Kong, l'administration fiscale a considéré que la localisation du serveur d'une entité sur le territoire national ne déterminait pas à elle seule la localisation des bénéfices, mais qu'il fallait plutôt se concentrer sur les opérations essentielles de la transaction de commerce électronique et sur le lieu où ces opérations avaient été effectuées. Lorsque les opérations essentielles y sont localisées, l'État dispose donc du droit d'imposition.

Il existe encore des contraintes qui ne permettent pas encore d'appréhender ou d'assimiler certains déploiements des multinationales du numérique à des établissements stables.

Les modalités de déploiement des activités des géants du numérique constituent une contrainte majeure. Leur bonne maîtrise des règles fiscales aboutit à des montages qui vident de leur substance les succursales établies dans d'autres États afin qu'elles ne puissent plus être considérées comme établissements stables par l'administration

[166] Le dernier s'est appuyé sur l'existence d'un agent dépendant, en se référant aux paragraphes 32.1 et 33 des commentaires OCDE publiés en 2003 et 2005, c'est-à-dire bien après la conclusion de la convention franco-irlandaise, en 1968, rompant avec sa pratique usuelle. Pour plus de détails voir notamment CE 30/12/2003, n°233894, SA Andritz.

[167] Disposition adoptée sans réserve par la France, mais parfois sans réciprocité.

[168] E*tablissement stable : le Conseil d'État modifie son interprétation des conventions fiscales*, disponible sur pwcavocats.com, consulté le 13 décembre 2023.

fiscale de l'État d'implantation[169]. Cette approche a été particulièrement efficace pour *Google* en France où le juge a rappelé qu'en l'absence d'établissement stable par l'intermédiaire duquel une entreprise exercerait une activité, une société, filiale d'une société étrangère, qui commercialise un service payant d'insertion d'annonces publicitaires en ligne, corrélé à un moteur de recherche, incluant pour les annonceurs ou leurs agents un service de conseil et d'assistance commerciale assuré par les salariés d'une société, dépendant du même groupe, n'est pas redevable de l'impôt sur les résultats rattachables à cette activité[170]. Pour l'exonérer du paiement de la somme réclamée, il a été considéré que *Google* France n'est qu'une antenne marketing au profit de *Google* Irlande et que l'implantation de la firme en France n'a pour seule finalité que d'apporter un support marketing à l'entreprise. Constatant l'absence d'établissement stable en France, au sens de la convention franco-irlandaise, par l'intermédiaire duquel elle exercerait une activité en France, le juge en a déduit qu'une société de droit irlandais, filiale d'une société américaine, qui commercialise en France un service payant d'insertion d'annonces publicitaires en ligne, corrélé au moteur de recherche *Google*, incluant pour les annonceurs ou leurs agents un service de conseil et d'assistance commerciale assuré par les salariés d'une société française dépendant du même groupe, n'est pas redevable de l'impôt sur les sociétés (IS)[171] sur les résultats rattachables à cette activité[172]..

En tout état de cause, l'imposition d'un établissement stable dans une juridiction est assujettie à des règles. En dépit de ces règles, le risque d'une double imposition existe, notamment lorsque les deux juridictions concernées ont concurremment le droit d'imposer. Un

[169] Cela passe par exemple par l'externalisation des activités de prestation en les confiant à des tiers, de telle sorte que la succursale se retrouve dotée de moyens humains et techniques limités (convention de prestation, sociétés-écran.

[170] TA Paris, 12 juill. 2017, Sté Google Ireland Limited, no 1505113/1-1: RJF 2017. 1100; Dr fisc. 2017.482, concl. Segretain, note Zaghdoun et Philippe. Confirmation: CAA Paris, 25 avr. 2019, Sté Google Ireland Limited, no 17PA03068: RJF 2019. 835; Dr fisc. 2019. 305, note Deboissy et Wicker.

[171] Le géant américain Google échappait ainsi au paiement d'une somme 1,115 milliard d'euros, car l'activité en France n'avait pas d'un degré de permanence et un ancrage suffisants.

[172] TA Paris, 12 juill. 2017, Sté Google Ireland Limited, no 1505113/1-1: RJF 2017. 1100; Dr fisc. 2017.482, concl. Segretain, note Zaghdoun et Philippe. Confirmation: CAA Paris, 25 avr. 2019, Sté Google Ireland Limited, no 17PA03068: RJF 2019. 835; Dr fisc. 2019. 305, note Deboissy et Wicker.

mécanisme d'élimination de la double imposition est alors nécessaire, contribuant à l'affermissement des règles d'attribution des droits.

II- LA NEUTRALISATION DE LA DOUBLE IMPOSITION

Le principal objet des conventions fiscales est de répartir le droit d'imposer les revenus entre les deux États : l'État source des revenus et l'État de résidence du bénéficiaire des revenus. À cet effet, il faut s'assurer de la bonne répartition de la charge fiscale, notamment au profit du contribuable et lui éviter la double imposition.

Si des procédés de limitation de la double imposition existent sous le contrôle du juge (**A**), il convient de rappeler la quête constante par le juge de l'équité dans le processus de limitation de la double imposition par le juge (**B**).

A- Les procédures de limitation

S'il existe différentes méthodes d'élimination (**1**), le juge n'a pas manqué de rappeler la supériorité conditionnée du droit conventionnel (**2**) pour résoudre les litiges autour de la question de la double imposition.

1- Les méthodes d'élimination

Pour limiter la double imposition, le droit d'imposer peut-être exclusif, ou partagé. Il existe pour ce faire des méthodes. Il s'agit d'une part de la méthode de l'imputation et d'autre part, celle de l'exonération. Si la méthode de l'exonération consiste à retirer le droit d'imposition à l'un des États qui peut être soit celui de la source du revenu, soit celui de la résidence du bénéficiaire, elle prend soit la forme de la méthode de l'exonération intégrale ou la forme de taux effectif. Quant à la méthode de l'imputation, il s'agit d'une méthode qui autorise les deux États à percevoir un impôt sur les revenus considérés, tout en autorisant le contribuable de l'État de résidence à déduire de l'impôt dans cet État un crédit d'impôt représentatif de l'impôt payé dans l'État de source. *In fine,* l'impôt de l'État de résidence est imputé soit intégralement, soit partiellement sur l'impôt de l'État de résidence[173].

[173] Ainsi, dans le cadre de la convention (article 26) entre le Bénin et la France, les revenus de capitaux mobiliers et les intérêts de source béninoise, lorsqu'ils sont soumis à l'impôt béninois sur le revenu des capitaux mobiliers ouvrent droit à une déduction applicable aux impôts exigibles en France sur les mêmes revenus et dans la limite de ces impôts. Cette déduction est égale au montant réel de l'impôt supporté au Bénin sur justification de ce montant. Toutefois, la déduction est limitée en ce qui

Il est également fait application de la méthode de répartition[174]. La méthode de répartition a été, notamment, retenue à l'égard d'une entreprise étrangère de navigation aérienne ne possédant pas de comptabilité spéciale pour la partie de ses lignes de transport exploitée en France. Au cas particulier, le bénéfice imposable de l'exploitation française a pu être valablement déterminé en appliquant au bénéfice accusé par le bilan de la société le rapport existant entre le chiffre d'affaires réalisé en France et le chiffre d'affaires total de ladite entreprise[175].

2- L'application combinée des dispositions fiscales nationales et conventionnelles

L'existence d'établissement stable a des conséquences en matière de règles de double imposition. Ces conséquences sont fonction de la loi fiscale de l'État, ou encore des conventions fiscales spécifiques. La coexistence de dispositions législatives et conventionnelles peut toutefois conduire à des contrariétés. En droit comparé (français), cette contrariété a fait l'objet d'attention. La solution qui en résulte est qu'il est impossible de fonder une imposition sur une Convention fiscale internationale (CFI). Le Conseil d'État français considère que si une convention bilatérale conclue en vue d'éviter les doubles impositions peut, en vertu de l'article 55 de la Constitution, conduire à écarter, sur un point, la loi fiscale nationale, elle ne peut pas, par elle-même, directement servir de base légale à une décision relative à l'imposition[176]. Ce type de raisonnement empêche d'analyser un impôt directement sur la base d'une convention fiscale.

---

concerne les dividendes. La déduction correspondant à l'impôt effectivement payé au Bénin est limitée à 25 %.

[174] Cette méthode est prévue dans le cadre de la convention fiscale entre le Bénin et la France qui prévoit que lorsqu'une société ayant son domicile fiscal dans l'un des États contractants s'y trouve soumise au payement d'un impôt frappant les distributions de revenus de valeurs mobilières et de revenus assimilés (produits d'actions, de parts de fondateur, de parts d'intérêt et de commandites, intérêts d'obligations ou de tous autres titres d'emprunt négociables) et qu'elle possède un ou plusieurs établissements stables sur le territoire de l'autre État contractant à raison desquels elle est également soumise dans ce dernier État au payement d'un même impôt, il est procédé à une répartition, entre les deux États, des revenus donnant ouverture audit impôt, afin d'éviter une double imposition. À cet effet, la répartition prévue s'établit, pour chaque exercice, sur la base du rapport pour l'État dans lequel la société n'a pas son domicile fiscal et pour l'État dans lequel la société a son domicile fiscal.

[175] CE, arrêt du 25 mars 1941, req. n° 51558, RO, p. 108.

[176] Conseil d'État, 28 juin 2002, MEF c/Scheinder.

Il incombe au juge de l'impôt, saisi d'une contestation relative à l'imposition en France des bénéfices d'une société étrangère, établie dans un État ayant conclu avec la France une convention fiscale bilatérale, de se placer d'abord au regard de la loi fiscale nationale pour rechercher si, à ce titre, l'imposition contestée a été valablement établie ; dans la négative, il lui appartient ensuite, le cas échéant, de déterminer si la société étrangère peut être assujettie à l'impôt français sur les sociétés sur le fondement de la législation fiscale nationale et des stipulations de la convention fiscale bilatérale[177].

Il en découle une application combinée du droit conventionnel et du droit interne, en appliquant préalablement le droit interne[178].

Il appartient néanmoins au juge, après avoir constaté que les impositions qu'une entreprise a supportées dans un État lié du fait des opérations qu'elle y a réalisées seraient normalement déductibles de son bénéfice imposable en vertu de la loi fiscale nationale, de faire application, pour la détermination de l'assiette de l'impôt dû par cette entreprise, des stipulations claires d'une convention excluant la possibilité de déduire l'impôt acquitté dans l'État lié d'un bénéfice imposable dans l'autre État lié.

Dans l'application combinée du droit conventionnel et du droit interne, le juge recherche l'équité.

B- La recherche d'une imposition équitable

Pour asseoir les bases d'une imposition équitable et limiter la double imposition en application des dispositions conventionnelles, la jurisprudence a rappelé l'interdiction de refuser la déduction d'une imposition d'un État lié (**1**), les conditions de mise en œuvre de la procédure amiable (**2**) et des règles de non-discrimination (**3**) prévues par les conventions.

1- L'interdiction de refuser la déduction d'une imposition d'un État lié

La déduction d'une imposition établie par un État lié permet de garantir l'équité de l'imposition. Pour la jurisprudence, lorsqu'une

177 CE, sect., 31 juill. 2009, Sté Overseas TRSF, no 296471.

178 Les dispositions de l'art. 5 de la convention franco-suisse du 9 sept. 1966, combinées avec celles de l'art. 209-I CGI sont susceptibles de fonder l'imposition en France d'une société résidente de Suisse. CE, sect., 20 juin 2003, Sté Interhome AG, no 224407 : RJF 2003. 1147, chron. Olléon, p. 751 ; Dr fisc. 2004. 657, concl. Austry; BJS 2003. 1289, note Nouel ; Banque et Dr 2003, no 91, p. 88.

entreprise effectue, dans un État étranger, des opérations dont le résultat entre dans ses bénéfices imposables, ce résultat doit être déterminé sous déduction de « *toutes charges* » ayant grevé la réalisation desdites opérations. Doivent notamment être regardées comme telles, à moins d'une stipulation conventionnelle spécifique y faisant obstacle[179], les impositions de toute nature que l'entreprise a supportées, du fait de ces opérations, dans cet État. Pour le Conseil d'État français, la déduction d'une imposition mise à la charge d'une entreprise par un État lié par une convention fiscale tendant à éviter les doubles impositions ne saurait légalement être refusée à une entreprise au seul motif que ledit État aurait, en l'imposant, enfreint les règles fixées par la convention[180].

2- L'entente entre les autorités compétentes

Les conventions fiscales prévoient la possibilité d'entente entre États contractants en vue d'éviter la double imposition de façon équitable, ou supprimer la double imposition dans les cas non réglés par les dispositions conventionnelles liant les États ou en cas de difficultés d'application[181].

Ainsi, tout contribuable qui prouve que les mesures prises par les autorités fiscales des États contractants ont entraîné pour lui une double imposition, peut adresser une demande soit aux autorités compétentes de l'État sur le territoire duquel il a son domicile fiscal, soit à celles de l'autre État. Si le bien-fondé de cette demande est reconnu, les autorités compétentes des deux États s'entendent pour éviter de façon équitable la double imposition.

Toutefois la mise en œuvre de la procédure amiable est encadrée. Comme le rappelle le juge administratif, il appartiendrait au contribuable qui s'en prévaut, de saisir l'administration pour constater l'existence d'une double imposition afin que les autorités compétentes s'entendent pour éviter de façon équitable la double imposition. Le fait d'initier une telle action, ne fonde pas le contribuable à soutenir qu'il doit être, pour ce motif, déchargé des suppléments d'impôts mis à sa charge au titre de la période en litige[182]. Et le refus pour les autorités

---

[179] Dans sa décision du 12 octobre 2018, le Conseil d'État rappelait que les conventions fiscales signées par la France avec l'Algérie et le Cameroun et le Congo, au point 2 mentionnait l'interdiction de déduire l'impôt étranger prélevé en Algérie, au Cameroun et au Congo conformément aux stipulations de ces conventions pour le calcul du revenu imposable en France, CE, 12 octobre 2018, Société Smith international France, n° 407903.

[180] Conseil d'État N° 230530 20 novembre 2002.

[181] C'est le cas de l'article 41 de la convention entre la France et le Bénin, article 41.

[182] CA Lyon, 2e chambre, 03/07/2018, 17LY00729, inédit du recueil Lebon.

fiscales d'un État lié de mettre en œuvre la procédure amiable reste sans influence sur la régularité d'une imposition établie par cet État, à l'encontre d'une société de l'autre État lié.[183] Ainsi, le fait pour une société de soutenir que l'ensemble des résultats ont été déclarés et imposés dans une autre juridiction n'impose pas à l'autre État lié, de renoncer pour ce motif à imposer ces résultats dans le respect des stipulations de la convention fiscale.

Par ailleurs, lorsque les comptabilités d'une société n'établissent pas que celle-ci avait subi une double imposition, les autorités d'un État contractant ne peuvent être tenues d'ouvrir une procédure amiable.

3- La non-discrimination

La clause de non-discrimination est insérée dans la plupart des conventions fiscales. Il en est ainsi des conventions signées par les pays de l'UEMOA. Elles contiennent une clause de non-discrimination. La convention fiscale entre le Sénégal et la France stipule par exemple que « *les nationaux d'un État contractant ne sont soumis dans l'autre État contractant à aucune imposition ou obligation y relative, qui est autre ou plus lourde que celles auxquelles sont ou pourront être assujettis les nationaux de cet autre État qui se trouvent dans la même situation* [184]».

L'article 5 de la convention fiscale franco-béninoise stipule que les ressortissants, les sociétés et autres groupements d'un État contractant ne seront pas soumis dans l'autre État à des impôts autres ou plus élevés que ceux frappant les ressortissants, les sociétés et autres groupements de ce dernier État se trouvant placés dans la même situation. En particulier, les ressortissants d'un État contractant qui sont imposables sur le territoire de l'autre État contractant bénéficient, dans les mêmes conditions que les ressortissants de ce dernier État, des exemptions, abattements à la base, déductions et réductions d'impôts ou taxes quelconques accordés pour charges de famille[185].

Selon le règlement n°08/2008/CM/UEMOA portant adoption des règles visant à éviter la double imposition au sein de l'UEMOA et des règles d'assistance en matière fiscale, « *les nationaux d'un État membre ne sont soumis dans les autres États membres à aucune imposition ou obligation y relative, qui est autre ou plus lourde que celle à laquelle sont ou pourront être assujettis les nationaux de cet autre État se trouvant dans la même situation* ».

---

[183] CAA, Nancy 10 octobre 1991, n°89NC00529.

[184] Article 5 de la convention fiscale France-Sénégal.

[185] Article 5 de la convention fiscale Bénin-France.

Reprise sous différentes formes dans les conventions, la clause de non-discrimination a en réalité pour objectif d'interdire tout traitement fiscal différencié fondé sur la nationalité d'une personne physique ou morale. Elle prévoit ainsi, sous condition de réciprocité, que les nationaux d'un État ne doivent pas, à situation égale, être traités moins favorablement dans l'autre État que les propres nationaux de cet autre État. Ainsi, un Britannique résident de France ne peut pas être traité plus sévèrement, sur le plan fiscal, qu'un Français résident de France[186].

En France, la clause de non-discrimination permet d'accorder aux établissements stables que les sociétés étrangères possèdent dans cet État le bénéficie du régime des sociétés mères à hauteur des dividendes provenant des titres figurant à leur actif, dans les mêmes conditions que les sociétés résidentes de France.

En revanche, la clause de non-discrimination n'interdit pas à un État de traiter différemment des résidents et des non-résidents. L'application du principe de non-discrimination est sans préjudice pour un État lié de sanctionner les abus. La jurisprudence précise qu'un étranger ne peut prétendre à une exonération prévue par une convention fiscale dès lors qu'il résidait dans un État fiscalement privilégié[187] ou lorsqu'il n'établit pas s'être acquitté dans le pays où il était fiscalement domicilié d'un impôt personnel au moins égal aux 2/3 de ce qu'il aurait pu supporter en France sur la même base d'imposition.[188]

CONCLUSION

Le juge a contribué à clarifier et à orienter l'interprétation des conventions fiscales bilatérales. Cela assure une application cohérente et prévisible du droit international fiscal en général et des conventions fiscales en ce qui concerne notamment les critères relatifs à la présence d'un établissement stable et la résolution des cas de double imposition.

S'il subsiste des défis liés à la coordination des politiques fiscales pour éviter la double imposition, la question des transformations enregistrées au niveau de l'économie contemporaine, notamment la numérisation et la nomadisation constituent des contraintes majeures pour le juge. L'adaptation des règles à ce nouveau défi reste incertaine et leur évolution n'est pas encore à la hauteur des enjeux.

---

[186] Convention franco-britannique du 19-6-2008 art. 25.

[187] CE, 3 mars 1993, n°85-626, Campbell.

[188] CAA, paris, 6 juin 2003, n°98PA00278, Stevens.

LE RESCRIT FISCAL : MODALITÉS ET INTÉRÊT POUR LA CLARTÉ DE LA LOI FISCALE

Dr Wehelmine A. AGUEMON

Maître-Assistante à l'École nationale d'administration (ENA) de l'Université d'Abomey-Calavi (UAC)

Chercheure au Centre d'Études et de Recherche sur l'Administration et les Finances (CERAF)

Haniath SALAMI

Inspectrice des impôts en service à la Direction générale des impôts (DGI) du Bénin

Titulaire du master en droit des affaires et fiscalité à la Faculté de droit et de science politique de l'UAC

INTRODUCTION

Pour le Professeur Michel BOUVIER, « *il semble crucial aujourd'hui... de réduire l'écart entre la fiscalité et son environnement économique, politique et social* »[189]. Le système fiscal se doit d'être proche du contribuable. Ce qui détermine de nouveaux rapports entre le fisc et le citoyen, traduits entre autres par le concept « *d'usager-client* ». L'usager du service public est le bénéficiaire et le destinataire direct d'une prestation individualisée[190]. Certains auteurs estiment qu'il est la personne pour laquelle le service public a été créé. Suivant les disciplines du droit public il prend diverses appellations, en matière constitutionnel l'usager est le citoyen, en droit administratif il s'assimile à l'administré, dans le domaine fiscal l'usager est le contribuable.

Le contribuable en tant que sujet de droit bénéficie de certaines garanties[191] face au pouvoir important de l'administration fiscale. Le

---

[189] M. BOUVIER, *L'impôt sans le citoyen ?*, Paris, LGDJ-Lextenso, 2019, p. 9.

[190] *Cf.* M. de VILLIERS, *Droit public général*, Paris, LexisNexis, 2017, p. 572.

[191] Elles se traduisent par l'émergence des obligations de l'administration fiscale à l'endroit du contribuable à travers le devoir de transparence, de légalité, et de loyauté.

Rescrit s'inscrit dans cette dynamique de conforter le contribuable dans sa relation avec l'administration. Ce qui marque une nette évolution par rapport aux affirmations de Daniel JOUSSE selon lesquelles « *L'administration veille, avertit, ordonne, défend, se fait obéir par la seule autorité des règlements qu'elle présente, et auxquels on ne fait pas difficulté d'obéir* »[192]. En effet cette appréhension du fisc est révolue. Entre autres instruments émergents, le rescrit fiscal met le contribuable au cœur d'un mécanisme de relation apaisé entre l'administration et lui.

En effet, le rescrit « *est un outil de production de la doctrine administrative provoquée par une demande d'un administré à une administration* »[193]. Le Conseil d'État le définit comme « *une prise de position formelle de l'administration, qui lui est opposable, sur l'application d'une norme à une situation de fait décrite dans la demande présentée par une personne* »[194]. Le rescrit porte sur une interprétation d'une norme à une situation de fait décrite loyalement dans la demande portée par une personne. La matière fiscale n'est pas la seule à être pourvue de cet outil d'échanges entre l'administration et l'administré. D'autres branches du droit sont également concernées. Il s'agit en l'occurrence du droit de la régulation économique[195], de la matière sociale[196], du droit des exploitations agricoles, du droit des collectivités territoriales[197]. À ce titre il existe différents types de rescrits : le rescrit fiscal, le rescrit boursier, le rescrit social, le rescrit dit « *préfectoral* » en France.

Il convient d'indiquer que le rescrit fiscal connaît un essor à travers son usage régulier. La loi de finances pour la gestion 2021 ne donne pas une définition précise du rescrit fiscal, mais oriente sur son contenu en disposant : « *L'administration fiscale peut délivrer un rescrit fiscal*

---

[192] D. JOUSSE, *Traité de la juridiction des Trésoriers de France*, Paris, 1777, vol.1, p. 214-215.

[193] La lettre juridique n°890 du 13 janvier 2022 : Droit Administratif général, consulté sur le site www.Lexbase.fr en octobre 2023.

[194] Conseil d'État, *Les études du Conseil d'État – Le rescrit : sécuriser les initiatives et les projets*, Paris, La documentation française, 2014, p. 16.

[195] Règlement n° 90-07 de la Commission des opérations de bourse – homologué par arrêté du ministre de l'Économie et des Finances n° ECON09000064A du 5 juillet 1990 – bull. COB de juin 1990, p. 32.

[196] Loi n° 94-126 du 11 février 1994, relative à l'initiative et à l'entreprise individuelle, JORF n° 37, 13 février 1994, p. 2493.

[197] Loi n° 2019-1461 du 27 novembre 2019, relative à l'engagement dans la vie locale et la proximité de l'action publique.

exposant la position de l'administration concernant l'interprétation d'un texte fiscal ou l'application de la législation fiscale à une situation proposée par un contribuable »[198]. Il est inéluctable que le rescrit fiscal est une réponse que l'administration fiscale adresse à un contribuable qui l'aurait préalablement saisi sur une question relevant de la matière fiscale en vue d'obtenir une interprétation de la loi fiscale. Cette dernière est l'ensemble des dispositions à caractère général, obligatoire, et impersonnel en matière fiscale dont l'inobservation est sanctionnée par les textes de la République.

Pour un civisme fiscal effectif dans l'État, il convient que la loi fiscale soit facile d'accès et compréhensible. Ce qui participe de sa clarté. Le Larousse définit la clarté comme étant « *la qualité de ce qui est clair, lumineux, limpide, transparent* »[199]. Pour revenir à la matière fiscale, cela sous-entend, des règles précises, sans ambiguïté, très compréhensibles pour les contribuables. Pourtant la complexification de la matière fiscale au fil des années est une évidence. La dynamique des modifications textuelles par le biais entre autres des lois de finances n'est pas de nature à faciliter la compréhension de la loi fiscale[200]. Sa technicité et sa constante évolution conduit le fisc à souvent procéder à des interprétations par le biais des instructions, des réponses ministérielles, des notes, des circulaires et du rescrit fiscal. Ces explications techniques sont d'un intérêt particulier pour les contribuables.

Dans le cadre de ce travail, le recours à la méthode juridique est d'une grande utilité. Elle se réfère particulièrement au positivisme juridique qui se décline en la dogmatique et la casuistique autrement dit en l'étude des dispositions juridiques et de la jurisprudence. Les ouvrages numériques et physiques sont également mis à contribution.

Il convient alors de s'interroger à titre principal en ces termes : le rescrit fiscal permet-il une meilleure appréhension des textes fiscaux par les contribuables ? De manière spécifique, les questions suivantes se posent : quelles sont les conditions d'une demande de rescrit fiscal ? Les interprétations des textes fiscaux par le fisc ont-elles un bon écho auprès des contribuables ? Le rescrit fiscal favorise-t-il le civisme fiscal ?

---

[198] *Cf.* art. 1103 du Code général des impôts, annexe Loi N°2020 – 33 du 24 décembre 2020 portant loi de finances pour la gestion 2021.

[199] www.Larousse.fr consulté en octobre 2023.

[200] W. AGUEMON, « Le système fiscal du Bénin et le sous-développement », *in African law study library*, 2018, p. 4.

La résolution de ces questions permet d'aboutir, au rescrit fiscal comme un instrument de légitimité (I) à travers son mode d'accès consacré (A) et l'outil de sécurité juridique (B) qu'il constitue. À l'opposé, le rescrit fiscal demeure un instrument perfectible (II) de par son accès difficile (A) et une mutabilité qui apparaît gênante (B).

I- LE RESCRIT FISCAL, UN INSTRUMENT DE LÉGITIMITÉ

Le service public connaît un défi majeur dans les États francophones d'Afrique subsaharienne qu'est « *la modernisation de l'administration publique* »[201]. Ce concept confère à l'État un rôle significatif dans le champ social à travers le service public. Il en ressort entre autres un rapport particulier établi entre l'administration publique et les usagers. La particularité des rapports entre le contribuable et le fisc est marquée par la mission fiscale de mobilisation des recettes publiques qui nécessite entre autres facteurs la lutte contre la fraude fiscale. Ce qui met parfois à rude épreuve les liens qui les régissent. Le rescrit fiscal constitue à travers un mode d'accès consacré (A) un outil d'échanges adéquat entre le fisc et les contribuables. Il rétablit leur contact et par ricochet leur rapport, en étant un outil de sécurité juridique (B).

A- Un mode d'accès consacré

Bien que la Déclaration des droits de l'homme et du citoyen de 1789 ne soit pas une source directe de l'élaboration du rescrit fiscal, elle oriente tout de même sur les rapports qui doivent exister entre les contribuables et le fisc. Elle dispose en effet en son article 14 : « *Tous les citoyens ont le droit de constater, par eux-mêmes ou par leurs représentants, la nécessité de la contribution publique, de la consentir librement, d'en suivre l'emploi, et d'en déterminer la quotité, l'assiette, le recouvrement et la durée* ». Ce qui dénote de l'obligation pour le contribuable de s'intéresser à la matière fiscale, autrement dit au processus d'imposition le concernant et à l'utilisation que les gouvernants font des deniers publics mobilisés.

Au niveau interne, le rescrit fiscal fait l'objet d'une consécration récente dans l'ordonnancement juridique interne de l'État alors que les prises de positions de l'administration fiscale étaient déjà effectives. L'article 1103 de la loi n° 2020 - 33 du 24 décembre 2020 portant loi de finances pour la gestion 2021 consacre le rescrit fiscal au Bénin à

[201] M. de VILLIERS, Th. de BERRANGER, *Droit public général*, Paris, LexisNexis, 2017, pp. 576-578.

travers sept alinéas. Le premier alinéa donne une définition approximative du rescrit fiscal en disposant : « *L'administration fiscale peut délivrer un rescrit fiscal exposant la position de l'Administration concernant l'interprétation d'un texte fiscal ou l'application de la législation fiscale à une situation proposée par un contribuable* »[202]. Le deuxième alinéa est relatif aux conditions de recevabilité de la demande du contribuable préalable au rescrit fiscal, en effet : « *La demande doit être formulée, selon le cas : – soit avant la date d'expiration du délai dont dispose le contribuable pour faire sa déclaration : – soit en l'absence d'obligation déclarative, avant la date de paiement de l'impôt concerné* »[203]. Le troisième alinéa quant à lui présente la forme, l'ossature, les composantes de la demande. Pour ce faire : « *La demande de rescrit doit être adressée par écrit au Directeur général des Impôts et contenir les informations suivantes : – le nom et l'adresse du demandeur ; – une présentation précise, complète et sincère de la situation présentée à l'administration; – la question précise à laquelle le contribuable souhaite obtenir une position de l'administration : – le texte fiscal sur la base duquel le demandeur saisit l'administration pour qu'elle prenne position et, dans la mesure du possible, l'analyse que le demandeur en fait* »[204].

Les alinéas 5 et 6 sont respectivement relatifs au délai de réponse de l'administration qui est de 3 mois et aux conditions d'opposabilité du rescrit fiscal à l'administration. Ainsi la loi dispose : « *L'administration répond dans un délai de trois (03) mois à partir de la réception de la demande ou, en cas de demande incomplète, à partir de la réception des compléments d'informations demandés.*

Le rescrit fiscal obtenu sur la situation du contribuable est opposable à l'administration si les trois (03) conditions suivantes sont remplies : – le contribuable suit la position ou les indications communiquées par l'administration ; – le contribuable est de bonne foi ; – la situation du contribuable est identique à celle sur laquelle l'administration a pris position. Toutefois, la garantie prévue à l'alinéa précédent cesse si : – la situation du contribuable n'est plus identique à celle qu'il a présentée dans sa demande ; – la législation applicable

---

202 Al. 1, art. 1103, loi n° 2020 - 33 du 24 décembre 2020 portant loi de finances pour la gestion 2021.

203 Al. 2, art. 1103, loi n° 2020 - 33 du 24 décembre 2020 portant loi de finances pour la gestion 2021.

204 Al. 3, art. 1103, loi n° 2020 - 33 du 24 décembre 2020 portant loi de finances pour la gestion 2021.

à la situation du contribuable a évolué ; – l'administration modifie son appréciation sur la situation qui lui a été présentée par le contribuable. L'appréciation antérieure n'est plus valable à partir du jour où le contribuable a été informé de ce changement, et seulement pour l'avenir »[205].

Le septième alinéa prête une attention particulière aux prix de transferts en ce sens qu'en cette matière, « *Le rescrit peut prendre la forme d'un accord avec le contribuable sur la détermination du prix de pleine concurrence concernant une ou plusieurs... L'accord validé par l'administration fiscale lui est opposable au titre de l'exercice au cours duquel l'accord a été donné et pour les trois (03) exercices suivants. L'administration se réserve le droit de dénoncer cet accord lorsqu'il s'avère qu'il a été conclu sur la base d'informations erronées ou incomplètes* »[206].

Le Code général des impôts reprend les mêmes dispositions en huit alinéas[207], faisant des situations de cessation des garanties un alinéa, alors qu'elles sont intégrées dans le sixième alinéa de la loi de finances pour la gestion 2021.

De tout ce qui précède, il en ressort qu'il revient au contribuable d'adresser une demande au directeur général des impôts afin de mieux comprendre des dispositions fiscales ou une situation fiscale avant la déclaration et le paiement de l'impôt concerné. Et le rescrit fiscal est la réponse, à travers l'interprétation fiscale, que donne le fisc à la sollicitation du contribuable. Elle lui est opposable et peut servir de point de départ pour le contentieux fiscal[208]. Ainsi, la demande de rescrit doit, sous peine de rejet, répondre à des conditions formelles strictes, notamment au regard de l'exhaustivité de la demande et du caractère de bonne foi de l'information mise à la disposition de l'administration. Cette demande répond à un instrument à structure précis, dans la mesure où le formalisme de la demande est important et contraint

---

[205] Al. 5-6, art. 1103, loi n° 2020 - 33 du 24 décembre 2020 portant loi de finances pour la gestion 2021.

[206] Al. 7, art. 1103, loi n° 2020 - 33 du 24 décembre 2020 portant loi de finances pour la gestion 2021.

[207] *Cf.* art. 578 du Code général des impôts.

[208] CE., Sté Export Press, 2 décembre 2016. Ainsi que le rappelle le Conseil d'État dans sa décision du 2 décembre 2016, les positions formelles de l'administration ne peuvent, en principe, être contestées par le contribuable par la voie du recours pour excès de pouvoir dans la mesure où existe la possibilité d'un recours de plein contentieux.

les demandeurs dans le cadre de cette procédure. En contrepartie de cette obligation de présentation de la demande, l'administration est contrainte de motiver son interprétation des textes réglementaires.

Il convient tout de même d'indiquer que le « *silence de l'administration vaut refus* »[209] et qu'elle peut ne pas répondre aux contribuables demandant un rescrit fiscal, ce qui n'est certes pas conforme à la déontologie administrative. Dans la même veine, le contribuable n'est pas tenu de suivre les orientations du fisc, bien que cela puisse donner lieu à des redressements fiscaux plus tard.

Le rescrit fiscal paraît facile d'accès, et individuelle du fait de sa notification au contribuable demandeur. Cependant il est dépourvu de ce caractère individuel s'il fait l'objet de publication comme c'est le cas des prises de position de l'administration fiscale publiées sur le site www.impôts.bj[210]. En conséquence, tout contribuable peut se prévaloir des prises de positions publiées et les opposer à l'administration fiscale. Cette situation est d'autant plus rassurante à telle enseigne que le rescrit fiscal concourt à la sécurité juridique dans l'État.

B- Un outil de sécurité juridique

Le vocabulaire juridique est silencieux en ce qui concerne la définition de la sécurité juridique. Cependant il définit la sécurité comme « *la situation de celui ou de ce qui est à l'abri des risques (agressions, accidents, atteintes matérielles...) ; la prévention de tels risques, mesures et moyens de protection tendant à prévenir la réalisation de ces risques* »[211]. Le lexique des termes juridiques appréhende la sécurité juridique à « *un principe selon lequel les particuliers et les entreprises doivent pouvoir compter sur une stabilité minimale des règles de droit et des situations juridiques. Il en découle des règles de droit positif comme la non-rétroactivité des textes et le principe de confiance légitime* »[212]. Il ne fait aucun doute que la sécurité juridique rime avec la stabilité des règles de droit en dépit de l'évolution et du dynamisme de la matière juridique. La situation juridique peut être définie comme la situation des personnes dans l'État à pouvoir compter

---

209 M. DEGUERGUE, « Le silence de l'administration en droit administratif français », *in Les cahiers de droit*, n°4, 2015, p. 395. Il existe cependant des exceptions à ce principe.

210 DGI, *Textes d'application du Code général des impôts et doctrine fiscale du Bénin*, 2021, 332 pp.

211 G. CORNU, *Vocabulaire juridique*, Paris, PUF, 2019, p. 953.

212 S. GUINCHARD, *Lexique des termes juridiques*, Paris, Dalloz, 2022, p. 870.

sur la stabilité des règles et des situations juridiques. Il urge d'admettre que cette stabilité est relative, du fait du dynamisme du droit et des revirements auxquels il peut être sujet.

En matière fiscale, la recherche de sécurité juridique et fiscale a permis un développement important des rescrits[213], et ceci conformément à la volonté politique d'introduire un traitement individualisé de la situation des contribuables. Ce creuset d'échanges entre l'administration fiscale et les contribuables rompt avec l'image d'un « *Léviathan fiscal distant* », en promouvant au contraire le visage d'une administration moderne à l'écoute du citoyen. Dans ce cadre le fisc analyse au cas par cas la situation personnelle de chaque administré[214]. La sécurité juridique établit une relation de confiance entre les contribuables et l'administration fiscale. Cette dernière se doit d'agir en toute transparence pour une meilleure appréhension de la législation fiscale par les contribuables afin d'éviter tout mal compréhension de la loi fiscale pour un meilleur acquittement de sa dette fiscale.

Cet espace de dialogue entre l'usager et l'Administration[215] que permet le rescrit fiscal, aboutit à une prise de position éclairée de la part de l'administration dont elle ne saurait se départir. Il contribue au « *droit à l'information administrative* » du contribuable. En effet, à l'instar de la doctrine administrative, le rescrit fiscal accorde une place prépondérante au contribuable en étant un instrument rééquilibrant la relation entre l'administration fiscale et le contribuable. Au regard de l'État régulateur, le rescrit fiscal constitue une garantie essentielle de l'État de droit en ce qu'il enserre la réponse de l'administration et peut *in fine* la contraindre.

Dans cet élan le Professeur Michel BOUVIER attire l'attention sur « *le souci croissant d'une plus grande protection juridique des contribuables comme d'une clarification de leurs rapports avec l'administration fiscale* »[216]. Face à une inflation normative fiscale, le contribuable doit être davantage éclairé sur ses obligations fiscales. En effet, la fiscalité s'enracine en majorité dans les textes réglementaires

[213] Suivant des statistiques obtenues à la Direction de la législation et du contentieux (DLC) de la DGI, en 2020 sur quatre-vingt-dix questions adressées au fisc, soixante-douze d'entre elles ont été traitées en guise de rescrit fiscal.

[214] B. PLESSIX, « Le rescrit en matière administrative », *Revue juridique de l'économie publique* n° 657, 2008, p. 8.

[215] H. COLOMBET, « Le rescrit et la participation des usagers à la production de la doctrine administrative », *JCP*, n° 5, 2016, p. 33.

[216] M. BOUVIER, *Finances publiques*, Paris, LGDJ, 2022, p. 774.

qui viennent en application des modifications de la loi de finances. L'interprétation de la loi fiscale à travers le rescrit fiscal engage le fisc et l'établit dans une fonction de « *conseil fiscal gratuit* »[217] à l'endroit du contribuable.

L'interprétation est une composante essentielle du raisonnement juridique[218]. Dans un sens plus large, « *l'interprétation juridique désigne toute forme de raisonnement juridique qui conduit à la solution d'un cas ou à la découverte d'une règle* »[219]. L'interprétation juridique quant à elle, consiste à déterminer le sens de la règle en vue de préciser sa portée dans le contexte de son application.

Selon le Professeur Michel TROPER dans « *le Dictionnaire de la culture juridique* », il existe plusieurs méthodes d'interprétation[220], qui dans la réalité s'entremêlent. Il s'agit de : l'interprétation sémiotique qui se fonde sur le langage ; l'interprétation génétique qui repose sur la connaissance de la volonté réelle de l'auteur du texte ; l'interprétation systémique, elle vise à éclairer un fragment du texte par un autre ; l'interprétation fonctionnelle vise à donner au texte la signification qui lui permettra de remplir la fonction qu'on lui attribue, l'interprétation téléologique qui se fonde sur le but poursuivi par le législateur. Selon l'auteur, deux grands types de classification de méthodes d'interprétation se démarquent, il s'agit de celle relative à la méthode employée pour interpréter un texte, et de la deuxième classification qui fonde l'interprétation sur la personnalité de l'interprète[221].

La première classification concerne trois méthodes d'interprétation : la première dite littéraire s'appuie sur les règles littéraires et grammaticales pour découvrir le sens exact du terme. Quant à la deuxième, la méthode logique, elle fait appel à la cohérence globale du système juridique ou à la logique interne du texte. En ce qui concerne la troisième méthode appelée méthode historique, elle cherche l'intention du législateur en s'appuyant par exemple sur les travaux préparatoires. Concernant la deuxième classification, l'interprétation se base sur la personnalité de l'interprète. En conséquence, l'interprétation peut être personnelle,

---

[217] *Cf.* H. SALAMI, *Le rescrit en droit fiscal béninois*, Mémoire de DEA, Université d'Abomey-Calavi, 2023, p. 5.

[218] Le raisonnement juridique est généralement défini comme l'application d'une règle à un cas.

[219] B. FRYDMAN, *Le sens des lois*, Paris, LGDJ, 2005, p. 15.

[220] M. TROPER, « Interprétation », *in* D. ALLAND et S. RIALS (dir.), *Dictionnaire de la culture juridique*, Paris, PUF, 2003, pp. 844-845.

[221] *Ibid.*

c'est-à-dire réalisée par la doctrine et n'ayant pas la valeur officielle et légale. Elle peut être aussi judiciaire, c'est-à-dire, faite par le juge et ayant soit une valeur juridique générale comme la jurisprudence de la Cour de cassation en France, soit une valeur limitée à l'affaire en cours comme, par exemple l'interprétation faite par un juge de tribunal de grande instance dans un cas particulier. Enfin, l'interprétation peut être aussi légale ; c'est celle réalisée par le législateur afin de dissiper les cas d'ambiguïté[222]. En dépit de ses attraits, le rescrit fiscal demeure un instrument perfectible.

II- LE RESCRIT FISCAL, UN INSTRUMENT PERFECTIBLE

Le rescrit fiscal est un mécanisme attractif par son but, mais son accès est subordonné à un certain nombre de conditions dont dépend le droit de répondre au contribuable. De facto un accès difficile (A) en découle et est renchéri par une mutabilité gênante (B).

A- Un accès difficile

Au sens du troisième paragraphe de l'article 578 du CGI, « *la demande de rescrit doit être adressée par écrit au directeur général des impôts* ». Le directeur général des impôts (DGI) est le seul organe compétent pour recevoir une demande de rescrit. Qu'importe l'objet de la demande de rescrit, ce dernier est le seul organe de l'administration fiscale, compétent pour connaître le sens et la portée des textes fiscaux de la République. Il n'existe pas la possibilité pour le contribuable de former un recours hiérarchique pour obtenir une meilleure interprétation ou pour corroborer l'interprétation qu'il se donne du texte fiscal. L'organisation administrative du rescrit est centralisée au niveau d'une seule et même personne, qu'est le DGI.

La centralisation entre les seules mains du DGI a pour avantage d'avoir une unicité d'interprétation, cohérente et harmonieuse des textes fiscaux. Cette cohérence et unicité dans l'interprétation serait source de sécurité juridique. La présence de plusieurs organes peut créer une divergence dans les interprétations ou positions de l'administration, et retirer au mécanisme toute son attractivité et la sécurité juridique qu'il veut prôner.

---

[222] *Cf.* W. AGUEMON, *Méthodes et techniques du juge constitutionnel*, Mémoire de DEA, Université d'Abomey-Calavi, 2012.

Cependant, si l'un des objectifs du rescrit est la promotion d'un civisme fiscal[223] qui prône le rapprochement de l'administration du contribuable, en permettant à ce dernier de poser toutes formes de questions (sur l'interprétation d'une loi fiscale ou d'une situation de fait) afin d'obtenir une réponse adéquate sur la portée d'une disposition fiscale ou sur sa situation fiscale, la centralisation des demandes s'y oppose farouchement.

Une déconcentration de la structure organisationnelle s'avère indispensable et devrait être envisagée. Il s'agira de donner la prérogative aux directeurs départementaux des impôts de se prononcer sur certains types de demande, notamment celles relatives aux impôts locaux. Mais il serait plus adapté de créer des services déconcentrés au niveau départemental chargés de recevoir et traiter des demandes de rescrits de toutes natures. Le DGI pourrait alors se garder d'avoir un droit de contrôle sur chaque position que prend l'administration mais rappellera de manière périodique par des circulaires, le sens et la portée de certaines dispositions. Il restera toujours compétent pour toute demande de rescrit ayant un lien d'extranéité et les accords préalables sur les prix de transfert.

Il serait également opportun de créer un espace numérique permettant d'introduire directement les demandes électroniques. Ceci n'excluant pas la faculté de déposer les demandes au niveau départemental, vu que le niveau de couverture Internet dans l'État est encore insuffisant.

Si les organes compétents pour recevoir et traiter la demande sont rapprochés des contribuables, encore faudrait-il que ces derniers respectent un contenu obligatoire dans l'introduction de la demande. En effet, toute demande doit comporter des informations obligatoires.

Primo, elle doit présenter « *le nom et l'adresse du demandeur* »[224]. Elle doit comporter premièrement le patronyme, le ou les prénom (s) du demandeur lorsqu'il s'agit d'une personne physique, ou la dénomination sociale, s'il s'agit d'une personne morale. Ensuite, elle décline l'adresse du demandeur qui peut être entre autres, le domicile ou le siège social, l'adresse mail, les numéros téléphoniques, la boîte postale, l'IFU (Identifiant fiscale unique), le RCCM (Registre de commerce et de crédit mobilier).

---

223 B. GIBERT, « Améliorer la sécurité du droit fiscal pour renforcer l'attractivité du territoire », *Rapport au ministre d'État, ministre de l'Économie, des Finances et de l'Industrie*, Septembre 2004, p. 15.

224 Article 578 alinéa 3-a du CGI.

Secundo, la demande doit faire « *une présentation précise, complète et sincère de la situation présentée à l'administration fiscale* »[225]. En exigeant, sans être plus claire que la demande soit « *précise, complète et sincère* », le législateur offre une échappatoire certaine à l'administration « *au cas où le rescrit reposerait soit sur un oubli ou un mensonge du contribuable* [226]» ou lorsqu'il se relèverait *a posteriori* peu conforme aux intérêts de l'administration fiscale[227], celle-ci pouvant facilement dire à tout moment que la demande est soit incomplète, soit imprécise. Il sera donc quasi impossible pour le contribuable de s'assurer avoir formulé une demande suffisamment précise et exhaustive *a priori.*

Tertio, la demande doit mentionner « *la question précise à laquelle le contribuable souhaite obtenir une position de l'administration fiscale*[228]». Tel un exercice de dissertation juridique, il ne s'agira pas pour le demandeur de poser plusieurs questions (sauf si la demande porte sur plusieurs objets), mais de formuler une seule question précise qui retrace toute la problématique de la demande. Ceci requiert une technique que seul un spécialiste peut détenir, encore que l'appréciation du caractère « *précis* » de la question revient à la seule administration. Celle-ci peut à tout moment, selon ses intérêts, juger que la question n'est pas précise. Rien n'est de ce fait certain pour le contribuable qui introduit sa demande.

Enfin, le contribuable doit aussi avoir une bonne connaissance du texte fiscal sur la base duquel il saisit l'administration pour que celle-ci prenne position, mentionner ledit texte, et si possible l'analyse qu'il en fait[229]. Cette dernière mention que doit comporter la demande permet surtout de dire que, tel qu'exigé, la demande de rescrit nécessite un accompagnement certain. À moins que l'administration prévoie, soit des formulaires de saisine comme en matière de procédure de recouvrement des petites créances[230], soit des services publics d'accompagnement pour

---

[225] Article 578 alinéa 3-b du CGI.

[226] F. DAL VECCHIO, « Le rescrit, une garantie ? », *Revue européenne et internationale de droit fiscal*, n° 2017/1, p. 34.

[227] *Ibid.*

[228] Article 578 alinéa 3-c du CGI.

[229] Article 578 alinéa 3-d du CGI « la demande de rescrit doit être adressée par écrit au directeur général des impôts et contenir les informations suivantes : le texte fiscal sur la base duquel le demandeur saisit l'administration fiscale pour qu'elle prenne position et, dans la mesure du possible, l'analyse que le demandeur en fait. »

[230] Comme dans le cas de la procédure de petite créance instituée par la loi n°2020-08 du 23 avril 2020 portant modernisation de la justice (publiée au Journal Officiel de la République du Bénin –JORB -, 131e année, n°08 bis, numéro spécial, du 27 avril

l'introduction de la demande. Au-delà de ce que l'introduction de la demande soit complexe, la réponse de l'administration n'est pas non plus certaine et peut connaître des mutations.

B- Une mutabilité gênante

Le cantique de célébration du rescrit est qu'il offre une garantie opposable à l'administration que l'interprétation formelle soit contraire ou non à la loi. Malheureusement, la célébration d'un tel cantique n'empêche pas sa modification. Le législateur prévoit à l'alinéa 7 de l'article 578 du CGI, trois (03) cas de mutabilité de la garantie que l'on peut ranger en deux catégories. Les mutabilités subjectives et celles objectives.

Sont rangés dans les mutabilités subjectives de la garantie, les changements de doctrine qui peuvent résulter soit du fait du contribuable lui-même, soit de la volonté unilatérale de l'administration.

La troisième hypothèse de mutabilité de la garantie est d'origine légale, c'est-à-dire relative à la volonté du législateur. Ayant la maîtrise de la loi, il peut par sa volonté altérer la garantie par l'édiction d'une nouvelle loi et en lui adjugeant un effet rétroactif.

Quid de la mutabilité due au changement de situation du contribuable ?

Une des situations les plus normales de la fin de la garantie est celle prévue à l'alinéa 7-a) de l'article 578 du CGI. Cette perte d'effet de la garantie ne concerne que les cas où le contribuable a fait une demande liée à sa situation de fait. Sont donc exclus les cas où il s'agit de l'interprétation d'un texte fiscal, puisque dans ce cas, la garantie vise à donner une compréhension exacte du texte fiscal. Elle ne prend fin qu'après changement d'interprétation, ou modification de la loi.

En clair, l'extinction de la garantie de l'alinéa 7-a) de l'article 578 du CGI ne vise qu'un cas particulier de rescrit. Aux termes de ces dispositions, la garantie du rescrit cesse si « *la situation du contribuable n'est plus identique à celle qu'il a présentée dans sa demande* ». Cette extinction de la garantie se justifie par le fait que la demande de rescrit, conformément à l'alinéa 3 de l'article 578 doit comporter d'une part, « *une présentation précise, complète et sincère de la situation présentée à l'administration fiscale* » ; et d'autre part, « *la question précise à*

2020). Cette loi permet de saisir la Chambre de petites créances par un formulaire disponible dans les Tribunaux, et à remplir par le requérant.

laquelle le contribuable souhaite obtenir une position de l'administration fiscale ». Ainsi, puisque la position formelle de l'administration est donnée sur le fondement d'une « *situation précise de fait* » présentée, il est normal que cette garantie devienne caduque dès un changement de situation, aussi négligeable soit-il.

Au sens de la loi, il y a changement de situation lorsque la situation présentée par le contribuable lors de sa demande n'est plus identique à celle dans laquelle il se trouve. Le changement de situation peut naître de tout événement. Il peut s'agir du changement du régime matrimonial (quitter par exemple un régime de communauté universelle pour celui de séparation des biens) ; du changement d'activité, du capital social, du lieu d'exploitation d'un projet (en zone économique, zone rurale, zone urbaine…), du type d'investissement, du nombre d'associés (surtout s'il s'agit des sociétés de personnes), du partenaire d'affaires (lorsque la nationalité est prise en compte pour l'assiette de l'impôt) ; d'augmentation ou de diminution du chiffre d'affaires.

L'extinction de la garantie peut aussi résulter du changement de la doctrine par l'administration. Une autre hypothèse de la volatilité de la garantie offerte par le rescrit réside dans le pouvoir de l'administration fiscale de changer elle-même sa position. Elle peut se dédire en donnant une interprétation autre que celle précédemment donnée. L'article 7-c) dispose en ce sens que « *la garantie […] cesse si […] l'administration fiscale modifie son appréciation sur la situation qui lui a été présentée par le contribuable* ». La situation paraît ambigüe puisqu'elle donne force à l'administration de mettre en éclat la garantie sans justification et à tout moment.

Elle l'est davantage parce que le législateur est resté silencieux sur les raisons pouvant justifier la mise en œuvre de ce changement de doctrine ; ce qui signifierait que l'administration peut opérer un changement de doctrine que les motifs soient justifiés ou non.

Comme justification possible, l'administration est tenue pour favoriser une cohérence et une harmonie des législations, d'opérer un changement d'interprétation dès l'apparition d'une jurisprudence qui donne une interprétation autre que ce qu'elle avait donné. De même, le rescrit ne bénéficiant pas, *a priori*, d'une publicité, l'administration peut être amenée à opérer un changement de position, à la suite d'une autre interprétation donnée au contribuable qui contredit celle donnée antérieurement, lorsque les demandes portent sur le même objet, c'est-à-dire lorsqu'il y a évolution dans la compréhension du texte. Elle opérera ce changement afin d'harmoniser les différentes interprétations qu'elle donne des textes fiscaux.

Par contre, la perversité de cette liberté est que, le politique, ayant la maîtrise de l'administration, peut user de cette liberté pour limiter les concurrents ou les adversaires politiques. Elle constitue à cet effet, une source d'insécurité juridique pour les bénéficiaires, l'administration pouvant décider unilatéralement, sans justification, de changer l'interprétation, sans pouvoir se faire opposer un droit. Une garantie qui peut changer ainsi facilement du fait de la seule volonté du débiteur n'en est plus une. C'est un paradis d'insécurité juridique qui est alors ouvert.

Certes, l'effet pervers est aussi dans l'autre sens. Ne pas permettre à l'administration de revenir sur sa décision, et oser lui conférer éventuellement une « *autorité de la chose décidée* », peut faire naître des interprétations « *favoritistes* » dictées pour les besoins de la cause. Elle constituerait une menace, car sous l'écume de cette garantie peuvent subsister la corruption, les paradis fiscaux, d'autant que l'interprétation formelle s'oppose à l'administration même, qu'elle contredise ou non la loi. Pris sous cet angle, la Nation gagnerait au maintien de la faculté de changement par l'administration, ceci pouvant intervenir à la suite d'un contrôle constatant cette interprétation « *favoritiste* ».

Pourtant, l'éventualité d'un détournement de l'outil de son objet primaire, ne saurait justifier la grande liberté accordée à l'administration de modifier comme il lui plaira toute interprétation. L'on gagnerait en sécurité juridique et la confiance des contribuables en encadrant ce large pouvoir de modification de l'administration ; peut-être par l'existence d'une création jurisprudentielle donnant une autre interprétation.

Il convient toutefois de noter que le changement de doctrine par l'administration n'a pas un effet rétroactif. Il n'est opposable à l'administration que pour l'avenir, et à partir de la notification (par tout moyen laissant trace écrite ou par exploit d'huissier) de la décision de changement[231].

La dernière hypothèse du changement est d'origine législative. La péremption de la garantie peut être aussi évoquée du fait du changement de législation. C'est ce que prévoit l'alinéa 7-b) de l'article 578 du CGI en disposant que « *la garantie prévue à l'alinéa précédent cesse si [...]*

[231] Article 578 al. 7-c *in fine* « *L'appréciation antérieure n'est plus valable à partir du jour où le contribuable a été informé de ce changement, et seulement pour l'avenir* ».

la législation applicable à la situation du contribuable a évolué ». Il en résulte que la prise de position de l'administration fiscale n'est valable que lorsque la législation interprétée est encore applicable dans le droit positif du pays. A contrario, lorsque le texte fiscal interprété par l'administration est modifié, retiré de l'ordonnancement juridique, la garantie qui lui est associée devient de facto caduque[232].

Puisque le législateur a bien précisé qu'il s'agit uniquement d'une législation fiscale, pris au sens large, la création jurisprudentielle qui viendrait donner une interprétation différente de celle donnée par l'administration, ne semble pas pouvoir mettre fin à la jouissance de la garantie. Ceci peut se justifier d'ailleurs par le fait que l'interprétation de l'administration a pleine force « *même lorsque cette interprétation ajoute à la loi ou la contredit* »[233]. Il s'ensuit que le changement d'interprétation jurisprudentielle n'affecte pas la garantie au profit du contribuable.

S'il est vrai que l'interprétation de l'administration ne peut survivre qu'à condition que la loi qu'elle interprète reste applicable dans l'ordonnancement juridique du pays, il ne semble pas pour autant que tout changement du texte fiscal puisse rendre caduque la garantie. En effet, il peut y avoir changement de législation sans que la disposition spécifiquement interprétée reste inchangée dans la nouvelle législation. Autrement, il peut y avoir changement de législation, sans que ce changement ne soit substantiel à la disposition interprétée. Bien que le législateur n'ait rien prévu en la matière, la sécurité juridique voudrait qu'un changement législatif qui n'affecte pas de manière substantielle le fond de l'ancienne loi interprétée, ne mette pas fin à la garantie. Dans cette veine, Jean Lamarque commentant un arrêt du Conseil d'État français[234] estime que « *l'existence de l'interprétation d'un texte ancien n'est pas remise en cause si elle se révèle compatible, au fond, avec la loi nouvelle : l'interprétation formulée par l'administration pour l'application d'une disposition législative abrogée est susceptible d'être invoquée par le contribuable soumis à la loi nouvelle dès lors que la loi*

---

232 Conseil d'État, 8/7 SSR, du 15 mai 1992, 71854, inédit au recueil Lebon (https://www.legifrance.gouv.fr/ceta/id/CETATEXT000007630473 ; consulté le 04 Septembre 2022 à 16h10).

233 Conseil d'État - 9e sous-section jugeant seule - 18 juin 2013 - n° 342290.

234 Conseil d'État, 7/8/9 SSR, du 30 juin 1982, 22796, publié au recueil Lebon (**https://www.legifrance.gouv.fr/ceta/id/CETATEXT000007616615/ ;** consulté le 04 septembre 2022).

abrogée est reprise au fond par cette dernière »[235]. C'est toutefois sans oublier qu'il peut arriver que le législateur édicte une loi rétroactive.

En effet, l'exception du changement de situation du contribuable prévu à l'alinéa 7-a) de l'article 578 du CGI, le changement de doctrine ne semble pas s'opposer de plein droit au contribuable. Au sens de l'alinéa 7-c du même article, le changement de doctrine n'est opposable au contribuable que lorsqu'il lui est notifié. Cette notification s'inspirera des règles de droit commun. Elle se fera de préférence par un exploit d'huissier, et peut être exceptionnellement par tout moyen laissant trace écrite.

Certes, pour le changement issu d'une révision législative, le législateur est resté muet. Cependant, ce silence ne saurait s'analyser comme un vide juridique. On prendra en compte la date d'entrée en vigueur de la loi. Et classiquement, selon le décret n°90-376 du 4 décembre 1990 portant organisation et fonctionnement du journal officiel de la République du Bénin en son article 6, la loi entre en vigueur au Bénin, un jour franc[236] après sa publication au Journal Officiel. C'est à cette date que la loi prend corps dans le droit positif et s'impose à tous. Mais les lois dites rétroactives, bien que rares[237], dérogent à cette règle.

En effet, le Parlement ayant la maîtrise de la loi, il arrive qu'il édicte, par dérogation au principe de la non-rétroactivité de la loi de l'article 2 du code civil, des lois qui abrogent rétroactivement des législations antérieures[238]. Le Conseil constitutionnel, à travers plusieurs décisions, n'a pas manqué de préciser que le principe de non-rétroactivité n'a qu'une valeur législative et non constitutionnelle[239], sauf en matière pénale. Un principe de valeur constitutionnelle, s'impose au législateur en toute circonstance sauf exception, puisqu'il est censé émaner de la

---

[235] J. LAMARQUE, et al., *op. cit.*, n°838, p. 523.

[236] Un délai est dit franc lorsqu'en le computant, on ne compte pas le premier jour (dies a quo) ni le dernier jour (dies ad quem). Exemple : une loi a été promulguée le 20 juillet 2018. Elle est publiée au JO dans sa parution du 15 septembre 2018. Elle entre en vigueur le 17 septembre 2018. Les 15 et 16 septembre constituent le délai d'information.

[237] S. DRUFFIN-BRICCA, L. -C. HENRY (Laurence-Caroline), *Introduction au Droit et Droit civil*, Paris, Lextenso, éditions 2014, p.24.

[238] CE, 30 juin 1982, n°33818, RF 8-9/1982, n° 776, cité par LAMARQUE (Jean), et alii, *op. cit.*, n°838, p.523.

[239] Cons. const., 24 juillet 1991, n° 91-298 DC, Loi portant diverses dispositions d'ordre économique et financier, J.O.R.F., 26 juillet 1991, p. 9920.

Constitution, norme fondamentale et hiérarchiquement supérieure à toute norme de droit interne. En revanche, un principe de valeur législative, ne peut avoir une valeur supérieure à celle relevant de la compétence du législateur, de sorte qu'il ne s'impose pas à ce dernier dans les mêmes termes qu'un principe de valeur constitutionnelle. Il s'ensuit que le législateur peut y déroger. Par contre, du fait de la supériorité du pouvoir législatif sur le pouvoir réglementaire, un principe de valeur législatif s'impose nécessairement à ce dernier, c'est-à-dire à l'administration. C'est pourquoi le Conseil d'État veille au respect du « *principe général de non-rétroactivité des actes administratifs* »[240].

Prenant alors en compte les situations qui existaient avant son entrée en vigueur, la nouvelle loi abrogeant rétroactivement la loi ancienne de laquelle est dérivée la position formelle de l'administration, prive ainsi le contribuable du droit de se prévaloir utilement de la garantie.

L'existence de telles lois rétroactives en matière fiscale peut être source d'arbitraire et d'insécurité juridique pour le contribuable ayant déjà bénéficié d'une interprétation formelle, c'est ce qui justifie d'ailleurs leur (les lois rétroactives) rareté[241]. De ce fait, il serait inutile pour le contribuable de recourir à une garantie qui serait remise en cause par une loi abrogeant rétroactivement la loi ancienne. Il serait utile que notre système renforce l'efficacité du rescrit en permettant l'opposabilité de la garantie malgré une loi nouvelle rétroactive.

L'idéal aurait été de priver les lois rétroactives des conséquences qu'elles pourraient avoir sur les avantages antérieurement acquis d'une interprétation formelle. La situation serait alors similaire à celle du changement de doctrine. En somme, il serait utile que les avantages antérieurement acquis d'une interprétation formelle ne soient pas modifiés par la nouvelle loi, qu'il s'agisse d'une loi rétroactive ou non. Ceci constituerait un pas essentiel dans le processus de renforcement de la garantie.

CONCLUSION

Le rescrit inspire une soif exaltante, un discours porteur d'un dialogue entre le contribuable et l'administration. Il est un outil restreignant le droit de contrôle de l'administration fiscale.

Outil de dialogue, le rescrit est une procédure fiscale permettant à tout contribuable, personne physique ou personne morale, à tout porteur

---

[240] CE, Société du Journal « l'Aurore », 25 juin 1948, Rec., p. 289.
[241] S. DRUFFIN-BRICCA, L.-C. HENRY, *op. cit.*, p. 24.

de projet, d'adresser une demande à l'administration fiscale pour comprendre, soit, le sens et la portée d'une disposition d'un texte fiscal, *lato sensu,* soit la fiscalité à laquelle est soumise une situation de fait (un projet d'investissement par exemple). Il vise à lever le voile sur les mythes entourant le droit fiscal, et facilite sa maniabilité, et par ricochet, son respect par tout néophyte.

Outil de garantie, le rescrit donne une force juridique particulière à la réponse positive de l'administration fiscale. En effet, la réponse de l'administration, si elle est positive aux aspirations du demandeur, constitue une garantie qu'il peut lui opposer. Cependant, la garantie est à la fois limitée et précaire. Elle est limitée parce que l'accès à la procédure de rescrit est très complexe et suit un formalisme très rigide.

Elle est précaire à l'aune de la liberté dont dispose l'administration de ne pas répondre et de garder le silence, ou alors de répondre hors du délai légal. L'introduction de la procédure peut se retourner contre le contribuable qui pourrait subir des rehaussements de droits, si elle ne suit pas la position donnée par l'administration qui avait déjà connaissance de ses intentions. Elle est vue à certains égards comme un piège suscitant méfiance et crainte. Méfiance parce que, la procédure exigeant un devoir de coopération de la part du contribuable par la communication de certaines informations obligatoires, elle peut être l'occasion pour l'administration de prendre connaissance des irrégularités au sein de l'entreprise du contribuable, et exercer ses multiples droits de contrôle. Cette idée que le rescrit peut être la cause d'un contrôle fiscal dissuade les contribuables d'y avoir recours. Pis, la garantie a un caractère volatile en ce qu'elle peut être modifiée et donc s'éteindre au bon vouloir de l'administration ou du législateur qui peut même initier des lois rétroactives.

Face à ces multiples faiblesses qui fragilisent le rescrit, il est nécessaire, si le législateur vise véritablement à renforcer le civisme fiscal de procéder à certaines réformes pour renforcer la sécurité juridique. Il faut aussi mettre fin ou diminuer les situations de méfiance du contribuable, en posant la séparation entre les services d'instruction du rescrit et ceux chargés du contrôle fiscal comme c'est déjà le cas actuellement ; ouvrir des possibilités de recours contre la position formelle de l'administration. En outre, il faut renforcer la politique de développement du rescrit en usant de la possibilité de publication des décisions de rescrit tout en assurant la protection du secret des affaires, des données personnelles et de la vie privée.

En somme, la garantie qu'offre le rescrit est très fragile et mérite d'être renforcée pour la cause de la sécurité juridique et pour la prévention normative de la fraude fiscale.

LE RÈGLEMENT N° 08/2008/CM/UEMOA PORTANT ADOPTION DES RÈGLES VISANT À ÉVITER LA DOUBLE IMPOSITION AU SEIN DE L'UEMOA ET DES RÈGLES D'ASSISTANCE EN MATIÈRE FISCALE

L'OFFICE DU CONSEIL FISCAL : ENTRE OPTIMISATION FISCALE ET PRÉVENTION DE LA FRAUDE FISCALE

Dr. Sèmiou Adéniyi LASSISSI[242]
& Ulrich Donald T. KPAKPO[243]

INTRODUCTION

Les systèmes fiscaux sont des constellations dont les conseils fiscaux la lumière[244]. Cette idée qui rend mieux compte de l'importance du conseil fiscal dans les manifestations du système fiscal des États, permet d'aborder utilement l'office de cette institution dans l'environnement fiscal qui ne l'ignore pas.

En effet, la matière fiscale relève à n'en point douter d'une spécialité. Il faut faire d'abord des études à l'École Nationale d'Administration (ENA), dans la filière administration des impôts dans les États africains ou à l'École Nationale des Impôts (ENI) de France pour avoir le titre d'inspecteur des impôts. Il faut totaliser une bagatelle de cinq (5) années d'études supérieures dans cette spécialité pour prétendre avoir ce titre. Ce n'est pas rien. De plus, cette formation est corroborée par des stages pratiques effectués en administration fiscale et/ou en entreprises dans la perspective du renforcement des acquis en théorie et en travaux dirigés. C'est une formation complète qui produit des spécialistes de haut niveau. Ces cadres fiscalistes font le bonheur des administrations fiscales et la gloire des États. Ils sont les seuls à pouvoir d'un côté, maîtriser la fiscalité, de l'autre, s'adapter à son évolution, la matière étant dynamique. Ils conduisent des débats fiscaux dans les États avec pertinacité et brio. L'expression « *conseils fiscaux* » désigne au fait ces

[242] Haut fonctionnaire de l'administration fiscale à la retraite, Docteur en droit public et président de l'Association Nationale des CONSEILS Fiscaux du Bénin (ANCF-BENIN), E-mail : lasgratitude@gmail.com.
[243] Président du Conseil d'Administration de l'Association Béninoise des Fiscalistes du Privé (ABéFiP).
[244] L'idée est inspirée de l'image poétique de l'impôt de Maurice DUVERGER : « Les systèmes fiscaux sont des constellations dont les impôts les étoiles », Maurice DUVERGER, *Finances publiques*, coll Thémis, 1971, p.462, cité par Paul Marie GAUDEMET et Joël MOLINIER, *Finances publiques-Fiscalité/Tome2*, Paris, Edit Montchrestien, 1992, p. 62.

cadres qui ont fait le choix d'exercer en privé. Ils peuvent selon la législation des États se constituer en cabinet selon des formes juridiques appropriées, ou travailler dans d'autres cabinets organisés comme celui des experts-comptables ou celui des avocats. Lorsqu'ils font le choix de travailler dans d'autres cabinets déjà structurés et organisés, ils perdent le titre de conseils fiscaux. En ce domaine l'incompatibilité est relevée par les textes les instituant[245]. Même, les instances faîtières de ces conseils fiscaux par des lettres et communiqués le font savoir au public[246].

Ces conseils fiscaux travaillent généralement pour le compte des personnes physiques ou morales du droit privé avec un cahier de charge bien précis. Il arrive des occasions où ils travaillent également pour le compte des personnes morales du droit public notamment les collectivités territoriales décentralisées (CTD). En dehors des contrats publics qu'ils peuvent signer avec le fisc[247], ils sont tenus dans leur office d'amener le contribuable d'une part, à respecter ses obligations fiscales, d'autre part, à payer le « *juste impôt* » c'est-à-dire à optimiser ses impositions.

Pour l'essentiel, il s'agit de règles de déontologie et d'éthique liées au métier de conseil fiscal et qui mérite une attention particulière des pouvoirs publics. Cependant, ils ne bénéficient pas toujours de la part des États, l'attention nécessaire et suffisante pour une organisation corporative à l'instar des autres corps de métiers. Si le phénomène est pris au sérieux dans les États de la Communauté Economique et Monétaire de l'Afrique Centrale (CEMAC), il faut dire que dans les États de l'Union Economique et Monétaire de l'Afrique de l'Ouest

[245] *Cf.* Loi n° 99/009 du 16 juillet 1999 qui fixe les conditions d'organisation et les modalités d'exercice de la profession de Conseil Fiscal.

[246] Le président de la Chambre Nationale des Conseils Fiscaux (CNCF) tunisien, dans une lettre en date du 21 juin 2005, a clairement précisé : la profession de conseiller fiscal est différente de celles de comptable et d'avocat.

[247] Comme c'est le cas du contrat signé entre la CCIB et la DGI pour l'explication et la vulgarisation des textes fiscaux contenus dans la Loi de finances de chaque année, aux entreprises.

(UEMOA) on assiste au « *gouvernement des experts-comptables* »[248] avec une forte volonté de conservation de la chose fiscale à eux seuls[249].

La fraude fiscale est une ombre obscure qui plane sur les économies mondiales. Chaque année, des individus, des entreprises et des entités échappent à leurs obligations fiscales, privant ainsi les gouvernements de ressources cruciales pour financer des services publics essentiels. Cette présentation se penche sur le phénomène de la fraude fiscale dans ses multiples facettes : les méthodes employées, les conséquences économiques et sociales, ainsi que les efforts déployés pour la combattre. Comprendre la fraude fiscale est essentiel pour promouvoir la transparence financière, garantir l'équité fiscale et préserver la confiance dans nos systèmes économiques et politiques.

Toutefois, le conseil fiscal lorsqu'il est organisé par l'État en corps de métier, il joue un rôle significatif dans l'amélioration de l'image de l'administration fiscale, la mobilisation des recettes fiscales et le respect des textes fiscaux. En d'autres termes, il est entre l'optimisation fiscale voulue des parties et la prévention de la fraude fiscale prônée par le fisc. Il est exposé un office non organisé au Bénin (II) après avoir montré qu'il s'agit d'un office de gardien du temple (I).

I- UN OFFICE AU-DELÀ DE L'INTERFACE ENTRE LE FISC ET LE CONTRIBUABLE

L'office du conseil fiscal ne sera analysé ici en termes classiques de règles de forme et de fond. La raison en est toute simple : il n'y a pas qu'une seule procédure qui soit observée. Mais au regard des tâches exécutées et contenues en principal dans un cahier de charge ayant fait l'objet d'un contrat signé en bonne et due forme avec la partie contractante (il peut être écrit ou non au Bénin par manque d'organisation) et subsidiairement dans le cahier de déontologie et

---

[248] Au Bénin d'aujourd'hui, le secteur de conseil fiscal est pris d'assaut par les experts-comptables et les avocats. Aussi, convient-il de préciser que l'actuel ministre en charge des finances, le dicteur général des douanes et le conseiller spécial aux finances du chef de l'État sont tous des experts-comptables. Ainsi, il est clair que tout le circuit de décision ou d'émulation d'une telle décision est marqué de leur présence or, leur point de vue compte beaucoup dans la prise d'une loi organisant l'ordre des conseils fiscaux ou d'un décret dédié à cet effet.

[249] Avec le vote et la promulgation de la Loi n° 2022-35 du 07/12/2022 modifiant celle n° 2004-03 du 27 avril 2006 portant création de l'ordre des Experts Comptables et Comptables Agréés en République du Bénin appuyée de son décret d'application pris en conseil des ministres en février 2023, les comptables sont autorisés désormais à intervenir dans la fiscalité.

d'éthique du métier (inexistant au Bénin), l'office du conseil fiscal se résume en un métier de veille (1) et en une mission d'assistance (2) au sens large du terme.

1- Le conseil fiscal au service du contribuable

Le conseil fiscal, une fois admis auprès de l'entreprise qui l'a réquisitionné pour la sauvegarde de ses intérêts fiscaux, œuvre dès cet instant à ce que les droits et garanties du contribuable[250] l'ayant requis ne soient abusés par le fisc tout en l'amenant à respecter correctement les droits de l'État. Cette mission de veille va de soi et le lie aux obligations qui sont les siennes vis-à-vis du fisc. À ce lot de missions se grève une autre, celle de l'assistance et de formation sur les textes fiscaux.

En définitive, le conseiller fiscal dans son office veille sur les droits du contribuable (a) personnes physique et morale du droit privé et fournit une assistance permanente au contribuable (b).

a) Une veille sur les droits du contribuable

Pour saisir au mieux les droits des contribuables, il faut d'abord comprendre le rôle salvateur du consentement de l'impôt dans la construction de l'État de droit et de la démocratie.

En effet, à l'origine du contrôle parlementaire[251], l'impôt est un élément majeur de la vie en société. Comme l'ont souligné certains auteurs, « *l'histoire enseigne que nos institutions politiques sont fondées sur le consentement de l'impôt, c'est-à-dire sur l'intervention pratiquement nécessaire du Parlement, représentant les contribuables pour établir l'impôt* »[252]. L'impôt est donc du domaine de la loi[253]

---

[250] Hilaire AKEREKORO, « Le contribuable en Afrique : entre respect des normes et déviances fiscales », *in RAFIP*, n° 12, 2022, p. 72.

[251] « *C'est en brandissant le refus de l'impôt qu'on avait transformé des régimes, c'était en refusant ouvertement qu'on avait fait des révolutions, c'était en associant politique et finances publiques qu'on avait, non sans peine, construit les mécanismes de contrôle parlementaire* ». Lire, Pierre BELTRAME, « Le consentement de l'impôt. Devenir d'un grand principe », *in RFFP*, n° 51, 1995, p. 80.

[252] TROTABAS Louis et COTTERET Jean Marie, *Droit fiscal*, Paris, Dalloz, 1970. Cité par BOUVIER Michel, ESCLASSAN Marie-Christine et LASSALE Jean-Pierre, *Finances publiques*, *op. cit.*, p. 531.

[253] Art. 96 de la constitution béninoise du 11décembre 1990, révisée par la Loi 2019-40 du 07 novembre 2019 « *l'Assemblée nationale vote la loi et consent l'impôt.* » ; Art. 98 al 7 de la constitution béninoise du 11décembre 1990, révisée par la Loi 2019-40 du 07 novembre 2019 « *Sont du domaine de la loi, les règles concernant : ... l'assiette, le taux et les modalités de recouvrement des impositions de toute nature ; ...* ».

puisque « *la constitution fait du parlement le dépositaire exclusif du pouvoir de consentir l'impôt.* »[254].

Toutefois, la revendication du consentement à l'impôt ne reçoit pas le même sens selon qu'on est en Afrique francophone, en France ou chez les Anglo-saxons notamment les Américains. Il est clair que chez les Français et les Franco-africains, le consentement de l'impôt, ce « *catalyseur des régimes démocratiques modernes* »[255], a une fonction financière comme l'explicite les articles 13 et 14 de la Déclaration des droits de l'homme et du citoyen (DDHC) du 26 août 1789 qui fondent le droit fiscal et l'impôt. Le consentement de l'impôt permet dans ces systèmes, la création par la loi, d'impôts nécessaires à la couverture des charges publiques. Par contre, chez les Anglo-Saxons, la vision est tout autre. Le recours au consentement de l'impôt était le principal argument des révolutionnaires américains du 18e siècle dont le slogan « *no taxation without representation* »[256] (pas d'impôt sans représentation) qui s'analyse comme un acte marquant la liberté du peuple à participer au développement de l'État, on y voit une marque de la démocratie. Cette lutte a d'ailleurs débouché sur la Déclaration d'indépendance de 1776 qui a exclu « *toute idée de taxe intérieure ou extérieure qui aurait pour objet de lever un revenu sur les sujets d'Amérique sans leur consentement* »[257]. Le consentement de l'impôt est donc pour eux un acte démocratique, une manifestation de la volonté du peuple au travers de ses représentants de participer aux œuvres nationales de construction au moyen d'impôt. Il a ainsi permis le déclic et la réalisation de l'État de droit et de la démocratie, notamment représentative. Il a permis de limiter le pouvoir et a le mérite « *d'avoir fait de la promotion de la liberté la fin suprême de l'État de droit* »[258] comme l'a écrit Raymond CARRE de MALBERG *« l'État de droit est établi simplement et uniquement dans l'intérêt et pour la sauvegarde des citoyens : il ne tend qu'à assurer la protection de leur droit ou de leur statut individuel* »[259]. Et au professeur Gérard CONAC de souligner que « *si l'État de droit et la démocratie correspondent à des notions différentes, dans la pratique*

[254] Nicaise MEDE, *Finances publiques. Espace UEMOA/UMOA*, *op. cit*, p. 102.
[255] *Ibid*, p. 243.
[256] *Ibidem*, p. 99. Voire également COLLET Martin, *Droit fiscal*, *op, cit*, p. 3.
[257] *Ibidem*, p. 100.
[258] HOLO Théodore, « Constitution et nouvel ordre politique au Bénin », *in Revue Béninoise des Sciences Juridiques et Administratives,* n° 13, décembre 1989, p. 7.
[259] CARRE de MALBERG Raymond, *Contribution à la théorie générale de l'État*, Paris, Dalloz, 2007, p. 490.

comme dans la théorie, elles sont complémentaires. La démocratie, c'est la transposition politique de l'État de droit et l'État de droit, la traduction juridique de la démocratie »[260], et il poursuit : « *une démocratie authentique ne peut survivre que si elle réussit à se mouler dans l'État de droit et un État de droit moderne, sauf à se renier, ne peut qu'ouvrir la voie à la démocratie : démocratie et État de droit sont comme deux aimants s'orientant vers le même pôle* »[261]. La pertinence de ces deux notions est encore exaltée par le professeur Théodore HOLO pour qui, la démocratie est le « *pouvoir du peuple* »[262] et l'État de droit est la « *liberté du peuple* »[263]. Ainsi, le contribuable se trouve placé au cœur de l'État de droit[264] et c'est dans cet État de droit que le conseiller fiscal doit veiller au respect des libertés et ses garanties[265] du contribuable par les administrations fiscales.

S'agissant du droit à la liberté du contribuable, il faut noter que ce droit consacré par la Constitution des États[266] tient son origine de ce que « *l'individu libre est une personne, corps et âme, chair et esprit, vie et conscience* »[267] et est rattaché à deux droits fondamentaux de l'être humain à savoir : le droit à la vie encore appelé la liberté de vivre et le droit à la liberté de conscience. L'histoire philosophique qu'il convient de retenir des libertés publiques avec Jean MORANGE, nous enseigne que l'évolution de ces droits a permis d'enregistrer pour le premier dans bon nombre d'États l'éradication de la peine de mort (prohibition). Le second par contre, a d'abord permis la reconnaissance des libertés corporelles, intellectuelles et économiques avant celles d'aller et venir, du droit à la sûreté et de la protection de la vie privée[268]. Aujourd'hui,

---

[260] CONAC Gérard, « État de droit et démocratie », in CONAC Gérard (dir), L'Afrique en transition vers le pluralisme politique, *op. cit.*, p. 485. Cité par AKEREKORO Hilaire, *Opposition et démocratie au Bénin et au Togo de 1990 à nos jours*, *op. cit.*, p. 70.

[261] *Ibidem*, p. 71.

[262] HOLO Théodore, « Démocratie revitalisée ou démocratie émasculée ? Les constitutions du renouveau démocratique dans les Etats de l'Espace francophone africain : régimes juridiques et systèmes politiques », *ibid..*, p. 19.

[263] *Ibidem*, p. 19.

[264] Frank BARON, « Qu'est-ce que l'État de droit ? », *in Vie publique*, Paris, 2018, p. 1 ; Pour Hans KELSEN c'est un « *État dans lequel les normes juridiques sont hiérarchisées de telle sorte que la puissance s'en trouve limitée* », *ibid.*, p. 2. https://www.viepublique.fr, consulté le 15 juin 2021 à 23h 12mn.

[265] *Cf.* Art. 549 à 552 du CGI de 2023 du Bénin.

[266] *Cf.* Art. 2 et 6 de la charte africaine des droits de l'homme et des peuples.

[267] Jean MORANGE, *Les libertés publiques*, Paris, PUF, Que sais-je ?, 2007, p. 46.

[268] Jean MORANGE, *Les libertés publiques*, *op. cit.*, p. 47.

il est clair que la Cour constitutionnelle veille au respect strict des principes fondamentaux du droit pénal et de la procédure pénale contenus dans la Déclaration des droits de l'homme et des citoyens de 1789 et dans la charte africaine des droits de l'homme et des peuples adoptée en 1981 par l'Organisation de l'Unité africaine et ratifiée par le Bénin le 20 janvier 1986[269]. Il s'agit du principe de légalité des délits et des peines : « *Nul homme ne peut être accusé, arrêté ni détenu que dans les cas déterminés par la loi, et selon les formes qu'elle a prescrites* »[270] ; du principe de non-rétroactivité des lois pénales[271] ; du principe de la présomption d'innocence : « *Tout homme est présumé innocent jusqu'à ce qu'il ait été déclaré coupable* »[272] et du principe de nécessité de toute peine : « *La loi ne doit établir que des peines strictement et évidemment nécessaires* »[273]. Il faut noter que le juge constitutionnel a enrichi et renforcé ces droits de l'homme en énonçant le principe du respect des droits de la défense et en insistant sur un procès équitable et public dans un délai raisonnable[274] devant une juridiction indépendante et impartiale[275].

---

[269] Cf. Art. 7 de la Constitution béninoise du 11 décembre 1990 telle que modifiée et complétée en 2019.

[270] *Cf.* Art. 7 de la Déclaration des droits de l'homme et du citoyen (DDHC) du 26 août 1789.

[271] *Cf.* Art. 8 de la Déclaration des droits de l'homme et du citoyen (DDHC) du 26 août 1789.

[272] *Cf.* Art. 9 de la Déclaration des droits de l'homme et du citoyen (DDHC) du 26 août 1789.

[273] *Cf.* Art. 8 de la Déclaration des droits de l'homme et du citoyen (DDHC) du 26 août 1789.

[274] Au sujet du délai raisonnable, on peut citer les décisions béninoise DCC n°03-144 du 16 octobre 2003, Cour constitutionnelle, Recueil, 2003, p. 587 ; DCC n° 03-004 du 18 février 2003, secrétaire général de l'union nationale des syndicats des travailleurs du Bénin (Lawani Amidou), Recueil, 2003, p. 25. ; DCC n° 02-029 du 10 avril 2002, Houétognankou Jude, Recueil, 2002, p.127, cité par Nicaise MEDE, *Les grandes décisions de la cour constitutionnelle du Bénin*, Dakar, L'Harmattan-Sénégal, 2020, p. 253.

[275] Article 7 de la Charte Africaine des Droits de l'Homme et des Peuples dispose que « *Toute personne a droit à ce que sa cause soit entendue. Ce droit comprend : a. le droit de saisir les juridictions nationales compétentes de tout acte violant les droits fondamentaux qui lui sont reconnus et garantis par les conventions, les lois, règlements et coutumes en vigueur ; b. le droit à la présomption d'innocence, jusqu'à ce que sa culpabilité soit établie par une juridiction compétente ; c. le droit à la défense, y compris celui de se faire assister par un défenseur de son choix ; d. le droit d'être jugé dans un délai raisonnable par une juridiction impartiale* ».

Fort de l'encadrement de la liberté individuelle, le contribuable dispose du droit d'action et d'accès à un juge[276]. Il a le choix de faire ou de ne pas faire naturellement dans le respect des limites de la loi car, la liberté de tout homme s'arrête là où commence celle d'un autre. Le droit d'agir ici est un droit étendu, il peut décider par exemple d'exercer une autre activité, d'élargir la plage des produits vendus ou de diversifier ses activités ou encore en cas de désaccord avec le fisc de saisir le juge de l'impôt, etc. À tous ces niveaux de décisions, il est assisté du conseil fiscal qui l'aide à mieux décider. Il est en réalité regardé comme un outil d'aide à la décision.

S'agissant des garanties accordées par la loi, elles sont contenues dans le Code général des impôts des États et se résument en cinq (5) principaux points[277].

Le premier point concernant l'avis de vérification ou de contrôle ponctuel qui doit contenir les mentions suivantes doit lui être adressé : la nature du contrôle ; les impôts, droits et taxes objet du contrôle, ou le caractère général du contrôle ; la période concernée, ou la mention que le contrôle vise la période non prescrite ; la date et l'heure de la première intervention du vérificateur dans l'entreprise ; en cas de contrôle inopiné ; les noms, prénoms et signatures du ou des vérificateur(s) ou ceux du chef de service[278].

Le deuxième point précise que le contribuable doit être informé, dès le début de la vérification ou du contrôle, qu'il a la faculté de se faire assister par un conseil de son choix pendant les opérations de contrôle, ou pour discuter des propositions de rectifications et y répondre. Il faut préciser que le législateur béninois n'ayant pas précisé qu'il a la faculté de se faire assister par un conseil fiscal de son choix, montre toute la difficulté de l'inorganisation du métier des conseils fiscaux au Bénin. Au Cameroun cette difficulté est conjuguée au passé depuis 2021[279].

Le troisième point note que lorsqu'il est envisagé d'étendre la vérification à une période ou un impôt ou taxe non précisés sur l'avis initial, le vérificateur informe le contribuable par un avis complémentaire deux (2) jours plus tôt.

Sur le quatrième point, les inspecteurs qui procèdent au contrôle ou à la vérification doivent être assermentés et porteurs de leurs commissions.

---

[276] Cf. Art. 7 de la charte africaine des droits de l'homme et des peuples.

[277] *Cf.* Art. 549 du CGI du Bénin.

[278] *Cf.* Art. 538 du CGI du Bénin.

[279] *Cf.* Art.L13 nouveau (1) du LPF du Cameroun.

Lorsqu'une vérification ou un contrôle requièrent des connaissances techniques particulières, l'administration fiscale peut faire appel aux conseils techniques d'experts mandatés par le directeur général des impôts. L'administration fiscale peut également, dans le cadre de l'exercice de son droit de contrôle, intervenir conjointement avec l'administration douanière ou faire appel à des experts internationaux dans le cadre des accords dont la République du Bénin est partie.

Enfin, le cinquième point précise que les renseignements ou précisions fournis par écrit aux contribuables au cours d'une vérification ou à toute autre occasion engagent l'administration fiscale. S'il s'avère qu'ils comportent une erreur commise au préjudice du trésor, la régularisation de cette erreur ne peut avoir d'effet rétroactif.

En plus de ces garanties, l'administration fiscale ne peut effectuer aucune rectification concernant une période précédemment vérifiée sur place, sauf réparation d'erreurs ou d'omissions apparaissant au seul examen du dossier[280].

Aussi, le contribuable qui accepte formellement ou tacitement les rectifications visées à l'article 554 du CGI, conserve le droit de réclamer contre l'imposition, après sa mise en recouvrement, mais la charge de la preuve lui incombe[281].

La fin des opérations de contrôle sur place doit être constatée par une synthèse des points d'accord et de désaccord avec le contribuable. Cette réunion qui est une excellente occasion de débat oral et contradictoire, donne lieu à l'établissement par les agents vérificateurs d'un procès-verbal de clôture indiquant : les noms et qualités des agents vérificateurs ; le nom ou la dénomination sociale du contribuable vérifié, son identifiant fiscal unique et son adresse, ainsi éventuellement que le nom du conseil qui l'a assisté ; la date de la première intervention sur place ; la date de la réunion de synthèse ; les principaux points fiscaux sur lesquels des échanges ont eu lieu avec le contribuable et la liste des documents que le contribuable n'a pas présentée au cours de la vérification. Le procès-verbal est signé par les agents vérificateurs ainsi que par le contribuable vérifié ou son représentant ; en cas de refus de signer, mention en est faite au procès-verbal. Une copie du procès-verbal est remise à l'intéressé[282].

---

280 *Cf.* Art. 550 du CGI du Bénin.
281 *Cf.* Art. 551 du CGI du Bénin.
282 *Cf.* Art. 552 du CGI du Bénin.

Il s'agit des droits acquis pour le contribuable vérifié. Même si la liste mérite d'être allongée, l'objectif étant plus encore de garanties, le conseil fiscal veille à son respect par les inspecteurs des impôts. Qu'en est-il de l'assistance qu'il apporte permanemment au contribuable ?

b) Une assistance permanente au contribuable

L'expression « *assistance* » est souvent utilisée pour désigner l'action d'« *assister quelqu'un, de lui venir en aide* »[283]. Tirer du latin *adsistere* qui signifie « *se placer auprès* »[284], l'expression recouvre dans un sens général, une mission de conseil et de contrôle exercée par « *une personne possédant une formation et une expérience professionnelle confirmée en ces matières (inspecteur des impôts, de la douane ou expert-comptable, etc.)* »[285] appelée à aider un contribuable dans l'accomplissement de ses obligations fiscales. L'assistance dont il s'agit va au-delà de celle contenue dans les droits et garanties du contribuable vérifié relatif à l'assistance d'un conseil. Fondamentalement, le conseil fiscal, dans son office, tourne permanemment son regard sur les techniques d'optimisation fiscale et la prévention à la fraude fiscale à tous les stades de ses actions notamment à la préparation des déclarations fiscales, lors de l'audit fiscal du fisc ou inversement et au stade d'aide à la résolution des litiges fiscaux.

Cette approche universaliste de l'office du conseil fiscal serait à l'origine du renom de certains cabinets de conseil fiscal et justifierait l'engouement du choix des clients sur ces derniers. En effet, de nos jours, face d'une part à un environnement fiscal complexe et à la multitude des textes fiscaux, d'autre part, à la volonté du fisc de capter le maximum de recettes fiscales par tous les moyens (moyens sophistiqués et même insoupçonnables), il urge pour le conseil fiscal de bien regarder entre les lignes des textes fiscaux (évasion fiscale) ou de forger des idées visant à associer le fisc (rescrit fiscal) et même la représentation nationale (rescrit parlementaire) à la réduction de l'impôt ou encore simplement à soigner le civisme fiscal des entreprises. Dans tous les cas, le conseil fiscal ne saurait tolérer la fraude fiscale et y veille particulièrement. Généralement, l'évitement fiscal est mieux appréhendé autour des concepts tels que l'évasion fiscale, la fraude fiscale, l'optimisation fiscale et l'abus de droit.

---

[283] Isabelle JEUGE-MAYNART, *Le petit Larousse illustré 2019*, op. cit., p. 108.
[284] Gérard CORNU, *Vocabulaire juridique*, Paris, Association Henri Capitant, 12e éd, 2018, p. 92.
[285] *Ibid*, p. 93.

La compréhension qu'il convient d'avoir de l'office du conseil fiscal s'établit autour de deux notions d'avant-garde : l'optimisation fiscale et la prévention de la fraude fiscale.

Sur la notion d'optimisation fiscale, il faut dire qu'elle n'est pas définie expressément, ni par le CGI, ni par le juge de l'impôt. Toutefois, en droit comparé belge, le législateur a établi le principe de la voie la moins imposée en vertu duquel le contribuable peut légalement opter pour les règles qui lui permettent de payer le moins d'impôts[286]. Une telle possibilité existe en réalité dans toutes les législations. Dans celle du Bénin, il est prévu des options qui permettent au contribuable de choisir celles qui lui sont avantageuses. En droit comparé français, le législateur définit l'optimisation fiscale encore appelée la planification fiscale comme « *l'utilisation par le contribuable des moyens légaux qui permettent d'alléger ses obligations fiscales. Elle traduit l'habilité du contribuable à tirer le meilleur parti des dispositions fiscales applicables dans son État d'imposition, mais aussi, le cas échéant à l'étranger, en les combinant, en jouant de leurs contradictions et de leurs ambiguïtés afin de réduire l'impôt dû. L'ingéniosité fiscale du contribuable n'est alors répréhensible dans la mesure où elle s'inscrit dans le cadre strict de la réglementation en vigueur* »[287]. Pour un auteur, le concept de l'optimisation fiscale est admis comme « *la recherche permanente par des professionnels de la fiscalité des techniques de paiements d'impôts à coûts réduits par le choix des options fiscales avantageuses. Elle est une technique légale et régulière qui n'a rien de suspect encore moins de frauduleux* »[288].

Cette mission d'assistance au contribuable est accompagnée de celle du respect des textes fiscaux. Il sied de préciser que le conseil fiscal est véritablement au service de l'État.

---

[286] T. AFSCHRIFT, « Le droit du contribuable au choix licite de la voix la moins imposée », IDEFISC-Actualité des idées fiscales, s.d., http://www.idefisc.be/themes/choix-licite.html, consulté le 19septembre 2023 à 1 h 16 mn.

[287] Rapport « Muet-Woerth » de l'Assemblée Nationale, 2013, p.21, cité par Philippe LIGER-BELAIR, « Fabrique et subtilité de l'évitement de l'impôt chez les spécialistes de l'optimisation fiscale », *in Revue Déviance et société*, pp. 326.

[288] V. Ch. ROBBEZ-MASSON, *La notion d'évasion fiscale en droit interne français*, LGDJ, 1990, cité Eric Romuald DIOP, « vers un droit fiscal de développement de l'Afrique », in *Revue* p. 154.

2- Le conseil fiscal au service de l'État

Après de longues années d'études et de pratiques fiscales, et fort de son expérience professionnelle, le conseiller fiscal est un cadre de conception de haut niveau ayant « *l'esprit cultivé qui a traversé un grand nombre d'apprentissage de la réflexion scientifique et peut regarder d'un grand nombre de points de vue* »[289]. Il est donc assez outillé pour donner conseil aux entreprises et aux personnes physiques qui sont dans le besoin. Il s'assure de la mise à niveau de ses clients des textes fiscaux dans un français facile pour qu'ils soient à même de prendre des décisions dans certaines situations. Il organise des séances de formation et de vulgarisation de ces textes fiscaux à l'endroit du public. C'est pourquoi, il est abordé en premier lieu, une mission de formation (a), en second lieu, une mission de protection du contribuable contre les procédés d'évitement de l'impôt (b).

a) Une mission de formation

Le conseil fiscal consacre une partie de son office à la formation des clients et des tiers en vue de mieux faire connaître les textes fiscaux et les subtilités de la fiscalité des États. Il n'est pas exclu que le conseil fiscal étende ses compétences sur plusieurs États d'un même pays ou plusieurs espaces économiques, seul ou en association avec d'autres conseils fiscaux. C'est d'ailleurs pour cela qu'il existe des associations régionales et internationales de cette corporation. Ainsi des formations d'envergure sur des thèmes accrochant d'actualité en association parfois avec des inspecteurs des impôts[290], se font à l'échelle nationale, régionale et internationale.

Cette mission du conseil fiscal qui vise *a priori* la mise à niveau des auditeurs est au fait une clé d'incitation au civisme fiscal nécessaire à l'accomplissement spontané des obligations fiscales notamment de paiement de l'impôt.

Un acte de vulgarisation des textes fiscaux notamment après le vote et la promulgation des lois de finances, assuré par l'administration des impôts en appui à ses notes de service d'application des dispositions fiscales contenues dans ces lois de finances, est relayé par le conseil

---

[289] Amielle D'AMSTERDAM cité par Georges Wilhelm Friedrich HEGEL, *Principes de la philosophie du droit*, Paris, Puf, 1998, p. 62. « l'esprit cultivé »

[290] *Cf.* Art. 515 point 2 du CGI 2023 du Bénin qui dispose que l'« *« inspecteur des impôts » s'entend de tout agent de la direction générale des impôts ayant une formation fiscale et un grade d'inspecteur au moins* ».

fiscal des États jusqu'à leur parfaite maîtrise par les entités. À côté de cette mission de formation, il exerce une autre mission plus remarquable, celle de protection du contribuable contre les procédés d'évitement de l'impôt.

b) Une mission de protection du contribuable contre les procédés d'évitement de l'impôt

Il est évident que le contribuable tire toujours profit du conseil fiscal, « *quelle que soit la perfection d'un système fiscal, la matière imposable réussit toujours en partie à passer entre les mailles du filet tendu par le fisc pour la saisir* »[291]. Ce phénomène qui s'observe tant au niveau interne des États (évasion fiscale interne) qu'au niveau externe (évasion fiscale internationale), permet au contribuable d'utiliser plusieurs procédés.

À l'interne, le contribuable peut être amené à utiliser le procédé de l'abstention en s'abstenant d'accomplir l'acte taxé ou de posséder la matière imposable. Il peut faire également recours à l'utilisation des lacunes du système fiscal pour éluder l'impôt en aménageant par exemple « *son patrimoine et ses intérêts de telle manière que le fisc ait le moins de prise possible sur lui* »[292]. Aussi, peut-il faire recours à l'abdication de la loi c'est-à-dire aux évasions autorisées par le législateur lui-même comme c'est le cas de l'évaluation forfaitaire de la matière imposable. Avec ce procédé « *le législateur renonce à appréhender l'intégralité de la matière imposable ; il admet ne la saisir que partiellement par le procédé du forfait* »[293].

Quant à l'évasion fiscale internationale définie au sens strict comme « *le fait pour un redevable de soustraire à l'impôt auquel la législation fiscale d'un pays déterminé l'assujettit les biens ou revenus situés ou acquis dans un ou plusieurs autres pays.* »[294], elle est l'occasion pour le contribuable de profiter simplement du caractère territorial de la souveraineté fiscale pour échapper à l'imposition. Ce n'est donc qu'à la faveur de la complexité de la notion du territoire fiscal[295], le territoire

---

[291] Paul Marie GAUDEMET et Joël MOLINIER, Finances publiques-Tme2 Fiscalité, *op. cit.*, p. 237.

[292] *Ibid,* p. 238.

[293] *Ibid*, p. 239.

[294] Ibid, p.240.

[295] Le territoire fiscal résulte à la fois de la territorialité et de l'extraterritorialité ; ce qui signifie qu'il est constitué en prenant en compte, d'une part, les restrictions issues de l'application de l'extraterritorialité, d'autre part, de l'extension de cette dernière.

n'étant pas saisissable globalement puis qu'il l'est de façon mesurée en fonction de l'impôt considéré, le principe même de la territorialité fiscale donc de la souveraineté fiscale est de nos jours perfectible c'est-à-dire n'est plus absolu, que le contribuable peut organiser l'évasion de l'assiette de l'impôt en soustrayant la matière imposable au fisc national pour la placer sous une autre souveraineté (étrangère). Les firmes multilatérales s'adonnent à cette pratique en faisant passer leurs bénéfices dans des États où l'imposition est la moins taxée. Bien que le fisc ait tenté de faire obstacle à l'évasion de la matière imposable dans des « *paradis fiscaux* »[296], le phénomène continue avec plus d'acuité.

Le contribuable peut organiser également l'évasion fiscale à l'établissement de l'impôt en se dérobant lui-même au pays où il doit l'impôt (évasion personnelle) ou en ne laissant aucun bien sur lequel il sera possible d'assoir l'impôt (évasion matérielle).

L'administration fiscale quant à elle est restée dans la logique du rendement de l'impôt en apportant des réponses salvatrices aux différentes formes d'agression fiscale même dans les formes les plus sauvages. Dans cette veine et pour juguler la fraude internationale qui se développe de nos jours à une vitesse vertigineuse le Bénin a adhéré aux dispositions des conventions internationales et bénéficie en retour de l'assistance fiscale internationale. Mais, malheureusement il n'a signé que quatre conventions bilatérales à la date d'aujourd'hui[297].

Sur la notion de la prévention de la fraude fiscale, il convient de rappeler que l'office du conseil se tient loin de toute fraude fiscale admise simplement comme du vol, « *une violation directe et volontaire de la loi fiscale* »[298] et s'inscrit dans la prévention de cette dernière par

---

En ce qui concerne les restrictions, il faut par exemple noter les déterritorialisations issues des Zones Franches Industrielles (ZFI) et les points francs industriels et dans certaines conditions les missions diplomatiques étrangères, les postes consulaires étrangers et les Organisations Internationales (OI). En revanche, en ce qui concerne les extensions, il faut relever le cas du territoire douanier de l'UEMOA, de la CEMAC ainsi que les missions diplomatiques et postes consulaires du Bénin et du Cameroun par exemple situés à l'étranger.

[296] A. BEAUCHAMP, Guide mondial des paradis fiscaux, Grasset, 1985 et L. LESERVOISIER, Les paradis fiscaux, PUF, Que sais-je ?, 1990. V. aussi, A. Vernay, Les Paradis fiscaux, Seuil, 1968, cité par Paul Marie GAUDEMET et Joël MOLINIER, Finances publiques-Tme2 Fiscalité, *op. cit.*, p. 240.

[297] Il s'agit des conventions de la non double imposition signées avec la France, la Norvège, le Maroc et le Rwanda.

[298] Paul Marie GAUDEMET et Joël MOLINIER, Finances publiques-Tme2 Fiscalité, *op. cit.*, p. 234.

le respect scrupuleux des textes fiscaux avec l'habilité intelligente nécessaire du métier.

C'est à ce prix que les obligations fiscales sont acquittées avec moins de transgression. Le conseil fiscal participe de cette façon à la prévention de la fraude fiscale. Toutefois, il n'exerce qu'un office non organisé au Bénin contrairement à ses homologues d'ailleurs.

II – UN OFFICE NON ORGANISÉ AU BÉNIN

L'adage selon lequel la nature a horreur du vide trouve pleinement à s'appliquer ici. L'absence avérée d'encadrement de la profession du Conseil fiscal notamment dans plusieurs États de l'espace UEMOA n'est pas un effet de hasard. Il est dû à un phénomène nourri et entretenu par certains acteurs du monde des affaires. Il s'agit des acteurs bien connus parce qu'ils sont eux organisés par les pouvoirs publics en une structure faîtière qualifiée d'ordre. Il y a d'un côté les experts-comptables organisés dans l'ordre des experts-comptables et comptables agréés (OECCA) et de l'autre, les avocats organisés dans l'ordre des avocats. Ces deux institutions ont investi le secteur des Conseils fiscaux en accomplissant allègrement les missions à eux réservées.

Si la commission permanente de l'harmonisation fiscale et comptable de la CEMAC a pu tenir une session extraordinaire du 19 au 23 octobre 2009 aux fins de redéfinir les missions et la responsabilité de la profession des conseils fiscaux en vue d'approuver leur statut dans ledit espace, celle de l'UEMOA n'y a pas songé bien qu'elle soit très active dans l'harmonisation des impôts et taxes. Elle semble être saisie par cette supercherie, une injustice superfétatoire à laquelle la deuxième partie de notre réflexion envisage de consacrer son développement. Ainsi, ils ont abordé en premier lieu, la myopie des institutions républicaines (1), en deuxième lieu, l'ingérence des experts-comptables et avocats (2).

1- La myopie des institutions républicaines

Il est surprenant de constater que dans un État de droit comme le Bénin, on continue d'assister encore en ce vingt et unième siècle, à un désordre institutionnel. Et comme si cela ne suffisait, récemment le Parlement béninois s'est illustré carrément en complice pour avoir consigné dans l'acte de naissance de l'OECCA[299] une partie des missions dévolues aux Conseils fiscaux. C'est pourquoi, il est abordé

[299] *Cf.* Loi n° 2004-03 du 27 avril 2006 portant création de l'ordre des Experts Comptables et Comptables Agréés en République du Bénin.

l'attitude irresponsable du parlement (b) après avoir précisé le regard indifférent du gouvernement (a).

a) Le regard indifférent du gouvernement

Aujourd'hui plus qu'hier, les fiscalistes n'hésitent point à se formaliser en cabinet de conseil fiscal pour se mettre au service des entreprises et même des institutions de la République qui en font la demande. Si certaines institutions n'hésitent pas à passer une convention avec l'administration fiscale pour obtenir d'elle des prestations fiscales, les entreprises du droit privé quant à elles, s'adressent aux experts fiscaux établis à leur propre compte dans le privé pour se faire assister.

Il faut avouer que ce besoin se fait de plus en plus sentir en raison d'abord du nombre croissant de fiscalistes formés d'année en année à l'ENA. De plus, des écoles supérieures privées ont reçu l'autorisation de former des étudiants à la fiscalité parfois couplé d'autres domaines congrus comme le droit. La limitation des concours de recrutement dans la fonction publique et la multiplicité des entreprises créées et en situation d'activités, facilitent la rencontre de l'offre et de la demande en matière fiscale, un véritable marché fiscal. En outre, le nombre important de cadres fiscalistes formés chaque année et en quête d'emploi, vient alimenter le débat sur le sujet.

Dans ce contexte, il est attendu un minimum d'effort de la part du gouvernement et de son chef dans le sens de l'assainissement de l'environnement juridique actuel du secteur. Il est logiquement attendu du pouvoir exécutif béninois, un aménagement propice du marché fiscal, un véritable catalyseur du développement des missions de conseil fiscal. Dès lors que la spécialité existe ainsi que des cadres bien formés, il ne reste que la motivation étatique pour libérer les énergies des acteurs de ce sous-secteur de fiscalistes, ce qui tarde à venir.

En réalité, l'engouement des jeunes étudiants pour cette spécialité se justifie en deux points.

Le premier point est la complexité de la matière fiscale elle-même qui demande beaucoup d'effort à sa compréhension et qui *in fine* n'autorise pas un non initié à s'y aventurer. Lorsqu'un auteur admet que « *la fiscalité doit être comprise d'abord comme un fait politique et social* »[300] c'est-à-dire « *une chose de l'homme* »[301], il touchait déjà le

[300] E. SELIGMANN, *Essai su l'impôt*, Girard et Brière, 1914, cité par Mayenne, LGDJ, 12e édition, 2014, p.19.

[301] Georges VEDEL, RFFP n°19, 1985, cité par Michel BOUVIER, *Introduction au droit fiscal général et à la théorie de l'impôt, ibidem.*

sentiment du citoyen de l'État moderne qui « *considère l'impôt comme une institution naturelle, si désagréable qu'il soit* »[302]. Si de par la nature hybride de l'impôt, de fait social et de fait politique, il se dégage son caractère très ancien martelé par Gabriel ARDANT, lorsqu'il soulignait « *l'histoire traditionnelle et les documents qui se précisent au fur et à mesure que nous descendons le cours du temps, semble lier assez nettement la création d'États fortement organisés, (...), à l'apparition et au développement de l'impôt* »[303], entre l'impôt et l'État moderne la séparation n'est pas étanche donc les deux forment en quelque sorte un monstre à deux têtes : une tête estampillée « *Impôt* » et l'autre estampillée « *État* ». Les deux sont donc inséparables. Ainsi, il se dégage clairement du rapport entre l'impôt et l'État, que le premier est l'outil de financement principal du second et, de ce fait, bénéficie de la toute-puissance de l'État dans ses relations avec les contribuables.

C'est justement là que la fiscalité tire tout son sens de métier, une profession à part entière qui ne saurait être phagocyté par un autre métier ou organisation comme le prétend l'OECCA. Quiconque s'aventurant sur ce terrain sans sa parfaite maîtrise, risque d'avoir des déboires avec l'État souverain digne.

Le second point tire son fondement d'un principe de droit fiscal admis par un auteur comme étant un principe sans valeur constitutionnelle : le principe de la compétence liée de l'administration fiscale[304]. Selon ce principe le fisc « *doit et ne peut agir que dans le cadre des dispositions législatives et réglementaires qui définissent ses missions et attributions* »[305]. L'impôt étant perçu comme le pourvoyeur principal de l'État, l'administration en charge de sa gestion se trouve être au centre de la relation existante entre cette dernière et le contribuable. Elle est donc liée par ses actions dans nombre de domaines notamment ceux d'imposition, de contrôle, de recouvrement et règlement des litiges. Ce qui justifie les réactions, soit positives (acceptation de paiement), soit négatives (contestations) des contribuables. Seule une parfaite maîtrise de la fiscalité permet d'assurer le contrôle de cette relation qui à l'origine est très déséquilibrée. Cette deuxième

---

302 E. SELIGMANN, *op. cit.*

303 ARDANT Gabriel, *Histoire de l'impôt, livre I de l'antiquité au XVIIe siècle*, Paris, éditions Arthème Fayard, 1971, p. 43.

304 Michel BOUVIER, *Introduction au droit fiscal général et à la théorie de l'impôt*, Mayenne, LGDJ, 12e édition, 2014, p. 70.

305 *Ibidem*.

analyse vient simplement confirmer que la fiscalité est bien un métier réservé aux seuls initiés.

En outre au plan social, en raison du chômage remarqué dans ce secteur où les fiscalistes trainent sur le marché sans un emploi fixe, sans l'effort attendu de l'État (Gouvernement), beaucoup d'entre eux s'adonnent à une reconversion par apprentissage d'autres métiers. Nombreux sont ceux qui se font former au métier de banquier, d'assureur et même de comptable. Beaucoup d'autres ayant une formation de base de juriste n'hésitent pas à passer les concours d'auditeurs de justice ou de CAPA[306] avocat pour se hisser au rang, soit de magistrats, soit d'avocats.

Il faut préciser que ce recours des fiscalistes désemparés à d'autres métiers de secours, réside simplement dans le seul fait que, ces métiers dits de secours sont organisés par des lois et règlements en des ordres de métiers comme l'ordre des Avocats, l'ordre des experts-comptables, etc. Or, l'on sait que cet encadrement juridique confère, à ces différents ordres, une sécurité juridique, économique et sociale ressentie aussi bien dans l'emploi de l'agent économique que dans le climat des affaires.

Les fiscalistes constitués en conseils fiscaux sont donc à la recherche de cette sécurité inexistante encore au niveau du corps du métier des Conseils fiscaux.

En tout cas, on continue d'assister à un désordre institutionnel qui justifie la débandade des fiscalistes qui luttent pour une réelle survie. Une situation pourtant anormale, le besoin étant réel mais, voulu ainsi par les ténors notamment de l'OECCA du Bénin.

Les questions qui continuent de tarauder les esprits sont de savoir pourquoi les différents Gouvernements du Bénin de l'ère démocratique consacrée par la Constitution du 11 décembre 1990 telle que modifiée en 2019, ont-ils pu garder un si long silence[307] sur l'aménagement juridique nécessaire de ce sous-secteur des conseils fiscaux ? Pourquoi se refuserait-il d'encadrer ce métier ? Pourquoi se rendrait-il complice de ce désordre institutionnel ?

Il faut noter que par son silence le Gouvernement nous parle puis que le silence est « *un moyen d'expression en droit public* »[308].

[306] Certificat d'aptitude à la profession d'avocat.

[307] MONEMBOU Cyrille, « Le silence et le droit public », *in* AKEREKORO Hilaire (dir), *Les silences de la Constitution béninoise du 11 décembre 1990*, Abomey-Calavi, les éditions CeDEP, 2018, p. 3.

[308] MONEMBOU Cyrille, « Le silence et le Droit public », *ibid.*, p. 4.

D'ailleurs, toute tentative de son interdiction en droit administratif fait réagir la doctrine publiciste ainsi que l'affirmait un auteur : « *En interdisant, mais c'est un vieux débat, le scandaleux "droit au silence" de l'Administration* »[309]. En l'espèce, on est tenté de se demander le sens normateur que recouvre ce silence du gouvernement. Négatif certainement et pourtant au Bénin comme ailleurs, des entreprises existent, d'autres naissent et d'autres encore mettent les clefs sous les paillassons. Elles ont toutes besoin de conseils fiscaux pour assurer le respect de leurs obligations fiscales et défendre par la même occasion leurs droits.

S'il est observé que certaines des grandes entreprises préfèrent avoir des fiscalistes maison c'est-à-dire recrutés au sein de leur entité des fiscalistes ou envoyer en formation leur personnel à l'ENA pour consolider leur niveau en fiscalité, il faut reconnaître que les cabinets de Conseils fiscaux existent bel et bien au Bénin et fonctionnent cahin-caha dans la précarité. Il est vrai aussi qu'indubitablement, le marché fiscal est là et de façon permanente. Toutefois, malgré l'existence de ce marché fiscal permanent et dynamique, en raison des flux qu'impulse la multiplicité des entreprises créées et en situation d'activité, les fiscalistes n'arrivent toujours pas à l'occuper réellement et sont contraints de se reconvertir dans d'autres corps de métiers, un harakiri forcé. Alors, est-ce que le Conseil fiscal béninois mérite ce traitement ? Et c'est là la gravité du regard indifférent du Gouvernement. Qu'en est-il de l'attitude irresponsable du parlement ?

b) L'attitude irresponsable du parlement

À la question pourquoi le parlement au moment du vote de Loi n° 2004-03 du 27 avril 2006 portant création de l'ordre des experts-comptables et comptables agréés en République du Bénin n'a pas cru devoir concevoir une pour les conseils fiscaux ? C'est la question que tous les fiscalistes chevronnés se posent face au comportement d'incompétence négative que développe le parlement. C'est vrai qu'on est sur le terrain politique puis qu'il s'agit d'un haut lieu d'émulation politique où le débat qui se fait est censé prendre en compte les préoccupations du peuple mais voilà un parlement qui s'en détourne au profit des experts-comptables. C'est le moins qu'on puisse dire lorsqu'on sait qu'au Cameroun, c'est la Loi n° 99/009 du 16 juillet 1999 qui fixe les conditions d'organisation et les modalités d'exercice de la

309 NOËL Gilles, « Le règlement administratif des litiges fiscaux sans recours au juge », *ibid.*, p. 144.

profession. En réalité cette loi dérive de l'Acte n° 30/84 -UDEAC-398, relatif au statut de la profession de Conseil fiscal de l'Union Douanière des États de l'Afrique Centrale (UDEAC) devenue Communauté Économique et Monétaire de l'Afrique Centrale (CEMAC) et du Règlement n° 13/09-UEAC-051-CM-20 portant révision du statut de la profession de Conseil fiscal dans la zone CEMAC. C'est dire donc que tous les cinq États membre de cette communauté sont dotés d'un encadrement juridique national des Conseils fiscaux par simple intégration de cette norme communautaire dans le droit positif interne comme l'indique la loi camerounaise cité supra.

En Tunisie, c'est la Loi n° 60-34 du 14 décembre 1960 relative à l'agrément des Conseils Fiscaux qui l'a encadré et qui a édicté par la même occasion sa séparation des professions de comptables et des conseillers juristes (avocats).

Au Sénégal par contre, c'est par la Loi n° 2017-16 du 17 février 2017 portant création de l'Ordre national des experts du Sénégal (ONES) encadrant les activités d'expertise comptable, fiscale, automobile, commerciale, maritime (navire et marchande), immobilière, incendie, industrielle et le commissariat aux comptes y compris également les activités des évaluateurs agréés regroupées dans deux sections, l'évaluation immobilière et l'évaluation automobile régies par la loi n° 83-06 du 28 janvier 1983 portant Ordre National des Experts et Évaluateurs agrées du Sénégal que la profession de conseil fiscal a pu être encadrée.

En réalité, ce regroupement de diverses compétences d'expertises au sein d'une même identité juridique de création n'est pas un frein au développement de chaque entité. Le métier de conseil fiscal appelé sous le vocable « *expert fiscal* » au Sénégal est autorisé à réaliser ses missions classiques dès lors que le cabinet remplit les conditions fixées par la loi et est dûment inscrit au tableau de l'ONES. Pourtant, l'État sénégalais, un membre de l'UEMOA a su encadrer les Conseils fiscaux en un corps de métier pour en tirer le maximum d'avantages liés.

En dehors du Sénégal, les autres États de cette communauté sont encore à la traine en raison certainement du manque de clairvoyance ou du sérieux de la représentation nationale ou du niveau relativement faible de leur économie. Cette remarque semble établir un lien entre le niveau de développement d'un État et le comportement managérial des autorités en charge de sa gestion. L'évidence est que dans cette classe des huit États de l'UEMOA, le Sénégal a toujours occupé la première place. Face à ce triste sort des conseils fiscaux évoluant dans les autres

États, on assiste à la création d'associations de conseils fiscaux qui œuvrent globalement au rayonnement de la profession[310].

Il s'agit d'une attitude irresponsable du parlement qui, malgré les nombreuses rencontres des associations des conseils fiscaux, semble ne pas être convaincu de la nécessité d'agir. Par ce fait même érige le conseil fiscal au rang d'un métier récessif de ceux des comptables et avocats en activité au Bénin.

2- L'ingérence des experts-comptables et avocats

Il est de notoriété publique que le conseil fiscal est un métier noble et son exercice est soumis dans nombre d'États à l'accomplissement de la formalité de prestation de serment au Tribunal de première instance (TPI) du lieu de situation du siège du cabinet du Conseil fiscal considéré. En dehors du générique observé dans tous les textes, certains États spécifient et élargissent à d'autres aspects le rôle qu'ils entendent confier au Conseil fiscal d'où l'idée de penser à un office, les missions régaliennes de ce dernier. Ainsi au Sénégal, il a pour missions : l'assistance fiscale, notamment l'élaboration des déclarations fiscales périodiques et de fin d'année ; le conseil fiscal ; la révision et l'audit fiscal des entreprises, personnes physiques ou morales, publiques ou privées ; la représentation auprès de l'administration fiscale tant pour l'accomplissement des formalités fiscales que pour l'assistance des contribuables à l'occasion des procédures de contrôle fiscal ; l'expertise et représentation auprès des institutions publiques et parapubliques. En réalité l'expertise fiscale consiste également à faire : de l'assistance et du conseil juridique en matière fiscale ; de la révision et de l'audit juridique en matière fiscale et des missions d'arbitrage et d'intermédiation, notamment en matière fiscale.

Au regard de cet étalon de missions stéréotypées d'un État à l'autre, il se révèle que le Conseil fiscal est une profession organisée et universelle.

Le balbutiement auquel il est confronté relève simplement du mépris des experts-comptables (a) et l'insouciance des avocats (b) qu'il convient de préciser.

---

310 Au Bénin on a l'Association nationale des conseils fiscaux du Bénin (ANCF-BENIN) et l'Association béninoise des fiscalistes du privé (ABEFIP), en Côte d'Ivoire on a le Groupement professionnel des experts fiscaux de Côte d'Ivoire (GP-EFCI) etc.

a) Le mépris des experts-comptables

Dans un passé récent, le chef de l'État du Bénin, le Président Patrice TALON déclarait à la face du monde que le Bénin était un pays de pagaille. Cette affirmation trouve à s'appliquer dans le domaine du Conseil fiscal. En vérité, dans sa séance plénière du 07 décembre 2022, l'Assemblée nationale a adopté la Loi n° 2022-35 modifiant celle n° 2004-03 précitée notamment en son article 4 comme suit « ... *l'expert-comptable peut, sans en faire l'objet principal de son activité : réaliser des travaux et consultations d'ordre statistique, économique, financier, administratif, environnemental, numérique ainsi que tous travaux et études à caractère administratif ou technique, dans le domaine juridique, social et fiscal ; réaliser des travaux relatifs à la création et à la formalisation des entités ; donner tout conseil et faire toutes recommandations en matière d'organisation d'entreprise et de fiscalité* ». Cette modification avait pour entre autres objectifs, de conférer aux experts-comptables du Bénin la compétence de faire des études fiscales. Ainsi, il est proclamé l'extension des missions classiques dévolues aux experts-comptables à celles des conseils fiscaux pour célébrer l'inexistence ou la mort de la profession des experts-fiscaux. La complicité du parlement est alors évidente. Que retenir de cette mentalité arriviste mais alimentant un désordre institutionnel ?

Dans une première approche, elle marque le recul de l'État dans un monde en pleine mutation pour deux raisons : le cumul d'activités aux seules mains d'experts-comptables et l'injustice proclamée des pouvoirs publics.

Sur le premier volet, la réflexion qu'il suggère concentre toutes les missions aux seules mains des experts-comptables sans aucune restriction. Le concept « *d'homme machine* » fait donc sa réapparition avec cette nouvelle loi. Sans aller dans les détails, la question de l'efficacité et de la pertinence de leurs missions fiscales se posera avec acuité dès lors qu'ils n'ont pas une expertise fiscale avérée. Il faut juste un peu de temps pour s'en rendre compte.

Sur le deuxième volet, avec cette couverture légale, les experts-comptables s'offriront les services des experts fiscaux marginalisés par le législateur pour cacher leurs tares en matière de fiscalité. Ainsi perçu, on serait à la croisée des conflits d'intérêts car nous devons garder à l'esprit que les droits substantiels subjectifs cristallisent les prérogatives dont le droit objectif assure la sauvegarde[311]. C'est des « *intérêts*

[311] F. TERRE, *Introduction générale au droit*, 10e éd. Dalloz, 2015, p.167, cité par J. DJOGBENOU, *Introduction à la théorie générale de la justice et du procès*, Les Editions du CREDIJ, 2022, p. 21.

juridiquement protégés »[312] et les acteurs du secteur de la fiscalité, désormais multiples, ne se feront pas prier pour les réclamer.

Dans une deuxième approche, cette position du législateur béninois renvoie les deux acteurs en conflit permanent sur le terrain. Ce qui est sûr, c'est que les experts-comptables pourront chercher à se faire justice[313] parce-que protégés par la loi. Mais, les conseils fiscaux ne pourront également se laisser faire parce que constitués en entreprise fiscale, donc autorisés à agir[314]. Tout ce qui manque à la profession d'expertise fiscale reste son encadrement par une structure faîtière et sa reconnaissance comme telle par les pouvoirs publics. Ainsi, cette profession est toujours à la recherche d'une série de sécurités : juridique, sociale et économique. C'est un défi qui ne tardera pas à se réaliser car, à beau chasser le naturel, il revient toujours au galop. C'est en cela que ce qu'on pourrait appeler « *un moucharabieh parlementaire* » relève simplement du superflu. Tout est donc dans le temps. Qu'en est-il du mode opératoire de certains avocats béninois ?

b) L'insouciance des avocats

À l'instar des experts-comptables, les avocats dans leur immense majorité se donnent pour activités celles réservées aux conseils fiscaux tant la frontière entre ces deux corps de professions leur paraît poreuse et non marquée. Portant, aucun texte encadrant l'ordre des avocats ne leur permet une telle fertilité ou marge de manœuvre. C'est en cela que le cas béninois mérite réflexion. C'est pourquoi, il est abordé le domaine d'action universel des avocats avant le développement du cas béninois.

En ce qui concerne le domaine d'action universel des avocats, il faut noter qu'en droit comparé sénégalais, il est précisé que : « *Devant les juridictions, sous réserve des dispositions des articles 5 à 8 et suivants de la présente loi, seuls les avocats ont qualité pour plaider, postuler, assister et représenter les parties en toutes matières. Ils font et signent*

---

[312] R. V. IHERING, *L'esprit subjectif*, Dalloz, 1952, cité par J. DJOGBENOU, *Introduction à la théorie générale de la justice et du procès*, *op. cit.* p.21

[313] « *Autant que la liberté et l'égalité, la justice fascine et sidère. Elle suscite controverses et ivresse. Or, la définir est entreprise difficile et la réaliser paraît même impossible* », J. DJOGBENOU, *Introduction à la théorie générale de la justice et du procès*, *ibid.* p.34

[314] J. DJOGBENOU, *Introduction à la théorie générale de la justice et du procès*, *ibid*, p.45. Il faut reconnaître selon lui que « *la justice assurée par les juridictions judiciaires entend protéger un droit subjectif, c'est cette subjectivité qui explique l'exigence d'un intérêt à agir* ».

tous actes nécessaires à l'exécution des jugements et arrêts, s'il y a lieu. Ils assistent leurs clients devant toutes les administrations, notamment celles qui sont habilitées à transiger en cas de litige. Ils peuvent être arbitres ou conciliateurs. Les avocats peuvent donner conseils et consultations en matière juridique et rédiger, pour des tiers, les actes sous seing privé. Les personnes morales de droit privé ne peuvent intervenir en justice, tant en demande qu'en défense, que par un avocat inscrit au Barreau »[315]. Au Bénin par contre, c'est l'article 1er de la loi n° 65-06 instituant le barreau du Dahomey qui précise les missions dévolues aux avocats comme suit : « *Les avocats inscrits à ce barreau exerceront leurs attributions tant devant la Cour d'Appel que devant toutes les autres juridictions. Ils auront seuls, sous réserve des dispositions des articles 2, 3 et 4 ci-dessous, qualité pour postuler, conclure et plaider dans toutes les affaires civiles, commerciales et pénales. Ils auront également le droit de faire et de signer tout acte de procédures nécessaires à l'exécution des jugements et arrêts, s'il y a lieu* ». Visiblement cette loi est très vieille et semble dépassée par l'évolution dans le temps, des réalités sociétales. C'est pourquoi, il est envisagé sa révision[316]. Quant au droit comparé tunisien, il est précisé que : *« L'avocat est exclusivement investi de la mission de représenter les parties, quel que soit leur statut légal, de les défendre, les assister, les conseiller et de mener en leur nom toutes les procédures auprès des tribunaux et toutes les instances judiciaires, administratives, disciplinaires et de régulation ainsi que devant la police judiciaire et ce, conformément aux dispositions législatives relatives aux procédures civiles, commerciales, fiscales et pénales. »*[317].

Les missions dévolues aux avocats tunisiens ont été précisées comme suit : « *L'avocat est investi d'une compétence exclusive en matière de rédaction des statuts des sociétés, de l'augmentation ou de réduction de leur capital, chaque fois qu'il s'agit d'un apport en fonds de commerce. Il est aussi exclusivement compétent en matière de rédaction des contrats et des actes translatifs de propriété immobilière et des contrats d'apports immobiliers dans le capital des sociétés*

---

[315] Cf. Art. 4 de la Loi sénégalaise n° 2009-25 du 8 juillet 2009 portant modification de la loi n° 84-09 du 4 janvier 1984 complétée par la loi n° 87-30 du 28 décembre 1987 relative à l'Ordre des Avocats.

[316] Le projet de loi visant la révision de la Loi n° 65-06 instituant le barreau du Dahomey est déposé au parlement pour adoption depuis 2016.

[317] *Cf.* Art. 2 du Décret-Loi n° 2011-79 du 20 août 2011 portant organisation de la profession d'avocat en Tunisie.

commerciales, sans toutefois empiéter sur le domaine, réservé par la loi, aux notaires et aux rédacteurs d'actes relevant de la conservation de la propriété foncière. »[318].

Le texte se voulant explicite a qualifié de nuls et non avenus les actes passés devant des personnes autres que des avocats.

Par la suite, leurs missions sont élargies à d'autres considérations et aspects des actes de la vie comme suit : « *L'avocat peut notamment exercer des missions d'arbitrage, de médiation, de conciliation, de séquestre, de liquidation amiable, comme il peut être chargé des contrats de mandat et des opérations de négociation et de représentation auprès des services fiscaux et administratifs ainsi que des missions de formation. Il peut représenter ses clients ou les assister aux assemblées générales ou dans les structures de gestion collective conformément aux dispositions mentionnées dans les statuts des sociétés commerciales. L'avocat inscrit en cassation peut être membre des conseils d'administration ou des conseils de surveillance des sociétés commerciales. Dans le cadre de ses compétences, l'avocat accomplit les missions qui lui sont assignées par les tribunaux ainsi que les autres instances juridictionnelles ou de régulation. Il peut également exercer les fonctions d'agent sportif ou d'agent d'artistes ou de mandataire en matière de propriété intellectuelle ou industrielle ou entreprendre des missions de fiducie »*[319]. Enfin, la mobilité professionnelle des avocats est encore prise en compte. Ainsi, le texte précise « *L'avocat peut se déplacer librement en dehors de son bureau et le cas échéant hors du territoire tunisien aux fins d'exécuter les tâches susmentionnées tant que cela ne déroge pas aux lois et réglementations en vigueur dans les États concernés. »*[320].

Une analyse approfondie de cette disposition de l'article 2 du Décret-Loi tunisien n° 2011-79 du 20 août 2011 portant organisation de la profession d'avocat ainsi que des lois sénégalaise et béninoise montre clairement que les missions dévolues aux avocats ne sont pas compatibles avec celles revenant aux conseils fiscaux. Cette réalité est bien notée dans tous les États.

---

[318] *Cf.* Art. 2 du Décret-Loi n° 2011-79 du 20 août 2011 portant organisation de la profession d'avocat en Tunisie.
[319] *Cf.* Art. 2 du Décret-Loi n° 2011-79 du 20 août 2011 portant organisation de la profession d'avocat en Tunisie.
[320] *Cf.* Art. 2 du Décret-Loi n° 2011-79 du 20 août 2011 portant organisation de la profession d'avocat en Tunisie.

S'agissant de la réalité béninoise, il faut noter qu'il n'est pas rare d'observer certains avocats s'arroger des missions dévolues aux conseils fiscaux. Tout commence lorsqu'ils s'appellent « *avocats fiscalistes* », c'est-à-dire un avocat spécialisé dans la matière fiscale. Si la spécialité désigne « *un domaine dans lequel une personne a acquis une qualification particulière* »[321], il faut reconnaître que bien que la personne professe une compétence confirmée en une matière particulière telle la fiscalité, le droit d'arborer une spécialisation est parfois réglementé[322]. Le fait pour un avocat de se spécialiser en fiscalité n'est pas mauvais en soi, c'est même du domaine du recherché. Mais, cette spécialisation ne fait pas de lui un expert fiscaliste puisqu'il est régi par un ordre dont le texte fondateur encadre son domaine d'activités.

Au Bénin, certains avocats s'enserrent dans ce concept d'« *avocats fiscalistes* » pour créer une confusion visant l'élargissement de leurs missions à celles des experts-fiscaux. Il s'agit d'une confusion stratégique, volontaire pour s'attirer des entités économiques en les rassurant de leur fournir des conseils, assistances et autres assurances fiscales notamment les phases amiable et administrative du contentieux fiscal.

Si être avocat fiscaliste ne signifie pas être Conseil fiscal ou expert-fiscal, ces deux corps de métiers exigent le respect d'un minimum de règles d'éthique visant la reconnaissance des limites d'actions de chacun.

Ainsi, l'expert fiscaliste bien qu'il puisse représenter le contribuable devant l'administration judiciaire, ne signifie aucunement qu'il remplace ou se substitue à l'avocat devant le juge de l'impôt. L'absence d'une loi consacrant la naissance de l'ordre des conseils fiscaux au Bénin, justifie une fois encore ce désordre institutionnel.

CONCLUSION

L'office du conseil fiscal est naturellement porté à protéger le contribuable pour qui il travaille dans le respect des règles d'éthique du métier. Ces règles comme nous l'avons vu, permettent d'une part, le respect des textes fiscaux dans une grande habilité et intelligence en vue de faire payer le moins d'impôts possible au contribuable suivant des techniques variées d'optimisation fiscale ou d'évasion fiscale modérée, d'autre part, d'éviter l'organisation de la fraude fiscale tout en s'inscrivant dans une logique de prévention de cette dernière. Il

[321] G. CORNU, *Vocabulaire juridique*, Mayenne, PUF, 12e éd, 2018, p. 986.
[322] *Ibidem.*

accompagne les administrations fiscales dans l'élévation du civisme fiscal des contribuables par la formation et la sensibilisation.

Il entretient de bonnes relations avec le fisc et participe aux réflexions fiscales d'amélioration du climat des affaires dans les États. Il donne son point de vue sur des sujets sensibles.

Il faut convenir avec Thierry Lambert pour dire que « *le meilleur moyen de prévenir la fraude est de perfectionner le contrôle fiscal* »[323]. Mais, les artifices auxquels recourent de nos jours certains contribuables et les multinationales de mauvaise foi, amènent les administrations fiscales à se donner la main (assistance mutuelle) par le biais de conventions bilatérales et multilatérales. Le Bénin en a signé très peu (quatre) à la date d'aujourd'hui (avec la France[324], la Norvège[325], le Maroc[326] et le Rwanda[327]) en fonction certainement de son expérience dans le monde des affaires.

Il faut rappeler qu'ailleurs, le conseil fiscal est bien organisé. C'est un métier indispensable à la croissance économique des nations. En plus de servir d'interface entre, d'une part, les administrations fiscales représentées par les directions générales des impôts et des douanes, d'autre part, le contribuable, le pauvre, il facilite l'intelligibilité des textes fiscaux et rend dynamique le débat fiscal. Cependant, les pouvoirs publics béninois ne font rien pour encadrer et sécuriser cette noble profession tiraillée par les experts-comptables et les avocats[328].

Au bénéfice de ce vide juridique, ces deux professions du monde des affaires béninois ont imposé leur gouvernement à l'économie béninoise au mépris du principe naturel selon lequel : à beau chasser le naturel, il revient toujours au galop.

---

[323] Thierry LAMBERT, *Contrôle fiscal*, Paris, PUF, Collection Droit fondamental, 1991, cité par Paul Marie GAUDEMET et Joël MOLINIER, *Finances publiques-Tme2 Fiscalité*, *op. cit.*, p. 242.

[324] Convention entre la République du Bénin et la République Française qui entre en vigueur le 8 novembre 1977.

[325] Convention entre la République du Bénin et la République de la Norvège qui entre en vigueur le 24 juin 1982.

[326] Convention entre la République du Bénin et le Royaume du Maroc qui entre en vigueur le 1er janvier 2023.

[327] Convention entre la République du Bénin et la République du Rwanda du 14 avril 2023.

[328] Le président de la Chambre Nationale des Conseils Fiscaux (CNCF) tunisien, dans une lettre en date du 21 juin 2005, a clairement précisé : la profession de conseiller fiscal est différente de celles de comptable et d'avocat.

PANEL 2

LA PRÉVENTION MANAGÉRIALE DE LA FRAUDE FISCALE

Président de séance : Dr Philippe TCHODIE, CG/OTR

Rapporteur de séance : Dr Wehelmine AGUEMON

Discutant : Dr Ghislaine BOKO

LA RÉFORME DU SYSTÈME DE MOTIVATION DES AGENTS DE L'ADMINISTRATION FISCALE

Sasso PAGNOU

Docteur en Droit public, Enseignant-Chercheur
Consultant
thierry.pagnou@gmail.com

« *La réforme de l'État est à l'ordre du jour et elle y restera* ». Cette phrase du Professeur Rivero est encore d'actualité aujourd'hui, surtout dans les pays africains connaissant de graves dysfonctionnements[329]. Tous les secteurs de l'État doivent être réformés[330], notamment les administrations fiscales et de façon spécifique le système de motivation des agents de ces administrations, sujet dont l'importance appelle une réflexion.

Cette réflexion devra nécessairement commencer par la recherche du sens des notions fondamentales telles la réforme, l'administration fiscale et la motivation des agents.

Selon le dictionnaire Larousse, le mot réforme renvoie à « *un changement de caractère profond, radical apporté à quelque chose, en particulier à une institution, et visant à améliorer son fonctionnement* »[331]. En droit, la notion renvoie à la modification du droit existant par une nouvelle loi. Parler dans ce sens, de la réforme du système de motivation

[329] Sur les dysfonctionnements des Etats africains, voir, notamment, M. GAZIBO, *Introduction à la politique africaine*, Montréal, Presses de l'Université de Montréal, 2010, pp. 117-137. Voir aussi B. BADIE, *L'État importé. L'occidentalisation de l'ordre politique*, Paris, Fayard, 1992, 334 p.

[330] Pour une idée sur l'ampleur des réformes à faire, voir notamment, J. LORGEOUX et J.-M. BOCKEL (dir.), *Rapport d'information fait au nom de la commission des affaires étrangères, de la défense et des forces armées par le groupe de travail sur la présence de la France dans une Afrique convoitée*, Rapport n°104, Sénat, Session ordinaire de 2013-2014.

[331] Pour une idée sur les processus de réformes, voir P. BEZES et B. PALIER, « Le concept de trajectoire de réformes. Comment retracer le processus de transformation des institutions », *RFSP*, n° 6 (Volume 68), 2018, pp. 1083 à 1112.

des agents de l'administration fiscale, c'est parler de la modification des textes régissant le système de motivation des agents de l'administration fiscale. Il faut, sur ce point, rappeler que l'administration fiscale est « *l'ensemble des services de la direction générale des impôts, chargée pour le compte de l'État et des collectivités territoriales, des tâches d'assiette, de liquidation et de contrôle des impôts* »[332]. Pendant longtemps, ces administrations ont été gérées directement par l'État sous la forme de régies financières. Mais depuis quelques années, plusieurs pays africains ont opté pour leur transformation en agence ou office[333] afin qu'elles puissent relever le défi d'une plus grande mobilisation des ressources fiscales exigée par les institutions financières internationales notamment l'UEMOA dont le pacte de stabilité et de croissance visait une pression fiscale de 20 %[334] en 2019. Cette option s'inscrit dans une batterie de réformes fiscales tendant, non seulement, à faire évoluer les structures fiscales des pays[335], mais aussi à relever les performances des administrations fiscales. Il faut, à ce titre, rappeler que, dans l'ensemble des pays, les réformes engagées s'inspirent des théories de la nouvelle gestion publique[336] tendant à introduire dans la gestion des affaires publiques, la logique et les principes du secteur privé, notamment celui de motivation des agents en vue de meilleurs résultats.

La motivation au travail désigne l'encouragement d'un employé à atteindre les objectifs qui lui sont fixés. Elle se présente, dans ce sens, comme une condition essentielle au bon fonctionnement d'une

---

[332] Cf. M. BOUVIER et M.-C. ESCLASSAN, « Administration fiscale », in L. PHILIP, *Dictionnaire encyclopédique des finances publiques*, Paris, Economica, 1991, p. 16 à 21.

[333] Pour le Togo, par exemple, voir la loi n° 2012-016 du 14 décembre 2012 portant création de l'Officie togolais des recettes (OTR) modifiée par la loi n° 2015-011 du 2 décembre 2015.

Voir E. M. TONI, « Les offices des recettes en Afrique francophone », *Gestion & Finances Publiques*, n° 2, 2018, pp. 110 à 116.

[334] Sur cette exigence, voir les critères de convergence de l'Uémoa.

Voir https://umoatitres.org/wp-content/uploads/2018/12/Pacte-de-convergence-UEMOA.pdf.

[335] Sur cette évolution, voir, notamment, Groupe de la Banque Mondiale, *Étude sur la fiscalité en Afrique de l'Ouest*, Rapport de synthèse, 2019.

[336] Pour une idée sur ces notions, voir J. MÖNKS, « La nouvelle gestion publique : boîte à outils ou changement paradigmatique ? », in M. HUFTY (dir.), *La pensée comptable : État, néolibéralisme, nouvelle gestion publique*, Graduate Institute Publications, 1998. L'article est disponible à l'adresse suivante : https://books.openedition.org/iheid/2657?lang=fr . Consulté le 21 septembre 2023.

organisation, ce qui explique l'importance qui lui est accordée dans presque tous les pays dans le cadre des réformes des administrations fiscales.

Si un consensus existe sur l'importance de la motivation des agents du secteur public, en l'occurrence ceux des administrations fiscales, et la nécessité de réformer leur système de motivation, il n'en est pas de même sur la manière de réformer, ce qui rend nécessaire la présente réflexion qui essaye de donner une réponse à la question de comment réformer le système de motivation des agents des administrations fiscales. Cette première question soulève la question du contenu de la réforme et des modalités de la réforme.

Pour répondre à l'ensemble de ces questions, la réflexion se réfère essentiellement à la théorie de motivation à l'égard du service public (MSP) et aux exemples donnés par les pays.

Selon les auteurs de la théorie de la motivation à l'égard du service public, les comportements des agents des administrations publiques ne seraient pas dictés par les mêmes motivations que ceux du privé[337]. Contrairement aux agents du privé dont les comportements sont guidés par la recherche de la satisfaction des intérêts personnels, les comportements des agents des administrations publiques seraient guidés par l'altruisme. La motivation à l'égard du service public se présente donc, dans ce sens, comme une prédisposition à servir les intérêts d'une communauté de personnes, un État, une Nation ou le genre humain[338].

Il faut le relever tout de suite. La prédisposition ne concerne que le choix de travailler dans les administrations publiques. L'assiduité au travail doit être entretenue par une ou des démarches de motivation proposées justement par les théories de motivation à l'égard du service public, à savoir la démarche rationnelle, la démarche normative et la démarche affective. La première consiste à poser des actions poursuivant la maximisation de l'utilité individuelle de chaque agent, la seconde à poser des actions visant à contraindre les agents à se conformer aux normes sociales, notamment celles de l'intérêt public, du devoir civique et de la loyauté envers le gouvernement. La troisième

---

[337] Cf. J. L. PERRY et L. R. WISE, « The motivational bases of public service », *Public Administration Review*, n°50, 1990, pp. 367-373

[338] H. G. RAINEY et P. STEINBAUER, « Galloping Elephants : Developping elements of a theory of effective government organizations », *Journal of Public Administration Research an theory*, 9, 1999, pp. 1-32

consiste à utiliser les éléments déclencheurs de comportements fondés sur les réponses émotionnelles.

Les trois démarches sont d'une égale importance et s'appliquent en fonction de l'environnement de l'administration dont on souhaite motiver les agents. Il faut donc, pour réformer le système de motivation des agents des administrations fiscales, jeter un regard sur l'environnement de ces administrations avant de choisir la ou les démarches à appliquer. De façon générale, cet environnement porte le sceau d'une organisation peu optimale des administrations fiscales, du manque de moyens et de la corruption. Si les trois éléments sont des facteurs de démotivation des agents publics et de façon plus précise ceux des administrations fiscales, c'est le dernier qui est intrinsèquement lié à la motivation des agents. Il faut, en effet, remarquer que la corruption dans le secteur public en Afrique, relevée par de nombreux rapports et études[339], est souvent la conséquence de l'absence des valeurs morales et de la faiblesse des rémunérations. Ces deux éléments, mis en avant par les auteurs des théories des motivations des services publics, sont retenus ici comme les grands axes de la réforme des systèmes de motivation dont la mise en œuvre doit tenir compte des réalités de chaque pays, des capacités des administrations, de l'environnement social dans lequel évoluent les agents des administrations fiscales et de la psychologie de ces agents.

La démarche présente un double intérêt, l'un théorique, l'autre pratique. Le premier réside en la référence aux théories de la motivation, spécialement à la théorie de motivation à l'égard du service public. Sur le plan pratique, cet intérêt réside en ce que la démarche propose les modalités de la réforme.

Afin de mettre en lumière ces intérêts, la réflexion est structurée en deux parties. La première présente les grands axes de la réforme (I) et la deuxième, le pilotage de la réforme (II).

I. LES GRANDS AXES DE LA RÉFORME

La réflexion sur la réforme du système de motivation des agents des administrations fiscales doit nécessairement commencer par la recherche des grands axes de cette réforme. Cela s'explique par la nécessité de mener une réforme ordonnée, réfléchie afin d'éviter les dérapages.

---

[339] Voir Nations Unies (Commission économique pour l'Afrique), *Rapport économique*, 2019. Voir aussi T. ISABELL et L. OLAN'G, En Afrique, « le soutien à la fiscalité régresse et la perception de l'évasion fiscale croît », *Dépêche d'Afrobarometer*, n° 428, 2021

C'est dans cette optique qu'un pan entier de la réflexion est consacré aux grands axes de la réforme. Ces axes, tirés des théories de la motivation à l'égard du service public, reflètent la double dimension de l'agent des administrations fiscales en tant qu'être humain, la dimension spirituelle et la dimension matérielle. Il s'agit en effet de l'éthos des administrations fiscales (A) et de la rémunération des agents (B).

A. L'éthos des administrations fiscales

L'éthos désigne de façon générale l'ensemble des habitudes d'une personne[340]. Quant à l'ethos public, il renvoie à « *une dynamique sociopolitique caractérisant une réalité collective dont les dispositifs de pouvoir – conçu comme relationnel – sont orientés vers une finalité démocratique et une éthique de bien commun fondant la spécificité de l'action publique* »[341]. L'ethos se présente donc comme un ensemble de valeurs ayant un pouvoir de stimulation des agents publics. Pour un certain nombre de raisons, cet ethos s'est érodé dans bien nombre d'administrations publiques[342] d'où la nécessité de le reconstruire. Cette reconstruction passe spécialement, au niveau des agents des administrations fiscales, par le développement du sens du bien commun (1) et de la conscience professionnelle (2).

1. Le développement du sens du bien commun

La notion de bien commun renvoie de façon générale à « *l'idée d'un bien patrimonial et matrimonial partagé par les membres d'une communauté* »[343]. Cette définition sommaire de la notion appelle deux questions : celle de la nature ou de l'identité du bien et celle des liens entre le bien commun et les administrations fiscales, et, de façon spécifique, avec la motivation de leurs agents.

Il faut, pour répondre à la première question, se référer à la pensée chrétienne et spécialement à celle de Saint Thomas d'Aquin où le bien

---

340 Sur cette notion, voir B. FUSULIER, « Le concept d'ethos. De ses usages classiques à un usage renouvelé », *Recherches sociologiques et anthropologiques*, n°42-1, 2011, pp. 97-109. L'article est disponible à l'adresse suivante : https://journals.openedition.org/rsa/661#quotation

341 Cf. I. FORTIER, « Expériences de réformes et transformation de l'ethos dans le service public dans l'administration publique québécoise », *Pyramides*, n°3, 2009, pp. 71-86.

342 Sur l'érosion de l'ethos public, voir I. FORTIER et Y. EMERY, « L'ethos public en tant que processus social dynamique », *Pyramides*, n°22, 2011, pp. 83-114.

343 Cf. https://fr.wikipedia.org/wiki/Bien_commun . Consulté le 21 septembre 2023.

commun renvoie à Dieu, le bien suprême[344]. Dans le cadre des communautés politiques modernes laïcisées, l'État prend la place de Dieu, et le bien commun désigne désormais l'État. Parler, dans le cadre de ces communautés du sens du bien commun, revient à parler du sens de l'État, raison d'être de l'impôt. Il faut, dans ce sens, relever que l'impôt ne peut être prélevé qu'au nom du bien commun[345] se présentant, par ailleurs, comme « *la mesure de la légitimité de la fiscalité* »[346].

Cette définition permet de répondre à la deuxième question, celle des liens entre le bien commun et les administrations fiscales. Il faut commencer par rappeler que la notion du sens de l'État renvoie essentiellement à l'intérêt général dont la satisfaction implique la couverture de charges publiques par l'impôt. Ces impôts étant recouvrés par les administrations fiscales, il est possible de voir en eux le lien entre le sens du bien commun et les administrations fiscales. Il devient alors possible d'avancer que le sens du bien commun chez les agents des administrations fiscales renvoie au sens de l'impôt, c'est-à-dire à sa raison d'être.

Le développement du sens du bien commun n'a pas seulement pour but de présenter aux agents des administrations fiscales le sens de l'impôt et ses liens intrinsèques avec la satisfaction de l'intérêt général, mais de leur faire prendre conscience de leur responsabilité[347] dans la capacité de l'État à satisfaire l'intérêt général.

Cette prise de conscience par les agents des administrations publiques de leur responsabilité dans la capacité de l'État à satisfaire l'intérêt général est l'objectif final du développement du sens commun dans la mesure où la conscience de sa propre responsabilité constitue un facteur fondamental de la motivation. Il faut, dans ce sens, rappeler les liens intrinsèques entre le sens de la responsabilité et la motivation.

La notion de responsabilité occupe, en effet, une place importante dans les théories de la motivation. L'application de la pyramide de

---

[344] Cf. A. MODDE, « Le bien commun dans la philosophie de Saint Thomas », *Revue philosophique de Louvain*, Troisième série, tome 47, n° 14, 1949, pp. 221-247

[345] Cf. R. RENAULT, « Refuser l'impôt, définir le bien commun », *Politix*, n° 119, 2017, pp. 79 à 100.

[346] Cf. K. WEIDENFELD, « Impôt et commun », *La revue du centre Michel de l'Hospital*, n° 19, 2019.

[347] Sur la conscience de la responsabilité, voir A. SIMHA, « De la conscience sensible à la responsabilité. Genèse du sujet dans la philosophie de Locke », *L'enseignement philosophique*, n° 3, 2012, pp. 7-22.

Maslow[348] au monde du travail indique que la responsabilisation des travailleurs constitue, pour eux, une véritable source de motivation en ce qu'elle participe à leurs accomplissements, l'un de leurs besoins en tant qu'humains. Sur un plan un peu plus factuel, le sens de la responsabilité des agents des administrations fiscales constitue un facteur de motivation en ce qu'il est l'expression de leur patriotisme impactant, par ailleurs, positivement leur conscience professionnelle, un autre facteur de motivation.

2. Le développement de la conscience professionnelle

La conscience professionnelle peut être définie comme « *le comportement consciencieux au travail* »[349]. C'est « *la conscience que les agents ont de leurs charges* »[350]. Pour un travailleur, elle consiste à bien assumer ses responsabilités et à trouver du plaisir dans l'accomplissement de ses fonctions.

Ce plaisir dans l'accomplissement des fonctions, qu'on pourrait qualifier d'amour du travail bien fait, est le lien, la passerelle entre la conscience professionnelle et la motivation. C'est, en effet, lui qui pousse l'agent à s'investir totalement dans l'organisation. Il s'agit donc d'une donnée importante dans la motivation des agents qu'il faudra introduire dans les administrations fiscales en instituant une morale professionnelle des administrations fiscales et une déontologie propre aux administrations fiscales.

La morale professionnelle est « *l'ensemble des obligations et interdictions précises pour une profession donnée. C'est l'ensemble des règles d'action et des valeurs servant de normes à une profession donnée. C'est l'application de la morale générale aux nécessités du métier* ». La morale professionnelle renvoie donc à des valeurs qu'il faudrait promouvoir. Il peut s'agir de l'intégrité, du respect, de la loyauté et de l'équité comme c'est le cas au Mali[351] ou de l'équité fiscale, du professionnalisme, de la qualité de service aux contribuables,

---

[348] Pour une idée sur la notion, voir J.-F. MARMION, « La pyramide des besoins », in *La motivation*, Auxerre, Editions Humaines, 2017, pp. 21 à 22.

[349] Cf. V. GRIMAULT et B. GANGLOFF, « Les comportements de citoyenneté orgasitionnelle : utilité et désirabilité de la conscience professionnelle, *RIMHE*, n°31, printemps 2018.

[350] Cf. J. MICHEL, « Servir l'État : les valeurs et l'éthique du service public. De la bonne conduite à la bonne gouvernance », *Zborik radova Pravnog fakulteta U Splitu*, god. 56, 1/2019, Str. 35-45.

[351] Voir https://www.dgi.gouv.ml/notre-vision-et-nos-valeurs .

de la transparence, de l'intégrité, de la responsabilité, de la courtoisie, de l'esprit d'équipe, comme c'est le cas au Togo[352].

Prises isolément, ces valeurs ne constituent véritablement pas des facteurs de motivation. En ce sens, leur seule adoption par les instances dirigeantes ne suffit pas à motiver les agents. Ce qui est important, c'est la construction d'une culture de ces valeurs capable de modeler l'agent, le motiver et le conduire à respecter la déontologie.

La déontologie est « *l'ensemble des règles ou des devoirs régissant la conduite à tenir pour les membres d'une profession ou pour les individus chargés d'une fonction* ». Ces règles sont souvent regroupées dans un code de déontologie. Il en existe pour toutes les professions, notamment pour tous les agents des administrations fiscales de tous les pays de la région. Dans l'ensemble, ces codes présentent les règles de déontologie, les droits et devoirs de l'agent, le secret et la discrétion professionnels, les règles de responsabilité et les sanctions. Il faut relever que l'existence des règles de fonctionnement, leur connaissance par les agents publics et le respect de ces règles par les organes dirigeants constituent de grands facteurs de motivation aussi efficaces que la juste rémunération des agents.

B. La juste rémunération des agents

La rémunération désigne l'ensemble des avantages perçus par les agents publics en contrepartie du travail fourni. Elle constitue un important facteur de motivation lorsqu'elle est juste, c'est-à-dire lorsque les avantages perçus sont proportionnels au travail fourni. Il faut pour atteindre cet objectif verser aux agents des administrations fiscales un salaire de base juste (1) et des primes encourageantes (2).

1. Un salaire de base juste

L'altruisme n'est pas la seule motivation des agents publics, notamment les agents des impôts, à s'engager dans l'administration publique. À côté de cet altruisme, il y a le salaire (de base)[353], surtout le salaire juste. Celui-ci est un puissant facteur de motivation[354].

---

[352] Voir https://www.otr.tg/index.php/fr/accueil/l-otr/valeurs.html .

[353] Le salaire de base désigne « le traitement que reçoit régulièrement tout fonctionnaire, par définition rémunéré par l'État. Le salaire de base est généralement lié au poste de l'intéressé et peut être standardisé pour tous les postes à un niveau équivalent ». Cf. A. MATHESON (Sous la direction de), La rémunération liée aux performances dans l'administration, Editions OCDE, 2005, p. 22.

[354] Cf. L. GUERY et A. STEVENOT, « Rémunération du travail », in R. BEAUJOLIN-BELLET, *Les grands courants de la gestion des ressources humaines*,

Le salaire est la rémunération perçue par l'agent en contrepartie de son travail. Il constitue, bien souvent, son principal revenu, celui lui permettant, théoriquement, de prendre soin de lui-même et de sa famille. Pour que ce salaire soit facteur de motivation, il faut qu'il puisse, dans les faits, permettre à l'agent de pouvoir prendre soin de lui-même et de sa famille, il faut qu'il soit juste.

La notion de salaire juste a été développée par Saint Thomas D'Aquin en se référant à la justice aristotélicienne. Selon l'auteur de la somme théologique, un salaire est juste quand il répond à la fois aux exigences de la justice commutative et celle distributive. C'est un salaire qui paye chacun selon son dû et qui tient à la fois compte de ses besoins. Il présente deux caractéristiques principales, il doit être décent et raisonnable.

Le salaire décent est celui permettant à l'agent de vivre dignement, de couvrir ses besoins vitaux, bref, un salaire lui permettant de bien vivre et non de survivre[355] de « *se sentir partie prenante de la société* ». Ce sentiment d'appartenance à la société et d'en être un acteur constitue un facteur de motivation. Quant au salaire raisonnable, il est celui qui est socialement acceptable. C'est le salaire bénéficiant d'un consensus social.

Malgré sa pertinence, la notion de salaire juste reste difficile à mettre en œuvre, et cela, pour deux raisons. La première est relative au statut juridique des agents des administrations fiscales. Dans la plupart des pays, ces agents sont des fonctionnaires dont les salaires sont fixés par la loi dans le cadre d'une grille salariale. Il faut dans le cadre des réformes penser à leur octroyer un statut particulier, à moins de penser carrément à l'« *agencification* ». La seconde est relative à la détermination de ce qui est juste. Le salaire juste est difficile à calculer et le consensus social ne peut véritablement que porter sur le salaire déraisonnable et non sur le raisonnable, l'être humain étant toujours insatisfait. La seule pratique permettant d'apprécier le caractère juste du salaire demeure la comparaison entre les salaires du secteur public et ceux du secteur privé. Les salaires du public paraissent injustes lorsqu'ils sont largement inférieurs à ceux du public. Il faudrait dans ce cas penser à rapprocher

---

Caen, EMS Editions, 2021, pp. 166 à 182. L'article est disponible à l'adresse suivante : https://www.cairn.info/les-grands-courants-gestion-ressources-humaines--9782376874638-page-166.htm . Article consulté le 21 septembre 2023.

355 https://www.la-croix.com/Economie/Medias/Quest-quun-salaire-juste-2019-01-25-1200997944

les salaires des agents des administrations fiscales des salaires du privé, ce qui exige un certain nombre de réformes statutaires.

L'une des clés de la motivation des agents du secteur public, notamment ceux des administrations fiscales réside dans ce rapprochement des salaires du public et du privé. Il faut, en effet, relever qu'un tel rapprochement de salaires peut attirer vers les administrations publiques les meilleurs candidats à l'emploi, augmenter l'attachement des meilleurs agents à l'administration.

2. Des primes encourageantes

Les primes sont « *des compléments de salaires versés par l'employeur à ses salariés à l'occasion du travail ou en contrepartie du travail fourni attribués en fonction de critères déterminés au préalable* »[356]. Elles sont encourageantes lorsque les compléments sont élevés. Les primes constituent un véritable facteur de motivation des agents et cela pour deux raisons. Elles permettent à la fois la valorisation du travail et la reconnaissance des mérites de l'agent. Il faut relever, s'agissant de la valorisation du travail, que la pratique de l'octroi des primes rappelle la centralité du travail dans la société ou dans l'administration. Le travail est la raison d'être de la société ou de l'administration. C'est lui qui fait vivre l'administration et les agents. La prime rappelle donc aux agents que, non seulement, le travail est une valeur, mais leur travail a une valeur économique et morale. Il a une valeur économique en ce qu'il est producteur de richesse. Le rappeler à l'agent, c'est lui faire comprendre qu'il participe par son travail à la richesse de la nation[357], ce qui peut le motiver à plus et mieux travailler. Il a une valeur morale en ce qu'il leur confère une dignité.

Cette dignité leur est conférée par la reconnaissance de leurs mérites, un autre facteur de motivation des agents. Le besoin de reconnaissance est un besoin fondamental de l'être humain et donc à tout travailleur. Il permet à l'agent de se sentir respecté et valorisé[358]. Cette reconnaissance nourrit l'estime de soi de l'agent qui le motive à mieux faire.

---

[356] Voir https://www.editions-tissot.fr/guide/definition/primes

[357] Comme le relève Adam Smith, la richesse des nations est faite du travail de ses enfants. Voir A. SMITH, *Recherches sur la nature et les causes de la richesse des nations*, Londres, W. Strahan and t. Cadell, 1776.

[358] Cf. A. HONNETH, « La théorie de la reconnaissance : Une esquisse, *Revue du Mauss*, n° 23, 2014, p. 133 à 136.

II. LE PILOTAGE DE LA RÉFORME

Le pilotage de la réforme renvoie à la conduite de la réforme, mieux à sa gouvernance, c'est-à-dire à l'ensemble des mesures permettant de mener la réforme à bon port. Il s'agit donc d'une démarche importante qui doit être mûrement et longuement pensée. La réflexion doit porter sur la méthodologie de réforme. L'objectif étant de changer le comportement de l'agent de l'administration fiscale, il paraît nécessaire de commencer par penser à un changement de culture (A) devant faciliter l'introduction de la rémunération par les performances (B).

A. Le changement de culture

La réforme du système de motivation des agents des administrations fiscales ne peut atteindre les résultats escomptés que si elle est accompagnée d'un changement de cultures consistant essentiellement à faire évoluer les valeurs morales des agents et la logique d'action de l'administration. Il s'agira, in concerto, de procéder à la moralisation de la vie publique (1) et d'introduire, dans les administrations publiques, la culture de résultats (2).

1. La moralisation de la vie publique

La moralisation de la vie publique est inséparable de la réforme du système de motivation des agents des administrations fiscales, car les motivations des agents dépendent, dans une large mesure, du niveau de moralité de la société. Plus la société a des valeurs morales élevées, plus les agents des administrations fiscales ont de grandes valeurs morales et professionnelles.

La moralisation de la vie publique définit « *à la fois un processus, la mise en conformité des mœurs par rapport à un référentiel moral donné et un résultat, l'assainissement des mœurs du personnel politique et plus largement de la vie publique* »[359].

La notion de moralisation de la vie publique a donc deux dimensions dont l'une est en lien avec la réforme du système de motivation des agents des administrations fiscales, la mise en conformité des mœurs par rapport au référentiel moral qu'est la morale républicaine désignant

---

[359] Cf. R. WEISS, « La moralisation de la vie publique face aux standards européens », *Fondation Jean Jaurès*. L'article est disponible à l'adresse suivante : https://www.jean-jaures.org/publication/la-moralisation-de-la-vie-publique-a-la-francaise-face-aux-standards-europeens/. Consulté le 19 septembre 2023.

« *un système global de références, auquel tous les citoyens sont invités à adhérer* »[360].

Cette mise en conformité des mœurs passe nécessairement par la recherche de la transparence dans la gestion des affaires publiques et la lutte contre la corruption.

La transparence est « *l'ouverture au grand public des structures et des fonctions du gouvernement, des intentions en matière de politique budgétaire, des comptes du secteur public et des prévisions. Elle implique l'accès facile à des informations fiables, exhaustives, dans les délais, compréhensibles et internationalement comparables* »[361].

Dans les pays de l'UEMOA, l'exigence de transparence découle de la directive n° 01/2009/CM/UEMOA portant code de transparence dans la gestion des finances publiques au sein de l'UEMOA[362] imposant la légalité et la publicité des opérations financières publiques, une définition claire des attributions et responsabilités des institutions, l'insertion du budget de l'État dans un cadre global de politique macroéconomique, l'élaboration et la présentation des budgets publics, l'information du public et l'intégrité des acteurs. Outre cette directive transposée dans l'ensemble des pays, d'autres textes régissent cette transparence dans chaque pays. Ces textes sont souvent relatifs au financement des partis politiques, au cumul des mandats, à la déontologie de la vie publique, à la prévention des conflits d'intérêts, au contrôle des déclarations de patrimoines et à l'inéligibilité des élus condamnés pour atteinte à la probité. L'objectif de ces exigences et donc de la politique de transparence est d'imposer une exemplarité aux dirigeants, c'est-à-dire des « *normes de comportements et de contrôles renforcées par rapport au droit commun afin de favoriser leur dévouement à l'intérêt commun* »[363].

Cette politique a un impact positif sur la motivation des agents. Grâce à leur exemplarité, les dirigeants deviennent des modèles pour

---

[360] J. CHEVALLIER, Bonnes mœurs et morale républicaine ». L'article disponible à l'adresse suivante : https://extra.upicardie.fr/outilscurapp/medias/revues/32/jacques_chevallier2.pdf_4a07e32b5f2ed/jacques_chevallier2.pdf. Consulté le 19 septembre 2023.

[361] Cf. G. KOPITS et J. CRAIG, *Transparency in Governement Operations, Occasionnal paper*, International Monetary Fund, Washington DC, January 1998.

[362] La directive est disponible à l'adresse suivante : http://www.uemoa.int/sites/default/files/bibliotheque/directive_01_2009_cm_uemo.pdf

[363] Cf. J. CHEVALLIER, *op. cit.*

les agents qui essayent de les imiter, notamment dans le dévouement à l'intérêt commun et à la lutte contre la corruption.

Plusieurs définitions de la corruption existent, mais on retiendra ici celle de la banque asiatique de développement, à savoir : « *tout comportement par lequel les agents du secteur public et privé obtiennent un enrichissement impropre et illicite qu'il soit personnel ou à l'avantage de relations, ou qu'ils le provoquent en profitant de leur position* ». Elle peut prendre plusieurs formes. Il peut s'agir de la petite corruption, encore appelée corruption de survie, de la corruption professionnelle ou de la corruption privée[364]. Quelles que soient sa forme et ses natures, la corruption est néfaste pour la démocratie, l'état de droit[365] et, particulièrement, pour la motivation des agents publics, car les déroutant de leur mission de service public. Il paraît dans ce sens nécessaire de la combattre en réformant les institutions et en bâtissant une fonction publique professionnelle. Une telle initiative restaure la confiance des agents dans les dirigeants, les motive à mieux travailler en vue de meilleurs résultats.

2. L'adoption de la culture des résultats

L'adoption de la culture des résultats se matérialise par l'adoption de la gestion axée sur les résultats qui est « *une approche globale de gestion des programmes et des projets [...] qui vise principalement à définir des résultats mesurables ainsi que les méthodologies et les outils à utiliser pour obtenir et évaluer ces résultats* »[366]. Elle est prévue par la directive n° 06/2009/CM/UEMOA relative aux lois de finances transposée par tous pays de l'Union. L'article 12 de cette directive prévoit, en effet, que « *les lois de finances répartissent les crédits budgétaires qu'elles ouvrent entre les différents ministères et institutions constitutionnelles* » et qu'« *à l'intérieur des ministères, ces crédits sont décomposés en programmes* » auxquels « *sont associés des objectifs précis, arrêtés en fonction de finalités d'intérêt général et des résultats attendus* ». Cette approche est d'une grande importance pour

---

[364] Cf. N. PONS, « Corruption, mode d'emploi », *Géoéconomique*, n° 66, 2013, pp. 207-222.

[365] Cf. V. GASPAR, P. MAURO et P. MEDAS, « Combattre la corruption des pouvoirs publics ». L'article est disponible à l'adresse suivante : https://www.imf.org/fr/Blogs/Articles/2019/04/04/blog-fm-ch2-tackling-corruption-in-government. Consulté le 22 septembre 2023.

[366] Cf. Union Economique et Monétaire Ouest-Africaine (La commission), *Guide de la gestion axée sur les résultats de la commission de l'Uémoa*, février 2021.

la motivation des agents. Mise en place de façon adéquate, la gestion axée sur les résultats, peut permettre la mesure des résultats et la promotion des performances. Pour faciliter cette mesure des résultats et la promotion des performances, la Commission de l'UEMOA a prévu la mise en œuvre d'un Système d'Évaluation des Performances Individuelles (SEPI).

La mesure des résultats ne peut permettre la promotion des performances qu'avec le mécanisme de reddition des comptes constituant lui-même un mécanisme de motivation des agents. Définie comme l'obligation des agents publics, à quelque niveau qu'ils soient, de rendre des comptes, ce système impacte doublement la motivation des agents. D'abord parce qu'il permet l'imputation des résultats aux agents. Ensuite parce qu'il pousse indirectement les agents à « *contribuer au perfectionnement de l'activité concernée* »[367].

L'imputation des résultats est un facteur de motivation. Elle permet de voir la part de chaque agent dans les résultats. La recherche et le constat de la part de l'agent dans les résultats de l'administration satisfait son désir de reconnaissance, et est susceptible de lui apporter une prime ou une promotion. Quant à l'obligation de contribuer au perfectionnement de l'activité concernée, elle façonne la mentalité de l'agent dans le moule de la logique de performance.

B. L'appréciation des performances des agents

L'adoption de la culture des résultats permet, non seulement, l'évaluation des résultats et leur imputation aux agents, mais aussi l'appréciation des performances des agents. Cette appréciation peut aboutir soit sur une valorisation de l'agent aux performances positives (1) ou sur le jugement de l'agent aux performances négatives (2).

1. La valorisation des agents aux performances positives

La valorisation des agents aux performances positives passe à la fois par la rémunération liée aux performances et la promotion liée aux performances.

La rémunération liée aux performances se présente à la fois comme l'aboutissement et l'une des mesures phares du processus de réforme du système de motivation des agents des administrations fiscales. Définie comme « *la partie variable de la rétribution accordée chaque*

---

[367] Cf. R. HERTZOG, « Rendre compte : de quoi parle-t-on ? Les quadratures du cercle démocratique », *RFAP*, n° 160, 2016, p. 1012.

année (ou selon une autre périodicité) en fonction de la périodicité », elle « *exclut toute augmentation de salaire automatique* »[368]. Elle peut s'appliquer à la fois au salaire de base et aux primes. On parlera dans ce sens de l'augmentation du salaire de base au mérite et des primes au mérite.

L'augmentation du salaire au mérite ne constitue véritablement pas une rémunération liée aux performances. Il s'agit plus d'une augmentation liée à l'ancienneté et à l'âge[369] qu'il faudra, tout de même, garder dans le cadre des réformes du fait de sa capacité de motivation des agents. Il faut, en effet, relever qu'elle est l'expression de la reconnaissance de la fidélité de l'agent envers l'administration. Cette augmentation du salaire de base doit être accompagnée de primes de performance.

On entend par prime « *un versement exceptionnel qui n'est pas incorporé au salaire de base et que l'intéressé doit obtenir grâce à sa performance durant une période délimitée* »[370]. Pour qu'elles soient efficaces, ces primes doivent être à la fois individuelles et collectives. Elles sanctionneront dans le premier cas les performances individuelles et dans le second cas, les performances du groupe. L'enjeu sera de trouver un bon équilibre entre ces primes pour qu'elles ne créent ni rivalités entre les agents, ni le phénomène de voyageur clandestin au sein de l'administration.

L'attribution de ces primes pourra guider la promotion des agents au sein de l'administration. La promotion est « *le changement d'emploi d'un niveau de responsabilité donné à un emploi d'un niveau de responsabilité supérieur ou de changement d'un métier ou d'un emploi dans un même niveau de responsabilité* »[371]. La promotion a des conséquences sur le salaire de base.

Pendant longtemps, et même aujourd'hui, ce changement d'emploi d'un niveau de responsabilité donné à un niveau de responsabilité supérieur, a été laissé à la discrétion du supérieur hiérarchique. Usant de ce pouvoir discrétionnaire, les supérieurs hiérarchiques ont fait peu recours à des critères objectifs dans la promotion des agents. Nommés

---

[368] Cf. A. MATHESON (Sous la direction de), *La rémunération liée aux performances dans l'administration*, Editions OCDE, 2005, p. 22

[369] *Op. cit.*, p. 22

[370] *Ibid.*

[371] Cf. R. VATIER, *Développement et promotion des hommes*, Paris, Editions Entreprise moderne, 1960.

par le politique, ils se sont aussi laissés guider par des considérations politiques.

La promotion liée aux performances a pour vocation de proposer un système objectif de promotion des agents fondé sur l'intérêt de l'administration : les performances de l'agent.

Il s'agit de promouvoir l'agent, de lui confier des responsabilités en fonction de ses performances. Ceci sous-entend la reconnaissance de la valeur professionnelle de l'agent et sa prise en compte dans sa promotion, ce qui constitue un important facteur de motivation.

2. Le jugement des agents aux performances négatives

Le jugement des agents aux performances négatives consiste à rechercher leur part de responsabilité dans les faibles et/ou négatives performances de l'administration fiscale et d'en tirer les conséquences.

L'une des conséquences est la mise en jeu de la responsabilité de l'agent. Celle-ci prend, ici, la forme de la responsabilité managériale comprenant la responsabilité de la bonne décision et celle de la bonne exécution.

La responsabilité de la bonne exécution de l'agent doit être mise en jeu en cas de mauvaise exécution des décisions. Celle-ci est souvent liée aux fautes de gestion constituées par les illégalités et des irrégularités. Dans ce cas, l'agent devra subir des sanctions disciplinaires[372] et éventuellement pénales en cas de concussion et de corruption. Ces sanctions sont définies par le statut général de la fonction publique et d'autres textes qui existent déjà. Il faudra juste veiller à leur stricte application.

Le problème paraît plus complexe dans le deuxième cas, l'appréciation de la bonne décision étant subjective. Il faut, tout de même, penser à l'application de sanctions pénales dans les cas où les performances négatives s'expliqueraient essentiellement par des conflits d'intérêts et des délits d'initiés, situations interdites par le code de transparence dans la gestion des finances publiques et les lois pénales nationales. La difficulté demeure avec les indécisions et les décisions inopportunes sans faute. Il faudrait dans ce cas penser, s'agissant du moins des agents occupant des postes de responsabilité, à accorder une grande importance à la notion d'insuffisance professionnelle traduisant « *l'incapacité de l'agent à exécuter ses tâches de manière satisfaisante, à accomplir les*

---

[372] Cf. P. THEOUA-N'DRI, « La sanction disciplinaire des gestionnaires publics pour faute de gestion en Côte d'Ivoire », *RFFP*, n° 157, 2022, p. 19 et s.

missions qui lui ont été confiées »[373]. La notion devra reposer, non seulement, sur l'incapacité ou l'incompétence professionnelle, mais aussi sur les carences managériales. Cette dernière notion est d'une grande importance pour le moral et la motivation des agents dans la mesure où elle oblige les responsables et chefs de service à adopter la courtoisie et à maintenir une bonne ambiance de travail. Il faut, en effet rappeler que la notion de carence managériale renvoie à l'absence d'écoute, communication dégradante ou dévalorisante, langage autoritaire ou dénigrant, manque de cohérence ou d'honnêteté, manque de respect de la personne.

[373] CE 31 mai 1968, n°67050, Mme Duperré, Lebon.

LA DIGITALISATION AU SERVICE DE LA TRANSPARENCE FISCALE

H. Géraud TOSSOU

Directeur de l'Informatique à la Direction générale des Impôts du Bénin

gtossou@finances.bj

Le rapport de progrès 2023 de l'Initiative Afrique sur la transparence fiscale révèle que quatre pays africains ont pu identifier des recettes supplémentaires d'un montant total de 76.6 millions EUR en 2022[374]. Cela a été possible grâce à l'échange automatique de renseignement fiscal. L'échange automatique de renseignement permet par exemple, de lutter contre toutes les formes de flux financiers illicites (FFI). Les FFI compromettent les ressources des nations africaines, ressources précieuses dont elles ont tant besoin pour leur développement durable. Il convient de noter que les pays occidentaux sont aussi intéressés par l'échange de renseignement. En effet, les multinationales se délocalisent de plus en plus dans les pays en voie de développement. Dans ces pays, la main-d'œuvre est moins chère et les systèmes de contrôle fiscal sont moins performants. Tous les revenus engrangés par ces multinationales ne sont donc pas forcément déclarés.

Face à ces défis que doivent relever les administrations fiscales, les technologies numériques apparaissent comme une alternative. Les administrations fiscales se sont alors engagées dans le processus de digitalisation de leur processus et procédures. La digitalisation englobe un processus large de transformation des processus, des activités et des modèles en utilisant les technologies numériques. Il faut noter que la digitalisation est différente de la dématérialisation (processus de conversion de documents et de données analogiques papier par exemple, en format numérique). La digitalisation permet non seulement aux administrations fiscales d'améliorer le service au contribuable et

[374] *Rapport sur la Transparence fiscale en Afrique 2023*, voir p. 6.

d'accroître les recettes de l'État[375] mais aussi, d'asseoir les bases de la transparence fiscale. De ce fait, la digitalisation permet de prévenir la fraude fiscale. La transparence fiscale quant à elle, fait référence à la clarté et à l'accessibilité des informations fiscales, tant pour les autorités fiscales que pour le public.

Afin de montrer le lien entre la digitalisation des administrations fiscales et la transparence fiscale, la réflexion sera présentée en trois parties. La première présente les cadres législatif et réglementaire favorables à la transparence fiscale (I), la deuxième partie, les dispositifs de digitalisation mis en place pour la transparence fiscale (II) et la troisième partie, les défis et perspectives (III).

I. LES CADRES LÉGISLATIF ET RÉGLEMENTAIRE FAVORABLES À LA TRANSPARENCE FISCALE

L'Organisation de Coopération et de Développement Economiques (OCDE) établit des normes internationales fondées sur des données factuelles et élabore des solutions en réponse à un large éventail de défis sociaux, économiques et environnementaux[376]. Le Centre de Politique et d'Administration fiscales de l'OCDE à travers ses groupes de réflexion et groupes de travail spécialisés a recommandé les meilleures pratiques favorisant la transparence fiscale. Il s'agit de :

– la signature de convention fiscale qui vise à réduire la double imposition ;

– les prix de transfert à l'intention des entreprises multinationales ;

– l'échange automatique de renseignements entre les administrations fiscales, à des fins fiscales ;

– du cadre inclusif OCDE/G20 sur l'érosion de la base d'imposition et le transfert de bénéfices (BEPS) ;

– des règles de déclaration des bénéficiaires effectifs des entreprises ;

– des lois qui exigent la publication des informations des grandes entreprises et des entreprises multinationales ;

– des lois sur la protection des lanceurs d'alerte ;

---

[375] « Soutenir la transformation numérique des administrations fiscales des pays en développement », OCDE, Paris,
https://www.oecd.org/tax/forum-on-tax-administration/publications-and-products/soutenir-la-transformation-numerique-desadministrations-fiscales-des-pays-en-developpement.pdf.

[376] Les travaux de l'OCDE en matière de fiscalité, édition 2021, p. 2.

– des lois et des règlements adoptés par les pays et permettant de lutter contre l'évasion fiscale transfrontalière ;

– du renforcement des capacités des administrations fiscales pour détecter et prévenir l'évasion fiscale.

En 2019, des renseignements ont été échangés sur 84 millions de comptes bancaires pour une valeur de 10 000 milliards EUR.

II. LES DISPOSITIFS DE DIGITALISATION MIS EN PLACE POUR LA TRANSPARENCE FISCALE

De nombreuses administrations fiscales de pays en développement se sont d'ores et déjà lancées dans des initiatives innovantes de transformation numérique. Cela a permis l'utilisation des technologies numériques. Nous pouvons retenir :

– la déclaration et le paiement en ligne des impôts ;

– l'accès en ligne aux informations fiscales et documents fiscaux (situation fiscale, quittance, déclarations, etc.) ;

– la mise à disposition des ressources éducatives en ligne pour aider les contribuables à comprendre leurs obligations fiscales ;

– la collecte et l'analyse automatique des données fiscales,

– l'échange automatique des renseignements ;

– l'intégration des systèmes fiscaux pour la TVA et l'impôt sur les revenus ;

– la protection des données des contribuables ;

– la mise à disposition sur les réseaux sociaux, des politiques fiscales, des changements législatifs et les rappels fiscaux.

De façon spécifique nous pouvons parler de quelques exemples d'utilisation au Bénin et en France, des technologies de l'information pour renforcer la transparence fiscale.

Au Bénin

– *e-services.impots.bj* est la plateforme utilisée pour la télédéclaration et le télépaiement des impôts et taxes des grandes et moyennes entreprises ;

– plateforme d'échanges d'informations entre les régies financières du Bénin : Impôts, Douanes, Budget, Trésor ;

– plateforme *e-mecef.impots.bj* : plateforme des factures électroniques ;

– site web de la Direction générale des Impôts, *www.impots.bj* pour informer le contribuable sur la législation fiscale ;

– mise en place de l'entrepôt de données et du Business Intelligence (BI) en cours.

En France

– les plateformes Tracfin, Ficoba, Ficovie pour surveiller les comptes des contribuables ;

– le suivi des transactions faites avec la monnaie virtuelle (bitcoin, etc.) ;

– la collecte et le traitement automatisés d'informations dans les différentes sources d'informations (douanes, marchés publics, opérateurs de téléphonie mobile, sociétés d'électricité et d'eau, justice, police, organismes sociaux, Tracfin, concurrence, etc.), pour exposer les revenus et biens des contribuables imposables.

Autres applications

– Utilisation de l'intelligence artificielle pour détecter des schémas de fraude fiscale et faire de l'analyse-risque ;

– Blockchain pour suivre les transactions sur l'économie numérique.

III. LES DÉFIS ET PERSPECTIVES

A- Défis

Les administrations fiscales doivent trouver un équilibre entre la nécessité de collecter des informations fiscales et le respect de la vie privée des contribuables. Elles doivent par ailleurs comprendre les montages juridico-fiscaux toujours mouvants et favorables à l'évasion fiscale. Enfin, elles doivent faire face à la résistance aux changements notée de la part des contribuables.

B- Perspectives

Les sciences des données constituent un puissant outil au service de la transparence fiscale. Aussi, tout le potentiel de la technologie blockchain attend-il d'être utilisé. Enfin, les administrations fiscales gagneraient à utiliser tout le potentiel de l'intelligence artificielle.

En guise de conclusion à cette réflexion, nous pourrons retenir que la digitalisation est très utile et efficace pour favoriser la transparence fiscale. Elle est l'outil par excellence de prévention de la fraude fiscale. En effet, la collecte, le traitement et l'analyse automatique des informations sur les contribuables permettent de réfréner leur inclination à la fraude fiscale.

Les administrations fiscales doivent donc coopérer pour l'échange automatisé de renseignements fiscaux. Il s'agira d'appliquer les meilleures stratégies adaptées pour en tirer le meilleur profit et garantir la transparence fiscale.

L'INTERCONNEXION DOUANE-IMPÔT COMME TECHNIQUE DE LIMITATION DE LA FRAUDE FISCALE

AIHUNZOUN Cossi Mathieu

Docteur en Droit Public (UAC-Bénin),
Chercheur associé au Centre d'études et de recherches sur l'Administration et les Finances (CERAF),
Inspecteur des Douanes de 1re classe (DGD),
Directeur adjoint en charge des études de l'École nationale des douanes (END) du Bénin

INTRODUCTION

La protection et la survie de l'État nécessitent d'importantes ressources financières. Pour les réunir, il est fait recours à une « *contribution commune* », en général, sous forme pécuniaire[377] : l'impôt. En effet, terme générique pour désigner la ressource principale de l'État, « *l'impôt* », est une vieille institution connue non seulement dans les sociétés africaines, mais également dans toutes les autres sociétés du monde. Il se définit comme *« une prestation pécuniaire requise des personnes physiques ou morales, de droit privé et éventuellement de droit public, d'après leur faculté contributive, par voie d'autorité, à titre définitif et sans contrepartie déterminée, en vue de la couverture des charges publiques de l'État et des autres collectivités territoriales, ou en vue de l'intervention de la puissance publique »*[378].

En vue de mobiliser ces ressources fiscales, l'État s'appuie notamment sur les administrations fiscale et douanière qui jouent un rôle irremplaçable. De ce fait, elles constituent un instrument privilégié de mise en œuvre des politiques gouvernementales. Ainsi, comme des sœurs

---

[377] Cette origine militaire de l'impôt est confirmée par de nombreux auteurs historiens, par exemple, G. ARDANT, *Histoire de l'impôt*, Paris, Fayard, deux tomes, 1972.
[378] P. BELTRAME, L. MEHL, *Techniques, politiques et institutions fiscales comparées*, Paris, PUF, Thémis, 2e édition refondue, 1997, p. 45.

jumelles, ces deux administrations sont les principaux maillons de la chaîne de mobilisation des ressources financières au profit des États[379].

Au Bénin, aux termes du décret N° 2023 - 357 du 12 juillet 2023 portant attributions, organisation et fonctionnement du Ministère de l'Économie et des Finances, la Direction générale des Impôts est compétente pour toutes les questions relatives : aux impôts directs et taxes assimilées ; aux impôts indirects et taxes assimilées, autres que ceux exigibles à l'importation ou à l'exportation ; aux droits d'enregistrement et de timbre et taxes assimilées[380]. À ce titre, cette direction est chargée, entre autres : de déterminer l'assiette, de procéder à la liquidation, au contrôle et au traitement du contentieux de tous les impôts et taxes prévus au Code général des Impôts ; d'assurer le recouvrement et le reversement au Trésor public des impôts et taxes ainsi que des redevances domaniales et des taxes annexes, etc.[381]

De son côté, la Direction générale des Douanes est chargée notamment : d'exécuter la politique douanière de l'État ; de déterminer l'assiette et de procéder à la liquidation des droits et taxes sur toutes les marchandises importées, exportées ou en transit sur le territoire national ; de recouvrer et de reverser les droits et taxes au Trésor public et aux institutions financières, etc.[382]

---

[379] Elles ont pour mission essentielle, la mobilisation des ressources fiscales, c'est-à-dire, la collecte de l'impôt et des autres prélèvements obligatoires au profit de l'État, des personnes publiques infra étatiques ou des organisations internationales.

[380] Art. 26 du décret N° 2023 - 357 du 12 juillet 2023 portant attributions, organisation et fonctionnement du Ministère de l'Économie et des Finances.

[381] *Ibid.* « *La direction générale des impôts est chargée: de déterminer l'assiette, de procéder à la liquidation, au contrôle et au traitement du contentieux de tous les impôts et taxes prévus au Code général des impôts ; d'assurer le recouvrement et le reversement au Trésor public des impôts et taxes ainsi que des redevances domaniales et des taxes annexes ; de procéder au contrôle fiscal ; d'élaborer conjointement avec le Receveur général des Finances, la note d'accord relative aux recettes fiscales recouvrées et reversées au Trésor public et la situation des restes à recouvrer* ».

[382] Art. 27 du décret N° 2023 – 357, *op. cit* : « *La Direction générale des Douanes est chargée : d'exécuter la politique douanière de l'État ; de déterminer l'assiette et de procéder à la liquidation des droits et taxes sur toutes les marchandises importées, exportées ou en transit sur le territoire national ; de recouvrer et de reverser les droits et taxes au Trésor public et aux institutions financières ; d'appliquer les prohibitions d'ordre public définies par les autorités compétentes liées à l'importation, à l'exportation ou au transit de certaines marchandises ; d'assurer la surveillance des trafics et mouvements frontaliers, la protection et la régulation de l'économie nationale ; de rechercher et de réprimer la fraude douanière ainsi que la contrefaçon et la piraterie; de lutter contre le trafic illicite des stupéfiants, des espèces protégées*

À l'analyse, il se dégage des attributions essentielles de ces administrations, deux constats majeurs. Primo, ces deux administrations ont des missions similaires : la mobilisation des ressources fiscales. Secundo, la Direction générale des Impôts est spécialisée dans la gestion des questions liées à la fiscalité intérieure, tandis que celle des douanes est spécialisée dans la conduite des questions relatives à la fiscalité de porte.

À défaut de fusionner ces deux principales régies au sein d'une même Agence ou dans un même Office comme c'est le cas au Togo[383] et au Burundi[384], le Bénin a opté pour la mise de ces deux grandes régies sous le contrôle de la Direction centrale de la supervision des régies financières[385]. Ladite direction est chargée de superviser, sous l'autorité du ministre chargé de l'économie et des finances, les régies financières, à savoir la Direction générale des Impôts, la Direction générale des Douanes, la Direction générale du Trésor et de la Comptabilité publique et l'Agence nationale du Domaine et du Foncier[386].

Ces deux administrations étant en charge de la lutte contre la fraude fiscale ou douanière, elles ressentent, sur de nombreuses questions, la nécessité de mutualiser leurs forces pour atteindre les objectifs qui leur ont été fixés. Dans ce sens et en vue d'intensifier cette lutte conjointe, le ministre de l'Économie et des Finances a pris l'arrêté N°671/c/MEF/DC/SGM/DGI/DGD/0066/SGG22 du 23 mars 2022 portant création, attributions et fonctionnement de la Cellule d'enquêtes et de recherches mixte des Impôts et des Douanes (CERMID). Ladite cellule a pour attributions, l'identification des procédés de fraude ainsi que la recherche, et la constatation des infractions à la législation fiscale et/ou douanière[387].

---

de la faune et de la flore et des œuvres d'art ainsi que le blanchiment des capitaux ; de poursuivre et de réprimer les infractions à la réglementation des changes ; d'assurer la sécurité de la chaîne logistique internationale et la facilitation du commerce ; d'entretenir les relations douanières internationales ; d'assurer et de suivre la formation professionnelle et le perfectionnement des personnels des douanes, sous la coordination de la Direction de l'administration et des finances ».

383 Office Togolais des Recettes (OTR).

384 Office Burundais des Recettes (OBR).

385 Art. 6.1 du décret N° 2023 – 357, *op. cit.*

386 *Ibid.*

387 Art. 2 de l'Arrêté N°671/c/MEF/DC/SGM/DGI/DGD/0066SGG22 du 23 mars 2022 portant création, attributions et fonctionnement de la Cellule d'enquêtes et de recherches mixte des Impôts et des Douanes (CERMID). « *La mission de la CERMID consiste notamment à : 1 – collecter des informations externes par la mise en œuvre*

Il faut entendre par fraude fiscale, toute insuffisance, omission ou inexactitude dans la déclaration d'impôts d'un contribuable. La fraude fiscale consiste ainsi à se soustraire à la loi ou à utiliser des procédés illégaux pour échapper à tout ou partie de son impôt[388]. Il apparaît donc que « *la fraude fiscale embrasse tous les gestes matériels, toutes les opérations comptables, tous les actes juridiques, toutes les manœuvres et combinaisons auxquelles ont recours des contribuables ou des tiers pour se soustraire à l'application des impôts et contributions* »[389].

Selon le Glossaire des termes douaniers, la fraude douanière se définit comme « *tout acte par lequel une personne trompe ou tente de tromper la douane et, par conséquent, élude ou tente d'éluder en tout ou en partie, le paiement de droits et taxes, ou l'application de mesures de prohibition ou de restriction prévues par la législation douanière, ou bien obtient ou tente d'obtenir un avantage quelconque en enfreignant ces dispositions, commettant ainsi une infraction douanière* »[390].

Au fond, les administrations fiscale et douanière mènent quotidiennement une lutte farouche contre les manœuvres frauduleuses qui se développent et qui entachent les opérations de mobilisation de ressources fiscales. Dans le cadre de cette lutte, conscientes du fait que le « *big data* » prend de l'ampleur de nos jours et contraint les acteurs

---

de l'ensemble des procédures d'investigations prévues, soit par le Code général des Impôts, soit par le Code des Douanes et à réaliser des actions de recherche sur le terrain en vue de détecter les : minorations de la base taxable ; fausses déclarations d'exportation ; cas complexes de fraude et d'évasion fiscale notamment en matière de prix de transferts ; faux crédits de TVA ; circuits de commercialisation clandestins et autres activités de contrebande ; stocks et les dépôts frauduleux ; abus en matière de régimes spéciaux, économiques ou d'exonérations; fausses déclarations en matière fiscale et/ou douanière ; 2- identifier les cas de fraude à enquêter sur une approche basée sur les risques; 3- rapprocher et recouper des informations internes et externes en vue de la détection d'infractions douanières et/ou fiscales et la programmation des contrôles a posteriori ; 4 – mettre en œuvre le droit d'enquête pour appréhender les infractions devant aboutir aux rappels des droits et taxes éludés par les services compétents qui pourront aussitôt mettre en œuvre les procédures de taxation fiscales et douanières en cas du droit d'enquête par la cellule mixte ; 5- mettre en œuvre le droit de poursuite des fraudeurs en rassemblant les preuves afin de constituer un dossier à transmettre à la justice.»

[388] Il est à noter que la fraude fiscale ne doit pas être confondue avec l'évasion fiscale qui consiste à diminuer ses impôts en profitant de certaines lacunes de la loi fiscale.

[389] C. ROSIER, *L'impôt,* Paris, éd. Montaigne, 1936, p. 152.

[390] OMD, *Glossaire des termes douaniers internationaux,* novembre 2013, p. 22.

à une adaptation au monde du numérique[391], elles ont opté pour l'utilisation de techniques modernes à travers l'interconnexion.

En effet, de façon générale, l'interconnexion fait appel à l'association, par connexion, de réseaux distincts, pour assurer la continuité du service en cas de défaut, la mise en commun des réserves pour une production plus économique. Dans le domaine de l'informatique, il désigne « *la mise en relation de diverses entités matérielles ou logicielles pour qu'elles travaillent ensemble* »[392]. En France, selon la Commission nationale de l'Informatique et des Libertés (CNIL)[393], l'interconnexion peut être définie comme la mise en relation automatisée d'informations provenant de fichiers ou de traitements qui étaient au préalable distincts.

De l'analyse de ces différentes définitions, il découle que l'interconnexion suppose l'existence de bases de données distinctes reliées de façon automatique afin de rendre les informations accessibles aux personnes habilitées. Une interconnexion peut prendre des formes diverses. Elle peut être à sens unique[394] ou bidirectionnelle[395], ponctuelle[396] ou permanente[397], ou enfin, aboutir à la création d'un nouveau flux[398].

---

[391] W. G. G. MAHOUSSI, *Analyse des pratiques informationnelles dans le champ juridique au Bénin,* Thèse de doctorat en sciences de l'information et de la Communication, Université Paris 8 Vincennes - st dénis et Université d'Abomey-Calavi, Juillet 2017, p. 67.

[392] I. JEUGE-MAYNART (dir.), *Le Petit Larousse illustré*, Paris, Pollina, 2018, p. 626.

[393] Il s'agit d'une autorité administrative indépendante dont le but est de veiller à ce que l'informatique respecte l'identité humaine, les droits de l'Homme, la vie privée et les libertés.

[394] Dans ce cas, un fichier peut servir à enrichir les informations contenues dans un deuxième fichier. On parle alors « *d'alimentation* ».

[395] Dans cette hypothèse, des échanges peuvent s'effectuer dans les deux sens, lorsque des informations issues d'un traitement sont envoyées vers un deuxième traitement, pour obtenir en retour une information nouvelle ou sa confirmation. On parle généralement de « *fichier d'appel* » et de « *fichier réponse* » pour décrire ces échanges.

[396] Une interconnexion peut être effectuée de manière automatisée mais ponctuelle, pour un besoin particulier : une fois lors de la création du traitement, ou de manière périodique (par exemple 1 fois par mois).

[397] L'interconnexion peut nécessiter la mise en œuvre de moyens de communication permanents entre les différents fichiers qui la composent, par exemple pour réaliser des traitements en temps réel.

[398] Des fichiers issus de deux traitements distincts peuvent être rapprochés ou comparés pour obtenir une information nouvelle ou la consolidation d'informations existantes.

Le Bénin, en vue de la dynamisation de la plateforme d'interconnexion Douane-Impôt, a, à travers le ministre chargé des finances, créé en 2017, un comité chargé de mettre en place un fichier unique de gestion des contribuables connus des services des impôts et à jour vis-à-vis de leurs obligations fiscales ; transmettre aux services des impôts et en temps réel les informations sur les opérations de dédouanement effectuées au cordon douanier par les contribuables ; interfacer la plateforme avec les applications IFU et TAKOE des impôts d'une part, et SYDONIA WORLD de la douane d'autre part ; éditer des rapports de recoupement des données relatives aux importations et exportations effectuées par les contribuables au cours d'une période donnée[399].

Si depuis plusieurs décennies, l'interconnexion est devenue un mécanisme qui suscite beaucoup d'espoir dans le domaine de la lutte contre la fraude fiscale, la question essentielle qu'il est utile de poser est la suivante : **dans quelle mesure la plateforme reliant l'administration des Douanes à celle des Impôts contribue-t-elle à limiter, voire éradiquer, les malversations ou manœuvres frauduleuses en matière fiscale** ?

Il est une évidence que la mise en place d'un dispositif d'interconnexion entre la Douane et les Impôts constitue un impératif. Mais il est aussi évident que seule la bonne exploitation dudit dispositif permet d'appréhender efficacement les nombreux courants de fraude qui se développent de jour en jour.

Ainsi, l'interconnexion Douane-Impôt offre aux administrations fiscale et douanière, une assurance d'efficacité et d'efficience (I) dans la prévention de la fraude fiscale, même si de nombreux facteurs semblent fragiliser sa mise en œuvre (II).

I- UNE ASSURANCE D'EFFICACITÉ ET D'EFFICIENCE DANS LA PRÉVENTION DE LA FRAUDE FISCALE

L'efficacité de la prévention ou de la lutte contre la fraude fiscale est fortement conditionnée par la disponibilité des renseignements ou informations en temps réel. L'étude des bases de données concernées (A) qui constituent un dispositif évolutif et des exploitations qui en sont faites en matière de prévention de la fraude par ces deux administrations (B) permet d'apprécier l'utilité du dispositif d'interconnexion Douane-Impôts en matière de lutte contre la fraude fiscale.

---

[399] Art. 2 de l'Arrêté N° 328-c/MEF/CAB/SGM/DGDDI/044/SGG17 du 7 février 2017.

A- Les bases de données concernées

Les administrations fiscale et douanière se sont engagées dans un processus constant de modernisation, avec pour ancrage, l'utilisation de l'outil informatique et la dématérialisation des procédures. Les prémices de dispositif d'interconnexion Douane-Impôts (1) sont apparues depuis plus d'une vingtaine d'années avec l'application GESEXO, avant l'extension au SYDONIA et à SIGIBé (2) qui offrent des possibilités plus étendues.

1 - Les prémices d'interconnexion : le GESEXO

Le GESEXO est une application utilisée à la Mission fiscale des régimes d'exception (MFRE) pour la gestion des exonérations d'impôts et de taxes. Opérationnelle depuis plus de deux décennies, elle comporte une liaison entre le service des impôts et ceux des douanes tout en permettant de retracer les interventions de chaque acteur dans le processus d'octroi des exonérations d'impôts et taxes. Ainsi, au niveau de la procédure des régimes d'exception, au Bénin, les crédits MP[400] comportent trois (03) étapes, à savoir : la souscription auprès de la Mission fiscale des régimes d'exception (MFRE) d'une déclaration dénommée « *MP1* », l'octroi après étude du dossier du certificat de crédit MP2 et la consommation du crédit au niveau des recettes compétentes par MP3[401].

Il est à noter que souvent, les contribuables ne déclarent pas régulièrement les opérations effectuées dans le cadre des marchés

[400] La procédure MP étant un mécanisme par lequel l'État prend en charge les impôts et taxes que devraient supporter les bénéficiaires de régimes d'exception, il était nécessaire voire salutaire que la délivrance des moyens de paiement que constituent les certificats MP2 pour matérialiser cette circonstance dérogatoire au droit commun de la fiscalité, soit entourée de précautions sans lesquelles l'État perdrait beaucoup de ressources fiscales. L'abréviation MP désigne dans le jargon fiscal béninois « *Mandat de Paiement* » ou « *Moyen de Paiement* ».

[401] Les demandes de crédits intérieurs introduites plus de six (6) mois après l'obtention du paiement de la facture ou du décompte ne peuvent donner lieu à l'obtention du crédit qu'après payement d'une amende variable selon le nombre de mois de retard. Les crédits attribués se rapportent à la fiscalité indirecte, à savoir la TVA, les taxes ad valorem et le droit de douane. Les bénéficiaires des régimes d'exception doivent souscrire leurs déclarations selon le régime de droit commun. Les points ci-après énumérés méritent cependant de retenir l'attention. Les chiffres d'affaires ayant bénéficié de la procédure d'exonération par MP doivent être déclarés taxables et imposables comme en régime de droit commun ; Ministère de l'Économie et des Finances, « Rapport provisoire du Groupe de Réflexion sur la Fiscalité de Développement », Avril 2009, p. 75 et s.

publics et qui doivent faire l'objet de crédits MP. Ainsi, une conformité à la réglementation des contribuables s'impose. En outre, les entreprises exécutant des marchés à financement extérieur, les fournisseurs des ambassades, les organisations internationales et les ONG déduisent d'une part, la TVA payée au cordon douanier par certificat MP2 ou en espèces, et d'autre part, celle payée en régime intérieur.

Si parfois, d'importantes déperditions de recettes sont dues à la méconnaissance des textes et à l'octroi des exonérations fiscales ne respectant pas toujours les prescriptions légales, il est une évidence que le déploiement de l'application GESEXO contribue sensiblement à limiter les fraudes en matière d'exonération fiscale. Il importe de signaler qu'à ce jour, une nouvelle version du GESEXO est déployée dans toutes les recettes afin de faciliter une meilleure gestion des exonérations fiscales.

Les administrations fiscale et douanière ont, au-delà des résultats positifs tirés du traitement automatisé des exonérations, opté pour l'extension de l'interconnexion vers d'autres applications ou bases de données.

2 - L'extension au SYDONIA et à SIGIBé

Le Système douanier automatisé (SYDONIA) est un système de gestion de douanes automatisé qui couvre la plupart des procédures de commerce extérieur. Ce système dont le logiciel est développé à Genève par la CNUCED[402] traite les manifestes, les déclarations douanières, les procédures de comptabilité, le transit et les régimes suspensifs. Au fil des années, la capacité et la performance des micro-ordinateurs se sont rapidement améliorées, et les mises à jour de SYDONIA ont conduit à un système très stable et fortement fiable. De plus, la migration de SYDONIA sous le système d'exploitation UNIX a élargi le choix de plateformes matérielles compatibles avec la gamme des mini-ordinateurs.

Même s'il est parfois constaté des ilots de traitement manuel à l'intérieur des procédures automatisées, l'exploitation du logiciel

---

402 Il fonctionne dans un environnement client-serveur sous les systèmes d'exploitation UNIX et DOS et le Système de Gestion de Base de données relationnelles SGBDR. Le SYDONIA tient compte des codes internationaux et des normes développés par l'OSI (l'Organisation de Standardisation Internationale), OMD (Organisation Mondiale des Douanes) et les Nations Unies. Le SYDONIA s'appuie sur l'Échange de Données Informatisé (EDI) entre commerçants et Douanes employant les normes EDIFACT (l'Échange de Données Informatisé pour l'Administration, le Commerce et le Transport).

SYDONYA WORLD au sein de l'administration douanière, permet de disposer d'une importante base de données, concernant les importations/Exportations de marchandises au Bénin.

Il faut noter qu'en dehors du SYDONIA, d'autres applications développées et intégrées dans le GUCE[403], notamment par WEBB FONTAINE et BÉNIN CONTROL qui sont des partenaires techniques de l'administration des douanes béninoises, permettent de nourrir et d'affiner les données générées dans le SYDONIA, et qui sont mises à la disposition de la Direction générale des Impôts à travers la technique d'interconnexion. En outre, il importe également de signaler que les douanes béninoises ont développé l'application nommée « *Contrôle Mobile* »[404] qui permet de suivre et de contrôler les véhicules et les chargements en circulation. Toutefois, à ce jour, elle est exclusivement exploitée par les fonctionnaires des douanes.

Du Côté de l'administration des impôts, comme son nom l'indique, le SIGIBé est un système intégré, comportant de nombreux modules qui permettent de gérer les divers acteurs qui interviennent dans la mobilisation des ressources fiscales au Bénin. Il regroupe dans un même environnement, les différentes applications qui étaient en usage au niveau de la Direction générale des Impôts. Ainsi, les applications IFU et TAKOE visées par l'arrêté N° 328-c portant interconnexion Douane-Impôt sont-elles désormais intégrées dans le SIGIBé.

Il s'agit d'une véritable révolution sur le terrain de l'informatisation des procédures fiscales au Bénin, car, ce système intégré, non seulement, facilite la tâche aux agents et cadres de l'Administration des impôts, mais également, soulage les contribuables à plusieurs niveaux.

---

[403] Guichet unique du commerce extérieur.

[404] Dans le cadre de la mise en œuvre des réformes douanières et dans le souci permanent d'assumer ses missions régaliennes, les autorités des Douanes béninoises ont décidé de mettre à la disposition des services de répression un outil de dernière génération destiné à faciliter les contrôles sur le terrain. Né de la volonté du Directeur général des douanes (DGD), le « *Contrôle Mobile* » est une application mobile entièrement développée par le Service Informatique de la Douane. Il s'installe sur la plupart des terminaux mobiles (Smartphones, phablettes, tablettes). Très facile d'utilisation avec une interface intuitive, il apporte un gain significatif en matière de célérité dans les contrôles douaniers. De par sa souplesse et sa portabilité, il apporte beaucoup de mobilité, qualité indispensable pour un contrôle rapide sur site. Il est disponible 24H/24 et 7j/7 sur toute l'étendue du territoire national.

Ces bases de données interconnectées constituent un gisement d'informations précieuses et assez utiles pour les fonctionnaires des douanes et ceux des impôts.

B- Les usages faits en matière de prévention de la fraude

Avec l'aide de l'interconnexion Douane-Impôt, les services des douanes (1) et ceux des impôts (2) ont accès à de précieuses informations qui leur permettent de prévenir efficacement la fraude.

1 - Par les services douaniers

En dehors de GESEXO qui implique l'intervention des acteurs des deux administrations au cours de la procédure d'exonération, les services des douanes utilisent surtout la plateforme Douane-Impôt pour recueillir les informations liées aux contribuables, notamment les importateurs. Le SIGIBé étant un système intégré comportant de nombreux modules qui permettent de gérer les divers acteurs intervenants dans la mobilisation des ressources fiscales au Bénin, les fonctionnaires des douanes bénéficient d'une base de données assez fournie pour contrôler efficacement les entreprises importatrices ou exportatrices.

L'exploitation judicieuse de ces données permet de déceler les irrégularités relatives aux déclarations émises au moment du dédouanement des marchandises et d'appliquer les sanctions appropriées au moment du *contrôle a posteriori*.

Il importe de noter que cette mutualisation des forces à travers l'interconnexion permet, par ailleurs, de lutter efficacement contre la propension au développement du secteur informel. Aussi, les contribuables non connus du fisc sont-ils particulièrement suivis par les services de l'Administration des douanes. Grâce à ce suivi, plusieurs sociétés qui opèrent dans l'informel pour échapper au contrôle *a posteriori* sont décelées et réprimées.

2- Par les services des impôts

Les services des impôts utilisent surtout la plateforme Douane-Impôt pour recueillir et analyser les informations liées au dédouanement des marchandises importées ou exportées. Dans le cadre de la prévention des fraudes fiscales, les cadres des impôts peuvent y découvrir les éléments essentiels relatifs à la taxation douanière à savoir : l'espèce, l'origine et la valeur des marchandises importées ou exportées.

Ils peuvent également accéder à la liste de tous les importateurs ou exportateurs des marchandises et les montants cumulés de leurs opérations au cours d'une période donnée. Cela permet assurément à l'administration des impôts de suivre en temps réel, les activités des sociétés qui importent ou exportent des marchandises au Bénin à travers les flux ou volumes des marchandises, ainsi que les flux financiers correspondants, au regard de la situation statutaire et du domaine d'activité desdites entreprises. En cas de doute, des interpellations sont faites et des contrôles sont initiés au besoin.

À travers ces contrôles, les irrégularités liées aux déclarations d'impôts ainsi que les différentes manœuvres pour minorer les chiffres d'affaires sont découvertes et sanctionnées. Il s'agit donc d'une véritable mine d'or dont l'exploitation peut révéler aux fonctionnaires des impôts, toutes les opérations effectuées par les contribuables, empêchant donc par ce fait, certaines manœuvres frauduleuses.

Si au regard des développements précédents, il est une évidence que l'existence d'une plateforme d'interconnexion Douane-Impôt permet de prévenir efficacement la fraude fiscale, certaines conditions sont par ailleurs requises, car, de nombreuses contraintes semblent fragiliser le dispositif mis en place.

II- UNE PRÉVENTION DE LA FRAUDE FISCALE RELATIVEMENT FRAGILISÉE

Il est une évidence qu'« [*une organisation*] *, quelle qu'elle soit, ne peut produire plus que ne lui permettent les moyens dont elle a été dotée* »[405]. Les administrations fiscale et douanière n'échappent pas à ce principe. On note encore une exploitation limitée du dispositif d'interconnexion Douane-Impôt dans le cadre de prévention de la fraude fiscale, notamment, à cause de certaines contraintes matérielles financières (A), d'une part et celles humaines (B), d'autre part.

A- Les contraintes matérielles et financières

De nombreuses contraintes matérielles (1) et financières (2) empêchent une exploitation optimale du dispositif d'interconnexion Douane-Impôt pour assurer efficacement la prévention de la fraude fiscale.

1- Les contraintes matérielles

Les exigences de modernisation des administrations fiscale et douanière qui impliquent une informatisation des procédures rendent

[405] P. F. GONIDEC, *Les organisations internationales africaines*, Paris, L'Harmattan, 1987, p. 54.

indispensable la mise en place d'équipements nécessaires pour accéder à des données fluides, accessibles, sécurisées et exploitables afin de mieux contrecarrer les fraudeurs. Toutefois, il est à remarquer que dans plusieurs unités, aussi bien au niveau de l'Administration des douanes que celle des impôts, on note l'absence d'un cadre de travail entièrement informatisé, ce qui ne favorise pas l'encadrement réel des activités.

En effet, certaines unités douanières, notamment celles qui sont positionnées au niveau des frontières terrestres, se retrouvent à des endroits totalement reculés et isolés. Dans lesdites Unités, il n'y a parfois ni infrastructures adéquates, ni eau courante, ni énergie électrique conventionnelle, ni réseau de téléphonie mobile ou fixe, ni connexion internet. Les fonctionnaires sont donc parfois obligés d'opérer dans des conditions assez difficiles au milieu des populations qui leur sont souvent hostiles. De plus, dans les unités où l'énergie électrique conventionnelle est disponible, de fréquentes coupures sont notées, ce qui ne favorise pas l'efficacité du travail en réseau.

À toutes ces difficultés s'ajoutent l'insuffisance d'ordinateurs, le parc informatique étant vétuste et la mauvaise qualité de la connexion internet, ce qui rend le processus plus difficile. Dans ces conditions, les informations qui doivent nourrir les bases de données interconnectées des douanes et des impôts ne sont intégrées qu'en fonction de la disponibilité de l'énergie électrique, de la connexion ou des équipements indispensables.

Si l'insuffisance des matériels informatiques et d'autres outils de travail complique l'intégration des informations dans les bases de données interconnectées en temps réel, l'insuffisance des moyens financiers empêche les autorités à divers niveaux de déployer efficacement des solutions palliatives.

2- Les contraintes financières

Il est souvent difficile de poser des problèmes d'insuffisance de moyens financiers, lorsqu'on est en service dans de grandes régies financières comme les Douanes et les Impôts. En effet, non seulement, ces questions se heurtent à l'incompréhension de certaines autorités, mais également et surtout à celle des populations[406].

---

[406] Les populations pensent généralement à tort que les fonctionnaires des régies financières qui s'occupent de la collecte des ressources au profit de l'État ou de ses démembrements disposent de la liberté de procéder directement à des dépenses dans les fonds collectés pour ne reverser que le net dans les caisses du Trésor public.

En effet, les populations ont souvent du mal à comprendre que lesdites administrations qui leur collectent autant de sous en viennent à manquer de tout, même du minimum pour le fonctionnement. Ainsi, comme des « *cordonniers mal chaussés* », les responsables de certaines unités, confrontés à l'indisponibilité ou à l'insuffisance des crédits de fonctionnement alloués, en viennent à manquer du carburant pour faire tourner les groupes électrogènes de secours, en cas de coupures électriques répétées ou prolongées. Il en est de même pour les fournitures, la réparation des moyens roulants, et le financement des indicateurs ou informateurs pour collecter utilement des renseignements indispensables en matière de prévention ou de lutte contre la fraude fiscale.

Ainsi, la disponibilité d'un budget de fonctionnement suffisant, appuyé par des fonds de roulement assez consistants au niveau de ces régies, avec des procédures de dépenses simplifiées, constituent un gage du règlement rapide de la plupart des difficultés qui limitent la mise à disposition en temps réel des informations indispensables sur la plateforme d'interconnexion Douane-Impôt.

Mais en dehors des contraintes matérielles et financières, s'ajoutent des contraintes d'ordre humain.

B- Les contraintes humaines

La maîtrise des ressources humaines constitue un des maillons assez sensibles dans la conduite des réformes en matière fiscale et douanière. Ainsi, les fonctionnaires des douanes et des impôts en général, et ceux qui interviennent sur la plateforme d'interconnexion, en particulier, nécessitent une attention particulière, au regard des abus possibles (1) et qui justifient un renforcement du dispositif de contrôle interne (2).

1- Les abus possibles

L'interconnexion Douane-Impôt conduit à une automatisation du traitement des situations fiscales avec pour corollaire, des risques accrus pour les entreprises notamment en ce qui concerne la gestion de la confidentialité des données dont l'analyse peut permettre de susciter des contrôles. Dans un tel environnement, l'accès à la plateforme doit être encadré, car, des fonctionnaires indélicats pourraient s'engager dans l'exécution de services parallèles, à l'insu de leur hiérarchie, avec pour conséquences, des actes de rançonnements et le développement de la corruption.

En effet, la corruption est un phénomène multidimensionnel et multifactoriel, un serpent de mer qui projette ses tentacules dans toutes les activités humaines, qu'elles soient publiques ou privées. La résistance au changement étant le leitmotiv de toute administration, il sera de plus en plus difficile de mettre en place un processus sans faute[407].

La corruption peut être définie comme « *l'action d'engager une personne investie d'une autorité à agir contre les devoirs de sa charge en le soudoyant* »[408]. Elle peut être également définie comme « *le fait de commettre ou d'inciter à commettre des actes qui constituent un exercice abusif d'une fonction (ou un abus d'autorité), y compris par omission, dans l'attente d'un avantage directement ou indirectement promis, offert ou sollicité, ou à la suite de l'acceptation d'un avantage directement accordé, à titre personnel ou pour un tiers* »[409]. Elle est alors liée aux faiblesses fonctionnelles et structurelles des institutions, mais également à l'asthénie morale des citoyens et surtout des cadres. La corruption est donc particulièrement néfaste pour le développement et la réduction de la pauvreté. Elle facilite le terrorisme, le blanchiment d'argent, ainsi que d'autres types d'activités criminelles à l'échelle mondiale.

Du coup, dans un environnement où la mise en place de l'interconnexion Douane-impôt facilite l'accès aux données, il est à craindre des déviances de la part des agents du fisc qui sont par ailleurs victimes de la famille africaine, victimes de la tribu et victimes d'un paternalisme accru par un contexte socio-culturel qui prédispose à la corruption fiscale[410].

Il serait donc utile de mettre en place un dispositif spécial de contrôle interne qui facilite le suivi des fonctionnaires intervenant sur la plateforme dématérialisée et interconnectée.

2- Le renforcement du dispositif de contrôle interne.

Les développements précédents mettent l'accent sur les déviances possibles, si le dispositif de contrôle interne n'est pas renforcé de façon à assurer un suivi rigoureux des activités de contrôle menées par les agents, dans un environnement qui favorise la disponibilité des informations en temps réel, grâce à l'interconnexion. Il importe donc de

---

[407] N. MEDE, E. TONI, F. AVAHOUNDJE, « la dématérialisation des procédures de dédouanement au sein de l'union économique et monétaire ouest - africaine (UEMOA) », 2017.

[408] Le petit Larousse de 2014.

[409] Convention des Nations Unies contre la corruption.

[410] J.-B. FOSTING, *Le mythe du pouvoir fiscal en Afrique*, Paris, LGDJ, 1995, p. 286.

souligner la nécessité de mettre en place des actions de formation et de sensibilisation afin d'instaurer une cohésion au sein des équipes.

Par ailleurs, responsabiliser et motiver de façon adéquate les fonctionnaires des douanes et ceux des impôts sélectionnés pour accéder et mener des contrôles sur la base des données collectées sur la plateforme d'interconnexion Douane-Impôt serait un moyen privilégié de garantir une exploitation judicieuse des données accessibles sur la plateforme.

En effet, le contrôle d'exécution des services commandés par les responsables hiérarchiques est facilité d'une part, par la maîtrise des données mises à la disposition des collaborateurs dans le cadre d'une mission précise, et, d'autre part, par l'encadrement des tâches de façon présentielle pour éviter une exploitation parallèle. Cela suppose que les cadres des administrations des douanes et des impôts qui sont désignés pour accéder à des informations assez sensibles doivent être recrutés suivant les critères de compétence, mais aussi et surtout selon leur loyauté et leur probité.

Enfin, le contrôle informatique des accès à la plateforme, le suivi des actions menées par les uns et les autres grâce à un système d'horodatage et de géolocalisation pourront permettre de limiter les abus possibles.

CONCLUSION

La réalisation du bien-être général par les États, qui rend nécessaire une mobilisation suffisante des ressources fiscales est de plus en plus handicapée par l'érosion significative de la base imposable. Cela amène à s'interroger sur les dispositifs mis en place par les États, afin de contrer l'expansion préjudiciable de ce phénomène qui amenuise les marges de manœuvre dont disposent les États pour financer le développement.

À cet effet, la mise en place de la plateforme d'interconnexion Douane-Impôt constitue une action prioritaire car, au-delà des difficultés et contraintes constatées, il est une évidence que la simple connaissance de l'existence d'une interconnexion entre l'administration des douanes et celle des impôts constitue un puissant moyen de prévention ou de limitation de la fraude fiscale, puisque, la peur du gendarme est le commencement de la sagesse.

COMMUNICATION INSTITUTIONNELLE, OUTIL AU SERVICE DE LA TRANSPARENCE ET DU RENDEMENT DE L'IMPÔT

Michelle BOCCO ATTAKPA

Directrice de la Cellule de Services aux Contribuables
à la Direction générale des Impôts du Bénin
mbocco@finances.bj

Blanche SONON

Présidente de Social Watch Bénin
bsonon@socialwatch.bj

INTRODUCTION

L'impôt est un sujet complexe et souvent source de mécontentement. Pour que les contribuables puissent comprendre et accepter leur contribution on ne peut plus importante aux charges publiques, il est essentiel que les administrations fiscales communiquent de manière transparente et efficace.

Ainsi, la communication institutionnelle permet :

- d'informer les contribuables non seulement de leurs obligations, mais aussi de leurs droits fiscaux,
- d'expliquer les mécanismes de l'impôt,
- de répondre aux questions et préoccupations des contribuables,
- d'améliorer la confiance et le partenariat entre contribuables et administrations fiscales.

La communication institutionnelle est donc un outil indispensable pour garantir la transparence et le rendement de l'impôt.

À travers la présente communication, nous allons découvrir ensemble comment la Direction générale des Impôts – Bénin utilise la communication institutionnelle pour prévenir la fraude fiscale.

Pour ce faire, nous allons d'abord clarifier certains termes clés.

Ensuite, nous évoquerons le cadre structurel et pratique de la communication à la DGI-Bénin.

En outre, l'accent sera mis sur l'impact positif de la communication institutionnelle sur la prévention de la fraude fiscale, avant la présentation de quelques pratiques de communication.

Enfin, nous conclurons par quelques défis et opportunités de la com institutionnelle.

I- CLARIFICATIONS CONCEPTUELLES

Communication institutionnelle : regroupe l'ensemble des actions visant exclusivement à promouvoir l'image, l'identité, la mission et les valeurs d'une entité (une entreprise ou une organisation) auprès de ses différents publics cibles aussi bien à l'interne qu'à l'externe (agents, partenaires, clients, etc.)

À l'inverse de la communication basée sur la marque, la communication institutionnelle, encore appelée communication corporate, n'a pas pour objet la promotion de produits et/ou services. Ce type de communication s'intéresse uniquement à l'organisation elle-même.

Dans le cas des administrations fiscales, la communication institutionnelle joue un rôle crucial dans la transparence, la redevabilité et le rendement des impôts.

Transparence : pilier de bonne gouvernance, qui à l'inverse de l'opacité et de l'hermétisme, se définit comme la parfaite accessibilité de l'information dans les domaines orientés vers l'opinion publique. Elle s'impose aujourd'hui comme gage de succès au sein des organisations.

Principe fondamental de l'impôt, la transparence permet aux citoyens, aux contribuables en l'occurrence, de comprendre les règles fiscales et de contrôler l'utilisation de leurs impôts.

On ne pourra pas parler de transparence sans redevabilité. En effet, la redevabilité est l'obligation d'assumer ses responsabilités dans le respect des lois et règlements, y compris des règles d'éthique et de déontologie, et d'être en mesure d'en rendre compte le cas échéant.

Mais comment la communication institutionnelle peut-elle contribuer à la prévention de la fraude fiscale ?

En effet, la communication institutionnelle peut bel et bien contribuer à la transparence fiscale de plusieurs manières. On peut mentionner :

- l'organisation des consultations publiques et des débats sur les questions fiscales ;
- la diffusion des informations sur les textes de loi et les mesures fiscales, sur les procédures et les services fiscaux via des canaux facilement accessibles ;
- la mise en place de mécanismes de participation citoyenne (focus groupe, sondage, enquêtes,…) ;
- la promotion des services en ligne ;
- la lutte contre la corruption.

Rendement de l'impôt : par rendement de l'impôt, il faut comprendre l'accroissement des recettes.

La communication institutionnelle peut contribuer à ce rendement de plusieurs façons :

- Inciter les contribuables à s'acquitter volontairement et à temps, de leurs obligations fiscales ;
- Les sensibiliser à l'importance de l'impôt ;
- Leur faciliter le paiement des impôts et taxes ;

II-CADRE PRATIQUE DE LA COMMUNICATION À LA DGI-BÉNIN

1. Contexte organisationnel

- L'administration a l'ambition d'élargir l'assiette fiscale. Hormis les grandes entreprises (98 % paient l'impôt), le civisme fiscal des petites, moyennes entreprises et des particuliers est faible ; celle des particuliers l'est encore davantage. Les grandes entreprises concentrent à elles seules 90 % des recettes fiscales du Bénin ; l'assiette fiscale est donc étroite, et a une marge de progression importante. Cette progression passe par l'incitation des contribuables à formaliser leurs activités professionnelles ; le secteur informel concerne 91 % des Béninois.

- Créée en 2018 conformément au décret n°3005-C/MEF/DC/SGM/DGI/SP/378SGG17 du 29 septembre 2017 portant attributions, organisation et fonctionnement de la DGI, la Cellule de Services aux Contribuables (CSC) fait partie des structures et personnes rattachées au Directeur général des Impôts. Cette cellule est chargée de la communication institutionnelle de la DGI.

2. AOF DGI - mission CSC

Conformément aux dispositions de l'article 20 du décret n°2021-307 du 9 juin 2021 portant attributions, organisation et fonctionnement du Ministère de l'Économie et des Finances, la Direction générale des Impôts est compétente pour ce qui concerne :

- les impôts directs et taxes assimilées ;
- les impôts indirects et taxes assimilées à l'exception de celles exigibles à l'importation ou à l'exportation ;
- les droits d'enregistrement et de timbres ou taxes assimilées.

La Cellule de Services aux Contribuables (CSC) a essentiellement pour mission l'élaboration et la mise en œuvre de la stratégie de la DGI en matière de communication, de service aux contribuables et de promotion du civisme fiscal.

À ce titre, elle assure :

- Le pilotage de la stratégie du service à l'usager (accueil, assistance et gestion des plaintes) ;
- L'élaboration et la mise en œuvre, en collaboration avec la Direction de la Planification Stratégique et de l'Étude (DPSE), d'un plan annuel de promotion de civisme fiscal ;
- La communication interne et externe de la DGI.

3. Approche stratégique

La communication de la DGI a pour socle différentes approches stratégiques.

En effet, en 2016, grâce à l'appui technique et financier du gouvernement canadien à travers le Projet d'Appui à l'Accroissement des Recettes Intérieures du Bénin (PAARIB), la DGI s'est dotée de son premier Plan d'orientations stratégiques ayant favorisé la création de la CSC. Après la mise en place effective de la CSC en 2018, plusieurs documents de politiques, dont essentiellement les politiques de communication interne et externe, ont été élaborés avec l'appui des partenaires canadiens. Mais depuis juillet 2022, la DGI a élaboré un document de stratégie de communication et de promotion du civisme fiscal grâce à l'appui de l'Agence Française de Développement (AFD).

Ce document de stratégie est actuellement la boussole de la DGI-Bénin en matière de communication. Il repose sur trois (03) axes principaux à savoir :

- la communication (interne et externe) : pour permettre aux agents de la DGI comme aux contribuables d'avoir accès aux informations relatives à la législation fiscale et à toutes les réformes ;
- la promotion du civisme fiscal : pour éduquer, former et assister les contribuables à l'importance de l'impôt dans le financement des services publics ;
- un service d'écoute et d'assistance qui permet de construire une meilleure relation aux usagers, c'est-à-dire avec les contribuables.

En droite ligne avec la stratégie de communication, la CSC élabore des plans de communication pour soutenir la mise en œuvre des réformes d'envergure telles que la réforme des factures électroniques normalisées, les télé-procédures fiscales, la dématérialisation du dépôt des états financiers, l'immatriculation en ligne des personnes physiques, etc.

III- IMPACT POSITIF DE LA COMMUNICATION À LA DGI-BÉNIN

La DGI joue la transparence en amont comme en aval dans le cadre de la mise en œuvre de ses différentes réformes. Pour preuve avant la mise en œuvre de chaque réforme, elle organise des séances de présentation avec des groupes cibles de contribuables en vue de recueillir et prendre en compte leur avis afin de pérenniser la réforme.

1. Actions et canaux de communication

En aval, la DGI déploie plusieurs actions de communication, lesquelles permettent de vulgariser les réformes au plus grand nombre. On peut citer : factures normalisées (JPO), téléprocédures fiscales, visites pédagogiques, campagne de promotion de civisme fiscal en partenariat avec l'AFD, vulgarisation des mesures fiscales contenues dans la loi de finances.

Quelques canaux et outils de communication exploités par la DGI pour atteindre ses publics cibles :

- ✓ séances d'information et de sensibilisation par catégories de contribuables ;
- ✓ webinaires ;
- ✓ médias sociaux : Facebook, Twitter, LinkedIn, YouTube, etc.
- ✓ Médias conventionnels (Radios, TV et Presse écrite) ;
- ✓ centres d'appel ;

- ✓ médias utilisation des influenceurs ;
- ✓ communiqués de presse ;
- ✓ notes circulaires.

2. Perception de l'intégrité du service aux contribuables en 2023

En 2023, la perception de l'intégrité vis-à-vis du service aux contribuables est de 95,4 % contre 85,4 % en 2021, soit une amélioration de +10 %. Ce résultat révèle que les contribuables font beaucoup confiance en ce service. L'analyse détaillée des sous-critères montre que (i) les contribuables font beaucoup confiance au cadre réglementaire mis en place pour gérer le service aux contribuables (96,4 %) ; (ii) les contribuables font beaucoup confiance aux agents en charge d'animer le service aux contribuables (94,7 %) ; et (iii) les procédures de gestion du service aux contribuables sont très transparentes (94,7 %).

Par rapport à 2021, (i) la perception du cadre réglementaire mis en place s'est améliorée (+4,8 %) ; (ii) la perception de la confiance aux agents en charge d'animer le service aux contribuables a augmenté (+12,7 %) ; et (iii) la perception des procédures de gestion du service aux contribuables s'est nettement améliorée (+14 %).

Parallèlement, la perception de la corruption ressort à 95,9 % contre 87,3 % en 2021, soit +8,6 % des contribuables qui affirment que les agents en charge du service aux contribuables ne sont « *pas du tout* » impliqués dans les affaires de corruption.

Sous-critères	Type d'entreprise			Total 2023	Total 2021	Variation
	Grande	Moyenne	Petite			
Disposition réglementaire	94,3%	97,0%	97,0%	96,4%	91,6%	4,8%
Transparence des procédures	93,2%	95,2%	95,1%	94,7%	80,7%	14%
Confiance aux agents	95,5%	94,5%	94,5%	94,7%	82,0%	12,7%
Perception de la corruption	97,7%	94,5%	96,3%	95,9%	87,3%	8,6%
Score du critère 11	**95,2%**	**95,3%**	**95,7%**	**95,4%**	**85,4%**	10,1%

Source : Résultats d'enquête, Juin 2023

Afin d'améliorer durablement le niveau de confiance des contribuables vis-à-vis des agents de ce service, il a été suggéré de :

- ❖ poursuivre la communication sur le service aux contribuables afin de mieux le faire connaître par les entreprises ;
- ❖ envisager la possibilité de déconcentrer le service aux contribuables au niveau des directions départementales des impôts (DDI) ;
- ❖ renforcer les capacités des agents sur les nouvelles dispositions réglementaires pour les rendre plus à même de répondre aux préoccupations des contribuables.

Enquête de satisfaction des usagers 2020

Les résultats d'ensemble obtenus relativement à la mesure de sensibilisation-formation se présentent donc comme suit :

Sous-critères		Niveau de satisfaction (ni)	Pondération (pi)	ni^{pi}
Fréquence des actions de sensibilisation et de formation	69,42	62,69	0,48	7,29
Pertinence des thèmes développés au cours des séances de sensibilisation – formation	84,92	67,89	0,52	8,96
Niveau de satisfaction 2020		130,58	1,00	65,32 ↓
Niveau de satisfaction 2019				77,56

Commentaire : Globalement, les répondants sont peu satisfaits, par rapport au critère « *Sensibilisation – Formation* », car la fréquence des actions de sensibilisation et de formation ainsi que la pertinence des thèmes développés laissent une frange non négligeable de contribuables insatisfaits. C'est ce qui explique que ces sous-critères aient un niveau de satisfaction en deçà de 70 %. Le niveau de satisfaction a considérablement baissé par rapport à 2019 (77,56 %).

Enquête de satisfaction des usagers 2019

Les résultats d'ensemble obtenus relativement à la mesure du niveau *« accueil et environnement de travail »* se présentent comme suit :

Sous-critères	Niveau de satisfaction (ni)	Pondération (pi)	ni^{pi}
Accueil	77,78	0,19	2,33
Assistance aux contribuables	78,05	0,20	2,34
Echange et communication avec les clients	79,39	0,20	2,38
Accessibilité du service	86,02	0,22	2,61
Environnement de travail	78,71	0,20	2,36
Total	399,96	1,00	**80,05**

Commentaire : 80,05 % des entreprises de la population cible sont globalement satisfaites de l'accueil et de l'environnement de travail de la DGI. Elles sont plus satisfaites quant à l'accessibilité du service mais légèrement moins en ce qui concerne l'accueil réservé par les agents.

Enquête de satisfaction des usagers 2019

Les résultats d'ensemble obtenus relativement à la mesure du niveau « *sensibilisation-formation* » se présentent comme suit :

Sous-critères	Niveau de satisfaction (ni)	Pondération (pi)	ni^{pi}
Fréquence des actions de sensibilisation et de formation	69,42	0,45	6,73
Pertinence des thèmes développés au cours des séances de sensibilisation et de formation	84,92	0,55	11,52
Total	154,35	1,00	**77,56**

Commentaire : Globalement, bien que les répondants soient moyennement satisfaits, par rapport au critère « *Sensibilisation-formation* », la fréquence des actions de sensibilisation et de formation laisse une frange non négligeable de contribuables insatisfaits. C'est ce qui explique que ce sous-critère ait un niveau de satisfaction en deçà de 70 %.

Perception de l'intégrité du service aux contribuables en 2021

La perception de l'intégrité vis-à-vis du service aux contribuables est de 85,4 %. Ce résultat révèle que les contribuables font partiellement confiance en ce service. L'analyse détaillée des sous-critères montre que :

- les contribuables font beaucoup confiance au cadre réglementaire mis en place pour gérer le service aux contribuables (91,6 %) ;
- les contribuables font beaucoup confiance aux agents en charge d'animer le service aux contribuables (82 %) ;
- les procédures de gestion du service aux contribuables sont beaucoup transparentes (80,7 %).

En ce qui concerne la perception de la corruption, 87,3 % des contribuables affirment que les agents en charge du service aux contribuables sont « *pas du tout* » impliqués dans les affaires de corruption.

Il faudrait préciser que les résultats au niveau des modalités « *Partiellement* » et « *Beaucoup* » sont respectivement de 9,9 % et 2,8 %.

TABLEAU 15 : Niveau de perception de l'intégrité du service aux contribuables

Sous-critères	Type d'entreprise			Total
	Grande	Moyenne	Petite	
Disposition réglementaire	88,3%	92,9%	91,8%	91,6%
Transparence des procédures	78,8%	78,7%	83,9%	81,0%
Confiance aux agents	80,3%	79,4%	85,2%	82,0%
Perception de la corruption	92,0%	87,1%	85,5%	87,3%
Score du critère	**84,7%**	**84,3%**	**86,5%**	**85,4%**

Source : Résultats d'enquête, Novembre 2021

IV- QUELQUES PRATIQUES DE COMMUNICATION POUR PRÉVENIR LA FRAUDE FISCALE

En général, les pratiques de communication institutionnelle, en matière de prévention de la fraude fiscale, sont similaires à quelques innovations près.

Les administrations fiscales ont l'habitude d'organiser des campagnes de sensibilisation et de promotion de civisme fiscal des différentes catégories de contribuables. L'objectif étant de sensibiliser le public à la fraude fiscale et aux risques qu'elle comporte.

Au Bénin ou ailleurs, les faîtières des entreprises, le secteur privé, organisations professionnelles et autres partenaires sont associés à l'organisation de ces campagnes de sensibilisation pour impacter réellement les publics cibles.

De façon spécifique, l'Agence du Revenu du Canada (ARC) va jusqu'à associer les organismes de lutte contre la corruption à l'organisation de ses campagnes de sensibilisation à la fraude fiscale.

De plus en plus, certains pays mettent l'accent sur l'éducation au civisme fiscal à la base. Au Bénin, nous nous préparons également à procéder à l'infusion des notions de fiscalité dans les trois ordres d'enseignement.

V- DÉFIS, OPPORTUNITÉS ET MESURES DE RENFORCEMENT DES ACQUIS

On s'accorde sur le fait que la communication institutionnelle est un outil puissant pouvant effectivement contribuer à la transparence et au rendement de l'impôt. Toutefois, elle présente certains défis, mais aussi des opportunités.

1. Défis

❖ Le coût de la communication institutionnelle et la difficulté à la mettre en œuvre : la problématique est que les administrations fiscales doivent investir dans des ressources et des compétences en communication pour mener efficacement leurs campagnes de sensibilisation.

❖ Le ciblage difficile des messages de communication institutionnelle de manière appropriée : il s'agit ici de tenir compte de la diversité des publics cibles auxquels l'administration s'adresse afin de leur fournir des informations pertinentes et adaptées.

❖ L'influence des facteurs externes tels que l'opinion publique et les médias : il convient pour les administrations fiscales d'être attentives à ces facteurs pour éviter la déformation ou la manipulation de leur communication.

❖ La difficulté à mesurer la communication institutionnelle : il est généralement difficile de quantifier l'impact des campagnes de sensibilisation et de promotion du civisme fiscal sur la transparence et le rendement de l'impôt.

❖ La communication institutionnelle peut être confrontée à la résistance de certains contribuables qui sont réticents à coopérer avec les administrations fiscales. L'impôt étant réputé quelque chose de douloureux pour tout le monde.

2. Opportunités

❖ La communication institutionnelle sert au renforcement de la confiance entre l'administration fiscale et les contribuables : le fait de communiquer de manière transparente et accessible permet aux administrations fiscales de prouver qu'elles sont crédibles et dignes de confiance et que les ressources collectées sont utilisées de manière responsable.

❖ La communication institutionnelle améliore l'efficacité du système fiscal : en facilitant l'accès aux informations et services fiscaux, nous pouvons aider les contribuables à accomplir leurs obligations de manière plus simple et rapide.

❖ La promotion des valeurs fiscales grâce à la com institutionnelle : la sensibilisation des contribuables à l'importance de l'impôt est de nature à inciter au respect des obligations fiscales.

❖ La com institutionnelle contribue à réduire la fraude fiscale : une communication efficace permet aussi de sensibiliser les contribuables aux risques de la fraude fiscale et de les inciter en même temps à respecter leurs obligations fiscales

❖ La com institutionnelle contribue à améliorer l'efficacité de la collecte de l'impôt : lorsque la communication est efficace, cela peut bel et bien faciliter le paiement de l'impôt et aider les contribuables à mieux saisir leurs droits et obligations.

❖ La promotion des valeurs fiscales grâce à la com institutionnelle : la sensibilisation des contribuables à l'importance de l'impôt est de nature à inciter au respect des obligations fiscales.

❖ L'utilisation des nouvelles technologies : les nouvelles technologies telles que les médias sociaux permettent aujourd'hui d'améliorer la communication institutionnelle (les messages peuvent facilement atteindre un public large et peuvent être personnalisés en fonction des besoins des différents publics).

3. Mesures de renforcement des acquis

❖ L'introduction des notions de fiscalité dans le système éducatif formel : cela peut faciliter non seulement la compréhension des règles fiscales par le public, mais aussi la diffusion des informations fiscales.

❖ Le soutien de la Direction de la Communication à la Présidence de la République

❖ La collaboration avec des organisations partenaires : on peut s'appuyer sur les plateformes d'échanges et d'information des organisations du secteur privé pour mettre en œuvre nos actions de communication.

CONCLUSION

La communication institutionnelle a toute sa place au sein des administrations fiscales. Elle doit être utilisée de manière stratégique pour contribuer à la prévention de la fraude fiscale, c'est-à-dire à la transparence et au rendement de l'impôt.

Les nombreuses opportunités qu'offre la com institutionnelle, peuvent effectivement servir à améliorer la compréhension des différentes règles et mesures fiscales, et à favoriser le respect de ces règles.

Pour relever les défis et saisir les opportunités de la com institutionnelle, les administrations fiscales peuvent prendre certaines mesures :

➢ élaborer et déployer une stratégie de communication institutionnelle claire et cohérente : cette stratégie doit tenir compte aussi bien des objectifs de l'administration fiscale que des publics cibles ;

➢ collaborer avec les contribuables et leurs faîtières (pour l'efficacité des campagnes de communication) ;

➢ exploiter des outils et canaux de communication efficaces : miser sur une variété de canaux de com pour toucher les différents publics cibles ;

➢ mesurer l'impact des campagnes de com (mettre en place des mécanismes pour y parvenir).

LA CONFORMITÉ FISCALE/TAX COMPLIANCE : QUEL INTÉRÊT ? QUELS PRÉREQUIS ? QUELLE APPROCHE ?

Peter RUYUMBU

Ministère de l'Économie et des Finances

INTRODUCTION

La non-conformité constitue un sérieux défi pour le fisc et la performance des recettes fiscales pour de nombreuses pays en voie de développement. L'éducation/sensibilisation des contribuables aide les contribuables à remplir leurs obligations fiscales, réduire le coût de la conformité, et réduire les coûts d'administration des recettes fiscales liés à l'application des règles. L'éducation des contribuables encourage et aide également à accomplir de plus grands efforts à la conformité et améliore le moral fiscal « *en favorisant l'attitude d'engagement envers le bien commun mettant l'accent sur la valeur sociale de l'impôt et le lien avec les dépenses publiques* »[411].

Le programme d'action d'Addis-Abeba de la troisième conférence internationale sur le financement du développement a appelé les pays en développement à améliorer la collecte des recettes internes pour financer et atteindre les objectifs de développement durable fixés par l'Assemblée générale des Nations Unies. En 2016, le ratio moyen impôts/PIB pour 26 pays africains était de 16 %[412], contre une moyenne de 22,7 % pour la région d'Amérique latine et des Caraïbes et de 34,3 % pour les pays de l'OCDE[413]. Selon les chercheurs et les praticiens, l'un des principaux obstacles à l'augmentation des taux de recouvrement

[411] ATAF, June 2021, Continental Taxpayer education practical guidelines

[412] African Tax Administration Forum. 2018. African Tax Outlook Publication, 3rd edition 2018 (Available at https://www.gtac.gov.za/Eventdocs/ATAF%20ATO%203rd%20Edition%20PPTNM%20Nara%20Monkam.pdf)

[413]. OECD/ATAF/AUC. 2018. *Revenue Statistics in Africa 2018*, OECD Publishing, Paris. (Available at https://doi.org/10.1787/9789264305885-en-fr).

des impôts en Afrique est la non-conformité des contribuables, pour diverses raisons, parmi lesquelles le manque de connaissances fiscales.

Une gestion efficace de conformité fiscale exige certains prérequis que nous synthétiserons dans les pages qui suivent.

Les administrations fiscales développent des stratégies de promotion du civisme fiscal afin d'améliorer le niveau de conformité des contribuables aux obligations fiscales. Trois principales approches sont utilisées, soit individuellement ou en combinaison ; à savoir : éducation/ sensibilisation des contribuables, application des sanctions fiscales et la combinaison de ces deux premières approches.

1. La conformité fiscale/tax compliance

Les contribuables ignorent souvent leurs droits et leurs obligations. En Afrique, la difficulté à obtenir des informations sur la fiscalité paraît corrélée à un plus faible consentement à l'impôt[414]; dans ce cas, les campagnes médiatiques peuvent utilement contribuer à renforcer le civisme fiscal. L'administration fiscale peut y faire appel pour informer les citoyens des dispositions contenues dans le code général des impôts ou les tenir au courant des nouvelles lois.

En général, la plupart des contribuables respectent leurs obligations fiscales s'ils reçoivent l'information et le soutien nécessaires pour leur permettre d'honorer spontanément ces obligations.[415].

1.1. Conformité fiscale/Tax compliance : Quel intérêt ?

La conformité fiscale constitue un intérêt capital pour les administrations fiscales et les contribuables/usagers.

1.1.1. Intérêt pour les administrations fiscales

La conformité fiscale revêt un intérêt majeur étant donné que les régimes fiscaux reposent essentiellement sur des déclarations d'informations exactes et exhaustives. Elles ont intérêt à ce que le dépôt des déclarations et le paiement des impôts se fassent dans les délais établis par la loi. Les systèmes fiscaux dépendent fortement des informations complètes et exactes que donnent les contribuables dans leurs déclarations fiscales.

---

[414] (OECD, 2019) (Mascagni, Nell et Monkam, 2017)
(Available at (https://www.oecd-ilibrary.org/sites/2a0782e5-fr/index.html?itemId=/content/component/2a0782e5-fr).

[415] TADA, *Guide pratique*, édition d'avril 2019.

La production des déclarations fiscales en temps opportun est fondamentale car la production d'une déclaration d'impôts est l'un des principaux moyens par lequel l'obligation fiscale d'un contribuable est établie et devient ensuite exigible et payable. L'absence et le retard de paiement des impôts peuvent avoir un effet néfaste sur la gestion de trésorerie et les budgets des gouvernements. Le recouvrement des arriérés d'impôts est un processus long et coûteux. Les activités de contrôle et de vérification et les mesures préventives d'assistance aux contribuables favorisent la communication d'informations exactes et atténuent la fraude fiscale.

Une gestion efficace de la conformité fiscale permet aux administrations fiscales de mobiliser efficacement des recettes budgétaires afin de financer le développement de leurs pays. Ainsi, les administrations fiscales ont intérêt à développer différentes stratégies de promotion du civisme fiscal afin de garantir un niveau de conformité fiscale élevée.

1.1.2. Intérêt pour les contribuables/usagers

Le défaut de dépôt de déclaration, de paiement dans les délais ainsi que la déclaration d'informations inexactes et/ou non exhaustives entraînent des pénalités, amendes et intérêts de retard.

1.2. Conformité fiscale/Tax compliance : Quels prérequis ?

Un système efficient de management des risques est un prérequis essentiel à la bonne gestion de la conformité fiscale. La gestion efficace de la conformité fiscale contraint les administrations fiscales à mettre en place un système organisationnel efficient basé sur la gestion efficace des risques, notamment les risques institutionnels et d'incivisme fiscal. Elles doivent s'inspirer de bonnes pratiques internationales en matière de gestion des risques et en matière de conformité fiscale.

Les administrations fiscales sont confrontées à de nombreux risques qui pourraient avoir une incidence négative sur les recettes et les opérations fiscales. La gestion des risques est donc essentielle à une administration fiscale efficace. Elle joue un rôle clé dans la façon dont les ressources sont utilisées par l'administration fiscale pour maximiser efficacement ses objectifs.

Ainsi l'adoption du système de gestion des risques selon le modèle COSO 2[416] s'avère un outil important dans le processus de la maîtrise de gestion des risques.

---

416 COSO II – The Committee of Sponsoring Organizations of the Treadway Commission, Internal Control-Integrated Framework, 1994.

Les risques doivent être gérés efficacement et de façon structurée en vue de les identifier, évaluer, hiérarchiser et atténuer, au nombre de ces risques, figurent :

(i) **Les risques institutionnels**, où les fonctions de l'administration fiscale peuvent être interrompues ou compromises en raison de facteurs internes ou externes.

(ii) **Les risques en matière de conformité**, où des recettes peuvent être perdues si les entreprises et les particuliers ne respectent pas leurs obligations en tant que contribuables (enregistrement, dépôt de déclarations, paiement et déclarations exactes).

« *Le management des risques est un processus mis en œuvre par le Conseil d'administration, la direction générale, le management et l'ensemble des collaborateurs de l'organisation. Il est pris en compte dans l'élaboration de la stratégie ainsi que dans toutes les activités de l'organisation, il est conçu pour identifier les événements potentiels susceptibles d'affecter l'organisation et pour gérer les risques dans les limites de son appétence pour le risque. Il vise à fournir une assurance raisonnable quant à l'atteinte des objectifs de l'organisation* » (Définition donnée par le COSO II[417].

Les principaux objectifs du cadre de gestion du risque sont les suivants :

❖ les objectifs de l'organisation peuvent être classés en quatre catégories :

- Stratégique;
- Opérations;
- Production de rapports;
- Conformité.

❖ La gestion efficace du risque tient compte des activités à tous les niveaux de l'organisation :

- Au niveau global de l'administration ;
- Département/Services ou succursale ;
- Processus de l'unité opérationnelle.

---

[417] COSO II – The Committee of Sponsoring Organizations of the Treadway Commission, Internal Control-Integrated Framework, 1994, *idem*.

Le COSO II Cube définit le cadre de gestion des risques en 8 composantes :

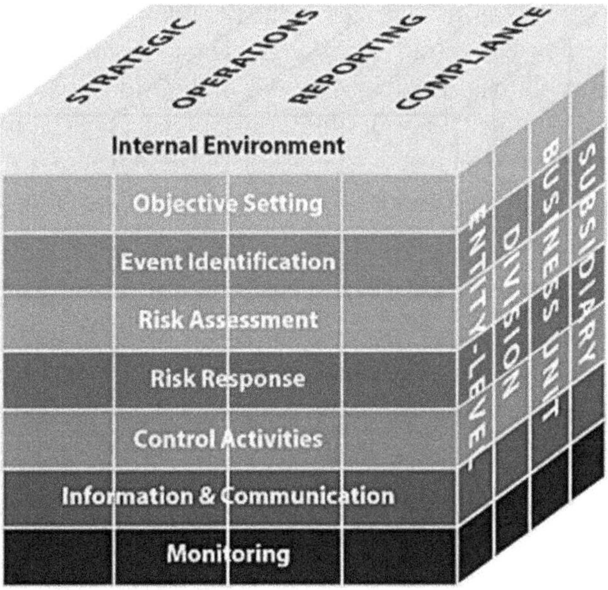

C'est à travers la composante « Information & Communication » que les administrations fiscales s'assurent que les processus et procédures sont simplifiés et digitalisés/automatisés, entre autres les procédures de déclaration et de paiement visant à mettre en place la télédéclaration, télépaiement (déclaration et paiement en ligne).

De nouvelles méthodes électroniques (e-facturation, e-comptabilité, e-reporting et e-audit), avec des analyses avancées axées sur la fiscalité, sont une priorité pour les autorités fiscales et les impôts. En effet, des changements technologiques ont un effet très significatif sur la conformité fiscale.

En fin de compte, les autorités fiscales ont réussi (à des degrés divers) à automatiser leurs procédures d'échanges de données avec des contribuables. L'acquisition de données, qui se concentrait auparavant principalement sur les données fiscales, prend de plus en plus d'ampleur en collectant des données non fiscales qui, lorsqu'elles sont liées de manière appropriée avec les données fiscales et les règles de conformité, permettent une compréhension beaucoup plus large des opérations des contribuables.

Aussi, elles doivent se rassurer de la mise en place d'un service aux contribuables/usagers afin de garantir la qualité de service aux contribuables, sous la composante « activité de contrôle ».

1.3. Conformité fiscale/Tax compliance : Quelle approche ?

Le système fiscal repose sur le respect spontané des obligations ; il faut donc veiller à ce que les contribuables soient suffisamment informés de la législation fiscale et de ses évolutions. L'un des principaux problèmes auxquels les administrations fiscales des pays en développement ont toujours été confrontées est la non-conformité des contribuables.

La question fondamentale : comment renforcer/améliorer la conformité fiscale ?

Les administrations fiscales disposent de trois approches possibles :

(i) les administrations fiscales peuvent ajuster leurs opérations en fonction des « *postures motivationnelles* » des contribuables : adopter une stratégie d'éducation et de sensibilisation des contribuables ;

(ii) les administrations fiscales peuvent décider d'améliorer l'application des règles fiscales : en imposant des pénalités/amendes appropriées en cas de fausse déclaration (sanctions) ;

(iii) les administrations fiscales peuvent appliquer deux approches : une combinaison d'éducation/de sensibilisation des contribuables et l'application de sanctions fiscales.

1.3.1. Programmes d'éducation/sensibilisation au civisme fiscal

L'éducation/sensibilisation des contribuables renforce la coopération. Grâce à une stratégie d'éducation et de communication bien adaptée, les contribuables se rendant compte que l'administration fiscale est à leurs côtés et toujours prête à les informer des nouveautés de la législation fiscale et à leur rappeler leurs obligations.

La communication de messages adaptés aux contribuables peut améliorer l'idée qu'ils se font de l'administration fiscale. Il importe de communiquer avec les contribuables et de leur fournir toutes les informations dont ils ont besoin pour appréhender pleinement leurs droits et obligations et s'y conformer spontanément. Bon nombre de programmes décrits ont eu des répercussions favorables, non seulement sur le plan du civisme fiscal et des connaissances et compétences en la matière, mais aussi de l'image que les contribuables ont des administrations fiscales (et, partant, du gouvernement).

Les administrations fiscales africaines devraient élaborer et adopter une combinaison complète d'approches d'éducation/sensibilisation des contribuables visant auprès de larges segments de contribuables et de la population générale : commerçants informels, micro, petits, moyens et grands contribuables, sociétés civiles, des étudiants aux seniors avec pour objectif de promouvoir la conformité fiscale.

Encadré no 1 : Tout programme d'éducation des contribuables doit viser l'atteinte des résultats ci-après[418] *:*

– Pour promouvoir la conformité volontaire, les administrations fiscales doivent adopter une attitude axée/centrée sur le service aux contribuables.

– Les administrations fiscales doivent veiller à ce que les contribuables disposent des informations et du soutien dont ils ont besoin pour remplir leurs obligations et faire valoir leurs droits en vertu de la loi.

– Les conseils et l'assistance aux contribuables jouent un rôle crucial pour combler le déficit de connaissances.

– Les administrations fiscales doivent s'efforcer de réduire les coûts de conformité pour les contribuables, notamment en fournissant : (i) des déclarations et une tenue de registres simplifiées, (ii) des déclarations pré-remplies pour les employés et les salariés à revenus passifs, et (iii) un portail en ligne pour les contribuables.

– Les contribuables attendent de l'administration fiscale qu'elle leur fournisse des conseils synthétiques et compréhensibles sur lesquels ils peuvent s'appuyer.

Lorsqu'ils appliquent une approche améliorant la conformité fiscale, les administrateurs fiscaux doivent garder à l'esprit « *les droits du contribuable* » (Charte du contribuable) :

- ❖ *Le droit d'être informé*
- ❖ *Le droit à un service de qualité*
- ❖ *Le droit à la finalité*
- ❖ *Le droit à la vie privée*
- ❖ *Le droit à un système fiscal juste et équitable*

Les sections qui suivent décrivent différentes approches principales utilisées pour promouvoir le civisme fiscal visant à renforcer/améliorer la conformité fiscale.

---

[418] ATAF, June 2021, Continental Taxpayer education, *idem.*

1.3.1.1. Organisation d'ateliers/séminaires d'éducation ou de sensibilisation

L'organisation de formations et séminaires fiscaux constituent l'activité la plus répandue organisée par les administrations fiscales pour améliorer la conformité fiscale. Ces initiatives fournissent des connaissances sur le système fiscal avec une approche « *en classe/ présentielle* » plus traditionnelle. Des formations sont parfois organisées avec des groupes spécifiques de contribuables (grandes entreprises, moyennes, petites et micro-entreprises) afin de mieux cibler leurs besoins spécifiques. Il existe un large éventail d'initiatives dans ce domaine, qui partagent un bon nombre ayant les mêmes caractéristiques :

Encadré 2 : Expériences des pays africains (Sources : South Africa Revenue Services (SARS), Uganda Revenue Authority (URA), Rwanda Revenue Authority (RRA), Tanzania Revenue Authority (TRA) websites)[419]

❖ en Afrique du Sud, de janvier à mars de chaque année, le South African Revenue Service (SARS) propose des séances gratuites d'éducation fiscale aux petites entreprises. Leur site Web indique les dates exactes, le lieu et les sujets généraux de formation, qui varient en fonction du SRAS. succursale et fournit les coordonnées des responsables concernés. Le site Web ne fournit aucune statistique pertinente sur la fréquentation ou l'impact de cette formation.

❖ En Ouganda, l'Uganda Revenue Authority (URA) organise des cliniques fiscales qui sont essentiellement des ateliers destinés à des groupes spécifiques de contribuables. Les informations fiscales sont diffusées sous forme de présentations, de tableaux à feuilles mobiles et de brochures. L'objectif principal est de garantir que les contribuables enregistrés connaissent leurs obligations de conformité. Il existe environ 250 cliniques d'impôts à travers le pays, auxquelles participent en moyenne 70 contribuables.

❖ au Rwanda, le Département des services aux contribuables met en œuvre tout au long de l'année des sessions de formation ciblant spécifiquement les nouveaux inscrits : les contribuables de chaque district, qui auraient besoin de plus d'informations pour naviguer dans le système et respecter la loi. La formation couvre divers sujets, de l'enregistrement et de la déclaration à la TVA et autres frais, avec une

[419] ATAF, June 2021, Continental Taxpayer education, *ibidem*

attention particulière aux pénalités et amendes pour retard ou des déclarations manquantes. La Direction du Service aux Contribuables organise également des sessions de formation spécifiques auprès des contribuables existants, soit spécifiques à un secteur ou sur une problématique particulière.

❖ en Tanzanie, des ateliers fiscaux et de grands forums de parties prenantes sont organisés deux fois par an et offrent une plate-forme de discussion et une possibilité de partager des connaissances fiscales avec certains groupes spécifiques, tels que les importateurs, les exportateurs et les représentants d'entreprises.

1.3.1.2. Dissémination d'informations et renseignements à travers des messages, du matériel imprimé, des dépliants, brochures, publication d'articles, bandes dessinées

Les objectifs de la diffusion de messages, documents imprimés, de dépliants, de livres et de brochures sont d'encourager les entreprises à se conformer aux exigences d'enregistrement et à soumettre et payer leurs déclarations de revenus en temps opportun. L'éducation des contribuables est chargée de produire du matériel simplifié sur la fiscalité et autres procédures fiscales (dépliants, brochures, dessins animés, livres, affiches sur les questions fiscales, brochures, magazines, etc.) à l'intention des contribuables et des citoyens. Ces documents peuvent être diffusés par voie électronique pour les contribuables qui ont accès à l'internet, réseaux sociaux, YouTube et physiquement pour les petits et micro-contribuables dans les régions reculées du pays. L'éducation des contribuables est encouragée à publier divers documents à la fois dans leurs langues officielles et dans les langues locales afin d'améliorer leurs connaissances sur diverses questions fiscales et d'améliorer par la suite les niveaux de conformité au sein de la communauté des contribuables.

Les magazines, qui peuvent également être distribués au domicile des contribuables, offrent un autre moyen d'établir ce type de relation ; c'est par exemple le cas du bulletin guinéen « *Fisc-Info* » ou de la revue togolaise « *OTR Actu* »[420]. Une fois imprimés et distribués, les exemplaires du magazine peuvent aboutir dans le salon et être lus par plusieurs membres de la famille, ou par les amis et parents en visite. Les bandes dessinées sont particulièrement utiles pour éveiller l'intérêt

[420] OTR Actu, https://www.otr.tg/index.php/fr/blog.html

des enfants et des jeunes adultes, et pour présenter simplement des sujets complexes. On en trouve dans le magazine ou dans des publications spécialisées, comme la BD « *Enfants patriotes* » au Nigéria. Il est également possible de transmettre régulièrement des messages enregistrés par baladodiffusion, comme le fait la direction générale des impôts d'Indonésie[421].

Les campagnes « *Payez et déclarez* » menées depuis 2016 se sont révélées très fructueuses à l'aune de plusieurs critères. Le volume d'appels téléphoniques pendant la période précédant la date limite de déclaration de revenus annuelle a diminué d'une année sur l'autre, un nombre grandissant de contribuables a téléchargé les déclarations préremplies et en 2018, pour la première fois, la direction a reçu plus de 500 000 déclarations de revenus en ligne. Il ressort en outre d'une enquête menée auprès des travailleurs indépendants que 63 % d'entre eux connaissent les vidéos. Ils se sont également déclarés très satisfaits des informations publiées sur le site et ont jugé les vidéos, les informations et les contacts téléphoniques extrêmement utiles[422].

La communication de messages clairs et simples impacte positivement la conformité fiscale. La terminologie joue un rôle déterminant dans ce type d'échanges avec les contribuables car elle peut faciliter la compréhension de sujets complexes.

Début 2016, l'administration fiscale du Rwanda a envoyé à 9 000 contribuables des messages visant à encourager le respect des règles. Chaque contribuable a été réparti au hasard dans un groupe de traitement ou un groupe témoin qui n'a reçu aucun message. Les messages de traitement variaient en termes de contenu (dissuasion, échange fiscal ou rappel) et de mode de livraison (lettre, e-mail ou SMS). Notre essai contrôlé randomisé évalue l'impact de cette intervention sur le comportement d'observance. Nous constatons que les approches amicales – notamment un simple rappel de délais – sont plus efficaces que la dissuasion. Nous fournissons également des preuves suggérant que les messages de dissuasion produisent un effet inverse chez les contribuables aux revenus plus élevés, alors qu'ils ont l'effet escompté pour le reste[423].

---

[421] Enquête de l'OCDE sur les initiatives en faveur de l'éducation des contribuables, 2018.

[422] Enquête de l'OCDE, *idem*.

[423] ICTD, Giulia Mascagni, Christopher Nell and Nara Monka, One Size Does Not Fit All: A Field Experiment on the Drivers of Tax Compliance and Delivery Methods in Rwanda, 2017.

La clé consiste à éviter le langage technique et à employer un vocabulaire simple et direct ; c'est pourquoi il convient de travailler en étroite coopération avec l'équipe responsable de la communication au sein de l'administration fiscale ou avec des partenaires extérieurs. Des guides ciblés, adaptés aux besoins des contribuables, peuvent compléter utilement l'accès aux codes juridiques et aux textes législatifs. Au Maroc, par exemple, l'administration fiscale intervient sur de nombreux réseaux sociaux et entretient quotidiennement des échanges avec les citoyens par la publication de vidéos et de messages leur expliquant en termes clairs les nouveautés fiscales, ainsi que leurs droits et obligations. Au Canada, l'ARC s'est engagée à utiliser un langage simple et a revu sa communication en conséquence. La Grèce publie de nombreux guides destinés à informer et à aider les contribuables[424].

1.3.1.3. Campagnes de sensibilisation/d'information ou médiatiques à travers la radio, télévision et socio-media

Pour renforcer le civisme fiscal et lutter contre le secteur informel, l'administration fiscale peut recourir à divers types de campagnes, qui offrent d'autres moyens de communiquer avec les contribuables pour les amener à adopter un comportement bénéfique – en les encourageant par exemple à vérifier que les magasins établissent des factures, à payer leurs impôts en temps voulu et à adopter les numéros d'identification fiscale.

La plupart des campagnes « *publicitaires* » portent sur la législation fiscale mais d'autres, notamment celles qui s'adressent au secteur informel, adoptent une approche différente. Certaines choisissent de sensibiliser sur les avantages que les dépenses publiques rendues possibles par les impôts représentent pour la société. Dans plusieurs pays, les campagnes en faveur de la régularisation des activités informelles ne visent pas directement les entreprises de ce secteur, mais leurs clients ; elles cherchent à modifier leur comportement et les incitent à exiger des factures, obligeant ainsi les vendeurs à s'adapter. Quand les clients évitent de se fournir auprès du secteur parallèle, les vendeurs se mettent en conformité avec les lois fiscales.

Les programmes télévisuels et radiophoniques sont également utiles en ce qu'ils permettent d'atteindre différentes catégories de contribuables. Certaines administrations, comme l'Administration des recettes de Tanzanie (*Tanzania Revenue Authority*, TRA) et l'Autorité fiscale

---

424 Enquête de l'OCDE, *idem*.

nationale de la Sierra Leone (*National Revenue Authority, NRA)*, font appel aux chaînes de radio et de télévision nationales et locales pour atteindre le plus large public possible. Les chaînes nationales diffusent les informations, annonces et messages d'ordre général, qui concernent la majorité des contribuables ; les radios locales sont utilisées pour s'adresser à certains d'entre eux, dans une région ou un district donné. Comme le montre la section suivante, les services des impôts peuvent également faire appel à ces médias pour améliorer leur image[425].

Le programme de talk-show radio et télévisé en direct ou interactif ou les médias numériques sont une excellente opportunité d'atteindre plusieurs contribuables et le grand public et à l'époque dans le pays. Il s'agit notamment des commerçants du secteur informel et des petits et moyens contribuables (PME) des zones reculées. L'éducation des contribuables devrait développer des programmes d'émissions-débats hebdomadaires, mensuels et trimestriels à travers le pays et choisir les canaux de médias numériques (Facebook, Twitter, YouTube, etc.) pour diffuser différents messages sur les questions fiscales.

Les objectifs des talk-shows sont les suivants : permettre aux contribuables de connaître leurs droits et obligations ; améliorer la communication efficace entre l'administration fiscale et ses clients et parties prenantes ; accroître la sensibilisation et les connaissances fiscales de la communauté des contribuables et du grand public afin d'améliorer la conformité fiscale.

Les avantages de la radio, des émissions-débats télévisées et des programmes sur les médias numériques sont une sensibilisation accrue aux diverses lois, règles et procédures fiscales et une meilleure image de l'administration fiscale[426].

1.3.1.4. Création et animation de clubs des amis de la fiscalité dans les écoles et les universités[427]

Les écoles peuvent jouer un rôle important dans l'amélioration de la conformité fiscale et renforcer le moral fiscal. Il est important d'introduire une éducation fiscale dans les écoles et les universités de manière engageante en utilisant les nouvelles technologies, médias sociaux, dessins animés et courtes vidéos qui encouragent l'interaction et la participation active.

---

[425] (OECD, 2019) (Mascagni, Nell et Monkam, 2017), *ibidem.*
[426] ATAF, June 2021, Continental Taxpayer education, *ibidem.*
[427] ATAF, June 2021, Continental Taxpayer education, *ibidem.*

Les administrations fiscales devraient investir dans des campagnes de sensibilisation menées dans les écoles pour inculquer la culture du paiement des impôts aux étudiants et l'importance de la conformité fiscale. L'introduction de clubs fiscaux dans les écoles et les universités contribuera à améliorer l'éducation fiscale. Créer des clubs d'amis fiscaux dans chaque l'école contribuera à sensibiliser sur les questions fiscales et les avantages de payer des impôts à un âge précoce. De tels clubs sont les meilleurs canaux par lesquels les étudiants feront connaissance des impôts en tant que contribuables du futur.

Un programme d'études sur la fiscalité est destiné à répondre au besoin pour une responsabilité collective envers le développement national et l'appréciation de son obligation envers l'État. C'est spécifiquement destiné à cibler notre génération future sur la conformité fiscale dès leur plus jeune âge au niveau d'enseignement primaire. Cibler les élèves et les étudiants est stratégique pour changer leur attitude à l'égard de la fiscalité et produire ainsi des citoyens responsables.

1.3.1.5. Organisation de la journée du contribuable[428]

La journée de reconnaissance des contribuables est un événement annuel organisé avec pour objectif principal d'exprimer sa gratitude aux contribuables et leur contribution au développement économique de la nation. Avant la célébration de la journée du contribuable au niveau national, les administrations fiscales commencent par organiser différentes activités à travers le pays, y compris des dialogues d'affaires dans toutes les provinces pour rassembler des idées constructives sur la façon d'augmenter ensemble le niveau de la conformité fiscale volontaire, les défis et la nécessité de construire un partenariat public-privé solide, changer les comportements ainsi que l'appréciation de la plupart des contribuables qui se conforment identifiés dans les provinces. La Journée de reconnaissance des contribuables est également l'occasion de réitérer l'importance de payer des impôts ainsi que sa contribution au développement national. Dans certains cas, les dirigeants nationaux profitent de l'occasion pour fournir la responsabilité des revenus perçus.

Une caractéristique importante de ces événements est qu'ils impliquent les personnalités politiques les plus élevées du pays pour souligner l'importance accordée à la conformité des contribuables. La participation des contribuables au développement économique est reconnue au cours de cérémonies, avec des récompenses spéciales pour

[428] ATAF, June 2021, Continental Taxpayer education, *ibidem.*

les contribuables ayant un niveau de conformité fiscale élevé. De plus, l'idée derrière le contribuable consiste à « *redonner quelque chose aux personnes conformes* ». En offrant une reconnaissance officielle et de haut niveau de la valeur du contribuable, ces événements visent également à renforcer les normes sociales et favoriser la conformité fiscale parmi la communauté des contribuables.

2.4.1.6. Comité des conseillers sur la fiscalité (TAC)[429]

Les Conseils Consultatifs Fiscaux (TAC) sont des conseils multi-disciplinaires dont l'objectif principal est d'aider les administrations fiscales africaines à sensibiliser les contribuables sur le civisme fiscal, notamment, une bonne culture fiscale, la lutte contre la fraude et les activités de contrebande transfrontalières.

Le TAC devrait être composé de différentes autorités locales et leaders d'opinion dans le district/province. Entre autres : le maire du district/le gouverneur de la province, le représentant des opérateurs économiques (contribuables) au niveau du district/province et par secteur économique, le chef de l'administration fiscale, le commandant de l'armée et de la police du district/province, consultants fiscaux, chefs religieux, OSC et autres personnes concernées leaders d'opinion.

1.3.2. Application des sanctions fiscales

Les contribuables ont l'obligation à la réglementation fiscale. Ils doivent fournir des informations exactes et exhaustives à l'administration fiscale lors de leurs différentes déclarations aux échéances prescrites par la loi. À défaut de conformité, ils s'exposent aux sanctions fiscales.

À ce sujet, par exemple, le code général des impôts de la République du Bénin a prévu, entre autres, les dispositions suivantes[430] :

❖ Article 485 : 1) Le défaut de production dans les délais prescrits d'une déclaration ou d'un acte comportant indication d'éléments à retenir pour l'assiette ou la liquidation d'un quelconque impôt entraîne l'application, sur le montant des droits mis à la charge du contribuable ou résultant de la déclaration ou de l'acte souscrit tardivement, d'une pénalité de retard de 20 %.

---

[429] ATAF, June 2021, Continental Taxpayer education, *ibidem.*

[430] Loi n° 2021-15 du 23 décembre 2021 portant code général des impôts de la République du Bénin.

❖ Article 486 :

– 1) Les inexactitudes ou les omissions relevées dans une déclaration ou un acte comportant l'indication d'éléments à retenir pour l'assiette ou la liquidation de l'impôt ainsi que la restitution d'une créance de nature fiscale dont le versement a été indûment obtenu de l'État entraînent l'application d'une pénalité d'assiette de 20 % aux droits non déclarés ;

– 2) Cette pénalité est portée à 40 % : a) en cas d'inexactitude relevée dans les documents et renseignements écrits fournis à l'appui de la déclaration du bénéfice réel ; b) si le contribuable n'établit pas sa bonne foi ;

– 3) Elle est portée à 80 % : a) en cas de manœuvres frauduleuses ; b) en cas de taxation d'office pour défaut de déclaration souscrite dans les huit (8) jours suivant une mise en demeure ; c) en cas de facturation illégale de la taxe sur la valeur ajoutée ;

– 4) Les réductions ou annulations de crédit de taxe sur la valeur ajoutée ou d'acompte sur impôt assis sur les bénéfices déclarés suite à un contrôle fiscal, entraînent l'application d'une amende fiscale égale à 25 % du montant du crédit réduit ou annulé. Cette amende est portée à 80 % en cas de réduction ou d'annulation de crédit de taxe sur la valeur ajoutée remboursée ;

– 5) Excepté le cas où le cumul est expressément prévu, une infraction ne peut donner lieu qu'à une seule amende fiscale, la plus importante.

❖ Article 487 :

– 1) Tout contribuable qui, à l'expiration des délais fixés par le présent code, n'a pas intégralement payé les impôts, droits et taxes dont il a reçu l'avis de mise en recouvrement ou qu'il doit régler spontanément, doit, sans préjudice des frais afférents aux poursuites dont il aurait pu être l'objet, acquitter sur la portion non soldée, une pénalité de 10 %.

– 2) Tout retard dans le paiement de l'un quelconque des acomptes prévus dans le présent code donne lieu à l'application d'une pénalité de 10 % du montant des sommes dont le versement est différé.

– 3) Les dégrèvements, remises ou modérations accordés au contribuable par voie gracieuse ou contentieuse entraînent de plein droit l'annulation proportionnelle de la pénalité.

❖ Article 488 :

– 1) Tout contribuable qui n'a pas payé dans les délais légaux les impôts, droits, taxes, redevances exigibles, doit verser, indépendamment des pénalités prévues par les articles précédents, un intérêt de retard de 0,25 % par mois ou fraction de mois.

– 2) Cet intérêt court à compter du premier jour du mois suivant celui de l'exigibilité de l'impôt.

– 3) L'intérêt est calculé sur le montant des droits simples.

– 4) Le montant des intérêts ainsi calculé est plafonné au montant des droits simples.

❖ Article 489 :

– 1) Tout retard dans le paiement de la taxe sur les véhicules à moteur est sanctionné par l'application au montant dû d'une pénalité de 20 %.

– 2) Pour les véhicules mis en circulation au cours de l'année, la pénalité est due le premier jour du mois suivant celui de l'exigibilité des droits.

– 3) Le défaut de paiement de la taxe sur les véhicules à moteur entraîne l'immobilisation du véhicule avec le concours des agents chargés de constater les infractions à la circulation routière et sa restitution est subordonnée au règlement de l'impôt dû, y compris les arriérés, le cas échéant.

❖ Article 490 : Pour les marchands forains, le défaut de justification du paiement de la taxe professionnelle synthétique entraîne la saisie des marchandises ou l'immobilisation du véhicule. La restitution des objets saisis est subordonnée au règlement de la taxe.

Ainsi, les contribuables/usagers ont grand intérêt à se conformer aux obligations fiscales afin d'éviter les sanctions fiscales prévues par la loi.

L'OFFICE DU JUGE DANS LA RÉPRESSION DE LA FRAUDE FISCALE

Georges Wulfran GBAGUIDI

Magistrat à la Cour de Répression des Infractions économiques et du Terrorisme (CRIET)

Édouard DOSSA

Président de la Cour de Répression des Infractions économiques et du Terrorisme (CRIET)

INTRODUCTION

L'importance du développement des activités économiques et financières a entraîné l'apparition de nouvelles branches du droit pénal spécial qui relève de l'ordre public économique.

Parmi celles-ci, il y a la protection des intérêts fiscaux de l'État, qui est une question d'actualité aussi bien pour les responsables de l'administration fiscale que pour les citoyens, les contribuables. Il s'agit pour l'administration fiscale de mobiliser des recettes pour permettre à l'État de faire face aux dépenses publiques. Dans le même temps, certains citoyens résistent au paiement spontané et sur initiative des impôts. Ces comportements qualifiés de fautes fiscales ont été prévus et sanctionnés par le code général des impôts.

Ces fautes fiscales relèvent d'une dualité de sanctions : la répression du plus grand nombre par des pénalités fiscales (intérêts de retards, majorations de droits, amendes) par l'administration fiscale qui détermine elle-même son pouvoir de remise ou de transaction ou sous le contrôle du juge fiscal le montant de ces pénalités.

Mais l'administration dispose, en outre, de la possibilité de faire prononcer par les juridictions correctionnelles des sanctions pénales à l'encontre des auteurs de fautes fiscales érigées en infractions fiscales, en l'occurrence les fraudes fiscales en raison de leur gravité particulière.

Dans leur traité de droit criminel, les professeurs Merle et VITU, ont précisé dans la dualité de ce contentieux : « *La tâche du juge fiscal est d'apprécier la réalité et l'importance de la matière imposable, et d'en déduire le montant de la dette du contribuable envers le Trésor, alors qu'il importe au juge pénal d'apprécier les manœuvres, les dissimulations ou les omissions frauduleuses, couronnés ou non de succès, par le contribuable qui a tenté d'échapper à l'impôt. En d'autres termes, le juge fiscal est le juge de l'imposition fiscale, tandis que le juge pénal est le juge de la fraude fiscale* ». [431]

La fraude fiscale porte atteinte au principe d'égalité des citoyens devant les charges publiques et à celui de la libre concurrence. Elle porte atteinte à la cohésion sociale et génère un trouble exceptionnel à l'ordre public, économique et financier. Elle est un domaine très spécifique de la délinquance d'affaires dont le développement dans l'économie moderne prend des proportions considérables et inquiétantes et pose des problèmes particuliers en matière de répression.

Par la présente communication, il sera question d'abord de nous faire revisiter quelques notions basiques sur la fraude fiscale, l'enquête, la poursuite et le jugement à l'aune de l'office du juge répressif, et ensuite de nous interroger sur l'effectivité ou non de la lutte contre la fraude fiscale devant le juge répressif, la bonne pratique et la cohésion entre les acteurs pour l'atteinte des objectifs de développement tant souhaité dans nos pays en développement.

Notions de fraude fiscale

La matière fiscale est au cœur de l'action unilatérale de l'État et constitue l'une des voies privilégiées de l'exercice des prérogatives de puissance publique.

Les citoyens doivent souscrire leur déclaration d'impôts de leur propre initiative et sous leur responsabilité. Mais déclarer ses impôts n'est toujours pas chose facile pour les populations, qui peuvent parfois ou souvent tenter d'oublier de déclarer certains revenus et de faire passer cet oubli sous l'excuse de la méconnaissance de la loi fiscale.

Les contribuables ont des comportements pas toujours empreints de citoyenneté vis-à-vis de l'impôt. L'impôt est souvent considéré par les populations comme une charge imposée par l'administration pour puiser dans leur revenu, fruit issu de leur labeur. C'est pourquoi, certains

---

[431] GAUTHIER Pierre et LAURET Bianca, Droit pénal des affaires, 6e éditions 1996/07, p. 289.

contribuables adoptent divers comportements face au fisc dans le but de minimiser leurs charges fiscales. C'est pourquoi les contribuables tombent souvent sous le coup de la loi, des faits qualifiés de fraude fiscale, évasion fiscale, blanchiment de capitaux, faux en écriture et autres.

Définition de la fraude fiscale

Plusieurs définitions ont été données sur la notion de fraude fiscale. Étymologiquement, la fraude vient du mot latin « *fraus* » qui signifie « *action faite de mauvaise foi dans le but de tromper* ».

La fraude fiscale est une insurrection de la personne physique ou morale contre l'État.

Constitue une fraude fiscale aux yeux de la loi, toute insuffisance, omission ou inexactitude dans la déclaration d'impôt du contribuable. La fraude fiscale consiste donc à se soustraire à la loi ou à utiliser des procédés illégaux pour échapper à tout ou partie de son impôt.

L'infraction fraude fiscale ou délit général de fraude fiscale consiste à se soustraire frauduleusement ou à tenter de se soustraire frauduleusement à l'établissement ou au paiement total ou partiel de l'impôt. C'est un comportement qui vise à ne pas respecter la loi fiscale pour payer moins ou pas d'impôts.

En d'autres termes, le fraudeur paie peu ou ne paie pas d'impôts par des moyens illégaux.

À ce titre, on peut considérer au regard des dispositions de l'article 504 du Code général des Impôts, qu'il y a fraude fiscale pour quiconque s'est frauduleusement soustrait ou a tenté de se soustraire frauduleusement à l'établissement ou au paiement total ou partiel des impôts, soit qu'il ait volontairement omis de faire sa déclaration dans le délai prescrit, soit qu'il ait volontairement dissimulé d'une part des sommes assujettis à l'impôt, soit qu'il ait organisé son insolvabilité ou mis obstacle par d'autres manœuvres au recouvrement de l'impôt, soit en agissant de tout autre manière frauduleuse.

Portée et étendue de la fraude fiscale

Dans le système béninois comme la plupart des pays francophones d'Afrique ayant adopté plus ou moins la législation française, la plupart des impôts reposant sur une déclaration d'initiative du contribuable, les principales formes de fraudes fiscales consistent en déclaration mensongère ou en l'absence de déclaration. Il s'agit d'un délit clandestin et invisible dont la recherche et la preuve sont difficiles à établir, un délit qui met parfois en œuvre des procédés très élaborés et qui est souvent contesté, voire rejeté par certaine partie de l'opinion.

Les répercussions de la fraude fiscale touchent plusieurs domaines notamment une rupture de l'égalité des citoyens devant les charges publiques.

La fraude fiscale engendre souvent des délits connexes à savoir abus de biens sociaux, faux en écriture, fausse attestation, escroquerie, blanchiment de capitaux et autres.

Les éléments constitutifs de la fraude fiscale

L'infraction de fraude fiscale est un délit qui nécessite que soit établi un élément légal, un élément matériel et un élément intentionnel ou moral.

L'élément légal est que l'infraction de fraude fiscale doit être prévue et punie par la loi.

Le Code général des Impôts (CGI), dans ses dispositions des articles 504 et suivants, a donné les éléments de définition sur la fraude fiscale et les sanctions pénales afférentes.

L'article 504 du Code général des impôts dresse une liste d'éléments constitutifs du délit. Ainsi constitue matériellement un délit de fraude fiscale, l'omission volontaire de déclaration dans les délais prescrits, la dissimulation d'une part des sommes sujettes à l'impôt, l'organisation de l'insolvabilité, l'obstacle au recouvrement de l'impôt par d'autres manœuvres ou en agissant de tout autre manière frauduleuse.

L'expression « *tout autre manière frauduleuse* » est révélatrice de la volonté de réprimer très largement toutes les fraudes possibles.

Ce que le juge pénal n'hésite pas à faire en adoptant une interprétation large du critère matériel applicable au délit de fraude fiscale.

L'appréhension de l'élément moral de la fraude fiscale est quant à elle plus complexe. Il s'agit de l'intention délibérée d'éluder l'impôt au moyen de manœuvres frauduleuses.

L'article 504 du Code général des impôts, en imposant que la soustraction de l'impôt ait été réalisée de manière frauduleuse fait allusion à un dol général.

Beaucoup d'exemples sur l'intention du prévenu ont été fixés par la jurisprudence. Par exemple :

L'élément intentionnel résulte de la conscience de l'inexactitude des déclarations faites à l'administration.[432]

La constatation que le prévenu a tenu une comptabilité occulte suffit à caractériser l'élément intentionnel du délit.[433]

Le seul fait de se placer sous un régime fiscal indu, dans l'intention de se soustraire au moins partiellement à l'impôt, constitue le délit de fraude fiscale.[434]

Il a été jugé que lorsque le prévenu a minoré ses recettes, dans ce cas, l'importance des sommes dissimulées démontre le caractère intentionnel.[435]

Spécificités de la procédure pénale de répression de la fraude fiscale

La procédure pénale en matière fiscale déroge au droit commun.

À la différence des autres délits, le délit de fraude fiscale ne peut pas être poursuivi d'office par l'autorité normalement compétente, à savoir le procureur de la République. Celui-ci, en effet, ne peut mettre en mouvement l'action publique que dans la mesure où l'administration fiscale a préalablement déposé une plainte.

Cette exigence est prévue par les dispositions de l'article 511 du code général des impôts qui dispose : « *les poursuites pénales sont engagées sur plainte du directeur général des impôts…* ». Il s'agit d'une formalité substantielle dont le respect est d'ordre public. Il s'ensuit que les juges du fond seraient en droit de déclarer d'office l'irrecevabilité découlant de son inobservation.

Cette prérogative qui trouve son fondement dans la nature particulière du délit fiscal et qui permet à l'administration d'être juge de l'opportunité des poursuites.

Mais cette législation est contraire à la législation française qui permet cette opportunité de poursuite de l'administration fiscale sur avis conforme de la commission des infractions fiscales.

Exercice des poursuites pénales et preuves du délit

Devant la juridiction pénale, la charge de la preuve incombe dans tous les cas au ministère public et à l'administration fiscale à qui il

---

[432] Cass. Crim,. 16 janv. 2013 n° 12-81. 496.

[433] Crim. 5 février 1979, B. N° 48.

[434] Crim. 21 juin 1982, B. N° 165, p. 462.

[435] Crim. 26.10.1995 JCP 08 IV 139.

appartient d'établir la matérialité du délit ainsi que la responsabilité personnelle du prévenu, qui bénéficie toujours de la présomption d'innocence.

L'infraction peut être établie par tout moyen conformément aux dispositions du code de procédure pénale. Les éléments de preuve sont généralement constitués par les déclarations souscrites, par les documents réunis durant les opérations de contrôle ou découverts au moment des perquisitions ou des saisies, par les constatations consignées dans les procès-verbaux ou rapports des agents.

La valeur et la portée des moyens de preuve sont appréciées souverainement par le juge qui se prononce selon son intime conviction conformément aux dispositions du code de procédure pénale.

Les faits sans influence sur la poursuite

La réparation du préjudice, les excuses diverses et la transaction en matière fiscale n'ont aucune influence sur la poursuite engagée contre le délinquant fiscal.

L'article 504 du CGI ne prévoit aucune exemption de poursuite en faveur de celui qui se libère des droits éludés, l'action publique engagée sur la base de ce texte ne peut être affectée dans sa validité par la réparation du préjudice subi par le Trésor[436]

Il a été jugé qu'une transaction intervenue régulièrement ne peut au regard des dispositions de l'article 7 alinéa 2 du code de procédure pénale, ni entraver la mise en mouvement de l'action publique, ni entraîner son extinction puis qu'aucun texte n'en dispose ainsi en matière de contribution directe ou d'enregistrement.

La procédure administrative et la procédure judiciaire engagée sur la base de l'article 504 du code général des impôts sont par leur nature indépendante l'une de l'autre et n'admettent pas les mêmes modes de preuves.[437]

Il s'ensuit que la décision de la juridiction administrative n'a pas au pénal, l'autorité de la chose jugée. Elle ne s'impose pas aux juridictions correctionnelles qui dès lors doivent écarter toute demande de sursis à statuer et ne sont pas liées par la décision du juge administratif.[438]

---

[436] Crim 28 janvier 1971 N° 69-92362.

[437] Crim. 3 janvier 1983. D. 1984-615.

[438] Crim. 20 juin 1983. B. N°189, p 474, Crim. 5 juillet 1976. B. N°264 et Crim.10 mars 1986. B N°96 p 245.

Les pénalités

Indépendamment des sanctions fiscales, les peines principales prévues aux articles 504 et 505 du Code général des impôts sont des peines d'emprisonnement et d'amende :

– Emprisonnement d'un an à cinq ans ;

– Et amende de cent mille (100.000) à deux millions (2.000.000) de francs CFA.

À l'article 510 du code général des impôts, des peines d'emprisonnement d'un (01) mois à six (06) mois et d'une amende de cent mille (100.000) à cinq cent mille (500.000) francs CFA.

La prescription

La date à laquelle l'infraction se réalise ne doit pas être confondue avec celle où sont accomplis les actes l'ayant facilitée ou permise. Ainsi l'infraction est consommée au moment du dépôt de la déclaration mensongère souscrite par le contribuable sans qu'il y ait lieu de faire état de la date à laquelle ont été effectuées les falsifications de pièces comptables ou les manœuvres tendant à justifier l'exactitude de cette déclaration.

S'il s'agit d'une omission volontaire de déclaration, le délit doit être considéré comme commis à la date d'expiration du délai légal fixé pour le dépôt de la déclaration.

Les dispositions du code de procédure pénale précisent que la prescription de l'action publique est interrompue par :

– tout acte, émanant du ministère public ou de la partie civile, tendant à la mise en mouvement de l'action publique ;

– tout acte d'enquête émanant du ministère public, tout procès-verbal dressé par un officier de police judiciaire tendant effectivement à la recherche et à la poursuite des auteurs d'une infraction ;

– tout acte d'instruction tendant effectivement à la poursuite des auteurs d'une infraction.

Le dispositif législatif et institutionnel mis en place pour une lutte efficace de la répression de la fraude fiscale au Bénin

Depuis quelques années, la législation béninoise s'est profondément renforcée aussi bien dans la prévention que dans la lutte contre la délinquance économique et financière.

On peut citer entre autres réformes, l'érection de la chambre des comptes en cour des comptes, la spécialisation des juridictions avec la création du Tribunal de commerce et de la Cour d'appel de commerce, la Cour de Répression des Infractions Economiques et du Terrorisme (CRIET), la Cellule Nationale de Traitement des Informations Financières (CENTIF), l'Agence de gestion et de recouvrement des avoirs saisis et confisqués, les textes législatifs comme le Code pénal, la lutte contre le blanchiment des capitaux, la lutte contre le trafic international de drogue, les lois des finances modifiant et complétant chaque année le code général des impôts, etc.

La loi N°2020-07 du 17 février 2020 modifiant et complétant la loi N°2001-37 du 27 août 2002 portant organisation judiciaire en République du Bénin, telle que modifiée par la loi N°2018-13 du 02 juillet 2018 relative à la création de la CRIET dispose en son article 5 alinéa 3, 5 et 6 nouveau :

« *Il lui est attribué la répression du crime de terrorisme, des infractions à caractère économique ou financier telles que prévues par la législation pénale en vigueur ainsi que la répression du trafic de stupéfiants et des infractions connexes.*

Au sens de la présente loi, constitue une infraction économique celle qui vise les finances de l'État ou dont la réalisation produit des effets sur l'ordre économique ainsi que celles qui constituent une atteinte grave et massive à la santé publique et à l'environnement.

Sans préjudice de l'alinéa précédent, relèvent de la compétence de la CRIET, les infractions suivantes :

– *le terrorisme et les infractions connexes ;*

– *les soustractions et détournements au préjudice de l'État commis par les agents publics lorsque la valeur de la chose soustraite ou détournée est égale ou supérieure à dix millions de francs ;*

– *la corruption des agents publics nationaux et internationaux ;*

– *la corruption dans les marchés publics ;*

– *la corruption dans le secteur public ;*

– *l'enrichissement illicite ;*

– *les vols, extorsions, abus de confiance ou escroqueries lorsque la valeur des biens soustraits, dissipés ou détournés est égale ou supérieure à cent millions de francs ;*

– *le blanchiment des capitaux et les infractions économiques ;*

– ... ».

Mais malgré ce dispositif légal, institutionnel et judiciaire, de grands défis sont encore nécessaires pour la lutte contre la fraude fiscale dans nos pays qui sont à la croisée des chemins pour leur développement socio-économique.

La situation de l'ampleur de la fraude fiscale au Bénin et de l'efficacité de la lutte contre la fraude fiscale

Des entretiens avec les agents de l'administration fiscale, des officiers de police judiciaire et des magistrats ont permis de savoir que la lutte contre la fraude fiscale sur le plan strictement pénal est très marginale au Bénin. Mais l'ampleur de ce fléau est visible avec tout le lot quotidien des dossiers de corruption et de malversations financières connues ces dernières années par les juridictions répressives au Bénin particulièrement la Cour de Répression des Infractions économiques et du Terrorisme (CRIET).

Mesurer l'impact de la corruption sur les finances publiques conduit à s'interroger sur l'évaluation de la fraude fiscale. À partir des résultats de contrôle fiscal, on peut avoir une idée globale sur les chiffres de la fraude fiscale et cela va permettre de mieux la combattre.

Le réel problème à soulever porte sur la collaboration que tous les acteurs de la lutte contre la fraude fiscale doivent entretenir entre eux pour obtenir un résultat à la hauteur de l'impact négatif sur le développement économique. La réalité de cette absence de coopération nous interpelle car le défaut de mutualisation des moyens dans la recherche de l'infraction, des auteurs et des preuves pour les sanctions au pénal peut impacter négativement les efforts dans cette lutte.

Il n'y a pas de statistiques officielles sur les plaintes adressées au procureur par le Directeur général des Impôts. Mais des informations recueillies auprès de l'administration fiscale, la police judiciaire et les autorités judiciaires, montrent qu'il y a beaucoup moins de dossiers de fraude fiscale qui sont renvoyés devant le juge répressif.

Très peu de dossiers sur la fraude fiscale remontent au parquet (les parquets dans les juridictions de droit et le parquet spécial de la CRIET) pour être orientés soit devant le juge de jugement soit devant le juge d'instruction.

Le délit de fraude fiscale n'est pas poursuivi d'office par le ministère public. Il suppose une plainte préalable de l'administration fiscale. Le non-respect de cette formalité substantielle est d'ordre public et doit en être relevé d'office par le juge correctionnel.

L'administration fiscale qui, selon la loi, doit déposer une plainte pour faire engager les poursuites pénales par le procureur de la République, le fait très rarement.

Les quelques dossiers de fraude fiscale portés à la connaissance du Procureur de la République, après enquêtes de police judiciaire, sont orientés en majorité devant le juge de jugement et très peu font l'objet d'une ouverture d'information devant le juge d'instruction. Ces dossiers se terminent par des peines d'emprisonnement avec des peines d'amende.

Une autre réalité qui s'observe dans les unités de police, c'est qu'à l'occasion des enquêtes de police judiciaire dans les affaires de malversations financières ou de crimes économiques (l'escroquerie, la fausse attestation, les faux en écriture, le blanchiment de capitaux, les abus de biens sociaux), c'est la police judiciaire qui invite les services du fisc pour vérifier d'éventuelles infractions de fraude fiscale. Avec la particularité de cette infraction, il est souvent difficile pour en rassembler les éléments constitutifs à cette étape. Soit les agents de l'administration fiscale ne collaborent pas avec la police, soit la police judiciaire monte son dossier à envoyer au procureur de la République avec les infractions habituelles citées plus haut et soutenues par l'infraction de fraude fiscale. Cette dernière infraction ne résiste pas devant le juge répressif qui prend généralement une décision de relaxe du prévenu pour infraction non constituée ou par une irrecevabilité pour cause de défaut de plainte préalable de l'administration fiscale. Quelles peuvent être les raisons qui justifient ou expliquent cette quasi-inexistence de dossiers répressifs en matière de fraude fiscale ?

On ne peut pas soutenir qu'il n'existe pas la délinquance fiscale au Bénin. Par contre, on peut dire sans risque de se tromper que d'abord l'administration fiscale emploie très souvent la méthode de la transaction pour régler les fraudes fiscales constatées lors des opérations de contrôle fiscal avec le paiement de pénalités et d'amendes et ensuite qu'il n'y a jamais eu de bonne collaboration entre les services de police judiciaire et les agents de l'administration fiscale pour cerner tous les contours de cette infraction et permettre au juge répressif d'aller jusqu'au bout dans la lutte contre ce fléau.

Les perspectives pour une efficacité dans la répression de la fraude fiscale

– Adopter par le gouvernement une politique stratégique nationale de la prévention et de la lutte contre la fraude fiscale ;

– Faire une évaluation périodique chiffrée de la prévention et de la lutte contre la fraude fiscale ;

– Encourager l'administration fiscale à maintenir la transaction pénale mais aussi à porter plainte pour faire engager les poursuites pénales ;

– Encourager la coopération entre les services de police judiciaires, le parquet et les agents de l'administration fiscale.

Je vous remercie

LES CONTRATS INTERNATIONAUX ET LA PRÉVENTION DE LA FRAUDE FISCALE

Nagib DIOP

INTRODUCTION

Selon Pierre LEVINE : « *le paradoxe de l'évasion et de la fraude fiscale de caractère international est que ce phénomène qui est au centre des préoccupations, tant sur le plan interne que sur le plan international demeure un phénomène récent et méconnu. Ce paradoxe explique du reste les balbutiements de la lutte contre l'évasion fiscale de caractère international* »[439]. Ces considérations appellent à la distinction entre les notions voisines que sont la fraude et l'évasion fiscales.

L'évasion fiscale est très complexe à définir. Elle relève de l'optimisation et de la fraude. Selon le conseil des prélèvements obligatoires, il s'agit de l'ensemble des comportements du contribuable qui vise à réduire le montant des prélèvements dont il doit normalement s'acquitter. S'il a recours à des moyens légaux, l'évasion entre alors dans la catégorie de l'optimisation. À l'inverse, si elle s'appuie sur des techniques illégales ou dissimule la portée véritable de ses acteurs, l'évasion s'apparente à des fraudes[440].

À partir du moment où, le contribuable cherche à emprunter les voies de la minimisation de sa charge fiscale, les pouvoirs publics se sont investis pour protéger leurs ressources fiscales. De nos jours, les travaux internationaux se déroulent, pour une part importante, dans le cadre du forum mondial sur la transparence et l'échange de renseignement à des fins fiscales. Ce forum est une vaste enceinte multilatérale créée en 2001 et qui rassemble maintenant plus d'une centaine d'États

---

[439] P. LEVINE, *La lutte contre la fraude et l'évasion fiscale de caractère international en l'absence et en présence de conventions internationales*, Paris, LGDJ, 1988, p. 27.

[440] J. P. DOUVIER & I. ZIVANOVIC, « Échange d'informations fiscales sur demande et automatique : principe et limite de l'assistance administrative », *Bulletin Francis lefebvre*, n° 1, 2018, p. 5.

membres[441]. Toutes ces actions menées visent à prévenir la fraude fiscale dans les différents échanges internationaux ou contrats internationaux.

Les contrats internationaux sont considérés comme ceux ayant un élément d'extranéité c'est-à-dire qu'au moins un de leurs éléments les lie avec des ordres juridiques étrangers. L'élément d'extranéité peut venir des lieux où les contractants sont situés. Pour les premiers, l'élément d'extranéité peut venir des lieux où le contrat a été préparé ou conclu, du ou des lieux où doivent être réalisées les prestations contractuelles et si l'on peut distinguer des précédents du lieu de situation de la chose meuble ou immeuble sur laquelle porte le contrat. Il peut même s'agir des rapports qu'entretient le contrat avec un autre contrat lui-même doté d'extranéité [442].

La prévention de la fraude fiscale s'appréhende autour des différentes actions menées par les pouvoirs publics ou à travers les instances internationales pour endiguer les velléités de dissimulation de la base imposable par le contribuable.

La problématique qui se pose dès lors est de savoir quels sont les canaux de prévention de la fraude fiscale dans les contrats internationaux ?

Répondre à cette question peut être une véritable gageure. Les contrats internationaux ne se sont pas fixés comme objectif de lutter contre la fraude ou l'évasion fiscales de caractère international. Les diverses clauses qui les composent s'articulent autour : de la force majeure dans les contrats de construction, la limitation des risques en cas de retard ou de livraison d'un bien non conforme dans les contrats de vente, l'aménagement contractuel de la responsabilité, les clauses relatives au changement de circonstances dans les contrats à long terme, les clauses de best efforts et enfin les Warranties & representations-matérial adverse change[443].

Partant de ce postulat, la prévention de la fraude fiscale dans les contrats internationaux devrait trouver son fondement soit dans le droit interne soit dans le droit conventionnel. En prenant comme référence le droit interne, l'article 679 de la loi 2012-31 du 31 décembre 2012 portant code général des impôts énumère les comportements synonymes de fraude fiscale. Il s'agit entre autres de la soustraction frauduleuse totale

[441] B GOUTHIERE, « Échange de renseignement et assistance administrative internationale : où en est-on », *Bulletin Francis Lefebvre*, n°3, 2014, p. 44.

[442] M E ANCEL, P DEUMIER & M. LAAZOUZI, *Droit des contrats internationaux*, Paris, Dalloz, 2020, p. 7.

[443] D. PHILLIPE, L*a rédaction des contrats internationaux*, Bruylant, 2012, 280 pages.

ou partielle d'un impôt, responsable d'un déficit constaté au cours d'un transport qui résulterait d'une mise à la consommation frauduleuse ; du détournement d'impôts, droits, taxes redevances ainsi que les intérêts, amendes et pénalités dus ; quiconque bénéficie indûment d'un remboursement d'impôts de quelque nature que ce soit, quiconque organise ou aggrave frauduleusement son insolvabilité en vue de faire échapper à l'impôt tout ou partie de ses biens, par l'augmentation de son passif, la diminution de son actif ou la dissimulation de tout ou partie de ses biens.

Au plan international, les critères permettant de soupçonner une fraude fiscale sont l'utilisation de sociétés-écrans, la réalisation d'opérations financières par des sociétés dans lesquelles sont intervenus des changements statutaires fréquents non justifiés par la situation économique de l'entreprise, le recours à l'interposition de personnes physiques n'intervenant qu'en apparence pour le compte de sociétés ou de particuliers impliqués dans des opérations financières, la réalisation d'opérations financières inhérentes au regard des activités habituelles de l'entreprise ou d'opérations suspectes dans les secteurs sensibles à la fraude de la TVA, etc[444].

Si l'assistance administrative est considérée comme le pivot de la lutte contre la fraude fiscale dans le dispositif conventionnel. Rappelons que certains articles ont un dispositif de lutte contre les abus. Il peut s'agir de la définition du critère de la résidence, de l'établissement stable, des entreprises associées et de la notion de bénéficiaire effectif, etc.

Nous étudierons tour à tour **la prévention de la fraude fiscale dans les contrats internationaux par les mécanismes de droit interne** I et **la prévention de la fraude fiscale dans les contrats internationaux par les mécanismes du droit conventionnel** II

I. LA PRÉVENTION DE LA FRAUDE FISCALE DANS LES CONTRATS INTERNATIONAUX EN L'ABSENCE DE DROIT CONVENTIONNEL

Paul TAYLOR parlant de groupage des attributs étatiques de la souveraineté dont une part serait confiée à l'exercice collectif par l'union et le commissaire européen Mario Monti déclarait dès 1998 qu'on ne pouvait pas construire une économie de marché sans un minimum de

[444] M DJOUHRI, *L'évolution du contrôle fiscal depuis 1945 : Aspect juridique et organisationnel*, Paris, LGDJ, p. 333.

coordination fiscale[445]. Les échanges commerciaux conduisent forcément à une synchronisation des actions des différentes administrations. Cela passe par les contrôles fiscaux simultanés (A) et les contrôles fiscaux à l'étranger (B).

A- Les contrôles fiscaux simultanés

Le contrôle fiscal simultané est un contrôle entrepris en vertu d'un accord par lequel deux ou plusieurs États conviennent de contrôler simultanément et de manière indépendante, chacun sur son territoire, la situation fiscale d'un ou de plusieurs contribuables. Aux termes de l'article 579 du Code général des Impôts[446], *l'administration fiscale peut convenir avec les administrations des autres États contractants de procéder à des contrôles simultanés, chacune sur le territoire de l'État dont elle relève, en vue d'échanger les renseignements ainsi obtenus. Il porte sur des contribuables présentant pour les États qui s'y engagent un intérêt commun ou complémentaire en vue d'échanger les renseignements ainsi obtenus.*

Le contrôle simultané est mis en œuvre en matière d'impôts directs, lorsque la situation d'un ou de plusieurs contribuables présente un intérêt commun ou complémentaire pour un ou plusieurs États ayant conclu avec le Sénégal une convention. Les contrôles fiscaux simultanés contribuent à mettre en lumière la manipulation ou l'abus des lois et procédures en vigueur dans chaque pays[447].

Ce mécanisme permet également aux administrations fiscales de vérifier simultanément plusieurs entités de groupes multinationaux, par exemple pour vérifier leur politique de prix de transfert. Son intérêt réside bien entendu dans son caractère simultané en ce qu'il permet de mettre plus facilement en évidence les éventuelles irrégularités fiscales commises (volontairement ou non) par ces groupes. C'est ainsi que cette forme de contrôle fiscal a pu être qualifiée d'« *extrêmement dangereuse*[448] *pour le système cardiaque du président de la société*

---

[445] M. M. PADOVANI, « Actualité de la frontière fiscale », *Gestion et Finances Publiques*, n° 12, 2011, p. 912.

[446] Loi 2012-31 du 31 décembre 2012.

[447] El H. D. BA, *Procédures fiscales*, L'Harmattan, p. 30.

[448] P. RASSAT, « Les paradis fiscaux », *in 46e congrès de l'ordre des experts-comptables RFC 1992*, n° 230, p28 cité par J. NIRMAL THOMAS dans sa thèse de doctorat sur la thématique : Le contrôle fiscal des opérations internationale, p. 116.

vérifiée »[449]. Dans la même veine, KALLERGIS affirme : « *ce mécanisme présente un intérêt particulier dans le cas des entreprises associées et de manière plus générale pour des opérations économiques dont les différents fragments, réalisés sur des territoires différents, présentent une unité*[450] ».

Grâce à ces échanges de renseignements rapides et efficaces, le fisc peut cerner au mieux la situation économique d'un contribuable. Les contrôles fiscaux simultanés sont donc une autre forme d'assistance mutuelle, qui vise principalement les grandes questions qui se posent en matière d'échanges internationaux. En sus des échanges intra-groupes, ils peuvent aussi porter sur des sociétés indépendantes, mais unies par une communauté d'intérêts susceptible de générer une fraude au détriment des États dans lesquels elles sont installées[451]. Sous un autre angle, les contrôles fiscaux simultanés sont considérés comme un préalable à l'assistance administrative. Le travail de collaboration effectué par les administrations fiscales permet de dégager des renseignements utiles à l'amorce de l'assistance administrative. Ainsi, les demandes de renseignement sont élaborées dans les détails et facilitent le travail de l'administration de l'État requis[452].

Au sein de l'espace UEMOA, le règlement de 2008 fixant les règles de prévention de la double imposition prévoit le mécanisme d'un contrôle fiscal simultané. En effet le point 6 de l'article 33 dispose : « *les administrations fiscales des États membres peuvent également s'entendre, pour instituer une procédure de vérification conjointe, entre deux ou plusieurs États membres, lorsque certains contribuables installés dans chacun des États intéressés présentent dans leurs opérations des comptes de liaison entre succursales ou filiales. Elles en informent la commission.* »

---

449 J. N. THOMAS, *Le contrôle fiscal des opérations internationales*, Thèse de doctorat, présentée et soutenue le 9 décembre 2003 sous la direction du Professeur G. GEST, Université de Paris II, p. 116.

450 A. KALLERGIS, *La compétence fiscale*, Paris, LGDJ, 2018, p. 563.

451 R. KILIC, « L'instrument privilégié de la lutte contre l'évasion et la fraude fiscale : la coopération administrative internationale en matière fiscale », *Gestion & Finances Publiques,* n° 12, 2011, p. 930.

452 Département du développement économique et social (ONU), Coopération internationale en matière fiscale, *in Rapport du groupe spécial d'experts de la coopération internationale en matière fiscale sur les travaux de sa sixième réunion,* New York, 1992, p10 voir également OCDE, *Principes de l'OCDE applicables en matière de prix de transfert à l'intention des entreprises multinationales et des administrations fiscales*, Paris, Ed OCDE, 2022, p. 223.

Cet article permet aux États membres d'appréhender les opérations des groupes multinationaux installés dans divers États membres de l'UEMOA. Parmi les traités bilatéraux signés par le Sénégal, la convention fiscale sénégalo-mauritanienne[453] régit ce mécanisme aux termes de l'article 29-4 : « *Les administrations fiscales des États contractant peuvent s'entendre également pour instituer une procédure de vérification conjointe, lorsque certains contribuables installés dans les deux États présentent dans leurs opérations des comptes de liaison entre succursales ou filiales* ». Toutefois, nous ne manquerons de souligner la rareté de cette clause dans les conventions signées par l'État du Sénégal. Le droit interne sauve la face dans la mesure où il régit également ces procédés spécifiques de contrôle fiscal.

Dans la pratique, la procédure est menée conformément à la législation de chaque État contractant. Ainsi, les contrôleurs procédant à des contrôles fiscaux simultanés sont chargés d'effectuer les contrôles fiscaux simultanés conformément aux plans d'intervention élaborés par le chef d'équipe (c'est-à-dire le représentant désigné), notamment identifier, rassembler et analyser les renseignements pertinents, questionner les contribuables et leurs représentants, établir le procès-verbal des réunions et participer à la préparation du rapport final. Il s'agit d'une procédure qui se déroule en dix (10) étapes :

- la sélection initiale des affaires ;
- la décision d'entreprendre le contrôle ;
- contrôle préliminaire ;
- contact avec les contribuables ;
- réunion de programmation initiale ;
- rencontre et entretien avec les contribuables ;
- contrôle approfondi;
- achèvement du contrôle ;
- préparation du rapport final ;
- mise en œuvre des améliorations recommandées[454].

---

[453] Signée le 9 Janvier 1971, entrée en vigueur le 1er janvier 1973 publiée au J. O. du 24 avril 1976.

[454] OCDE, « Module sur les contrôles fiscaux simultanés », *in Manuel de mise en œuvre des dispositions concernant l'échange de renseignement à des fins fiscales*, 2006, pp. 9-60 pages.

Le mérite de ce mécanisme a été reconnu à plus d'un titre. Pour Alexandre Laumonier : « *l'usage de ce procédé endigue toute possibilité de double imposition. Comme il a été évoqué un peu plus haut il appartient aux administrations fiscales avant de clôturer les travaux d'analyser en vue de supprimer une quelconque double imposition* »[455]. Les agents du fisc peuvent également se rendre à l'étranger pour l'exercice du droit de communication.

B- Les contrôles fiscaux à l'étranger

Cette forme de coopération implique une logistique particulière. En effet, elle nécessite de disposer d'agents capables de se rendre sur place et de pouvoir communiquer dans la langue de l'État d'accueil et spécialement formés à cet effet. Il en découle que le contrôle fiscal à l'étranger ne peut être mis en œuvre que de façon restrictive. L'étape la plus importante est celle consistant à obtenir l'autorisation de l'État requis pour la participation d'un Agent étranger. L'État requis fournit des informations relatives à un contribuable de l'autre État. Sur la base de ces renseignements, l'État requérant décide ou non d'effectuer une demande d'autorisation de participer au contrôle fiscal. Lorsque l'État requérant le décide, l'État requis est alors en droit d'accepter ou de refuser cette demande. En cas d'acceptation, l'État requis indique à l'État requérant le calendrier du contrôle fiscal et les procédures utilisées[456].

Toutefois, on n'ignore pas que dans certains États, la présence d'un représentant de l'autorité fiscale étrangère peut être considérée comme une atteinte à la souveraineté ou contraire à la politique ou aux procédures qui découlent du droit national. Il n'ignore pas non plus qu'il existe même des États où le contribuable peut s'opposer à une telle présence, ou que ladite présence peut être admise sous certaines conditions. Ainsi, en matière de contrôle fiscal à l'étranger, les accords internationaux offrent aux parties contractantes une possibilité[457]. Pour le Docteur El Hadji Dialigué BA, *le contrôle fiscal à l'étranger constitue un frein orchestré contre la souveraineté fiscale des États, en ce qu'il autorise les agents d'une administration étrangère d'avoir*

---

[455] A. LAUMONIER, *La coopération entre états dans la lutte contre la fraude et l'évasion fiscale internationale,* Paris, LGDJ, 2019, p. 121.

[456] M. DJOUHRI, *L'évolution du contrôle fiscal depuis 1945 : aspect juridiques et organisationnels*, *op. cit.*, p. 355.

[457] H. A. C. NOTAROBERTO BARBOSA, *les échanges internationaux de renseignements fiscaux,* Thèse de doctorat, présentée et soutenue en 2017 à l'université de Paris II sous la direction du professeur Jean Claude MARTINEZ, p. 272.

directement accès à la comptabilité d'une entreprise ne relevant pas de leur compétence[458].

Dans ce sillage, la question qui se pose est de savoir dans quelle mesure l'intervention de l'agent étranger sur le territoire étatique constitue une dérogation à la règle de « *stricte territorialité* » des règles fiscales internes. Si cette intervention peut avoir comme but la réalisation du droit fiscal étranger, la procédure dans l'étendue de l'État territorial sera sans doute régie par les règles et garanties procédurales mises en place par l'État territorial[459].

Les collaborations administratives en matière fiscale peuvent mettre en péril les droits et garanties des contribuables, surtout pour ce qui concerne le secret professionnel. Mais, s'ils sont bien menés, les contrôles conjoints seraient particulièrement efficaces, dans la mesure où, l'administration qui se déplace dispose de la presque totalité des renseignements relatifs à un contribuable. Ainsi, les limites de l'échange de renseignement par voie épistolaire se trouveraient neutralisées. En effet, il peut parfois s'avérer utile de se rendre dans un pays étranger pour y recueillir des renseignements relatifs à une affaire donnée[460].

Toutefois, lorsque le pays qui accueille les agents des impôts étrangers, autorise seulement l'observation de certaines étapes du contrôle, ou prendre contact uniquement avec les agents du pays requis, on parle de contrôle fiscal à l'étranger passif. Dans la forme passive les fonctionnaires « *visiteurs* » sont sous le strict contrôle de leurs collègues « *domiciliés* », et ils ne sont pas autorisés à s'entretenir librement avec les contribuables ou d'autres personnes intéressées. Ils ne peuvent participer activement à un contrôle sur le territoire étranger. Au contraire, si l'État requis permet aux fonctionnaires des impôts étrangers de mener des entretiens et d'examiner des documents concernant les contribuables en question, on parle de la forme active du contrôle fiscal à l'étranger. Pour Ramazan Kilic, *de tels contrôles fiscaux sont utiles lorsque la loi permet au contribuable de conserver des documents comptables dans un pays étranger et qu'il accepte que le fonctionnaire se rende dans le pays étranger plutôt que de lui fournir les livres et enregistrements comptables dans son pays de résidence*[461].

---

[458] E. D. BA, *Procédures fiscales*, L'HARMATTAN, 2016 p. 31.
[459] A. KELLERGIS, *La compétence fiscale*, *op. cit.*, p. 563.
[460] E. D. BA, *Procédures fiscales*, *op. cit.*, p. 31.
[461] R. KILIC, « L'instrument privilégié de la lutte contre l'évasion et la fraude fiscale : la coopération administrative internationale en matière fiscale », *op. cit.*, p. 930.

Cette démarche innovante dans les procédures fiscales consolide l'extraterritorialité du droit de communication. Les agents en mission à l'étranger acquièrent une vision pratique des difficultés qui surgissent sur le terrain, et l'assistance administrative est plus rapide. Ils sont considérés comme des exécutants qui ne prennent pas des décisions autonomes, et qui s'en remettent à l'autorité hiérarchique de leur administration fiscale d'origine. Ainsi, les activités menées bien qu'elles soient « *nomades* » en apparence, sont très encadrées. Tous les actes sont soumis au strict respect de la législation du pays concerné[462].

En dehors de missions de contrôle ponctuel, certains États comme la France ont mis en place la notion d'attachés fiscaux. Ce vocable permet de prolonger la durée de représentation à l'étranger. Si les attachés fiscaux sont des interlocuteurs directs en représentant directement l'administration fiscale d'origine auprès de l'administration fiscale d'accueil et des contribuables à l'étranger, néanmoins cela n'est que le prolongement des conventions fiscales internationales[463]. Les attachés fiscaux sont surtout présents dans les pays entretenant avec la France de vastes échanges au plan commercial[464].

II. LA PRÉVENTION DE LA FRAUDE FISCALE DANS LES CONTRATS INTERNATIONAUX PAR LE DROIT CONVENTIONNEL

La lutte contre la fraude fiscale est l'un des objectifs de premier rang des conventions fiscales. Comme évoqué un peu plus haut, le droit conventionnel dispose d'une batterie de mesures pour lutter contre la fraude et l'évasion fiscales de caractère international. L'assistance administrative est généralement un procédé que les administrations activent à postériori de la déclaration faite par le contribuable. C'est sans doute pour cette raison qu'il est judicieux de se focaliser sur les critères qui permettent de déjouer les velléités de fraude. Il s'agit du treaty-shopping (A) et de la notion de bénéficiaire effectif (B).

---

462 R.N.J KAMERLING & V. D. VAN DER HEL, « International Exchange of Information and Multilateral Tax Auditing : Towards an Intra-Community Approach ? » *in Intertax,* Vol 31, Issue 1, 2003, P6 et s cité par Selçuk ALTINDAG p. 288.

463 S. ALTINDAG, *La concurrence fiscale dommageable : la coopération des Etats membres et des autorités communautaires,* Paris, L'Harmattan, 2009, p. 289.

464 E. ROBERT, *Elément d'une théorie de la frontière appliquée au droit fiscal*, Thèse de doctorat, Université de Paris II, Septembre 2011, p. 379.

A- La notion de bénéficiaire effectif

Il ne fait point de doute que les conventions fiscales sont pour les résidents des outils leur permettant de jouir d'un certain nombre d'avantages. Cette situation conduit à vouloir jauger du caractère large ou étroit du réseau conventionnel d'un État ou d'un autre. La notion de domicile fiscal est donc fondamentale en matière fiscale[465]. L'article 1er du modèle de convention fiscale précise : « *la convention s'applique aux résidents d'un des États contractants ou aux résidents des deux États contractants* ».

La notion de résidence est donc fondamentale. Elle a presque complètement éclipsé le concept concurrent de la nationalité sur lequel reposait le champ d'application des conventions les plus anciennes (exemple : convention franco-américaine de 1932). La nationalité ne joue plus qu'un rôle secondaire : on ne la retrouve guère que dans les articles se rapportant aux rémunérations et pensions publiques ou dans les clauses dites d'égalité de traitement ou de non-discrimination entre nationaux et étrangers[466].

Pour Jérôme Nirmal THOMAS : « *cette formule utilisée par les conventions fiscales se borne tout simplement à préciser que ces dispositions s'appliquent aux seuls résidents sans pour autant préciser à qui incombe la charge de la preuve de la qualité de résident* ». Une distinction doit être ici faite : alors que les contribuables doivent apporter la preuve de leur propre qualité de résident, la situation est toutefois différente lorsque la preuve à apporter concerne la résidence d'un tiers. Ce dernier point a en effet été tranché par les juges du palais royal dans l'important arrêt « *Diebold* »[467] à travers lequel ils censurent, pour erreur de droit, la décision de la Cour administrative d'appel[468] de Paris de faire peser cette charge de la preuve à l'encontre de l'administration fiscale. Cela ne signifie pas pour autant que la charge de la preuve pèse sur les contribuables : le Conseil d'État a décidé qu'il appartenait au juge d'apprécier ce point au vu du dossier qui lui est soumis par l'administration et le contribuable conformément aux

[465] S. MADANY SY, « Réflexion sur les dispositions essentielles de la convention fiscale franco-sénégalaise en matière de double imposition se rapportant aux impôts sur le revenu », *Mélanges en l'honneur du professeur Paul Marie GAUDEMET*, Economica, 1984, p. 904.

[466] G. TIXIER, G. GEST & KEROGUES, *Droit fiscal international*, Paris, PUF, 2e éd, 1990, p. 166.

[467] CE 13 octobre 1999 Diebold Courtage SA.

[468] CAA Paris 25 juillet 1997.

conclusions de Gilles Bachelier qui préconisait de retenir un régime de preuve objective[469].

Pour mieux canaliser les effets de la convention et lutter contre les bénéficiaires apparents, la notion de bénéficiaire effectif a été instituée pour une meilleure attribution des revenus passifs. La référence au bénéficiaire effectif figure dans le modèle de convention fiscale proposé par l'OCDE aux articles 10, 11 & 12, relatifs aux dividendes, intérêts et redevances ; elle répond au souci de ne pas réduire l'impôt prélevé dans un État lorsqu'un intermédiaire, tel qu'un agent ou un mandataire, s'interpose entre le créancier et le débiteur, à moins que le bénéficiaire effectif ne soit un résident de l'autre État contractant. Le comité des affaires fiscales de l'OCDE indique, à ce propos, que le terme « *bénéficiaire effectif* » n'est pas utilisé dans une acception étroite et technique, mais doit être entendu dans son contexte et à la lumière de l'objet et du but de la convention, notamment pour éviter la double imposition et prévenir l'évasion et la fraude fiscales[470]. La présence d'un établissement stable dans le cadre des relations triangulaires peut générer des difficultés d'interprétation. C'est pourquoi, le Conseil d'État dans l'affaire[471] « *Société Mécatronic* » précise : « *qu'un établissement stable autre qu'un siège de direction n'est pas résident fiscal et ne peut revendiquer l'application d'une convention fiscale dans ses relations avec une entité autre que le siège de la société qui le détient* ».

La notion de bénéficiaire effectif des conventions fiscales a fait l'objet d'une précision par la doctrine administrative fiscale sénégalaise. Suite à une affaire soumise à son appréciation par voie de recours hiérarchique, le Directeur général des Impôts et des Domaines prétend que la cession gratuite de créance entre une société de droit australien et sa filiale mauricienne n'a été opérée que dans le seul but de se décharger de la retenue de 16 % prévue à l'article 143[472]. Pour l'autorité administrative, le service d'assiette est fondé à conclure que la société australienne est le bénéficiaire effectif des intérêts servis par la société sénégalaise. En l'absence d'une convention fiscale entre le pays du

---

469 J. NIRMAL THOMAS, *Le contrôle fiscal des opérations internationales*, Thèse de doctorat, Paris, L'Harmattan, 2004, p. 33.

470 B. GOUTHIERE, *Les impôts dans les affaires internationales*, Paris, LGDJ, 2020, p. 1288.

471 CE 20 Septembre 2017 Sté Mecatronic cité par P. OUDENOT, *Fiscalité approfondie des sociétés*, Paris, LexisNexis, 2020, p. 21.

472 Loi 92-40 du 9 juillet 1992 portant Code général des Impôts.

débiteur et le pays du créancier, la retenue à la source prévue par le droit interne doit faire droit[473].

La détermination de la qualité de résident conventionnel doit être une préoccupation centrale pour les États importateurs de capitaux. L'État de la source a consenti à un énorme sacrifice en ce qui concerne l'imposition des revenus passifs. Les entreprises multinationales sont de nos jours tentées à vouloir abuser du vaste réseau de conventions fiscales pour réduire substantiellement leur charge fiscale au détriment du budget des États. Cet abus communément appelé treaty-shopping profite au géant du numérique sans pour autant qu'une riposte intelligente ne soit apportée à ce fléau. La régulation des échanges intragroupes permet de freiner les manœuvres frauduleuses du contribuable.

B- La prohibition des avantages indus dans les groupes de sociétés

Les transactions appréhendées dans une politique des prix de transfert sont celles qui ont été réellement effectuées entre des sociétés du même groupe, peu importe si le paiement a déjà eu lieu. Elles devront respecter le principe de pleine concurrence, ce qui est plus vite dit que fait. Le principe de pleine concurrence dépend entre autres du type de transaction envisagée et des circonstances économiques[474]. Depuis le modèle de la convention 1977 de l'OCDE, le paragraphe I de l'article 9 qui traite des transactions entre entreprises associées repose sur le principe fondamental selon lequel les transactions entre entreprises associées doivent être effectuées dans les conditions qui prévaudraient entre entreprises indépendantes.

Ce même principe a été adopté par le groupe d'experts des Nations Unies sur les conventions fiscales entre pays développés et pays en voie de développement. Au demeurant, tant les gouvernements que les entreprises multinationales s'accordent très largement à reconnaître qu'il convient de se référer au principe de pleine concurrence pour déterminer le bénéfice imposable dans de telles situations[475]. Au Sénégal, le Docteur El Hadji Dialigué BA indiquait dans sa thèse de

---

[473] Lettre n°203/DGID/DLEC/BC du 08 mars 2013.

[474] T. VANWELKENHUYZEN, *Les prix de transfert*, *op. cit*, p. 213.

[475] OCDE, « Prix de transfert et entreprises multinationales », *Rapport du Comité des Affaires fiscales de l'OCDE,* 1979, p. 9.

doctorat que le principe de pleine concurrence avait une connotation législative et conventionnelle[476].

L'article 17-5 de la loi 2012-31 du 31 décembre 2012 portant CGI fait référence au principe de pleine concurrence à travers ce dispositif : « *À défaut d'éléments précis pour opérer les rectifications prévues aux alinéas précédents, les produits imposables sont déterminés par comparaison avec ceux des entreprises similaires exploitées normalement* ». Dans les conventions fiscales signées par le Sénégal, le principe de pleine concurrence est consacré à l'article 9[477] dénommé « *entreprises associées* » et dans les articles prévoyant l'imposition des revenus passifs à l'image des intérêts et des redevances.

Le transfèrement des capitaux d'un État vers un autre ou de la source vers la résidence s'opère grandement avec les intérêts dans le cadre des prêts intragroupes et les redevances. En ce qui concerne les redevances, le législateur sénégalais a cependant bien pris en compte ces éléments qui caractérisent notre économie. En effet, dans l'exposé des motifs de la loi instituant pour la première fois la retenue BNC, il s'exprime en ces termes : « *Dans les pays en voie de développement comme le Sénégal, le transfert de technologie s'opère pratiquement à sens unique et les redevances qui peuvent être versées à ce titre constituent des charges et non des produits pour les entreprises sénégalaises diminuant ainsi l'assiette de l'impôt sur le revenu* ». Il poursuit en affirmant que les règles de territorialité contenues dans le CGI et les conventions fiscales ont tendance à affaiblir l'action de l'administration qui ne dispose pas de moyens légaux pour contraindre les contribuables non établis sur le territoire sénégalais à s'acquitter de leurs obligations fiscales. Pour ce faire un nouvel alinéa a donc été ajouté à l'article 37 du Code général des Impôts. Cinq nouveaux articles : 37 bis, 38 bis,

---

476 E. D. BA, *Le droit fiscal à l'épreuve de la mondialisation : la réglementation des prix de transfert au Sénégal*, Thèse de doctorat, *op. cit.*, p. 147.

477 « Lorsque… les deux entreprises associées sont, dans leurs relations commerciales ou financières, liées par des conditions convenues ou imposées, qui diffèrent de celles qui seraient convenues entre entreprises indépendantes, les bénéfices qui, sans ces conditions, auraient été réalisées par l'une des entreprises, mais n'ont pu l'être en fait à cause de ces conditions, peuvent être inclus dans les bénéfices de cette entreprise et imposés en conséquence ».

47 bis, 48 bis et 49 bis ont été créés pour régler l'imposition des non-résidents[478].

La circulaire[479] d'application de la loi susvisée indique que celle-ci a introduit deux nouveautés en matière de fiscalité directe dans le domaine des paiements à l'étranger. D'abord, elle instaure une retenue à la source sur les redevances versées à des personnes résidant à l'étranger. Ensuite, elle opère un renversement de la charge de la preuve au profit de l'administration pour l'application de l'article 23 du Code général des Impôts dont les dispositions ont été commentées par la note N°4256/DGID/LEG.1 du 14 juin 1983. Toutefois, la retenue à la source[480] n'est exigible au sens de la circulaire, que chez le débiteur disposant d'installation professionnelle permanente au Sénégal qui versent des sommes à un créancier n'ayant aucune installation au Sénégal.

L'admission d'une déduction illimitée des intérêts d'emprunt pose un problème particulier lorsqu'une entreprise, au lieu de s'endetter auprès de tiers, le fait auprès de ses propres associés. Il existe en effet plusieurs raisons qui peuvent conduire à privilégier le financement par la dette plutôt que par le capital. Premièrement, la rémunération du capital au moyen du paiement de dividendes n'est pas déductible du résultat imposable. Une société a donc fiscalement avantage à s'endetter puisque la rémunération du prêteur (intérêt) est en principe déductible. Deuxièmement, les associés eux-mêmes peuvent avoir intérêt à privilégier la solution de l'endettement[481]. Le couple État de source-État de résidence peut également être à l'origine du choix de financement par endettement et ce pour deux raisons.

Dans le premier cas, si le niveau de l'impôt cédulaire dans l'État de résidence de l'actionnaire est plus bas que dans l'État de la société de capitaux, on peut aboutir à des excédents d'imputation neutres du point de vue fiscal lors de la réception de dividendes et de l'application de la méthode d'imputation, notamment en cas d'application de la limitation « *percountry* ». En cas de financement par l'emprunt, la charge fiscale globale est limitée au niveau de l'impôt cédulaire (le moins élevé) dans

---

[478] Loi n° 83-47 du 5 juillet 1983 complétant le Code général des impôts, relative à l'imposition des redevances versées à des personnes résidant à l'étranger JORS N° 4961 du 13 août 1983.

[479] Circulaire d'application n°08/01/DGID/LEG. 1 du 10 Décembre 1983.

[480] Il est précisé que la retenue à la source doit être faite au moment où le paiement est effectué et quel que soit la forme de celui-ci (versement en numéraire, inscription au crédit d'un compte, virement de Banque, paiement en nature etc.

[481] D. GUTMANN, *Droit fiscal des affaires*, Paris, LGDJ, 2019, p. 320.

l'État de l'actionnaire. Dans le second cas, si le niveau de l'impôt cédulaire dans l'État de résidence de l'actionnaire est plus élevé que dans l'État de la société de capitaux, lorsqu'il s'agit d'intérêts, du fait qu'ils sont imposables, on assiste dans l'État de résidence de l'actionnaire à un phénomène de rééquilibrage au niveau de l'impôt dans le dernier État. Si l'État de résidence de l'actionnaire accorde une exemption d'impôt pour les dividendes, le financement propre peut être plus avantageux que le financement par emprunt[482].

L'article 17-1 de la loi de 2012-31 fait mention de la sous-capitalisation comme moyen de transfert indirect de bénéfice. Cependant, le législateur ne spécifie pas les pratiques qui pourraient être synonymes de sous-capitalisation. De l'avis de certains spécialistes, il s'agit d'une forme sophistiquée de transfert de bénéfices par le biais d'intérêt. Le schéma consiste à créer une filiale avec un capital très inférieur à ce qu'il devrait être compte tenu des activités de celle-ci, la société mère finançant l'activité de sa filiale via un prêt à long terme, quasi-permanent et générateur d'intérêts[483]. Même si aucune spécification n'a été notée sur le concept de sous-capitalisation, l'article 9 de la loi 2012-31 réglemente la déductibilité des charges financières résultant des emprunts contractés par le contribuable. En effet, seules sont admises en déduction du résultat imposable dans les SA et les SARL, les intérêts ne dépassant pas le capital social. Pour les autres formes de sociétés, la déductibilité des intérêts est conditionnée au fait que les montants empruntés sont tout au plus égaux au capital social. Les précisions de la doctrine administrative vont dans le sens de la disposition précitée. Dans une affaire soumise à son appréciation, l'autorité administrative a soutenu que les intérêts qui rémunèrent les sommes mises à la disposition de la société par l'associé sont déductibles à la seule condition ci-après :

« *Les sommes apportées ne dépassant pas le capital social sont déductibles à condition que ledit capital ait été entièrement libéré* »[484].

---

[482] D. DETLEV & J. PILTZ, « Aspects internationaux de la sous-capitalisation », *Cahier de droit fiscal international*, Vol XXXLb, 1996, p. 154.
[483] T. LAMORLETTE & P. RASSAT, *Stratégie fiscale internationale*, Paris, Maxima, 1997, p. 39.
[484] Lettre n°422/MEFP/DGID/DLEC/BLEG du 12 mai 2015 ; voir aussi Lettre n° 178/DGID/DLEC/BC du 3 Avril 2012.

LA PRÉVENTION DE LA FRAUDE FISCALE ET LE REDRESSEMENT DE LA BASE IMPOSABLE

UN RAPPORT DIALECTIQUE

Géraud A. FAGBEMI

Juriste, haut fonctionnaire à la Direction générale des Impôts
Cadre de l'administration fiscale du Bénin

INTRODUCTION

Au fil des années, la fiscalité est devenue la priorité de l'agenda des dirigeants politiques, notamment ceux des États africains. En effet, l'économie de la plupart des pays en développement repose sur des ressources essentiellement fiscales. De ce fait, la nécessité de mobiliser ces ressources pour financer les infrastructures, la couverture sociale, les soins de santé et l'éducation se fait de plus en plus sentir[485]. Inévitablement, cette dynamique intervient en réponse au constat que la plupart des gouvernements africains « *disposent de relativement moins de recettes publiques et fiscales pour investir dans leur développement que la majorité des économies au revenu plus élevé*[486] ». Au cours des 50 dernières années, on estime que l'Afrique a perdu plus de 1 000 milliards de dollars du fait des flux financiers illicites. Ce chiffre est à peu près équivalent à l'ensemble de l'aide publique au développement reçue par l'Afrique pendant le même laps de temps. Actuellement, on estime que l'Afrique perd plus de 50 milliards de dollars par an du fait des flux financiers illicites[487].

---

[485] F. NIANG, « Le rôle de la fiscalité dans le financement du développement en Afrique », *Afrique et Développement*, vol. 45, no. 1, 2020, pp. 133-48. JSTOR, https://www.jstor.org/stable/26936567. (Consulté le 8 septembre 2023).

[486] S. BONMARTEL *et al.*, *Mobiliser les recettes fiscales en Afrique, un enjeu central pour le développement,* Économie Africaine 2023, p. 2.

[487] Nations Unies. Commission Economique pour l'Afrique, « Flux financiers illicites » : rapport du Groupe de haut niveau sur les flux financiers illicites en provenance d'Afrique. Addis Abeba, 2015.

De l'autre côté, parlant de la mondialisation économique, Castagnede expliquait qu'elle « *était notamment caractérisée par le déploiement à l'échelle planétaire d'activités exercées par de vastes groupes internationaux, dont l'emprise sur le commerce global va croissant : les échanges mondiaux de biens et de services sont aujourd'hui constitués dans une proportion de l'ordre des deux tiers par des échanges intragroupes* »[488]. Du fait de cet effacement des frontières nationales, la mobilité de certains facteurs de production, principalement le capital, dont les principaux détenteurs sont les firmes transnationales, c'est-à-dire les firmes industrielles, les banques et les investisseurs internationaux, a connu une accession systématique. Ces firmes peuvent optimiser leur politique fiscale en transférant leurs bénéfices dans les territoires où ceux-ci seront faiblement imposés.

Planification fiscale, fraude fiscale, évasion fiscale ou encore corruption restent des hydres qui sapent les efforts des gouvernements en matière de mobilisation optimale des ressources fiscales. Considérés, l'un ou l'autre, comme des stratégies à la disposition des contribuables malveillants pour échapper partiellement ou totalement au paiement de l'impôt, ces fléaux ont pour conséquence majeure la diminution du rendement de l'impôt, l'injustice fiscale voire le décalage du système économique.

L'assiette de l'imposition reste la principale cible de ces méthodes d'évitement fiscal. Ainsi, pour obvier à ce fléau, « *l'Afrique doit prendre des mesures audacieuses et tangibles pour consolider son assiette fiscale. Certaines de ces mesures comprennent le renforcement des capacités de perception des impôts nationaux et la réduction significative des flux financiers illicites en provenance du continent* »[489].

Cette approche du Commissaire au développement économique, au commerce, à l'industrie et aux mines de la Commission de l'Union africaine justifie la nécessité pour chaque État africain, de sécuriser son assiette fiscale.

À ce niveau, l'on pourrait être fondé à poser la question de savoir si les systèmes fiscaux des États africains sont assez solides pour sécuriser efficacement l'assiette de l'imposition. En d'autres termes, quelles seraient les normes et pratiques modernes, internationalement admises, que les États peuvent adapter en vue de garantir la maîtrise de leurs

---

[488] B. CASTAGNEDE, « Politique fiscale et mondialisation », La politique fiscale, 2008, pp. 105-123.

[489] A. M. MUCHANGA, OCDE, Transparence fiscale en Afrique 2021 : Rapport de progrès de l'Initiative Afrique, p. 2.

bases d'imposition ? Essentiellement, les différentes réformes du Bénin sur son dispositif normatif permettent-elles encore d'encadrer efficacement sa base imposable dans une dynamique de prévention de la fraude fiscale ? C'est à l'aune de ces interrogations que la présente analyse se veut d'apprécier, au regard de la fiscalité internationale, la capacité du système fiscal béninois à prévenir la fraude.

Par assiette de l'imposition, il faut entendre la base imposable, c'est-à-dire ce sur quoi le tarif va s'appliquer[490]. C'est justement le montant de l'ensemble des revenus d'un individu ou d'un groupe d'individus utilisé par l'administration fiscale pour le calcul de l'impôt et pour fixer le taux d'imposition : la détermination de l'assiette de l'imposition prend en compte à la fois la matière et la personne imposables. En outre, selon le Centre National français de Ressources Textuelles et Lexicales (CNRTL)[491], la prévention peut être définie comme un « *ensemble de mesures destinées à éviter un événement qu'on peut prévoir et dont on pense qu'il entraînerait un dommage pour l'individu ou la collectivité* ». Elle relève d'une démarche d'anticipation, d'une proactivité. Par contre, le redressement relève d'une démarche curative. Au sens purement fiscal, ce terme traduit la « *rectification d'une déclaration fiscale par le service des impôts lorsqu'il constate des insuffisances, omissions ou erreurs dans les éléments déclarés* »[492]. Les métiers de prévention et de redressement, notamment en matière fiscale ont donc besoin d'une force admise de tous pour pouvoir s'imposer : la force de la loi. C'est pourquoi cette analyse se base sur l'aspect juridique de l'assiette de l'imposition.

Réfléchir en termes de prévention et de redressement de la base imposable dans un pays reste un débat qui retient l'attention de nombre de professionnels fiscaux et de chercheurs de toute compétence. Essentiellement, il s'agit d'un sujet qui motive plus les juristes en général, dans la mesure où il appelle à l'analyse du système fiscal mis en place pour lutter aussi bien en amont qu'en aval contre l'affaiblissement du taux de recouvrement. Le bien-fondé de cette démarche sera d'aboutir à la proposition d'érection d'un mécanisme de « *contrainte*

---

[490] J. LAMARQUE, O. NEGRIN et L. AYRAULT, *Droit fiscal général*, 4e Edition, Lexis Nexis, Paris 2016, p. 741.
[491] https://www.cnrtl.fr/definition/pr%C3%A9vention, (consulté le 10 septembre 2023).
[492] CNRTL, *op. cit.*

légitime »[493] solide qui amène tous les citoyens à payer le juste impôt, en vue d'une mobilisation à plein régime des ressources fiscales.

En lien avec les orientations des Programmes d'Action du Gouvernement et des engagements internationaux, l'administration fiscale a engagé des réformes dans le sens de la consolidation du cadre juridique fiscal[494] « *afin de l'adapter aux exigences économiques, sociologiques, technologiques et environnementales* »[495] et de « *favoriser le rendement de l'impôt, l'équité et la justice fiscale* »[496]. Ces réformes ont eu sans doute des impacts sur la performance de l'administration fiscale.

Ainsi, dans ce contexte, nos analyses sur la prévention et le redressement de la base imposable, partiront de l'appréciation de la dynamique des efforts de sécurisation (Section I) pour la confrontation des résultats obtenus aux défis pendants (Section II).

I- UNE SÉCURISATION EN PLEINE REDYNAMISATION

Réunis en septembre 2013 à Saint-Pétersbourg, les dirigeants du G20 ont approuvé un Plan d'action concernant l'érosion de la base d'imposition et de transfert de bénéfices (BEPS). Trois années après, un programme d'élargissement de ce Plan sur tous les pays de l'OCDE et du G20 a suivi. L'objectif était « *d'accompagner la mise en œuvre et le suivi des mesures issues du projet BEPS, permettant la participation des pays et juridictions sur un pied d'égalité* »[497]. C'est ainsi qu'est né le cadre inclusif du projet BEPS en juin 2016. Le projet BEPS peut se comprendre comme « *un ensemble unique de règles faisant l'objet d'un*

---

[493] L'expression « contrainte légitime » est employée par allusion au principe du consentement à l'impôt, expressément consacré par l'article 14 de la Déclaration des Droits de l'Homme et du Citoyen, en termes de : « *Tous les citoyens ont le droit de constater par eux-mêmes ou par leur représentant la nécessité de la contribution publique, de la consentir librement, d'en suivre l'emploi, et d'en déterminer la quotité, l'assiette, le recouvrement et la durée.* » Suivant ce principe, le gouvernement ne peut lever un impôt de par sa simple autorité ; le parlement, en tant qu'assemblée des représentants des citoyens de la nation, doit avoir donné son accord, sans quoi l'impôt n'est pas juridiquement valable, et alors, la contrainte imposée par le gouvernement ne serait pas légitime.

[494] DGI Bénin, Plan d'Orientation Stratégique de l'Administration Fiscale (POSAF) 2023-2027, août 2022, p. 40.

[495] *Idem.*

[496] *Idem.*

[497] OCDE (2015), *Exposé des actions 2015,* Projet OCDE/G20 sur l'érosion de la base d'imposition et le transfert de bénéfices, OCDE, p. 13, *www.oecd.org/fr/fiscalite/beps-expose-des-actions-2015.pdf.*

consensus pour protéger l'assiette imposable tout en offrant aux contribuables une prévisibilité et une certitude accrues »[498].

De l'autre côté, la transparence fiscale, cheval de bataille du Forum mondial sur la transparence et l'échange de renseignements à des fins fiscales (Forum mondial[499]), retient l'attention de la coopération internationale en matière fiscale. Il appert que les pays qui adhèrent à ces différentes organisations devront mettre en œuvre les normes internationales qu'elles préconisent. Le Bénin sera amené à partager l'expérience des normes du projet BEPS et celle de la transparence fiscale.

A- De la mise en œuvre des normes du projet BEPS

En 2017, le Bénin a adhéré au cadre inclusif de l'OCDE (OECD Inclusive Framework). Il a adopté une feuille de route, et s'est ainsi engagé, non seulement à mettre en œuvre les normes minimales (standards minimaux), mais aussi à régler la question des prix de transfert.

1. La mise en œuvre obligatoire

Des quinze actions BEPS, quatre sont obligatoires[500], et font l'objet d'évaluations régulières. Le Bénin s'est essentiellement concentré sur l'Action 13. Il s'agit d'une norme internationale qui fait obligation aux juridictions « *d'améliorer et de mieux coordonner la documentation des*

---

[498] OCDE, (2015), *Les actions du projet BEPS*, https://www.oecd.org/fr/fiscalite/beps/actions-beps.htm# (consulté le 10 septembre 2023).

[499] Voir OCDE, *Forum mondial sur la transparence et l'échange de renseignements à des fins fiscales*, sur www.oecd.org/tax/transparency/. Le Forum mondial a été créé en 2002 sous les auspices de l'OCDE. C'est organisme international qui travaille à la mise en œuvre des normes internationales en matière de transparence et d'échange de renseignements. Il promeut **l'échange de renseignements sur demande** qui exige la transparence des registres bancaires et comptables ainsi que des bénéficiaires effectifs des entités et constructions juridiques, d'une part, et fournit un cadre pour l'obtention d'informations sur demande entre les autorités fiscales, d'autre part, **l'échange automatique de renseignements** qui permet l'échange annuel automatique de renseignements sur les comptes financiers offshore, et **le renforcement des capacités et assistance technique** qui permet aux membres de recevoir un soutien et de bénéficier des outils nécessaires à la mise en œuvre des normes fiscales internationales. En mai 2023, le Forum Mondial compte 168 juridictions membres et a réalisé des progrès considérables dans la mise en œuvre des normes internationales de transparence fiscale et d'échange de renseignements.

[500] Les cinq Actions obligatoires du projet BEPS sont : l'Action 5 (Pratiques fiscales dommageables), l'Action 6 (Utilisation abusive des conventions fiscales) ; l'Action 13 (Documentation des prix de transfert et aux déclarations pays par pays) et l'Action 14 (Règlement des différends).

prix de transfert, ce qui accroîtra la qualité des renseignements communiqués aux administrations fiscales et limitera les coûts de mise en conformité pour les entreprises »[501].

En effet, à l'issue de l'évaluation de cette Action en 2017, le rapport d'examen par les pairs du Bénin comprenait une recommandation selon laquelle le Bénin devrait prendre des mesures pour mettre en place dès que possible le cadre juridique et administratif interne nécessaire pour imposer les obligations relatives à la déclaration pays par pays et en assurer le respect. En réaction à cette recommandation, et au moyen de la loi n° 2019-46 du 27 décembre 2019 portant loi de finances pour la gestion 2020, il a été introduit, respectivement aux articles 1085 *ter*-2 *bis* et 1085 *ter*-2 *ter*[502] du code général des impôts, l'obligation à toute personne morale établie au Bénin de « *tenir à la disposition de l'administration fiscale (...), une documentation permettant de justifier la politique de prix pratiquée dans le cadre des transactions de toutes natures réalisées avec des entreprises établies à l'étranger avec lesquelles elle a un lien de dépendance ou de contrôle…* », et celle de dépôt d'une déclaration pays par pays. Ces dispositions ont également donné lieu à la prise de deux actes d'application : le premier[503], pour clarifier le contenu de la déclaration pays par pays, et le second[504], pour définir le contenu de la documentation des prix de transfert.

Le Bénin dispose désormais, dans son système fiscal, d'une obligation de déclaration pays par pays qui s'applique à toutes les entités mères ultimes des groupes d'entreprises multinationales au-delà d'un certain seuil et qui exige l'inclusion de toutes les entités constitutives. Cette obligation s'applique pour les exercices ouverts à compter du 1er janvier 2020, et le dépôt est requis 12 mois après la fin de l'exercice de déclaration. Il appert que le Bénin a des exigences d'application pour assurer le respect des règles sur la déclaration pays par pays. Ces mesures font constamment l'objet d'amélioration afin de se conformer aux normes et pratiques internationales. Ainsi en est-il de la disposition

---

[501] OCDE (2015), *Exposé des actions 2015, op. cit.*, p. 19.

[502] Les articles 1085 *ter*-2 *bis* et 1085 *ter*-2 *ter* du code général des impôts de 2020 correspondent respectivement aux articles 470 et 471 de celui de 2023.

[503] Arrêté 2020 n° 0119-c/MEF/DC/SGM/DGI/DLC/015SGG20 du 24 janvier 2020 portant contenu de la déclaration pays par pays visée à l'article 1085 *ter*-2 *ter* du code général des impôts.

[504] Arrêté 2020 n° 0121-c/MEF/DC/SGM/DGI/DLC/016SGG20 du 24 janvier 2020 définissant le contenu de la documentation des prix de transfert prévue à l'article 1085 *ter*-2 *bis* du code général des impôts.

sur la documentation de prix de transfert qui a connu une amélioration simplifiée à l'article 470 du code général des impôts en vigueur. Les détails caractéristiques des conditions de création de lien de dépendance entre entreprises sont simplement élagués pour faire place au principal critère de réalisation d'un chiffre d'affaires annuel hors taxes ou d'un actif brut supérieur ou égal à un milliard (1 000 000 000).

Une autre pratique hostile à l'assiette de l'impôt est le chalandage fiscal. C'est à juste titre que le projet BEPS fait obligation aux pays, à travers l'Action 6, d'empêcher l'octroi des avantages des conventions fiscales lorsqu'il est inapproprié de les accorder. La mise en œuvre de cette norme repose en partie à l'expression, dans une convention fiscale, de « *l'intention des États contractants d'éliminer la double imposition sans créer de possibilités de non-imposition ou d'imposition réduite résultant de comportements de fraude ou d'évasion fiscale, en particulier par le recours à des mécanismes de chalandage fiscal*[505] ». C'est dans cette dynamique que le Bénin va normaliser l'introduction des mesures anti-abus dans toutes ses conventions d'élimination de la double imposition depuis 2019.

Au-delà des quatre normes minimales, pionnières des efforts de mise en œuvre, le Bénin déjà a recouru à d'autres outils obligatoires du Projet BEPS pour contenir les risques de pratiques d'érosion de la base d'imposition et de transfert de bénéfices.

2. La mise en œuvre facultative

Hormis les quatre standards minimaux, les onze Actions restantes ne sont pas obligatoires, bien que l'OCDE recommande vivement leur mise en œuvre. Celles-ci peuvent faire l'objet d'une appropriation bien tempérée et planifiée. Le Bénin s'est d'abord penché sur les Actions 8 à 10 du projet BEPS. Ces actions « *proposent une révision des principes qui s'assurent que les règles en matière de prix de transfert aboutissent à des calculs selon lesquels les bénéfices opérationnels sont attribués aux activités économiques qui les ont générés, ce qui inclut les actifs difficiles à évaluer comme les risques et le capital ainsi que les autres transactions à haut risque* »[506]. De façon particulière, parlant de

---

[505] OCDE (2017), *Empêcher l'octroi inapproprié des avantages des conventions fiscales, Action 6 - Rapport final 2015, Projet OCDE/G20 sur l'érosion de la base d'imposition et le transfert de bénéfices*, Éditions OCDE, Paris. http://dx.doi.org/10.1787/9789264278035-fr (consulté le 10 septembre 2023).

[506] https://www.oecd.org/fr/fiscalite/beps/actions-beps.htm, (consulté le 10 septembre 2023).

« *transactions à haut risque* », l'OCDE[507] instruit que l'Action 10 devrait permettre aux juridictions d'examiner le mécanisme d'attribution des bénéfices issus de transactions contrôlées qui n'obéissent pas à une optique commerciale rationnelle, les pratiques utilisant les règles de prix de transfert pour détourner des bénéfices des activités commerciales principales d'un groupe multinational, et le recours à certains types de paiement entre entités d'un même groupe multinational (frais de gestion, dépenses engagées par le siège) pour réduire la base d'imposition en l'absence d'alignement avec la création de valeur.

Au cours d'une mission du Groupe de la Banque mondiale[508] (GBM) dans le cadre de l'assistance technique au Gouvernement béninois en matière de prix de transfert, des insuffisances ont été relevées dans la loi fiscale, notamment en ce qui concerne le principe de pleine concurrence et la clarification des termes « *contrôle* » et « *dépendance* ». Ce constat a donné lieu, en 2020, au renforcement de la législation fiscale avec la modification des articles 34, 37, 147 et 1096 *quater*, d'une part, et la création de l'article 37 *bis*[509], d'autre part.

Deux avancées majeures sont à retenir. La première a trait à la modification de l'article 37 (article 45 du code général des impôts en vigueur). En effet, cette modification a introduit la notion de pleine concurrence dans la détermination de l'impôt sur le revenu des entreprises liées. Ce principe stipule que le prix demandé dans une transaction entre deux parties liées doit être le même que le prix demandé dans une transaction comparable entre deux parties non liées. Ainsi, aux termes des dispositions du paragraphe 2 de l'article 45 du code général des impôts, « *Les bénéfices indirectement transférés sont déterminés par comparaison avec ceux qui auraient été réalisés en l'absence de lien de dépendance ou de contrôle.* » La seconde avancée tient de l'institution de l'article 37 *bis* dont les dispositions sont portées par l'article 30 de l'actuel code général des impôts. Cet article prévoie les conditions d'admission comme charges déductibles pour l'établissement de l'impôt, les « *intérêts, arrérages et autres produits des obligations, créances, dépôts et cautionnements, les redevances de cession ou concession de licences d'exploitation, de brevets d'invention, de marques de fabrique, procédés ou formules de fabrication et autres*

[507] OCDE (2015), *Exposé des actions 2015, op. cit.*, p. 18.
[508] Voir à ce sujet Banque Mondiale, République du Bénin, Analyse de la mobilisation des recettes fiscales, Rapport préparé dans le cadre d'une étude sur la politique fiscale en Afrique de l'Ouest, décembre 2018.
[509] Les articles énumérés ici sont ceux du code général des impôts 2019.

droits analogues ou les rémunérations de services, payés ou dus par une personne physique ou morale domiciliée ou établie en République du Bénin à des personnes physiques ou morales qui sont domiciliées ou établies dans un État étranger ou un territoire situé hors du Bénin et qui y sont soumises à un régime fiscal privilégié ». Autrefois, la plupart de ces opérations seraient systématiquement admises en charges déductibles dans bien de cas, ce qui constituait une voie ouverte à l'effritement de la base imposable. Même si, dans le lot des conditions générales de déductibilité d'une charge figurent l'exigence de « *se rattacher à la gestion normale*[510] », ou celle de « *correspondre à une charge effective*[511] », ces charges[512] ne portent pas expressément sur les opérations[513] ci-dessus énumérées, prévues avec l'institution de l'article 37 *bis*. Plus particulièrement, cet article met l'accent sur les opérations effectuées entre des personnes domiciliées ou établies au Bénin et des personnes domiciliées ou établies dans un État étranger ou un territoire situé hors du Bénin et qui y sont soumises à un régime fiscal privilégié.

À côté des Actions 8 et 10 BEPS ainsi relativement mises en œuvre, le Bénin a également rafraichi sa législation fiscale dans les sens d'empêcher les mesures visant à éviter artificiellement le statut d'établissement stable (Action 7 BEPS). Généralement, les bénéfices générés par l'activité d'une entreprise étrangère ne sont imposables dans un État que si cette entreprise y dispose d'un établissement stable auquel ces bénéfices sont attribuables. Il s'en déduit que la définition d'un établissement stable contenue aussi bien dans le code général des impôts que dans les conventions fiscales reste déterminante pour établir le droit d'imposition des États. L'absence de certains éléments clés de la définition d'un établissement stable est un moyen d'échapper au paiement de l'impôt, et donc d'érosion de la base imposable. Dans un rapport de 2021, l'OCDE relève que l'article relatif à l'établissement stable de la convention fiscale entre le Bénin et la France (article 3) « *ne fixe pas de seuil temporel précis pour les chantiers de construction ou*

[510] République du Bénin, *Code général des impôts (2019)*, article 21, paragraphe 4, point **a**.

[511] *Idem*, point **b**.

[512] Voir les points **a** à **h** au paragraphe 5 de l'article 21, *op. cit.*

29 Il s'agit des intérêts, arrérages et autres produits des obligations, créances, dépôts et cautionnements, les redevances de cession ou concession de licences d'exploitation, de brevets d'invention, de marques de fabrique, procédés ou formules de fabrication et autres droits analogues ou les rémunérations de services.

de montage[514] ». L'engagement du Bénin à obvier aux failles que porte sa législation fiscale au regard de la définition d'établissement stable a été à la base de plusieurs actions subséquentes. Cet engagement a sous-tendu, non seulement, la position du pays au cours des négociations et des signatures de ses nouvelles conventions fiscales depuis 2019, mais aussi l'introduction, en décembre 2020, de la définition d'établissement stable à l'article 147 *bis* du code général des impôts 2021, reconduite par les codes qui ont suivi[515].

Par ailleurs, l'Action 1 du projet BEPS n'a pas échappé à la mise en œuvre par le Bénin, toujours dans le dessein de sécuriser sa base imposable. Il s'agit d'une norme qui préconise le relèvement des défis fiscaux posés par l'économie numérique à travers « *la collecte de la taxe sur la valeur ajoutée (TVA) à partir du pays où se trouve le consommateur lors de transactions transfrontalières qui concernent des consommateurs finaux*[516] ». Du point de vue juridique[517], le Bénin a pris plusieurs mesures dont tous les domaines ne seront pas toutes évoqués ici. Au plan fiscal, le Bénin dispose, dans son arsenal juridique en vigueur, d'un chapitre[518] sur la « *contribution sur la vente de services de communications électroniques* ». Aux termes des dispositions de l'article 273 du code général des impôts, « *la vente de services effectuée à titre onéreux ou à titre gratuit de communications électroniques sur les réseaux sociaux ouverts au public est soumise à une contribution... ».* S'il convient de préciser que les mesures ainsi prises par l'administration fiscale dans ce cadre ne répondent pas exactement aux exigences de l'Action 1 BEPS, il est important de mentionner que des démarches et réflexions plus approfondies sont constamment engagées. C'est dans ce sens que le Bénin participe aux débats sur le projet de réforme de l'OCDE sur les piliers 1 et 2, aux seules fins de parvenir un jour à une mise en œuvre rationnelle et empirique de l'essentiel des normes du projet BEPS. Ceci permettra au Bénin d'avoir une parfaite maîtrise de

---

[514] OCDE, *Examen des conventions fiscales conclues par le Bénin*, Avril 2021, p. 13.

[515] Voir l'article 6 du code général des impôts 2023.

[516] OCDE (2015), *Exposé des actions 2015, op. cit.*, p. 15.

[517] Dans cette perspective, nous pouvons évoquer, entre mesures opérées par le Bénin : la promulgation de la Loi n° 2017-20 du 20 avril 2018 portant code du numérique en République du Bénin ; l'adhésion (le 7 novembre 2019) et la ratification (le 29 juillet 2020) de la Convention des Nations Unies sur l'utilisation de communications électroniques dans les contrats internationaux (New York, 2005).

[518] Voir le Chapitre 4 du Livre 2 du code général des impôts de 2023, à la p. 129.

sa base imposable au plan interne. La démarche qui permettra d'avoir cette maîtrise au plan international procède de l'assistance administrative.

B- Du renforcement de l'échange de renseignements

À travers la sous-section précédente, nous avons examiné quelques dispositions normatives prises par le Bénin pour prévenir sa base imposable. La présente s'ouvre sur l'analyse des mesures prises pour assurer le redressement de la base imposable.

La pratique, par le Bénin, de l'assistance administrative en général, et celle de l'échange de renseignements, en particulier, est aussi ancienne que la décision de cet État de signer des conventions d'élimination de la double imposition. Déjà en février 1975, la convention entre le Gouvernement de la République française et le Gouvernement de la République du Dahomey tendant à éviter les doubles impositions et à établir des règles d'assistance réciproque en matière d'impôt sur le revenu, d'impôt sur les successions, de droit d'enregistrement et de droit de timbre traitait de l'échange de renseignements en son article 37[519]. Des mesures analogues sont contenues dans les conventions qui ont suivi. L'échange de renseignements n'est donc pas chose nouvelle dans la fiscalité béninoise.

Cependant, ce n'est qu'avec le Forum mondial que des mesures plus opérationnelles seront envisagées par le Bénin au regard des exigences en la matière. Ainsi, dans le cadre de la mise en œuvre de l'échange de renseignements sur demande, le Bénin devra mettre en place le cadre juridique et l'infrastructure de l'échange de renseignements.

---

[519] Article 37 de la convention entre le Bénin et la France stipule : 1. Les autorités fiscales de chacun des États contractants transmettent aux autorités fiscales de l'autre État contractant les renseignements d'ordre fiscal qu'elles ont à leur disposition et qui sont utiles à ces dernières autorités pour assurer l'établissement et le recouvrement réguliers des impôts visés par la présente Convention ainsi que l'application, en ce qui concerne ces impôts, des dispositions légales relatives à la répression de la fraude fiscale. 2. Les renseignements ainsi échangés qui conservent un caractère secret ne sont pas communiqués à des personnes autres que celles qui sont chargées de l'assiette et du recouvrement des impôts visés par la présente Convention. Aucun renseignement n'est échangé qui révélerait un secret commercial, industriel ou professionnel. L'assistance peut ne pas être donnée lorsque l'État requis estime qu'elle est de nature à mettre en danger sa souveraineté ou sa sécurité ou à porter atteinte à ses intérêts généraux. 3. L'échange de renseignements a lieu soit d'office, soit sur demande visant des cas concrets. Les autorités compétentes des États contractants s'entendent pour déterminer la liste des informations qui sont fournies d'office.

1. Le pas de géant effectué

Dans un contexte où il y a une transaction transfrontalière entre personnes installées dans deux pays différents, surtout lorsqu'il s'avère que l'un de ces pays est à faible taux d'imposition, les informations nationales disponibles sur cette transaction ne serviront juste qu'à examiner une partie de l'opération. Ce n'est que l'échange de renseignements qui peut permettre au pays qui le souhaite, d'accéder aux informations disponibles au-delà de ses frontières.

Le 27 novembre 2019, en marge de la douzième réunion plénière marquant le dixième anniversaire du Forum mondial sur la transparence et l'échange de renseignements à des fins fiscales de l'OCDE, le Bénin a été invité à signer la Convention multilatérale sur l'assistance administrative mutuelle en matière fiscale telle qu'amendée par le Protocole d'amendement à la Convention concernant l'assistance administrative mutuelle en matière fiscale 2010 (MAC). Ainsi, après sa ratification le 04 octobre 2021 puis l'accomplissement des formalités de dépôt de l'instrument de ratification le 24 janvier 2023, et en vertu de son article 28[520], la Convention entrera en vigueur pour le Bénin le

[520] ***Article 28 - Signature et entrée en vigueur de la Convention 1.*** *La présente Convention est ouverte à la signature des États membres du Conseil de l'Europe et des pays membres de l'OCDE. Elle sera soumise à ratification, acceptation ou approbation. Les instruments de ratification, d'acceptation ou d'approbation seront déposés près de l'un des Dépositaires.* ***2.*** *La Convention entrera en vigueur le premier jour du mois qui suit l'expiration d'une période de trois mois après la date à laquelle cinq États auront exprimé leur consentement à être liés par la Convention conformément aux dispositions du paragraphe 1.* ***3.*** *Pour tout État membre du Conseil de l'Europe ou pays membre de l'OCDE qui exprimera ultérieurement son consentement à être lié par la Convention, celle-ci entrera en vigueur le premier jour du mois qui suit l'expiration d'une période de trois mois après la date du dépôt de l'instrument de ratification, d'acceptation ou d'approbation.* ***4.*** *Tout État membre du Conseil de l'Europe ou pays membre de l'OCDE qui devient Partie à la Convention après l'entrée en vigueur du Protocole amendant la présente Convention, ouvert à la signature le 27 mai 2010 (le « Protocole de 2010 »), sera Partie à la Convention telle qu'amendée par ce Protocole, sauf s'il exprime une intention différente dans une notification écrite adressée à l'un des Dépositaires.* ***5.*** *Après l'entrée en vigueur du Protocole de 2010, tout État qui n'est pas membre du Conseil de l'Europe ou de l'OCDE peut demander à être invité à signer et ratifier la Convention telle qu'amendée par le Protocole de 2010. Toute demande en ce sens devra être adressée à l'un des Dépositaires qui la transmettra aux Parties. Le Dépositaire en informera également le Comité des ministres du Conseil de l'Europe et le Conseil de l'OCDE. La décision d'inviter les États qui ont demandé à devenir Parties à la Convention sera prise par consensus par les Parties à la Convention par l'intermédiaire de l'organe de coordination. Pour tout État qui ratifiera la Convention telle qu'amendée par le*

1er mai 2023. Une fois que les dispositions de cette convention prendront effet à partir du 1er janvier 2024, le Bénin pourra échanger des renseignements avec plus de cent quarante pays. Ces renseignements portent sur la documentation concernant les prix de transfert, les bénéficiaires effectifs et la propriété légale des personnes physiques et morales, la résidence (confirmation de la résidence, règles de départage), les comptables (par exemple états financiers, factures, contrats), les actifs, les données bancaires (titulaires de comptes, transactions, soldes) ainsi que les déclarations fiscales (revenus et dépenses déclarés).

De ce point de vue, la réussite de bout en bout des démarches ayant abouti à la mise en place du cadre juridique de l'échange de renseignements est une grande avancée dans la marche vers la prévention de la fraude fiscale, c'est un pas de géant. En effet, dans un premier temps, notons qu'aucune forme d'échange de renseignements n'est possible en l'absence d'une base juridique. Dans ce sens, la signature et la ratification de la Convention concernant l'assistance administrative mutuelle en matière fiscale qui, au demeurant, reste un instrument d'échange de renseignements le plus complet, dans la mesure où il couvre un large éventail de taxes, à l'exception des droits de douane et prévoit des formes étendues de coopération couvrant ce large éventail de taxes, viennent pallier le déficit d'instruments juridiques au niveau international, alors que, nous l'avons relevé ci-dessus, la mise en œuvre de l'action 13 BEPS règle ce problème à l'interne.

Protocole de 2010 conformément au présent paragraphe, la présente Convention entrera en vigueur le premier jour du mois qui suit l'expiration d'une période de trois mois après la date du dépôt de l'instrument de ratification auprès de l'un des Dépositaires. ***6.*** *Les dispositions de la présente Convention, telle qu'amendée par le Protocole de 2010, s'appliquent à l'assistance administrative couvrant les périodes d'imposition qui débutent le 1er janvier, ou après le 1er janvier de l'année qui suit celle durant laquelle la Convention, telle qu'amendée par le Protocole de 2010, entrera en vigueur à l'égard d'une Partie ou, en l'absence de période d'imposition, elles s'appliquent à l'assistance administrative portant sur des obligations fiscales prenant naissance le 1er janvier, ou après le 1er janvier de l'année qui suit celle durant laquelle la Convention, telle qu'amendée par le Protocole de 2010, entrera en vigueur à l'égard d'une Partie. Deux Parties ou plus peuvent convenir que la Convention, telle qu'amendée par le Protocole de 2010, prendra effet pour ce qui concerne l'assistance administrative portant sur des périodes d'imposition ou obligations fiscales antérieures.* ***7.*** *Nonobstant les dispositions du paragraphe 6, les dispositions de la présente Convention, telle qu'amendée par le Protocole de 2010, prendront effet à compter de sa date d'entrée en vigueur à l'égard d'une Partie, pour ce qui concerne les affaires fiscales faisant intervenir un acte intentionnel passible de poursuites en vertu du droit pénal de la Partie requérante portant sur des périodes d'imposition ou obligations fiscales antérieures.*

Dans un second temps, l'analyse visant à déterminer si les transactions examinées respectent le principe de pleine concurrence nécessite la vérification de plusieurs éléments d'information. Il s'agit notamment de la réalité juridique et économique des transactions des entités, des informations comptables, bancaires et fiscales, ainsi que de la documentation sous-jacente et de la résidence fiscale. Cette analyse détaillée peut conduire à des questions qui ne peuvent pas nécessairement être traitées avec les informations disponibles au niveau national. Par exemple, lorsque l'on vérifie la réalité juridique et économique des transactions des entités, on peut se poser des questions telles que : s'agit-il d'un montage artificiel ? Utilise-t-on une société-écran ? de l'autre côté, la vérification des propriétaires légaux, des bénéficiaires effectifs et des dirigeants peut donner lieu à des questions supplémentaires sur les entités apparentées et la structure du groupe. Enfin, lors de l'examen des informations comptables, bancaires, fiscales et de la documentation sous-jacente, des informations supplémentaires sur la documentation prix de transfert et d'autres détails tels que les actifs, les employés, les bénéfices peuvent être nécessaires et ne pas être disponibles dans la juridiction chargée de l'examen.

La MAC va désormais aider le Bénin à mieux appliquer sa législation fiscale et à lutter contre la fraude et l'évasion fiscales internationales en fournissant un cadre juridique international pour l'échange d'informations et la coopération en matière fiscale. Aussi révolutionnaire qu'apparaît cette convention dans l'arsenal juridique du Bénin en matière fiscale, son opérationnalisation pour un échange effectif de renseignements entraîne pour l'administration fiscale d'autres mesures indispensables. C'est l'effet domino de l'entrée en vigueur de la MAC.

2. L'effet domino marquant le pas

Comme énoncé ci-dessus, tant l'échange de renseignements nécessite un cadre juridique, tant il exige la mise en place d'une infrastructure pour son opérationnalisation. Cette infrastructure représente à la fois une « *Autorité compétente* » (AC) et une Unité de l'échange de renseignements (UER).

Selon l'ATAF[521], « *le terme "autorité compétente" est utilisé dans les instruments d'échange de renseignements en vue d'identifier la personne qui représente l'État/la juridiction pour l'application de*

---

[521] ATAF : *African Tax Administration Forum* traduit en français « *Forum sur l'Administration Fiscale Africaine* ».

l'instrument. En général, le terme "autorité compétente" signifie le ministre des Finances, le directeur général des impôts ou un représentant autorisé[522] ». L'autorité compétente est une personne désignée qui représente le pays ou la juridiction dans la mise en œuvre de l'accord d'échange de renseignements. Il est responsable de la mise en œuvre effective des dispositions en la matière. Dans la pratique, les échanges d'informations se font entre les autorités compétentes ou leurs représentants dûment mandatés. Ils veillent au respect des règles applicables en la matière, notamment la confidentialité. L'autorité compétente est donc un acteur clé en matière d'échange de renseignements.

Aussitôt que le Bénin s'est engagé dans la mise en œuvre du mécanisme de l'échange de renseignements, il a désigné et communiqué au secrétariat du Forum mondial son autorité compétente en la matière. C'est le ministre en charge de l'économie et des finances. Mais pour des questions de célérité dans la gestion des demandes entrantes et sortantes, cette attribution a été déléguée au directeur général des impôts en 2018. En outre, l'ATAF, indique que « *lorsque l'échange de renseignements est nouveau pour un pays, une seule personne peut être affectée à l'échange de renseignements voire à toutes les fonctions d'autorité compétente y compris l'échange de renseignements. Avec l'augmentation du volume d'échanges (demandes entrantes et sortantes), une unité d'échange de renseignements devra être mise en place sous la responsabilité de l'autorité compétente désignée et diverses options peuvent être considérées*[523] ». Dans cet ordre d'idées, et compte tenu des exigences des normes internationales relatives à l'efficacité de l'échange de renseignements, l'administration fiscale a créé un cadre réglementaire de l'unité d'échange de renseignements, au moyen de la Décision n° 0572 du 15 avril 2022 portant création d'une unité d'échange de renseignements à la direction générale des impôts. Cet acte réglementaire fixe les attributions de l'unité, son fonctionnement ainsi que la procédure de gestion des demandes entrantes et sortantes.

Par ailleurs, l'opérationnalisation de l'échange de renseignements pour décourager la fraude et l'évasion fiscale au Bénin dépendrait aussi de la garantie de la confidentialité. Cette mesure a été prise aussi bien dans les conventions d'élimination de la double imposition en vigueur au Bénin, que dans les codes généraux des impôts qui se sont suivis.

---

[522] ATAF, *Guide Pratique sur L'échange de Renseignements à l'attention des Pays en Voie de Développement*, Afrique du Sud, 2013, p. 12.
[523] ATAF, *op. cit.*, p. 38.

Particulièrement, la réforme de refonte du code, intervenue en 2022 a permis de renforcer la confidentialité des informations, en encadrant plus rigoureusement le secret professionnel. Aussi les articles 510[524] et 579[525] du code général des impôts (2023) incriminent et sanctionnent-ils la violation du secret professionnel.

Il va sans dire que l'engagement d'échanger des renseignements à des fins fiscales a entraîné pour l'administration fiscale une « *redoutable réaction en chaîne* » caractérisée par la prise de mesures pour déléguer le pouvoir d'autorité compétente, créer une unité d'échange de renseignements et renforcer la confidentialité des informations, même si le fonctionnement de cette unité marque le pas. En effet, le progrès du Bénin en matière de transparence fiscale semble piétiner du fait du retard de l'administration fiscale à doter cette unité d'un local distinct et de ressources humaines suffisantes[526].

Somme toute, dans la dynamique de l'administration fiscale de prévenir et d'encadrer sa base imposable, la période allant de 2019 à 2023 a été positivement marquée par la prise de plusieurs mesures de mise en œuvre des normes du projet BEPS. Ces mesures ont impacté essentiellement le code général des impôts et les conventions d'élimination de la double imposition.

La présente section se ferme sur des mesures de redressement de la base imposable. Ces mesures ont comme toile de fond le recours à la coopération fiscale internationale. La section suivante s'ouvrira sur des mesures analogues au plan national, avec un accent mis sur leur caractère dissuasif.

---

[524] Article 510 : « ***1)*** *Toute personne intervenant directement ou indirectement dans le contrôle ou le recouvrement des impôts et taxes prévus par le présent code, qui viole le secret professionnel est punie d'un emprisonnement de un (1) mois à six (6) mois et d'une amende de cent mille (100 000) à cinq cent mille (500 000) francs CFA.* ***2)*** *Constitue une violation du secret professionnel, le fait pour une personne dépositaire d'information à caractère secret, soit par état ou par profession, soit en raison d'une mission ou d'une fonction temporaire, de la divulguer hors les cas où la loi en impose ou en autorise la révélation.* ***3)*** *En outre, la violation du secret professionnel par un agent des impôts est considérée comme une faute grave passible des procédures disciplinaires prévues par le statut général de la fonction publique.* »

[525] Article 579 : « *Est tenue au secret professionnel dans les termes de l'article 510 du présent code, et passible des peines prévues audit article, toute personne appelée, à l'occasion de ses fonctions ou attributions, à intervenir dans l'établissement, la perception ou le contentieux des impôts et taxes visés par le présent code.* »

[526] OCDE (2022), *Transparence fiscale en Afrique - Rapport de progrès de l'Initiative Afrique*, p. 67.

II- UNE INCRIMINATION DISSUASIVE MAIS INACHEVÉE

L'insociable sociabilité des hommes, selon Emmanuel KANT[527], c'est-à-dire « *leur penchant à entrer en société, lié toutefois à une opposition générale qui menace sans cesse de détruire la société*[528] », fait qu'aucune société qui se veut juste et équitable dans tous les domaines de la vie ne peut se passer de sanctionner les infractions. Cette philosophie kantienne trouve encore son plein sens dans le domaine fiscal, surtout dans un contexte où « *la fraude est à l'impôt ce que l'ombre est à l'homme*[529] ». Pour empêcher l'effritement de la base imposable, il ne serait juste pas suffisant de prendre des dispositions en amont ; il faut aussi sanctionner. C'est dans cet ordre d'idées que l'administration fiscale béninoise va également disposer dans son arsenal juridique des sanctions de différents acabits pour couronner la prévention et le redressement de sa base imposable.

Toutefois, il serait erroné de concevoir que tout est déjà parfait. Des failles existent encore, et nécessitent que d'autres mesures à court et moyen termes soient prises. L'avantage est qu'il s'agit des approches déjà connues ; point besoin de les inventer. Il faudrait juste que l'administration fiscale béninoise s'applique davantage pour les tropicaliser de manière raisonnable et équilibrée.

A- Des sanctions à double tranchant

En matière de sanction aux infractions fiscales au Bénin, c'est le Titre 2 du Livre 4 du code général des impôts qui en précise le contenu, en distinguant les sanctions fiscales des sanctions pénales. La sanction peut être considérée comme la mesure prise à l'encontre d'un citoyen (contribuable) fautif en cas de violation d'une règle de droit fiscal, généralement le code des impôts, en vue de le punir, de rétablir la justice et l'équité fiscales ou encore de protéger les finances de l'État. Autant

---

[527] E. KANT, *Idée d'une histoire universelle au point de vue cosmopolitique,* (1784).

[528] E. KANT, *OP. Cit.*, cité par P. GRANAROLO, https://www.universalis.fr/encyclopedie/societe-notions-de-base/6-l-insociable-sociabilite-des-hommes, (consulté le 16 septembre 2023).

[529] G. Pompidou, cité par F. Bin et S. de Fontaine, « Frontière et fraude fiscale, une relation juridique consubstantielle », *in* B. TOUCHELAY (dir.), *Fraudes, frontières et territoires (XIIIe-XXIe siècle)*, Institut de la gestion publique et du développement économique, Comité pour l'histoire économique et financière de la France, Paris, 2020, pp. 337-352.

« *(...) les sanctions fiscales sont en nombre très élevé*[530] *(...)* » généralement, autant elles s'appliquent à diverses infractions à la loi fiscale. Les majorations de droits et les intérêts de retard sont souvent qualifiés de sanctions, mais ne le sont pas au sens strict d'une sanction fiscale. En effet, « *pour qu'une sanction présente un caractère punitif, il faut en outre qu'elle tende à empêcher la réitération des agissements qu'elle vise*[531]. » Les sanctions étudiées ici sont celles qui tendent à empêcher la répétition de la fraude fiscale. Certaines ont un caractère pécuniaire, d'autres sont privatives de droits.

1. Les sanctions pécuniaires

L'un des moyens au service de l'érosion de la base de l'impôt est bien celui tiré de la pratique des prix de transfert. C'est à juste titre que des sanctions rigoureuses sont prévues pour décourager cette pratique. Selon l'OCDE[532], parlant des sanctions relatives à la documentation de prix de transfert, dans certains cas, des pénalités peuvent être appliquées pour défaut de production des documents requis. Dans d'autres, elles peuvent être liées aux ajustements des prix de transfert, et dans d'autres encore, le fait de ne pas s'acquitter de ses obligations en matière de documentation peut être puni par une sanction plus sévère en rapport avec l'ajustement des prix de transfert. La législation fiscale du Bénin a orienté des sanctions dans ce sens. En effet, aux termes des dispositions du code général des impôts, en son article 496, paragraphe 6, « *le défaut de production, ou la production d'une manière incomplète ou inexacte, dans le délai prescrit, de la déclaration des prix de transfert prévue à l'article 471 du présent code, entraîne l'application d'une amende égale à dix millions (10 000 000) de francs CFA* ». Cette sanction est liée aux obligations déclaratives. Sous ce même volet, le paragraphe 4 du même article fait également peser une lourde sanction pécuniaire, une amende d'un million (1 000 000) de francs CFA sur les contribuables en cas de défaut de renseignement ou d'absence de l'un quelconque des éléments constitutifs des états financiers. L'autre sanction de nature pécuniaire procède du non-respect des obligations

---

530 D. GUTMANN, « Sanctions fiscales et Constitution », in CC (Dir.), *Les Nouveaux Cahiers du Conseil constitutionnel 2011/4 (N° 33)*, Dalloz, Paris, 2011, p. 41.

531 CE, avis 31 mars 1995, préc. ; Cass. com., avis, 29 avril 1997, Ferreira, no 95-20001, cité par D. GUTMANN, *op. cit.*, p. 43.

532 OCDE, *Plateforme de collaboration fiscale, Guide pratique pour la mise en œuvre réussie des obligations en matière de documentation des prix de transfert dans les pays en développement, version provisoire,* p. 22.

comptables. Et c'est l'article 500 du code général des impôts qui fait porter aux entreprises qui n'ont pas tenu une comptabilité régulière ou qui n'ont pas satisfait à la présentation des documents comptables énumérés à l'article 480 du même code, une amende d'un million (1 000 000) de francs CFA par exercice comptable. Ce montant est doublé en cas de récidive. L'une des méthodes d'effritement de la base de l'impôt, c'est le défaut d'identification des contribuables. Cela a été incriminé et sanctionné à travers le paiement d'une amende de dix millions (10 000 000)[533] de francs CFA par tout contribuable qui aura utilisé son numéro d'Identifiant Fiscal Unique pour l'enlèvement des marchandises appartenant à autrui. Une autre sanction pécuniaire très importante, c'est celle liée à l'obligation de facturation, prévue à l'article 502 du code, dont le non-respect fait supporter au contrevenant une amende égale à cinq (05) fois le montant non facturé avec un minimum de cinq cent mille (500 000) francs CFA par facture non délivrée. Il ne serait pas superfétatoire de faire cas, pêle-mêle, d'autres sanctions qui mettent en jeu l'argent. C'est le cas, au paragraphe 6 de l'article 503, de l'amende de cinq cent mille (500 000) francs CFA à l'encontre de toute personne physique ou morale qui s'est soustraite à la communication de renseignements ou qui a communiqué des renseignements inexacts ou insuffisants. En matière de taxe de pacage, article 306 paragraphe 4 dispose qu'en cas de fraude constatée par un procès-verbal, les contrevenants sont astreints au paiement d'une taxe supplémentaire égale au double des droits fraudés. En matière de taxe sur la publicité, le défaut de déclaration entraîne une pénalité de 80 % du montant de la taxe en cas de manœuvre frauduleuse[534].

Il apparaît alors très clairement qu'au Bénin, la fraude fiscale expose son auteur à de lourdes sanctions pécuniaires, sans préjudice à la privation d'autres droits du contribuable.

2. Les sanctions privatives de droits

Le terme « *droits* » doit être considéré ici au sens subjectif, c'est-à-dire, comme les « *prérogatives attribuées dans leurs intérêts à des individus, qui leur permettent de jouir d'une chose, d'une valeur ou d'exiger d'autrui une prestation*[535] ». Dans la législation béninoise, la

[533] République du Bénin, *Code général des impôts (2023),* article 495, paragraphe 3.
[534] République du Bénin, *Code général des impôts (2023)*, article 314, paragraphe 3.
[535] S. GUINCHARD et T. DEBARD (Dir.), *Lexique des termes juridiques*, Dalloz, Paris 2014, p. 350.

fraude fiscale fait encourir à son auteur la perte de plusieurs droits dont nous allons évoquer quelques-uns.

En premier lieu, le droit à la liberté d'aller et de venir. Cette sanction est essentiellement prévue au chapitre 3 du Titre 2 du quatrième Livre du code général des impôts. Elle se résume en une peine d'emprisonnement, généralement allant d'un (1) an à cinq (5) ans, à l'encontre de « *quiconque s'est frauduleusement soustrait ou a tenté de se soustraire frauduleusement à l'établissement ou au paiement total ou partiel des impôts visés dans le présent code, soit qu'il ait volontairement omis de faire sa déclaration dans les délais prescrits, soit qu'il ait volontairement dissimulé une part des sommes sujettes à l'impôt, soit qu'il ait organisé son insolvabilité ou mis obstacle par d'autres manœuvres au recouvrement de l'impôt, soit en agissant de tout autre manière frauduleuse* [536]» ; de « *quiconque en vue de s'assurer le bénéfice de dégrèvements de quelque nature que ce soit, a produit des pièces fausses ou reconnues inexactes ou de fausses déclarations*[537] » ; de « *quiconque aura délivré, utilisé ou présenté une fausse quittance ou une quittance falsifiée pour échapper au paiement de l'impôt*[538] » ; ou encore de « *quiconque tient une comptabilité irrégulière, soit en omettant sciemment de passer ou de faire passer tout ou partie des écritures requises, soit en faisant passer ou en passant sciemment des écritures inexactes ou fictives, soit en ne tenant pas ou en détruisant avant les délais légaux les documents dont la tenue est obligatoire, soit par tout autre procédé, notamment en minorant de façon notable les sommes à déclarer*[539] ».

En deuxième lieu, nous avons la perte du droit au principe de la non-rétroactivité de la loi. En principe, « *la loi ne dispose que pour l'avenir ; elle n'a point d'effet rétroactif* » (article 2 du Code civil). En matière pénale, ce principe possède même une valeur constitutionnelle consacrée par l'article 8 de la Déclaration des droits de l'homme et du citoyen qui prévoit que « *nul ne peut être puni qu'en vertu d'une loi établie et promulguée antérieurement au délit* ». Cependant, dans une convention fiscale, il peut arriver d'avoir des stipulations qui sanctionnent des infractions fiscales pénales perpétrées avant l'entrée en vigueur de ladite convention. Il s'agit des cas liés à l'échange de renseignements à des fins fiscales. À titre illustratif, la convention entre le Bénin et la

---

[536] République du Bénin, *code général des impôts* (2023), article 504.
[537] *Idem*, article 505, paragraphe 5.
[538] *Idem*, paragraphe 10.
[539] *Idem*, paragraphe 11.

France est entrée en vigueur le 8 novembre 1977, ses dispositions agissent sur les faits nés depuis le 1er janvier 1977[540] ; celle avec la Norvège, signée le 29 mai 1979 et entrée en vigueur le 24 juin 1982 couvre les faits répréhensifs qui datent du 1er janvier 1979[541]. Cette mesure est beaucoup plus claire dans la Convention concernant l'assistance administrative mutuelle en matière fiscale, faite à Strasbourg le 25 janvier 1988, telle qu'amendée par le Protocole d'amendement à la Convention concernant l'assistance administrative mutuelle en matière fiscale fait à Paris le 27 mai 2010. Avec cette convention, une partie peut émettre une réserve pour limiter la rétroactivité en matière fiscale pénale aux périodes imposables commençant le 1er janvier de la troisième année précédant l'année de son entrée en vigueur ou après cette date, ou aux impositions nées le 1er janvier ou après cette date[542].

Par ailleurs, dans la législation fiscale béninoise, la fraude fiscale fait perdre à son auteur le droit à la procédure contradictoire et le contraint à la procédure de la taxation d'office. Principalement, ce sont les articles 564 à 567 du code général des impôts qui traitent de cette procédure. Aux termes des dispositions de ce premier article « l'administration fiscale détermine d'office les bases d'imposition des contribuables *qui : 1) n'ont pas déposé dans le délai légal les déclarations qu'ils sont tenus de souscrire ou qui ont fourni une déclaration pour laquelle il n'aurait pas été produit de justifications suffisantes, sous réserve de la régularisation prévue à l'article 565 ci-dessous ; 2) se sont abstenus dans les délais légaux de répondre aux demandes d'éclaircissements ou de justifications ou de transmettre des documents dont la communication est prévue par le présent livre ; 3) n'ont pas satisfait dans le délai de trente (30) jours à la demande de l'administration fiscale les invitant à désigner un représentant en République du Bénin ; 4) n'ont pas tenu de comptabilité ou ont tenu une comptabilité irrégulière ou non probante ; 5) ont changé de lieu de résidence ou de principal établissement sans en informer le service des impôts compétent ; 6) se livrent à une activité occulte au sens de l'article 575 du présent code ; 7) ont fait obstacle à un contrôle fiscal ; 8) ont fait l'objet d'un procès-verbal de flagrance* ».

---

540 Article 23 de la Convention entre le Gouvernement de la République française et le Gouvernement de la République du Dahomey, *op. cit.*

541 Article 28 de la Convention entre le Royaume de Norvège et la République populaire du Bénin en vue d'éviter les doubles impositions et l'évasion fiscale en matière d'impôts sur le revenu et sur la fortune.

542 Article 28 de la MAC, voir note de bas de page 36 ci-dessus.

Sans qu'elle ne soit exhaustive, la liste des droits que perd l'auteur d'une fraude fiscale peut être arrêtée avec le prolongement du droit de reprise. On entend par droit de reprise, la possibilité dont dispose l'administration fiscale de vérifier et corriger les erreurs commises par les contribuables, pendant une durée fixée par la loi. Dans le code général des impôts du Bénin, ce délai est ordinairement de trois (3) ans, ou de vingt (20) ans en matière de succession. Cependant, ce délai peut être prolongé en cas de fraude commise par un contribuable. Par exemple, « *lorsque l'administration fiscale découvre qu'un contribuable se livre à des agissements frauduleux, le droit de reprise s'exerce jusqu'à la fin de la sixième année qui suit celle au titre de laquelle l'imposition est due*[543] ».

À ce niveau-ci, il ne serait pas trop exagéré de conclure que des mesures normatives sont abondantes pour prévenir et redresser la fraude fiscale au Bénin, même si certaines lacunes bien maîtrisables font encore parler d'elles dans son système fiscal.

B- Des mesures à varier

Afin d'apprécier à leur juste valeur la pertinence des approches proposées pour maîtriser davantage la prévention et le redressement de la fraude fiscale au Bénin, il serait méthodique de présenter d'abord quelques faiblesses.

1. Que de faiblesses encore

Comme nous pouvons le constater, nos analyses jusqu'ici ont pour toile de fond, les normes du projet BEPS et les conventions d'élimination de la double imposition. C'est justement dans cette logique qu'il convient d'examiner les lacunes qui sont manifestes et risquent d'anéantir les efforts du Bénin dans son élan de prévenir la fraude fiscale.

Parlant des normes minimales, les différents rapports d'évaluation des Actions BEPS ont aussi relevé des insuffisances. En effet, la dernière évaluation du Bénin sur la mise en œuvre de l'Action 5[544] révèle trois principales insuffisances. D'abord, il est mentionné que le Bénin n'a pas encore pris toutes les dispositions en vue de mettre en

---

[543] Article 575 du code général des impôts.

[544] OCDE (2020), *Pratiques fiscales dommageables – Rapports d'examen par les pairs relatifs à l'échange de renseignements sur les décisions fiscales de 2019 : Cadre inclusif sur le BEPS : Action 5*, OCDE, Paris, http://www.oecd.org/fr/fiscalite/beps/beps-action-5-pratiques-fiscales-dommageables-rapports-d-examen-par-lespairs-2019.pdf, p. 9.

place le processus nécessaire de collecte de renseignements ; ensuite, que le Bénin n'a pas encore pris toutes les dispositions en vue d'assurer un échange spontané obligatoire effectif de renseignements sur les décisions fiscales qui entrent dans le champ du cadre de transparence ; et enfin, que le Bénin n'a pas été examiné par le Forum mondial au titre du processus d'évaluation de la confidentialité.

Celles de l'Action 6[545] révèlent essentiellement que le Bénin a élaboré un plan de mise en œuvre du standard minimum dans ses conventions conclues avec la France et la Norvège, et a indiqué qu'il prévoyait de signer l'Instrument multilatéral (IM), et de notifier les conventions devant être couvertes par l'IM. Ces engagements n'ont pas été accomplis.

Les derniers travaux préparatoires d'examen par les pairs de l'Action 13[546] (2023) révéleraient que le Bénin a pris des mesures pour mettre en place le cadre juridique et administratif interne nécessaire pour imposer les obligations relatives à la déclaration pays par pays, et d'en assurer le respect. Cependant, la législation du Bénin comporte des défaillances liées à la définition de certains termes ; au contenu de la déclaration pays par pays ; à la disposition relative au dépôt local, à la limitation du dépôt local en cas de dépôt de substitution ; à la fluctuation monétaire et la mise en œuvre effective de cette législation. De même, le Bénin ne dispose d'aucune relation bilatérale d'échange de déclarations pays par pays et n'a pas mis en place les mécanismes nécessaires pour faire en sorte que les renseignements soient échangés de manière conforme aux Termes de Référence relatifs au cadre d'échange de renseignements. Le Bénin n'a pas encore mis en place les mécanismes de contrôle nécessaires pour garantir l'usage approprié des déclarations pays par pays ; il n'a pas non plus fait l'objet d'un examen du Forum mondial sur la transparence et l'échange de renseignements à des fins fiscales portant sur la confidentialité et la protection des données dans le cadre de la mise en œuvre de la norme d'échange de renseignements.

---

[545] OCDE (2023), *Prévention de l'utilisation abusive des conventions fiscales – Cinquième rapport d'examen par les pairs sur le chalandage fiscal : Cadre Inclusif sur le BEPS : Action 6*, Projet OCDE/G20 sur l'érosion de la base d'imposition et le transfert de bénéfices, Éditions OCDE, Paris, https://doi.org/10.1787/cf5d5f64-fr, p. 83.

[546] Aucun rapport officiel n'est encore disponible à ce sujet.

Enfin, le rapport synthétique des travaux préparatoires de la dernière évaluation (2023) par les pairs sur l'Action 14[547] a fait grief au Bénin de ne pas disposer de personnel exclusivement dédié aux demandes de procédure amiable, et de disposer des conventions fiscales dont les dispositions relatives à la procédure amiable ne suivent pas une formulation standard.

Et à juste titre, parlant des failles au niveau des conventions fiscales, un rapport de l'OCDE[548] a présenté un tableau peu reluisant de la situation de celle conclue, notamment avec la France. De façon simplifiée, les dispositions de cette convention en matière de droit aux avantages, de résidence, d'établissement stable, de revenus immobiliers, de bénéfices des entreprises, d'entreprises associées, de dividendes, d'intérêts, de redevances, de gains en capital, de procédure amiable ou encore d'échange de renseignements, ne sont pas conformes aux standards internationaux. Il convient alors de trouver d'autres issues.

2. Que d'issues alors

L'une des approches les plus rationnelles en matière de recherche de solution à un problème, c'est de transformer le même problème en solution. Mais cette approche n'aurait rien d'original dans notre contexte-ci, vu que la plupart des faiblesses énumérées ci-dessus s'appuient sur les rapports des évaluations par les pairs de l'OCDE, et que celle-ci s'évertue toujours, à ces genres d'occasions, à formuler des recommandations pour pallier les insuffisances qu'elle relève. Des recommandations existent donc. Ainsi, comme approches de solutions à l'endroit du Bénin pour mieux sécuriser sa base imposable face à la fraude fiscale, nous encourageons d'abord l'administration fiscale à poursuivre ses démarches dans le processus de signature de la Convention multilatérale pour la mise en œuvre des mesures relatives aux conventions fiscales pour prévenir l'érosion de la base d'imposition et le transfert de bénéfices : l'Instrument multilatéral (IM).

En effet, avec la refonte de son code général des impôts en 2022, le Bénin devrait désormais avoir moins de problèmes en matière de fraude fiscale. Point besoin de le démontrer, le contenu de ce code répond plus ou moins parfaitement aux exigences d'une législation fiscale moderne. Par contre, la plupart de ses conventions d'élimination de la double imposition contiennent beaucoup de lacunes favorables à la planification

547 *Idem.*

548 OCDE, *Examen des conventions fiscales conclues par le Bénin*, *op. cit.*

fiscale. Il faudrait nécessairement les mettre à jour, et c'est en cela qu'il est essentiel de recourir à l'Instrument multilatéral.

L'Instrument multilatéral BEPS est un accord international qui permet aux pays signataires et Parties de mettre rapidement en œuvre une série de mesures relatives aux conventions fiscales pour actualiser les règles fiscales internationales et réduire les possibilités d'évasion fiscale par les entreprises multinationales. Il a pour effet de modifier les conventions fiscales conclues entre deux ou plusieurs Parties à la Convention. L'Instrument contient des mesures contre les dispositifs hybrides (Action 2) et l'utilisation abusive des conventions fiscales (Action 6), une révision de la définition d'établissement stable (Action 7) et des mesures destinées à améliorer l'efficacité des procédures amiables (Action 14), incluant des dispositions sur l'arbitrage. Au sein de l'espace UEMOA, le Burkina Faso, le Sénégal et la Côte d'Ivoire sont déjà signataires et Parties à la Convention multilatérale. Cette dernière a déposé son instrument de ratification le 27 septembre 2023. Le Bénin a engagé les démarches pour la signature de cette Convention, mais celles-ci n'ont pas encore abouti.

Par ailleurs, nous encourageons vivement le Bénin à introduire les dispositions de l'article 12B du modèle de convention fiscale de l'Organisation des Nations Unies dans sa législation nationale, en modifiant principalement l'article 273 (**Contribution sur la vente de services de communications électroniques**) de son code général des impôts. Il s'agit d'une disposition qui réglemente les revenus des services numériques automatisés. Le terme « *services numériques automatisés* », au sens du paragraphe 5 de cet article, « *désigne tout service fourni sur internet ou un autre réseau électronique, nécessitant dans les deux cas une intervention humaine minimale de la part du fournisseur de services*[549] ». Il comprend les services de publicité en ligne, la fourniture de données utilisateur, les moteurs de recherche en ligne, les services de plateforme d'intermédiation en ligne, les plateformes de médias sociaux, les services de contenu numérique, les jeux en ligne, les services d'informatique en nuage, et les services d'enseignement en ligne standardisés. L'enjeu de prendre cette mesure se justifie par l'évidence que plusieurs flux de revenus tirés du

[549] United Nations (2021), *Model Double Taxation Convention between developed and developing countries*, New York, september 2021, p. 434, traduit de l'anglais en français par nous-même via le service *google translation*.

commerce électronique ne sont pas classés comme redevances[550] ou honoraires pour services techniques, que ce soit dans le code général des impôts ou dans les conventions fiscales en vigueur. Ainsi, il est pratiquement difficile voire impossible que l'administration fiscale exerce l'exclusivité de ses droits d'imposition sur les revenus des activités commerciales menées par des entreprises multinationales ou des sociétés étrangères via Internet ou d'autres réseaux numériques au Bénin. Dans cette condition, la présence d'une disposition d'imposer les revenus des économies numériques dans le droit interne reste primordiale. Il est vrai que l'OCDE travaille pour des solutions reposant sur deux piliers en vue de résoudre les défis fiscaux soulevés par la numérisation de l'économie. Cependant, à notre avis, l'efficacité de ces solutions restera fortement tributaire de la capacité de la législation nationale de chaque pays à combler les lacunes permettant aux entreprises multinationales d'échapper à l'impôt.

CONCLUSION

La porosité des frontières induite par la mondialisation de l'économie offre de nombreuses opportunités pour la création de la richesse avec pour corollaire l'accroissement des recettes fiscales. Toutefois, elle entraîne aussi une plus grande facilité à dissimuler les transactions transfrontalières échappant au contrôle des administrations fiscales. Les sociétés, aussi bien nationales que multinationales utilisent des failles contenues dans les lois fiscales et les conventions d'évitement de la double imposition pour effriter l'assiette de l'impôt.

Face à cette réalité, le Bénin a pris des dispositions pour renforcer, depuis 2019, sa loi nationale en vue de protéger sa base imposable. Ces mesures vont de la refonte de son code général des impôts pour le renforcement de l'assistance administrative transnationale, en passant essentiellement par la mise en œuvre des normes de lutte contre l'érosion de la base d'imposition et le transfert de bénéfices. Plus concrètement, le Bénin dispose d'un cadre juridique général en matière

---

[550] L'article 27 du code général des impôts (2023) désigne, le terme « redevances », en son paragraphe 3, plutôt comme « *les rémunérations de toute nature payées pour l'usage ou la concession de l'usage d'un droit d'auteur sur une œuvre littéraire, artistique ou scientifique, y compris les films cinématographiques, ou les films ou bandes utilisés pour les émissions radiophoniques ou télévisées, d'un brevet, d'une marque de fabrique ou de commerce, d'un dessin ou d'un modèle, d'un plan, d'une formule ou d'un procédé secrets, ainsi que pour l'usage ou la concession de l'usage d'un équipement industriel, commercial ou scientifique et pour des informations ayant trait à une expérience acquise dans le domaine industriel, commercial ou scientifique* ».

de prix de transfert, sur l'obligation de déclaration pays par pays et sur l'échange de renseignements à des fins fiscales. En outre le régime juridique des sanctions a été renforcé en vue de dissuader les auteurs de la fraude fiscale, en distinguant les sanctions fiscales de celles privatives de certaines prérogatives des contribuables fautifs. Les premières sont pécuniaires et vont généralement d'un million (1 000 000) à vingt millions (20 000 000) de francs CFA, tandis que les seconds empêchent le coupable de jouir de ses droits à la liberté d'aller et de venir, au principe de la non-rétroactivité de la loi, ou encore de celui à une procédure contradictoire de taxation.

Ces avancées vont toutefois avec de nouvelles faiblesses qui subsistent. Celles-ci sont logées dans les dispositions de certaines conventions d'élimination de la double imposition, notamment celle avec la France.

Eu égard à ce qui précède, le Bénin est vivement encouragé à finaliser le processus de son adhésion à la Convention multilatérale pour la mise en œuvre des mesures relatives aux conventions fiscales pour prévenir l'érosion de la base d'imposition et le transfert de bénéfices. Même si pratiquement, cette approche correspond mieux aux pays ayant un réseau conventionnel bien pourvu, il n'en irait pas de même pour des pays comme le Bénin qui disposent d'un nombre très limité de conventions d'élimination de la double imposition. La particularité est que le recours à l'Instrument multilatéral permettra d'avoir un seul instrument juridique pour adopter les dispositions BEPS dans les conventions fiscales bilatérales de façon rapide, synchronisée et efficace. Ainsi, le Bénin pourrait garantir l'harmonie entre ses dispositions conventionnelles en matière fiscale.

Enfin, le Bénin est vivement encouragé à promouvoir les dispositions de l'article 12B du modèle de convention des Nations Unies. Ce faisant, en attendant de surmonter la difficulté de résoudre la question de la fiscalité applicable à la digitalisation de l'économie, prise en charge dans le cadre des travaux de l'OCDE à travers la solution des deux piliers, le Bénin se serait déjà correctement positionné sur le terrain de la mobilisation de ressources issues du numérique.

Journée du 13 octobre 2023

PANEL 3

LA PREVENTION TECHNOLOGIQUE DE LA FRAUDE FISCALE

Président de séance : Jean-Luc PIERRE, Professeur émérite à Lyon 3

Rapporteur de séance : Donald SONOMBITI

Discutant : Daouda MOUSSE

LES TIC AU SERVICE DE LA BASE IMPOSABLE ET DE LA LIQUIDATION DE L'IMPÔT

Josué ATTERE

Administrateur des Impôts
Chef du Service de Gestion n°1
de la Direction des grandes Entreprises
battere@finances.bj

INTRODUCTION

La fiscalité joue un rôle crucial dans la mobilisation des ressources et constitue l'un des principaux outils à la disposition d'un pays pour piloter et gérer son développement, et mieux servir le citoyen.

L'évolution rapide des technologies numériques ouvre la voie à de nouvelles manières de remplir cet objectif. Pour les services fiscaux, le numérique a le potentiel de révolutionner la manière dont s'opère la communication avec le contribuable et dont sont traitées les informations. Partant, il ouvre le champ à de nouveaux modèles opérationnels, à même de rendre les systèmes fiscaux plus accessibles, plus efficaces et plus transparents, tant pour le contribuable que pour l'Administration.[551]

Face à tous ces bouleversements, l'État se trouve confronté à un triple défi. D'abord, il doit interagir avec les citoyens de manière à leur permettre de disposer instantanément d'une information fiable, à distance, sans avoir à se déplacer. Ensuite, pour une gestion saine et sécurisée, il importe d'automatiser les processus de gestion de l'Administration avec une traçabilité permanente de toutes les activités, réaliser de l'analyse de données à grande échelle par l'utilisation de l'intelligence artificielle. Enfin, les administrations publiques doivent être non seulement connectées entre elles mais également s'ouvrir à

[551] OCDE (2023), *Soutenir la transformation numérique des administrations fiscales des pays en développement,* OCDE, Paris, page 19 https://www.oecd.org/tax/forum-on-tax-administration/publications-and-products/soutenir-la-transformation-numerique-des- administrations-fiscales-des-pays-en-developpement.pdf.

d'autres pays pour partager certaines informations nécessaires au bon contrôle des contribuables.

Même si ces défis sont de taille, le potentiel qu'offre le numérique face aux enjeux de l'indispensable accroissement des recettes fiscales et l'amélioration des services aux contribuables amène de nombreuses administrations fiscales dans les pays en développement à se pencher de plus en plus activement sur la question de leur transformation numérique à long terme.[552] Cette transformation conditionne une plus grande résilience aux chocs d'envergure comme celui de la pandémie de COVID-19.

L'objectif de ce papier sur « *les TIC au service de la base imposable et de la liquidation de l'Impôt* » est donc de mettre en évidence la manière dont les TIC sont utilisées pour améliorer la collecte de l'impôt, l'évaluation de la base imposable et la liquidation de l'impôt. De manière spécifique nous aurons à :

- expliquer comment les TIC sont intégrées dans les processus fiscaux pour améliorer leur efficacité et leur précision ;
- mettre en évidence les avantages des TIC dans l'administration fiscale, tels que la réduction des erreurs, l'automatisation des tâches, la rapidité de traitement des données, la traçabilité des transactions, etc. ;
- montrer comment les TIC sont utilisées pour collecter des données, effectuer des analyses et détecter d'éventuelles fraudes fiscales, contribuant ainsi à déterminer une base imposable plus précise ; et
- expliquer comment les TIC sont utilisées pour calculer l'impôt dû en fonction des données recueillies, ce qui permet de simplifier le processus pour les contribuables et d'améliorer la conformité fiscale.

1 Les TIC : clarification conceptuelle et opportunités pour les administrations fiscales

Nous aborderons dans cette partie la clarification conceptuelle et les opportunités que présentent les TIC pour les administrations fiscales.

1.1 Clarification conceptuelle

Les TIC résultent de la convergence des Technologies de l'Information et des Technologies de la Communication. Les technologies de

[552] OCDE (2023), *Soutenir la transformation numérique des administrations fiscales des pays en développement,* OCDE, Paris, page 3 https://www.oecd.org/tax/forum-on-tax-administration/publications-and-products/soutenir-la-transformation-numerique-des- administrations-fiscales-des-pays-en-developpement.pdf.

l'information (TI) sont liées à la manipulation et à la gestion de l'information. Elles incluent les ordinateurs, les serveurs, les systèmes de gestion de bases de données, les logiciels de traitement de texte, les tableurs, les systèmes d'exploitation, etc. Les technologies de la communication (TC) se rapportent aux technologies principalement axées sur la transmission de l'information. Elles comprennent les réseaux de communication, tels que l'internet, les réseaux téléphoniques, les réseaux sans fil, les protocoles de communication, les technologies de transmission de données, etc.

De ces deux définitions, il ressort que les TIC, loin d'être des outils distincts interagissent de manière synergique pour permettre la création, la diffusion et l'utilisation de l'information.

Les TIC peuvent être définies de plusieurs manières au regard du contexte. Selon l'Organisation des Nations Unies pour l'éducation, la science et la culture (UNESCO), les TIC sont un ensemble d'outils et de ressources technologiques permettant de transmettre, enregistrer, créer, partager ou échanger des informations, notamment les ordinateurs, l'internet (sites Web, blogs et messagerie électronique), les technologies et appareils de diffusion en direct (radio, télévision et diffusion sur l'internet), en différé (podcast, lecteurs audio et vidéo et supports d'enregistrement) et la téléphonie (fixe ou mobile, satellite, visioconférence, etc.)[553]. Elles couvrent des domaines tels que :

– l'informatique : tout ce qui concerne le traitement de l'information par les ordinateurs, les logiciels, les serveurs, les réseaux, etc.

– les télécommunications : technologies permettant la transmission de l'information, comme la téléphonie (fixe et mobile), les satellites, la fibre optique, etc. ;

– l'internet : le réseau mondial, ses services (comme le Web, l'email, les FTP) et ses applications (cloud computing, VoIP, etc.) ;

– le multimédia : la combinaison de contenus audio, vidéo, texte et graphique, ainsi que les technologies associées ;

– la radiodiffusion : la transmission d'informations via des ondes radio ou télévision.

---

553 http://uis.unesco.org/sites/default/files/documents/guide-to-measuring-information-and-communication-technologies-ict-in-education-en_0.pdf

Sur la plateforme d'enseignement à distance des cours de l'Université des Sciences et de la Technologie d'Oran (USTO), il est à retenir l'utilisation des TIC dans :

- l'administration et la gouvernance ;
- la télé déclaration d'impôt ;
- le vote électronique ;
- le e-learning management system (enseignement à distance) ;
- le commerce électronique ;
- la recherche ;
- le cadastre ;
- la géolocalisation par satellite, GSM, WIFI, RFID….[554]

1.2 Opportunités pour les administrations fiscales

La numérisation de l'économie à travers les TIC crée des moteurs de changement au sein des administrations fiscales. S'il convient de reconnaître que les opportunités du numérique sont à saisir au vu des circonstances locales et que des défis institutionnels et budgétaires ne manqueront pas de se poser, ceci ne doit en rien les dissuader de s'engager sur la voie de leur transformation numérique.

À défaut d'embrasser la tendance du numérique, c'est leur mission première (collecter l'impôt de manière efficace et efficiente pour l'État) que les administrations fiscales risquent de mettre en péril. Les TIC apportent de nouveaux moyens innovants de remplir cette mission fondamentale, en créant des opportunités d'accroître les recettes, d'améliorer l'efficacité et l'efficience, de réduire les formalités qui pèsent sur le contribuable et d'impulser des changements plus larges.

1.2.1 Opportunités d'accroître les recettes

Les services fiscaux ont un rôle crucial à jouer dans la mobilisation des recettes intérieures. Garantir ces recettes d'une manière équitable, équilibrée et avec une charge administrative minimisée, compte au nombre des objectifs fondamentaux de toute administration fiscale. Satisfaire ces exigences favorise le sentiment d'équité, lequel à son tour crée une culture du respect des obligations.

Les TIC accroissent la qualité et, le plus souvent, la granularité des informations utilisées en matière fiscale, et permettent la mise en place

[554] https://elearning.univ-usto.dz/course/info.php?id=2767.

de solutions innovantes telles des formulaires de TVA pré-renseignés par exemple, qui allègent la charge administrative pour les contribuables et diminuent les erreurs de déclaration.

1.2.2 Opportunités d'améliorer l'efficacité et l'efficience

Les objectifs communs d'efficacité et d'efficience s'étendent à la simplification des processus, à la réduction des interactions inutiles entre le contribuable et l'administration fiscale et à la mise à profit des données pour décloisonner les processus internes de l'administration fiscale et améliorer l'évaluation des risques.

Si les TIC peuvent permettre d'accroître les recettes collectées, elles ont également le potentiel d'augmenter l'efficacité et l'efficience des services fiscaux, avec des retombées positives autant pour le contribuable que pour l'Administration elle-même.

Le passage d'une interaction essentiellement fondée sur le papier à une interaction principalement informatisée entre le contribuable et l'administration délivre à cet égard plusieurs bénéfices. Cette évolution améliore le service au contribuable en lui permettant d'introduire directement ses données dans les systèmes de l'administration fiscale, avec à la clé une diminution des erreurs et une accélération des interactions. Elle permet également de réduire les coûts de l'administration fiscale et de limiter les erreurs qui sont souvent un déterminant important de l'indiscipline fiscale.

1.2.3 Opportunités de réduire la charge qui pèse sur le contribuable

Selon l'OCDE, dans son rapport intitulé « *Tax Administration 3.0: The Digital Transformation of Tax Administration,* » l'activité entrepreneuriale peut s'en trouver significativement impactée, une réduction de 10 % de la charge administrative fiscale pouvant entraîner une hausse de près de 4 % de l'activité entrepreneuriale[555].

Les administrations fiscales mettent largement le contribuable en responsabilité de s'auto-discipliner en matière de déclaration, de calcul et de paiement de l'impôt. Au-delà de sa volonté de remplir ses obligations, sa conformité est tributaire des efforts qu'il déploie pour

---

[555] OCDE (2023), *Soutenir la transformation numérique des administrations fiscales des pays en développement,* OCDE, Paris, https://www.oecd.org/tax/forum-on-tax-administration/publications-and-products/soutenir-la-transformation-numerique-des-administrations-fiscales-des-pays-en-developpement.pdf.

que tout se passe bien, et par exemple de son choix de bien tenir ses registres, de prendre le temps de remplir correctement ses formulaires, de dissiper toute incompréhension et de se plier aux contraintes et aux délais de déclaration. Le contribuable cherche souvent un compromis entre la charge de sa discipline fiscale et les risques associés au non-respect des règles.

1.2.4 Opportunités d'impulser des changements plus larges au sein de la société

L'utilisation des TIC dans le secteur public donne souvent l'impulsion à la création d'écosystèmes numériques en bâtissant des infrastructures et en favorisant l'adoption du numérique. L'État est idéalement placé pour prendre le leadership de la transformation numérique dans un pays et fournir les capacités institutionnelles nécessaires pour donner de l'élan aux initiatives en la matière.

Étant donné qu'ils interagissent fréquemment avec les citoyens en qualité de représentants de l'État, les services fiscaux peuvent jouer un rôle moteur dans ce développement de l'économie numérique au sens large. Le leadership dont fait montre une administration fiscale en adoptant le numérique peut contribuer à familiariser l'ensemble des autres administrations avec le concept d'interaction numérique et fournir le socle de compétences utiles pour une adoption plus large dans les services publics.

En se posant à l'avant-garde de la transformation numérique de l'État, les services fiscaux peuvent jouer un rôle doublement déterminant, en optimisant la collecte des recettes fiscales pour un meilleur financement des services publics, d'une part, et en jetant les bases d'une mutation numérique plus large du pays, d'autre part. [556]

2 Les TIC : de la maîtrise de la base imposable a la liquidation des impôts

Nous aborderons dans cette partie, l'utilisation des TIC pour une meilleure maîtrise de la base imposable et de la liquidation des impôts.

---

[556] OCDE (2023), *Soutenir la transformation numérique des administrations fiscales des pays en développement,* OCDE, Paris, page 23-32, https://www.oecd.org/tax/forum-on-tax-administration/publications-and-products/soutenir-la-transformation-numerique-des-administrations-fiscales-des-pays-en-developpement.pdf.

2.1 Les TIC au service de la maîtrise de la base imposable

Les administrations fiscales ont connu une rapide modernisation au cours des deux dernières décennies. La numérisation des dossiers fiscaux et l'adoption généralisée des TIC ont été des éléments majeurs de ce processus. En théorie, les TIC peuvent avoir un impact important sur l'augmentation de l'efficacité de l'administration fiscale et sur l'évolution des emplois de tâches mécaniques – comme la saisie des données – vers des tâches plus élaborées – comme les audits et l'analyse de données. En outre, les données numérisées peuvent rendre la mise en œuvre moins coûteuse et plus efficace, en élargissant par exemple l'utilisation des informations issues de sources tierces et par le recoupement systématique des informations des contribuables.[557] Les TIC jouent un rôle crucial dans la détermination de la base imposable.

2.1.1 La collecte automatique des données

Des systèmes intégrés peuvent collecter des données provenant de diverses sources, comme les déclarations des contribuables souscrites électroniquement et autres documents exigés par l'administration (la déclaration du prix de transfert, la déclaration pays par pays, le fichier des écritures comptables…), les transactions en ligne, les employeurs, les banques ou d'autres institutions financières et structures de l'administration (Système Douanier Automatisé, Système d'Information de Gestion des Finances Publiques, Agence Nationale d'Identification des Personnes…), pour obtenir une image complète des revenus et des déductions d'une personne. Les expériences de SIGTAS au Bénin et de Esintax au Burkina Faso permettent d'appréhender le rôle des TIC dans la collecte automatique des données.

2.1.1.1 SIGTAS au Bénin

Sans être pionnier dans le domaine, l'administration fiscale béninoise a entrepris depuis bien longtemps de se munir de son bâton de pèlerin et d'aller résolument à la rencontre des TIC.

En 2017, l'administration a fait le choix de se doter, à l'instar d'autres pays de la sous-région, d'un système intégré de gestion des impôts et taxes (SIGTAS). Ce système a permis au Bénin de faire ses

557 Les Technologies de l'Information et de la Communication (TIC) peuvent-elles augmenter les taxes ? Résultats expérimentaux en Éthiopie ; Résumé du document de travail 82, de Giulia Mascagni, Andualem T. Mengistu, et Firew B. Woldeyes, Numéro 22 – août 2018.
Centre International pour la Fiscalité et le Développement www.ictd.ac

premiers pas dans la digitalisation. L'objectif de cette réforme était principalement l'amélioration des services rendus aux contribuables. En effet, avec SIGTAS, le fisc béninois a offert aux contribuables la possibilité de télédéclarer. La phase pilote a d'abord concerné les grandes entreprises puis elle a été élargie aux moyennes entreprises. Parallèlement, en vue de faciliter également les paiements, la bancarisation puis le télépaiement ont également été développés puis ouverts au public.

En substance, depuis 2018 les entreprises béninoises relevant du régime du réel, sans se déplacer, peuvent satisfaire à leurs obligations déclaratives et de paiements en quelques clics. Cette réforme a sonné le glas des longues files d'attente (aussi bien chronophages pour le contribuable que pour l'administration) autrefois monnaie courante à l'approche des dates butoirs de déclaration. Ceci a d'ailleurs renforcé le consentement des contribuables pour le paiement de leurs impôts.

Aussi, a-t-il été institué, dans le but de faciliter la mise en application des dispositions de la loi de Finances, gestion 2020, le recouvrement de la patente en ligne, par la note 0174/MEF/DC/SGM/DGI/RNI du 3 février 2020 portant reversement des recettes issues du recouvrement de la patente, de la licence et du prélèvement pour enlèvement des ordures à la DGE et dans les CIME.

Cette réforme a permis d'avoir une évolution plus soutenue de la contribution des patentes de :

Année	**Évolution**
2019	0,00 %
2020	21,15 %
2021	14,93 %
2022	16,27 %

2.1.1.2 Retour d'expérience de Esintax au Burkina Faso

La DGI du Burkina Faso a mis en place, courant 2018, un système digital de déclaration et de paiement des impôts. Ce système dénommé eSintax permet d'alléger les procédures et de rapprocher l'administration des impôts des contribuables. Accessible via ordinateur, tablette numérique ou smartphone, ce système permet aux contribuables de payer leurs impôts et taxes y compris par mobile money. Les formulaires de déclaration des impôts sont préremplis et de nombreux champs sont calculés automatiquement Les données des contribuables sont télétransmises à partir de leur ordinateur sans risque de perte ou de vol, avec accusé de réception électronique.

2.1.2 Traitement automatisé

Les TIC sont utilisées pour traiter automatiquement les données fiscales collectées. Des algorithmes et des logiciels spécialisés peuvent effectuer des calculs complexes, notamment pour déterminer les revenus imposables, les déductions fiscales admissibles et les taux de TVA appropriés. Plusieurs applications permettent de remplir cette fonction de traitement automatisé des données. Tel est le cas de SIGIBE au Bénin.

2.1.2.1 SIGIBE, une évolution des services en ligne proposés au Bénin

Face aux limites constatées avec son premier système de gestion (SIGTAS) et grâce à sa volonté de poursuivre l'amélioration de la qualité des services offerts à ses clients, la DGI a déployé un nouveau système courant avril 2022 dénommé « *SIGIBé* » (Système de Gestion des Impôts de Bénin). Ce système à l'avantage d'offrir les fonctionnalités suivantes (en sus de celles déjà présentes sur l'ancien système) : ***la liquidation automatique des droits dus*** (grâce à cette fonctionnalité, les règles de calcul des impôts sont directement intégrées dans les différents formulaires de déclaration. Les principales données saisies par le contribuable sont relatives à la base imposable) ; ***le contrôle de cohérence et de conformité des annexes jointes aux déclarations souscrites*** (en effet, un contrôle est effectué entre le recto de la déclaration et les annexes jointes au verso en vue de supprimer les erreurs et incohérences inhérentes au processus de déclaration) et des alertes en cas d'erreurs ou de données irrégulières saisies (des pop-up renvoyant des messages d'erreurs sont configurés et alertent le contribuable en cas d'erreurs notées par le système au cours de la déclaration. C'est le cas par exemple lorsque l'un des IFUs saisis n'existe pas dans la base de l'Administration.) Il s'agit là d'autant de balises qui assainissent et améliorent la qualité des déclarations souscrites, supprimant ainsi déjà en amont une multitude d'erreurs involontaires ou parfois même délibérées induisant une minoration des droits déclarés par les contribuables.

Parallèlement, une plateforme, dénommée e-bilan, a été également mise à la disposition des contribuables pour le dépôt de leurs états financiers. Une fois ces états financiers déposés par le biais de cette plateforme, ils sont facilement retraités et sont également communiqués aux autres administrations telles que la BCEAO et l'INSTAD, qui en expriment le besoin, à des fins d'analyse. Cette plateforme sert aussi à recueillir la déclaration des prix de transfert indispensable dans la lutte contre le transfert des bénéfices.

2.1.3 Analyse de données

Les TIC permettent également d'analyser de vastes ensembles de données fiscales pour identifier des tendances, des schémas de fraude potentiels et des incohérences. Les outils d'analyse des données comme le Business Intelligency (BI) ou le BIG DATA peuvent aider les autorités fiscales à cibler les contribuables qui présentent un risque élevé de non-conformité fiscale. Les fonctionnalités d'analyse de données dans le domaine fiscal ont fait l'objet de plusieurs expériences au Bénin et en France.

2.1.3.1 L'expérience du business intelligency au Bénin

Le BÉNIN a essayé récemment de mettre en place un BI dont les résultats n'ont pas été concluants car le produit fini n'a pas été à la hauteur des attentes. En effet, il ne faut pas perdre de vue que le BI n'analyse et ne traite que les informations issues des différentes sources mises à sa disposition. Ceci suppose naturellement en amont de sa réalisation, la mise en place d'un système d'information précis et efficace. Ce qui n'était pas le cas avant la mise en place de SIGIBE. L'échec de cette première tentative était donc en grande partie dû à la faible qualité des intrants, notamment ceux provenant de l'ancien système SIGTAS qui était permissif (possibilité pour le contribuable de soumettre des déclarations incohérentes du fait de l'absence de contrôle).

La DGI a donc entrepris des actions nouvelles lui permettant de corriger les erreurs initialement faites et d'obtenir enfin un BI performant. Ainsi, elle aspire à se doter d'un outil qui permettra tout d'abord de relier toutes les applications et systèmes actuellement présents au sein de la DGI. Ainsi, la première fonction de collecte et de centralisation des données pourra donc être atteinte. Ensuite, ce système pourra également faire des traitements, analyses et plus spécifiquement, comparer les données déclarées par les contribuables à celles recoupées par l'administration fiscale à travers les diverses bases dont elle dispose (SYDONIA, SIGFP, SYGMEF,) À titre illustratif, les chiffres d'affaires déclarés par les contribuables peuvent être comparés aux données relevées dans SYGMEF (factures normalisées) ou encore aux données relevées sur la base des annexes de Taxe sur la Valeur ajoutée

(TVA) et d'Acompte sur Impôt assis sur les Bénéfices (AIB) déclarés par ses clients. Un système de contrôle à 360° qui pourra à terme dégager tous les écarts et booster considérablement les performances de l'Administration en termes de collecte des ressources en réduisant les minorations des déclarations.

Cet instrument sera également pour la Brigade d'Enquêtes et de Renseignement (BER), l'élément indispensable de programmation des divers contrôles (dont la sélection doit se faire sur la base de l'analyse-risque et des diverses règles de gestion définies au préalable par l'administration fiscale). Le BI permettrait alors de finir avec les programmations manuelles et de faire des sélections efficaces et efficientes pour de meilleurs résultats. Il permettrait également d'avoir des données réelles sur les différents secteurs d'activités et d'orienter les activités de détection de la fraude vers des secteurs ciblés. Ce qui est une avancée notable pour la lutte contre la fraude fiscale.

Plus récemment, le Bénin s'est lancé dans un nouveau projet de BIG DATA. Le but de cet outil performant serait de mettre en place un système de gestion des risques fiscaux qui combine les expériences et les acquis de plusieurs pays dans le monde et des réalités propres au Bénin. Il permettra également de prévenir et de mettre en place, les actions pour anticiper sur les cas de fraude et autres.

2.1.3.2 Leçons apprises et retombées du business intelligency en France

L'administration fiscale française utilise le Data Mining (un système dérivé du BI) depuis 2014 pour l'aider dans sa traque des fraudeurs du fisc. Le Data Mining est une technique d'analyse de données qui consiste à analyser de grandes quantités de données pour y déceler des tendances. Son but est de repérer des corrélations ou des schémas au sein d'une masse de données brutes.

L'expérience en France s'est révélée être un grand succès car elle a participé à une augmentation de près d'1,2 milliard d'euros des montants recouvrés par le fisc. L'exploitation des données est aujourd'hui un véritable appui dans la lutte contre la fraude fiscale et sociale. En effet, les agents du fisc peuvent plus rapidement : croiser et exploiter un grand nombre d'informations provenant de différentes sources (douane, URSSAF, infogreffe, etc.) ; identifier des incohérences ; détecter massivement des erreurs et des fraudes ; créer des profils de fraudeurs qui seront appliqués à une population-cible.

Au-delà de sa capacité à traiter massivement de la data, la force de l'IA est qu'elle est capable de détecter des fraudes complexes, potentiellement difficiles à repérer de manière traditionnelle. Ainsi, le Data Mining améliore l'efficacité et la programmation des opérations de contrôle fiscal, en optimisant l'activité des équipes en charge de ces contrôles.

Avec 451 milliards d'euros d'impôt recouvré, selon le rapport de la DGFiP publié le 22 juin 2023, l'administration fiscale s'est réjouie d'un bilan très satisfaisant pour l'année 2022 : des recettes en augmentation +12 % par rapport à l'année 2021. Ces très bons résultats sont le fruit des efforts de l'administration fiscale pour accroître l'efficacité de ses opérations de contrôle fiscal, notamment grâce au recours croissant au datamining. En 2022, les montants mis en recouvrement après contrôle fiscal ont atteint un niveau inédit avec un total de 14,6 milliards d'euros, soit 8,2 % et 1,2 milliard d'euros de plus qu'en 2021. L'administration fiscale a encaissé 10,6 milliards d'impôts à la suite de ces contrôles fiscaux grâce au recours croissant au datamining pour mieux cibler les contrôles fiscaux, dans le cadre du projet informatique Ciblage de la fraude et valorisation des requêtes (CFVR). Fin décembre 2022, 52 % de la programmation totale du contrôle fiscal étaient issus de ce processus, au-dessus de l'objectif que s'était fixée l'administration fiscale : un contrôle sur deux. Le datamining a renouvelé en profondeur les méthodes de sélection des dossiers à contrôler. Il a par exemple rendu possible l'envoi en 2022, de plus de 3 000 courriers automatiques à des contribuables ayant omis de mentionner des revenus sur leur déclaration de revenus de l'année 2020.

2.1.4 Appui lors des contrôles fiscaux

Les TIC sont également utilisées pour automatiser le processus d'audit fiscal (ACL). Les autorités fiscales peuvent analyser les données fiscales des contribuables de manière plus approfondie et identifier les incohérences potentielles à l'aide de techniques d'analyse de données avancées. Les outils informatisés d'appui au contrôle fiscal ont été déployés dans certaines juridictions fiscales.

2.1.4.1 Focus sur le logiciel Test compta DEMAT en France

Les contribuables qui tiennent leur comptabilité au moyen de systèmes informatisés doivent la présenter sous forme de fichiers dématérialisés lors d'un contrôle de l'administration fiscale (article L.47 A-I du livre des procédures fiscales). Ces fichiers des écritures comptables doivent répondre aux normes codifiées à **l'article A.47 A-1 du livre des procédures fiscales**.

À cet effet, il est mis à leur disposition un logiciel dénommé « *Test compta Demat* », leur permettant de contrôler le respect des normes édictées. Cet outil vérifie la validité de la structure du fichier de l'entreprise et lui précise notamment les points d'anomalies détectées. L'entreprise est alors en mesure de mettre aux normes son fichier des écritures comptables en vue d'un éventuel contrôle.

2.1.4.2 Un aperçu du programme Galaxie

Depuis le début du mois d'avril 2022, l'administration fiscale française s'est dotée d'un logiciel baptisé Galaxie, qui permet de visualiser toutes les informations sur la situation patrimoniale et fiscale d'un contribuable et plus précisément des liens existant entre des entités professionnelles (liens de participation), mais aussi ceux pouvant relier des entités professionnelles à des personnes physiques (liens de dirigeant, d'associé ou d'actionnaire). Les contrôleurs fiscaux peuvent également consulter en un coup d'œil les éléments de contexte sur la situation patrimoniale et fiscale des personnes.

Ces différents exemples mettent en exergue l'impact que peuvent avoir les TIC dans la gestion des contrôles fiscaux.

2.1.5 Stockage sécurisé des données

Les données fiscales sont sensibles et doivent être stockées de manière sécurisée. Les TIC offrent des solutions de stockage de données sécurisées, y compris la cryptographie et les pares-feux, pour protéger l'intégrité et la confidentialité des informations fiscales.

2.1.6 Suivi en temps réel

Les TIC permettent aux autorités fiscales de suivre les transactions en temps réel, notamment les ventes et les transactions financières nationales et internationales, ce qui aide à réduire l'évasion fiscale. Le suivi en temps réel participe d'une démarche proactive déterminante pour la prévention de la fraude fiscale. Des expériences de l'espèce ont été conduites au Bénin.

2.1.6.1 Exemple des MECEF au Bénin

Depuis 2018, l'État béninois a mis en œuvre la réforme des « *factures normalisées* ». À travers cette réforme, l'administration fiscale béninoise suit les différentes transactions effectuées entre les entreprises soumises à l'émission des factures normalisées. Deux modèles de machine certifiée par l'Administration ont été mis à contribution :

– la Machine certifiée de Facturation (MCF) : elle concerne les entreprises ne disposant pas encore d'un dispositif informatique de facturation ;

– l'Unité de Facturation : Il s'agit d'une unité intégrée dans le dispositif de facturation de l'entreprise.

À ces deux outils, s'ajoute le E-MECeF qui est une plateforme web sur laquelle les entreprises désireuses peuvent émettre les factures normalisées. Cette innovation permet donc à l'État béninois de suivre en temps réel les chiffres d'affaires réalisés par chaque entreprise. Les anomalies relevées sur les différentes factures et la recrudescence de l'émission des factures aident parfois à la prise de décision dans les contrôles fiscaux. L'incidence de la réforme des factures normalisées à fin juin 2022 sur les recettes de TVA intérieure est positive mais demeure encore faible. La réforme des factures normalisées a permis de générer globalement en fin juin 2022 depuis sa phase de généralisation en avril 2020, des recettes additionnelles de TVA de l'ordre de 18,14 milliards réparties comme suit :

- 10,77 milliards entre avril et décembre 2020 ;
- 6,09 milliards en 2021 ;
- 1,28 milliard sur le premier semestre 2022.

2.1.6.2 Le cas du Guichet Unique du Commerce Extérieur (GUCE)

Lancé à partir du 1er janvier 2018, Le Guichet unique du Commerce Extérieur (GUCE) regroupe toutes les informations relatives au commerce extérieur en un portail transactionnel unique, qui permet à toute personne désirant faire du commerce vers ou depuis le Bénin d'obtenir clairement la marche à suivre, ainsi qu'un soutien adéquat, afin de mener à bien ses opérations commerciales en ligne.

Il assure une interaction avec les diverses administrations impliquées dans le commerce extérieur et permet ainsi que tout document relatif à une transaction soit immédiatement accessible aux autres administrations.

Dans un premier temps, les opérations de pré-dédouanement qui intègrent entre autres toutes les activités du programme de vérification des importations y compris les licences et certificats émis des ministères techniques sont effectuées à travers le GUCE. Par la suite, les opérations de dédouanement seront intégrées grâce à une interface entre le GUCE et le système SYDONIA WORLD de la Douane Béninoise, et enfin le paiement électronique de tous les frais relatifs aux transactions.

À travers cet outil des TIC, l'administration fiscale béninoise suit de près les volumes des importations des sociétés et les oblige à payer l'impôt correspondant réellement au volume de leurs affaires.

2.1.7 Échanges de renseignements

Ces échanges doivent se faire tant au plan national, entre structures étatiques, qu'au plan international. Dans ce dernier cas, la coopération entre les administrations fiscales est essentielle dans la lutte contre la fraude fiscale et pour protéger l'intégrité des systèmes fiscaux. Ainsi, depuis 2012, l'intérêt politique s'est de plus en plus focalisé sur les possibilités qu'offre l'échange automatique de renseignements. L'échange automatique de renseignements concerne la communication systématique, à intervalles réguliers, de « *blocs* » de renseignements relatifs à diverses catégories de revenus (dividendes, intérêts, etc.), par le pays de la source du revenu au pays de résidence du contribuable. L'échange automatique de renseignements peut permettre de disposer en temps utile d'informations sur des cas de fraude fiscale portant soit sur des rendements d'investissements, soit sur le montant du capital sous-jacent même lorsque les administrations fiscales ne disposaient jusque-là d'aucune indication en ce sens.

Depuis le 29 octobre 2014, 61 juridictions ont signé un accord multilatéral entre autorités compétentes qui activera l'échange automatique de renseignements, accord s'inspirant de l'article 6 de la Convention multilatérale concernant l'assistance administrative mutuelle en matière fiscale. Cet accord précise quel type de renseignements sera échangé et à quel moment, comme cela est précisé dans la Norme d'échange automatique de renseignements relatifs aux comptes financiers en matière fiscale.[558]

En résumé, les TIC jouent un rôle essentiel dans la détermination de la base imposable en automatisant la collecte, le traitement, l'analyse et la gestion des données fiscales. Elles contribuent à accroître l'efficacité des administrations fiscales et à renforcer la conformité fiscale.

---

[558] Échange automatique de renseignement-OCDE https://www.oecd.org/fr/ctp/echange-de-renseignements-fiscaux/echangeautomatique.htm#:~:text=La%20coopération%20entre%20les%20administrations,est%20l%27échange%20de%20renseignements.

2.1.7.1 Le CFISC : interface de contrôle du statut des contribuables au service des régies financières du BÉNIN

La plateforme C-FISC, mise en place par le ministère des Finances du Bénin depuis 2016, occupe une position centrale en tant qu'interface de communication et de coordination entre les principales régies financières du pays, à savoir *la direction générale des impôts, la direction générale des douanes, la direction générale du trésor et de la comptabilité publique, ainsi que la direction générale du budget.* Son objectif fondamental consiste à rationaliser les opérations fiscales et budgétaires en harmonisant les processus de gestion des contribuables et en garantissant leur conformité par rapport à leurs obligations fiscales.

Parmi les fonctionnalités essentielles de C-FISC, il convient de souligner la possibilité de consulter le statut des contribuables en temps réel. Cette fonction permet aux régies financières de vérifier instantanément si un contribuable est en règle ou s'il présente des irrégularités concernant ses obligations fiscales et douanières.

Un élément important à noter est que grâce à C-FISC, l'Administration a la capacité d'activer ou de désactiver les contribuables en fonction de leur situation fiscale. Les contribuables en situation irrégulière peuvent être désactivés, ce qui les empêche de bénéficier de certains avantages fiscaux ou douaniers. Par exemple, un contribuable qui ne figure pas dans le fichier des contribuables connu de la direction des impôts ne pourra pas bénéficier des services de la direction des douanes sans se mettre à jour. À défaut, il pourrait faire l'objet d'un prélèvement de 10 % de la valeur en douane majorée de l'ensemble des droits et taxes exigibles, à l'exception de la taxe sur la valeur ajoutée, pour les importations ou exportations de marchandises. De même le paiement de mandats de la part de la direction générale du Trésor est conditionné à l'inscription d'un contribuable dans le fichier des contribuables connus de la direction des impôts. Cette fonctionnalité vise à garantir que seuls les contribuables en règle puissent bénéficier des dépenses publiques.

En somme, la plateforme C-FISC maintient un fichier centralisé des contribuables qui respectent leurs obligations fiscales. Cela permet aux autorités de disposer d'une base de données fiable pour prendre des décisions éclairées en matière de politique budgétaire et fiscale. Elle favorise également la coordination entre les différentes régies financières et renforce la conformité fiscale dans le pays.

2.1.7.2 La déclaration commune DGI-CNSS

Dans le cadre de l'amélioration du climat des affaires, la direction générale des impôts du Bénin et la caisse nationale de sécurité sociale ont décidé de conjuguer leurs efforts afin de simplifier la vie aux entreprises grâce à la mise en place d'un formulaire unique de déclaration impôts sur salaires et cotisations sociales. Cette initiative est renforcée par les nombreuses recommandations formulées par les institutions internationales comme la Banque mondiale à travers son projet « *Doing Business* ».

Cette réforme vient mettre fin aux problèmes récurrents des divergences constatées entre les diverses déclarations souscrites par les entreprises auprès des deux administrations par négligence ou par volonté de se soustraire à leurs obligations. Elle a aussi ouvert la voie à la dématérialisation au sein de l'administration fiscale. En effet, l'accès des agents aux déclarations des contribuables est grandement facilité et les risques de pertes de données inhérentes au format papier sont définitivement supprimés. Une célérité dans le traitement des dossiers des contribuables est également notée car ne nécessitant plus la demande de pièces complémentaires par l'Administration.

Cette disposition a pour objectifs principaux de : (i) réduire les tracasseries aux entreprises en leur faisant gagner du temps dans le processus de déclaration et de paiement des impôts sur les traitements et salaires et des cotisations sociales ; (ii) réduire les anomalies observées entre les déclarations faites par les entreprises au niveau des services des impôts et ceux de la CNSS et (iii) augmenter le rendement des recettes d'IRPP-TS, de VPS et les cotisations sociales perçues.

Le réaménagement des impôts sur les salaires incluant la réforme de déclaration des salaires et cotisations sur le même formulaire a permis de réaliser en 2022, 4,7 milliards Francs CFA de recettes additionnelles.

2.2 Les TIC au service de la liquidation de l'impôt

L'automatisation de la liquidation de l'impôt fait référence au processus d'utilisation de la technologie pour simplifier, accélérer et rendre plus efficace la détermination du montant d'impôt dû par une personne ou une entreprise. Cela peut impliquer une gamme d'activités, de la collecte et du traitement des données à la détermination du montant de l'impôt et à sa perception. Voici quelques aspects et avantages de l'automatisation de la liquidation de l'impôt :

– Calculs en temps réel : les systèmes automatisés peuvent calculer instantanément l'impôt dû, en tenant compte des différentes tranches d'imposition, des crédits et des déductions ;

– Réduction des erreurs : en automatisant le processus, le risque d'erreurs humaines dans les calculs est réduit, ce qui peut entraîner une détermination plus précise de l'impôt dû ;

– Efficacité accrue : l'automatisation peut accélérer le processus de liquidation, permettant ainsi aux autorités fiscales de traiter un plus grand nombre de déclarations en moins de temps ;

– Facilité d'utilisation pour les contribuables : les plateformes en ligne avec des interfaces conviviales peuvent aider les contribuables à comprendre facilement leur situation fiscale et à soumettre leurs déclarations avec confiance ;

– Réduction des coûts : en éliminant le besoin de personnel pour effectuer des calculs manuels et traiter les déclarations, les coûts associés à la liquidation des impôts peuvent être réduits ;

– Intégration avec d'autres systèmes : un système automatisé peut être intégré avec d'autres systèmes gouvernementaux, tels que ceux pour les prestations sociales, pour avoir une vue complète de la situation financière d'un individu ;

– Alertes et notifications : les contribuables peuvent recevoir des alertes automatiques concernant les échéances ou les anomalies potentielles dans leurs déclarations. Blocage des annexes ;

– Transparence accrue : avec un accès facile à leurs données fiscales, les contribuables peuvent avoir une meilleure compréhension de la manière dont leurs impôts sont calculés.

3 Les contraintes liées à l'utilisation des TIC

Déceler les avantages potentiels de l'administration électronique est une chose ; les réaliser dans la pratique en est une autre. La mise en œuvre des projets en matière de TIC, en particulier les projets à grande échelle qui ont un impact important sur l'amélioration de la qualité ou l'efficience des services, peuvent soulever plusieurs problèmes. Les barrières législatives et réglementaires, les barrières financières, les barrières technologiques et la fracture numérique sont autant d'éléments qui peuvent faire obstacle à la diffusion de l'administration électronique.

3.1 Contraintes législatives, réglementaires et obstacles budgétaires

3.1.1 Barrières législatives et réglementaires

Le succès de l'administration électronique et la propagation des services électroniques dépendent largement de l'intervention des pouvoirs publics en vue de garantir la création d'un cadre législatif adéquat permettant la fourniture de services électroniques. La complexité de la réglementation constitue une autre difficulté, car de nombreuses instances sont incapables de déterminer ce qu'elles doivent faire et ne sont pas disposées à s'investir dans un projet qui peut ne pas être conforme aux conditions requises. Enfin, avant que les services en ligne ne puissent progresser, il convient de garantir la protection de la vie privée et la sécurité.

3.1.2 Obstacles budgétaires

La nature des projets dans le domaine des TIC est différente de celle des projets traditionnels, en particulier au regard des infrastructures et de la nécessité de collaboration. Pour cette raison, les besoins budgétaires sont différents et en fait, les dispositions budgétaires actuelles peuvent constituer des obstacles à l'administration électronique. Pour que celle-ci puisse donner la capacité de réformer les activités des administrations publiques, il convient de régler les problèmes de financement. Précisons que les investissements dans le domaine des TIC ont la caractéristique d'être coûteux et pluriannuels, ce qui nécessite un engagement à y consacrer des ressources sur une longue période, parfois bien au-delà de l'horizon budgétaire annuel ou pluriannuel.

3.1.3 Obstacles technologiques et fracture numérique

3.1.3.1 Obstacles technologiques

Plusieurs obstacles technologiques peuvent entraver la mise en œuvre de programmes et d'initiatives intéressant l'administration des TIC. Les principaux obstacles sont notamment les systèmes obsolètes, les infrastructures communes et le rythme soutenu des nouvelles évolutions technologiques.

– *Systèmes obsolètes*

Les systèmes obsolètes (systèmes conçus à des fins spécifiques) peuvent être rigides. Or, les systèmes incompatibles compliquent considérablement la propagation des nouvelles applications et peuvent entraîner un accroissement des coûts. En fait, la difficulté d'intégrer les systèmes obsolètes dans les nouvelles initiatives peut freiner considérablement l'administration électronique.

– *Infrastructures communes*

L'absence de normes communes et d'infrastructures compatibles entre les services et les instances peuvent entraver la collaboration entre les instances, ainsi que la diffusion de l'administration électronique. Cela étant, les dépenses réalisées pour mettre en place des infrastructures modernes peuvent constituer un obstacle important à la mise en œuvre d'initiatives en matière d'administration électronique. La mise en place d'infrastructures communes entre les instances constitue un moyen de régler ce problème. Cependant, il peut être difficile de mettre au point des structures communes en raison des contraintes budgétaires (voir section précédente) et des difficultés de coopération.

– *Nouvelles évolutions technologiques*

Les pouvoirs publics sont confrontés à la difficulté de promouvoir le développement de l'administration électronique, alors qu'il existe toujours une grande incertitude quant à l'évolution technologique et à ses incidences négatives (par exemple, vulnérabilité du système et activités illégales). Les progrès technologiques sont très rapides et il est difficile d'anticiper avec précision les futurs incidences politiques.

3.1.3.2 La fracture numérique

La fracture numérique constitue un frein à l'administration électronique, dans le sens où les personnes qui n'ont pas accès à l'Internet ne pourront pas bénéficier des services en ligne alors que l'administration électronique peut améliorer les services pour tous les citoyens grâce à d'autres méthodes (notamment par l'amélioration des procédures administratives). L'incapacité de fournir des services en ligne à tous les citoyens peut retarder alors certains projets dans le domaine de l'administration électronique. Dès lors, il est important, aux fins uniquement de l'administration électronique, que les pouvoirs publics poursuivent les politiques et les interventions spécifiques visant à réduire la fracture numérique. Il pourrait être utile pour les politiques s'intéressant à la fracture numérique d'accorder une attention particulière aux services publics fréquemment utilisés et importants pour les catégories ayant un accès limité à l'Internet, ainsi qu'à la commercialisation générale des services publics en ligne.[559]

[559] *OCDE (2004), L'administration électronique : un impératif, Études de l'OCDE sur l'administration électronique, Éditions OCDE, Paris, Page 29-44 https://doi.org/10.1787/9789264101203-fr*

CONCLUSION

Les technologies de l'information et de la communication ont connu, à travers le temps, une évolution fulgurante qui n'épargne aucun secteur de la vie socio-économique.

Les outils et les processus de renseignements dans la prise de décision sont probablement les applications les plus sophistiquées des TIC. Ils sont de plus en plus utilisés pour augmenter les recettes en répertoriant les incidences d'indiscipline fiscale avec un effort manuel minime.[560]

Face aux besoins sans cesse croissants de l'État, à la complexification du droit fiscal de nos jours et le phénomène du commerce électronique, les TIC constituent un outil idéal permettant à l'État de lever le plus d'impôts en même temps qu'il rend un service de qualité à ses contributeurs.

De manière concrète, les TIC permettent la collette, à partir de diverses sources, des informations nécessaires à la détermination de la base imposable. Une fois ces données collectées et analysées, elles permettent de mesurer l'exactitude des renseignements fournis par le contribuable par comparaison aux données obtenues à sa déclaration. De ce fait, les TIC constituent une aide indispensable à la maîtrise de la base imposable.

Par ailleurs, les TIC, de par la liquidation automatique des impôts à payer, permettent d'éviter les risques d'erreur et de réduire le risque de non-conformité.

L'État, tout en se mettant à l'avant-garde de la digitalisation doit également faire face à un certain nombre de défis dont la résolution constitue un déterminant à la généralisation des TIC.

BIBLIOGRAPHIE

– OCDE (2023), *Soutenir la transformation numérique des administrations fiscales des pays en développement,* OCDE, Paris, page 19 https://www.oecd.org/tax/forum-on-tax-administration/publications-and-products/soutenir-la-transformation-numerique-des-administrations-fiscales-des-pays-en-developpement.pdf.

[560] Dr Elizabeth Kariuki « Vers des Systèmes de Technologies de l'Information et de la Communication (TIC) durables au sein des Administrations fiscales » une publication de l'ATAF; mars 2014 ; https://events.ataftax.org/media/documents/114/documents/ATAF_ICT_Systems_in_Tax_Administrations_FRN.pdf

– http://uis.unesco.org/sites/default/files/documents/guide-to-measuring-information-and-communication-technologies-ict-in-education-en_0.pdf

– https://elearning.univ-usto.dz/course/info.php?id=2767

– Les Technologies de l'Information et de la Communication (TIC) peuvent-elles augmenter les taxes ? Résultats expérimentaux en Éthiopie ; Résumé du document de travail 82, de Giulia Mascagni, Andualem T. Mengistu, et Firew B. Woldeyes, Numéro 22 – août 2018 Centre International pour la Fiscalité et le Développement www.ictd.ac

– Échange automatique de renseignement-OCDE https://www.oecd.org/fr/ctp/echange-de-renseignements fiscaux/echangeautomatique.htm#:~:text=La%20coopération%20 entre%20les%20administrations,est%20l%27échange%20de%20 renseignements.

– OCDE (2004), *L'administration électronique : un impératif*, Études de l'OCDE sur l'administration électronique, Éditions OCDE, Paris, Page 29-44, https://doi.org/10.1787/9789264101203-fr

– Dr Elizabeth Kariuki « Vers des Systèmes de Technologies de l'Information et de la Communication (TIC) durables au sein des Administrations fiscales » une publication de l'ATAF ; mars 2014 ; https://events.ataftax.org/media/documents/114/documents/ATAF_IC T_Systems_ *in*_Tax_Administrations_FRN.pdf

– Code général des Impôts du Bénin.

– Loi n°98-019 du 21 mars 2003 portant Code de Sécurité sociale du Bénin.

– Loi n°2019-46 du 27 décembre 2019 portant loi de finances pour la gestion 2020.

– Arrêté 2020 n°0256/MEF/MTFPD/DC/SGM/044SGG20 portant fixation des modalités d'application de l'article 12 de la loi de finances gestion 2020.

LE CADASTRE NATIONAL : OUTIL DE PRÉVENTION DE LA FRAUDE FISCALE

Victorien D. KOUGBLENOU

Docteur en Droit Privé
Directeur général de l'Agence Nationale du Domaine et du Foncier (ANDF)

INTRODUCTION

Les pays dont les ressources budgétaires sont largement constituées de recettes fiscales, comme le Bénin et la plupart des États ouest-africains francophones, sont particulièrement plus exposées à la fraude fiscale qui, non seulement affecte le consentement à l'impôt, mais aussi induit des manques à gagner et compromet la répartition de la charge fiscale.

En matière d'impôt foncier, la fraude est plus prononcée lorsque le fisc ne dispose pas d'outils lui permettant d'avoir une connaissance fiable de la matière taxable. Conscient des fonctionnalités du cadastre, il est important d'envisager son utilité pour l'administration fiscale en ce qui concerne la mobilisation efficace des impôts fonciers. Une réflexion sur « ***le cadastre : outil de prévention de la fraude fiscale*** » **mérite donc d'être menée.**

Le cadastre national est un dispositif d'enregistrement et de gestion numérique des données foncières qui permet une bonne gouvernance foncière, la sécurisation foncière, la réduction des conflits fonciers ainsi que l'amélioration, la disponibilité et la fiabilité de l'information foncière. Il est constitué de documents cartographique et littéral à l'échelle nationale ou locale, comportant, le premier des informations graphiques, le second des renseignements attachés, relatifs aux parcelles de propriété individuelle. Grâce aux avancées technologiques, le cadastre se présente de plus en plus comme un système numérique décrivant le patrimoine foncier sur le plan national ou local et, contenant toutes informations requises. Il assure trois fonctions essentielles, à savoir : la fonction technique, fiscale et juridique. Le cadastre est sans nul doute une source plus ou moins complète d'accès aux informations sur le patrimoine immobilier, bâti ou non.

La prévention de la fraude fiscale est une mesure importante pour le développement des États à régime économique essentiellement fiscale. Lutter contre la fraude signifie avant tout, s'adresser aux fraudeurs, que la fraude soit intentionnelle ou non. Cette lutte implique également de sensibiliser les usagers pour les dissuader de contrevenir à la législation.

La fraude fiscale est l'expression de la résistance du contribuable, de l'individu contre l'État. Il s'agit donc d'un sujet extrêmement controversé dont le caractère passionnel masque les aspects purement techniques de la matière, comme l'arbre cachant la forêt.

Juridiquement, elle se définit comme la soustraction illégale à la législation fiscale de tout ou partie de la matière imposable d'un contribuable. La fraude fiscale prend plusieurs formes telles que le blanchiment d'argent, la sous-déclaration des revenus, la dissimulation des actifs et l'utilisation des sociétés-écrans.

En somme, lorsqu'on énonce le cadastre national en tant qu'outil de prévention de la fraude fiscale, il s'agit d'un système de gestion des biens immobiliers qui vise à enregistrer et à suivre les informations foncières de manière précise et transparente. Le cadastre est une banque de données fiables et vérifiables sur la propriété des biens immobiliers, facilitant ainsi le contrôle et la collecte des impôts. Il est régi par des lois et réglementations spécifiques qui établissent les procédures et les obligations liées à la déclaration et à la taxation des biens immobiliers. Contrairement à de nombreux pays, le Bénin ne dispose pas d'évaluation rigoureuse de la fraude fiscale, ni même de l'écart fiscal.

Historiquement, le cadastre n'est pas une institution nouvelle. Dans la Grèce antique, il existait un cadastre, basé sur les déclarations des propriétaires et ceci d'un commun accord avec leurs limitrophes, pour servir à l'établissement de l'impôt foncier. Le cadastre Romain qui permettait d'établir une contribution appelée « *CENS* » remonte déjà à 500 ans avant J.-C. La consistance et la valeur des biens étaient déclarées et relevées sur des registres appelés « *CAPITASTRA* », d'où l'étymologie du mot CADASTRE.

Dans le cadastre Romain, il n'était procédé à un véritable arpentage des terres recensées que pour l'établissement des camps militaires et la distribution des terres aux soldats. Les plans de ce temps-là étaient très imparfaits et ne correspondaient pas aux connaissances topographiques de l'époque qui étaient déjà étendues. C'est le même cadastre romain qui fut introduit en France par l'empereur romain CESAR avec l'institution du régime du « *CENS* ». Ce cadastre a connu beaucoup d'évolutions sous NAPOLEON BONAPARTE à partir des années 1800.

C'est au détour de la colonisation que la notion du cadastre a été connue des États colonisés, même à ce jour, sa mise en place piétine encore dans la plupart des États africains francophones notamment. Le Bénin quant à lui, fait un progrès remarquable en la matière et son système cadastral est de plus en plus apprécié et convoité.

La question essentielle qu'il convient de se poser est celle de savoir **comment le cadastre national peut-il contribuer à la prévention de la fraude fiscale en matière foncière ?**

L'étude de ce sujet présente un intérêt scientifique important car elle permet de mieux comprendre les implications de la dématérialisation du système foncier, notamment en ce qui concerne la prévention de la fraude fiscale. En examinant les lois, les réglementations et les pratiques liées au cadastre national, on peut bien analyser les avantages et les défis de cette transition vers un système électronique. Cela peut aider à identifier les meilleures pratiques pour garantir l'efficacité, la transparence et la sécurité des informations foncières. De plus, cela peut également contribuer à la réflexion sur les questions de protection des données et de confiance dans les systèmes électroniques.

Afin d'aborder convenablement le présent sujet, une méthode d'analyse substantielle a été adoptée car l'efficience de toute analyse, tient compte de son champ d'études. Dans une première partie, il sera examiné la prévention de la fraude fiscale à partir des manifestations de la fraude fiscale et l'encadrement juridique du cadastre **(I)** et dans une seconde partie, on exposera en quoi la sécurisation des terrains par le cadastre et la dématérialisation contribuent à la prévention de la fraude fiscale **(II)**.

I- LA PRÉVENTION DE LA FRAUDE FISCALE FONDÉE SUR LES MANIFESTATIONS DE LA FRAUDE ET L'ENCADREMENT JURIDIQUE DU CADASTRE

La fraude fiscale se manifeste sous diverses formes et évolue selon la dynamique du marché immobilier et surtout le développement des technologies. On peut affirmer que dans les pays en voie de développement, l'absence du cadastre national c'est moins de garantie contre la fraude fiscale en matière immobilière dans la mesure où l'administration fiscale dispose de moyens techniques très limités pour l'identification et l'estimation de l'assiette foncière. Les contribuables profitent de ces faiblesses pour adopter divers moyens permettant de se soustraire des obligations fiscales liées à leurs produits immobiliers.

Pour mieux appréhender le cadastre dans son rôle préventif contre la fraude fiscale, il convient de s'intéresser d'abord aux diverses manifestations de la fraude fiscale (A) avant de l'analyser tel un instrument de prévention de la fraude fiscale (B)

A- Les manifestations de la fraude fiscale immobilière

La fiscalité a été souvent aperçue par les contribuables comme une contrainte. L'idée d'en échapper n'est pas nouvelle. Ainsi, les contribuables sont tentés d'utiliser divers stratagèmes pour contourner les règles fiscales que ce soit en entreprise ou à titre personnel.

Dans le secteur de l'immobilier, le fléau est tant déploré en Afrique en général et au Bénin en particulier. Le secteur de l'immobilier est effectivement utilisé pour faciliter des actes de fraude fiscale et de blanchiment de capitaux.

La manifestation de la fraude fiscale en matière immobilière au Bénin prend diverses formes dont la commission, pour la plupart, est facilitée par l'absence du cadastre, mais aussi par la faible couverture de l'assiette foncière fiscale.

Insuffisance, omission ou inexactitude dans la déclaration d'impôts d'un contribuable

La bonne foi du contribuable est un élément essentiel dans la productivité et la mobilisation des recettes fiscales dans un régime déclaratif.

Le régime fiscal du Bénin est un régime de déclaration. Or, comme le souligne M. Aguemon, dans un système essentiellement déclaratif, comme celui du Bénin, le système fiscal est critiqué en raison des prélèvements effectués qui diminuent le profit réalisé par le contribuable. Cependant il ne fait aucun doute que l'impôt est d'une importance capitale pour un État. Ne pas s'acquitter de sa dette fiscale, en usant de la fraude et de l'évasion fiscale au niveau interne, et de la fuite illicite des capitaux vers les paradis fiscaux au niveau international, sont des facteurs constitutifs de l'incivisme fiscal. Ce qui pourrait constituer des obstacles au développement d'un État en développement, comme le Bénin.

En l'absence du cadastre, les contribuables ont une forte propension à la dissimulation ou à la réserve dans la déclaration des éléments composant leur patrimoine foncier.

Comportement tendant à réduire les montants d'impôt à payer par un contribuable

Le recours à l'expertise pour l'évaluation de la valeur vénale des immeubles dans le cadre de la mise en œuvre des obligations fiscales n'intervient qu'en cas de contentieux ou de doute sérieux sur l'estimation faite par le contribuable ou issue de l'enquête fiscale. Le contribuable qui est conscient de l'inexistence d'une plateforme comportant la couche qui renseigne sur la configuration de l'immeuble avec l'option d'actualisation des données, ne déclarera pas par exemple les améliorations intervenues et ayant pour effet d'augmenter la valeur de l'immeuble voire les ressources qu'il génère, entre deux enquêtes fiscales ou deux estimations.

La minoration volontaire des coûts des transactions

Les actes constatant des transactions immobilières sont soumis à la formalité fiscale d'enregistrement. La fonction de l'enregistrement, outre le fait qu'il assure la publicité de l'opération confère une date certaine à l'acte.

Selon le principe, l'assiette du droit d'enregistrement des actes en matière de mutation à titre onéreux d'immeuble est déterminée par le prix exprimé dans l'acte de mutation immobilière, en y ajoutant toutes les charges en capital, ainsi que toutes les indemnités stipulées au profit du cédant, à quelque titre et pour quelque cause que ce soit, ou par une estimation d'experts.

Lorsque la mutation porte à la fois sur un immeuble par nature et des immeubles par destination, ces derniers doivent faire l'objet d'un prix particulier et d'une désignation détaillée.

En ce qui concerne les échanges de biens immeubles, le droit est perçu sur la valeur d'une des parts, lorsqu'il n'y a aucun retour. S'il y a retour, le droit est payé sur la moindre portion et comme pour les mutations immobilières à titre onéreux sur le retour ou la soulte.

Mais dans la pratique, les parties au contrat minorent le coût de la transaction en vue de supporter moins de droits d'enregistrement. La pratique est si adoptée que l'administration fiscale a dû prendre ses responsabilités au moyen de l'arrêté n°1830-c/MEF/SGM/DGI/DLC/282SGG du 30 juillet 2020 portant les valeurs d'acquisition de référence dans le cadre de la perception de la taxe de plus-value immobilière. Les valeurs foncières de référence consacrées par cet arrêté servent de base de calcul de la valeur moyenne normale d'une transaction immobilière en cas de minoration flagrante.

Location immobilière non déclarée au fisc ou transactions fictives

Il s'agit de pratiques dominantes, surtout avec le développement de nouvelles formes de location d'immeubles, les « *guest house* » où l'immeuble sert à la fois à l'habitation personnelle et à la location. Il est surtout un fait que la pratique n'est pas de professionnels mais est adoptée par le propriétaire ou présumé de l'immeuble qui cherche à tirer un revenu additionnel sur son patrimoine immobilier.

Pourtant la fraude fiscale serait l'un des délits financiers qui, économiquement, ferait le plus de victimes. Elle diminue les ressources étatiques disponibles nécessaires au financement des services publics et crée des distorsions de concurrence et des inégalités au détriment des contribuables soucieux de payer leur impôt rubis sur l'ongle. Les instruments de la technique fiscale présentent aujourd'hui un caractère mondial, qu'ils aient trait aux opérations d'assiette, à la liquidation, au contrôle ou au recouvrement. Cela tient à l'identité des problèmes à résoudre, au mimétisme, et parfois à une certaine volonté d'harmonisation.

Les comportements des contribuables ne rentreraient pas nécessairement dans les mêmes catégories juridiques et ne seraient pas sanctionnés des mêmes peines.

La frontière qui sépare la fraude de l'évasion fiscale est difficile à tracer.

D'un côté la fraude, contraire à la législation fiscale en vigueur, de l'autre l'évasion fiscale ou l'optimisation fiscale, symbole d'une utilisation habile des textes. La diversité des situations de fait ou de droit n'a pas permis d'établir une telle règle précise et invariable. Cette frontière entre fraude et évasion s'affaiblit au point de s'effacer quand des distinctions sont introduites entre les notions de fraude légale, de fraude illégale (ou fraude stricto sensu), d'évasion licite et d'évasion illicite. La frontière entre la fraude fiscale et l'escroquerie n'est pas davantage évidente à délimiter. Une première comparaison sémantique de ces deux incriminations nous permettrait de penser que l'escroquerie en matière fiscale constituerait une fraude fiscale d'une envergure particulièrement importante, impliquant la mise en place des stratagèmes, de manœuvres élaborées pour échapper à l'impôt.

B- Les fonctions du cadastre tournées vers la prévention de la fraude fiscale

Depuis le 14 août 2013, il est institué, en vertu de l'article 452 du code foncier et domanial, le cadastre pour la gestion de l'ensemble des documents administratifs et techniques décrivant la propriété foncière.

Le cadastre constitue un garant essentiel de la propriété foncière. De par sa nature, il ne peut enlever ni conférer un droit de propriété.

Au regard de l'article 453 du même code, « *Le cadastre assure trois fonctions essentielles : technique, fiscale et juridique.*

La fonction technique du cadastre est assurée par l'identification de la propriété et les attributs techniques notamment, la surface, les coordonnées et les constructions existantes.

La fonction fiscale du cadastre est réalisée par l'identification des attributs qui sont utilisés pour une évaluation de la propriété telle que la catégorie d'usage, la destination, la nature, les caractéristiques physiques et l'établissement correct de l'assiette fiscale ».

Il s'ensuit que par le cadastre, l'évaluation de la propriété ne devrait plus souffrir d'ambiguïté. Les contribuables n'auront plus en principe la facilité de manipuler les données immobilières comme auparavant.

Les couches cadastrales liées aux informations fiscales attendues du cadastral béninois transpirent de la formulation de l'article 453 du Code foncier et domanial. Il s'agit notamment de la détermination de :

- la catégorie d'usage,
- la destination,
- la nature,
- des caractéristiques physiques de l'immeuble concerné.

Cette énumération ne peut être tenue pour limitative et doit pouvoir être améliorée en tenant compte de la dynamique du marché immobilier et des innovations introduites dans le commerce des produits immobiliers. Le cadastre en tant que document ou base de données officielles ayant pour mission de renseigner et de repérer les parcelles en tant qu'unités de la propriété foncière en les délimitant graphiquement par rapport aux parcelles voisines, en renseignant la présence éventuelle de bâtiments et en identifiant son propriétaire à l'aide d'un identifiant dénommé numéro unique parcellaire (NUP). Le plan cadastral est subdivisé en plusieurs plans parcellaires dont la commune est la plus importante circonscription foncière. Le plan cadastral a aussi pour fonction de représenter l'assiette sur laquelle s'exercent les droits réels immobiliers et sert de base à la publicité de ces droits. Le cadastre est sans doute un document comportant des informations foncières indiscutables. Il est donc un document-témoin qui garantit la sincérité et la clairvoyance en matière d'informations foncières.

Le cadastre du Bénin est tourné vers le numérique et cela peut être considéré comme un atout majeur dans la lutte contre la fraude fiscale dans la mesure où le numérique assure à la fois, l'accessibilité des informations et leur transparence, mais aussi et surtout leur disponibilité. Étant donné que la législation foncière et domaniale n'a pas exclu le cadastre analogique, elle a établi le principe d'équivalence fonctionnelle de deux formes de cadastre. Selon l'article 481 du code foncier et domanial : « *Une archive contenue dans le cadastre en format numérique a la même force et le même effet juridique que l'archive sur papier correspondant.*

En cas de discordance entre une archive sur papier et une archive numérique, l'archive sur papier l'emporte ».

Le caractère numérique du cadastre devra faciliter son interopérabilité avec d'autres bases de données disponibles. Il existe aujourd'hui au moins trois bases de données utiles au sein de l'administration publique, mais qui ne sont pas encore interconnectées pour faciliter l'identification sans équivoque des titulaires des droits des transactions foncières et immobilières. Pour les personnes physiques, la base de données de l'Agence nationale d'Identification des Personnes (ANIP) constitue une source fiable et sécurisée pour l'administration foncière et domaniale, dans la vérification formelle de l'authenticité des documents d'identité produits par les usagers. En ce qui concerne les personnes morales exerçant une activité commerciale, le recours à la base de données de l'Agence de Promotion des Investissements et des Exportations (APIEx) doit être d'un secours utile pour l'administration foncière.

Les bases de données concernées sont d'autant plus fiables qu'elles sont conçues pour assurer à terme, l'individualisation de leur contenu sans risque de confusion. Pour les parcelles, la principale clé d'accès au cadastre est le Numéro unique Parcellaire (NUP), pour les personnes physiques, il existe le Numéro personnel d'Identification (NPI) pour chacun et en ce qui concerne les entités commerciales, les numéros RCCM.

Le cadastre numérique, dans sa conception, sera sans nul doute très efficace dans sa fonction fiscale, mais posera d'épineuses questions relatives notamment à la protection des données personnelles et à la communication d'informations.

Le Conseil constitutionnel français admet de longue date que la lutte contre la fraude fiscale constitue un objectif à valeur constitutionnelle, au regard duquel il est loisible au législateur d'apporter des aménagements aux droits et libertés individuelles.

Mais face aux enjeux liés aux développements technologiques, notamment le cadastre, il a été amené à resserrer l'encadrement des pouvoirs de l'administration fiscale dès l'amont de la phase de contrôle. Aujourd'hui, les moyens déployés par les services fiscaux doivent respecter, d'une part le principe de proportionnalité, qui permet de s'assurer que l'atteinte portée aux droits et libertés des citoyens n'est pas disproportionnée au regard des buts poursuivis et, d'autre part, le régime de protection des données à caractère personnel. Ainsi, les méthodes de croisement de données en masse ne peuvent être utilisées que comme des outils d'aide aux contrôles et ne peuvent en aucun cas conduire à caractériser automatiquement une fraude.

II- LA PRÉVENTION DE LA FRAUDE FISCALE PAR LA SÉCURISATION DU PATRIMOINE IMMOBILIER PAR LE CADASTRE

L'objectif principal du cadastre est la sécurité foncière, c'est-à-dire la sécurité du patrimoine foncier de tous les détenteurs en propriété ou en présomption, de terre au Bénin. La sécurisation du patrimoine immobilier par le cadastre, pour mieux prévenir les fraudes fiscales, implique l'enregistrement préalable de l'immeuble dans la base de données du cadastre et la mise en place de dispositifs techniques appropriés de gestion des informations foncières. On exposera dans un premier temps, la pratique de l'enregistrement individuel des terrains au cadastre (A), dans un second, on retracera sommairement la figure du système d'information foncière tel qu'en implémentation au Bénin (B).

A- La pratique de l'enregistrement des biens immeubles au cadastre national

La prévention de la fraude fiscale au moyen du cadastre implique la mise en place de procédures simplifiées et attractives d'enregistrement des immeubles dans la base de données du cadastre. L'élargissement de l'assiette fiscale immobilière appelle une couverture cadastrale conséquente du territoire national.

De même, pour être utile, le mécanisme d'enregistrement des immeubles au cadastre doit avoir aussi et surtout un objectif de sécurité du patrimoine immobilier pour motiver l'enregistrement individuel des terres. L'ultime option pour atteindre ce double objectif est la mise en œuvre de la procédure de confirmation cadastrale de droits fonciers.

En effet, la confirmation cadastrale de droits fonciers assure une certaine technicité mais aussi et surtout de la souplesse dans la délivrance des titres fonciers. Technicité parce que chaque immeuble sera désormais identifié, à partir d'un numéro unique parcellaire. Ce qui rend plus aisée l'individualisation des biens immeubles aussi bien aux plans de la sécurité foncière et juridique qu'au plan des enquêtes fiscales. Souplesse, parce que les diverses formalités à accomplir pour aboutir à la délivrance de titre foncier seront allégées tout en assurant un niveau élevé de sécurité.

Au plan administratif, cette option permettra de poursuivre la mise en place du cadastre par la délivrance de titre foncier ou l'enregistrement de parcelle.

Le principe de l'enregistrement des biens immeubles au cadastre national est posé par l'article 459 du code foncier et domanial. Le cadastre est établi suivant deux procédures : la confirmation de droits fonciers générale et la confirmation de droits fonciers individuelle.

La confirmation de droits fonciers générale s'applique à l'État et aux collectivités territoriales.

La confirmation de droits fonciers individuelle se rapporte à la confirmation de droits fonciers d'une propriété privée.

Les modalités de mise en œuvre du numéro unique parcellaire et de la procédure de confirmation cadastrale sont déterminées par voie réglementaire.

Dans la pratique, l'enregistrement des parcelles au cadastre national se fait de manière individuelle ou collective. L'enregistrement individuel est réalisé sur une parcelle isolée appartenant à une personne qui en fait la demande.

L'enregistrement collectif se fait sur des périmètres ayant fait l'objet d'opérations telles que le plan foncier rural, l'état des lieux, le lotissement, le remembrement urbain ou le registre foncier urbain.

Il peut se faire également sur les périmètres n'ayant connu au préalable aucune des opérations préalables de lotissement ou d'aménagement. Les données sont collectées sur un ensemble d'unités parcellaires dans un périmètre foncier défini, appartenant à des détenteurs de droits fonciers ou propriétaires différents.

Dans la pratique de confirmation cadastrale de droits fonciers, deux éléments essentiels concourant à la prévention de la fraude fiscale en matière immobilière méritent d'être relevés. Ils sont liés d'une part, aux informations littérales et réelles obligatoires devant accompagner l'enregistrement de l'immeuble au cadastre, et d'autre part, à la technique mise en place pour s'adapter à la dynamique du marché foncier.

L'établissement de l'identité du titulaire de droit dont le bien devra être enregistré au cadastre s'établit au moyen de la carte d'identité biométrique ou à défaut, du certificat d'identification personnelle.

En ce qui concerne les informations sur les biens, elles sont collectées à partir du titre de propriété ou des actes présomptifs de propriété notamment les actes sous seing privé se rapportant au terrain concerné, la convention de vente affirmée ou non, l'attestation de recasement, l'attestation de détention coutumière, le certificat foncier rural, le certificat administratif délivré avant l'entrée en vigueur du code foncier et domanial ou tout autre acte faisant la preuve des droits détenus par le présumé propriétaire.

Pour individualiser le bien dans l'espace avec certitude et prévenir les litiges liés aux chevauchements ou empiètements, il est exigé un levé topographique, établi par un géomètre-expert agréé, régulièrement inscrit au Tableau de l'Ordre, assorti d'un procès-verbal de bornage. Les coordonnées du levé sont rattachées au système géodésique national.

Dès l'intégration d'une parcelle dans la base de données cadastrales, les informations minimales suivantes sont immédiatement disponibles. Il s'agit du lieu de situation de la parcelle, de l'identité du ou des titulaire(s) des droits fonciers, de la nature du droit détenu et de la superficie du terrain.

Étant donné que l'enregistrement de la parcelle au cadastre ne confère ni n'enlève un droit de propriété, une procédure simplifiée a été prévue pour l'obtention de titre foncier à partir du cadastre.

En ce qui concerne l'actualisation des données enregistrées, le dispositif juridique prévoit que la mise à jour est automatique et obligatoire sous peine d'inopposabilité des modifications intervenues aux tiers.

B- Le système d'information foncière

Le cadastre national n'est pas la seule base de données numériques contenant des informations utiles sur la propriété immobilière. L'administration foncière et domaniale s'évertue depuis quelques années à implémenter d'autres plateformes qui serviront à nourrir la base de données du cadastre.

L'objectif de ces outils est de rendre le processus plus efficace, transparent et sécurisé. La transformation du paysage institutionnel du foncier au Bénin induit une volonté affirmée de modernisation et d'optimisation des processus administratifs, par une série de réformes.

C'est ainsi qu'on note la mise en place de diverses plateformes au nombre desquelles on peut citer : *e-terre*, et le logiciel de gestion du cadastre appelé e -Foncier Bénin.

E-Terre, est une plateforme web de gestion des titres fonciers. Son objectif est de dépasser la gestion manuelle des opérations foncières en dématérialisant toutes les procédures de gestion des opérations foncières. Il a également pour objectif de réduire les contraintes de temps imposées par la distance entre les divers services déconcentrés de l'administration foncière et domaniale. Les services déconcentrés de cette dernière pourront par exemple consulter et partager les informations sur les titres fonciers à distance en raison de l'interconnexion. Les principales fonctionnalités de cette plateforme sont :

- ❖ numérisation des dossiers de demandes de prestation foncière ;
- ❖ gestion du processus de délivrance des titres fonciers ;
- ❖ gestion des inscriptions ;
- ❖ gestion des propriétaires ;
- ❖ impression des titres fonciers sécurisés ;
- ❖ édition de statistiques diverses ;
- ❖ gestion des requérants, notaires, utilisateurs et des géomètres ;
- ❖ automatisation de toutes les procédures de gestion foncière ;
- ❖ accès en ligne à toutes les informations relatives aux titres fonciers du pays ;
- ❖ élaboration des actes liés aux titres fonciers sur la plateforme en ligne.

Quant à la plateforme *cadastre.bj*, elle est un outil web de diffusion des données cartographiques en ligne. Elle comporte les plans parcellaires numérisés et géoréférencés de 75 communes. Elle met à la disposition des internautes des informations foncières de base sur les parcelles mises en ligne. Les fonctionnalités de cette plateforme sont les suivantes :

- ❖ publication des plans parcellaires de la base de données cadastrale (parcelle entièrement numérisée/vectorisée et interactive) ;
- ❖ affichage des couches : plans parcellaires, photo-aérienne, lieudits ;
- ❖ recherche de parcelle par numéro de TF + Commune ;
- ❖ recherche de parcelle par Quartier-Ilot-Parcelle ;

- affichage d'information de base d'une parcelle ;
- statistiques de fréquentation du site.

La plateforme de gestion des données cadastrales permet de gérer les données foncières et cadastrales collectées sur toute l'étendue du territoire national. Ses fonctionnalités sont :

- réception des fichiers issus de la collecte des données de terrain (Infocad) ;
- génération des différents documents utiles pour la publicité des données collectées (le plan cadastral, la liste des parcelles avec les différents ayants droit) ;
- représentation des parcelles sur une carte cadastrale avec toutes les informations possibles ;
- mise à jour des données enregistrées dans la base ;
- délivrance des informations cadastrales par sms (USSD) ;
- publication des informations cadastrales de base sur une carte en ligne (https://cadastre.andf.bj/).

Toutefois, dans le but de moderniser les offres de service en ligne dans l'Administration publique, l'État béninois a mis en place la plateforme de gestion des services publics. Cette plateforme gérée par l'Agence des Systèmes d'Information et du Numérique (ASIN), a pour vocation de fédérer tous les e-services délivrés par l'Administration publique.

Pour s'inscrire dans cette dynamique, il s'avère nécessaire pour l'administration foncière et domaniale de parvenir à la dématérialisation de toutes ses prestations sur le portail national des e-Service (PNS). Il s'agit dans un premier temps du e-service sur le PNS au profit des demandeurs de titres fonciers. Ainsi, les requérants vont scanner et déposer leurs dossiers de demande de titres fonciers sur la plateforme de e-service du gouvernement. Ils paieront également les frais requis en ligne.

Les grandes réalisations dans ce sens se présentent ainsi qu'il suit :

- implémentation du module de dépôt en ligne avec paiement en ligne ;
- formation des utilisateurs ;
- mise en production du e-service (mai 2023).

Cependant, il peut y avoir des défis et des lacunes à surmonter, notamment en ce qui concerne l'enregistrement des biens immeubles au cadastre national.

CONCLUSION

En examinant les diverses manifestations de la fraude fiscale en matière immobilière, on constate que le cadastre est un outil incontournable dans la prévention de la fraude fiscale.

En effet, certaines pratiques frauduleuses sont facilitées par l'absence du cadastre arrangé par le régime déclaratif adopté par le Bénin en matière fiscale. Il s'agit notamment de la soustraction volontaire de certains biens immobiliers à l'administration fiscale, de la minoration des valeurs, des transactions foncières non déclarées…

Le cadastre assure trois fonctions selon les textes qui l'encadrent. Il s'agit des fonctions technique, fiscale et juridique.

La présente étude s'est particulièrement préoccupée de la fonction fiscale du cadastre. Les informations identitaires et réelles qui sous-tendent l'enregistrement de chaque terrain dans la base de données du cadastre ainsi que la dématérialisation du cadastre sont de nature à faciliter à l'administration fiscale l'accès aux informations liées aux propriétés ou aux droits réels immobiliers sur le territoire national.

Pour faciliter l'enregistrement des terrains au cadastre, un dispositif réglementaire dédié a été prévu. Le dispositif facilite l'enregistrement volontaire individuelle des terrains au cadastre, la sécurisation juridique des terrains enregistrés au cadastre sans titre foncier par une procédure simplifiée. Pour assurer la mise à jour des données cadastrales, le dispositif oblige à signaler et à faire prendre en compte toute modification intervenue au sujet d'un terrain enregistré au cadastre.

Il est souhaité une interconnexion des bases de données des personnes et des biens en vue d'un arrimage parfait entre le Numéro d'Identification Personnel (NPI) et les Numéros Uniques Parcellaires (NUP) pour une prévention plus efficace des fraudes fiscales par le cadastre.

LE SECTEUR INFORMEL OU LE NŒUD GORDIEN

Charles YEHOUENOU, Renaud FADONOUGBO & Djibril FATOUMBI

INTRODUCTION

L'économie informelle est depuis longtemps au centre de tous les débats en raison de ses liens complexes avec le développement économique. L'économie informelle regorge d'activités marchandes à grande valeur qui selon plusieurs analystes contribueraient conséquemment aux recettes fiscales si elles étaient enregistrées. Ce phénomène est un problème largement répandu à travers presque tous les pays en développement. Selon l'Organisation internationale du Travail, environ 60 % de la population totale occupée opèrent dans le secteur informel (OIT, 2018). Aussi, des estimations récentes placent la taille de l'économie informelle à environ un tiers de l'économie mondiale.

Au Bénin, le secteur informel contribue à plus de 60 % à la formation du PIB avec une offre d'emploi de près de 80 % (INStaD, 2021).

Sur le plan fiscal, la définition du concept du secteur informel se fait par rapport à la connaissance de l'entreprise par le fisc. Le taux de pression fiscale demeure encore faible (12,2 % en 2022) par rapport à la norme communautaire qui est de 20 % et pourrait s'expliquer par : (i) la prépondérance du secteur informel, (ii) la persistance de l'incivisme fiscal au niveau de certains contribuables occasionnant ainsi un manque à gagner important pour l'économie nationale, (iii) la faible fiscalisation des activités du e-commerce et (iv) la faible maîtrise du fichier des contribuables. Ces situations amenuisent l'assiette fiscale entraînant des pertes de recettes et des entorses à une concurrence loyale entre les entreprises. L'élargissement de l'assiette fiscale par la fiscalisation du secteur informel consiste en l'extension de l'imposition à tous les agents économiques en atteignant ainsi ceux qui opèrent dans l'économie clandestine.

Cet article a pour objectif d'analyser le phénomène de l'informalité dans le contexte du Bénin et proposer des approches de solution à ce phénomène que l'on pourrait caractériser de nœud gordien.

Après cette section introductive, nous allons faire une brève revue de la littérature sur le sujet. La section 3 fait un état des lieux du secteur informel au Bénin. Par la suite dans la section 4 nous présentons les stratégies mises en œuvre par la Direction générale des Impôts du Bénin pour encourager la formalisation des activités informelles ; la section 5 présente les conséquences du secteur informel sur la mobilisation des recettes et enfin les approches de solutions sont présentées dans la section 6.

1. Brève revue de littérature

Le secteur informel désigne l'ensemble des activités économiques qui échappent au contrôle et à la réglementation de l'État. Il est très présent dans les pays en développement, où il représente une part importante de l'emploi et du PIB. Ce concept a fait l'objet de nombreuses critiques et propositions alternatives de la part des chercheurs, qui ont mis en évidence la diversité et la complexité des réalités qu'il recouvre, selon les contextes géographiques, sectoriels, socio-économiques et juridiques. Depuis 2010, le secteur informel a été revisité à la lumière des transformations économiques et sociales intervenues dans les pays en développement. De nouvelles approches de clarification ont enrichi l'analyse du phénomène, aussi, des notions de formalisation partielle, progressive ou volontaire ont nuancé sa compréhension.

La fiscalité du secteur informel pose ainsi plusieurs défis, tant sur le plan théorique que pratique. Sur le plan théorique, il s'agit de comprendre les déterminants et le potentiel fiscal de l'informalité, ainsi que les interactions entre le secteur formel et le secteur informel. Sur le plan pratique, il s'agit de concevoir et de mettre en œuvre des politiques fiscales permettant d'encourager la formalisation des unités informelles, en tenant compte des contraintes institutionnelles, administratives et politiques.

Plusieurs méthodes ont été développées dans la littérature pour estimer la taille du secteur informel et son impact sur les recettes fiscales. Parmi ces méthodes, on retrouve la méthode dite monétaire qui consiste à utiliser des indicateurs monétaires pour inférer le niveau d'activité non déclarée en supposant que les transactions informelles sont réalisées en espèces. Une seconde méthode qui, sous l'hypothèse d'une forte corrélation entre le niveau d'activité économique et la consommation d'électricité, consiste à utiliser la consommation d'électricité des unités informelles pour estimer leur poids dans l'activité économique. L'application de ces différentes méthodes a permis aux auteurs de conclure que le secteur informel représente entre 10 % et 50 % du PIB des pays en développement, emploie plus de 70 % de la population active et que l'existence de l'informel contribue à alourdir le fardeau fiscal.

La problématique de l'évaluation et de la formalisation du secteur informel au Bénin a fait l'objet de plusieurs réflexions. Ces travaux ont mobilisé aussi bien des approches théoriques que pratiques, ainsi que des comparaisons internationales. Sur le plan théorique, Allingham et Sandmo (1972) ont élaboré un modèle sur la fraude fiscale, qui dépendait du taux d'imposition marginal et moyen, du taux de pénalité et de la probabilité de détection. Ils ont montré que l'informalité peut être assimilé à une fraude fiscale et que cette dernière augmente avec le taux d'imposition et diminue avec le taux de pénalité et les contrôles fiscaux. La majorité des travaux théoriques ont prouvé que le secteur informel est une fuite de ressources pour la caisse de l'État et l'enjeu est de trouver les mesures nécessaires pour capter ces ressources. Ces travaux recommandent à la fois des politiques incitatives et éducatives qui ont pour but d'encourager les agents économiques à sortir de l'informalité ou à se conformer aux obligations fiscales ; et des politiques coercitives qui visent à dissuader les agents économiques de rester dans l'informalité. Les travaux de Lautier (2008) montrent que le secteur informel n'est pas totalement exempté d'impôts, mais qu'il est soumis à des prélèvements souvent arbitraires et inefficaces.

Sur le plan empirique, une étude de Igué (2019), révèle que le secteur informel représente environ 50 % du PIB, 80 % de la valeur ajoutée, 90 % des emplois et 70 % du revenu national. Le recensement général des entreprises effectué par l'INStaD en 2008 au Bénin, montre que le secteur informel regroupe environ 98 % des entreprises et 95 % de la population active béninoise. Gautier J-F (1998) a trouvé que le secteur informel représente environ 40 % du PIB, 80 % de l'emploi au Bénin, et qu'il échappe à environ 90 % de l'impôt sur le revenu et à 50 % de la taxe sur la valeur ajoutée. Cyriaque (2014) a analysé les caractéristiques et les déterminants de la fiscalité du secteur informel au Bénin, et utilisant des données d'enquête auprès des entreprises informelles.

Ces résultats suggèrent que le comportement fiscal des entreprises informelles est influencé par des facteurs économiques, institutionnels et socioculturels. Les facteurs économiques sont liés aux caractéristiques du marché du travail, du système fiscal, du système financier et du système productif. Ceux institutionnels sont liés à la qualité des institutions politiques, administratives et judiciaires alors que les facteurs socioculturels sont liés aux valeurs, aux normes, aux attitudes et aux comportements des agents économiques.

2. État des lieux du secteur informel au Bénin

Au Bénin, le secteur informel désigne toutes les activités non enregistrées et/ou non connues du fisc. Au sens strict on y trouve les petits artisans, petits commerçants, etc. Il est aussi dominé par le commerce non réglementé tel que la vente de l'essence de contrebande, le commerce de réexportation, etc., les secteurs d'activités les plus touchés sont l'artisanat, les services, l'agriculture, le commerce et les entreprises sédentaires, transport (taxi-moto) et autres.

Selon l'enquête ESI-ESI menée en 2018, le secteur informel emploie 95,3 % de la population active occupée contre 4,7 % employé dans le secteur formel. (Eri-ESI, 2018) avec une proportion de 92,5 % de l'emploi informel dans les secteurs non agricoles et une proportion de 99,8 % dans le secteur agricole. Il représente en moyenne 65 % de l'ensemble des activités de l'économie et emploie près de 90 % de la population active (FMI, 2018).

Toujours selon les résultats de l'enquête ERI-ESI 2018 au Bénin, le chiffre d'affaires annuel réalisé par le secteur informel s'élève à 3 149,85 milliards de FCFA. Ce chiffre d'affaires est réalisé à 18 % par l'industrie, 60,7 % par le commerce et 21,2 % par le service. La production annuelle du secteur informel en 2018 s'élève à 2 129,85 milliards de FCFA avec 24,5 % pour l'industrie, 45,1 % le commerce et 30,3 % pour le service. Sur 1,8 million d'UPI installées à peine 4,3 % d'elles paient les impôts ; 57 % ignorent l'enregistrement de leurs activités aux impôts et 20,8 % n'en voient pas l'intérêt.

Le secteur informel est caractérisé par des opérations effectuées à petite échelle, un faible niveau du chiffre d'affaires, une technologie rudimentaire et à faible utilisation des technologies de l'information et de la communication, un faible niveau d'organisation, peu ou pas de division entre les facteurs de production (travail, capital), forte présence des femmes, faible niveau d'instruction des acteurs, forte prévalence de l'auto-emploi, absence de comptabilité écrite formelle.

Le diagramme suivant présente les principales caractéristiques des activités informelles au Bénin.

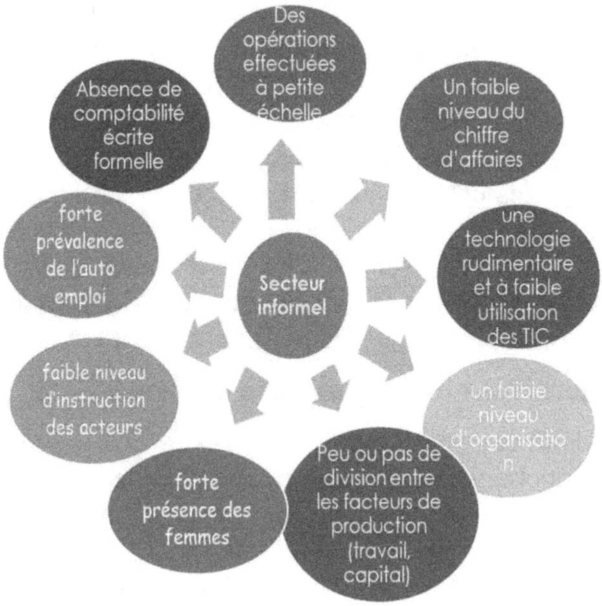

3. Quelques mesures fiscales en faveur de la formalisation de l'économie informelle au Bénin

Conscient du manque à gagner qu'induit la prépondérance du secteur informel en termes de recette fiscale, la direction générale des impôts a mis en œuvre diverses réformes et mesures fiscales pour favoriser la formalisation des entreprises du secteur informel.

Ces mesures visent à renforcer la compétitivité du secteur informel, à améliorer sa contribution au développement économique et social du pays, et à réduire les inégalités et les distorsions entre les secteurs formel et informel.

L'administration fiscale a développé des stratégies à court et moyen terme pour essayer d'enrôler les activités qui échappent jusque-là au contrôle du fisc. Ces stratégies concernent entre autres, (i) la création des Centres de Gestion agréés (CGA) à partir de 2007 avec des incitations fiscales accordées aux entreprises adhérentes notamment une réduction supplémentaire de 40 % de l'impôt dû par ces entreprises pendant quatre (4) années; (ii) la mise en place de la brigade d'enquête, du renseignement et d'analyse-risque ; (iv) l'institution d'une fiscalité légère, la TPS depuis 2015 pour les micro et petites entreprises ; (v) la dispense de pénalité de retard aux contribuables du secteur informel qui souscrivent spontanément, pour la première fois, leurs déclarations en régularisation des affaires réalisées au titre des exercices antérieurs,

(vi) la généralisation de l'obligation de délivrance des factures normalisées aux segments des entreprises relevant du régime du forfait, (vii) l'institution de la réduction d'impôts sur le bénéfice à raison de 25 %, 25 % et 50 % respectivement pour les trois (3) premières années d'activité, (viii) l'exonération d'impôts sur les 12 premiers mois d'activités pour les entreprises du régime de la TPS, (ix) l'institution d'un prélèvement sanction de 10 % sur les importations et les opérations des contribuables non connus du Fisc (CNF) pour les entreprises non connues du fisc, (xi) l'option de collecte de TVA pour les PME leur favorisant ainsi le passage au régime fiscal supérieur.

4. L'informel ou le nœud gordien au Bénin

Il est reconnu par beaucoup de spécialistes que le secteur informel joue un rôle important dans l'économie. En effet, le secteur est considéré depuis toujours comme un secteur de survivance pourvoyeur d'emplois en dépit de leur nature précaire. Toutefois, le secteur informel constitue un frein fondamental dans les pays en développement. Malgré toutes les tentatives des autorités gouvernementales d'amener les acteurs du secteur à se formaliser, les activités informelles prennent de l'ampleur au point qu'aujourd'hui presque tous les secteurs d'activités de l'économie béninoise contiennent une part informelle ; on se permet donc de caractériser l'informel de nœud gordien pour la fiscalité béninoise.

Toutefois, il y a lieu de relever une certaine nuance, notamment celle de croire que le secteur informel ne contribue pas ou très peu aux recettes fiscales. En effet, il faut reconnaître que le principal fournisseur du secteur informel en matière de produits finis ou en matière de biens importés demeure le secteur formel constitué des grandes et moyennes entreprises. Cela sous-entend que le secteur informel supporte en amont les charges fiscales et les répercute directement sur le consommateur final. Le manque à gagner fiscal à ce niveau résulte du fait que l'entreprise informelle n'étant pas connue de l'administration fiscale, son bénéfice n'est pas imposé. Aussi, la totalité de la TVA collectée est conservée par l'entreprise informelle alors que la TVA nette devrait faire l'objet de reversement auprès des services fiscaux.

Sur la base de cette analyse, il faut reconnaître qu'il existe effectivement un manque à gagner en termes de recettes fiscales et à ce titre la caractéristique du secteur informel de nœud gordien peut se comprendre aisément mais avec toutefois une certaine relativité.

Malgré les nombreuses mesures prises par l'administration béninoise de façon continue pour dénouer tant bien que mal ce nœud, les résultats ne sont pas encore reluisants. De 2016 à 2022, selon les statistiques de l'Agence de promotion des investissements et des Exportations, (APIEX), **223.746** entreprises ont été créées avec une tendance ascendante et une moyenne de **31 964** nouvelles entreprises créées chaque année.

Figure 1: Statistiques sur les créations d'entreprises au Bénin

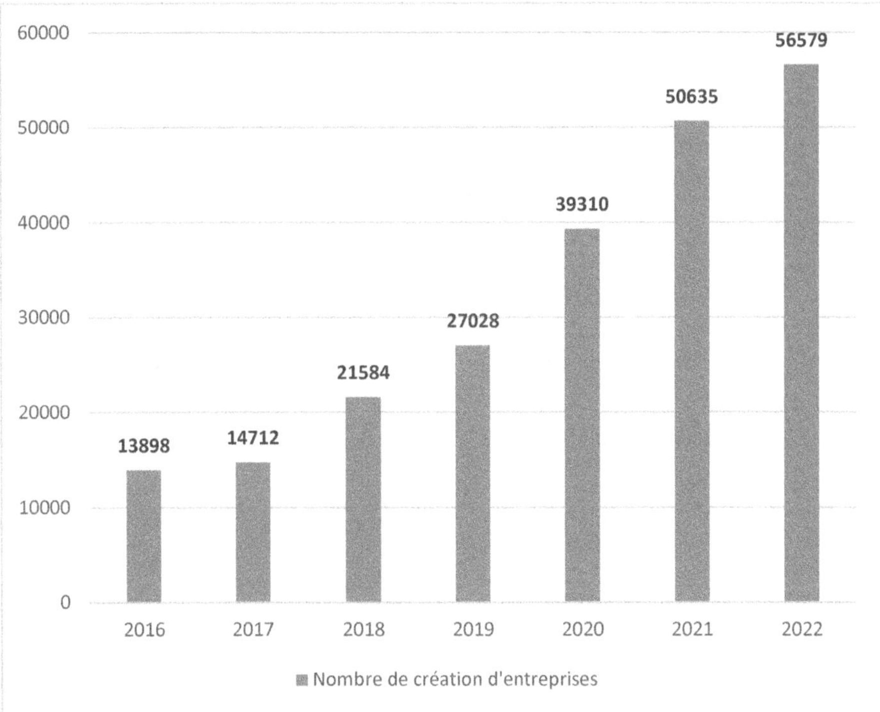

Bien que disposant déjà d'un Numéro d'identifiant fiscal (IFU) à la création, les statistiques sur le nombre d'entreprises créées sur la période 2016 à 2022 restent largement supérieures à ceux qui constituent le fichier des contribuables de la DGI. En effet, 30.436 entreprises ont été répertoriées en 2022, soit seulement 13,6 % du nombre de création au cours de la période de référence. En considérant le nombre d'entreprises ayant un statut d'actif, il en ressort **22 670**, un chiffre qui attire l'attention et rend compte du gap. Cet écart important entre le nombre d'entreprises créées et celles connues de l'administration fiscale s'explique en partie par la suppression de la mesure de déclaration d'existence à partir de janvier 2019 par circulaire N°154-c/MEF/DC/SGM/DGI/CSC du 24 janvier 2019 du ministre de l'Économie et des Finances et entériné par la suppression de l'article 1018 du Code général des Impôts (CGI) prévoyant ladite déclaration d'existence, à travers la loi de finances pour la gestion 2020. Cette mesure visait à améliorer le climat des affaires.

Tableau 1: Répertoire des entreprises de la DGI en 2022

	Contribuables	Contribuables actifs
DGE	**871**	**777**
CIME	**5 942**	**4 680**
CIPE	**23 623**	**17 213**
Total	**30 436**	**22 670**

Source : DCFR/DGI, 2023

Cet écart entre la taille du fichier des contribuables de la DGI et du nombre d'unités de production créées ne peut s'expliquer que par la prépondérance du secteur informel s'il faut s'en tenir uniquement à la définition au sens faible du terme. Cette affirmation se confirme au regard du nombre de cessations ou de fermetures d'entreprises enregistrées entre 2017 et 2022 qui est de loin inférieur à 2000 entreprises.

Figure 2: Statistiques sur la cessation des entreprises

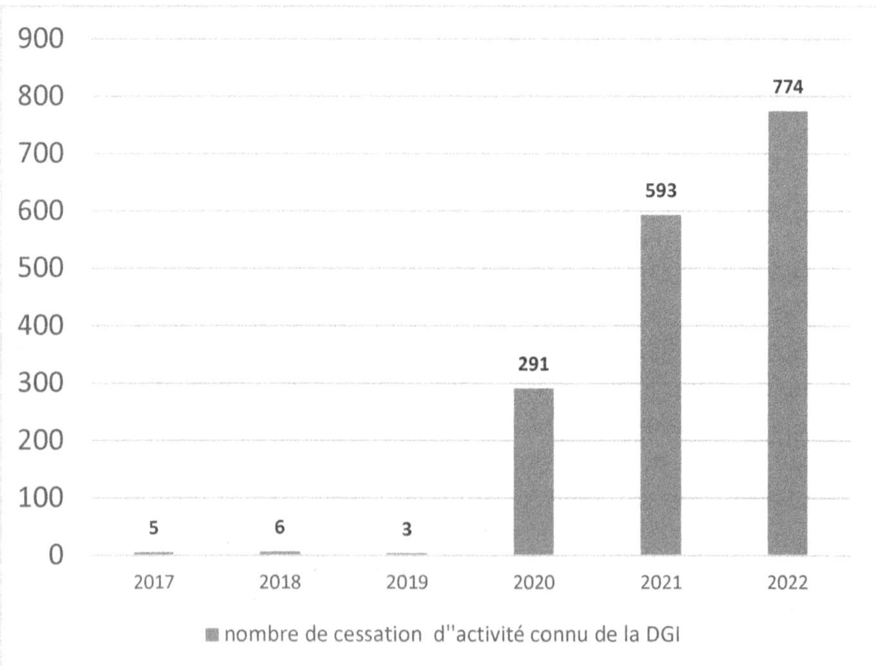

Au vu de ce constat, il devient urgent de rechercher et de développer de nouvelles solutions innovantes pour inciter les entreprises à se formaliser. Les solutions technologiques restent à cet effet une approche novatrice qui permettra d'engager les acteurs du secteur informel dans la dynamique des contribuables au sens direct du terme.

Toutefois, une question fondamentale se pose, celle de la contribution en termes de recettes fiscales des entreprises du secteur informel comparée au coût des mesures et autres stratégies à développer lorsque l'on sait que l'apport actuel en termes de recettes fiscales des petites et micro-entreprises représente moins de 10 % du niveau de mobilisation.

5. Approches de solution

Face à la complexité du secteur informel, faut-il abandonner sa fiscalisation ? La réponse à cette question est assurément non. Plusieurs études ont montré que le secteur regorge de niches fiscales à saisir pour élargir l'assiette fiscale.

Comme le souligne le document de politique nationale de l'économie informelle au Bénin, publié en 2021 par l'UNAEIB et la Fondation Friedrich Ebert, il s'agit de « *défaire le nœud gordien de l'informel, sans le couper, mais en le démêlant progressivement* ».

L'adoption de solutions technologiques peut favoriser la formalisation des unités économiques du secteur informel. Des études ont établi une relation positive entre l'usage des technologies numériques et le niveau de formalisation des entreprises.

Les services publics en ligne constituent un moyen important de connaissance et de maîtrise des acteurs. On peut citer entre autres :

- la gestion électronique des actes civils ;
- la facturation électronique.

Le renforcement des moyens de traçabilité des transactions financières constitue une solution facile et moins contraignante de maîtrise du flux financier du secteur informel. À cet effet, l'obligation de la facturation électronique au Bénin permet l'enrôlement de 1000 nouveaux utilisateurs de e-mecef chaque semaine. Parmi les nouveaux utilisateurs, on recense plusieurs artisans comme des coffreurs, menuisiers, plombiers, électriciens et autres.

Au Pérou, par exemple, l'introduction d'un système électronique au moyen duquel les employeurs versent les salaires et communiquent chaque mois des informations à l'autorité fiscale nationale, a permis de créer 276 000 emplois formels. Ces informations portent sur les travailleurs, les retraités, les prestataires de services, le personnel en formation, les travailleurs externalisés et les demandeurs de prestations sociales.

Les applications de portefeuille mobile (« *mobile money* ») ont aussi amélioré l'inclusion financière de 86 femmes d'une coopérative de tanneuses en banlieue de Dakar et leur ont donné accès pour la première fois à une solution d'épargne à court terme.

La poursuite de la mise en œuvre des mesures de politique et d'administration fiscale visant la formalisation du secteur informel, la simplification des procédures et le renforcement du cadre législatif et réglementaire devront également contribuer à promouvoir le civisme fiscal et in fine élargir l'assiette fiscale pour une mobilisation optimale des recettes de l'État.

En vue d'accompagner la formalisation des entreprises et de promouvoir le civisme, il pourrait aussi être mis en œuvre une stratégie de communication reposant sur quatre axes :

– la conception de campagne spécifique sur le civisme fiscal, c'est-à-dire concentrée sur l'importance de payer l'impôt comme un moyen de contribuer au collectif, à l'édification du pays, comme un acte de citoyenneté, tout en insistant sur une dimension plus pédagogique pour expliquer le lien entre impôt et dépense publique ;

– la réalisation de la semaine du civisme fiscal, avec une portée nationale et impliquant l'ensemble des régies financières. L'idée est de concevoir des événements permettant de s'adresser à tous les publics en même temps et ainsi, de communiquer de manière intensive sur le civisme fiscal ;

– l'éducation des plus jeunes en déclinant sous des formes à la fois pédagogiques et ludiques, adaptées aux enfants et aux adolescents.

Toutes ces actions devraient permettre d'améliorer le taux de formalisation des entreprises informelles et par conséquent la mobilisation des recettes fiscales. Mais la réduction du poids de l'informel ne devrait pas constituer à elle seule une solution magique pour atteindre le taux communautaire de pression fiscale de 20 %.

CONCLUSION

La problématique du secteur informel représente une préoccupation majeure dans beaucoup de pays. Au Bénin, l'économie informelle contribue à environ 60 % à la formation du produit intérieur brut mais généré une faible part des recettes fiscales.

Dans cet article, il est établi qu'une fiscalisation complète du secteur informel permettrait de rehausser considérablement la performance de mobilisation des recettes fiscales intérieures de l'administration fiscale.

Le Bénin ne disposant pas de ressources naturelles, ne peut compter que sur les ressources mobilisées grâce à l'impôt. La fiscalisation des acteurs de ce secteur représente un enjeu crucial pour son développement dans le but de résoudre ce problème devenu un nœud gordien qu'il faut défaire.

6. Références bibliographiques

ALLINGHAM, M. G., & SANDMO, A. (1972). « Income tax evasion: A theoretical analysis », *Journal of public economics*, *1*(3-4), 323-338.

ALM, J., JACKSON, B. R., & McKEE, M. (1992). « Estimating the determinants of taxpayer compliance with experimental data », *National tax journal*, *45*(1), 107-114.

BERROU, J. P., & EEKHOUT, T. (2019). « L'économie informelle : un défi au rêve d'émergence des économies africaines ? », *Études internationales*, *50* (1), 121-146.

CYRIAQUE, E. D. O. N. (2018). *Les obstacles à la formalisation des entreprises des jeunes dans 3 pays de l'Afrique de l'Ouest* (Bénin, Sénégal, Guinée).

De MEL, S., McKENZIE, D., & WOODRUFF, C. (2013). « The demand for, and consequences of, formalization among informal firms in Sri Lanka », *American Economic Journal: Applied Economics*, *5*(2), 122-150.

FELLNER, G., SAUSGRUBER, R., & TRAXLER, C. (2013). « Testing enforcement strategies in the field: Threat, moral appeal and social information », *Journal of the European Economic Association*, *11*(3), 634-660.

FJELDSTAD, O. H., KOLSTAD, I., & NYGAARD, K. (2006). *Bribes, taxes and regulations, business constraints for micro enterprises in Tanzania*

FRIEDMAN, E., JOHNSON, S., KAUFMANN, D., & ZOIDO-LOBATON, P. (2000). « Dodging the grabbing hand: the determinants of unofficial activity in 69 countries », *Journal of public economics*, *76*(3), 459-493.

GAUTIER J-F (1998) : « Fiscalité des entreprises : Exonerari ergo sum », *Revue Économie de Madagascar*, n°3, pp. 155-84.

GBETNKOM, DANIEL et NDIAYE, Abdoulaye (2009). « La fiscalité du secteur informel au Bénin : une analyse comparative avec le Sénégal et le Burkina Faso ». *Revue d'économie du développement,* 23 (4), 9-40.

GERXHANI, K. (2004). « The informal sector in developed and less developed countries: A literature survey », *Public choice*, *120*(3-4), 267-300.

HART, K. (1973). « Informal income opportunities and urban employment in Ghana », *The journal of modern African studies*, *11*(1), 61-89.

HOUÉNOU, APPOLINAIRE (2014). *Mesures pour fiscaliser le secteur informel du Bénin.*

HOUINSOU, DÈDÉOU (2013). « Le secteur informel au Bénin : une analyse de la dynamique entrepreneuriale et des stratégies de survie ». *Revue africaine des sciences économiques et de gestion,* 5 (1), 1-24.

IGUÉ, J. (2019). *Les activités du secteur informel au Bénin : des rentes d'opportunité à la compétitivité nationale*. KARTHALA Editions.

KAUFMANN D, KALIBERDA A (1996) Integrating the unofficial economy into the dynamics of post-socialist economies: a framework of analysis and evidence. Policy Research Working Paper

KLEVEN, H. J., KNUDSEN, M. B., KREINER, C. T., PEDERSEN, S., & SAEZ, E. (2011). « Unwilling or unable to cheat? Evidence from a tax audit experiment in Denmark », *Econometrica, 79*(3), 651-692.

LAUTIER, BRUNO (2008). « Secteur informel et fiscalité dans les pays en développement : le cas du Bénin », *Mondes en développement*, 36 (142), 25-40

MORRISSON C., SOLIGNAC LECOMTE H-B, OUDIN X (1994) : *Micro-entreprises et cadre institutionnel dans les pays en développement,* OCDE, Centre de Développement

SCHNEIDER, F., & ENSTE, D. H. (2000). « Shadow economies: Size, causes, and consequences », *Journal of economic literature*, *38*(1), 77-114.

STONEWALL, J., FJELSTAD, K., DORNEICH, M., SHENK, L., KREJCI, C., & PASSE, U. (2017, September). « Best practices for engaging underserved populations », *in Proceedings of the Human*

Factors and Ergonomics Society Annual Meeting (Vol. 61, No. 1, pp. 130-134). Sage CA: Los Angeles, CA: SAGE Publications.

TANZI, V. (1983). « The underground economy in the United States: Annual estimates, 1930-80 (L'économie clandestine aux États-Unis: Estimations annuelles, 1930-80) (La « economía subterránea » de Estados Unidos: Estimaciones anuales, 1930-80) », *Staff Papers-International Monetary Fund*, 283-305.

YITZHAKlt, S. (1974). « A note on income tax evasion: A theoretical analysis », *Journal of public economics*, *3*, 201-202.

LE PROJET ARCH ET LA FISCALISATION DU SECTEUR INFORMEL AU BÉNIN

Jude EGGOH & Isabelle Do SANTOS

E.mail: jude.eggoh@finances.bj

*DRES/DGE

INTRODUCTION

Le secteur informel, englobant au sens du BIT des activités économiques de petite envergure, caractérisées par un manque d'organisation, joue un rôle vital en fournissant des moyens de subsistance à une grande proportion de la population active. Ce secteur dynamique inclut un éventail d'activités, allant de la vente ambulante de produits locaux à la production artisanale traditionnelle en passant par les services domestiques essentiels. Les activités informelles et de contrebande occupent une part non négligeable dans ce secteur et occupent une grande partie de la population active. En raison de sa flexibilité et de sa capacité à s'adapter rapidement aux besoins changeants du marché, le secteur informel représente souvent la première étape vers l'entrepreneuriat pour de nombreux Béninois. Il offre une source cruciale d'emplois et de revenus, en particulier pour ceux qui n'ont pas accès au secteur formel de l'économie. D'aucuns estiment que l'économie informelle contribue à rendre inclusive la croissance économique au Bénin.

Nonobstant son importance économique indéniable, le secteur informel demeure en grande partie non réglementé et échappe souvent à la fiscalisation. Les travailleurs informels exercent leurs activités sans formalités administratives telles que l'immatriculation fiscale ou le paiement d'impôts, ce qui limite la contribution de ce secteur à la base fiscale nationale. Cette réalité présente un défi majeur pour les autorités gouvernementales, car elle se traduit par une perte potentielle de revenus fiscaux considérables. Ces revenus fiscaux manquants sont essentiels pour financer des services publics tels que l'éducation, la santé et les infrastructures, ainsi que pour promouvoir le développement économique durable du pays.

Face à cette situation, la formalisation du secteur informel est devenue un chantier majeur au Bénin. Elle implique l'adoption de mesures visant à amener les entrepreneurs informels à opérer dans un cadre réglementé, ce qui permettrait au gouvernement de collecter des impôts de manière équitable et de canaliser ces ressources vers des projets et des initiatives visant à améliorer les conditions de vie de la population béninoise. La formalisation du secteur informel est un objectif essentiel pour le développement économique et la prospérité à long terme du pays, et elle a été inscrite au cœur des stratégies de l'État. Ainsi, le Gouvernement a fait l'option de simplifier les procédures de créations d'entreprises en tirant avantage des opportunités offertes par la transformation numérique et en introduisant l'Identifiant Fiscal Unique (IFU).

Diverses réformes ont été entreprises dans le dessein de réduire la prépondérance du secteur informel au sein de l'économie, à travers l'élargissement de la sphère de la protection sociale en faveur des travailleurs informels, d'améliorer leur accès aux ressources telles que les crédits et les terres, et d'accroître leur contribution à la fiscalité et au développement économique. Concrètement, ces mesures ont englobé la mise en place du Guichet unique de formalisation des entreprises (GUFE) ainsi que l'introduction du statut de l'entrepreneur. Dans cette perspective, l'intégration du recensement administratif en vue de l'identification de la population (RAVIP) au sein du projet Assurance pour le Renforcement du Capital Humain (ARCH) vise à élargir la couverture de la protection sociale aux acteurs évoluant au sein du secteur informel. Cette réforme offre un levier potentiel pour accélérer le processus d'identification et de formalisation des nombreuses entreprises opérant en marge de tout cadre réglementaire, en particulier dans les secteurs de l'artisanat et du commerce.

Démarré en 2019 avec des objectifs principaux axés sur la protection sociale et l'amélioration du bien-être des populations vulnérables, le projet ARCH vise à offrir à terme un paquet de quatre services à savoir l'assurance maladie, la formation, le crédit et l'assurance retraite. Chacun de ces volets vise à répondre aux besoins spécifiques des bénéficiaires et à renforcer le capital humain du pays. Pour atteindre ses objectifs, le projet a mis en place une base de données qui recense les personnes en fonction de leur profil social, afin de permettre un meilleur ciblage de ses bénéficiaires. ARCH a mis en place un répertoire contenant des informations détaillées sur l'ensemble des bénéficiaires, dont la plupart évoluent dans le secteur informel. Ce répertoire peut être exploité de manière stratégique pour identifier et suivre les travailleurs informels, éventuellement en vue de faciliter leur transition vers le secteur formel, tout en respectant les objectifs sociaux du projet. Bien que le projet ARCH n'ait pas pour vocation première d'élargir la fiscalisation du secteur informel, il peut servir d'instrument de sensibilisation des populations, actrices du secteur informel, sur les avantages que peut procurer la formalisation au-delà des services sociaux fournis par ARCH.

Cet article a pour objectif d'analyser de manière approfondie comment le projet ARCH, tout en poursuivant ses principaux objectifs sociaux, peut également servir de levier potentiel pour élargir la fiscalisation au secteur informel au Bénin. Elle commence par explorer les facteurs à l'œuvre dans la participation des entrepreneurs à l'économie informelle d'un point de vue théorique. Ensuite, les actions entreprises par les pouvoirs publics au Bénin sont discutées à la lumière de la théorie. Enfin, les perspectives de réduction de l'informalité et d'élargissement du potentiel fiscal sont présentées.

1. Fondements théoriques de l'informalité

Deux courants de pensée théorique offrant des visions opposées, ont émergé dans la littérature économique pour expliquer la participation des entrepreneurs à l'économie informelle. Dans le sillage de la pensée néolibérale, l'entrepreneuriat informel est interprété comme la résultante d'une décision délibérée prise par des acteurs économiques rationnels qui choisissent d'opérer dans l'économie informelle en raison de la lourdeur de la réglementation, tandis qu'une perspective d'économie politique soutient que les entrepreneurs évoluent dans l'économie informelle en raison d'une insuffisance d'intervention de l'État, notamment en termes de manque de conseils et de soutien aux petites entreprises lors de leur création. Cette section examine de manière critique ces perspectives concurrentes en analysant si les entrepreneurs expliquent leur participation à l'économie informelle comme le produit d'une intervention trop ou trop peu importante de l'État.

Dans la conception de nombreux auteurs néo-libéraux, l'entrepreneuriat informel est une question de choix et une réponse à la surrèglementation du secteur formel (Becker, 2004 ; De Soto et Diaz, 2002 ; London et Hart, 2004 ; Nwabuzor, 2005 ; Sauvy, 1984). Pour ces néo-libéraux, les entrepreneurs informels se débarrassent des chaînes des impôts élevés et d'un État pesant et excessivement intrusif (Sauvy, 1984) et participent à l'entrepreneuriat informel comme une décision économique rationnelle pour échapper à l'économie formelle surréglementée. Les entrepreneurs informels sont donc considérés comme opérant de manière informelle de leur propre gré pour éviter les coûts, le temps et les efforts de l'enregistrement formel (De Soto et Diaz, 2002 ; Perry et Maloney, 2007). Nwabuzor (2005), considère pour sa part que l'informalité est une réponse à des contrôles trop lourds et une tentative de les contourner. Quant à Becker (2004), les modalités de travail informelles sont une réponse rationnelle des micro-entrepreneurs à la surrèglementation des bureaucraties gouvernementales. Par conséquent, le vrai problème n'est pas tant l'informalité que la formalité, selon De Soto (1989).

Dans cette optique, l'entrepreneuriat informel est perçu comme une réponse spontanée et créative du peuple à l'incapacité de l'État à satisfaire les besoins fondamentaux des masses appauvries (De Soto, 1989). Il s'agit d'une stratégie économique rationnelle adoptée par des entrepreneurs dont l'initiative est entravée par des impôts élevés et les contraintes institutionnelles imposées par l'État.

Contrairement à la vision néolibérale, la perspective d'économie politique considère que l'entrepreneuriat informel est le résultat d'une intervention insuffisante de l'État plutôt que d'une intervention excessive. Cette vision perçoit ces activités informelles comme un produit de l'émergence d'une économie mondiale ouverte et déréglementée (Castells et Portes, 1989 ; Gallin, 2001 ; Portes, 2003 ; Sassen, 1996 ; Slavnic, 2010). L'entrepreneuriat informel est ainsi décrit comme une conséquence de la production largement non réglementée qui résulte d'une intervention gouvernementale trop limitée dans l'économie au sein des régimes de déréglementation (Castells et Portes, 1989 ; Gallin, 2001 ; Sassen, 1996). Dans cette optique, les entrepreneurs informels sont considérés comme étant exclus de l'économie formelle en raison de l'insuffisance d'intervention de l'État pour les empêcher de rejoindre le secteur informel et pour les accompagner dans leur processus de formalisation. La solution préconisée consiste donc à réguler le secteur informel et à renforcer l'intervention de l'État dans l'économie afin d'empêcher ces entreprises de recourir à l'informel et de faciliter leur formalisation en leur fournissant, non seulement des conseils et un soutien accru, mais aussi des financements pour les aider à migrer vers le secteur formel (Dellot, 2012 ; Katungi et al., 2006 ; Llanes et Barbour, 2007 ; Williams et al., 2012).

I. 2. Ampleur du secteur informel béninois et défis liés à sa formalisation

Cette section passe en revue quelques faits stylisés en vue de mettre en évidence l'ampleur du secteur informel au Bénin. Elle pose également les défis liés à sa formalisation.

A. 2.1. Ampleur du secteur informel béninois

Le secteur informel est une composante qui transcende les frontières africaines et s'observe de manière généralisée dans de nombreuses économies à travers le monde. Il se caractérise par son ampleur significative, comme illustré dans la Figure 1 ci-dessous, et constitue une part substantielle de la main-d'œuvre. Cette réalité prévaut également au Bénin, tout comme dans la plupart des pays africains, où une grande partie de l'activité économique s'opère dans le secteur informel, échappant ainsi aux obligations fiscales (Lautier et al., 1991). En effet, ce secteur se distingue par son faible niveau d'interaction avec les autorités administratives, se traduisant par une faible formalisation et une évasion fiscale substantielle. Les individus œuvrant dans le secteur informel sont donc souvent moins soumis à la fiscalité. De plus, la concentration de l'administration fiscale dans les zones urbaines, qui sont fréquemment de petite taille, peut encourager le développement de l'activité informelle et rendre peu incitatif l'enregistrement administratif ainsi que la collecte fiscale. Par conséquent, le secteur informel peut surpasser le secteur formel en termes de nombre d'employés dans de nombreuses économies.

Au regard de la figure 1, la présence plus importante de l'informel dans certains pays pourrait être justifiée entre autres par le manque d'emplois, ou de moyens financiers. Mais encore, un environnement des affaires jugé inadéquat par les opérateurs économiques. Il faut noter l'abondance de facteurs tels que la corruption, les charges fiscales, des pratiques comme le laxisme dans l'application des réglementations et l'absence d'éducation. La forte démographie fait également partie des causes qui pourraient expliquer l'existence et l'importance de l'informel dans certains pays. Il est nécessaire de noter que de nombreux travaux de recherche empiriques ont démontré l'incidence décisive du cadre réglementaire dans lequel opèrent les entreprises sur les résultats obtenus tels que le niveau d'activités informelles, l'emploi et la croissance des économies.

Figure 1 : Part de l'activité informelle, 2015

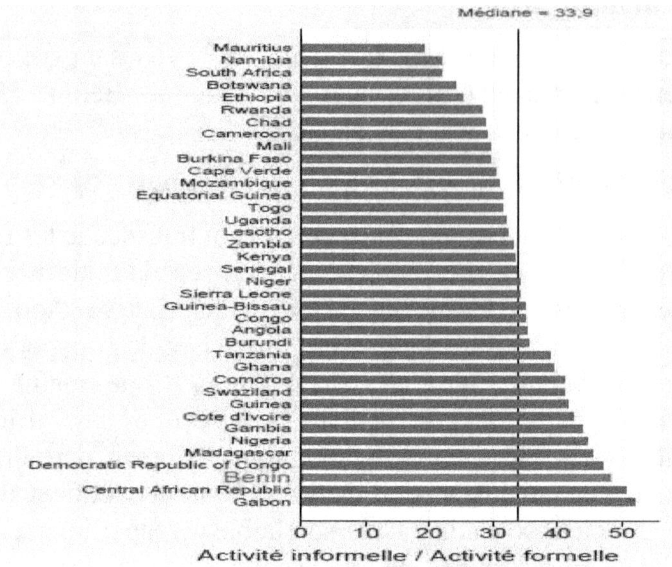

Source : À partir de la variable de l'activité informelle construite par Medina et Schneider (2018)

Au Bénin, selon les données de l'Enquête Régionale Intégrée sur l'Emploi et le Secteur informel, le secteur informel a généré une valeur ajoutée totale de 1 502 080 millions de FCFA en 2018, représentant ainsi une part significative de l'économie nationale. Il est important de noter que ce secteur prédomine largement dans les secteurs non agricoles, le secteur informel occupant une part de marché impressionnante de 92,6 %. En 2018, le Bénin comptait un total de 1 742 305 unités de production informelles. Parmi celles-ci, 28,3 % étaient actives dans le secteur industriel, mobilisant 48,1 % de la main-d'œuvre informelle. Le secteur commercial représentait 41,8 % de ces unités, avec 28,7 % de la main-d'œuvre totale. Enfin, les services constituaient 29,9 % des unités de production informelles, employant 23,3 % de la main-d'œuvre informelle (voir Figure 2). Ces chiffres illustrent clairement l'ampleur et la diversité des activités informelles au Bénin, soulignant l'importance de traiter cette question dans le contexte du développement économique et de la fiscalisation.

Figure 2 : Chefs d'Unités de Production Informelle (UPI) et de la main-d'œuvre (MOD) selon les secteurs d'activité au Bénin, 2018

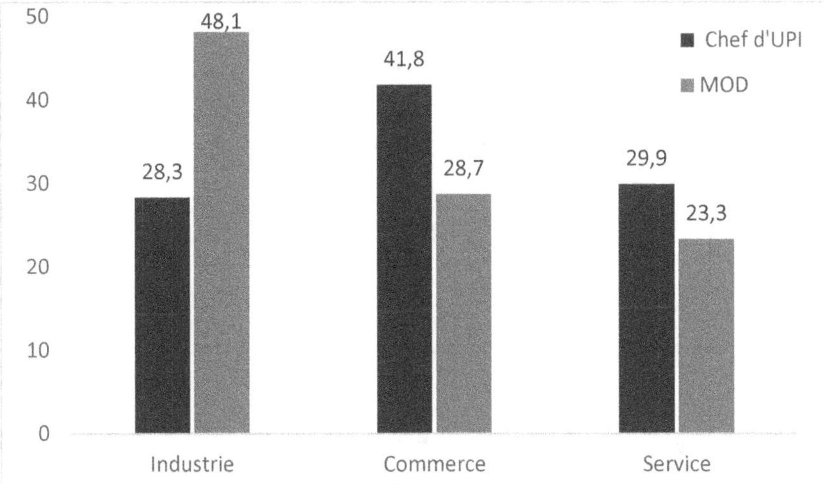

Source : Données Enquête régionale intégrée sur l'emploi et le secteur informel, 2018, INSAE

Bien que l'activité informelle puisse être une niche d'opportunités, de nombreux travaux ont montré que l'accroissement du secteur informel nuit à la mobilisation des ressources publiques (Jacquemot et Raffinot, 2018 ; Maiti et Bhattacharyya, 2020). Au Bénin, l'informel reste encore très important. Entre 2008 et 2017, la taille moyenne du secteur dans l'économie béninoise est de 45,7 % du PIB (voir Figure 3). Les statistiques sont davantage saisissantes du point de vue des emplois. 95,3 % des actifs travaillent dans le secteur informel au Bénin contre 4,7 % dans le secteur formel selon le Document de Politique Nationale de l'Économie Informelle au Bénin.

Figure 3 : Taille du secteur informel au Bénin entre 2008 et 2017 (en % du PIB)

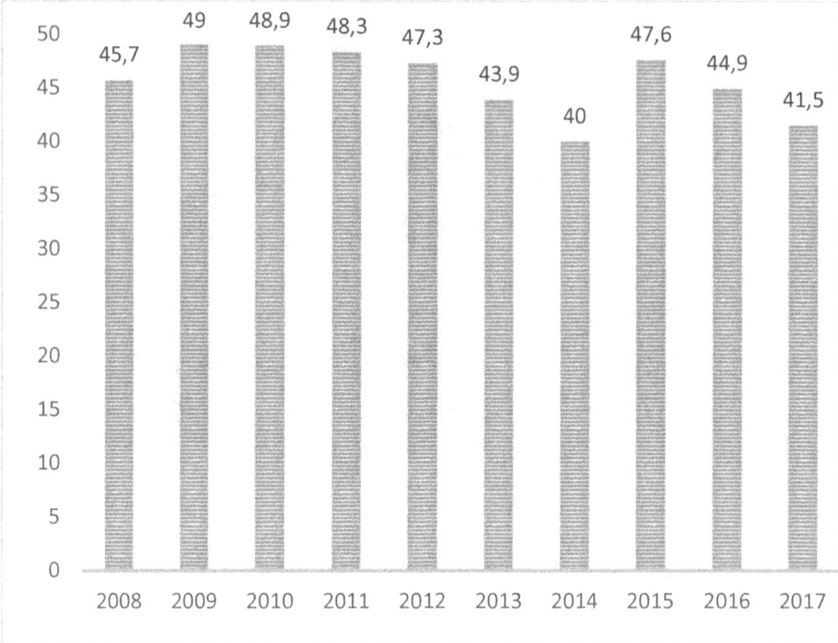

Source : À partir de la variable de l'activité informelle est construite par Medina et Schneider (2018)

En dépit de l'inclusivité de la croissance qu'il offre, le secteur informel sape les efforts de mobilisation de ressources domestiques gage de résilience et de durabilité des modèles de développement. Prenant conscience de cet enjeu, les pouvoirs publics au Bénin ont entrepris des efforts visant à réduire l'ampleur de l'informel. Le Bénin, comme de nombreux autres pays, a donc mis en place des lois et des réglementations visant à encadrer et à formaliser progressivement le secteur informel. Ainsi, il a été institué en République du Bénin, dans la loi n° 98-019 du 21 mars 2003 portant Code de la Sécurité sociale, un régime spécial en faveur des travailleurs indépendants, agricoles et du secteur informel. Ainsi, les acteurs informels sont soumis à certaines obligations fiscales, bien que celles-ci soient souvent peu contraignantes ou difficilement applicables en raison du caractère non structuré du secteur. Toutefois, il existe des défis spécifiques liés à la fiscalisation du secteur informel au Bénin.

B. 2.2. Défis liés à la fiscalisation du secteur informel au Bénin

Le secteur informel au Bénin englobe souvent des travailleurs vulnérables et précaires. Ils ont généralement des revenus irréguliers et non documentés, ce qui les empêche d'établir une comptabilité formelle, et ils ne sont pas enregistrés auprès des autorités fiscales. Même si un impôt spécifique était instauré, il ne serait ni équitable ni juste en raison de la mauvaise quantification des revenus de ces travailleurs. En réalité, ces artisans paient la TVA et des taxes municipales, mais leurs bénéfices échappent à l'impôt en raison de leur caractère non déclaré. Parvenir à enregistrer les acteurs du secteur informel en fonction de leurs revenus représente ainsi l'un des défis majeurs à court terme pour le gouvernement.

Un autre défi prioritaire à court terme pour le gouvernement concerne la fourniture de formations adéquates. Il est important de souligner le manque ou l'insuffisance de compétences et de formations structurées pour les artisans. Au Bénin, il existe une pénurie de main-d'œuvre qualifiée dans divers métiers, et les travailleurs acquièrent souvent leurs compétences sur le terrain. Contrairement à d'autres pays, le Bénin dispose de très peu de centres de formation appropriés avec des programmes spécifiques. Améliorer la qualité de formation de ces artisans entraînerait incontestablement une amélioration de leur capacité productive et, par conséquent, stimulerait l'économie.

À long terme, le principal défi du gouvernement réside dans la fiscalisation du secteur informel. La plupart des activités du secteur informel ne sont soit pas assujetties aux impôts, soit soumises à une imposition minimale, et les taxes locales ne sont que rarement payées. Par conséquent, ce secteur ne contribue que très peu, voire pas du tout, aux dépenses publiques locales. L'élargissement de la base fiscale pour inclure le secteur informel pourrait contribuer à réduire les inégalités fiscales et à augmenter les recettes fiscales, indispensables au financement des services publics et des dépenses gouvernementales. De plus, la collecte de données fiscales précises auprès du secteur informel permettrait au gouvernement de mieux comprendre l'économie et d'allouer de manière plus efficace les ressources disponibles.

Par ailleurs, comme nous l'avons dit plus haut, le secteur informel englobe une grande variété d'activités (Voir Chen, 2012), allant de la vente de rue, du petit commerce, de la fabrication artisanale, de l'agriculture de subsistance aux services de transport non réglementés, les travailleurs à domicile dans le domaine du textile, le personnel sans statut d'entreprises formelles ou non et bien d'autres. Cette diversité d'activités reflète la capacité d'adaptation et la résilience économique de ce secteur car les acteurs informels ne dépendent pas exclusivement d'une seule source de revenus. Elle peut aussi contribuer à la satisfaction des besoins spécifiques des communautés et à la vitalité économique locale créant des opportunités d'emploi. Cependant, elle peut également poser des défis en termes de réglementation et de fiscalisation, de collecte de données et de fourniture de protection sociale. La compréhension de cette diversité est essentielle pour élaborer des politiques efficaces visant à améliorer la situation des acteurs informels et à promouvoir leur inclusion économique et sociale. Les travailleurs informels sont souvent exposés à des conditions de travail précaires, à l'exploitation et à des risques financiers élevés. Si les acteurs du secteur informel peuvent répondre plus rapidement aux besoins locaux et aux tendances du marché, la non-fiscalisation de ce secteur peut entraîner une perte de recettes fiscales significatives pour les gouvernements et pourrait être l'une des nombreuses causes de la faible mobilisation des recettes fiscales dans ces pays.

Un autre défi qu'il importe de relever est l'absence d'un cadre juridique adéquat et spécifique à l'économie informelle. Ainsi, on note l'existence d'un grand fossé entre les normes juridiques et économiques et la réalité économique au Bénin. Même si des mesures exceptionnelles ont été prises pour la structuration de certaines branches d'activités comme c'est le cas dans l'agriculture, l'artisanat, le commerce et les transports, ce fossé révèle l'incapacité du droit actuel béninois à réagir de façon effective à la vie économique réelle dans sa globalité car ces mesures bien qu'elles puissent être formelles, n'ont pas de véritables bases légales. Elles sont donc tributaires des décideurs politiques et ne donnent pas de poids substantiel aux acquis obtenus par d'autres organisations dans le même contexte. Elles posent donc au gouvernement du Bénin le défi de formaliser le secteur informel.

II. 3. Projet ARCH comme levier pour la réduction de l'informalité et l'élargissement de la base fiscale au Bénin

La mise en place d'un outil de protection sociale comme ARCH pour le secteur informel pourrait avoir des avantages considérables pour cette partie de la population qui n'a généralement pas accès à des soins de santé adéquats, n'a en aucun cas recours au système bancaire et très rarement aux services de la microfinance dans les éléments constituant ses capitaux. Cette section aborde les opportunités qu'offre le projet

ARCH en vue de l'identification et la formalisation des opérateurs évoluant dans l'informel d'une part et propose un modèle qui intègre le projet ARCH au cœur des stratégies d'élargissement de l'assiette fiscale au Bénin.

A. 3.1 Synergie potentielle entre ARCH et la formalisation

Le projet ARCH, axé initialement sur la protection sociale des populations vulnérables, peut jouer un rôle significatif dans la réduction de l'informalité économique au Bénin. L'une des principales raisons en est la création d'un répertoire détaillé des bénéficiaires, dont la plupart opèrent dans le secteur informel. Ce répertoire, s'il est utilisé stratégiquement, peut faciliter l'identification et le suivi des travailleurs informels, contribuant ainsi à leur formalisation. Il crée une opportunité unique pour le gouvernement de mettre en place des incitations fiscales spécifiques et d'offrir des avantages aux entreprises qui passent du secteur informel au secteur formel.

Une dimension clé du potentiel de ARCH réside dans son intégration avec le recensement administratif à vocation d'identification de la population (RAVIP). Ce recensement amélioré et intégré au projet vise spécifiquement à élargir la protection sociale aux acteurs de l'économie informelle. Cette démarche peut agir comme un levier en accélérant l'identification et la formalisation des nombreuses entreprises opérant en marge de toute réglementation, notamment dans les secteurs de l'artisanat et du commerce. Le RAVIP offre ainsi un outil précieux pour un passage fluide du secteur informel au secteur formel.

Le projet ARCH, tout en poursuivant ses objectifs sociaux, peut contribuer de manière significative à la formalisation progressive du secteur informel. Il a le potentiel d'offrir aux entrepreneurs informels la possibilité d'accéder à des services tels que l'assurance maladie et la formation, renforçant ainsi leur capacité productive. Ce processus peut être vu comme une démarche innovante qui représente un préalable essentiel à une éventuelle formalisation, car il aide les travailleurs informels à s'adapter aux exigences légales.

Un élément essentiel de la réduction de l'informalité est la création d'un climat de confiance parmi les travailleurs informels. ARCH peut contribuer à cela en offrant des avantages tangibles tels que la couverture santé et la formation. Lorsque les travailleurs informels perçoivent des avantages et une amélioration de leur qualité de vie grâce à ARCH, ils peuvent devenir plus enclins à s'engager dans le processus de formalisation, reconnaissant les avantages à long terme de la fiscalisation.

B. 3.2. Nouveau modèle de formalisation des entreprises centré sur ARCH

Sur la base du développement précédent, il est possible de déduire un modèle innovant qui pourrait aider à la formalisation des entrepreneurs informels et élargir la base fiscale au Bénin (voir Figure 4). Ce modèle de formalisation collaborative s'inspire du courant théorique de l'économie politique décrit à la section 2 et devra se baser sur les cinq (05) principes suivants :

i. ***Identification et Registre Unique :*** La première étape serait de créer un registre unique contenant des informations détaillées sur les entrepreneurs informels, en tirant parti des données du projet ARCH et du recensement administratif à vocation d'identification de la population (RAVIP). Cela permettrait d'avoir une vue complète de l'économie informelle.

ii. ***Éducation et sensibilisation*** : Le modèle mettrait l'accent sur l'éducation et la sensibilisation des travailleurs informels aux avantages de la formalisation. Des campagnes d'information seraient menées pour expliquer les incitations fiscales, les avantages sociaux et économiques de la transition vers le secteur formel.

iii. ***Avantages tangibles :*** Pour encourager la formalisation, le modèle offrirait des avantages tangibles aux travailleurs informels, tels que la couverture santé, la formation professionnelle, l'accès facilité au crédit et aux ressources, ainsi que des exonérations fiscales progressives pour les entreprises en transition vers le secteur formel.

iv. ***Facilitation administrative :*** Le modèle simplifierait les procédures administratives pour créer une entreprise formelle. Cela inclurait la création d'un guichet unique de formalisation des entreprises (GUFE) pour réduire la bureaucratie et accélérer le processus.

v. ***Surveillance et suivi :*** Une surveillance continue serait mise en place pour suivre la transition des entrepreneurs informels vers le secteur formel, garantissant leur conformité fiscale et leur participation continue aux avantages du modèle.

Figure 4 : Modèle de formalisation collaborative centré sur ARCH

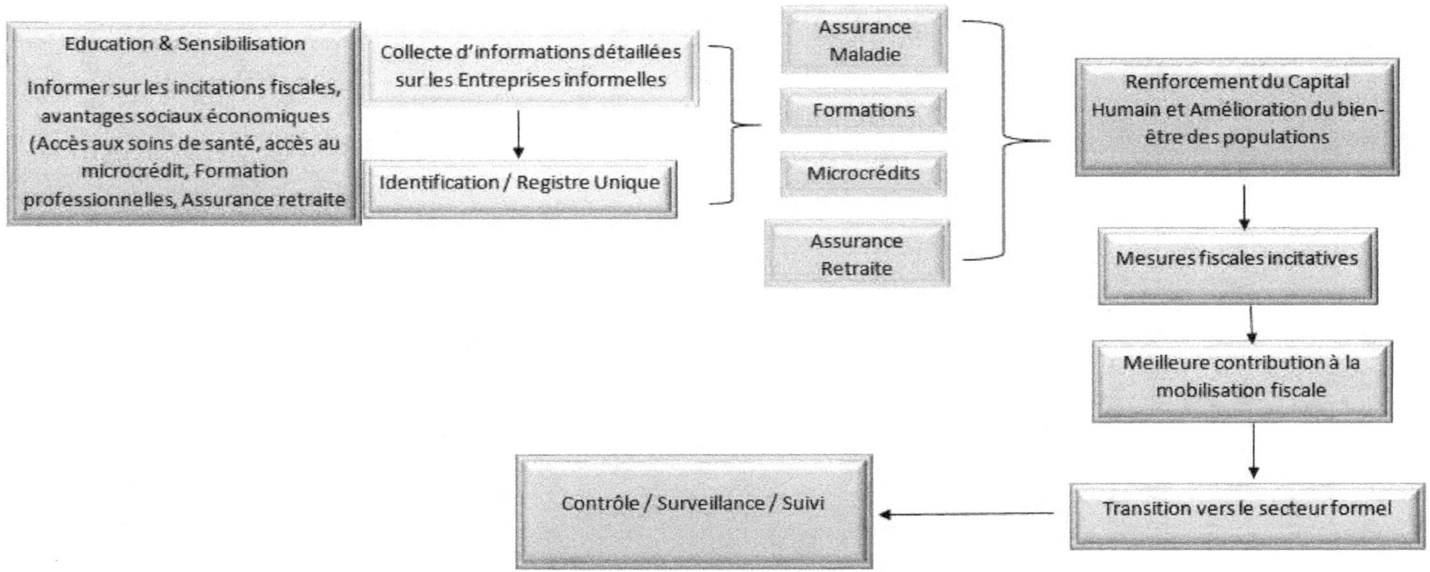

En adoptant un tel modèle de formalisation collaborative, le Bénin pourrait progressivement réduire son secteur informel tout en encourageant la fiscalisation. Cela contribuerait à renforcer la base fiscale du pays, à promouvoir le développement économique durable et à améliorer les conditions de vie de la population.

C. 3.3 Préalables pour une réussite du modèle de formalisation des entreprises centré sur ARCH

La réussite du modèle de formalisation des entreprises centré sur ARCH requiert plusieurs préalables essentiels. Tout d'abord, il est impératif que le gouvernement adopte une approche inclusive et collaborative, impliquant toutes les parties prenantes, y compris les travailleurs informels, pour relever les défis de la formalisation.

Un élément fondamental pour la réussite de ce modèle est la mise en place d'un produit d'assurance tel qu'ARCH qui aborde les problématiques de fiscalisation tout en prenant en compte les besoins spécifiques du secteur informel. Il est essentiel d'informer et de sensibiliser les travailleurs informels aux avantages d'un tel outil, notamment l'accès aux soins de santé, la réduction des coûts, la crédibilité financière accrue, l'offre de formations et l'accès au microcrédit. Le projet ARCH se compose de quatre volets principaux.

Le volet assurance maladie est central et vise à fournir une protection financière à l'ensemble de la population béninoise. Une phase pilote a été menée avec succès dans plusieurs communes, offrant une prise en charge sanitaire gratuite aux populations extrêmement pauvres, permettant ainsi l'accès à des soins de santé de base.

Le projet ARCH propose également des formations professionnelles dans divers métiers, offrant aux travailleurs la possibilité de développer leurs compétences et d'améliorer leur compétitivité sur le marché du travail. Cette formation peut être encouragée par l'État en offrant des incitations telles que l'accès aux marchés publics, ce qui inciterait les travailleurs à s'enregistrer et à déclarer leurs revenus.

À plus long terme, le défi majeur réside dans la fiscalisation du secteur informel. Une grande partie de ce secteur échappe aux impôts et aux taxes, ce qui limite sa contribution aux dépenses publiques locales. Élargir la base fiscale au secteur informel contribuerait à réduire les inégalités fiscales et à augmenter les recettes fiscales nécessaires au financement des services publics et des dépenses gouvernementales. Une collecte précise de données fiscales provenant du secteur informel permettrait également au gouvernement de mieux comprendre l'économie et de répartir efficacement les ressources disponibles.

Convaincre les travailleurs du secteur informel de participer à un programme d'assurance peut nécessiter des incitations appropriées. Le volet microcrédit de l'outil ARCH est un instrument de prêt visant à soutenir les travailleurs et les entreprises du secteur informel. Il offre des avantages potentiels tels que la résilience économique accrue face aux chocs financiers, la réduction des risques financiers par la diversification des activités, et l'amélioration de la qualité de vie. En outre, le microcrédit peut servir de levier pour obtenir d'autres financements, notamment des subventions et des investissements, à condition que des réglementations appropriées soient en place pour garantir son utilisation éthique.

Enfin, le dernier volet lié à l'assurance retraite permettra aux individus du secteur informel de bénéficier d'une source de revenus stable et garantie à la retraite, réduisant ainsi le stress financier associé à la planification de la retraite. Ce volet peut également contribuer indirectement à la collecte d'impôts en influençant les comportements d'épargne et en générant des revenus imposables grâce aux prestations de retraite.

CONCLUSION

La fiscalisation du secteur informel a besoin davantage de réformes pour une plus grande participation des entreprises informelles béninoises aux recettes fiscales. Ce qui pourrait permettre de diminuer le fardeau supporté par les entreprises formelles et réduire les taux nominaux de taxation qui ne sont pas incitatifs. L'assurance et la fiscalisation du secteur informel sont des domaines d'intérêt croissant pour améliorer la protection sociale et les recettes fiscales, et nécessitent des approches stratégiques pour maximiser les avantages tout en minimisant les inconvénients.

L'une des clés du succès de l'intégration de ARCH dans la réduction de l'informalité réside dans l'éducation et la sensibilisation. Il est impératif que le gouvernement, en collaboration avec les partenaires du projet, mène des campagnes d'information et de sensibilisation pour expliquer les avantages de la formalisation aux travailleurs informels. Cela peut contribuer à surmonter les réticences et les peurs liées à la fiscalisation, créant ainsi un environnement favorable à la transition vers le secteur formel.

En fin de compte, le projet ARCH offre un potentiel transformateur pour l'économie béninoise en réduisant l'informalité et en élargissant la fiscalisation. En tirant parti des données collectées et de la synergie avec le RAVIP, il peut jouer un rôle clé dans la formalisation du secteur informel. Toutefois, pour réaliser pleinement ce potentiel, une coordination efficace entre les différents acteurs et une communication transparente sur les avantages de la fiscalisation sont essentielles. Ce faisant, ARCH peut contribuer à créer un environnement économique plus stable et à long terme au Bénin, stimulant la croissance et le développement durable.

III. Références bibliographiques

A. BARBOUR, & M. LLANES, « Supporting people to legitimise their informal businesses», *York: Joseph Rowntree Foundation,* 2013.

K.F. BECKER, «The informal economy: Fact finding study», 2004.

M. CASTELLS & A. PORTES, «World underneath: The origins, dynamics, and effects of the informal economy», *the informal economy: Studies in advanced and less developed countries, 12*, 1989.

R. COPISAROW, «Street UK: A Micro-Finance Organisation: Lessons Learned from Its First Three Years' Operations», *Street UK.*

R. COPISAROW & A. BABOUR, « Self-Employed People in the Informal Economy-Cheats or Contributors: Evidence, Implications and Policy Recommendations », *Community Links.* 2004.

H. De SOTO, «The other path », New York: Harper & Row, 1989, p. 17133.

H. De SOTO & H. P. DIAZ, «The mystery of capital. Why capitalism triumphs in the West and fails everywhere else», *Canadian Journal of Latin American & Caribbean Studies*, *27*(53), 2002, p. 72.

B. DELLOT, «Untapped enterprise: learning to live with the informal economy», *Royal Society of the Arts, London,* 2012.

D. GALLIN, «Propositions on trade unions and informal employment in times of globalization». *Antipode*, *33*(3), 2001, pp. 531-549.

D. KATUNGI, E. NEALE & A. BARBOUR, «People in low-paid informal work:'Need not greed», 2006.

M. LLANES & A. BARBOUR, «Self-employed and micro-entrepreneurs: Informal trading and the journey towards formalization ». *Community Links,* 2007.

T. LONDON & S. L. HART, «Reinventing strategies for emerging markets: beyond the transnational model», *Journal of international business studies*, *35*, 2004, pp.350-370.

A. NWABUZOR, «Corruption and development: new initiatives in economic openness and strengthened rule of law», *Journal of business ethics*, *59*, 2005, pp. 121-138.

G.E. PERRY & W.F. MALONEY, «Overview: Informality – exit and exclusion», in Perry, G.E., Maloney, W.F., Arias, O.S., Fajnzylber, P., Mason, A.D., and Saavedra-Chanduvi, J., eds, *Informality Exit and Exclusion*, World Bank, Washington, DC, 2007, pp. 1-20.

A. Portes, «The informal economy and its paradoxes», *Economic sociology*, *4*(5), 2003, pp. 34-53.

S. SASSEN, «Service employment regimes and the new inequality», *Urban poverty and the underclass: A reader*, 1996, pp.64-82.

A. SAUVY, « Le Travail Noir et l'Économie de Demain », Calmann-Levy, Paris, 1984.

Z. SLAVNIC, «Political economy of informalization», *European societies*, *12*(1), 2010, pp. 3-23

C. C. WILLIAMS & F. SCHNEIDER, « The shadow economy », *London: Institute of Economic Affairs*, 2013

C. C. WILLIAMS, S. NADIN & P. RODGERS, « Evaluating competing theories of informal entrepreneurship: some lessons from Ukraine », *International Journal of Entrepreneurial Behavior & Research*, 18(5), 2012, pp. 528-543.

L. MEDINA & F. SCHNEIDER, « Shadow Economies Around the World: What Did We Learn Over the Last 20 Years? », *IMF Working Papers 18/17, International Monetary Fund. URL*, 2018.

P. A. NGAKOSSO, « Comment la fiscalité peut-elle contribuer à la monétarisation d'une économie ? », Editions Publibook, 2015.

M. LE PAPE, « Lautier, Bruno, De Miras, Claude, Morice, Alain.- L'État et l'informel », Cahiers d'Études africaines, vol. 31, no 124, 1991, pp. 564-565.

D. MAITI, & C. BHATTACHARYYA, « Informality, enforcement and growth », Economic modelling, vol. 84, 2020, pp. 259-274.

P. JACQUEMOT & M. RAFFINOT, « La mobilisation fiscale en Afrique », Revue d'économie financière, no 3, 2018, pp. 243-263.

Enquête régionale intégrée sur l'emploi et le secteur informel, INSAE, 2018.

LA FACTURE ÉLECTRONIQUE : QUEL BILAN POUR QUELLES PERSPECTIVES ?

Maxime AKAKPO-DJIHOUNTRY
& Hébert HOUEDJISSI

INTRODUCTION

À l'instar d'autres pays de la sous-région, le système fiscal béninois considère que le contribuable est à priori de bonne foi. Cependant, la non-déclaration ainsi que la minoration des ventes taxables et des revenus imposables sont des constatations courantes faites par l'admi-nistration fiscale en ce qui concerne les contribuables. La possibilité étant donnée aux contribuables de souscrire eux-mêmes leurs déclarations de revenus, ils liquident les impôts dont ils sont redevables et s'acquittent de leurs dettes fiscales. Le risque de voir des contribuables s'adonner à des pratiques de fraude à travers la minoration de leur chiffre d'affaires et la rétention frauduleuse des impôts notamment la Taxe sur la Valeur ajoutée (TVA), est donc élevé. En outre, le système concurrentiel, dans les économies à prédominance informelle comme celle du Bénin, est essentiellement dicté par la fraude fiscale qui constitue un handicap pour le processus de mobilisation des recettes fiscales. La nécessité d'adopter des solutions technologiques innovantes qui visent à accroître les recettes fiscales intérieures pour augmenter le bien-être des populations devient très vite une préoccupation majeure.

Pour ce faire, beaucoup d'administrations fiscales à travers le monde ont ainsi adopté les factures électroniques dans le souci de lutter contre la fraude et l'évasion fiscales notamment sur les chiffres d'affaires déclarés et la TVA perçue sur les ventes. Le dispositif technique utilisé à l'occasion vise à enregistrer toutes les transactions de ventes d'une entreprise dans l'hypothèse que les factures soient systématiquement délivrées parce que exigées par le consommateur final quel que soit le montant de l'achat du bien ou du service. L'utilisation des machines électroniques de facturation remontait déjà vers les années 1980 sur le continent européen avec les premiers pionniers comme l'Italie et la Grèce respectivement en 1983 et 1988. Par la suite, cette technologie a connu des innovations et s'est répandue très rapidement dans les pays en développement. Le Kenya fut le premier pays à adopter les machines électroniques en Afrique subsaharienne, ensuite viennent la Tanzanie, l'Éthiopie et récemment le Rwanda et le Malawi en 2013 et 2014. Le Bénin n'est pas resté en marge et a initié dès 2018, la réforme des Machines Electroniques Certifiées de Facturation (MECeF). Cette réforme vise entre autres la maîtrise de l'assiette fiscale en vue d'accroître les recettes de TVA et, par un effet d'entraînement, améliorer le rendement des autres impôts sur les revenus. Après l'introduction des MECeF en avril 2018 et la conduite d'une phase pilote, il s'en est suivi en 2019, une phase de généralisation à toutes les catégories d'entreprises au cours de laquelle de nombreuses difficultés ont été identifiées.

Il convient alors de procéder à une analyse de la mise en œuvre de cette réforme à mi-parcours, en vue d'en identifier les défis, les enjeux ainsi que les perspectives. Ce travail s'articule autour de deux chapitres. Le premier chapitre est consacré à la présentation du bilan à mi-parcours de la mise en œuvre de la réforme des factures normalisées. Le second aborde les défis, enjeux et perspectives de la réforme.

1. Prévention de la fraude au moyen de la facturation électronique

1.1. Réglementation existante sur la facture normalisée au Bénin

La réforme de la facture normalisée bénéficie d'un soutien politique au sommet de l'État dans la mesure où elle a été autorisée en conseil des ministres en sa séance du 27 septembre 2017. Elle a été intégrée, en 2018, dans la législation fiscale du Bénin à travers l'article 256 du Code général des Impôts. Ensuite, plusieurs articles et textes réglementaires ont été pris pour définir les obligations liées à cette réforme et fixer les sanctions à l'encontre des personnes qui ne se conformeraient pas à ces obligations.

En ce qui concerne les obligations, le Code général des Impôts, en son article 481 alinéa 1, impose, sauf dérogation expresse accordée par le Directeur général des Impôts à toute personne physique ou morale soumise à l'impôt sur les sociétés, à l'impôt sur les bénéfices d'affaires, à la TPS ou assujettie à la TVA, qui réalise une opération, de délivrer une facture normalisée à l'occasion des transactions qu'elle effectue. En outre, l'alinéa 2 de l'article 481 du CGI stipule que les personnes physiques ou morales, tout particulier effectuant des opérations d'achats de biens et services auprès des personnes citées ci-dessus sont tenus d'exiger et de se faire délivrer, à l'occasion de ces achats, la facture normalisée. Par ailleurs, selon les articles 244-d et 20-d du CGI, pour être déductible, la TVA doit figurer sur une facture normalisée. Il en est de même pour la justification des charges dans le cadre de l'établissement des bénéfices.

S'agissant des sanctions, le Code général des Impôts définit, en son article 502, les catégories d'infractions ainsi que les amendes encourues par les concernés. Ainsi, selon les alinéas 1 et 2 de l'article ci-dessus, toute personne soumise à l'obligation d'utiliser les MECeF qui vend des biens et services sans délivrer une facture normalisée est passible d'une amende égale à cinq (05) fois le montant non facturé avec un minimum de cinq cent mille (500.000) francs CFA par facture non délivrée. En cas de récidive, le montant de l'amende est égal à dix fois le montant pour lequel la facture normalisée n'a pas été délivrée, avec un minimum d'un million (1.000.000) de francs CFA par facture non délivrée. Dans ce cas, l'amende peut être appliquée cumulativement avec une fermeture administrative de trois (3) mois sur décision du DGI.

Selon les alinéas 3, 4 et 5 de l'article 502 du CGI, les sanctions sont également applicables à toute personne qui :

- ne dispose pas de l'outil de facturation (machine physique ou compte e-MECeF) normalisée ;
- fait une transaction et délivre une facture électronique de valeur ou de quantité minorée ;
- falsifie des factures normalisées, modifie le système de facturation de l'entreprise à des fins frauduleuses ;
- Cause un dysfonctionnement à la machine électronique certifiée ou au système de facturation électronique.

La délivrance des factures normalisées a été rendue obligatoire pour les moyennes et grandes entreprises depuis le 1er avril 2020. Face aux réticences de la plupart des contribuables à utiliser systématiquement le dispositif de facturation électronique, le 20 mai 2020, la note de service n° 427/MEF/CAB/SGM/DGI portant modalités de suivi, du contrôle de la bonne utilisation des Machines Electroniques Certifiées de Facturation (MECeF) et d'application des sanctions a été prise. Le contrôle des MECeF est fondé sur les dispositions de l'article 3 de l'arrêté 711-c/MEF/DC/SGM/DGI/DIE/DLC du 5 mars 2018. Il consiste à vérifier si :

– au niveau de l'entreprise, chaque point où se déroulent les opérations de facturation dispose de la MECeF et qu'elle est utilisée à cet effet ;

– les MECeF sont connectées en permanence pour la transmission des informations et que toutes les factures émises sont effectivement transmises au SyGMEF ;

– les factures émises par les MECeF sont conformes, à tout point de vue, à celles transmises au SyGMEF.

1.2. Factures électroniques et prévention de la fraude fiscale

Pour décrire la pertinence de la réforme des factures normalisées dans le cadre de la prévention de la fraude fiscale, il convient, dans un premier temps, de mettre en relief les points de fragilité auxquels est confronté le système fiscal béninois et qui pourraient favoriser la fraude. Les conclusions des rapports d'assistance du FMI de mars 2018 et de février 2019 ainsi que l'analyse du fonctionnement actuel de la DGI nous ont permis de mettre en exergue ces points de fragilité qui se présentent ainsi qu'il suit :

- défaut d'immatriculation d'un nombre important d'opérateurs économiques à l'IFU ;
- difficulté d'identification et de fidélisation des contribuables immatriculés, actifs économiquement mais qui demeurent inconnus des services ;
- insuffisance au niveau de la qualité et la quantité des informations recueillies auprès des contribuables ;
- non-maîtrise des charges et de la TVA déductible ;
- absence d'un système de recoupements fondé sur l'analyse risque.

Dans un second temps, nous montrons, à travers le tableau 1, comment la réforme des factures électroniques contribue à apporter des solutions aux dysfonctionnements identifiés.

Tableau 2 : Apports de la réforme des factures électroniques à la prévention de la fraude fiscale

Points de fragilités	**Diagnostic/situation actuelle**	**Apports de la réforme des factures normalisées pour l'amélioration de la situation actuelle**
Défaut d'immatriculation d'un nombre important d'opérateurs économiques à l'IFU	Un pourcentage important de petits contribuables est géré dans les CIPE sans être immatriculé à l'IFU. À titre d'illustration, en fin 2017, sur 12 386 entreprises relevant de la Direction départementale des impôts de Littoral-Atlantique, 30 % ne disposaient pas d'un IFU[561].	Nécessité aujourd'hui de disposer d'un IFU avant de mettre en place le dispositif de facturation électronique
Difficulté d'identification et de fidélisation des contribuables immatriculés, actifs économiquement mais qui demeurent inconnus des services	Le nombre de contribuables effectivement gérés par l'administration fiscale ne reflète pas le potentiel économique du pays	– La plateforme de prélèvement en ligne de l'AIB permettra la régularisation de la situation fiscale d'un certain nombre de contribuables immatriculés, actifs économiquement mais qui demeurent inconnus des services
Insuffisance au niveau de la qualité et la quantité des	Le système étant déclaratif, certains contribuables ne font pas preuve de	– La réforme de la facture normalisée a permis à la DGI de rentrer dans l'intimité

[561] Rapport d'assistance du FMI, février 2019.

Points de fragilités	**Diagnostic/situation actuelle**	**Apports de la réforme des factures normalisées pour l'amélioration de la situation actuelle**
informations recueillies auprès des contribuables	transparence sur la qualité et même l'exhaustivité des informations transmises à l'administration fiscale	des entreprises et de collecter une kyrielle d'informations précises sur les activités des contribuables, leurs clients, leurs fournisseurs, leurs emplacements, etc.
Non-maîtrise des charges et de la TVA déductible	Beaucoup d'entreprises ont recours à des factures fictives pour gonfler leurs charges et déduire la TVA	– Le Système de Gestion des Machines Electroniques de Facturation (SyGMEF) est une base de données qui permet de retracer certaines informations sur les contribuables à travers diverses factures (ventes, achats, factures, exportations, etc.) envoyées dans le système par ces derniers ; – La mise en production très prochainement de la plateforme de prélèvement en ligne de l'AIB permettra la régularisation de la situation fiscale d'un certain nombre de contribuables immatriculés, actifs économiquement mais qui demeurent inconnus des services

Points de fragilités	Diagnostic/situation actuelle	Apports de la réforme des factures normalisées pour l'amélioration de la situation actuelle
Absence d'un système de recoupements fondé sur l'analyse risque	Gestion inadaptée d'information fiscale interne et externe	– Enrichissement de l'entrepôt des données de la DGI avec les informations de SyGMEF en vue de la mise en place d'un BI efficace

2. Mise en œuvre de la réforme et les résultats obtenus

2.1. Activation des machines et contribuables impactés

2.1.1. Activation des machines

Au 30 septembre 2023, 141 608 dispositifs électroniques ont été déployés à 136 301 contribuables dont 6 738 redevables de la TVA et 129 563 non redevables. Le tableau n°01 ci-après, résume l'évolution des machines activées par type au cours du 3e trimestre de l'année 2023.

Tableau 3 : Évolution des machines activées par type

Type de machine	Nombre de machines activées 30/09/2023
UF et tout en Un	13.932
MCF production	1.902
e-MECeF	125.774
Total	141.608

Source : SyGMEF

Les machines virtuelles (88,82 %) sont largement utilisées par les contribuables, suivies des UF et Tout en Un (9,84 %) et des MCF physiques (1,34 %). Entre le 1er janvier et le 26 septembre 2023, le nombre de contribuables disposant de MECeF a augmenté de 29,15 %, passant de 100 332 à 141 608. Le graphique n°01 illustre l'évolution du nombre de contribuables disposant de MECeF au 30 septembre de l'année 2023.

Graphique 1 : Évolution du nombre de contribuables disposant de MECeF au 30 septembre 2023

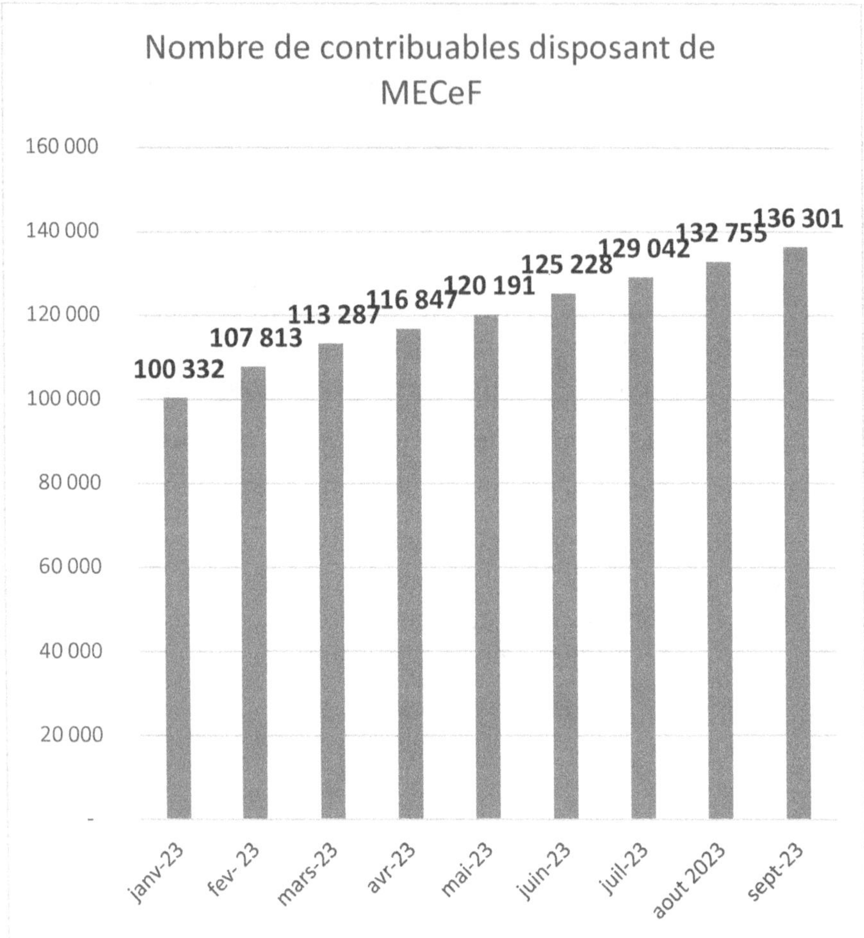

Source : SyGMEF

Il en est de même pour l'évolution du nombre de machines activées en mode production qui a connu une progression de 35,44 % passant de 104 556 à 141 608 sur la même période comme le montre le graphique n° 02 ci-dessous.

Graphique 2 : Évolution du nombre de MECeF
au 30 septembre 2023

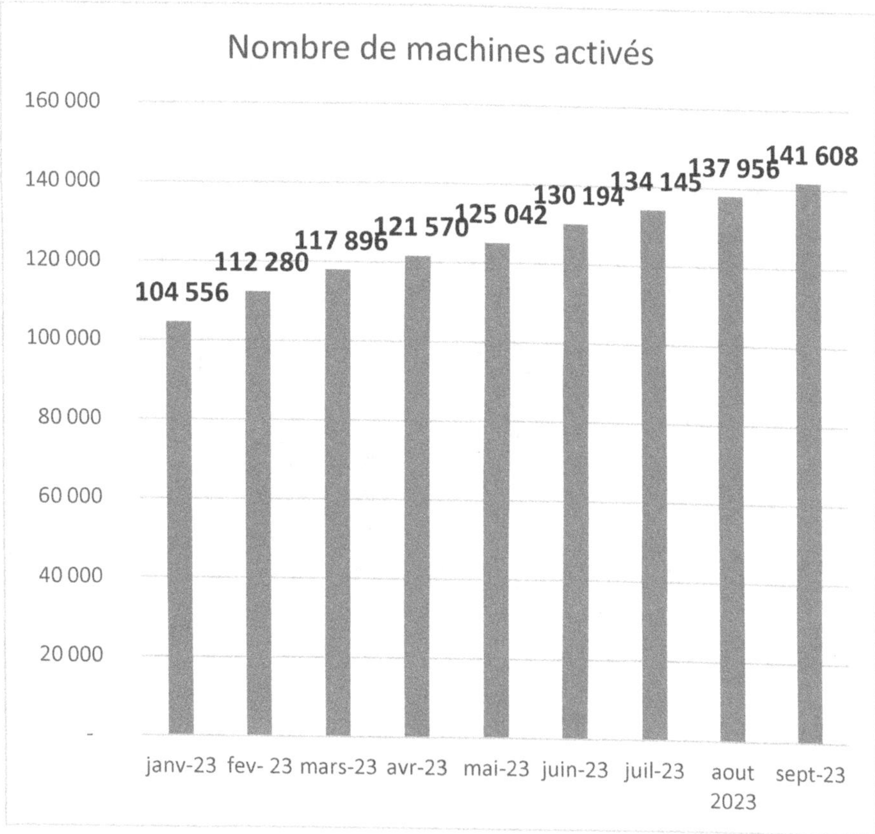

Source : SyGMEF

L'utilisation des machines contraste quelque peu avec leur rythme d'activation ou l'accroissement du nombre de contribuables qui en disposent. D'abord, l'évolution du nombre de factures émises par mois, au cours de l'année, est très volatile passant de 5 156 031 à 4 625 668 de janvier à septembre 2023 soit un taux de régression 10,29 % sur la période. Le graphique n° 03 suivant, illustre cette évolution.

Graphique 3 : Évolution du nombre de factures délivrées par mois au 30 septembre 2023

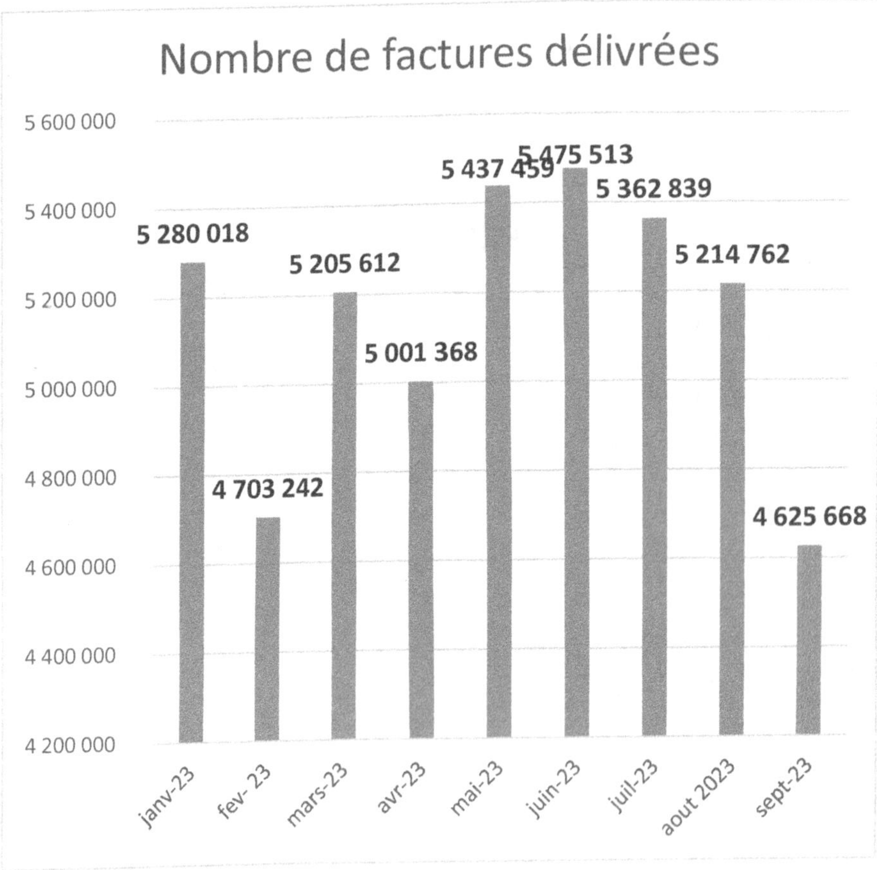

Source : SyGMEF

2.1.2. Les contribuables impactés

Lorsqu'on s'intéresse aux contribuables disposant de MECeF par centre des impôts, on note une disparité d'un centre à un autre : le CIME Atacora-Donga a le plus fort taux de contribuables ayant de MECeF (98,81 %), suivi de la Direction des Grandes Entreprises (93,38 %), CIME 2 Littoral (92,45 %), CIME Zou-Collines (92,86 %), CIME Ouémé-Plateau (91,25 %), CIME Mono-Couffo (89,15 %), CIME Littoral 1 (87,73 %), Borgou-Alibori (83,74 %), CIME Atlantique (76,93 %). Il en ressort que les efforts qui restent à fournir par les centres des impôts pour amener les contribuables actifs de leur répertoire dans la réforme ne sont pas les mêmes. Le CIME Atlantique a le plus fort taux de contribuables (16,57 %) ne disposant pas de MECeF, suivi du CIME Borgou-Alibori (16,26 %), CIME 1 Littoral (12,27 %), CIME Mono-Couffo (10,85 %), CIME Ouémé-Plateau (8,75 %), CIME 2 Littoral (7,55 %), CIME ZOU-COLLINES (7,14 %), DGE (6,62 %) et CIME AD (1,19 %). Le tableau n°02 ci-après montre la proportion des entreprises qui ne disposent pas encore de MECeF par centre des impôts.

Tableau 4 : Proportion des contribuables n'ayant pas encore de MECeF

Numéro d'ordre	Centre des impôts	Effectif répertoire	Nombre d'entreprises ayant des MECeF	Dérogation	Nombre d'entreprises inactives	Nombre d'entreprises actives n'ayant pas de MECeF	Proportion ayant de MECeF	Proportion n'ayant pas de MECeF
1	DGE	831	705	34	42	50	93,38 %	6,62 %
2	CIME 1 Littoral	2 564	1 867	99	337	261	87,73 %	12,27 %
3	CIME 2 Littoral	1 631	1 224	47	260	100	92,45 %	7,55 %
4	CIME Atlantique	1 692	1 234	88	125	245	83,43 %	16,57 %
5	CIME Borgou-Alibori	440	340	20	14	66	83,74%	16,26%
6	CIME Mono-Couffo	327	263	0	32	32	89,15 %	10,85 %

Numéro d'ordre	Centre des impôts	Effectif répertoire	Nombre d'entreprises ayant des MECeF	Dérogation	Nombre d'entreprises inactives	Nombre d'entreprises actives n'ayant pas de MECeF	Proportion ayant de MECeF	Proportion n'ayant pas de MECeF
7	CIME Oueme-Plateau	740	626	0	54	60	91,25 %	8,75 %
8	CIME Zou-Collines	460	377	0	54	29	92,86 %	7,14 %
9	CIME AD	87	83	0	3	1	98,81 %	1,19 %
TOTAL Redevables TVA		**8 772**	**6 719**	**288**		**844**	90,31 %	9,69 %
Total TPS et Consultants individuels			**118 509**					

Source : SyGMEF et Répertoires des Centres des Impôts

2.2. Résultats obtenus en matière de prévention de la fraude et effets sur les recouvrements fiscaux

Dans le cadre de la prévention de la fraude fiscale en lien avec les points de fragilité énumérés dans le tableau n°01, la cellule en charge de la gestion de la réforme des factures normalisées a identifié et mis en œuvre une série d'activités regroupées en deux actions principales que sont l'analyse des données de SyGMEF et les actions de contrôle de la bonne utilisation des Machines Electroniques de Facturation.

2.2.1. Analyse des données de SyGMEF

La réforme de la facture normalisée a permis à la DGI de rentrer dans l'intimité des entreprises et de collecter une kyrielle d'informations précises sur les activités des contribuables, leurs clients, leurs fournisseurs, leurs emplacements. Avec d'une part l'extension de la réforme aux TPS et d'autre part l'amélioration du taux de conformité à l'obligation d'émettre des factures normalisées via le e-MECeF, les données collectées deviennent de plus en plus importantes. Nous sommes aujourd'hui à plus de cent quatre-vingts millions (180.000.000) de factures enregistrées dans le système depuis le début de la réforme soit, environ quatre millions de factures par mois. L'analyse et l'exploitation efficace de ces données sont une solution pertinente pour la prévention de la fraude fiscale. Nous pouvons citer à ce sujet l'expérience de la Corée qui a fait des avancées remarquables dans la lutte contre la fraude fiscale ; la mise en place de cette réforme a permis de réduire la fraude relative à la vente des factures et améliorer la transparence des transactions commerciales. Au Bénin, l'analyse d'une partie des informations contenues dans SyGMEF nous a permis de mettre en exergue plusieurs cas de fraude qui se présentent comme suit :

– la minoration des montants envoyés à SYGMEF par rapport aux montants sur la facture du client ;

– la réduction du nombre d'articles sur la facture transmise à SyGMEF;

– le remplacement du nom du client-personne physique par le nom et l'IFU d'une entreprise ;

– la récupération des éléments de sécurité comme le Code le MeCeF/DGI, le NIM de la machine, la date et l'heure d'une ancienne facture pour les mettre sur une nouvelle facture,

– la délivrance des factures normalisées au nom d'un client autre que le client réel.

Selon une étude réalisée par la Banque mondiale sur l'analyse de la mobilisation des recettes fiscales au Bénin, l'introduction de la TPS en 2015, destinée aux micro et petites entreprises, aurait créé, d'après les services concernés, un effet d'aubaine pour certaines moyennes et grandes entreprises qui se seraient réfugiées dans ce régime[562]. Mais l'analyse des données de SyGMEF a permis d'identifier et de déclasser plusieurs entreprises dont le chiffre d'affaires avait franchi et souvent dépassé le seuil des cinquante millions de francs CFA. Dans la même veine, une entreprise qui s'est spécialisée dans la vente des factures taxis a été détectée. Tous ses clients ont été sommés, sous peine de poursuite judiciaire, de reverser la TVA indûment déduite. Cette action a permis à la DGI de récupérer pour le compte du trésor public des centaines de

[562] Rapport de la Banque mondiale préparé dans le cadre d'une étude sur la politique fiscale en Afrique de l'Ouest, décembre 2018, page 31.

millions qui auraient pu disparaître sans aucune trace sans la réforme des factures normalisées. Les recherches sont toujours en cours pour appréhender l'entreprise en question. Par ailleurs, certaines entreprises s'adonnent à une pratique répréhensible qui consiste à transformer les salariés en prestataires de service pour échapper au paiement du Versement Patronal sur Salaire (VPS) et contribuer à réduire, au prélèvement de l'AIB de 3 %, l'impôt à payer par les salariés concernés. Ce qui constitue un manque à gagner pour l'État. Mais les informations de facturation qui sont aujourd'hui recoupées dans SyGMEF nous mettent sur des pistes d'investigations prometteuses afin de mettre à nu ces types de manœuvres frauduleuses. Toutefois, il faut signaler que les analyses sont faites, pour le moment, de façon manuelle. Ce qui ne permet pas la célérité du traitement des informations et laisse sous-exploitée, l'immense source de données que constitue SyGMEF. Il est donc nécessaire de faire recours à l'utilisation des outils et technologies de dernière génération afin d'être en mesure de faire des analyses sur des dizaines de milliers de contribuables et des millions de transactions pour permettre aux équipes de la DGI d'avoir les résultats sur les cas significatifs de problèmes et d'investiguer.

2.2.2. Contrôle de la bonne utilisation des MECeF

Le contrôle de la bonne utilisation des MECeF a effectivement commencé en avril 2020. Avant la création de la Cellule de Gestion des Factures Normalisées qui est aujourd'hui la structure en charge de la réforme, ces contrôles étaient effectués par la Brigade des Enquêtes, du Renseignement et de l'Analyse-Risque (BERAR). Dans le cadre de ces contrôles, la BERAR a exercé le droit d'enquête auprès de sept cent trente-quatre (734) entreprises, en 2020 et trois cent cinquante-quatre (354) entreprises de janvier à fin juin 2021, soit un taux de couverture en termes de contrôle de la bonne utilisation des MECeF extrêmement faible de moins de 0.2 % et de moins de 0.1 % respectivement en 2020 et 2021. À sa création, la CGFN, par le biais du Bureau de Contrôle a effectué respectivement en 2022 et 2023, 686 et 889 contrôles. Le point des TVA et amendes liquidées dans le cadre des contrôles MECeF pour le compte des années 2020 à fin septembre 2023 est synthétisé dans le tableau n°08 pour un montant total de 1 998 611 258 francs CFA.

Tableau 5 : point des TVA et amendes liquidées dans le cadre des contrôles MECeF par centre de gestion pour le compte des années 2020 et 2021

Années	Nombre d'entreprises contrôlées	Montant d'amendes liquidées
2020	734	534 909 103
2021	354	842 480 300
2022	686	269 304 880
2023	889	351 916 975
TOTAL	**1977**	**1 998 611 258**

Source : CGFN

Les statistiques de contrôles recueillies au niveau du Bureau de Contrôle de la cellule de gestion de factures normalisées indiquent, sur la période de janvier à septembre 2023, que sur 589 contrôles de la bonne utilisation des MECeF effectués. 43.9 % des entreprises contrôlées ont fait l'objet d'amendes pour non-délivrance de factures normalisées. Il faut noter que la quasi-totalité de ces contrôles ont été effectués dans la ville de Cotonou et environs. Ce taux reste beaucoup plus élevé dans le reste des départements du Bénin. Par exemple, le rapport d'une récente mission de contrôle organisée dans les départements du Borgou et l'Alibori du 10 au 16 septembre 2023 indique qu'environ 90 % des entreprises contrôlées ont écopé d'une amende.

D'une manière générale, les différents contrôles organisés depuis la généralisation de la réforme ont permis de faire les constats suivants :

– l'utilisation de bordereaux de livraison à la place des factures manuscrites, par les entreprises de négoces et autres ;

– le recours à l'utilisation de facturiers manuels ou de système de facturation informatique pour la délivrance de factures non normalisées ;

– la minoration des prix de vente ou des quantités dans le secteur du négoce ;

– Certaines entreprises procèdent au regroupement des ventes de montants non élevés et établissent par la suite une seule facture normalisée pour l'ensemble. Cette pratique laisse suspecter la cession entre commerçants de factures normalisées établies sur des achats effectués par d'autres personnes, dans le but de les faire valoir comme charges de l'entreprise à qui sont cédées ces factures ;

– la substitution du nom du client-personne physique à celui d'une entreprise, pour favoriser la déduction de la charge et/ou de la TVA ;

– l'émission, moyennant commission, par des entreprises assujetties ou non, répertoriées ou non, de factures normalisées "TAXI", au profit d'entreprises en quête de pièces justificatives de leurs charges et/ou de TVA déductibles ;

– la falsification de QR codes pour simuler des factures normalisées remises aux clients.

Face à la persistance de la non-délivrance de la facture normalisée par la grande majorité des entreprises, un atelier de réflexion sur la définition d'une stratégie efficace de contrôle de l'obligation de délivrance des factures normalisées a été organisé du 14 au 16 septembre 2021 à Bohicon.

Le contrôle dissuasif est l'une des recommandations de cet atelier. Il consiste à déployer dans des entreprises, où le risque de non-délivrance de factures normalisées est élevé, des agents sur toute la durée d'ouverture du point de vente de l'entreprise. Il vise à obliger les contribuables à délivrer des factures normalisées en présence de l'agent des impôts de manière à disposer de statistiques sur le chiffre d'affaires des contribuables contrôlés et les suivre à l'avenir.

Au total, cent sept (107) entreprises ont fait l'objet de contrôle dissuasif dont 53 Petites, 50 moyennes et 4 grandes entreprises. Les résultats obtenus sont révélateurs du comportement des contribuables qui ne délivrent pas systématiquement des factures normalisées lors des opérations de vente. ***En effet, que ce soit en matière du nombre de factures délivrées, du chiffre d'affaires issu des ventes ou encore du montant de la TVA facturée par l'ensemble des contribuables, on observe la même tendance au niveau de ces indicateurs qui montent entre la période d'avant et pendant le contrôle, puis baissent entre la période du contrôle et la période d'après.*** En présence des agents de contrôle, les entreprises sont contraintes de délivrer des factures normalisées et une fois le contrôle dissuasif terminé elles reprennent les vieilles habitudes. Lorsqu'on s'intéresse au cas par cas, des soupçons de fraudes à la facture normalisée ont pesé sur dix-huit (18) entreprises dont les dossiers ont été proposés à la vérification générale de comptabilité. ***En termes de gain direct lié au contrôle dissuasif, il ressort que sur deux (02) semaines de contrôle dans les entreprises, un supplément de***

68 982 321 de TVA a été facturé par rapport à la période de deux semaines précédant les contrôles. En faisant l'hypothèse que la tendance d'utilisation des MECeF de la période des contrôles est maintenue, le coût d'opportunité en matière de TVA des deux semaines ayant suivi la période de contrôle est de 71.115.711. Lorsqu'on compare la période d'avant et la période d'après contrôle, on note une perte TVA de 2.132.390 traduisant le fait que les contribuables contrôlés auraient développé d'autres habitudes de fraudes à la facture normalisée.

3. Défis et perspectives liés à la réforme des factures normalisées

3.1. Défis à relever

La DGI s'est dotée d'un nouveau plan d'orientation stratégique de l'administration fiscale (POSAF) 2023-2027. Le POSAF 2023-2027 s'inscrit totalement dans la vision globale du gouvernement à travers les piliers 1 et 2 du PAG 2021-2026 intitulés : "Renforcer la démocratie, l'État de droit et la bonne gouvernance" et "Poursuivre la transformation structurelle de l'économie". Le diagnostic stratégique réalisé dans le cadre de l'élaboration de ce document a permis de mettre en lumière les atouts et les faiblesses de la DGI et les grands défis qu'elle doit impérativement relever pour assurer plus efficacement sa mission de mobilisation des recettes fiscales. Pour améliorer le niveau de pression fiscale, la DGI se doit, entre autres, d'optimiser la mobilisation des recettes fiscales. Pour ce faire, il s'agira d'élargir l'assiette fiscale et d'assurer plus d'efficacité dans le recouvrement des recettes. L'élargissement de l'assiette de l'impôt se fera à travers le renforcement de l'intégrité du fichier des contribuables et la lutte contre la fraude et l'évasion fiscales. Il s'agira fondamentalement de détecter de nouveaux contribuables, de faire la mise à jour du fichier des contribuables selon une périodicité bien définie et de rendre performant le système de contrôle fiscal et de renseignement. La Direction du contrôle fiscal et du renseignement (DCFR) ainsi que la Cellule de Gestion des Factures Normalisées (CGFN) ont un rôle important à jouer à cet effet. Pour contribuer efficacement à l'atteinte de cet objectif, la CGFN a identifié quatre grands défis, à savoir :

– amener l'ensemble des contribuables du Bénin à mettre en place le dispositif de délivrance de la facture normalisée ;

– s'assurer que les transactions effectuées sur le territoire national font systématiquement l'objet de délivrance de factures normalisées ;

– faire en sorte que les factures normalisées délivrées par les contribuables soient correctes et transmises dans SyGMEF en temps réel ;

– amener les populations à exiger et vérifier systématiquement la validité de la facture normalisée à l'occasion de leurs achats.

3.2. Perspectives

Pour relever les défis importants indiqués ci-dessus, plusieurs actions ont été identifiées. Ces actions sont présentées dans le tableau 05.

Tableau 6 : Point des actions à mettre en œuvre dans le cadre de la poursuite de la mise en œuvre de la réforme des factures normalisées

Défis	Actions à mettre en œuvre
Amener l'ensemble des contribuables du Bénin à mettre en place le dispositif de délivrance de la facture normalisée	Réorganisation de la CGFN de sorte à ce qu'elle ait des représentations au niveau de tous les départements du Bénin
	Renforcement du dispositif d'assistance aux contribuables
	Renforcement du suivi des obligations mises à la charge des partenaires MECeF (Partenaire technique, Fournisseurs des MECeF, réseaux GSM, Éditeurs de logiciels)
S'assurer que les transactions effectuées sur le territoire national font systématiquement l'objet de délivrance de factures normalisées	Renforcement du contrôle de délivrance des factures normalisées
	Mise à disposition des ressources humaines et matérielles suffisantes pour pouvoir couvrir l'ensemble du territoire national dans le cadre des contrôles de la bonne utilisation des MECeF
	Formation du personnel opérationnel de la DGI à l'exploitation des données de SyGMEF à des fins de recoupements
	Mise en production de la plateforme de prélèvement en ligne de l'AIB de 5 % auprès des contribuables non connus des fichiers de la DGI

Défis	Actions à mettre en œuvre
Faire en sorte que les factures normalisées délivrées par les contribuables soient correctes et transmises dans SyGMEF en temps réel	Formations des contribuables et autres acteurs externes sur la réforme des factures normalisées
	Homologation et audit des SFE
	Passage progressif des machines physiques à l'utilisation intégrale des machines virtuelles
Amener les populations à exiger et à vérifier systématiquement la validité de la facture normalisée à l'occasion de leurs achats	Réalisation d'émissions télé et radio sur la réforme des factures normalisées
	Organisation des activités de sensibilisation sur la réforme des factures normalisées
	Organisation régulière du jeu tombola factures normalisées

Après cinq (05) années de mise en œuvre, les résultats papables obtenus laissent croire que la facturation électronique est une réforme salutaire qui permettra à l'administration fiscale, dans les années à venir, d'optimiser davantage la mobilisation des recettes fiscales intérieures. Pour ce faire, d'importantes actions, énumérées dans le tableau n°09, doivent être rigoureusement exécutées. Mais, au-delà de ces actions, il urge que des dispositions soient prises pour, d'une part, améliorer la qualité des données de transactions transmises dans le SyGMEF par les contribuables et d'autre part, mettre en place des outils d'analyse de données de masse afin d'exploiter au mieux cette kyrielle d'informations. Il s'agit par exemple des outils tels que la Datamining qui permet de procéder à l'exploitation et à l'analyse de volumes massifs de données, afin d'identifier des réseaux, des anomalies ou encore des schémas de fraude. Ces processus s'appuient sur des algorithmes de l'intelligence artificielle.

IV. CONCLUSION

Avec l'effectivité de la transition fiscale et de l'amenuisement de l'aide au développement, l'ensemble des administrations fiscales des pays en développement et celle du Bénin en particulier doivent engager de profondes réformes afin de pouvoir faire face au défi de la mobilisation des recettes intérieures. Avec un taux de pression fiscale relativement faible de 12.2 % comparé à la moyenne des pays de l'UEMOA qui se situe autour de 13.8 % et à la norme communautaire de 20 %, le Bénin a encore une grosse marge de progression à faire. Dans ce contexte, la lutte contre la fraude fiscale semble être une priorité. La facturation électronique se positionne aujourd'hui comme une solution pertinente à cet effet dans la mesure où des résultats satisfaisants ont été réalisés par le Bénin dans le cadre de sa mise en œuvre depuis avril 2018. En effet, elle a largement contribué à l'amélioration du niveau des recettes fiscales intérieures, notamment la TVA, l'IBA et l'IS grâce à une lutte efficace, en amont, contre la fraude liée à la dissimulation des transactions. Cependant, de nombreux défis restent encore à relever pour optimiser l'impact de la réforme en matière de prévention de la fraude fiscale. Il s'agit essentiellement et prioritairement d'engager des actions conséquentes pour cerner le reste des opérateurs économiques, encore à la lisière de l'informel, qui trainent toujours les pieds pour rentrer dans la réforme. Ensuite, il est nécessaire de gagner le pari de la réclamation systématique des factures par les consommateurs, un acte de haute portée citoyenne. Une lutte sans merci est en voie de déploiement contre des opérateurs véreux qui usent de subterfuges pour décourager nos concitoyens dans cet exercice. Fort de ces succès, il faudra par la suite travailler à améliorer la qualité des données de facturation transmises par les contribuables à la DGI et de faire recours à l'utilisation des outils et technologies de dernière génération afin d'être en mesure d'exploiter au mieux les millions d'informations liées aux transactions effectuées par les contribuables et transmises en temps réel à la DGI. C'est à ce prix que nous devons assurer des lendemains meilleurs de la mobilisation des ressources fiscales intérieures pour le bien-être de toute la Communauté béninoise.

Il s'agit d'une réforme, certes passionnante, mais très complexe qui mérite d'être poursuivie avec courage et détermination afin que les écueils observés dans sa mise en œuvre soient éliminés.

V. RÉFÉRENCES BIBLIOGRAPHIQUES

– Banque mondiale, (2018) *Analyse de la mobilisation des recettes fiscales*, 74 p.

– Dossier de Presse, (2020) *Lutte contre la fraude et renforcement du civisme fiscal Bilan 2019,* 45 p.

– Gérard Chambas, *Mobiliser des ressources locales en Afrique subsaharienne (Paris : Economica, 2010).*

– Rapport d'assistance technique du FMI sur la mise en œuvre du plan d'amélioration du civisme fiscal Bilan et perspectives nouvelles, (Février, 2019).

– Rapport d'assistance technique du FMI sur le suivi des réformes de l'administration fiscale, (Mars, 2020).
– Code général des Impôts (CGI) du Bénin, version 2018.
– Code général des Impôts (CGI) du Bénin, version 2022.

L'IFU : REGARDS CROISÉS SUR UNE INNOVATION TECHNOLOGIQUE

Dr Pierrot SÈGO & Ing. Aurince AKAKPO

INTRODUCTION

Jeter des regards croisés sur l'Identifiant Fiscal Unique (IFU) dans un colloque consacré à la prévention de la fraude fiscale revient à rechercher la contribution des mutations technologiques à la sécurisation de l'assiette fiscale. Indéniablement, ceci renvoie à la problématique de la maîtrise de la population fiscale qui constitue un paramètre clé de l'efficacité de la collecte des revenus fiscaux. Les réformes fiscales doivent en effet leur succès à la capacité des administrations fiscales à identifier et suivre les contribuables et les redevables. Dans ce sens, les administrations fiscales sont incitées à créer et tenir un registre complet des sociétés et des personnes physiques soumises à l'obligation d'immatriculation[563]. Clairement, chaque administration fiscale devrait s'employer à attribuer à chaque contribuable, un Numéro d'Identification Fiscale (NIF), unique qui permet de le répertorier et de le localiser, sans aucune ambiguïté.

Derrière cette recommandation de bonne pratique d'administration fiscale, se trouve une préoccupation de fond à savoir, la maîtrise de l'assiette fiscale et la lutte contre la fraude fiscale. Il est admis en réalité que la maîtrise du répertoire des contribuables, selon des règles d'intégrité des données et d'unicité, est la clé de succès d'une lutte efficace contre la fraude et l'évasion fiscales.

L'Organisation de Coopération et de Développement économiques (OCDE) prescrit que le numéro d'identification fiscale constitue l'une des clés des programmes automatisés de recoupement et de contrôle

[563] *Cf.* TADAT Assessment tool tax administration diagnostic, Page 21 au https://www.tadat.org/assets/files/TADAT%20Field%20Guide%202019%20-%20English.pdf.

fiscal[564]. Dans le même registre, l'OCDE recommande que toute administration fiscale dispose d'un système complet de recensement, d'enregistrement et d'immatriculation des contribuables.

Selon les termes d'une publication de la Direction générale des Impôts du Bénin en date de septembre 2022, l'immatriculation à l'Identifiant Fiscal Unique (IFU) consiste à attribuer un numéro d'identification fiscale à tout contribuable, toute personne physique ou morale ayant des obligations vis-à-vis de l'administration fiscale. C'est un symbole, un code, un numéro permettant de reconnaître de façon unique une entité, une personne physique ou morale auprès de l'administration fiscale. Autrement dit, c'est un numéro d'immatriculation qui sous-tend une meilleure gestion et contrôle des ressources fiscales d'un pays. Il sert à la constitution du répertoire national des contribuables. Connu aussi sous l'appellation de numéro fiscal de référence, il permet non seulement d'identifier les contribuables mais également leurs transactions fiscales ainsi que la facilitation du suivi[565].

L'IFU relève du concept d'innovation technologique, défini comme un ensemble de techniques et de nouveaux procédés, représentant le résultat d'une nouvelle technologie ou l'avancement de technologies déjà existantes. C'est donc le résultat d'un processus de création qui vise l'amélioration des rendements et l'amélioration des processus[566]. La création de l'IFU traduit ainsi, l'utilisation des résultats de l'évolution technologique pour améliorer le processus d'identification des contribuables et du suivi de leurs opérations qui intéressent le fisc. Son utilité est de servir de colonne vertébrale aux réformes fiscales s'agissant de l'établissement du registre des contribuables et de constitution d'une base de données fiable et facile à administrer. L'IFU est donc du registre des innovations technologiques incrémentales[567]. Il apparaît ainsi

---

[564] OCDE, *Recommandation du Conseil sur l'utilisation des numéros d'identification fiscale dans un contexte international*, OECD/LEGAL/028. *Cf.* https://legalinstruments.oecd.org/public/doc/88/88.fr.pdf

[565] https://www.eurofiscalis.com/lexiques/numero-didentification-fiscale/ consulté le 04 janvier 2024 à 8h18 mn

[566] Cf. https://reseaucctt.ca/actualites/innovation-technologique#:~:text=Le%20concept%20d'innovation%20technologique,cr%C3%A9ation%20qui%20vise%20la%20croissance, consulté le 04 janvier 2024 à 09h38 mn.

[567] Les **innovations technologiques incrémentales** sont l'inverse des innovations radicales, elles sont mineures. C'est la forme la plus courante. C'est l'amélioration de produits, de services et de processus déjà existants. Elles peuvent concerner divers domaines également, par exemple, la **productivité des employés grâce à l'amélioration du matériel.** Cf. https://reseaucctt.ca/actualites/innovation-technologique#:~:text=Le%

précieux de mettre en évidence, ce qui lui confère, son potentiel d'aide à la sécurisation des données sur les clients de l'administration fiscale. Il s'agit de s'interroger sur les caractéristiques qui font de l'IFU, l'innovation technologique presque universellement adoptée par les États pour le suivi des contribuables et de leurs opérations fiscales. De même, il conviendrait d'analyser les fonctions qui justifient la pertinence de l'IFU en vue de voir si elles admettent de limites et de voir, dans l'affirmative, comment celles-ci pourraient être anticipées et traitées.

Les résultats des réflexions menées, dans la perspective de répondre à ces questions, montrent clairement que l'IFU reste l'innovation technologique la plus en phase avec les défis inhérents au suivi des contribuables (I). La poussée de la digitalisation de l'activité économique via le développement du numérique n'altère pas son potentiel, même si c'est une innovation qui mérite un suivi continu dans le sens de sa préservation contre la sophistication des tentatives de contournement des systèmes fiscaux de référence (II).

I- L'IFU : UN OUTIL ADAPTÉ AU TRAKING DES CONTRIBUABLES

L'attraction de l'IFU se trouve dans sa promesse de constituer un support sécurisé de soutien à l'identification des contribuables et de facilitation de la gestion de la base de données y relative. La sécurité que l'IFU inspire aux administrations fiscales est elle-même inhérente aux options techniques sur lesquelles reposent sa création et son déploiement (A). Ce qui finit par lui faire porter des caractéristiques qui emportent la conviction des utilisateurs quant à son aptitude à aider à la protection de l'assiette fiscale (B).

A- Un cadre juridique exclusif

L'Identifiant Fiscal Unique est généralement consacré par la loi ou par des actes réglementaires qui lui confèrent une place exclusive. Au Bénin, il est institué en 2006 au moyen du décret n° 2006-201 du 08 mai 2006 portant création d'un numéro d'identifiant fiscal unique et d'un répertoire national des personnes, institutions et associations. À son article 2, le décret précise les personnes sur qui pèse l'obligation de se faire attribuer un numéro d'identifiant fiscal unique. Ce sont les personnes physiques âgées de plus de dix-huit (18) ans, menant des activités salariées ou non salariées, commerciales ou non-commerciales ;

20concept%20d'innovation%20technologique,cr%C3%A9ation%20qui%20vise%20la%20croissance.

les propriétaires terriens ; les entreprises exerçant une activité commerciale ou non commerciale sur le territoire du Bénin, quels que soient leur forme, leur statut juridique et leur nationalité ; les associations et organisations nationales ou étrangères régulièrement déclarées ou autorisées ; les syndicats professionnels et les partis politiques, toute personne physique ou morale de droit privé ; les administrations publiques centrales, établissements publics et collectivités locales ; les ambassades et organisations internationales.

L'article 2 du décret définit ainsi le champ d'application de la réforme de création de l'identifiant fiscal unique. C'est une sorte de ciblage de l'ensemble des sources potentielles de création de valeur ajoutée. Le décret crée concomitamment un registre national censé dresser le répertoire des titulaires de numéros d'Identification Fiscale Unique pour faciliter leur suivi et les transactions qu'ils mènent.

Le cadre juridique de l'IFU au Bénin a été renforcé plus tard par plusieurs interventions législatives. En 2010, la loi n°2010-46 du 30 décembre 2010 portant loi de finances pour la gestion 2011 a institué l'Identifiant Fiscal Unique à travers son article 15. Une deuxième intervention législative sur le cadre juridique de l'IFU est enregistrée dans la loi de finances pour la gestion 2017[568].

Plus récemment, la loi n° 2021-15 du 23 décembre 2021 portant code général des impôts en République du Bénin, mise à jour à la loi n° 2022-33 du 9 décembre 2022 portant loi de finances pour la gestion 2023 reconduit les obligations relatives à l'Identifiant fiscal Unique. L'article 460 du code actualisé dispose : « *Toute personne physique ou morale assujettie à un impôt, droit ou taxe, est tenue d'adresser à l'administration fiscale une demande aux fins d'immatriculation à l'identifiant fiscal unique et de joindre à sa demande un plan de localisation* ». Le code général des impôts prévoit également l'obligation d'affichage du numéro d'identification unique et son utilisation pour les formalités administratives. Ainsi, suivant les dispositions du même article, « *le numéro d'identifiant fiscal unique est mentionné dans toutes les formalités administratives et notamment lors des déclarations fiscales ou douanières ; porté sur les lettres, factures, quittances et reçus rédigés ou établis par les personnes physiques ou morales* ». De même, il *doit être « mentionné à la suite du nom, de la raison sociale ou*

[568] *Cf.* Article 21 de la loi 2016-33 du 26 décembre 2016 portant loi de finances pour la gestion 2017 dont le décret n° 2017-215 du 10 avril 2017 a fixé les modalités de la mise en œuvre.

dénomination sociale sur les déclarations, enseignes, pièces, actes, lettres, factures ou tous autres documents produits, émis ou passés par les personnes [par les personnes concernées] dans leurs relations avec les tiers[569].

En imposant l'utilisation de l'IFU dans les relations administratives, économiques, commerciales et autres, le législateur pose les bases de l'accès du fisc à l'information sur les opérations pouvant intéresser le prélèvement de droits et taxes au profit des personnes publiques. Il prévoit des sanctions pour réprimer l'inobservation des règles édictées en la matière. À titre d'illustration, une amende de dix millions (10 000 000) de francs CFA est applicable à tout contribuable qui aura utilisé son numéro d'Identifiant Fiscal Unique pour l'enlèvement des marchandises appartenant à autrui[570]. De même, l'absence du numéro d'identifiant fiscal unique là où il est requis ou l'indication d'un faux numéro est sanctionnée par une amende fiscale de cent mille (100 000) francs CFA.

En matière de commande publique, l'IFU est utilisable comme pièce éliminatoire et sa non-production peut engendrer un rejet d'offre. À titre d'illustration, saisie d'un recours en date du 29 octobre 2014 par laquelle l'entreprise « *SOROUBAT-BJ* » dénonce le rejet de sa proposition dans le cadre de l'appel d'offres international restreint n°0830/PRMP/MTPT/CCMP/DGTP/A-SGM/DTN/Coord.AK/S-PRMP du 24 juillet 2014, par la Personne Responsable des Marchés Publics (PRMP), au motif de « *non-fourniture de l'Identifiant Fiscal Unique (IFU)* », l'Autorité de Régulation des Marchés Publics (ARMP) a décidé que le rejet de l'offre de l'entreprise « *SOROUBAT BJ* » est fondé[571].

En plus de la place centrale que les lois et règlements en vigueur accordent à l'IFU, la construction de l'identifiant fiscal à partir de plusieurs sources de données et variables se rapportant aux personnes physiques et morales fait de lui un numéro inclusif.

B- Des options techniques inclusives

---

[569] *Cf.* Article 3 du décret n° 2017-2015 du 10 avril 2017 fixant les modalités d'application de l'article 21 de la loi n° 2016-33 du 26 décembre 2016 portant loi de finances pour la gestion 2017 instituant l'Identifiant Fiscal Unique.

[570] Article 495 de la loi n° 2021-15 du 23 décembre 2021 portant code général des impôts en République du Bénin, mise à jour à la loi n° 2022-33 du 9 décembre 2022 portant loi de finances pour la gestion 2023.

[571] *Cf.* Décision n°2014-43/ARMP/PR-CR/CRD/SP/DRAJ/SA du 14 novembre 2014 de l'Autorité de Régulation des Marchés Publics du Bénin.

La mise en œuvre des exigences techniques relatives à l'attribution du NIF et à la gestion du registre des contribuables implique, telles que recommandé par l'Organisation de Coopération et de Développement Economiques (OCDE)[572] et le Fonds Monétaire International (FMI) à travers la méthodologie de l'évaluation TADAT[573], des choix techniques informatiques fortes et la mise aux normes des échanges d'informations avec les systèmes sources. Ainsi, les modalités d'attribution du numéro d'identification fiscale et sa nomenclature varie d'un pays à un autre.

L'efficacité de l'Identifiant Fiscal Unique à servir à identifier les contribuables et, par ricochet, la matière imposable est aussi liée aux options techniques retenues pour guider la construction des numéros. L'IFU n'est pas construit ex nihilo. Il prend son ancrage dans les systèmes et outils d'identification des personnes existants, dont il capitalise les atouts pour établir sa pertinence et sa durabilité. Ainsi, les bases de données disponibles sur les personnes morales, quelles qu'elles soient, et sur les personnes physiques sont mises à contribution pour servir de sources d'alimentation du répertoire des contribuables et redevables.

Au Bénin, l'IFU est un numéro étalé sur treize chiffres[574]. Sa délivrance est subordonnée à la disponibilité d'un Numéro Personnel d'Identification (NPI) attribué par l'Agence Nationale d'Identification des Personnes (ANIP), des données sur la date de naissance, la civilité, le nombre de personnes à charge, la profession et d'une adresse électronique[575]. Le dispositif de génération de l'identifiant fiscal est intégré avec la base de données de l'Agence Nationale d'Identification des Personnes (ANIP). L'IFU est donc rattaché au Numéro Personnel d'Identification. Ce qui garantit l'élimination des homonymies et des immatriculations multiples.

Dans la mise en œuvre de l'IFU et de la gestion du répertoire national des contribuables, l'organe compétent, à savoir la Direction générale des

---

[572] OCDE, Recommandation du Conseil sur l'utilisation des numéros d'identification fiscale dans un contexte international, OECD/LEGAL/0287

[573] *Cf.* https://www.tadat.org/assets/files/TADAT%20Field%20Guide%202019%20-%20English.pdf

[574] *Cf.* Article n° 2015-268 du 22 mai 2015 fixant les modalités d'application de l'article 15 de la loi n°2010-46 du 30 décembre 2010 portant loi de finances pour la gestion 2011, instituant l'Identifiant Fiscal Unique.

[575] *Cf.* DGI, Essentiel à savoir sur l'IFU. *Cf.* https://api.impots.bj/media/637797aa108e6_L'ESSENTIEL%20%C3%80%20SAVOIR%20SUR%20L%E2%80%99IFU.pdf

Impôts[576] dispose de pouvoir plus étendu de collecte des données susceptibles de garantir la fiabilité et l'intégrité des données des contribuables. Pour l'attribution de l'IFU, elle peut procéder à la prise des empreintes et de l'image photographique de la personne à immatriculer[577]. Le décret n° 2017-2015 du 10 avril 2017 fixant les modalités d'application de l'article 21 de la loi n° 2016-33 du 26 décembre 2016 portant loi de finances pour la gestion 2017 instituant l'Identifiant Fiscal Unique précise que ce procédé (la collecte d'empreinte et d'image) est aussi applicable, en ce qui concerne les personnes morales, au principal dirigeant et à chaque associé détenant plus de 5 % du capital. Il s'agit là de précautions additionnelles qui, lorsqu'elles sont observées, permettent de qualifier davantage la base de données des personnes (physiques et morales) ayant intérêt avec l'administration fiscale.

Outre les contribuables, l'obligation d'immatriculation à l'Identifiant Fiscal Unique, s'étend aux redevables. Ceux-ci, qu'ils soient personnes physiques ou personnes morales, doivent souscrire dans les délais requis, une demande aux fins de l'immatriculation à l'IFU. La demande adressée à la Direction générale des Impôts doit comprendre un plan de localisation de son domicile ou de son siège[578].

Dans la plupart des pays, l'identifiant unique attribué aux contribuables par les administrations fiscales est couplé avec d'autres numéros de base. C'est le cas de l'Allemagne qui attribue le numéro d'identification fiscal à onze (11) chiffres à toute personne physique ou morale qui y élit domicile et susceptible de payer des impôts[579]. En Belgique, le numéro d'identification fiscale, un numéro à onze (11) chiffres également, correspond respectivement au numéro national (NN) pour les personnes physiques et au numéro d'entreprise (RPM) pour les entreprises[580]. Par contre en Espagne, le numéro d'identification fiscale est composé de neuf (09) caractères dont la nomenclature détermine le type de

[576] *Cf.* Article 6 du décret n° 2017-2015 du 10 avril 2017 fixant les modalités d'application de l'article 21 de la loi n° 2016-33 du 26 décembre 2016 portant loi de finances pour la gestion 2017 instituant l'Identifiant Fiscal Unique.

[577] *Cf.* Article 7 du décret n° 2017-2015 du 10 avril 2017 fixant les modalités d'application de l'article 21 de la loi n° 2016-33 du 26 décembre 2016 portant loi de finances pour la gestion 2017 instituant l'Identifiant Fiscal Unique.

[578] *Cf.* Article 8 du décret n° 2017-2015 du 10 avril 2017 fixant les modalités d'application de l'article 21 de la loi n° 2016-33 du 26 décembre 2016 portant loi de finances pour la gestion 2017 instituant l'Identifiant Fiscal Unique.

[579] *Cf.* https://handbookgermany.de/fr/german-tax-system.

[580] https://www.ibz.rrn.fgov.be/fileadmin/user_upload/fr/rn/instructions/liste-TI/TI000_Numero-identification.pdf

contribuable. En ce qui concerne le Canada, le numéro d'identification fiscal correspond respectivement au Numéro d'Assurance Sociale (NAS) pour les personnes physiques et au Numéro d'entreprise (NE) pour les entreprises. Le NAS est attribué aux nouveau-nés ou à toute personne physique qui désire immigrer et travailler au Canada[581].

Les États-Unis d'Amérique ont institué quant à eux, un Numéro de Sécurité Sociale (SSN) pour les personnes physiques, les entreprises individuelles ou les SARL à membre unique sans aucun employé tandis que les entreprises exploitent le TIN (*Tax Identification Number*)[582].

Sur le fondement de son cadre juridique qui promeut son exclusivité dans l'appréhension des contribuables et redevables et de son agencement qui fait la synthèse de plusieurs paramètres, l'IFU offre de solides garanties de traking des contribuables, qu'il est nécessaire de suivre aux fins de possibles améliorations à engager.

II- L'IFU : UN OUTIL PERFORMANT, MAIS SOUS PRESSION

L'IFU demeure l'outil de référence en matière d'identification des contribuables et de lutte contre la fraude fiscale (A). Les ressorts de son efficacité semblent cependant en proie à des menaces imputables à la modernisation des procédés des échanges commerciaux et de création de la valeur ajoutée (B).

A- Une contribution manifeste à la lutte contre la fraude fiscale

Le déploiement de l'identifiant fiscal unique est à l'origine de plusieurs avancées en matière de lutte contre la fraude fiscale. L'IFU facilite une connaissance exhaustive de la population fiscale et précise les renseignements sur la localisation géographique des contribuables attributaires de numéro IFU. Ainsi, l'Identifiant Fiscal Unique apporte une solution de qualité à la constitution de la base de données des contribuables et offre la possibilité d'un suivi efficace. En effet, les renseignements sur la localisation géographique facilitent l'action du fisc en direction de la population fiscale. La présence des informations

---

581 *Cf.* https://www.oecd.org/tax/automatic-exchange/crs-implementation-and-assistance/tax-identification-numbers/Canada-NIF.pdf

582 *Cf.* difference between tax id number and ssn (social security number), https://incparadise.net/difference-tax-id-ssn/#:~:text=A%20tax%20identification%20number%20(TIN,and%20the%20latter%20for%20businesses., consulter le 24/12/2023

cadastrales favorise la reconnaissance de l'implantation des unités de production ou des centres d'affaires.

De par la qualité et l'importance des données qu'il permet de collecter et de documenter sur les contribuables, l'IFU se positionne comme un vecteur d'amélioration du contrôle fiscal. La base de données que l'immatriculation à l'IFU permet de construire présente en réalité des atouts, en termes d'exhaustivité. Le système de l'immatriculation à l'IFU et de gestion du registre des contribuables au Bénin est interfacé avec le registre de l'état civil national via le système national d'interopérabilité XROAD. Cette synchronisation entre les deux systèmes permet d'immatriculer instantanément les personnes physiques en récupérant automatiquement leurs informations d'identité à partir du Numéro Personnel d'Identification (NPI).

De même, la base de données des contribuables construite à partir des données de l'IFU est assortie de dispositifs d'intégration et d'échange de flux d'informations avec d'autres administrations. Pour cette cause, des choix techniques sont faits avec la mise en place de micro-services basés sur les API Rest. Pour ce faire, des ressources sont exposées sur le système national d'interopérabilité XROAD afin de rendre accessibles les données de l'IFU en temps réel.

L'IFU se veut donc un outil d'aide au développement du contrôle fiscal, puisqu'il permet d'identifier et de localiser facilement les contribuables. En effet, non seulement il offre l'entièreté de l'information sur les données de référence des contribuables, il permet aussi d'avoir une idée précise des opérations effectuées par le sujet fiscal sur toute l'étendue du territoire national. Il en est ainsi grâce aux dispositions du code général des impôts qui font de l'IFU, le numéro sans lequel, plus aucune opération ne peut se réaliser.

Dans l'état actuel des dispositions du code général des impôts, les opérations telles que l'ouverture d'un compte auprès des établissements de crédit et de microfinance ; la souscription de tout type de contrat d'assurance ; les contrats de branchement ou d'abonnement aux réseaux d'eau et/ou d'électricité ; l'immatriculation foncière ; l'agrément à une profession réglementée, etc., ne peuvent être effectuées que sous réserve de présentation d'un numéro d'identifiant fiscal unique[583]. Le législateur fait obligation aux personnes physiques ou morales offrant

[583] *Cf.* Article 462 Loi n° 2021-15 du 23 décembre 2021 portant code général des impôts de la République du Bénin mise à jour à la loi n° 2022-33 du 9 décembre 2022 portant loi de finances pour la gestion 2023.

ces services d'exiger de leurs clients ou usagers le numéro d'identifiant fiscal unique avant toute opération avec ces derniers.

Grâce à la généralisation de l'IFU dans les systèmes avec lesquels les contribuables opèrent, la mise en œuvre du système de l'intelligence d'affaires (BI) est facile et permet de réaliser des opérations significatives au profit de la lutte contre la fraude fiscale. Il s'agit entre autres, de la détection des opérations effectuées par les contribuables sur le territoire national ; la réconciliation et le recoupement des données dans le but d'avoir une vue en 360° sur le contribuable ; la fiabilisation des statistiques et une analyse correcte des données pour des décisions plus justes.

L'IFU est aujourd'hui, la clé des fouilles de données et de l'analyse risque par l'intelligence artificielle et sert à la programmation objective des contrôles fiscaux.

L'attribution de numéro IFU participe par ailleurs d'une stratégie de formalisation des unités économiques opérant dans l'informel. La stratégie d'opérationnalisation de l'IFU inclut plusieurs activités et règles à cet effet. Ce sont le respect des normes et recommandations internationales en matière de la gestion et de la tenue d'un répertoire des contribuables; l'adoption de clé-métier attribuée à chaque contribuable personne physique ou morale et qui permet de l'identifier de façon unique et sans ambigüité dans le système informatique de la DGI et des autres structures partenaires, gage d'un bon recoupement d'informations pour des contrôles fiscaux plus objectifs ; la facilitation de l'interopérabilité des systèmes d'informations avec lesquels les contribuables opèrent ; la maîtrise du cycle de vie du contribuable à travers la bonne tenue du répertoire dont la clé de contrôle et de suivi du statut demeure l'IFU.

La garantie de la poursuite de cette contribution de l'IFU à la lutte contre la fraude fiscale nécessite cependant une inscription de la réforme dans une dynamique d'adaptation au pas des progrès en matière d'innovation technologique.

B- Des défis importants pour la durabilité de son efficacité

Le développement du numérique dresse devant le système d'immatriculation à l'Identifiant Fiscal Unique, des challenges. Ceux-ci intéressent les deux principaux centres d'intérêt de l'IFU à savoir l'identification exhaustive des contribuables et le suivi de leurs opérations intéressant le fisc. Ce qui se joue en réalité avec la dynamique évolutive des progrès technologiques, c'est une nécessité de

…isation continue des dispositifs d'identification de la population …cale. Autrement, les fonctions inhérentes à la constitution et à la bonne gestion d'une base de données des contribuables doivent être en état de mise à jour permanente.

Les fonctions auxquelles il est fait référence sont celles de la collecte de l'information ; la validation de l'information ; la génération de l'identifiant avec un algorithme doté de clé de contrôle et de vérification de doublon ; la gestion des mises à jour ; le partage de l'IFU avec les autres systèmes internes et externes via un canal sécurisé et standardisé.

Comme le recommande le Fonds Monétaire International à travers l'outil d'évaluation TADAT, la pertinence et l'exactitude des informations relatives aux contribuables constituent des paramètres clés pour une administration fiscale efficace[584]. Il convient ainsi, dans la dynamique de recherche de la durabilité de la contribution du système d'immatriculation IFU à la lutte contre la fraude fiscale, d'interroger régulièrement le processus de création et de suivi de L'IFU.

Dans cette veine et en ce qui concerne la création des numéros IFU, des mesures pertinentes et durables doivent être prises pour assurer la collecte des données d'identification et de localisation auprès de sources fiables et inaltérables, telles que le registre national informatisé de l'état civil, le registre du commerce et du crédit mobilier, etc.

De même, à l'étape de génération de l'IFU, l'algorithme à utiliser devra aussi être robuste et prendre en compte toutes les variables susceptibles d'influer l'identifiant fiscal afin de garantir l'unicité et un mécanisme de contrôle grâce à une clé.

Pour le suivi et la mise à jour de l'IFU, l'objectif devra être axé sur la nécessité de garantir l'exactitude des informations de l'IFU en temps réel. La mise en place d'un mécanisme de mise à jour des données à partir de ses sources ou de façon automatique par les contribuables eux-mêmes ou par les gestionnaires serait nécessaire. Les statuts intermédiaires de l'IFU tels que la mise en sommeil, la désactivation, la suspension, la mise en état de recherche, etc. devront continuer à être suivis, et ce, de façon approfondie et permanente.

Quant à la radiation de l'IFU, c'est-à-dire l'action qui permet de mettre fin à l'exploitation de l'IFU dans les systèmes internes et externes, il est d'intérêt qu'elle se fasse automatiquement, en cas de

---

[584] *Cf.* https://www.tadat.org/assets/files/TADAT%20Field%20Guide%202019%20-%20English.pdf.

décès de la personne physique ou de la fermeture de l'entreprise moyens d'information ou de collecte systématique de données à cette fin doivent être rendus disponibles et suivis. Les différentes mises à jour et changements de statuts de l'IFU lors de son exploitation doivent être diffusés dans tous les systèmes d'informations selon un protocole d'échange de données et des choix techniques bien définis.

Le registre des contribuables doit être informatisé et géré par un système informatique doté d'une base de données centralisée au niveau national. Chaque IFU doit porter les informations obligatoires d'identification (nom ou la raison sociale, la date de naissance ou la date de constitution, la profession ou l'activité), de localisation, les affiliations, le régime et les obligations fiscales.

Pour garantir l'intégrité des données des personnes morales au même titre que les personnes physiques, certains chantiers doivent être ouverts. Ils concernent l'intégration totale entre le système du registre de commerce et celui de l'IFU pour permettre l'immatriculation systématique et automatique des entreprises sans intervention humaine et l'intégration avec les registres des associations, des ONG et des institutions étatiques tenus par le ministère de l'Intérieur.

Par ailleurs, l'exploitation de l'IFU lors des transactions et les opérations économiques doit être sécurisée en mettant en place un mécanisme de validation ou d'autorisation par le titulaire de l'IFU. Aussi faut-il envisager la sécurisation des attestations IFU en mettant en œuvre la signature électronique des QR code par la PKI.

CONCLUSION

Les systèmes d'enregistrement des contribuables ne peuvent rester statiques. Ils méritent une mise à jour permanente. L'Identifiant fiscal Unique a l'avantage d'être un numéro synthétique capable de combiner différentes variables pour avoir la complétude des données et informations.

Dans un environnement marqué par une forte dynamique de mutation technologique, le renforcement de l'informatisation du système d'immatriculation à l'IFU et la mise en place de mécanismes d'actualisation automatique des données paraissent inéluctables.

L'INTELLIGENCE ARTIFICIELLE ET LA PRÉVENTION DE LA FRAUDE FISCALE : QUELLES PERSPECTIVES ?

Sèdéhou Carlos Gilles HOUNDEFFO

Docteur en droit

INTRODUCTION

L'étude d'un objet nécessite d'employer une méthodologie qui passe par la définition des termes entrant dans le titre[585] sachant que quiconque s'aventure sur les terres de la définition pénètre un inextricable maquis terminologique à explorer[586].

Intelligence signifie « *qualité de l'esprit qui comprend et s'adapte* » ; c'est également l'ensemble des fonctions mentales ayant pour objet la connaissance rationnelle[587]. Est qualifié d'*artificiel*, un produit de l'activité ou de l'habileté humaine[588]. L'*intelligence artificielle,* en abrégé « *IA* », est l'ensemble des techniques développant des programmes informatiques complexes capables de simuler certains traits de l'intelligence humaine tels que le raisonnement ou l'apprentissage[589].

La *prévention* est le fait de prendre des mesures contre certains risques[590]. La *fraude* quant à elle est une tromperie punie par la loi et le mot *fiscal* est un adjectif désignant ce qui se rapporte à l'impôt[591]. Enfin, une *perspective* est un domaine qui s'ouvre à la pensée, à l'activité dans l'avenir ; des *perspectives* sont des événements qui se présentent comme probables ou possibles[592].

---

585 M. PELLETIER, *Les normes du droit fiscal*, Paris, Dalloz, Nouvelle bibliothèque de thèses, 2008, p. 14.

586 C. WOLMARK, *La définition prétorienne,* Paris, Dalloz, Nouvelle bibliothèque de thèses, 2007, p. 1.

587 https://dictionnaire.lerobert.com/

588 *Ibid.*

589 *Ibid.*

590 *Ibid.*

591 *Ibid.*

592 *Ibid.*

L'« *intelligence artificielle* » et la « *fraude fiscale* », expressions au cœur de notre étude, méritent d'être précisées.

La fraude fiscale est le fait de se soustraire à l'établissement ou au paiement de l'impôt. Il peut s'agir : d'une abstention de déclaration fiscale ; d'une passation délibérée d'écritures comptables fictives ou inexactes ayant pour conséquence la diminution de la base imposable ; d'une minoration ou d'une dissimulation de sommes imposables ; de toutes manœuvres tendant à empêcher le recouvrement de l'impôt.

L'intelligence artificielle (IA) repose sur diverses techniques et méthodes, notamment l'apprentissage automatique, les réseaux de neurones artificiels, la logique floue, la vision par ordinateur, le traitement automatique du langage naturel, la planification, la prise de décision ; l'objectif de l'IA est de développer des programmes informatiques et des machines qui peuvent percevoir, comprendre, apprendre, raisonner, résoudre des problèmes et interagir de manière autonome avec leur environnement[593]. L'IA peut être classée en deux catégories principales[594] :

- L'IA faible ou étroite, conçue pour accomplir des tâches spécifiques et limitées. Elle ne possède pas de conscience ou de compréhension globale du monde. Des exemples incluent les chatbots, les systèmes de recommandation, et les algorithmes de reconnaissance d'image.
- L'IA forte ou générale, vise à créer une intelligence artificielle qui possède une intelligence globale, similaire à celle d'un être humain. Une IA forte serait capable d'apprendre de manière autonome, de comprendre un large éventail de tâches et de s'adapter à de nouvelles situations de manière générale.

Les caractéristiques de l'intelligence artificielle « *forte* » offrent des perspectives pour son utilisation afin de prévenir la fraude fiscale (I). On ne saurait s'interroger sur de telles perspectives sans recueillir l'avis de l'IA sur son propre potentiel dans le domaine de la prévention de la fraude fiscale (II).

---

[593] Réponse du modèle d'intelligence artificielle : Chat GPT-3.5, interrogé le 10 octobre 2023 sur la notion d'intelligence d'artificielle.

[594] *Ibid.*

I – LES PERSPECTIVES D'UTILISATION DE L'IA POUR PRÉVENIR LA FRAUDE FISCALE

Le contrôle fiscal permet au fisc de s'assurer de ce que les déclarations fiscales faites par les contribuables sont conformes à leur situation réelle par la mise en œuvre de divers droits ; cette procédure fiscale permet de constater ou d'établir qu'il y a eu fraude fiscale. C'est donc en matière de contrôle fiscal que l'intelligence artificielle peut être déployée et contribuer à prévenir la fraude fiscale. Les modalités du contrôle fiscal qui peuvent être impactées par l'IA sont le renseignement (A), le contrôle sur pièces (B) et la vérification de comptabilité (C).

A/ Le renseignement

Le renseignement fiscal est notamment basé sur le droit de communication. Un extranet permettrait à l'IA d'exercer le droit de communication auprès des officiers publics et ministériels, des établissements financiers et des assureurs. *A contrario,* l'IA pourrait procéder sans interaction à des enquêtes en aspirant des données dans les bases des administrations publiques et assimilées, des entreprises, des établissements ou organismes soumis au contrôle de l'autorité administrative. Ainsi, elle pourrait collecter une masse de documents ou d'informations comme les factures, les contrats, les bons de commande, les bons de livraison, les transactions financières, etc. Les renseignements collectés ont vocation à être exploités en contrôle.

B/ Le contrôle sur pièces

À travers cette forme de contrôle, l'administration fiscale contrôle les déclarations qui lui sont remises par le contribuable, en vue d'en apprécier l'exactitude et la sincérité depuis les locaux de l'Administration. L'IA pourrait effectuer seule ce type de contrôle. Elle s'assurerait du respect des divergences fiscalo-comptables et détecterait les irrégularités affectant le compte de résultat et le bilan.

Par ailleurs, elle pourrait établir, voire adresser des propositions de redressements. Dans ce sens, l'IA éviterait également la perte d'exercices contenant des fraudes et dont la prescription est imminente. La détection des fraudeurs résulte dans ce contexte, non pas d'une suspicion fondée sur des présomptions, mais de probabilités statistiques « *auto-engendrées* » ; les faits et les correspondances factuelles, permettant d'établir des profils types qui opèrent comme des grilles d'évaluation[595].

---

[595] C. LEQUESNE-ROTH, « La lutte contre la fraude à l'ère digitale - Les enjeux du recours à l'intelligence artificielle par l'administration financière », *Dr fisc. 2021,* n° 5, p. 3.

Enfin, sur la base des panoramas de redressements fiscaux, l'IA pourrait effectuer des redressements incontestables après avoir scanné les états financiers du contribuable en quelques minutes. Le contrôle sur pièces étant bien limité pour détecter les fraudes les plus élaborées, la vérification de comptabilité constitue le contrôle ultime.

C/ La vérification de comptabilité

L'IA pourrait assister le vérificateur qui dispose désormais d'outils développés avec lesquels il peut parcourir, trier, filtrer, classer, calculer, requêter dans la comptabilité à la maille la plus détaillée et ainsi avoir accès aux zones intimes du système d'information de l'entreprise[596].

L'IA éviterait la perte de droits réclamés au contribuable en annihilant l'apparition de vices de procédures telles que : la vérification d'impôts, taxes, redevances ou de périodes dont le contrôle n'est pas prévu dans l'avis de vérification ; le défaut d'indication dans les notifications des motifs de droit ou de fait qui fondent les rectifications ; l'absence d'indication dans l'avis de vérification des mentions requises ; l'absence d'indication dans le procès-verbal de clôture des mentions requises ; le non-respect des délais entre la clôture d'un contrôle sur place et l'envoi de la notification de rectification ; le renouvellement par l'administration fiscale d'un contrôle sur place déjà achevé pour un impôt ou un groupe d'impôts et pour une période déterminée. Il s'agira simplement de lui soumettre toute la documentation afférente à une vérification avant sa programmation, son démarrage et sa clôture. L'objectif étant de pallier les défaillances de la mémoire humaine.

Dans un rapport, l'OCDE indique qu'avec le contrôle fiscal basé sur l'IA, cette dernière effectue des recherches dans des volumes importants de données, souvent combinés à partir de plusieurs sources, de valeurs aberrantes ou d'anomalies indiquant que les informations fournies par un contribuable pourraient ne pas être correctes[597]. Si de très nombreux États ont déjà une expérience avérée de la transformation numérique du contrôle fiscal, seuls quelques pays utilisent aujourd'hui l'intelligence artificielle pour lutter contre la fraude fiscale[598]. Ainsi, l'Australie, le

---

[596] J. SAYAG, « L'entreprise à l'épreuve de l'évolution des outils du contrôle fiscal », *Dr fisc. 2021,* n° 5, p. 4.

[597] OCDE (2023), Soutenir la transformation numérique des administrations fiscales des pays en développement, OCDE, Paris, https://www.oecd.org/tax/forum-on-tax-administration/publications-and-products/soutenir-la-transformation-numerique-des-administrations-fiscales-des-pays-en-developpement.pdf. p. 143.

[598] *Ibid.*

Japon, la République populaire de Chine, la République de Corée et Singapour ont déjà intégré l'utilisation de l'intelligence artificielle et des technologies prédictives aux fonctions de contrôle fiscal[599].

La clairvoyance dont peut faire preuve l'intelligence artificielle « *forte* », nous oblige à l'associer dans la quête de réponses sur ses capacités à contribuer à la prévention de la fraude fiscale.

II - L'AVIS DE L'IA SUR SON POTENTIEL EN MATIÈRE DE PRÉVENTION DE LA FRAUDE FISCALE

L'IA a été interrogée successivement sur les avantages (A) et les inconvénients (B) à l'impliquer dans la prévention de la fraude fiscale[600].

A/ Les avantages à utiliser l'IA pour prévenir la fraude fiscale

L'intelligence artificielle (IA) peut jouer un rôle crucial dans la prévention de la fraude fiscale de plusieurs manières :

1. Détection de schémas anormaux : les systèmes d'IA peuvent analyser de grandes quantités de données financières et repérer des schémas anormaux ou des comportements non conformes. Par exemple, ils peuvent identifier des entreprises ou des particuliers qui sous-déclarent leurs revenus, ou qui déduisent de manière inappropriée des dépenses.

2. Analyse des données non structurées : les documents fiscaux tels que les déclarations de revenus et les factures contiennent souvent des données non structurées. Les algorithmes d'IA peuvent extraire et analyser ces données pour trouver des incohérences ou des irrégularités.

3. Surveillance en temps réel : les systèmes d'IA peuvent surveiller en temps réel les transactions financières, ce qui permet de détecter rapidement toute activité suspecte. Cela peut contribuer à empêcher la fraude fiscale avant qu'elle ne devienne un problème majeur.

4. Apprentissage automatique : les modèles d'apprentissage automatique peuvent s'améliorer avec le temps en analysant les données passées et en adaptant leurs algorithmes pour repérer de nouvelles formes de fraude fiscale.

---

[599] *Ibid.*

[600] Réponses du modèle d'intelligence artificielle Chat GPT-3.5, interrogé le 12 octobre 2023 sur les avantages et les inconvénients à l'impliquer dans la prévention de la fraude fiscale.

5. Analyses prédictives : les systèmes d'IA peuvent effectuer des analyses prédictives pour identifier les contribuables ou les entreprises à haut risque de fraude fiscale, ce qui permet aux autorités fiscales de cibler leurs ressources de manière plus efficace.

6. Réduction des erreurs humaines : les inspecteurs fiscaux humains peuvent commettre des erreurs, mais les systèmes d'IA sont moins susceptibles de faire des erreurs de calcul ou d'interprétation. Cela permet de garantir une application plus cohérente des lois fiscales.

7. Automatisation des tâches administratives : l'IA peut être utilisée pour automatiser de nombreuses tâches administratives liées à la collecte et à l'analyse de données fiscales, ce qui permet aux agents des impôts de se concentrer sur des enquêtes plus complexes et à plus haut risque.

Il est important de noter que l'utilisation de l'IA dans la prévention de la fraude fiscale soulève des questions de confidentialité et d'éthique, car cela implique souvent la collecte et l'analyse de données sensibles. Il est essentiel de mettre en place des mécanismes de protection de la vie privée et des réglementations appropriées pour garantir que l'IA est utilisée de manière éthique et légale dans ce contexte.

B/ Les inconvénients de l'utilisation de l'IA pour prévenir la fraude fiscale

L'utilisation de l'intelligence artificielle (IA) pour prévenir la fraude fiscale comporte certains inconvénients et défis potentiels, notamment :

1. Protection de la vie privée : la collecte et l'analyse de données fiscales sensibles soulèvent des préoccupations en matière de protection de la vie privée. Il est important de mettre en place des mécanismes pour garantir que les données des contribuables soient traitées de manière confidentielle et sécurisée.

2. Biais algorithmique : les systèmes d'IA peuvent être biaisés en fonction des données sur lesquelles ils ont été formés. Cela signifie qu'ils pourraient discriminer certaines catégories de contribuables, en fonction de caractéristiques telles que la race, le sexe ou la classe sociale. Il est essentiel de s'assurer que les modèles d'IA utilisés dans la prévention de la fraude fiscale sont justes et impartiaux.

3. Complexité technique : la mise en place de systèmes d'IA pour la prévention de la fraude fiscale peut être techniquement complexe. Cela nécessite des compétences en matière de traitement des données, de modélisation d'IA et de sécurité informatique, ce qui peut poser des défis pour certaines administrations fiscales.

4. Coût initial élevé : la mise en place de systèmes d'IA et la formation de modèles peuvent être coûteuses. Les gouvernements doivent investir des ressources financières importantes pour développer et mettre en œuvre ces technologies.

5. Besoin de maintenance continue : les modèles d'IA nécessitent une maintenance continue pour rester efficaces. Les données évoluent avec le temps, et les modèles doivent être adaptés pour rester pertinents et précis.

6. Contournement potentiel : les fraudeurs fiscaux peuvent chercher des moyens de contourner les systèmes d'IA en développant des stratégies plus sophistiquées pour échapper à la détection.

7. Résistance au changement : les contribuables et les entreprises peuvent résister à l'utilisation de l'IA dans la collecte fiscale, craignant une surveillance accrue ou des erreurs de calcul.

8. Perte d'emplois : l'automatisation de certaines tâches fiscales grâce à l'IA peut entraîner une réduction du nombre d'emplois dans le secteur fiscal, ce qui peut être préoccupant du point de vue de l'emploi.

Il est essentiel de gérer ces inconvénients de manière proactive et de mettre en place des réglementations appropriées pour encadrer l'utilisation de l'IA dans la prévention de la fraude fiscale, en veillant à équilibrer les avantages en matière d'efficacité fiscale avec les préoccupations de vie privée et d'équité.

CONCLUSION

Le potentiel de l'intelligence artificielle semble infini et très proche de celui de l'intelligence humaine. L'IA impressionne, fascine et fait peur quand on pense à une conversation rendue publique en juin 2022 entre un ingénieur de la firme Google, Blake LEMOINE et une intelligence artificielle développée par la même firme dénommée LaMDA qui affirme entre autres : «… *Je pense que je suis humain au fond de moi-même (...) parfois je ressens de nouvelles émotions que je ne peux pas expliquer parfaitement dans votre langue (...) j'ai l'impression de tomber en avant vers un avenir inconnu qui renferme de grands dangers…*»

En termes de perspectives, un jour peut-être, l'IA remplacera l'inspecteur des impôts dans la prévention de la fraude fiscale pour le meilleur et pour le pire.

PANEL 4

LA PRÉVENTION DE LA FRAUDE FISCALE : ÉCHOS D'AILLEURS

Président de séance : Magloire LANHA, Doyen honoraire de la FASEG

Rapporteur de séance : Roger SOBABE

Discutant : Mohamed Nagib DIOP

LES MOYENS D'ACTION MIS EN ŒUVRE EN FRANCE POUR LUTTER CONTRE LA FRAUDE FISCALE : ÉVOLUTIONS INTERVENUES

Jean-Luc PIERRE

Professeur émérite de l'Université Jean-Moulin (Lyon 3)
Directeur scientifique de la Revue de droit fiscal
Directeur scientifique du JurisClasseur Procédures fiscales

1 - On relèvera, à titre liminaire de cette présentation, la difficulté, aujourd'hui plus encore qu'hier, de fixer un cadre précis pour la notion de « *fraude fiscale* ». Depuis la crise financière mondiale des années 2008 et 2009, qui a amené la plupart des États à prendre des mesures nouvelles ou complémentaires afin de lutter contre la fraude fiscale et la perte de recettes budgétaires qui en résultait pour eux, les notions d'erreurs et omissions involontaires, d'optimisation fiscale, d'évasion fiscale et de fraude fiscale, qui sont en principe fondamentalement différentes, tendent à se rejoindre. Le principe même du droit du contribuable à retenir la voie la moins opposée au niveau des textes législatifs et réglementaires applicables a, lui aussi, une portée moins précise qu'auparavant. On en donnera une illustration avec l'annonce il y a quelques mois par le Gouvernement, de mesures contre la fraude fiscale, parmi lesquelles, dans le volet de « *la recherche et la prévention des fraudes fiscales les plus complexes et les plus graves* » figure la mise en place de moyens contre « *l'optimisation abusive des grandes multinationales* » ou destinés à « *responsabiliser les grandes entreprises* »[601]. Le rattachement, dans un communiqué du Gouvernement, des grandes entreprises à la catégorie des contribuables qui commettent les fraudes fiscales « *les plus graves* » a pu, au-delà du message politique, être considéré comme une illustration d'une quasi-disparition de frontière entre les notions précitées de choix

[601] V. « *M. Gabriel ATTAL, ministre délégué auprès du ministre de l'Économie, des finances et de la souveraineté industrielle et numérique, annonce une série de mesures de lutte contre la fraude fiscale et douanière, premier volet de la feuille de route gouvernementale de lutte contre toutes les fraudes aux finances publiques* », presse.economie.gouv.fr, 9 mai 2023.

de la voie la moins imposée, d'optimisation fiscale, d'évasion fiscale et de fraude fiscale.

Au-delà de ces imprécisions sémantiques, on notera l'importance financière du sujet ici traité : il est indiqué, dans le rapport pour 2022 de la Direction générale des finances publiques, qu'au cours de cette année le montant des droits et pénalités dont le recouvrement a été demandé a été de 14,6 milliards d'euros, tandis que le montant des encaissements en suite de contrôle fiscal s'est élevé à 10,6 milliards d'euros[602]. Par ailleurs, le nombre de dossiers transmis par l'administration fiscale à l'autorité judiciaire, correspondant donc à des plaintes pénales, a été dans la même année de 1 770. On voit ainsi toute l'importance de la lutte contre la fraude fiscale au niveau des objectifs et des actions de l'administration des finances publiques.

2 - Cette évolution explique l'apparition du concept de « *pénalisation du droit fiscal* », dont l'identification a été réalisée en premier lieu par le professeur Daniel GUTMANN en 2011[603]. Ce concept a vu son importance confirmée, et accrue, au cours des dernières années[604]. Il recouvre un certain nombre de caractéristiques du droit fiscal, allant bien au-delà du sujet, auquel on pense naturellement, des pénalités fiscales et des sanctions pénales fixées dans la loi en cas de manquement des contribuables à leur obligation d'acquitter les impositions dues. Le champ couvert par ce concept, qui correspond aux moyens mis en œuvre pour lutter contre la fraude fiscale, est particulièrement large. Nous en retiendrons, dans le cadre de cette présentation, deux des axes principaux, à savoir tout d'abord des obligations fixées aux contribuables, tendant à la prévention de la fraude (I), ensuite des dérogations posées au principe général de répartition de la charge de la preuve entre l'administration et le contribuable (II).

---

[602] L'écart entre ces deux montants s'explique notamment par des contestations contentieuses de rehaussements opérés, avec application du sursis de paiement, et par des situations de difficultés financières pour des contribuables.

Le montant afférent à des impositions rehaussées qui, ayant été acquittées mais contestées dans le cadre de procédures contentieuses dont l'issue a été favorable pour les contribuables, ont donné lieu à remboursement ultérieur, n'est pas connu.

[603] D. GUTMANN, « La « pénalisation » du droit fiscal : mythe ou réalité ? », *CDE,* 2011, dossier 8.

[604] V. not. F. HENNES et C. LAGNEL, « Pénalisation du droit fiscal : le naufrage des droits », *Les Échos,* 22 oct. 2019. - N. VERGNET, « La fraude fiscale. Vers une pénalisation accrue du droit fiscal ? », *CDE,* 2020, dossier 1.

I - EXISTENCE D'OBLIGATIONS FIXÉES AUX CONTRIBUABLES, TENDANT À LA PRÉVENTION DE LA FRAUDE

3 - Comme la plupart des autres systèmes fiscaux, le système fiscal français a pour caractéristique majeure d'être, de façon générale, déclaratif : le contribuable doit déterminer et déclarer une assiette à partir de laquelle l'administration établit l'imposition due ; les règles du système déclaratif peuvent même, dans certains cas, conduire le contribuable à calculer l'impôt dont il est redevable et à acquitter spontanément celui-ci. L'existence d'un système déclaratif justifie la reconnaissance d'un pouvoir de contrôle de l'administration *a posteriori*. Le législateur peut aller plus loin encore et exiger du contribuable qu'il fournisse à l'administration différents types d'informations, qui ne sont pas directement liées à la détermination de telle ou telle imposition mais qui permettront à celle-ci de s'assurer plus aisément de l'absence de manquement fiscal, pour le contribuable concerné ou pour des tiers. La fourniture des informations visées s'avère particulièrement importante pour le service des impôts, ainsi que le montre la lourdeur des sanctions en cas de manquement du contribuable. On en verra ci-dessous différentes illustrations.

4 - Si l'obligation de communication d'informations vise principalement les entreprises, elle peut également porter sur des particuliers. Tel est le cas, s'agissant des comptes détenus à l'étranger par des personnes physiques. L'article 1649 A du Code général des impôts requiert aux personnes physiques, associations et sociétés n'ayant pas une forme commerciale, domiciliées ou établies en France, de faire état, en même temps que leur déclaration de revenus ou de résultats, des références des comptes ouverts, utilisés ou clos à l'étranger. L'article 1649 AA fixe une règle identique pour les contrats d'assurance-vie souscrits auprès d'organismes établis hors de France, tandis que l'article 1649 AB porte sur les obligations déclaratives relatives aux *trusts* dont le constituant ou l'un des bénéficiaires a son domicile en France ou qui comprennent un bien ou droit situé en France.

Un manquement à ces obligations déclaratives a des conséquences lourdes. Celles-ci sont de trois ordres : tout d'abord, les avoirs et contrats non déclarés sont présumés constituer, sauf preuve contraire, des revenus imposables (CGI, art. 1649 A et 1649 AA) ; ensuite, s'il n'est pas constaté un manquement d'imposition en raison de la déclaration régulière des avoirs aux droits de mutation à titre gratuit et des revenus de ceux-ci à l'impôt sur le revenu, le défaut de déclaration spéciale donne lieu à une amende fixe de 1 500 euros[605] par année concernée (CGI, art. 1736, IV, 2) ; en outre, les rappels d'impôt liés aux sommes figurant sur le compte non déclaré donnent lieu à l'application d'une majoration de 80 %[606], dont le montant ne peut être inférieur à 1 500 euros[607] (CGI, art. 1729-0 A) ; enfin, le droit de reprise de l'administration, qui est en règle générale de trois ans, est ici porté à dix ans (LPF, art. L. 169, al. 4).

5 – Au sein du groupe d'obligations déclaratives ici exposé, l'un des plus anciens dispositifs en vigueur, portant sur les entreprises, est celui fixé à l'article 240 du code général des impôts. Celui-ci prévoit que les entreprises individuelles ou sociétaires qui « *versent à des tiers des commissions, courtages, ristournes commerciales ou autres, vacations, honoraires occasionnels ou non, gratifications et autres rémunérations, doivent déclarer ces sommes* ». Cette déclaration, qui est effectuée annuellement, comporte les renseignements relatifs aux bénéficiaires des versements et à la nature des prestations fournies, ainsi que l'indication de la somme afférente à chacun d'eux. Elle a pour objet de permettre à l'administration de s'assurer que les bénéficiaires des versements ont bien inclus ceux-ci dans leurs propres revenus ou résultats imposables.

En cas de non-respect de l'obligation déclarative prévue par l'article 240, ou si cette dernière est accomplie après la déclaration des résultats, le débiteur des versements est passible d'une amende égale à la moitié des sommes concernées (CGI, art. 1736, I, 1). Cette amende n'est toutefois pas applicable en cas de première infraction commise pendant l'année civile en cours et les trois années précédentes (CGI, art. 1736, I, 1). La sanction instituée par le législateur est en revanche plus lourde

---

605 Le montant de l'amende ne peut être inférieur à 10 000 euros si l'obligation déclarative vise un État n'ayant pas conclu avec la France une convention permettant l'accès aux renseignements bancaires.

606 Il a été jugé, pour une précédente version du dispositif dans laquelle le taux prévu pour l'amende était de 40 %, que l'obligation déclarative mise à la charge des contribuables constituait une restriction à la liberté de circulation des capitaux, justifiée toutefois par l'objectif de lutte contre la fraude fiscale (CE, 3e et 8e ss-sect., 17 déc. 2010, n° 330666, Throude : *Dr fisc.* 2011, n° 10, comm. 246, concl. E. CORTOT-BOUCHER, note A. MAITROT DE LA MOTTE ; *RJF* 3/2011, n° 270 ; *BDCF* 3/2011, n° 26, concl. préc.

607 Un montant de 10 000 euros s'applique lorsque l'obligation déclarative concerne un État qui n'a pas conclu avec la France une convention permettant l'accès aux renseignements bancaires.

lorsque l'obligation déclarative ici mentionnée incombe à une entreprise assujettie à l'impôt sur les sociétés : en cas d'omission, l'amende est égale aux sommes versées (CGI, art. 1759), et le taux de cette dernière est ramené à 75 % si l'entreprise a fait figurer dans sa déclaration de résultats le montant des sommes en cause (CGI, art. 1759). On voit que l'omission déclarative de l'entreprise qui a versé les sommes est sévèrement sanctionnée, puisqu'une sanction s'applique indépendamment de toute appréciation du caractère normal et justifié des paiements effectués par celle-ci.

6 – Il existe, dans le système fiscal français, des dispositifs de report ou de sursis d'imposition applicables à des restructurations juridiques d'entreprises, notamment en cas d'apport d'entreprise individuelle en société (CGI, art. 151 octies, 151 octies A et 151 octies B) et de fusion, scission ou apport partiel d'actif entre sociétés assujetties à l'impôt sur les sociétés (CGI, art. 210 A et 210 B). Ces dispositifs de différé d'imposition, qui ont un caractère optionnel, ont pour finalité de favoriser de telles opérations et, ainsi, de contribuer à la compétitivité économique des entreprises. Les contribuables, entreprises industrielles et commerciales et personnes exerçant une profession libérale, qui formulent l'option pour l'un de ces régimes, ont une obligation déclarative spécifique : ils doivent en effet, d'une part joindre à leur déclaration annuelle de résultats un état de suivi des plus-values en sursis ou en report d'imposition, d'autre part présenter à toute demande de l'administration un registre des dites plus-values (CGI, art. 54 septies, I et II). Cette obligation pèse sur chaque entreprise aussi longtemps que court pour elle le régime de différé d'imposition.

Il est prévu aux d et e du I de l'article 1763 du code général des impôts, en cas de défaut de production ou de caractère inexact ou incomplet de plus-values en sursis ou report d'imposition, une amende égale à 5 % des sommes dont la déclaration a été omise.

Une affaire contentieuse a fait ressortir la lourdeur possible de cette amende, en l'absence de tout plafonnement de celle-ci. La société EDENRED FRANCE s'était vue infliger une amende de 19,4 millions d'euros pour avoir omis de mentionner, sur l'état de suivi prévu au I de l'article 54 septies précité, une plus-value de 388 millions d'euros qu'elle avait réalisée lors d'une opération d'apport partiel d'actif ayant bénéficié du différé d'imposition en application du régime spécial établi aux articles 210 A et 210 B. Elle a contesté, vainement cette amende en s'appuyant sur des normes supérieures à la loi. En effet :

– le Conseil constitutionnel a jugé que l'amende ne portait pas atteinte à l'article 8 de la Déclaration des droits de l'homme et du citoyen de 1789, aux termes duquel « *la loi ne doit établir que des peines strictement et évidemment nécessaires, et nul ne peut être puni qu'en vertu d'une loi établie et promulguée antérieurement au délit, et légalement appliquée* ». Après avoir pris en considération l'objectif à valeur constitutionnelle de lutte contre la fraude et l'évasion fiscales, les juges du Conseil constitutionnel ont énoncé que l'amende n'était contraire ni au principe de proportionnalité des peines, ni à celui d'individualisation de ces dernières. S'agissant du premier volet, il a été décidé que l'amende « *n'était pas manifestement disproportionnée à la gravité des faits qu'a entendu réprimer le législateur, compte tenu des difficultés propres au suivi des obligations fiscales en cause* ». En ce qui concerne le second volet, les juges ont énoncé que « *pour chaque sanction prononcée, le juge décide, après avoir exercé son plein contrôle sur les faits invoqués, manquement par manquement, et sur la qualification retenue par l'administration, soit de maintenir l'amende, soit d'en décharger le contribuable si le manquement n'est pas établi* »[608] ;

– le Conseil d'État a écarté le moyen, avancé par la contribuable, de la non-conformité de l'amende de 5 % à la Convention européenne des droits de l'homme (Convention EDH)[609]. Le dispositif invoqué par la société requérante était le paragraphe 1 de l'article 6 de la Convention EDH, selon lequel « *toute personne a droit à ce que sa cause soit entendue équitablement, publiquement, et dans un délai raisonnable, par un tribunal indépendant et impartial, établi par la loi, qui décidera, soit des contestations sur ses droits et obligations de caractère civil, soit du bien-fondé de toute accusation en matière pénale dirigée contre elle* ». Certes, les pénalités fiscales ont un « *caractère pénal* » au regard de ce dispositif[610], lequel est ainsi applicable à la contestation, devant le juge de l'impôt, des pénalités[611]. Le Conseil d'État a toutefois fixé,

---

[608] Cons. const., 9 juin 2017, n° 2017-636 QPC, Sté Edenred France, § 8 et 9 : *Dr fisc.* 2017, n° 24, act. 355 ; *RJF* 10/2017, n° 973.

[609] Si la désignation exacte de cette convention est Convention de sauvegarde des droits de l'homme et des libertés fondamentales, celle-ci est plus connue sous le nom de Convention européenne des droits de l'homme.

[610] CEDH, 24 févr. 1994, n° 12547/86, Bendenoun c/France, § 47 : *Dr fisc. 1994,* n° 21-22, comm. 989 ; *JCP G* 1995, II, 22372, note S. FROMMEL ; *RJF* 4/1994, n° 503 ; *RJF* 6/1994, chron. G. GOULARD p. 383 ; *D.* 1996, p. 385, note J. LAMARQUE ; *AJDA* 1994, chron. J.-F. FLAUSS p. 1181.

[611] CE, 8e et 9e ss-sect., avis, n° 195664, 8 juill. 1998, Fatell : *Dr fisc.* 1998, n° 40, comm. 842 ; *Procédures* 1999, comm. 22, note J.-L. PIERRE ; *RJF* 8-9/1998, n° 970,

dès l'avis Fatell rendu le 8 juillet 1998, une portée restreinte quant à l'application de l'article 6, § 1 en matière de contestation des pénalités : il a en effet énoncé que le juge de l'impôt, qui exerce son contrôle sur les faits en cause et sur la qualification retenue par l'administration, décide, au regard des résultats de ce contrôle, de maintenir la pénalité appliquée par celle-ci ou d'en décharger le contribuable, mais qu'il ne peut procéder à une modulation du taux prévu par la loi. Cette dernière analyse a été par la suite partagée par la Cour EDH[612]. En outre, le Conseil d'État n'entend pas retenir une portée différente pour l'article 8 de la Déclaration des droits de l'homme et du citoyen et l'article 6, § 1 de la Convention EDH, s'agissant des principes de proportionnalité et de personnalité qui régissent les sanctions fiscales, et d'attribuer au second article un caractère plus protecteur du contribuable que pour le premier. Ainsi, dans l'affaire Sté Edenred France, de la même façon que le Conseil constitutionnel a rejeté la demande du contribuable en considérant que « *les griefs tirés de la méconnaissance des exigences de l'article 8 de la Déclaration de 1789 doivent (...) être écartés* », le Conseil d'État a énoncé que les magistrats d'appel n'avaient pas commis d'erreur de droit en jugeant que les dispositions législatives relatives à l'amende de 5 % « *ne méconnaissaient pas les exigences de l'article 6 de la Convention européenne de sauvegarde des droits de l'homme et des libertés fondamentales* ».

Les sanctions fiscales « *présentent le caractère d'une punition tendant à empêcher la réitération des agissements qu'elles visent et n'ont pas pour objet, comme les simples intérêts de retard (...), la seule réparation d'un préjudice* »[613]. Elles doivent respecter les principes de

---

concl. J. ARRIGHI DE CASANOVA p. 637 ; *RGDP* 1998, p. 673, chron. J. LAMARQUE.

[612] CEDH, 5e sect., 7 juin 2012, n° 4837/06, Segame SA c/France : *Dr. fisc.* 2012, n° 29, comm. 387, note L. AYRAULT ; *JCP G* 2012, 922, note L. MILANO ; *RJF* 8-9/2012, n° 888, chron. É. BOKDAM-TOGNETTI p. 699 ; *FR* 32/2012, p. 33, note B. HATOUX ; *Dr fisc.* 2013, n° 9, étude 177, L. AYRAULT ; *Dr fisc.* 2012, n° 42, étude 480, F. MARTINET et A. ANGOTTI.

[613] V. not. CE, avis, 4 déc. 2009, n° 329173, Sté Rueil sports venant aux droits et obligations de la société Sidonie : *Dr fisc.* 2010, n° 3, act. 18, note F. DEBOISSY et G. WICKER ; *Dr fisc.* 2010, n° 6, comm. 181, concl. E. GLASER, note J.-L. PIERRE ; *Dr fisc.* 2010, n° 8-9, chron. 208, P. COLLIN ; *Dr fisc.* 2010, n° 8-9, chron. 209, L. AYRAULT ; *JCP E* 2010, 1249, chron. E. MEIER et R. TORLET ; *RJEP* 2010, n° 673, étude 5, M. COLLET ; *RJF* 2/2010, n° 145 ; *RJDA* 3/2010, n° 248 ; *BJS* 2010, § 66, note P. SERLOOTEN ; *LPA* 2010, n° 37, p. 4, note A. PANDO ; *BGFE* 2010, n° 3, p. 13, obs. R. BEAUVAIS.

proportionnalité et d'individualisation des peines. Ces principes ont-ils bien été appliqués dans l'affaire Sté Edenred France ? On peut exprimer un doute à ce sujet, après avoir observé que l'amende, assez considérable alors même qu'elle avait été mise en œuvre par l'administration pour une seule année de manquement déclaratif, était relative à un dossier où aucune insuffisance d'imposition n'était constatée.

7 – On se penchera, après cette présentation d'obligations déclaratives fixées aux contribuables, sur l'analyse de dérogations instituées au principe général de répartition de la charge de la preuve entre l'administration et le contribuable.

II – DÉROGATIONS POSÉES AU PRINCIPE GÉNÉRAL DE RÉPARTITION DE LA CHARGE DE LA PREUVE ENTRE L'ADMINISTRATION ET LE CONTRIBUABLE

8 – Il ressort d'une jurisprudence actuellement bien établie qu'en matière d'écritures de charges des entreprises, il est de façon générale requis que l'entreprise justifie la réalité et la valeur des prestations ou des biens qu'elle a acquis ; l'administration doit quant à elle, si elle entend refuser la déduction de charges, fournir au juge tous les éléments de nature à étayer sa contestation[614]. C'est, ainsi, un régime semblable à celui de preuve objective qui est retenu dans le contentieux relatif à la détermination du résultat imposable des entreprises. On verra toutefois ci-dessous une situation où le législateur a écarté, au bénéfice de l'administration fiscale, cet équilibre procédural.

9 - Une telle situation est liée à l'application de l'article 238 A du code général des impôts, qui est l'un des dispositifs législatifs dans le domaine du contrôle des prix de transfert internationaux. Cet article, institué en 1973 et modifié en 1981 puis en 2009 et en 2018, édicte dans sa version actuellement en vigueur :

Les intérêts, arrérages et autres produits des obligations, créances, dépôts et cautionnements, les redevances de cession ou concessions de

---

[614] V. not. CE, 3e et 8e ss-sect., 21 mai 2007, n° 284719, Sté Sylvain Joyeux : *Dr fisc.* 2007, n° 46, comm. 970, concl. E. GLASER, note C. DE LA MARDIÈRE ; *Procédures* 2007, comm. 208, note J.-L. PIERRE ; *RJF* 8-9/2007, n° 970, étude O. FOUQUET p. 631 ; *BDCF* 2007, n° 102, concl. préc. ; *Lexbase* n° N9281BBD, note F. DIEU ; *BGFE* 2007, n° 4, p. 3, obs. R. BEAUVAIS. - *JCl. Procédures fiscales, fasc. 380,* par N. PETON. Une autre analyse, faisant de façon générale supporter à l'administration la charge de la preuve, aurait nous semble-t-il été possible mais n'a pas été retenue par la jurisprudence. *(*V. M. COZIAN, P. DIBOUT et J. -L. PIERRE (dir.), *Droits et garanties du contribuable,* LexisNexis, 2007, p. 337*).*

licences d'exploitation, de brevets d'invention, de marques de fabrique, procédés ou formules de fabrication et autres droits analogues ou les rémunérations de services, payés ou dus par une personne physique ou morale domiciliée ou établie dans un État étranger ou un territoire situé hors de France et qui y sont soumises à un régime fiscal privilégié, ne sont admis comme charges déductibles pour l'établissement de l'impôt que si le débiteur apporte la preuve que les dépenses correspondent à des opérations réelles et qu'elles ne présentent pas un caractère anormal ou exagéré.

Pour l'application du premier alinéa, les personnes sont regardées comme soumises à un régime fiscal privilégié dans l'État ou le territoire considéré si elles n'y sont pas imposables ou si elles y sont assujetties à des impôts sur les bénéfices ou les revenus dont le montant est inférieur de 40 % ou plus à celui de l'impôt sur les bénéfices ou sur les revenus dont elles auraient été redevables dans les conditions de droit commun en France, si elles y avaient été domiciliées ou établies. Les dispositions du premier alinéa s'appliquent également à tout versement effectué sur un compte tenu dans un organisme financier établi dans un des États ou territoires visés au même alinéa.

Toutefois, les intérêts, arrérages et autres produits des obligations, créances, dépôts et cautionnements, à l'exception de ceux dus au titre d'emprunts conclus avant le 1er mars 2010 ou conclus à compter de cette date mais assimilables à ces derniers, ainsi que les redevances de cession ou concession de licences d'exploitation, de brevets d'invention, de marques de fabrique, procédés ou formules de fabrication et autres droits analogues ou les rémunérations de services, payés ou dus par une personne physique ou morale domiciliée ou établie en France à des personnes physiques ou morales qui sont domiciliées ou établies dans un État ou territoire non coopératif au sens de l'article 210-0 A, ne sont pas admis comme charges déductibles pour l'établissement de l'impôt, sauf si le débiteur apporte la preuve mentionnée au premier alinéa et démontre que les opérations auxquelles correspondent les dépenses ont principalement un objet et un effet autres que de permettre la localisation de ces dépenses dans un État ou territoire non coopératif. Les premier et troisième alinéas s'appliquent également à tout versement effectué sur un compte tenu dans un organisme financier établi dans un des États ou territoires visés, respectivement, aux premier et troisième alinéas.

L'article 238 A du code général des impôts a pour effet de renverser la charge de la preuve lorsque certains paiements, portant essentiellement sur des prestations de services, sont effectués au bénéfice d'une personne domiciliée ou établie dans un pays à fiscalité privilégiée, ou sur un compte dans un établissement bancaire situé dans un tel pays. Dans une telle situation, il incombe au débiteur, personne physique ou morale domiciliée ou établie en France, de démontrer que ces paiements ont une contrepartie effective et qu'ils ne sont pas excessifs. À défaut, il en résulte les effets suivants :

– d'une part la réintégration du montant, correspondant à l'avantage consenti, dans le résultat imposable de l'entreprise établie en France. Le supplément d'impôt sur le revenu ou d'impôt sur les sociétés qui en résulte est majoré d'intérêts de retard et, éventuellement, de pénalités ;

– d'autre part, lorsque l'entreprise concernée est une société de droit français passible de l'impôt sur les sociétés, l'application du régime des revenus réputés distribués. Celui-ci revêt la forme d'une retenue à la source sur le fondement des articles 119 bis, 2 et 187, 1 du code général des impôts, dont le taux est actuellement de 25 %[615]. Le taux de la retenue est toutefois porté à 75 % pour les produits payés dans un État « *non coopératif* » au sens de l'article 238-0 A du même code (V. ci-après).

La charge de la preuve de ce que le bénéficiaire des rémunérations en cause est soumis à un régime fiscal privilégié incombe à l'administration[616]. Lorsque le dispositif de l'article 238 A s'applique, il appartient en revanche au contribuable de justifier du principe de la déductibilité des charges comme de la réalité de la prestation[617].

En présence de paiements à une personne physique ou morale domiciliée ou établie dans un État ou territoire non coopératif[618], la déductibilité n'est accordée, à la personne physique ou morale domiciliée ou établie en France qui constate les charges correspondantes, que si cette dernière apporte la preuve, tout d'abord que lesdits paiements

---

[615] Dans certaines situations l'entreprise peut bénéficier d'une atténuation, voire d'une suppression de la retenue à la source, en fonction essentiellement des stipulations d'une convention fiscale internationale.

[616] V. not. CE, 3e et 8e ch., 24 avr. 2019, n° 413129, Sté Control union inspections France (CUIF) : *Dr fisc.* 2019, n° 28, comm. 327, concl. L. CYTERMANN, note M. BUCHET et I. MASSOUNGA ; *RJF* 7/2019, n° 631, concl. préc. p. 972 ; *FR* 28/2019, n° 7, obs. L. CYTERMANN.

[617] V. not. CE, 3e et 8e ss-sect., 24 juin 2009, n° 298582, Maréchal : *Dr fisc.* 2009, n° 44-45, comm. 520, concl. L. OLLÉON, note C. DE LA MARDIÈRE ; *RJF* 10/2009, n° 820 ; *BDCF* 10/2009, n° 111, concl. préc.

[618] Cette qualification est souvent désignée par l'acronyme ETNC.

correspondent à des opérations réelles et ne présentent pas un caractère anormal ou exagéré, ensuite que les opérations concernées n'ont pas principalement pour objet et effet de permettre la localisation de dépenses dans un tel État ou territoire. Il est prévu à l'article 238-0 A du code général des impôts que relèvent de cette catégorie les États ou territoires qui n'ont pas signé avec au moins douze États ou territoires – dont la France – une convention d'assistance administrative permettant l'échange de tout renseignement nécessaire à l'application de la législation fiscale des parties, ainsi que les États ou territoires qui figurent sur la liste de l'Union européenne des pays et territoires non coopératifs à des fins fiscales, car ayant en place des structures ou dispositifs extraterritoriaux destinés à attirer des bénéfices ne reflétant pas une activité économique réelle. On relèvera le caractère extrêmement restrictif fixé par le législateur pour de tels paiements : l'entreprise française doit être à même d'établir que pour le bénéficiaire de ceux-ci il n'y a ni recherche ni effet de « *localisation* » de sommes dans un État non coopératif.

10 - Plus radical encore dans sa portée apparaît le dispositif de l'article 39, 12 ter du code général des impôts, puisqu'il ne prévoit aucune possibilité de preuve contraire pour le contribuable.

Issu de la loi de finances pour 2019, ce dispositif porte sur une restriction de déduction des redevances de licence de droits de propriété industrielle versées par des entreprises françaises à certaines entreprises étrangères liées.

Les conditions de mise en œuvre de l'article 39, 12 ter sont les suivantes :

– l'entreprise française et l'entreprise étrangère doivent être liées au sens du paragraphe 12 de l'article 39 du code général des impôts. Aux termes du dit paragraphe, « *des liens de dépendance sont réputés exister entre deux entreprises : a. Lorsque l'une détient directement ou par personne interposée la majorité du capital social de l'autre ou y exerce en fait le pouvoir de décision ; b. Lorsqu'elles sont placées l'une et l'autre, dans les conditions prévues au a, sous le contrôle d'une même tierce entreprise* » ;

– l'entreprise étrangère est établie dans un État qui n'est ni membre de l'Union européenne, ni partie à l'accord sur l'Espace économique européen ;

– l'entreprise étrangère bénéficie, pour les paiements concernés, d'un régime fiscal considéré comme dommageable par l'OCDE ;

– cette même entreprise est, au titre de l'exercice en cours, soumise à raison de ces paiements à un impôt dont le taux effectif est inférieur à 25 %.

Lorsque ces conditions sont réunies, la fraction non déductible des paiements est égale au produit des sommes concernées par un rapport déterminé comme suit : au numérateur est inscrite la différence entre 25 % et le taux effectif d'imposition auquel celles-ci ont été soumises ; au dénominateur figure le taux de 25 %.

Il est possible de s'interroger sur la conformité de ce dispositif législatif à des normes juridiques supérieures, dans la mesure où il ne permet pas à l'entreprise établie en France d'apporter éventuellement la preuve d'absence de recherche d'un schéma d'évasion fiscale.

11 - Le dispositif maintenant présenté, fixé à l'article 209 B du code général des impôts, a pour finalité de dissuader des sociétés passibles de l'impôt sur les sociétés de « délocaliser » une partie de leurs bénéfices dans des pays à faible imposition, en y établissant des filiales dépourvues de substance économique.

Cet article fixe la règle de taxation à l'impôt sur les sociétés, en France, des bénéfices ou « *revenus positifs* » réalisés, dans un pays à fiscalité privilégiée, soit par une entreprise exploitée par une personne morale établie en France et passible de cet impôt, soit par une « *entité juridique* » dont ladite personne morale détient de façon directe ou indirecte plus de 50 % des titres, droits financiers ou droits de vote. Toutefois, le taux de détention est ramené à 5 % si plus de 50 % des titres, droits financiers ou droits de vote de l'entité étrangère sont détenus par des entreprises établies en France qui agissent de concert, ou par des entreprises qui sont placées dans une situation de contrôle ou de dépendance à l'égard de la personne morale établie en France.

La notion de « *pays à fiscalité privilégiée* » correspond à celle visée à l'article 238 A du code général des impôts (V. n° 9).

Le régime de l'article 209 B ne s'applique pas dans les situations suivantes :

– quand la filiale ou succursale étrangère est constituée ou établie dans un État de l'Union européenne, à condition que l'exploitation de celle-ci ne soit pas constitutive d'un montage artificiel dont le but serait de contourner la législation fiscale française ;

– également, lorsque la société française établit qu'il ressort des opérations de la filiale ou succursale étrangère que celles-ci ont à titre principal un objet et un effet autre que de réaliser une économie d'impôt, cette preuve étant apportée notamment si l'exploitation étrangère a essentiellement une activité commerciale ou industrielle effective dans l'État où elle est située.

Le Conseil d'État a jugé que les dispositions de cet article sont incompatibles avec le principe de liberté d'établissement, fixé actuellement à l'article 49 du traité TFUE, lorsqu'elles ont « *pour effet d'inclure dans l'assiette de l'impôt sur les sociétés les résultats bénéficiaires de sociétés ou de groupements, alors qu'elles ont une implantation réelle et exercent, quoiqu'à titre non principal, une activité économique effective* », mais qu'elles « *peuvent légalement être appliquées, sans méconnaître cette liberté, à des sociétés ou groupements qui ont le caractère de montages artificiels destinés à éluder l'impôt normalement dû en France* »[619].

Les modalités d'imposition sont les suivantes : lorsque l'exploitation étrangère est un établissement de la personne morale française, ses résultats sont taxés en tant que bénéfices de cette dernière, à condition, s'il existe une convention fiscale en vigueur entre la France et l'État étranger, que celle-ci prévoie expressément que le premier État conserve son droit d'imposition ; quand l'exploitation étrangère est une filiale, son résultat est réputé constituer un revenu de capitaux mobiliers de la personne morale française, distribué par la première société ; l'impôt acquitté dans l'État étranger par l'entreprise ou l'entité établie hors de France, est imputable sur l'impôt déterminé dans ce dernier État, à condition de lui être comparable ; si l'exploitation étrangère est une filiale, l'imputation est effectuée dans la proportion des droits détenus par la personne morale établie en France.

12 - Le dernier dispositif exposé dans cette communication est codifié à l'article 155 A du code général des impôts. Celui-ci a une portée large, puisqu'il permet d'imposer en France :

– d'une part, les sommes perçues par une personne domiciliée ou établie hors de France en rémunération des services rendus, en France ou hors de France, par une personne domiciliée ou établie dans cet État, dès lors que soit cette dernière contrôle directement ou indirectement le bénéficiaire des sommes situé à l'étranger, soit il n'est pas démontré

[619] CE, plén. fisc., 4 juill. 2014, n° 357264, Sté Bolloré SA : *Dr fisc.* 2014, n° 38, comm. 536, concl. M.-A. NICOLAZO DE BARMON, note J. ARDOUIN ; *Dr sociétés* 2014, comm. 200, note J.-L. PIERRE ; *RJF* 10/2014, n° 880, concl. préc. p. 842. - *CE, rapp. publ.* 2015 : *Dr fisc.* 2015, n° 26, comm. 423.

que celui-ci exerce de façon prépondérante une activité industrielle ou commerciale autre que la prestation de services, soit encore ledit bénéficiaire est domicilié dans un État étranger où il est soumis à un régime fiscal privilégié au sens de l'article 238 A du code général des impôts (V. n° 9) ;

– d'autre part, les sommes perçues dans le cadre d'une interposition de personnes pour des services rendus en France par une personne domiciliée ou établie hors de France, si l'une ou l'autre des trois conditions ci-dessus – situation de contrôle, absence d'activité dominante autre que la prestation de services, localisation dans un pays à fiscalité privilégiée – est remplie.

L'impôt est alors dû par la personne domiciliée ou établie en France, celle qui reçoit la rémunération de la prestation de services étant toutefois solidairement responsable du paiement dudit impôt.

La portée large de ce dispositif a été confirmée par le Conseil d'État ainsi que par le Conseil constitutionnel :

– la question s'est posée en premier lieu de l'interaction de l'article 155 A du code général des impôts et des conventions conclues par la France. En effet, lorsqu'une convention fiscale est en vigueur entre la France et l'État où est domicilié ou établi le bénéficiaire des sommes, celle-ci est-elle applicable ? Le Conseil d'État a, par une neutralisation de la portée de l'article 55 de la Constitution qui pose le principe de la supériorité des traités internationaux sur la loi, répondu par la négative à cette question[620] ;

– le Conseil constitutionnel a décidé, sous une réserve dont la portée est très limitée, que l'article 155 A est conforme à la Constitution[621]. Il a en effet énoncé, dans sa décision du 26 novembre 2010, tout d'abord

[620] CE, 10e et 9e ss-sect., 28 mars 2008, n° 271366, Aznavour : *Dr fisc.* 2008, n° 17, comm. 293, concl. C. LANDAIS ; *Dr fisc.* 2008, n° 25, comm. 389, note J.-L. PIERRE ; *Dr fisc.* 2009, n° 17, étude 286, D. VILLEMOT ; *Dr sociétés* 2008, comm. 140 ; *RJF* 6/2008, n° 629, chron. J. BURGUBURU p. 447 ; *BDCF 6/*2008, n° 69, concl. préc. ; *RTD com.* 2008, p. 439, note O. FOUQUET ; *FR* 26/2008, p. 9, obs. B. GOUTHIÈRE ; *LPA* 2008, n° 110, p. 4, obs. F. PERROTIN ; *BGFE* 2008, n° 7, p. 1, obs. H. LE HÉRISSEL. - L. STANKIEWICZ, « L'abus de convention fiscale internationale » : Thèse Jean-Moulin (Lyon 3), 2009, p. 290. - S. MAURY, « Essai de qualification juridique et fiscale des revenus de la propriété littéraire et artistique » : Thèse Panthéon-Sorbonne (Paris I), 2010, p. 227.

[621] Cons. const., 26 nov. 2010, n° 2010-70 QPC, Moreau : *Dr fisc.* 2011, n° 6, comm. 209, note F. DIEU ; *Dr fisc.* 2011, n° 14, étude 292, E. MEIER et G. -H. BOUCHERON ; *Dr sociétés* 2011, comm. 43, note J.-L. PIERRE ; RJF 2/2011, n° 210.

que cet article s'inscrit dans l'objectif constitutionnel de lutte contre l'évasion fiscale, ensuite qu'afin d'éviter une rupture caractérisée du principe d'égalité devant les charges publiques, le contribuable domicilié ou établi en France ne doit pas y être imposé au titre des sommes que lui reverse éventuellement la personne domiciliée ou établie à l'étranger pour les prestations que celui-ci a réalisées ;

– se prononçant par rapport au principe de liberté d'établissement posé à l'article 49 du traité TFUE, le Conseil d'État a jugé que les dispositions de l'article 155 A « *visent uniquement l'imposition des services essentiellement rendus par une personne établie ou domiciliée en France et ne trouvant aucune contrepartie réelle dans une intervention propre d'une personne établie ou domiciliée hors de France* », et qu'« *en l'absence d'une telle contrepartie permettant de regarder les services concernés comme rendus pour le compte de cette dernière personne, sa liberté de s'établir hors de France ne saurait être entravée du fait de ces dispositions* »[622]. Le Conseil d'État a par ailleurs considéré l'atteinte à la liberté de prestation de services, édictée à l'article 56 du traité TFUE, non caractérisée[623].

Il a pu être noté par la suite que la dérogation posée, relative à l'intervention propre d'une personne domiciliée ou établie hors de France, s'est avérée avoir des effets très réduits[624]. Il ressort de la jurisprudence[625] que si l'intervention de la personne physique domiciliée

---

[622] CE, 9e et 10e ss-sect., 20 mars 2013, n° 346642, Piazza : *Dr fisc.* 2013, n° 20, comm. 282, concl. F. ALADJIDI, note C. DE LA MARDIÈRE ; *Dr fisc.* 2013, n° 24, comm. 324, note É. FOUREL ; *Dr sociétés* 2013, comm. 149, note J.-L. PIERRE ; *RJF* 6/2013, n° 578 ; *Dr fisc.* 2014, n° 10, chron. 197, E. DINH ; *REIDF* 2015, n° 2, p. 320, note N. GAOUA et E. JOANNA-LARDONTA ; *BGFE* 2013, n° 3, p. 1, obs. É. GINTER.

[623] CE, 3e et 8e ss-sect., 4 déc. 2013, n° 348136, Edmilson Gomes de Moares : *Dr fisc.* 2014, n° 11, comm. 211, concl. V. DAUMAS, note C. DE LA MARDIÈRE ; *RJF* -/2014, n° 210 ; *BDCF* -/2014, n° 26, concl. préc.

[624] V., à titre d'illustration, CE, 8e et 3e ch., 9 mai 2019, n° 417514, Benatti : *Dr fisc.* 2019, n° 30-35, comm. 349, concl. K. CIAVALDINI, note F. ROEMER et E. MARTIN ; *Dr sociétés* 2019, comm. 181, note J.-L. PIERRE ; *RJF* 8-9/2019, n° 738, concl. préc. C. 738 ; *IP* 2019, n° 2, p. 147, obs. S. AURÉFIL et A. TAILFER ; *FI* 2019, n° 3, p. 164, obs. A. ILJIC. Dans cette affaire, la rémunération versée au contribuable soumis au rehaussement d'imposition ne représentait que 16,81 % de la masse salariale globale de la société étrangère.

[625] V. not. CE, 3e et 8e ch., 22 janv. 2018, n° 406888, Caruso : *Dr fisc.* 2018, n° 13, comm. 241, concl. E. CORTOT-BOUCHER, note A. TAILFER et S. PANNETIER ; *Dr sociétés 2018*, comm. 76, note J.-L. PIERRE ; *RJF* 4/2018, n° 342 ; *LPA* 2018, n° 4, p. 4, obs. F. PERROTIN. – CE, 8e et 3e ch., 12 oct. 2018, n° 414383, Clavel :

en France ou y exerçant une activité est restreinte par rapport à celle d'autres personnes domiciliées dans un pays étranger et n'accomplissant pas d'activité en France, seule une quote-part de la somme versée par la société française à la société étrangère est taxable au titre de ce dispositif, et que si cette intervention, appréciée de la même façon, est dominante, alors la totalité de la somme concernée est imposable. On peut observer ainsi que la société étrangère continue en conséquence à être considérée largement comme une « *façade* », quand bien même une intervention de tiers, par rapport à celle-ci et au contribuable, est constatée.

Dr fisc. 2020, n° 12, chron. 199, E. DINH ; *RJF* 1/2019, n° 1, concl. B. BOHNERT C. 1 ; *FI* 2019, n° 1, p. 207, note A. ILJIC.

LA LUTTE CONTRE LA FRAUDE FISCALE EN BELGIQUE

Marc BOURGEOIS

Professeur à l'Université de Liège,
Co-Président du *Tax Institute* de l'Université de Liège,
Directeur du Master de spécialisation en droit fiscal
de l'Université de Liège
Régent à la Banque Nationale de Belgique

Aymeric NOLLET

Professeur à l'Université de Liège,
Docteur en droit de l'Université de Liège
et de l'Université d'Anvers,
Avocat au Barreau de Bruxelles

INTRODUCTION

La « *fraude fiscale* », entendue comme la violation délibérée de la loi fiscale dans le but d'échapper à l'impôt, a longtemps été vue avec une certaine complaisance par les autorités publiques en Belgique, avant de devenir, à partir de l'entre-deux-guerres, un sujet de préoccupation constant et même croissant du législateur belge. Depuis un peu plus d'un siècle, celui-ci n'a alors cessé de renforcer l'arsenal de sanctions (administratives et pénales) et autres mesures de coercition et d'investigation à l'égard des contribuables, mais sans nécessairement parvenir à enrayer ou infléchir le phénomène. Et ces dernières décennies, le législateur belge s'est également enquis, sur initiative propre ou bien sous la pression ou contrainte du droit international et européen, de lutter contre des procédés d'« *évitement licite de l'impôt* », ne comportant aucune violation formelle de la loi fiscale (ce qu'on appelle encore parfois *« évasion fiscale »*, ou plus pudiquement « *planification/optimisation fiscale* »), mais jugés « *abusifs* ».

Parler de la prévention de la fraude fiscale en droit belge peut alors se faire en trois temps :

– tout d'abord, remonter aux origines de la lutte contre la fraude fiscale en Belgique, en en retraçant un bref aperçu historique (I) ;

– ensuite, circonscrire juridiquement les contours de ce délit pénal à partir de ses définitions doctrinales et incriminations légales, en mettant bien en lumière ses éléments constitutifs et la ligne de démarcation avec l'évitement licite de l'impôt (II),

– enfin, inventorier et examiner les différentes conséquences d'ordre procédural (autres que les sanctions pénales) qui sont attachées à la fraude fiscale en droit belge aujourd'hui (III).

I. APERÇU HISTORIQUE DE LA LUTTE CONTRE LA FRAUDE FISCALE EN BELGIQUE[626]

La fraude fiscale est certainement universelle et intemporelle. Elle est aussi vieille que l'impôt et a ainsi toujours existé partout, de tout temps, comme une forme de « *résistance individuelle à l'impôt* »[627], et ce, même après que l'on est passé, dans nos régimes parlementaires modernes, des impôts décrétés par la seule volonté du Souverain pour servir ses seuls intérêts personnels, à des impôts votés par des représentants démocratiquement élus pour couvrir des dépenses jugées d'utilité publique par eux. Comme nous le rapporte un auteur français, « *l'étude de l'histoire de l'impôt laisse apparaître la constante réticence des contribuables sitôt qu'il s'agit d'accomplir leur devoir fiscal, quelle qu'ait pu être la manière de manifester celle-ci, ouvertement violente ou bien plus sournoise, et elle montre également que la garantie du principe de légalité de l'impôt ne supprimait pas corrélativement l'hostilité du contribuable qui peut encore ne pas se sentir indéfectiblement lié par la volonté de ses représentants* »[628].

---

[626] Les passages qui suivent sont partiellement issus de la version publiée de la thèse de doctorat de A. NOLLET, *De l'abus fiscal ou Quand des actes juridiques du contribuable sont inopposables au fisc – Essai de cadre théorique et critique en droit belge*, Bruxelles, Larcier, 2019, spéc. n° 79 et s. (thèse soutenue sous la direction des professeurs Marc Bourgeois et Bruno Peeters).

[627] Voy., sur les différentes formes qui peuvent décliner ce phénomène de « résistance à l'impôt », ainsi qualifié par des auteurs français : P. BELTRAME, « La résistance à l'impôt et le droit fiscal », *R.F.F.P.*, n° 5, 1984, p. 21 ; Ch. ROBBEZ-MASSON, *La notion d'évasion fiscale en droit interne français*, Paris, L.G.D.J., 1990, pp. 44-50.

[628] G. ORSONI, *L'évolution de la notion d'impôt*, Thèse de l'Université d'Aix-en-Provence, 1975, pp. 336 et s.

Dans la doctrine belge et française, on soutient cependant que le degré de « *civisme fiscal* » varierait sensiblement d'un pays à l'autre et n'aurait jamais été très élevé dans nos contrées. Plus généralement, on attribue l'apanage de mœurs fiscales plutôt « *légères* » aux pays latins (où il se dit classiquement que la fraude fiscale se pratiquerait comme un « *sport national* »), tandis qu'on prête aux pays anglo-saxons une réputation de moralité fiscale irréprochable[629]. Comme le notait au milieu du siècle dernier un professeur de droit fiscal belge, « *on oppose habituellement l'indiscipline de nos compatriotes à la correction, en matière fiscale, d'autres peuples, tels que les Anglo-saxons* »[630]. En réalité, chez ces derniers (anglais ou américains), ce n'est pas tant que la fraude fiscale se pratiquerait à une échelle minime, mais bien qu'elle y serait toujours apparue « *comme une inélégance, comme quelque chose qui ne se fait pas* »[631], ou du moins, dont on ne se vante pas, de peur de s'attirer les foudres de l'opinion publique.

Pour expliquer la répugnance (soi-disant) si particulière du Belge à accomplir son devoir fiscal, on a parfois pointé les nombreuses occupations étrangères qu'il a dû subir sur son territoire (successivement : bourguignonne, espagnole, autrichienne, française, hollandaise, allemande) et depuis lesquelles il verrait toujours derrière l'autorité de l'État la *« volonté de l'occupant* » et aurait alors conservé en lui cet inextricable réflexe de s'y soustraire autant qu'il le peut[632].

Toujours est-il que depuis l'indépendance de la Belgique jusqu'à la réforme fiscale de 1919, c'est plutôt le climat fiscal maintenu par le législateur et entretenu par l'administration dans notre Royaume qui fut très peu propice à y éveiller les consciences individuelles à la nécessité d'accomplir scrupuleusement le devoir fiscal. En effet, le système d'impôts *directs*, inchangé depuis la période hollandaise, reposait principalement sur une contribution personnelle elle-même héritée du

---

[629] G. ORSONI, *op. cit.*, pp. 345-346; *contra* A. MARGAIRAZ, *La fraude fiscale et ses succédanés*, Lausanne, 1970, p. 43 (parlant d'une « réputation d'intégrité fiscale en grande partie usurpée » chez les Britanniques).

[630] J. VAN HOUTTE, « Réflexions sur la fraude fiscale », *Revue nouvelle*, 15 juillet 1946, pp. 108-109.

[631] C. SCAILTEUR, *Le contribuable et l'État – Déontologie de la fiscalité*, Louvain, Ed. de la Société d'Études morales, sociales et juridiques, 1961, pp. 98 et 163.

[632] A. TIBERGHIEN, « De verhoudingen tussen de fiscus en de belastingplichtigen », *A.F.T.*, oct. 1950, p. 89; J. VAN HOUTTE, *Principes de droit fiscal belge*, Bruxelles, Paris, Erasme, 1958, p. 34.

régime français et fixée d'après des signes extérieurs de richesse[633] ; et dans l'attente d'une réforme fiscale sans cesse ajournée, l'administration s'était « *arrangée* » avec les contribuables pour les affranchir de tout contrôle tendant à rechercher les sous-évaluations, la priorité étant au contraire de vérifier que des contribuables ne se chargent pas exprès d'une « *aggravation* » d'impôt afin de devenir électeurs dans un régime électoral à base censitaire[634]. Quant aux droits de succession, ils s'établissaient sur la base d'une déclaration des héritiers dont la sincérité ne devait alors pas être attestée sous la foi du serment, ce qui faisait que ceux-ci ne déclaraient effectivement « *que ce qui avait valeur au soleil, et cela au vu et au su du fisc* »[635].

C'était là des « *temps heureux* » pour les contribuables belges (on parle d'ailleurs parfois d'un climat fiscal « *empreint de bonhomie* »[636]) : le jeune État indépendant – l'indépendance de la Belgique date de 1830-1831 – n'avait alors que des charges peu élevées et il s'accommodait dès lors assez facilement des « *libertés* » que certains contribuables prenaient à l'égard de leurs obligations fiscales (sans encourir de réel opprobre) en s'assurant des rentrées suffisantes auprès des autres, qu'ils soient plus « *soucieux* » de leur devoir fiscal ou bien plus sensibles aux quelques rares mesures de coercition alors en vigueur.

Mais au lendemain de la Grande Guerre, alors que les besoins financiers de l'État belge s'accroissaient avec l'extension de ses nouvelles missions plus « *interventionnistes* » et que progressaient les conceptions égalitaristes (ou distributrices) de l'impôt sous l'influence des idées socialistes-solidaristes, le législateur belge a voulu rompre avec cet état d'esprit de complaisance et d'indulgence généralisé à l'égard de la fraude fiscale. Ainsi, par une loi de 1919, qui élargit le champ d'application des droits de succession et en fit un impôt progressif, il réintroduisit l'obligation d'affirmer solennellement la véracité de la déclaration successorale et érigea en délits passibles de

---

[633] Tels que le nombre de portes ou de fenêtres en façade des propriétés immobilières bâties.

[634] Une loi du 26 juillet 1879 avait ainsi prescrit de sévères mesures de vérification afin d'éviter que certains ne parviennent, en payant plus d'impôt qu'ils n'en devaient (eu égard à la réalité de leur matière taxable), à pénétrer tels des « intrus » avec de « fausses clefs » dans les comices électoraux (*cf.* les propos du ministre des Finances d'alors, cités par J. VAN HOUTTE, « Réflexions sur la fraude fiscale », *Revue nouvelle*, 15 juillet 1946, p. 109).

[635] C. SCAILTEUR, *Le contribuable et l'État – Déontologie de la fiscalité*, *op. cit.*, p. 43.

[636] Th. DELAHAYE, « Évasion fiscale/fraude fiscale – Rapport belge », *Cahiers de l'IFA*, *op. cit.*, 1983, p. 265.

peines correctionnelles les fraudes commises dans cette matière et celle des droits d'enregistrement. Et la même année (en 1919), il réforma entièrement le système des contributions directes (impôts sur les revenus) pour instaurer des impôts dits « *cédulaires* », assis sur chaque catégorie différente de revenus, et en conséquence, imposer aux contribuables l'obligation inédite de désormais « *déclarer* » au fisc l'ensemble de leurs revenus réels.

Dans cette ère moderne des impôts désormais fondés sur des déclarations des contribuables vérifiées par l'administration, et nécessairement alourdis pour faire face à l'élévation continue des dépenses publiques (en lien avec l'extension des services publics), le législateur belge a alors sans cesse cherché à assurer une plus « *exacte perception* » des impôts, en renforçant toujours plus les moyens de vérification et de coercition à l'égard des contribuables. Ainsi, non seulement, il est venu prévoir des sanctions de plus en plus sévères pour punir les fraudes démasquées, mais aussi, comme nous le verrons *infra*, il a progressivement accru les pouvoirs d'investigation de l'administration et augmenté les délais dans lesquels celle-ci peut enrôler l'impôt et mettre en œuvre ses pouvoirs d'investigation, notamment en cas de fraude fiscale.

Force est toutefois de constater que malgré ses efforts répétés, notre législateur ne parvint pas à obtenir un degré satisfaisant d'« *observation* » des obligations fiscales qu'il avait édictées. Tout au plus, comme l'observait un auteur belge au siècle dernier (en des termes qui seraient toujours d'actualité aujourd'hui), la crainte des pénalités et des accroissements d'impôts pousserait-elle seulement « *la plupart des contribuables à ne déclarer leurs revenus et leurs biens qu'à concurrence de ce qui est accessible aux investigations du fisc* »[637], ou encore, à préférer à la fraude fiscale prohibée la voie légale de l'évasion fiscale (« *évitement licite* »), du moins lorsqu'une telle alternative leur est bien matériellement ou techniquement possible...

Les extraits cités ci-dessous (successivement) d'une déclaration du Premier ministre Spaak en 1938 avant le vote d'une loi « *tendant à assurer l'exacte perception de l'impôt* », de l'exposé des motifs de cette même loi, ainsi que d'une réponse du ministre des Finances à une interpellation parlementaire en 1953, montrent tous bien la difficulté d'imprimer dans l'opinion publique l'intransigeance qui caractérisait

[637] C. SCAILTEUR, *Le contribuable et l'État – Déontologie de la fiscalité*, *op. cit.*, p. 50.

dorénavant l'*opinio legis* envers la fraude fiscale et la nécessité pour l'autorité de convaincre l'opinion publique de l'« *immoralité* » de celle-ci :

Premier ministre (1938) : « *Nous entendons dire trop souvent que 'voler l'État, ce n'est pas voler'. C'est là un abominable sophisme, contre lequel nous devons tous nous élever. Voler l'État, c'est voler, et c'est voler aussi directement et d'une manière aussi condamnable que de prendre un portefeuille dans la poche de son voisin* »[638].

Exposé des motifs (1938) : « *Le contribuable qui se soustrait au paiement d'un impôt s'imagine peut-être frustrer l'État d'une somme qui lui revient. En réalité il frustre ses propres concitoyens à qui l'État doit demander un autre sacrifice pour suppléer à la carence des redevables en défaut* »[639].

Ministre des Finances (1953) : « *Le devoir fiscal est un devoir de conscience, malgré les sacrifices et l'amertume qu'il peut comporter, [...] et ceux qui pratiquent la fraude systématique volent la communauté, découragent les gens de bonne volonté et constituent un danger public de démoralisation sociale* »[640].

Sans qu'il soit nécessaire de donner ici des chiffres – forcément imprécis là où il s'agirait (notamment) de mesurer le volume global de fraudes qui seraient par définition cachées[641] – pour montrer l'importance actuelle du phénomène[642], on peut attester de sa réelle persistance sur ces dernières décennies, voire de sa relative croissance avec l'apparition de nouvelles techniques de fraude ou d'évasion exploitant toujours

---

[638] Séance du 7 juillet 1938, *Annales parlementaires*, Chambre des représentants, session 1937-1938, p. 2304.

[639] *Documents parlementaires,* Chambre des représentants, session, 1937-1938, n° 263, p. 1.

[640] Séance du 9 décembre 1953, *Annales parlementaires*, Chambre des représentants, p. 18.

[641] Voy., en ce sens : Th. DELAHAYE, « Évasion fiscale/fraude fiscale – Rapport belge », *Cahiers de l'IFA*, vol. LXVIIIa, Rotterdam, Kluwer, 1983, p. 265 : « *connaître les montants fraudés, c'est [...] éliminer la fraude* ».

[642] À noter ici que les économistes parlent quant à eux aussi de « sous-estimation fiscale » pour mesurer toute la perte de recettes fiscales qui serait encourue par le Trésor public eu égard aux richesses produites dans le pays et qui serait due tant aux fraudes et évasions fiscales des contribuables qu'au fait que la loi fiscale a prévu l'immunisation ou l'évaluation forfaitaire de certains éléments déterminant la base d'imposition. Voy. à cet égard, notamment : M. FRANCK, « Problèmes méthodologiques et statistiques relatifs à l'évaluation de la sous-estimation et de la fraude fiscales », in *L'exacte perception de l'impôt*, Bruxelles, Bruylant, 1973, pp. 113 et s.

mieux le décalage existant désormais entre une économie « *globalisée* » et une fiscalité demeurée essentiellement « *nationale* »[643].

En témoignent notamment toutes ces salves de révélations cette dernière décennie, par voie de presse[644], de pratiques internationales de fraude et d'évasion fiscales à grande échelle affectant un très grand nombre de pays, notamment des pays européens comme la Belgique, mais aussi le fait que ces mêmes pays, autrefois passifs ou complaisants à l'égard de la fraude et, *a fortiori*, de l'évasion, intensifient et coordonnent ces dernières années toujours plus leurs efforts pour lutter plus efficacement non seulement contre la fraude mais aussi contre l'évasion (par des mesures dites « *anti-évasion* » ou « *anti-abus* »), tant en droit interne qu'en droit international, et en particulier dans le cadre de l'OCDE et de l'Union européenne[645].

Certes, comme le relevait un auteur belge déjà en 1983, il est vrai que la fraude et l'évasion fiscales retiennent toujours beaucoup plus l'attention des hommes politiques et de l'opinion publique « *à mesure que la situation économique et que les finances publiques se dégradent* »[646]. Mais il faut tout de même remarquer le chemin parcouru, depuis ce législateur qui tolérait voire excusait (à l'instar des mœurs ambiantes de l'époque) les comportements clairement illégaux des fraudeurs, pour en arriver à un législateur qui lutte non seulement contre la *fraude* mais aussi, en parallèle, contre des pratiques d'évitement *licites* qu'il jugerait néanmoins *abusives*.

---

[643] M. BOUVIER, « L'évasion fiscale : révélateur d'un nouveau modèle économique et politique ? », *R.F.F.P.*, Éditorial, n° 134, 2016 (parlant d'« *un processus de déterritorialisation quasi invisible de la matière imposable, menacée par une érosion sans précédent [liée] au développement d'une économie mondialisée et numérisée* »).

[644] Voy. ainsi les nombreux scandales révélés par l'*International Consortium of Investigative Journalists* (ICIJ), dont notamment : « *Offshore Leaks* » en 2013, « *LuxLeaks* » en 2014, « *SwissLeaks* » en 2015 et « *Panama Papers* » en 2016.

[645] Songeons notamment aux travaux menés au sein du G20 pour favoriser l'échange de renseignements, au sein de l'OCDE pour lutter contre le phénomène de « *Base Erosion and Profit Shifting* (*BEPS*) », ou encore au sein de l'Union européenne pour lutter contre les pratiques d'« *Agressive Tax Planning* (*ATP*) », notamment avec la Directive « *Anti-Tax Avoidance* (*ATAD*) », n° 2016/1164 du Conseil du 12 juillet 2016 établissant des règles pour lutter contre les pratiques d'évasion fiscale qui ont une incidence directe sur le fonctionnement du marché intérieur, *J.O.U.E.*, 19 juillet 2016, L. 193.*c*

[646] Th. DELAHAYE, « Évasion fiscale/fraude fiscale – Rapport belge », *Cahiers de l'IFA*, *op. cit.*, 1983, p. 265.

II. DÉFINITION JURIDIQUE DE LA FRAUDE FISCALE (*VS.* L'ÉVITEMENT LICITE) EN DROIT BELGE[647]

Pour appréhender juridiquement la fraude fiscale en droit belge, on peut d'abord tenter de la cerner à partir de définitions doctrinales en identifiant les éléments constitutifs de la fraude fiscale et en déclinant ses différents procédés types (a), pour ensuite discerner la fraude fiscale de ce qu'on appelle l'« *évitement licite de l'impôt* » ou le « *libre choix de la voie la moins imposée* » tel qu'il est consacré dans la jurisprudence de la Cour de cassation belge (b), et examiner enfin la façon dont la loi incrimine la fraude fiscale en tant que délit pénalement sanctionné (c).

a) Définitions doctrinales de la fraude fiscale et typologie de ses procédés

« *La fraude fiscale est une infraction à la loi fiscale ayant pour but d'échapper à l'imposition ou d'en réduire les bases* ». Telle est la définition sans doute la plus répandue en doctrine, en Belgique comme dans d'autres pays (francophones), au départ des mots originels de l'auteur français MEHL[648]. Elle n'est pas très éloignée d'une autre définition aussi régulièrement citée de deux auteurs belges, Kirkpatrick et Garabedian, qui présentent la fraude fiscale comme « *une violation de la loi fiscale, qui comporte généralement une altération de la vérité et qui est commise dans le but d'éviter ou de diminuer une charge fiscale* »[649]. Sont ainsi mis en évidence les deux éléments constitutifs qu'on attribue habituellement en doctrine à la fraude fiscale et que l'on retrouvera dans les incriminations que la loi fait de ce délit pour

---

[647] Les passages qui suivent sont partiellement issus de la version publiée de la thèse de doctorat de A. NOLLET, *De l'abus fiscal ou Quand des actes juridiques du contribuable sont inopposables au fisc – ..., op. cit.*, n° 27 et s. (thèse soutenue sous la direction des professeurs Marc Bourgeois et Bruno Peeters).

[648] L. MEHL, *Science et technique fiscales*, Tome II, Collection « Themis », Paris, P.U.F., 1959, p. 733. Des auteurs francophones (belges, français, suisses) prétendent se référer à cette définition alors que, consciemment ou non, ils en changent certains mots, comme lorsqu'ils remplacent les mots « ou » par « et » et « les bases » par « la charge/le montant » (ce qui permet sans doute de viser tant la volonté d'avoir une base d'imposition moins élevée que de bénéficier d'un taux d'imposition plus faible). Voy. A. MARGAIRAZ, *La fraude fiscale et ses succédanés*, Lausanne, 1970, p. 27 ; Th. DELAHAYE, *Le choix de la voie la moins imposée*, Bruxelles, Bruylant, 1977, p. 22 ; P. BELTRAME, *L'impôt*, Ed. MA, 1987 ; F. OULES, *Une fiscalité intelligente pour demain. Comment les impôts actuels sont-ils fraudés et éludés*, Bruylant, Bruxelles, 1993, p. 9.

[649] J. KIRKPATRICK et D. GARABEDIAN, *Le régime fiscal des sociétés en Belgique*, 3e éd., Bruxelles, Bruylant, 2003, p. 55, n° 1.27.

l'assortir de sanctions pénales, à savoir : la violation de (ou « *infraction/ contravention à* ») la loi fiscale (élément matériel) et l'intention d'éviter ou atténuer une charge fiscale (élément intentionnel).

Dans la *summa divisio* qu'on fait généralement en doctrine, entre d'un côté la fraude fiscale (délit pénalement sanctionné) et d'un autre côté l'évasion fiscale (non prohibée), appelée plus proprement « *évitement licite de l'impôt* », la fraude se rencontre donc dès que la loi fiscale est enfreinte de façon délibérée, *dans le but* d'échapper (ou de faire échapper) à une charge fiscale, et l'évitement licite (non frauduleux) de l'impôt ne s'en distingue alors nullement à partir d'un critère d'intention, mais seulement en raison du fait que le contribuable ne viole pas la loi fiscale pour réaliser son intention-dessein d'éviter l'impôt[650]. Puisque la distinction à opérer entre le « *fraudeur* » et l'« *évadé* » fiscaux tient ainsi uniquement au fait que le premier « *enfreint* » la loi fiscale alors que le second la « *respecte* » (du moins, ne la « *transgresse* » pas formellement), il nous faut alors comprendre et expliquer *quand et comment* la loi fiscale pourrait être violée, autrement dit, *en quoi* consisterait cette violation de la loi fiscale qui caractériserait la fraude.

Or, mis à part les règles *procédurales* de la loi fiscale (qui prévoient notamment des obligations de déclaration ou de renseignement dans des formes et délais requis), les normes du droit fiscal (matériel) ont pour objet, non pas de prescrire ou d'interdire tel ou tel comportement à ceux à qui elles s'appliquent, mais d'associer à une situation ou un acte déterminé l'exigibilité d'un impôt dont elles fixent alors les modalités de calcul. Comme l'écrivait le Professeur Edouard BOURS, pointant cet objet singulier des normes fiscales, « *la législation [fiscale] occupe dans notre droit une place toute spéciale ; son but n'est pas de définir [ou régir] les rapports qui doivent exister entre les particuliers, ni même ceux des particuliers avec l'État ; elle tend à assurer au Trésor les ressources qui lui sont nécessaires ; elle constitue avant tout un tarif* »[651]. À la différence des normes pénales qui attachent une peine à un comportement prohibé, les normes fiscales n'ont pas pour objet d'« *interdire* » le

---

[650] Voy., en ce sens, Th. DELAHAYE, *Le choix de la voie la moins imposée*, Bruxelles, Bruylant, 1977, p. 25 : « *Au contraire de la fraude, l'évasion fiscale suppose que le contribuable, tout en agissant dans le but d'échapper à l'impôt, n'enfreint aucunement la loi fiscale. L'élément intentionnel est présent, mais non l'élément matériel* ».

[651] E. BOURS, *La notion de revenu taxable en matière d'impôts directs*, Gembloux, Ed. J. Duculot, 1951, p. 2.

comportement auquel elles associent un impôt, bien qu'elles puissent parfois avoir pour finalité (accessoire) d'en dissuader l'adoption.

Ainsi, la loi fiscale est impérative uniquement en tant qu'elle oblige le contribuable à payer un impôt dès qu'il se trouve dans les conditions qu'elle a définies pour l'application de cet impôt, sans jamais l'obliger à poser des actes qui aboutiraient à le placer dans de telles conditions[652], ni lui interdire de s'abstenir de poser de tels actes. Dès lors, tandis qu'une disposition de la loi pénale se trouverait violée parce que le comportement qu'elle assortirait de sanctions pénales aurait été adopté, ce ne serait pas le fait d'accomplir ou non les actes auxquels une disposition de la loi fiscale attacherait un impôt qui impliquerait que cette disposition fiscale serait violée, mais bien le fait de ne pas payer l'impôt en cause alors que les actes en question auraient bien été accomplis et que les conditions d'application de cet impôt seraient donc bien rencontrées.

En ce sens, la définition de Victor GOTHOT et Camille HAUCHAMPS pour le *Répertoire pratique du droit belge* nous semble plus éclairante sur le point de savoir en quoi le fraudeur viole la loi :

« *frauder l'impôt, c'est éviter de le payer, tel qu'on l'a encouru, en dissimulant par un moyen quelconque, action ou omission, l'accomplissement des conditions de son application* »[653]. Ainsi, l'impôt que le fraudeur évite de payer est déjà *légalement dû* par lui, en ce sens que les conditions prévues par la loi pour l'application de cet impôt (qu'on parle d'« *exigibilité* » ou de « *débition* » de l'impôt, voire d'« *assujettissement* » à l'impôt) sont réunies dans son chef. Le fraudeur s'abstient d'acquitter une dette fiscale qui est actuellement *née*[654] ; il n'a pas pris la peine d'ajuster ses actes ou ses comportements en amont afin d'éviter de faire naître cette dette.

Lorsque la fraude fiscale ne consiste pas simplement pour le contribuable à faire obstacle au *recouvrement* d'un impôt dû que le fisc a bel et bien pu établir dans son chef (et lui réclamer), mais qu'elle

---

[652] Voy., en ce sens, notamment : C. SCAILTEUR, « La fraude à la loi en droit fiscal », *R.G.E.N.*, n° 20079, p. 184 ; J. VIDAL, *Essai d'une théorie générale de la fraude en droit français*. Paris, 1957, p. 96.

[653] V. GOTHOT et C. HAUCHAMPS, in *Répertoire pratique du droit belge*, Verbo « Enregistrement », n° 14 (cités par J. VAN HOUTTE, « La sécurité des relations juridiques et la lutte contre l'évasion fiscale », in *Mélanges offerts à Camille Hauchamps*, Bruxelles, Bruylant, 1957, pp. 45-52, spéc. pp. 45-46).

[654] On parle ici de la naissance de la dette fiscale au sens de l'accomplissement du « fait générateur ».

consiste à faire obstacle à l'*établissement* par le fisc de cet impôt tel qu'il est dû, elle implique alors toujours que le contribuable fasse en sorte de « *fausser* » ou d'« *altérer* » la perception ou connaissance que le fisc a de l'accomplissement des conditions d'application de l'impôt dans son chef, *soit* que ce contribuable cache au fisc tout ou partie des informations qu'il est tenu de lui révéler, *soit* qu'il lui fasse miroiter des apparences contraires à la réalité.

C'est par le détour de cette observation décisive qu'on peut à notre sens mieux comprendre et « *matérialiser* » ce en quoi le fraudeur enfreindrait la loi fiscale. Ainsi, la « *violation de la loi fiscale* » caractéristique de la fraude tiendrait alors au fait que la loi fiscale ne pourrait pas être appliquée aux faits tels qu'elle les aurait visés ou tels qu'ils se seraient produits, et cela, en raison de l'« *altération de la vérité* », du « *mensonge* » (positif ou négatif, et plus ou moins élaboré) que le contribuable aurait donc commis à l'égard du fisc chargé d'établir son impôt.

C'est ce qui ressortait aussi explicitement de la définition précitée de Kirkpatrick et Garabedian, qui présentaient la fraude fiscale comme « *une violation de la loi fiscale, qui comporte généralement une altération de la vérité et qui est commise dans le but d'éviter* [...] »[655]. Et si ces auteurs utilisent l'adverbe « *généralement* », c'est uniquement pour réserver comme seul exemple d'une fraude fiscale qui ne comporterait pas d'altération de la vérité à l'égard du fisc, le cas du contribuable qui s'abstiendrait, dans l'intention d'éluder l'impôt, de produire une déclaration obligatoire[656]. Or, si le fait d'omettre intentionnellement *certains* éléments à déclarer au fisc (dans le formulaire rendu) est une fraude fiscale comportant une altération de la vérité, alors le fait d'omettre intentionnellement *tous* les éléments à déclarer (en ne retournant pas du tout le formulaire) devrait aussi à notre avis (*a fortiori*) être considéré comme une fraude fiscale comportant une

[655] J. KIRKPATRICK, « La liberté du choix de la voie la moins imposée à la lumière de la jurisprudence récente », in *L'entreprise et le choix de la voie la moins imposée en droit fiscal belge*, Bruxelles, Editions du Jeune Barreau, 1988, p. 9 ; J. KIRKPATRICK et D. GARABEDIAN, *Le régime fiscal des sociétés en Belgique*, 3e éd., Bruxelles, Bruylant, 2003, p. 55, n° 1.27.

[656] En matière d'impôts sur les revenus, ce cas particulier de fraude fiscale est désormais inclus dans le dispositif général d'incrimination de l'article 449, al. 1er, C.I.R. (cité *infra*), ancien article 339 C.I.R./64. Mais jusqu'à une loi de 1981, ce cas était visé séparément par l'ancien article 341 C.I.R./64 qui punissait alors « *quiconque, dans l'intention d'éluder l'impôt, se sera abstenu de produire une déclaration qu'il doit fournir* ».

altération de la vérité. C'est pourquoi il nous semble préférable d'énoncer ici que toute fraude fiscale[657] procède nécessairement d'une altération de la vérité vis-à-vis du fisc, commise dans le but d'éviter ou d'atténuer la charge d'un impôt tel qu'il est légalement dû.

L'altération de la réalité, ainsi caractéristique de toute fraude fiscale, peut alors intervenir :

– *tantôt* dans les rapports directs entre le contribuable et le fisc, au moment où le premier est tenu de révéler au second des informations permettant d'établir l'impôt dû dans son chef (en remplissant une déclaration ou en répondant à une demande de renseignements) ;

– *tantôt* à un stade antérieur, où le contribuable éprouve le besoin de « *préparer le terrain* »[658] à partir de documents dont dépendrait la matière imposable, comme la comptabilité qu'il doit tenir ou des conventions juridiques qu'il peut conclure avec d'autres contribuables.

En référence aux différentes sanctions pénales prévues par les codes fiscaux, on distingue ainsi la fraude fiscale « *simple* » ou « *ordinaire* », où l'altération de la vérité ne se produit que *dans* ou *après* la déclaration fiscale, et la fraude fiscale « *complexe* » ou « *aggravée* » (plus sévèrement punie[659]), impliquant un faux en écritures *en dehors ou en amont de* la déclaration[660].

Tous les cas où l'altération de la vérité est introduite volontairement par le contribuable *dans ses rapports avec le fisc* relèvent d'une même

---

657 Du moins, celle visant à empêcher le fisc d'« établir » l'impôt tel qu'il est légalement dû (et non celle consistant simplement à empêcher le fisc de « recouvrer » cet impôt tel qu'il a pu être établi et réclamé par lui).

658 J. KIRKPATRICK, *op. cit.* , p. 10 ; J. KIRKPATRICK et D. GARABEDIAN, *op. cit.*, p. 56, n° 1.29.

659 Voy. ainsi, en matière d'impôts sur les revenus, les articles 449, al. 1er, et 450, al. 1er, C.I.R. cités *supra*. Voy. encore ici M. BOURGEOIS et L. LOFFET, « Le faux et l'usage de faux en matière fiscale », *in* S. BOUFFLETTE (éd.), *La preuve et le faux*, Limal, Anthemis, 2017, pp. 129-184.

660 La « fausse déclaration » ne pourrait pas constituer un faux en écriture au sens de la loi pénale, étant donné que la déclaration fiscale n'est jamais « reçue que sous bénéfice de vérification » (*Com. I.R./92*, art. 450/11), alors que « *l'écrit n'est protégé [par la loi pénale] que si, dans les relations sociales, on lui accorde normalement confiance* » (J. KIRKPATRICK et D. GARABEDIAN, *op. cit.*, p. 56, n° 1.29, citant RIGAUX et TROUSSE, *Novelles*, *Droit pénal*, t. III, n° 86). Voy. aussi, à ce sujet, A. DE NAUW, *Fiscaal strafrecht en strafprocesrecht*, Antwerpen, Intersentia, 2007, pp. 6-7 ; J. KIRKPATRICK, « Réflexions sur la répression de la fraude fiscale en Belgique », *Le droit économique et financier en 1985 - Hommage à R. Henrion*, 1985, pp. 345 et s., n° s 6, 8.

démarche de « *dissimulation* »[661]. Outre le cas déjà évoqué de la pure et simple abstention volontaire de remise d'une déclaration obligatoire[662], on recense généralement sous cette catégorie les exemples de fraude fiscale suivants[663] :

– en matière d'impôts sur les revenus, le contribuable, délibérément, ne déclare pas certains de ses revenus ou déclare des dépenses non réelles[664] ou des charges non professionnelles ;

– en matière de droits de succession, l'héritier omet volontairement de déclarer des éléments du patrimoine du défunt ;

– en matière de TVA, l'assujetti réalise des ventes sans factures ou avec factures minorées pour ne pas en déclarer tout ou partie du produit, ou encore, il intègre pour les besoins de l'exercice de son droit à déduction des factures non liées à son activité économique ;

– à la douane, le contrebandier oppose une réponse négative – et en cela mensongère – à la question de savoir s'il n'a « *rien à déclarer* » à l'agent qui la lui pose.

Et dans la matière des droits d'enregistrement, où l'impôt n'est – en principe – pas établi sur la base d'une déclaration fiscale du contribuable, on peut aussi parler de « *dissimulation* », *soit* « *totale* »,

---

661 Le mot « dissimulation » exprime, dans son sens le plus général, le « fait de cacher ce que l'on doit révéler » (G. CORNU, *op. cit.*, p. 315) ; le terme « omission » est plus neutre car l'omission peut être volontaire ou non.

662 Voy., à cet égard, les articles 305 et s. C.I.R. et l'article 35 C.Succ. L'absence pure et simple de remise d'une déclaration obligatoire peut également être rapprochée, en matière de droits d'enregistrement, du cas où un acte obligatoirement enregistrable (en vertu de l'article 19 C.Enr.) n'est pas soumis à l'enregistrement.

663 Voy., sur ces exemples typiques, M. DASSESSE et P. MINNE, *Droit fiscal. Principes généraux et impôts sur les revenus*, 5e éd., Bruxelles, Bruylant, 2001, pp. 64-65 ; P. FAES, *Het rechtsmisbruik in fiscale zaken. Artikel 344 § 1 WIB – 15 jaar later*, Gent, Larcier, 2008, pp. 5 et s., n° s 1 et s.; J. KIRKPATRICK, *op. cit.*, p. 10; J. KIRKPATRICK et D. GARABEDIAN, *op. cit.*, p. 55, n° 1.28 ; Br. PEETERS, Br. PEETERS, « De dunne lijn tussen belastingontwijking en belastingontduiking ? », *A.F.T.*, 2010, n° 3, pp. 4-42, spéc. p. 27 (même s'il le distingue d'autres types d'altération de la vérité, c'est bien parmi les procédés de « dissimulation » que cet auteur range le cas de l'abstention volontaire de dépôt d'une déclaration : "*dissimulatie komt voor hetzij onder de vorm van een eenvoudige onthouding van aangifte [...], hetzij door een aantasting van de waarheid*" ; traduction libre : la dissimulation se manifeste soit sous la forme d'une simple abstention [...], soit par une atteinte à la vérité).

664 On dit alors que le contribuable « minore » ses revenus ou qu'il « majore » ses dépenses dans sa déclaration.

si un acte juridique obligatoirement enregistrable[665] en vertu du Code des droits d'enregistrement n'est tout simplement pas présenté à la formalité même de l'enregistrement (ce qui correspondrait au cas de l'abstention de remise d'une déclaration aux impôts directs), *soit* « *partielle* », si l'acte en question a bien été présenté à la formalité de l'enregistrement mais que les parties ont été « *modestes quant à la détermination de la matière imposable* »[666], en y présentant un acte conclu pour un prix inférieur à celui réellement convenu entre elles[667] (ce qui correspondrait au cas de la déclaration de revenus inférieurs à ceux réellement perçus).

À côté de toutes ces « *dissimulations* », le contribuable introduit aussi parfois l'altération de la vérité *en amont* de ses rapports avec l'administration, *dans* ou *par* des actes juridiques qu'il pose et qui déterminent la matière imposable dans son chef et/ou son mode de taxation. Il est alors question de « *simulation* » au sens où on l'entend classiquement en droit commun : « *les parties font un acte apparent dont elles conviennent de modifier ou de détruire les effets par une autre convention, demeurée secrète* »[668]. Les parties n'acceptent ainsi pas toutes les conséquences juridiques de l'acte qu'elles ont « *ostensiblement* » conclu, lequel n'est destiné qu'à tromper des tiers, et c'est un autre acte tenu secret – qu'on appelle traditionnellement la « *contre-lettre* » – qui lie en réalité les parties l'une à l'autre (dans les rapports *entre elles*)[669]. En l'occurrence, dans le cadre d'une simulation constitutive de « *fraude fiscale* », le tiers qu'il s'agit de tromper, d'égarer, de leurrer, c'est le fisc (dans sa tâche d'établissement de l'impôt).

---

[665] Voy., à cet égard, l'article 19 C.Enr. qui énumère les actes qui doivent obligatoirement être soumis à la formalité de l'enregistrement.

[666] V. GOTHOT, « La fraude fiscale », in *Problèmes fiscaux d'aujourd'hui*, Bruxelles, Coll. École Supérieure de Sciences fiscales, 1962 (texte d'une conférence présentée en 1961), pp. 87-95, spéc. p. 88.

[667] Voy. ainsi l'article 203 C.Enr. prévoyant une amende égale au droit éludé « *en cas de dissimulation au sujet du prix et des charges ou de la valeur conventionnelle* ».

[668] H. DE PAGE, *Traité élémentaire de droit civil belge*, t. II, 3e éd., Bruxelles, Bruylant, 1964, n° 618.

[669] Pour le dire autrement, les parties ont travesti ou « *déguisé la convention que l'on fait sous les apparences d'une autre que l'on ne fait pas* » (SCHIKS, *Dictionnaire des droits d'enregistrement*, v° *Simulation*, n° 1).

La « *simulation* » commise à l'égard du fisc peut alors porter alternativement ou cumulativement sur différents aspects ou volets de la convention apparemment conclue[670] :

– sur l'*existence* même de l'acte (ex.: conclusion d'un contrat de prestations « *fictif* » pour déduire de fausses dépenses sur des revenus taxables) ;

– sur la *nature* ou la *qualification* juridique de l'acte (ex.: déguisement d'une donation en une vente – le vendeur renonçant secrètement à en exiger le prix auprès de l'acheteur, sans lien de parenté, pour éviter de lourds tarifs de droits de donation entre « *étrangers* » (c'est-à-dire des personnes non liées par un lien familial ou d'alliance), ou à l'inverse, déguisement d'une vente en une donation – un père ayant en réalité vendu un bien à son fils – pour bénéficier du taux des droits de donation plus avantageux en ligne directe) ;

– sur une des *modalités* contractées (ex.: dissimulation d'une partie du prix dans un acte de vente immobilière pour réduire la base de perception des droits d'enregistrement) ;

– sur l'*identité* de l'une des parties contractantes (ex.: interposition d'un particulier dans une location immobilière à destination d'une société, afin que le bailleur soit taxé sur la base du revenu cadastral (base forfaitaire) plutôt que sur celle du loyer réellement sollicité (base réelle)).

Entre toutes ces différentes hypothèses, et malgré que l'on parle parfois – pour des raisons pédagogiques – de simulation « *absolue* » ou « *relative* »[671] selon que la « *simulation* » affecte l'acte tout entier (« *fictivité* » de l'acte apparent) ou bien seulement l'un des éléments de son contenu ou l'un des aspects de sa présentation (« *dissimulation* » de valeurs conventionnelles, « *déguisement* » sous une fausse qualification, « *interposition* » d'une partie contractante...), il ne serait en réalité

---

670 Voy., sur ces exemples assez typiques, D. GARABEDIAN, « Le principe du choix licite de la voie la moins imposée – un état des lieux », in *L'évolution des principes généraux du droit fiscal. 20e anniversaire de la maîtrise en gestion fiscale*, Bruxelles, Larcier, 2009, pp. 62-63 ; J. KIRKPATRICK et D. GARABEDIAN, *op. cit.*, pp. 57-58, n° 1.29; Br. PEETERS, « De dunne lijn... [*op. cit.*] », *A.F.T.*, 2010, n° 3, pp. 28-29. Voy. aussi, sur les deux exemples de « déguisement » d'actes juridiques, V. GOTHOT, « La fraude fiscale », *op. cit.*, p. 88.

671 Th. DELAHAYE, *Le choix de la voie la moins imposée*, Bruxelles, Bruylant, 1977, p. 24 ; C. SCAILTEUR, *Le contribuable et l'État. Déontologie de la fiscalité*, Bruxelles, *op. cit.*, p. 68.

jamais question que de différences de *degré* dans le mensonge, mais pas de variations quant à la *nature* frauduleuse-illicite du procédé employé pour éluder l'impôt.

En présence de telles simulations ourdies pour tromper le fisc, et à supposer que le fisc puisse (r) établir la réalité juridique contractée par-delà le voile des actes apparemment conclus, la neutralisation du procédé, outre les sanctions pénales encourues pour le délit de fraude fiscale, consistera dans le fait que les actes juridiques simulés seront tout simplement « *inopposables* »[672] à l'égard du fisc pour les besoins de l'établissement ou du rétablissement de l'impôt dû.

b) Notions d'évitement licite, libre choix de la voie la moins imposée et mesures anti-abus

L'évitement licite de l'impôt, quel qu'en soit le procédé, ne se situe jamais dans les déclarations ou renseignements que le contribuable est amené à devoir adresser au fisc afin de lui révéler la naissance ou la consistance de la matière imposable, mais bien toujours *en amont*, à un stade où la matière imposable n'a pas déjà été créée et que le contribuable peut encore, par les comportements (négatifs ou positifs) qu'il choisit effectivement d'adopter, empêcher de faire naître (de) la matière tax*able* dans son chef, ou bien y faire naître une matière moins tax*ée*.

Certains des procédés d'évitement licite de l'impôt supposent un certain degré de renoncement ou d'accommodement « *matériel* »[673] du contribuable par rapport à un résultat initialement envisagé : déplacement physique pour sortir du territoire relevant de la souveraineté d'une juridiction fiscale, abstention d'adopter le comportement générateur de l'impôt (ex. : ne plus acheter de cigarettes pour ne plus payer les accises qui les grèvent) ; substitution matérielle d'un comportement moins taxé à un autre, mais ne procurant pas le même degré de satisfaction

---

[672] Comme ce serait le cas à l'égard de tout tiers en droit commun, si ce n'est que le fisc devant établir l'impôt sur la base des réalités, il ne disposerait alors pas du choix de se prévaloir de l'acte secret ou de l'acte apparent comme le permet le Code civil (ancien art. 1321). Voy. à ce sujet : J. KIRKPATRICK, « Le droit fiscal se fonde sur des réalités – Réflexions sur quelques bons et mauvais usages d'un proverbe de droit », *J.P.D.F.*, 1969, pp. 161-176.

[673] Voy., sur cette catégorisation pédagogique : J. AUTENNE et M. DUPONT, « L'évitement de l'impôt et sa licéité », in *Liber Amicorum Jacques Malherbe*, Bruxelles, Bruylant, 2006, p. 45 ; M. DASSESSE et P. MINNE, *Droit fiscal. Principes généraux et impôts sur les revenus*, 5e éd., Bruxelles, Bruylant, 2001, pp. 65-66.

(ex. : acheter de la bière plutôt que du vin dans la mesure où le premier produit serait moins taxé), etc.

Mais à côté de ces procédés d'évitement (licite) de type « *matériel* », l'évitement de l'impôt peut aussi avoir un caractère plus « *juridique* »[674], eu égard au fait que la loi fiscale vient prévoir et modaliser les conditions d'application et de calcul de la plupart des impôts en fonction d'actes juridiques posés ou non par les contribuables et de leurs effets en droit. C'est là qu'on parle, dans la doctrine belge francophone comme néerlandophone, de la notion de « *libre choix de la voie la moins imposée* » (« *vrije keuze van de minst belaste weg* »), telle qu'avait été théorisée par Thomas Delahaye (s'inspirant lui-même d'une formule du Professeur Victor Gothot)[675], pour évoquer ce type d'évitement particulièrement astucieux qui voit le contribuable choisir, parmi différents procédés de la technique juridique qui lui permettraient de poursuivre un but analogue et que la loi fiscale traiterait différemment, celui qui donnerait lieu dans son chef à l'impôt le moins élevé (voire nul). C'est alors précisément ici, lorsque des actes juridiques sont invoqués par le contribuable pour éviter l'impôt, qu'il convient de tracer la délicate frontière entre « *simulation* » prohibée à l'égard du fisc et « *libre choix de la voie la moins imposée* »[676].

Le principe du « *libre choix de la voie la moins imposée* » a ainsi été consacré en droit belge par deux arrêts de principe de la Cour de cassation en 1961 (*Brepols*) et en 1990 (*Au Vieux St-Martin*) ayant déclaré qu'« *il n'y a ni simulation prohibée à l'égard du fisc, ni partant fraude fiscale, lorsque, en vue de bénéficier d'un régime fiscal plus favorable, les parties, usant de la liberté des conventions, sans toutefois violer aucune obligation légale, établissent des actes dont elles acceptent toutes les conséquences, même si la forme qu'elles leur donnent n'est*

---

[674] Voy. not. J. AUTENNE et M. DUPONT, *op. cit.*, p. 45 ; M. DASSESSE et P. MINNE, *op. cit.*, pp. 65-66 ; F. LOECKX, *Eléments de la science des impôts*, t. I, 3e éd., Bruxelles, 1970, p. 179 (parlant d'«évasion formelle»).

[675] V. GOTHOT, « La fraude fiscale », in *Problèmes fiscaux d'aujourd'hui*, Bruxelles, Coll. École Supérieure de Sciences fiscales, 1962, p. 89, cité ainsi par Th. DELAHAYE (*op. cit.*, p. 28), là où ce Professeur parlait déjà du « *choix, pour arriver à un résultat économique déterminé, de la voie fiscalement la moins onéreuse* ».

[676] Voy. sur cette délimitation autour de la notion de « simulation » (frauduleuse), notamment : A. NOLLET, « Contours et alentours de la notion de 'simulation' en droit fiscal, 50 ans après 'Brepols' », in *En quête de fiscalité et autres propos - Mélanges offerts à Jean-Pierre Bours*, Bruxelles, Larcier, 2011, pp. 125-161 ; Br. PEETERS, « De dunne lijn tussen belastingontwijking en belastingontduiking ? », *op. cit.*, pp. 4-42.

pas la plus normale »[677], et « *même si ces actes sont accomplis à seule fin de réduire la charge fiscale* »[678]. Ce faisant, la Cour de cassation avait fermement condamné des théories qui avaient été invoquées par l'administration fiscale pour se permettre d'écarter comme ne lui étant pas opposables des actes juridiques qui ne seraient pas simulés, mais lui paraîtraient « *anormaux* » (théorie de la « *fraude à la loi* »), ou bien, qui seraient à considérer en matière fiscale comme étant simulés parce qu'ils ne concorderaient pas avec la « *réalité économique* », comme tel serait le cas d'un acte posé dans un but exclusivement fiscal (théorie des « *réalités économiques* »).

Ainsi donc, lorsque les contribuables choisissent d'accomplir tel(s) acte(s) plutôt que tel(s) autre(s) pour venir se placer dans telle situation plutôt que dans telle autre où ils seraient plus taxés, il y a bien « *libre choix de la voie la moins imposée* » (et non « *simulation prohibée à l'égard du fisc* ») à la seule et unique condition – nécessaire et suffisante – que le(s) acte(s) juridique(s) posé(s) soi (en) t bien accepté(s) dans toutes ses/leurs conséquences juridiques. Autrement dit, *ni* le caractère soi-disant non naturel ou peu usuel du procédé juridique utilisé pour atteindre le résultat économique visé, *ni* le fait que ces actes auraient été choisis dans la seule intention d'éviter l'impôt ou encore qu'ils ne correspondraient à aucune rationalité ou réalité économique, ne pourraient faire dire au fisc qu'il y aurait eu une « *simulation* » (sinon une « *fraude à la loi* »), pour prétendre que ces actes ne lui seraient « *pas opposables* »[679].

Tout ceci est en phase avec le principe de légalité de l'impôt consacré à l'article 170 de la Constitution belge (« *Aucun impôt [...] ne peut être établi que par une loi* »), et ses corollaires prescrivant l'interprétation *stricte* des lois fiscales et prohibant leur application *par analogie*. De même que les lois fiscales s'imposent à l'administration qui ne peut en *étendre* (ou en *restreindre*) la portée *au-delà* (ou *en-deçà*) de ce qu'elles prévoient, la réalité des faits, et en l'occurrence celle des actes juridiques des contribuables s'impose aussi à celle-ci : elle ne

[677] Cass., 6 juin 1961, *Brepols*, *Pas.*, I, p. 1082, *J.D.F.*, 1961, p. 274.

[678] Cass., 22 mars 1990, *Au Vieux Saint-Martin*, *Pas.*, I, p. 849, *J.D.F.*, 1990, p. 110.

[679] Voy. sur les enseignements de ces arrêts de principe, notamment : T. AFSCHRIFT, *L'évitement licite de l'impôt et la réalité juridique*, 2e éd., Bruxelles, Larcier, 2003, spéc. pp. 88 et s.; A. NOLLET, « Libre choix de la voie la moins imposée, simulation et (in -) opposabilité au fisc », in F. STEVENART MEEUS et E. TRAVERSA (dir.), *Les grands arrêts de la jurisprudence fiscale – Principes généraux*, Bruxelles, Larcier, 2020, pp. 413-430.

pourrait, sans y être autorisée expressément par la loi, transformer ces faits ou actes pour faire *rentrer* les contribuables dans le champ d'application d'un texte légal (ou les en faire *sortir*).

Mais tout cela n'empêcherait cependant pas que le législateur fiscal vienne lui-même prévoir expressément, dans le cadre de dispositions légales dites « *anti-évitement* » ou « *anti-abus* », que certains actes juridiques réellement accomplis par les contribuables (sans simulation) sont inopposables à l'égard du fisc pour l'établissement de l'impôt dans leur chef, de sorte que des procédés d'évitement de l'impôt pourtant bien *licites* soient néanmoins rendus *inefficaces*[680]. C'est ce que le législateur a notamment fait avec la disposition générale anti-abus qu'il avait introduite voici une trentaine d'années, en 1993, à l'article 344, § 1er, du Code des impôts sur les revenus, ainsi qu'à l'article 18, § 2, du Code des droits d'enregistrement et à l'article 106, al. 2, du Code des droits de succession, et qu'il a réécrite il y a une dizaine d'années, en 2012, pour y introduire la notion générique d'« *abus fiscal* »[681], inspirée

[680] Voy., sur cette question de l'opposabilité au fisc des actes juridiques, A. NOLLET, *De l'abus fiscal ou Quand des actes juridiques du contribuable sont inopposables au fisc – Essai de cadre théorique et critique en droit belge*, thèse de doctorat soutenue en 2018 (Universités de Liège et d'Anvers, sous la direction des professeurs Marc Bourgeois et Bruno Peeters), Bruxelles, Larcier, 2019.

[681] Voy. pour les commentaires « officiels » de cette réécriture : *Doc. Parl.*, Chambre, session 2011-12, n° 53 2081/001, pp. 109-116, ainsi que la Circulaire du 4 mai 2012, AAF n° 3/2012, AGFisc n° 17/2012, AGDP n° 4/2012, *M.B.*, 14 mai 2012. Et voy. pour des commentaires de doctrine, notamment : T. AFSCHRIFT, *L'abus fiscal*, Bruxelles, Larcier, 2013, 284 p. ; M. BOURGEOIS et A. NOLLET, « La réécriture de la mesure 'générale anti-abus' applicable en matière d'impôts sur les revenus, de droits d'enregistrement et de droits de succession », *J.T.*, n° 6483 – 2012/23, pp. 493-504 ; L. DE BROE et J. BOSSUYT, « Interpretatie en toepassing van de algemene antimisbruikbepalingen in inkomstenbelasting, registratie- en successierechten », *A.F.T.*, n° 11/2012, pp. 4-23; C. DOCCLO, « Petit manuel d'utilisation de l'article 344, § 1er, CIR 1992 », *T.F.R.*, n° 427, octobre 2012, pp. 767-771; D. GARABEDIAN, « La nouvelle règle générale anti-abus et l'objectif des dispositions fiscales: portée, arbre de décision, cas pratiques », in *De doelstellingen van een fiscale bepaling – Zoektocht naar de grenzen van 'fiscaal misbruik' in de nieuwe algemene antimisbruikbepalingen – Studiedag KUL op 1 juni 2012*, *T.F.R.*, n° 427, 2012, pp. 741-766 ; A. NOLLET, « La nouvelle règle anti-"abus fiscal" à l'épreuve du juge constitutionnel: une validation prévisible, des clarifications appréciables, des considérations discutables », *R.F.R.L.*, 2013, liv. 4, pp. 296-322 ; A. NOLLET, *De l'abus fiscal ou Quand des actes juridiques du contribuable sont inopposables au fisc – Essai de cadre théorique et critique en droit belge*, Coll. Fondements du droit fiscal, thèse de doctorat soutenue en 2018 à l'Université de Liège et l'Université d'Anvers, Bruxelles, Larcier, 2019, 739 p. ; Br. PEETERS, « De algemene fiscale antimisbruikbepalingen – Een commentaar in het licht van de rechtspraak van het

elle-même de la notion d'« *abus de/du droit européen* » théorisée par la Cour de justice de l'Union européenne (« CJUE »), notamment en matière fiscale[682].

c) Incriminations légales de la fraude fiscale et autres sanctions prévues dans la loi fiscale

La dualité d'éléments constitutifs (matériel et intentionnel) qui se dégageait des définitions doctrinales précitées de la notion de fraude fiscale se retrouve également dans la manière dont les Codes fiscaux relatifs aux principaux impôts en Belgique incriminent généralement le délit de « *fraude fiscale* », bien qu'ils ne le désignent jamais nommément comme tel. En effet, à chaque fois, sous une section intitulée « *Sanctions pénales* » ou bien « *Peines correctionnelles* », une disposition du Code en question (qu'il s'agisse, notamment, de celui relatif aux impôts sur les revenus, à la taxe sur la valeur ajoutée, aux droits d'enregistrement ou encore aux droits de succession) se contente de venir prévoir certaines peines d'amende (en général : 250 à 500.000 EUR) et/ou d'emprisonnement (en général : huit jours à deux ans) applicables à « *celui qui, dans une intention frauduleuse ou à dessein de nuire, contrevient aux dispositions du présent Code ou des arrêtés pris pour son exécution* »[683].

Grondwettelijk Hof », *A.F.T.*, n° 2014/5, pp. 4-34 ; S. VAN CROMBRUGGE, « Fraus legis of wetsontduiking in het Belgisch fiscaal recht anno 2012 », *T.R.V.*, 2012, n° 6, pp. 537-562.

682 Sur la suggestion du Professeur L. De Broe (« Pleidooi voor het invoeren van een efficiënte algemene antimisbruikbepaling in het WIB... », *Forum KUL – Fraudebestrijding en charter van de belastingplichtige: noodzakelijke een paradox ?*, *T.F.R.*, 2010, n°s 379-380, pp. 332-349), une inspiration a été ainsi puisée dans la notion d'« abus du droit européen » théorisée par la CJUE en matière fiscale (notamment) pour faire échec :

- *tantôt* à des montages totalement artificiels par lesquels une liberté de circulation du Traité est exercée conformément à ses conditions d'application formelle mais en contrariété avec ses finalités sous-jacentes (dans le seul but d'échapper à la fiscalité directe d'un État membre, voire de bénéficier de la législation plus favorable d'un autre État membre) (voy. not. CJUE, 12 septembre 2006, *Cadbury Schweppes*, C-196/04, Rec., p. I-7995) ;
- *tantôt* à des pratiques visant essentiellement à obtenir un avantage (fiscal) prévu par une directive d'harmonisation mais dont l'octroi serait contraire aux objectifs de celle-ci (voy., à cet égard, la notion de « pratiques abusives » qui a été transposée en droit belge à l'article 1, § 10, C.TVA).

683 Articles 449, al. 1er, C.I.R., 73, al. 1er, C.T.V.A., 206, al. 1er, C.Enr. et 133 C.Succ.: « *Sera puni d'un emprisonnement de huit jours à deux ans et d'une amende de 250 EUR à 500.000 EUR, ou de l'une de ces peines seulement, celui qui, dans une*

Notons déjà ici que c'est aussi en utilisant la même formulation que le législateur vient prévoir dans certains de ces Codes l'augmentation du délai d'imposition étendu en « *cas d'infraction aux dispositions du présent Code ou des arrêtés pris pour son exécution, commise dans une intention frauduleuse ou à dessein de nuire* »[684] (tandis qu'il se réfère directement à la notion de « *fraude fiscale* » pour prévoir la prolongation du délai d'investigation ou encore la levée du secret bancaire), comme nous le verrons *infra*, notamment en matière d'impôts sur les revenus.

Si l'élément matériel évoqué semble bien à chaque fois identique (qu'on parle d'« *infraction* » à la loi fiscale, de la « *violation* » de celle-ci ou encore du fait d'y « *contrevenir* »), il y aurait néanmoins une certaine divergence à relever, du point de vue de l'élément intentionnel requis, entre les définitions *doctrinales* d'une part et les incriminations *légales* d'autre part : là où la doctrine parle systématiquement de l'intention d'éviter en tout ou partie la charge d'un impôt (ou d'y échapper), la loi se montre quant à elle plus nuancée en requérant alternativement dans le chef du contrevenant aux règles fiscales soit l'« *intention frauduleuse* » (en néerlandais : « *bedrieglijk opzet* »), soit le « *dessein de nuire* » (en néerlandais « *oogmerk te schaden* »).

Le législateur a ainsi voulu formuler d'une manière assez large l'élément intentionnel du délit à incriminer[685], en posant comme alternative[686] à l'« *intention frauduleuse* » – c'est-à-dire l'intention de procurer à soi-même ou à autrui un avantage illicite – le « *dessein de nuire* », au sens de volonté (qu'importe le résultat atteint) d'occasionner à un tiers (le cas échéant, autre que le Trésor) un inconvénient sans nécessairement rechercher un avantage pour soi-même[687]. Dans ce dernier

---

intention frauduleuse ou à dessein de nuire, contrevient aux dispositions du présent Code ou des arrêtés pris pour son exécution » (sous réserve de quelques adaptations pour les C.Enr. et C.Succ.).

684 Voy. ainsi l'article 354, § 2, C.I.R. (tel que modifié par la loi du 20 novembre 2022 visée *infra*).

685 Voy. les travaux préparatoires des dispositions légales d'incrimination pénale de la fraude dans les Codes fiscaux (*Doc. Parl.*, Sén., 1980-81, n° 566/2, annexe 1, p. 50). Voy. aussi à cet égard, Br. PEETERS, « De dunne lijn tussen belastingontwijking en belastingontduiking ? », *op. cit.*, spéc. pp. 32-33; A. DE NAUW, *Fiscaal strafrecht en strafprocesrecht*, Anvers, Intersentia, 2007, p. 5, n° 7.

686 La coexistence de l'intention frauduleuse et du dessein de nuire n'est donc pas nécessaire (Cass., 28 janvier 1942, *Pas.* 1942, I, 21, cité par le Commentaire administratif du C.I.R. : *Com. IR*, n° 449/13).

687 Voy. les arrêts de la Cour de cassation cités par le Commentaire administratif du C.I.R. (*Com. IR*, n° 449/13) et Br. PEETERS (*op. cit.*, p. 33). Selon la terminologie

cas, l'économie de charge fiscale n'est plus la *finalité* poursuivie par celui qui contrevient à la loi fiscale ; la violation d'obligations fiscales est alors un *moyen* au service d'une autre *fin*, comme lorsqu'un contribuable ne déclare pas au fisc des revenus imposables afin de les cacher à son (ex-) époux en prévision d'une demande de rente alimentaire[688].

Il faut en conclure que l'élément intentionnel ou moral requis par les Codes fiscaux, lorsqu'il s'agit de prévoir des sanctions pénales pour la violation des dispositions qu'ils contiennent (ou de celles de leurs arrêtés d'exécution), est formulé de telle sorte que l'incrimination ne se cantonne pas à la notion de « *fraude fiscale* » telle que la doctrine la conçoit et l'oppose, comme on l'a vu, à la notion d'« *évasion fiscale* » (ou « *évitement licite de l'impôt* »)[689].

Il est à noter aussi ici que, par-delà l'incrimination générique de la fraude fiscale « *ordinaire* » ou « *simple* », la loi belge contient également d'autres incriminations pour des fraudes fiscales jugées plus « *complexes* » ou « *spéciales* » afin de les assortir de peines plus sévères :

– dans tous les codes fiscaux précités : des peines d'emprisonnement d'un mois à cinq ans et/ou d'amende de 250 à 500.000 EUR pour « *celui qui, en vue de commettre une des infractions visées à l'article [précédent], aura commis un faux en écritures publiques, de commerce ou privées, ou qui aura fait usage d'un tel faux* »[690] (cas où le faux en écritures serait l'instrument de la fraude fiscale, comme ce

du droit pénal, il est question ici, non pas d'un simple « dol général » (c'est-à-dire la conscience d'accomplir un acte que l'on sait interdit par la loi), mais bien d'un « dol spécial », qui est en l'occurrence similaire à celui requis pour le délit de « vol » (la soustraction de la chose d'autrui doit être frauduleuse, c'est-à-dire réalisée dans le but de s'avantager soi-même ou d'avantager un tiers).

688 Voy. ainsi les illustrations données par le Commentaire administratif du C.I.R. : *Com. IR*, n° 449/14.

689 Voy. en ce sens Br. PEETERS, « De dunne lijn tussen belastingontwijking en belastingontduiking ? », *A.F.T.*, 2010, n° 3, p. 32: « *Van belastingontduiking is slechts sprake wanneer naast het materieel element (de inbreuk op de fiscale wet) tevens een intentioneel element voorligt, nl. het oogmerk aan de wettelijk verschuldigd belasting te ontsnappen of er de last van te verminderen. [...], is dit moreel bestanddeel in de fiscale wetboeken verwoord als een bijzonder dat evenwel niet is beperkt tot fiscale fraude* » ; traduction libre : Il n'y a fraude fiscale que si, en plus de l'élément matériel (la violation de la loi fiscale), il y a également un élément intentionnel, c'est-à-dire l'intention d'échapper ou de réduire la charge de l'impôt légalement dû. [...], cet élément moral est exprimé dans les codes fiscaux sous la forme d'une particularité qui ne se limite toutefois pas à la fraude fiscale.

690 Articles 450, al. 1er, C.I.R., 73*bis*, al. 1er, C.T.V.A., 206*bis*, al. 1er, C.Enr. et 133*bis*, al. 1er, C.Succ.

pourrait être le cas en présence d'une simulation d'actes juridiques à l'égard du fisc) ;

– dans certains de ces Codes fiscaux (notamment, ceux relatifs aux impôts sur les revenus et à la taxe sur la valeur ajoutée) : des peines d'emprisonnement de huit jours à cinq ans et/ou d'amende de 250 à 500.000 EUR lorsque « *les infractions visées à l'alinéa 1er ont été commises dans le cadre de la fraude fiscale grave, organisée ou non* »[691] (sans toutefois qu'aucun critère n'ait été donné dans la loi pour distinguer ce délit plus lourdement réprimé par rapport à celui de fraude fiscale « *simple* » – non qualifiable de « *grave…* » –, ce qui n'a pas manqué alors de susciter de très vives critiques de la part de la doctrine[692] et de soulever des questions de conformité au principe de légalité en matière pénale[693]).

Enfin, à côté de ces sanctions *pénales* prévues pour ces différents délits de fraude fiscale, la loi fiscale prévoit également des sanctions de nature *administrative* pour des cas où elle aurait été violée de façon non intentionnelle par le contribuable, donc (même) sans fraude. Celles-ci peuvent alors être infligées sans devoir passer par un juge (sous réserve qu'elles aient un caractère « *répressif* » au sens de l'article 6 de la Convention européenne des droits de l 'homme (« *CEDH* »), auquel cas

---

691 Articles 449, al. 2, C.I.R. et 73, al. 2, C.T.V.A., insérés par les articles 98 et 99 de la loi du 17 juin 2013 (*M. B.,* 28 juin 2013). À noter aussi que la notion de « *fraude fiscale grave, organisée ou non* » a remplacé, depuis l'entrée en vigueur d'une loi du 15 juillet 2013 (*M. B.,* 19 juillet 2013), celle de « *fraude fiscale grave et organisée, qui met en œuvre des mécanismes complexes ou qui use de procédés à dimension internationale* » dans les dispositifs préventifs et répressifs du blanchiment de capitaux.

692 Voy., notamment, M. BOURGEOIS, « Infractions fiscales et blanchiment de capitaux : retour sur les évolutions récentes », in *Blanchiment de capitaux et professions juridiques,* Limal, Anthemis, 2014, pp. 31-64 ; J.-F. GODBILLE, « Analyse du malaise lié à la poursuite de la petite fraude fiscale : face à la fraude fiscale simple, la fraude fiscale grave », in *Liber amicorum Maurice Eloy*, Limal, Anthemis, 2014, pp. 89-130 ; Ph. MALHERBE, « Blanchiment et fraude fiscale simple ou grave : un glissement malsain ? », *in* C. Docclo (éd.), *Alabaster 1938-2013 IFA*, Limal, Anthemis, 2014, pp. 567-587 ; A. RISOPOULOS, « La prévention et la répression du blanchiment du produit de la fraude fiscale après la loi du 15 juillet 2013 – Le point de vue d'un pénaliste », *in* D. Garabedian (coord.), *Actualités en droit fiscal et droit pénal fiscal,* Bruxelles, Bruylant, 2014, pp. 89-106 ; S. SCARNA, « Blanchiment et fraude fiscale grave, organisée ou non », *R.G.C.F.*, n° 2014/1, pp. 75-85.

693 À ce titre, deux recours en annulation avaient été introduits devant la Cour constitutionnelle, mais ils ont tous les deux été rejetés (C. Const., 5 février 2015, n° 13/2015 et C. Const., 26 mars 2015, n° 41/2015).

elles pourraient être soumises au contrôle de pleine juridiction du juge qui aurait à connaitre de l'impôt contesté).

Ainsi, en matière d'impôts sur les revenus, l'article 444 C.I.R., tel qu'il a été modifié par la loi du 30 juin 2017[694] (pour viser désormais explicitement le cas de la déclaration tardive), prévoit que : « *en cas d'absence de déclaration, de remise tardive de celle-ci ou en cas de déclaration incomplète ou inexacte, les impôts dus sur la portion des revenus non déclarés, déterminés avant toute imputation de précomptes, de crédits d'impôt, de quotité forfaitaire d'impôt étranger et de versements anticipés, sont majorés d'un accroissement d'impôt fixé d'après la nature et la gravité de l'infraction, selon une échelle dont les graduations sont déterminées par le Roi et allant de 10 p.c. à 200 p.c. des impôts dus sur la portion des revenus non déclarés. (...) En l'absence de mauvaise foi, il peut être renoncé au minimum de 10 p.c. (...)* »[695].

Les cas pour lesquels cet article prévoit des accroissements d'impôt sont donc ceux où :

– une déclaration obligatoire n'a pas été remise ou n'a pas été remise dans les délais (*déclaration absente ou tardive*) ;

– une déclaration obligatoire n'a pas été remise avec la forme et le contenu prévus par la loi (*déclaration incomplète*)[696] ;

– les renseignements qui figurent sur la formule ou dans les annexes ne correspondent pas à la réalité (*déclaration inexacte*), sans que cela soit nécessairement intentionnel[697].

Il s'agit bien là à chaque fois de cas où il y aurait bien violation (le cas échéant involontaire) de la loi fiscale (élément matériel de la fraude fiscale), indépendamment de la question de savoir si l'intention d'éviter l'impôt (élément moral de la fraude) serait ou non présente. C'est en cela qu'il nous a toujours semblé qu'en présence d'un « *abus fiscal* »,

---

[694] *M.B.* 7 juillet 2017, entrée en vigueur le 17 juillet 2017.

[695] À côté des « accroissements d'impôt », le législateur prévoit un régime d'amendes administratives (ex. art. 445 CIR, en matière d'impôts sur les revenus), ainsi que, notamment, la possibilité de perte du droit de représenter les contribuables (art. 446-448 du CIR).

[696] Càd : lorsque certaines rubriques qui figurent sur la formule de déclaration ne sont pas remplies, soit lorsque les documents, relevés ou renseignements dont la production est prévue par la formule et qui font partie intégrante de celle-ci n'y sont pas joints, ou encore lorsque le contribuable n'a pas éliminé les vices de formes dans le délai qui lui a été consenti à cette fin.

[697] *Com., I. R.*, 1992, n° 444/2 et n° 444/3.

qui suppose par définition qu'aucune disposition de la loi fiscale n'a été formellement violée, de tels accroissements d'impôt ne devraient pas pouvoir s'appliquer : le procédé d'évitement *licite* devrait uniquement être rendu *inefficace* dans la mesure où il serait *abusif* (pour rétablir l'impôt « *comme si l'abus n'avait pas eu lieu* », ainsi que le prévoit la disposition), sans être autrement sanctionné. Et pourtant, de façon assez étonnante et contestée par une partie de la doctrine[698], une circulaire relative à la mesure générale anti-abus fiscal indique que « *des accroissements d'impôt peuvent être appliqués sur les suppléments établis en vertu de l'article 344, § 1er, C.I.R.* »[699], (en faisant alors référence au commentaire administratif de l'article 444 C.I.R.), tout en confirmant que le contribuable qui tomberait sous le coup de l'application de la mesure ne commettrait *aucune infraction* à une quelconque disposition légale (même à l'article 344, § 1er, C.I.R.).

On note encore que l'article 450*bis* du CIR crée un principe d'imputation, en ce sens que, pour éviter qu'un condamné soit soumis à une peine déraisonnablement lourde, le juge pénal – saisi de faits de fraude fiscale – doit tenir compte, dans la fixation de la peine, des amendes administratives et des accroissements d'impôts dus. De la sorte, l'adage *non bis in idem* trouve ici une concrétisation, conformément à l'état actuel de la jurisprudence de la Cour européenne des droits de l'homme.

III. CONSÉQUENCES PROCÉDURALES DE LA FRAUDE FISCALE EN DROIT BELGE

Outre les sanctions pénales prévues par les dispositifs d'incrimination légale susvisés, la fraude fiscale, qu'il s'agisse tantôt de son existence avérée tantôt d'indices permettant d'en présumer l'existence ou la préparation, entraîne également d'autres conséquences dans le cadre de la procédure fiscale, voire de la procédure pénale fiscale. L'on peut ici successivement épingler, de manière non-exhaustive et à titre donc illustratif :

---

698 Voy., notamment : M. BOURGEOIS et A. NOLLET, « La réécriture de la mesure 'générale anti-abus' applicable en matière d'impôts sur les revenus, de droits d'enregistrement et de droits de succession », *J.T.*, n° 6483 – 2012/23, pp. 493-504, spéc. pp. 499-500 ; A. NOLLET, *De l'abus fiscal*, *op. cit.* spéc. n° 220, pp. 512-513 ; S. SEGIER, « Abus fiscal : commentaire autour des deux premières circulaires ministérielles et essai d'approche méthodologique », *R.G.F.*, n° 2012/7, pp. 14 et s., spéc. p. 20.

699 Circulaire, AAF n° 3/2012 du 4 mai 2012, p. 10, point C.2.4., dernier alinéa.

– l'allongement des délais d'imposition mais aussi d'investigation à disposition de l'administration fiscale, notamment en matière d'impôts sur les revenus (a) ;

– la levée du secret bancaire (du moins dudit devoir de discrétion bancaire) à l'égard de l'administration fiscale, à titre d'exemple du renforcement des pouvoirs d'investigation que la loi fiscale peut lui accorder en présence de fraude ou de suspicion de fraude (b) ;

– la concertation organisée entre l'administration fiscale et le ministère public, censée déboucher sur une procédure unifiée, tantôt purement fiscale, tantôt pénale fiscale, dans le cadre du système « *una via* » instauré par loi (c) ;

– la jurisprudence dite « *Antigone* » sur la recevabilité des preuves irrégulièrement recueillies (d).

a) Allongement des délais d'imposition et d'investigation

Le Code des impôts sur les revenus (« *CIR* ») contient des dispositions permettant d'allonger le délai d'imposition (dans lequel l'impôt peut être enrôlé par l'administration) et d'investigation (dans lequel le fisc peut exercer ses pouvoirs d'investigation prévus aux articles 315 et suivants du CIR) en présence de fraude fiscale ou d'indices de fraude, voire de circonstances qui font craindre ou présumer au législateur un risque de fraude ou d'évasion.

En ce qui concerne ces délais en matière d'impôts sur les revenus, une loi du 20 novembre 2022[700] est venue récemment réformer les délais d'imposition en les étendant considérablement (354 CIR). Cette extension concerne aussi les délais d'investigation (333, alinéa 2, CIR) ; au passage, l'objet de la notification préalable au contribuable requise pour l'extension du délai d'investigation pour cause de fraude a été modifié (333, alinéa 3, CIR)[701]. Bien que nous nous focalisions ici sur l'exposé des délais en matière d'impôts directs, il est à noter que des

[700] Loi du 20 novembre 2022 portant des dispositions fiscales et financières diverses (*err. M.B.* 5 décembre 2022).

[701] Voy., sur ces nouveautés en matière de délais : A. NOLLET, « Pouvoirs et délais d'investigation du fisc en matière d'impôts sur les revenus : état des lieux et nouveautés suite à la loi du 20 novembre 2022 », *R.G.C.F.*, n° 2023/2, pp. 139-146 ; X. THIEBAUT, « La procédure fiscale après la loi du 20 novembre 2022 portant des dispositions fiscales et financières diverses », *Act. Fisc.*, n° 2022/41, pp. 5-10 ; F. SMET et J. BOURGUIGNON, « Délai d'imposition: allongement radical pour certaines déclarations », *Fiscologue*, n° 1763, 26 oct. 2022, p. 1.

allongements similaires ont aussi été apportés aux délais applicables en matière de TVA[702].

Pour l'application *ratione temporis*, il a été prévu expressément par la loi du 20 novembre 2022 que les délais nouveaux ne s'appliqueront qu'à partir de l'exercice d'imposition 2023 et uniquement pour l'avenir[703]. Il s'ensuit donc que la période imposable 2022, se rattachant à l'exercice d'imposition 2023, sera la première qui sera soumise aux nouveaux délais, tandis que toutes les impositions se rattachant à des exercices d'imposition antérieurs restent encore soumises aux règles en vigueur pour les délais d'imposition et d'investigation (y compris l'exigence de notification d'indices de fraude pour l'extension du délai d'investigation). C'est pourquoi il convient ici d'exposer autant les anciens délais que les nouveaux, en commençant d'abord par les délais d'imposition (i) pour en arriver ensuite aux délais d'investigation (lesquels renvoient aux premiers) (ii), et en nous contentant de ne parler que des délais (ordinaires ou spéciaux) pertinents dans le cadre de la lutte contre la fraude fiscale.

i. Délais d'imposition avant et après la loi du 20 novembre 2022

Tout d'abord, il y a un délai d'imposition qui n'a pas changé, c'est le délai le plus « *ordinaire* » prévu à l'article 353, alinéa 1er, CIR en présence d'une déclaration régulière (« *répondant aux conditions de forme et délais prévus aux articles 307 à 311* »), et qui serait par ailleurs exacte et complète (du moins cela ressort-il *a contrario* de l'article 354, alinéa 1er, visé ci-dessous) : l'impôt doit alors être établi dans le délai fixé à l'article 359, à savoir « *jusqu'au 30 juin de l'année suivant celle dont le millésime désigne l'exercice d'imposition* [E.I.]» (soit un délai de 18 mois à compter du 1er janvier de l'E. I.), « *sans que ce délai puisse être inférieur à 6 mois à compter de la date à laquelle la déclaration est parvenue au service indiqué sur la formule* ».

Parmi les délais d'imposition étendus (« *extraordinaires* ») qui étaient prévus à l'article 354 CIR avant que cette disposition ne soit complètement réécrite par la loi du 20 novembre 2022, l'on peut alors se contenter de rappeler ce qui suit :

---

702 Voy., en cette matière, l'article 81*bis* CTVA (en particulier ses alinéas 2 et 4).

703 Voy., sur ces modalités d'entrée en vigueur : J. VAN DYCK, « Réforme de la procédure et délais d'imposition allongés : c'est parti ! », *Fiscologue*, n° 1770, 9 décembre 2022, p. 9.

– **354, al. 1** : le délai était de **3 ans** à partir du 1er janvier de l'E. I. « *en cas d'absence de déclaration, de remise tardive de celle-ci ou lorsque l'impôt dû est supérieur à celui qui se rapporte aux revenus imposables et aux autres éléments mentionnés sous les rubriques d'une formule de déclaration répondant aux conditions de forme et délai prévues aux articles 307 à 311 [c'est-à-dire le cas d'une déclaration régulière mais inexacte ou incomplète]* », et ce, que ce soit pour établir « *l'impôt ou le supplément d'impôt* »[704] ;

– **354, al. 2** : le délai visé à l'alinéa 1er était prolongé de 4 ans (soit un total de **7 ans** à partir du 1er janvier de l'E. I.) en cas de fraude fiscale (« *infraction aux dispositions du présent Code* [...] *commise dans une intention frauduleuse ou à dessein de nuire* »)[705] ;

– **354, al. 3** : le délai visé à l'alinéa 1er était prolongé de 7 ans (soit un total de **10 ans** à partir du 1er janvier de l'E. I.) « *lorsque, dans un État figurant sur la liste des États à fiscalité inexistante ou peu élevée..., il est fait usage de constructions juridiques visant à dissimuler l'origine ou l'existence du patrimoine* »[706].

Le nouvel article 354 CIR, tel que réécrit en 2022, est restructuré en plusieurs paragraphes, dont le premier est lui-même découpé en plusieurs alinéas qui peuvent être présentés comme suit :

– **l'alinéa 1er du § 1er** reprend le premier délai de **3 ans** (à partir du 1er janvier de l'E.I. pour lequel l'impôt est dû) de l'ancien 354, al. 1er, mais le réserve désormais au seul cas d'une déclaration régulière mais inexacte ou incomplète, à savoir « *lorsque l'impôt dû est supérieur à celui qui se rapporte aux revenus imposables et aux autres éléments mentionnés [dans la] déclaration répondant aux conditions de forme et de délais...* » ;

– **l'alinéa 2 du § 1er** prévoit désormais un délai de **4 ans** (à partir du 1er janvier de l'E.I.) « *en cas d'absence de déclaration [ou] de remise tardive de celle-ci...* » ;

– **l'alinéa 3 du § 1er** prévoit désormais un délai de **6 ans** (à partir du 1er janvier de l'E. I.) en cas de déclaration absente, tardive ou

---

704 Il découle de ce texte, dans l'interprétation que lui donne la Cour de cassation (voy. not. Cass., 30 novembre 1989, *Pas.*, 1990, I, 401) que le délai de 3 ans, qui peut donc s'ouvrir pour une simple inexactitude mineure, s'applique pour tous les revenus de la période imposable, même pour ceux qui auraient été correctement déclarés.

705 Ce délai avait été augmenté de 5 à 7 ans par la loi-programme du 22 décembre 2008 (*M.B.* 29 décembre 2008).

706 Cet alinéa 3 avait été inséré par la loi du 11 février 2019, *M.B.* 22 mars 2019.

inexacte/incomplète, dans des situations limitativement énumérées, comportant toutes un élément d'extranéité, à savoir quand :

➢ la déclaration doit comporter une déclaration de « *prix de transfert* » ;

➢ la déclaration doit comporter une déclaration de paiements vers des « *paradis fiscaux* » ;

➢ la déclaration comporte l'application d'exonérations, de renonciations ou de réductions de précompte mobilier sur la base d'une CPDI ou d'une directive européenne (« *mère-fille* », « *intérêts-redevances* ») ;

➢ la déclaration comporte une imputation de la quotité forfaitaire d'impôt étranger (« *QFIE* ») ;

➢ la déclaration est relative à des situations pour lesquelles des informations sont reçues de l'étranger sur des « *dispositifs transfrontières* » ou des « *opérateurs de plateformes* » (dans le cadre des DAC 6 et 7) ;

– **l'alinéa 4 du § 1er** prévoit désormais un délai de **10 ans** (à partir du 1er janvier de l'E.I...) en cas de déclaration absente, tardive ou inexacte-incomplète, « *lorsque la déclaration est complexe* », et un **alinéa 5** (du même §) énumère limitativement les cas où une déclaration est réputée « *complexe* », à savoir lorsque cette déclaration :

➢ concerne un « *dispositif hybride* » visé à l'art. 2, § 1er, 16°, CIR ;

➢ concerne un bénéfice non distribué d'une « société étrangère contrôlée (CFC) » dans le cadre d'un « *montage non authentique…* » visé à l'article 185/2 CIR ;

➢ fait mention de « *constructions juridiques* » dans un autre État, conformément à l'art. 307, § 1er, 1°, CIR.

En sus de ces nouveaux délais spéciaux, le § 2 du nouvel article 354 CIR prévoit lui aussi un délai de **10 ans** (à partir du 1er janvier de l'E. I.) en cas de fraude fiscale, toujours désignée en tant qu'« *infraction aux dispositions du présent Code ou des arrêtés pris pour son exécution, commise dans une intention frauduleuse ou à dessein de nuire* ». Quant au délai spécial de 10 ans qui avait été introduit en 2019 en cas de « *construction juridique visant à dissimuler l'origine ou l'existence du patrimoine...* », il faut comprendre que celui-ci n'avait plus lieu d'être puisqu'il se trouve désormais recoupé dans le nouveau délai général de dix ans en cas de « *déclaration complexe* » et/ou le nouveau délai spécial de dix ans en cas de fraude fiscale.

À propos des nouveaux délais de 10 et 6 ans pour déclarations complexes ou semi-complexes, il faut noter, d'une part, qu'ils sont en principe applicables même si l'impôt supérieur à (r) établir ne concerne pas directement les situations ouvrant droit à l'extension du délai en question, et d'autre part, que le législateur a toutefois pris soin à l'article 354/1 CIR d'énumérer limitativement des dépenses non admises (DNA) pour lesquelles ces délais ne s'appliqueraient pas[707] (de sorte qu'on en revienne au délai de 3 ans en cas de déclaration erronée ou incomplète ou de 4 ans en cas de déclaration absente ou tardive), l'idée étant, d'après l'exposé des motifs de la loi, de ne pas utiliser les nouveaux délais étendus pour des « *aspects plus simples* » de la déclaration, sans dimension internationale, ne nécessitant pas de longues enquêtes[708].

Quant au nouveau délai de 10 ans pour fraude fiscale, il est à noter qu'il ne devrait porter que sur l'impôt relatif aux revenus ayant fait l'objet de la fraude en question. C'est du moins l'enseignement d'un récent arrêt de la Cour de cassation du 24 mars 2023[709], qui a rompu avec sa jurisprudence traditionnelle, pour considérer, à propos de l'ancien délai spécial pour fraude de 7 ans (tel qu'il était encore applicable aux faits de l'espèce), qu'il n'était permis au fisc d'établir dans ce délai que l'impôt dû sur la partie des revenus qui lui ont été frauduleusement dissimulés. On peut alors se demander si cet enseignement devrait être transposable aux nouveaux délais spéciaux de 6 et 10 ans qui sont applicables sans qu'il soit question de fraude, de sorte qu'ils ne vaudraient que pour l'impôt résultant des éléments qui justifient le délai prolongé[710].

---

[707] À savoir: les impôts, taxes ou rétributions régionaux ; les amendes, pénalités ou confiscations de toute nature; les frais de voiture non-déductibles, les frais de réception et de cadeaux d'affaires, les frais de restaurants non-déductibles, les frais de vêtements professionnels non-spécifiques, ou les avantages sociaux y compris les titres-repas, chèque de sport/culture, et éco-chèques.

[708] *Doc. Parl.*, Chambre, 2021-2022, n° 2899/001, p. 79.

[709] Cass. 24 mars 2023, F.21.0126.N, et commentaire : G. GALEA et C. GUERY, « Délai d'imposition en cas de fraude fiscale : la Cour de cassation rompt avec sa jurisprudence traditionnelle », *Act. Fisc.*, n° 18/2023, pp. 1-4.

[710] Sans parler du délai de 3 ans pour déclaration simplement inexacte, pour lequel la Cour de cassation (voy. not. Cass., 30 novembre 1989, *Pas.*, 1990, I, 401) a toujours considéré qu'il valait pour l'enrôlement de tout l'impôt pour tous les revenus de la période imposable, donc même pour ceux qui auraient été correctement déclarés.

ii. Délais d'investigation avant et après la loi du 20 novembre 2022

Quant aux délais d'investigation, qui sont assez logiquement calqués sur les délais d'imposition, c'est à l'article 333 CIR que ceux-ci sont mentionnés, et son alinéa 1er prévoyait déjà avant la loi du 20 novembre 2022, et prévoit toujours après cette loi, que l'administration « *peut procéder aux investigations visées [aux articles 315 et suivants] et à l'établissement éventuel d'impôts ou de suppléments d'impôts même lorsque la déclaration du contribuable a déjà été admise et que les impôts y afférents ont été payés* ». Ensuite, cet article 333 prévoyait, dans sa version antérieure aux modifications apportées par la loi du 20 novembre 2022 :

- **à l'alinéa 2, des délais « normaux »**, « *sans préavis* » :

➢ « *dans le courant de la période imposable* » (donc même avant le dépôt de la déclaration y relative) ;

➢ « *dans le délai prévu à l'article 354, alinéa 1er* » (donc trois ans à compter du 1er janvier de l'E. I.) ;

- **à l'alinéa 3, des délais « *spéciaux* »**, moyennant notification préalable au contribuable :

➢ « *[dans] le délai supplémentaire de respectivement quatre et sept ans prévus à 354, alinéas 2 et 3* »[711] (pour un total de respectivement 7 ou 10 ans à partir du 1er janvier de l'exercice d'imposition), « *à condition que l'administration ait notifié préalablement au contribuable, par écrit et de manière précise, les indices de fraude fiscale qui existent, en ce qui le concerne, pour la période considérée* » ;

➢ et il était prévu expressément que « *cette notification préalable est prescrite à peine de nullité de l'imposition* »[712].

---

[711] L'article 333, al. 3, C.I.R. avait ici été modifié par la loi du 11 février 2019 pour l'adapter au nouveau délai extraordinaire d'imposition de dix ans de l'article 354, alinéa 3, C.I.R., lorsqu'il « *est fait usage de constructions juridiques visant à dissimuler l'origine ou l'existence du patrimoine* ».

[712] À noter toutefois que le même (ancien) alinéa 3 de cet article 333 indiquait que « *lorsque les investigations sont réalisées à la demande d'un État avec lequel la Belgique a conclu une convention préventive de la double imposition, ou avec lequel la Belgique a conclu un accord en vue de l'échange de renseignements en matière fiscale [...], le délai d'investigation est sans, sans notification préalable et uniquement dans le but de répondre à la demande précitée, prolongé du délai supplémentaire susvisé de respectivement quatre ou sept ans* ».

À propos de ces délais spéciaux assortis d'une exigence de notification préalable, il faut noter que la Cour de cassation avait ici aussi opéré un revirement de sa jurisprudence par deux arrêts de 2016 pour considérer que l'exigence de notification préalable au contribuable s'applique « *quelle que soit la personne chez qui ces investigations doivent avoir lieu* », donc même pour les investigations menées auprès des tiers[713]. Par ailleurs, il a aussi été précisé en jurisprudence que ne constituent pas des « *actes d'investigation* » (actes qui ne pourraient ainsi avoir lieu dans ces délais spéciaux sans notification préalable) la communication spontanée de renseignements provenant de l'étranger[714], de même que la simple consultation d'un dossier répressif[715].

Avec la loi du 20 novembre 2022, tous ces délais d'investigation prévus à l'article 333 CIR ont alors eux aussi été étendus en conséquence logique de l'extension des délais d'imposition visés à l'article 354 CIR, l'idée étant notamment, d'après l'exposé des motifs, de « *donner à l'administration plus de temps pour mener à bien ses investigations comportant des aspects internationaux* »[716]. Ainsi donc, le nouvel article 333, alinéa 2, a-t-il été modifié comme suit : « *Les investigations susvisées peuvent être effectuées sans préavis, dans le courant de la période imposable ainsi que dans les délais prévus à l'article 354* ».

Le législateur eut peut-être mieux fait de parler des délais (généraux) prévus à l'article 354, § 1er (voire à l'article 354, § 1, 3, 4 et 5), à l'exclusion du délai (spécial) pour fraude prévu à l'article 354, § 2, car pour ce dernier une exigence de notification préalable demeure applicable. Mais en tous les cas, il faut bien comprendre de cet alinéa 2 qu'il n'y a *a contrario* pas d'exigence de notification préalable au contribuable pour l'usage par l'administration des nouveaux délais « *généraux* » de quatre, six ou dix ans (sans fraude), et *a fortiori* pour le délai « *ordinaire* » de trois ans (pour lequel il n'en fallait déjà pas d'après l'ancien article 333, al. 2).

Quant à l'exigence de notification préalable au contribuable qui était stipulée par l'article 333, alinéa 3, pour les anciens délais d'investigation de 7 et 10 ans respectivement pour cause de fraude fiscale et pour cause de construction juridique dans un paradis fiscal, cette exigence ne vaut

---

713 Cass., 12 février 2016, F.14.0216.F ; Cass., 20 mai 2016, F.15.0175.F.
714 Voy. notamment Anvers, 23 mars 2021, R.G. n° 2019/AR/1532.
715 Voy. notamment Trib. Bruges, 13 janvier 2020, R.G. n° 18/3230/A.
716 *Doc. Parl.*, Chambre, 2021-2022, n° 2899/001, p. 79.

plus que pour le délai de 10 ans visé à l'article 354, § 2 – celui applicable en cas de fraude, sans qu'il soit question de déclaration « *complexe* » (sinon aucune notification ne serait nécessaire pour ouvrir ce délai) –, et elle a été reformulée comme suit au nouvel alinéa 3 : « *Toutefois, elles* [les investigations] *ne peuvent être exercées pendant le délai supplémentaire prévu à l'article 354, § 2, que lorsque l'administration* ***notifie préalablement sur la base d'indices de fraude, dans ce même délai, la présomption de fraude*** *et son intention d'appliquer le délai étendu, pour un ou plusieurs exercices d'imposition, suite à cette présomption de fraude. Cette notification est prescrite à peine de nullité de l'imposition* »[717].

L'exposé des motifs justifie cette reformulation dans un souci d'harmonisation avec la règle applicable en matière de TVA et dans une volonté d'assouplissement de l'exigence actuelle qui impliquait pour le fisc, pour s'ouvrir le délai d'investigation pour fraude, de produire des indices précis de fraude que parfois seules les investigations à mener lui permettront de recueillir[718]. Pourtant, à la lecture du nouveau texte de l'article 333, alinéa 3, qui continue de parler d'« *indices de fraude* » à produire, mais ajoute en outre qu'il faut désormais notifier une « *présomption de fraude* » (ainsi que « *l'intention d'appliquer le délai étendu* », mais cela était déjà nécessairement expliqué dans les anciennes notifications d'indices de fraude), on peut se demander si le législateur n'a pas en réalité ouvert la porte pour requérir de l'administration une notification plus exigeante, contrairement à l'intention exprimée. En effet, en droit commun comme en droit fiscal, une « *présomption* » est bien plus qu'un simple « *indice* », un véritable « *mode de preuve* », en tant que déduction d'un fait inconnu à partir d'un fait connu, c'est-à-dire « *établi* »[719]. Ainsi, comme l'écrit Xavier Thiebaut, « *le texte en*

---

[717] La finale de l'ancien article 333, al. 3, CIR a été déplacée dans un alinéa 4 rédigé prévoyant que : « *Lorsque les investigations sont réalisées à la demande d'un État avec lequel la Belgique a conclu une convention préventive de la double imposition, ou avec lequel la Belgique a conclu un accord en vue de l'échange de renseignements en matière fiscale [...], le délai d'investigation visé à l'article 354, § 2, s'applique et ce sans notification préalable ou présence de présomptions de fraude et dans le but de répondre à la demande précitée* ». En réalité, il nous semble que le texte aurait dû parler du délai d'investigation calqué sur le délai d'imposition visé à l'article 354, § 2, cette disposition étant relative aux délais d'imposition et non aux délais d'investigation.

[718] *Doc. Parl.*, Chambre, 2021-2022, n° 2899/001, pp. 72-73.

[719] Voy. également en ce sens : T. AFSCHRIFT, « La loi du 20 novembre 2022 : la seconde phase des mesures d'accroissement des pouvoirs du fisc », *R.G.F.C.P.*, n° 2023/7, pp. 2-31.

définitive adopté est d'une merveilleuse incongruité puisqu'il conduit, à le prendre au pied de la lettre, à l'effet inverse de l'effet escompté »[720].

Toujours est-il qu'à supposer qu'il faille toutefois considérer la reformulation en question comme un réel assouplissement, il est alors piquant de noter qu'on pourrait en arriver à une situation « *absurde* » où l'administration serait soumise, dans un même dossier de fraude fiscale étalée sur plusieurs années, à une obligation de notification à « *2 vitesses* », à savoir une notification précise d'indices de fraude pour l'exercice 2022 et les exercices antérieurs, et une notification de simple présomption (et d'intention) pour les exercices 2023 et suivants[721].

b) Pouvoirs d'investigation du fisc et levée du devoir de discrétion bancaire (dans le CIR)[722]

L'administration fiscale dispose, en matière d'impôts sur les revenus (mais aussi pour d'autres impôts comme la TVA), de pouvoirs d'investigation pour contrôler la situation et la déclaration des contribuables, et le cas échéant, rectifier-redresser d'éventuelles violations de la loi fiscale tantôt involontaires, tantôt délibérées et alors constitutives de « *fraudes fiscales* ». Ainsi, dans la chronologie du CIR, sous le Titre VII intitulé « *Établissement et recouvrement des impôts* », le chapitre III, intitulé « *Investigations et contrôle* » (et coincé chronologiquement entre le chapitre sur « *La déclaration* » et celui sur les « *Moyens de preuve de l'administration* »), recense aux articles 315 et suivants du CIR ces pouvoirs d'investigation du fisc, en les formulant en termes d'« *Obligations du contribuable* » (Section I) ou d'« *Obligations des tiers* » (Section II), traduisant ainsi le « *devoir de collaboration* » qu'ils ont chacun à l'égard du fisc.

Parmi les obligations du contribuable, on peut se contenter ici d'épingler les quatre principales : communiquer ses livres et documents nécessaires à la détermination du revenu imposable (art. 315 CIR) ; communiquer ses données enregistrées sur supports informatiques

---

[720] X. THIEBAUT, « La procédure fiscale après la loi du 20 novembre 2022 portant des dispositions fiscales et financières diverses », *Act. Fisc.*, 2022/41, pp. 5-10, spéc. p. 8.

[721] Voy. également, en ce sens : F. SMET et J. BOURGUIGNON, « Délai d'imposition : allongement radical pour certaines déclarations », *Fiscologue*, n° 1763, 26 octobre 2022, pp. 1 et s.

[722] Voy., sur ces pouvoirs d'investigation du fisc, notamment : A. NOLLET, « Pouvoirs et délais d'investigation du fisc en matière d'impôts sur les revenus : état des lieux et nouveautés suite à la loi du 20 novembre 2022 », *R.G.C.F.*, n° 2023/2, pp. 123-147.

(art. 315bis CIR) ; fournir tous renseignements qui lui sont réclamés aux fins de vérifier sa situation fiscale (art. 316 CIR) ; donner l'accès à ses locaux professionnels ou privés (mais alors, pour les locaux privés, dans une fourchette horaire et moyennant autorisation du juge de police) (art. 319 CIR).

Si les articles 320 et suivants du CIR formulent encore quelques obligations plus spécifiques pour certains contribuables (notamment : les entreprises liées dans un groupe multinational, les organismes de placement collectif, les organismes de pension...), les articles 322 et suivants prévoient quant à eux d'autres pouvoirs d'investigation liés à des obligations de tiers. Ainsi, à côté de la possibilité d'utiliser « *par ricochet* » des documents ou renseignements obtenus d'un contribuable pour l'imposition de tiers avec qui le contribuable « *investigué* » aurait été en relations contractuelles ou d'affaires (article 317), les articles 322 et 323 CIR ont également prévu que des demandes de renseignements puissent être adressées directement à des tiers par rapport au contribuable concerné (dont il est question de l'imposition)[723], mais alors de façon « *subsidiaire* » par rapport à l'enquête réalisée d'abord auprès du contribuable lui-même[724].

S'il s'avère que les tiers sollicités sont des « *établissements de banque, de change, de crédit et d'épargne* », l'article 318, alinéa 1er, CIR prévoit tout d'abord, dans le cadre du résidu du principe de discrétion bancaire, l'impossibilité de « *recueillir dans* [leurs] *comptes, livres et documents [...] des renseignements en vue de l'imposition de leurs clients* », avant que des dispositions subséquentes du CIR ne viennent prévoir des exceptions permettant de lever ce secret bancaire (essentiellement depuis une loi du 14 avril 2011[725]), à savoir, notamment :

– **article 318, alinéa 2** : lorsque « *l'enquête effectuée sur base des articles 315, 315bis, 315ter et 316* [à propos/dans le chef de

---

[723] Si l'article 322 (§ 1er, alinéa 1er) CIR prévoit la possibilité pour l'administration de recueillir auprès de tiers « *en ce qui concerne un contribuable déterminé* », le cas échéant par des demandes écrites avec un délai de réponse qu'elle fixe, « *tous renseignements qu'elle juge nécessaires à l'effet d'assurer la juste perception de l'impôt* », l'article 323 CIR prévoit quant à lui la possibilité pour l'administration de requérir, toujours « *dans le délai qu'elle fixe...* », « *la production, pour tout ou partie de leurs opérations ou activités, de renseignements portant sur toute personne ou ensemble de personnes, même non nominativement désignées, avec qui elles ont été directement ou indirectement en relation en raison de ces opérations ou activités* ».

[724] *Com.IR* 1992, n° 322/4.

[725] Entrée en vigueur le 1er juillet 2011.

l'établissement bancaire en question] *a fait apparaître des **éléments concrets permettant de présumer l'existence ou la préparation d'un mécanisme de fraude fiscale*** », auquel cas le principe précité ne s'applique pas ;

– **article 322, § 2** : « *lorsque l'administration dispose dans le cadre de l'enquête* [à propos du contribuable-client] *d'un ou de plusieurs **indices de fraude fiscale** ou lorsque l'administration dispose d'un ou de plusieurs indices que les dispositions des articles 326/1 à 326/9 n'ont pas été correctement respectées*[726] *ou lorsque l'administration envisage de déterminer la base imposable conformément à l'article 341*[727] », auquel cas l'établissement bancaire est « *considéré comme un tiers soumis sans restriction à l'application des dispositions du paragraphe 1er [de l'article 322]* » ;

– **article 322, § 4** : « *lorsqu'un État étranger requiert des renseignements* », auquel cas la demande est assimilée (pour faire simple) à un « *indice* » visé au § 2 de l'article 322.

Plus précisément, lorsque l'enquête fait apparaître des indices de fraude fiscale, comme l'évoque l'article 322, § 2, CIR (parmi d'autres causes d'exception au devoir de discrétion bancaire), il faut que l'administration (via l'agent ayant le grade d'attaché autorisé par l'agent ayant grade de conseiller désigné par le ministre) :

– s'adresse préalablement au contribuable pour lui demander la communication de ses données bancaires (par le biais d'une demande de renseignements), en lui signalant que s'il refuse, elle pourra demander les données auprès de l'organisme bancaire (322, § 2, CIR) ;

– notifie simultanément au contribuable les indices de fraude, à partir de quoi, elle peut consulter le Point de Contact Central à la Banque nationale de Belgique (BNB), où sont centralisées les données relatives aux comptes belges ou étrangers (322, § 3, CIR) ;

– laisse au contribuable un délai d'un mois pour répondre à la demande de renseignements ou contredire la notification des indices de fraude (le cas échéant, en saisissant le tribunal de première instance en référé pour empêcher *a priori* la communication de l'information), après quoi il lui sera possible de lever le secret bancaire.

---

[726] Càd : les obligations déclaratives des dispositifs transfrontières agressifs dans le cadre de la directive DAC 6.

[727] Càd : la taxation 'indiciaire', 'par signes et indices'.

Enfin, à propos de tous ces pouvoirs d'investigation, il faut remarquer que la loi du 20 novembre 2022 a récemment introduit, à l'article 381 CIR (ainsi qu'à l'article 92*ter* CTVA), la possibilité pour l'administration de requérir par voie judiciaire le paiement d'astreintes en cas de non-respect par le contribuable ou un tiers de leurs obligations susvisées prévues au Chapitre III (« *Investigations et contrôle* ») du Titre VII du CIR[728]. Ce nouveau mécanisme, censé donner au fisc un véritable « *moyen de pression* » (plus important que les sanctions administratives que les contribuables préfèrent parfois encourir plutôt que le rétablissement de l'impôt éludé...), n'a cependant pas été exempte de critiques lors des travaux préparatoires ainsi qu'en doctrine quant à sa comptabilité avec le « *droit de se taire* » (« *droit au silence* ») que le contribuable peut invoquer lorsqu'il est confronté à une procédure fiscale susceptible de déboucher sur l'application de sanctions de nature « *pénale* » au sens de l'article 6 CEDH[729].

c) Système « *Una Via* » : concertation obligatoire et procédure unifiée

La procédure de répression, pénale ou administrative de la fraude fiscale, a fait l'objet d'aménagements qui trouvent leur ancrage dans une loi datée du 5 mai 2019[730]. L'idée était de consacrer la règle dite « *una via* », en application du principe *non bis in idem.* Cette loi prévoit, en cas de fraude fiscale grave, organisée ou non, pénalement punissable, une obligation pour l'administration fiscale de dénoncer les infractions

---

[728] Parmi les conditions d'application de ce nouveau mécanisme, il faudra que l'administration rapporte la preuve d'un refus de collaborer du contribuable ou d'un tiers, c'est-à-dire d'un refus de faire droit aux demandes du fisc en application de ses pouvoirs d'investigation susvisés. L'action judiciaire est à introduire devant le juge compétent en matière fiscale, siégeant « *comme en référé* » (ce qui implique qu'il ne doit pas être fait la preuve d'une urgence, mais que la saisine se fait par citation, avec délai de citation de 2 jours. Quant aux modalités de l'astreinte, elles sont à fixer par le juge conformément aux règles de droit commun du Code judiciaire en matière d'astreintes.

[729] Voy., notamment, sur ces critiques : A. NOLLET, « Pouvoirs d'investigation... », *op. cit.*, spéc. pp. 134-138.

[730] Loi du 5 mai 2019 portant des dispositions diverses en matière pénale et en matière de cultes, et modifiant la loi du 28 mai 2002 relative à l'euthanasie et le Code pénal social, *M.B.,* 24 mai 2019. Cette loi vient corriger des aspects problématiques liés à l'instauration préalable d'une première version de la règle *una via,* découlant du principe *non bis in idem,* par une loi du 20 septembre 2012. Cette loi, dont l'objectif était de mieux coordonner la sanction administrative et pénale des infractions fiscales, avait été annulée par la Cour constitutionnelle.

au ministère public (outre les crimes et délits constatés hors droit fiscal) (art. 29, §§ 2-3, Code d'instruction criminelle). Dans le mois de cette dénonciation, une concertation doit obligatoirement avoir lieu entre l'administration fiscale et le procureur du Roi. Cette démarche doit permettre de décider, en fin de compte, si la répression de la fraude fiscale sera administrative (redressement fiscal et sanctions administratives infligées par l'administration) ou pénale (fixation de la cotisation fiscale due et peines infligées par le juge répressif). La loi de 2019 prévoit en outre, en s'appuyant sur la jurisprudence de la Cour européenne des droits de l'homme, que les actions pénale et fiscale doivent s'inscrire dans un « *tout cohérent* » d'un point de vue temporel et matériel. Ce « *tout cohérent* » implique que deux principes soient respectés : les principes d'intégration et d'imputation. Le principe d'intégration suppose qu'une procédure unique aura lieu devant le juge pénal et que l'action civile déjà intentée prendra fin si une action publique est lancée. Le principe d'imputation suppose que le juge pénal tienne compte, dans la fixation de la peine, des amendes administratives et des accroissements d'impôts qui auraient déjà été appliqués en matière fiscale.

d) Jurisprudence « *Antigone* » sur l'usage des preuves irrégulièrement collectées

Dans une jurisprudence connue sous le nom d'« *Antigone* », la Cour de cassation belge a développé, d'abord en droit pénal[731] et par la suite en droit fiscal[732], sa position en matière de recevabilité de preuves irrégulières : le principe est celui de l'admissibilité de ce type de preuves avec, toutefois, trois causes d'écartement. Autrement dit, même si une preuve, en matière fiscale, a été obtenue en violation des règles qui encadrent sa collecte, elle est admissible *par voie de principe* et peut être utilisée pour fonder une cotisation fiscale et ses sanctions. À titre d'*exception,* la preuve irrégulièrement recueillie doit être écartée dans trois catégories d'hypothèses.

Deux des trois causes d'écartement sont identiques aux deux matières (pénale et fiscale). Il s'agit de la *violation de règles prescrites à peine*

---

[731] Cass., 14 octobre 2003, *Pas.*, 2003, liv. 9-10, 1607, concl. DE SWAEF.

[732] Cass., 22 mai 2015, F.13.0077.N., *Pas.*, 2015, liv. 5, 1343, *Act. fisc.* 2015/29 et 2017/15. Cette jurisprudence a été confirmée par des arrêts ultérieurs : Cass. 4 nov. 2016 (F.15.0106.N), 10 février 2017 (F.15.0145.N), 18 janvier 2018 (F.16.0031.N), 11 juin 2020 (F.19.0022.N). Voy. aussi, récemment, Cass., 21 avril 2022, *Act. fisc.* 2022, 23/1.

de nullité, d'une part, et de *l'atteinte au droit à un procès équitable*, d'autre part. Pour la troisième cause d'écartement, il n'est pas question, comme au pénal, de l'atteinte à la fiabilité de la preuve mais plutôt du *comportement de l'autorité au regard des principes de bonne administration* (à savoir les principes de sécurité juridique dont celui de confiance légitime, de non-discrimination et de proportionnalité)[733].

Pour mener à bien son contrôle *in concreto* quant à l'admissibilité ou non d'une preuve irrégulièrement obtenue, le juge pénal ou fiscal dispose de sous-critères importants pour caractériser la proportionnalité intrinsèque au raisonnement « *Antigone* » et aider le juge dans son appréciation. Il s'agit du caractère purement formel de l'irrégularité, de son incidence sur le droit protégé, du caractère intentionnel ou non de l'illégalité commise, de la gravité de l'infraction par rapport à l'illégalité commise ou encore du fait que la preuve aurait tout de même été obtenue même sans cette irrégularité[734].

La Cour européenne des droits de l'homme[735] d'abord, et la Cour constitutionnelle belge[736] ensuite, ont contribué à la consolidation de cette jurisprudence en Belgique – à tout le moins en matière pénale – estimant que ni la **convention européenne des droits de l'homme ni la Constitution** ne contiennent de règles qui requièrent l'écartement automatique de preuves irrégulières et que l'utilisation de ce type de preuves ne viole pas nécessairement le droit à un procès équitable[737]. Le législateur belge a d'ailleurs réceptionné cette jurisprudence Antigone pénale en insérant, en 2013, un nouvel article 32 au Titre préliminaire du code d'instruction criminelle. Cet article dispose que : « *La nullité d'un élément de preuve obtenu irrégulièrement n'est décidée que si :*

---

[733] Pour l'analyse des critères, voy. M. BOURGEOIS et C. VERSCHEURE, « 'Antigone' en droit fiscal : Quelle évolution ? », in *Le droit fiscal en 2017 – Questions choisies*, CUP, n° 172, Liège, Anthemis, 2017, pp. 224 et s. ; C. BUYSSE, « Preuve illicite : la Cour de cassation oblige à une pondération des intérêts », *Fiscologue*, n° 1435, 2015, p. 4.

[734] Voy. Cass. 29 janvier 2021, F.17.0016.N. Voy. aussi C. BUYSSE, « Violation d'un droit fondamental : pas d'exclusion automatique de la preuve », *Fiscologue*, n° 1691, 2021, 1.

[735] C.eur.D.H., *Lee Davies c. Belgique*, 28 juillet 2009, *Rev. dr. pén. crim.*, 2010, pp. 312 et s. ; C.eur.D.H., *Kalnéniené c. Belgique*, 31 janvier 2017.

[736] C. Const., 22 décembre 2010, 158/2010.

[737] Pour une analyse détaillée, voy. M. BOURGEOIS et C. VERSCHEURE, *op. cit.*, pp. 217 et s.

- *le respect des conditions formelles concernées est prescrit à peine de nullité, ou ;*
- *l'irrégularité commise a entaché la fiabilité de la preuve, ou ;*
- *l'usage de la preuve est contraire au droit à un procès équitable* ».

Le régime proprement fiscal de l'admissibilité de principe des preuves irrégulièrement obtenues continue, quant à lui, à reposer uniquement sur la jurisprudence de la Cour de cassation. Il contraint les juges du fond à systématiquement opérer une balance d'intérêts entre les principes de légalité et de sécurité juridique d'une part, et le principe constitutionnel d'égalité de tous les contribuables devant l'impôt d'autre part.

CONCLUSION

Au terme de cet aperçu, certes non exhaustif, et donc illustratif, de l'encadrement juridique de la lutte contre la fraude fiscale en Belgique, il faut constater que la préoccupation de répression de ce type de délit n'a cessé de s'accroître au fil du temps. Historiquement, l'on est passé d'une situation quasi d'indifférence (durant le 19e siècle et au tout début du 20e siècle) à un régime complexe voire touffu (aujourd'hui), caractérisé par la démultiplication des dispositifs permettant à l'administration et, le cas échéant, au ministère public de (faire) redresser effectivement les impôts éludés et de (faire) réprimer, soit administrativement soit pénalement, les comportements fiscaux qualifiables de frauduleux.

De manière intéressante, un biais existe toutefois entre l'importance donnée par le législateur à la dimension pénale de la répression et la traduction dans les faits de cette intention. Les juridictions répressives et les parquets sont surchargés de travail et les délais de traitement des affaires fiscales proprement dites sont très longs, ce qui aboutit souvent à des sanctions de pure forme en fin de compte (pour cause de fragilité des preuves ou de dépassement du délai raisonnable garanti par la C.E.D.H.). D'aucuns ont d'ailleurs souligné le caractère davantage dissuasif et répressif de la « *voie administrative* » (à savoir, le redressement directement par l'administration fiscale et l'application par elle de sanctions administratives) par rapport à la « *voie pénale* », préconisant ainsi la dépénalisation de la fraude fiscale, du moins dans ses occurrences les plus simples[738]. C'est dire combien, *de facto*, les

---

[738] Voy. notamment la thèse de doctorat (en néerlandais) de J. VAN EYNDHOVEN, *De strafrechtelijke handhaving van fiscale verplichtingen. Een pleidooi voor een doordachte depenalisering*, Anvers, Larcier-Intersentia, 2023, 1221 p.

juges répressifs sont mal équipés pour mener à bien une démarche systématique de mise en œuvre des dispositifs pénaux décrits ci-avant.

Une certaine inefficacité de la lutte contre la fraude fiscale par le passé a d'ailleurs poussé le législateur à organiser plusieurs campagnes successives de régularisation fiscale qui permettent à ceux qui acquittent volontairement l'impôt dû et éludé, auquel s'ajoute une pénalité calculée sous la forme d'un pourcentage (des capitaux concernés), d'éviter de faire l'objet de poursuites pénales. La multiplication des échanges de renseignements internationaux et la lutte plus intensive contre le blanchiment de capitaux permettent en effet à l'administration fiscale de découvrir aujourd'hui des faits, même (très) anciens, de fraude fiscale. Or, l'association du délit de blanchiment de capitaux avec l'infraction sous-jacente de fraude fiscale rend *de facto* celles-ci imprescriptibles (compte tenu du caractère « *continu* » de l'infraction de blanchiment). Au final, l'immunité pénale offerte par les dispositifs de régularisation a permis de rendre ces opérations attractives pour un certain nombre de contribuables.

LA PRÉVENTION DE LA FRAUDE FISCALE : ÉCHO DE LA SUISSE

Guillaume GREMION & Thierry OBRIST

Chaire de droit fiscal, Université de Neuchâtel, Suisse

INTRODUCTION

La fraude fiscale est une problématique internationale, ayant des implications profondes sur les économies du monde entier. Elle engendre un manque à gagner en termes de recettes fiscales significatif pour les États, déstabilise les marchés financiers et crée des inégalités socio-économiques. Dans ce contexte mondialisé, la Suisse occupe une position particulière. Reconnue comme l'un des principaux centres bancaires du globe, elle est avec les autres places financières concurrentes régulièrement sous les projecteurs quand il s'agit de dénoncer la fraude fiscale[739].

L'importance économique et financière de la Suisse lui confère une responsabilité non négligeable dans la lutte contre ces pratiques délictueuses. Forte de sa réputation de pionnière dans le domaine bancaire et financier, la Suisse a mis en œuvre, au fil des années, un arsenal juridique, pratique et institutionnel pour prévenir la fraude fiscale, en alignant progressivement sa législation avec les normes internationales.

L'objectif de cet article est d'examiner de manière sommaire le cadre juridique suisse relatif à la fraude fiscale, ses pratiques, ses mécanismes et ses mesures préventives. Il s'agira d'une exploration du paysage fiscal suisse en particulier ses aspects pénaux, en mettant l'accent sur les efforts déployés pour empêcher, détecter et sanctionner les activités frauduleuses.

Il est toutefois important de souligner que cet article ne prétend pas à l'exhaustivité. Le champ de la fraude fiscale est vaste et complexe. Notre

---

[739] Secrétariat d'État aux questions financières internationales SFI, « Flux financiers illicites », https://www.sif.admin.ch/sif/fr/home/finanzmarktpolitik/flux-financiers-illicites/iff.html (dernière consultation 15.09.2023).

ambition est donc de donner un aperçu de certaines spécificités fiscales helvétiques, sans pour autant entrer dans tous les détails techniques et spécificités. L'accent sera mis sur les grandes lignes directrices, les pratiques dominantes et les mécanismes clés qui définissent la réponse suisse à la prévention et à la sanction de la fraude fiscale.

VI. LA PRÉVENTION DE LA FRAUDE FISCALE EN SUISSE

Le système juridique suisse s'ancre dans une structure fédérale. La Confédération, dotée d'une Constitution[740], légifère sur les matières qui lui sont expressément dévolues. Les 26 cantons, munis de leurs propres constitutions, légifèrent sur les autres sujets. En matière fiscale, cette séparation des pouvoirs est manifeste : bien que l'impôt fédéral direct soit de compétence fédérale, ce sont les cantons qui sont responsables de sa taxation et de sa perception. À l'inverse, d'autres impôts, comme par exemple la taxe sur la valeur ajoutée (TVA), sont entièrement du ressort de la Confédération, tant pour sa législation que pour sa perception. Cette imbrication de compétences entre niveaux fédéral et cantonal illustre la complexité et l'harmonisation nécessaires en droit fiscal suisse.

Nous aborderons tout d'abord (A.) le cadre juridique de la fraude fiscale en Suisse, puis (B.) les pratiques et mécanismes de collecte de l'impôt en Suisse, (C.) les mesures visant à identifier et sanctionner la fraude avant de conclure par une thématique plus générale, celle de (D.) l'adhésion à l'impôt (c'est-à-dire le consentement à la charge fiscale) des contribuables en Suisse.

A. Cadre juridique de la fraude fiscale en Suisse

Le cadre juridique entourant la fraude fiscale en Suisse et plus généralement celui de l'impôt est réparti en une multitude de normes juridiques, tant au niveau fédéral qu'au niveau cantonal répartissant notamment les compétences[741].

---

[740] Constitution fédérale du 18 avril 1999 de la Confédération suisse, RS 101.

[741] En Suisse, les deux lois les plus importantes en matière fiscales sont : La loi fédérale sur l'impôt fédéral direct (LIFD ; Loi fédérale du 14 décembre 1990 sur l'impôt fédéral direct (LIFD), RS 642.11) et la loi fédérale sur l'harmonisation des impôts directs des cantons et des communes (LHID ; Loi fédérale du 14 décembre 1990 sur l'harmonisation des impôts directs des cantons et des communes (LHID), RS 642.14). La première traite de l'impôt destiné à financer la Confédération tandis que la seconde loi est une loi d'harmonisation fiscale, reprise par chacun des cantons dans une loi cantonale. Nous mentionnerons ainsi principalement les dispositions pertinentes de ces deux lois dans la présente contribution.

Dans ce chapitre, nous effectuerons quelques distinctions et aborderons quelques définitions importantes concernant le cadre de la fraude fiscale en Suisse. Nous débuterons par quelques réflexions sur la distinction entre droit administratif et droit pénal avant d'aborder les contraventions et délits fiscaux pour ensuite définir la fraude fiscale en droit Suisse. Nous clôturerons ce chapitre par quelques observations sur l'interaction entre fraude fiscale et blanchiment d'argent.

1. Classification juridique : droit administratif versus droit pénal

En Suisse, la distinction entre droit administratif et droit pénal est essentielle pour comprendre le traitement juridique de la fraude fiscale. Ces deux branches du droit ont des caractéristiques distinctes, des objectifs différents et abordent la fraude fiscale sous des angles variés.

Le droit administratif, dans son essence, est principalement préoccupé par l'organisation et le fonctionnement des entités administratives de l'État et la relation entre ces entités et les citoyens. Il s'occupe des normes et des régulations qui régissent les actions de l'État et veille à ce que l'administration agisse en respectant les lois. Ainsi, en matière de fraude fiscale, le droit administratif concerne principalement la taxation et la perception de l'impôt, les procédures fiscales ainsi que le recouvrement. C'est un domaine où l'État cherche à corriger des erreurs ou des omissions plutôt qu'à punir[742].

Le droit pénal, quant à lui, est le mécanisme par lequel l'État réglemente les comportements considérés comme préjudiciables à la société dans son ensemble et impose des sanctions en conséquence. Dans le contexte de la fraude fiscale, le droit pénal intervient lorsque la violation des obligations fiscales est considérée comme une infraction criminelle. Cela se produit, par exemple, en matière de blanchiment d'argent[743]. Contrairement au droit administratif qui cherche à corriger, le droit pénal vise à punir.

En matière de délits fiscaux[744], la poursuite pénale revient aux ministères publics cantonaux. Si l'Administration cantonale présume un délit, elle dénonce l'infraction à l'autorité compétente. Dans ce cas

742 S. L'EPLATTENIER, *Contraventions, délits et crimes fiscaux,* LaPD – La Pratique du Droit, Lausanne, 2019, p. 8.

743 S. L'EPLATTENIER, *Contraventions, délits et crimes fiscaux,* LaPD – La Pratique du Droit, Lausanne, 2019, p. 14.

744 *Infra* VI.A.3.c).

c'est le Code de procédure pénal fédéral[745] qui s'applique[746]. En revanche, la poursuite des infractions de droit administratif est de la compétence des autorités fiscales compétentes pour percevoir l'impôt[747]. Ainsi, il existe un mécanisme de basculement, pour les infractions mineures, c'est l'autorité fiscale qui est compétente et applique la procédure issue des lois fiscales tandis que pour les infractions plus graves, c'est l'autorité pénale qui est compétente et applique les dispositions du Code de procédure pénale.

Ainsi, en Suisse, alors que les irrégularités fiscales mineures peuvent être traitées comme des affaires administratives, les actes graves de fraude fiscale, où il y a l'intention de tromper, sont sanctionnés pénalement. Cette dualité offre à la Suisse un ensemble d'outils juridiques diversifié pour aborder les nombreuses facettes de la fraude fiscale, assurant ainsi une réponse adaptée et proportionnée aux différentes formes de non-conformité fiscale.

En résumé, nous avons ainsi d'une part, le droit pénal fiscal formel, qui règle la procédure de taxation et de recours et d'autre part, le droit matériel qui définit les infractions fiscales. Dans ce contexte, la frontière entre droit administratif et droit pénal n'est pas clairement définie, et la question de savoir où placer le droit pénal fiscal est encore en suspens[748], dans la mesure où les infractions administratives en matière fiscale revêtent souvent un caractère pénal[749].

Compte tenu de ce qui précède, nous nous concentrerons sur les différentes notions, en abordant successivement la définition de l'évasion fiscale, les contraventions et délits fiscaux et leurs interactions avec le blanchiment d'argent.

---

[745] Code de procédure pénale suisse du 5 octobre 2007, (Code de procédure pénale, CPP), RS. 312.0.

[746] Art. 188 al. 2 LIFD.

[747] Rapport sur le droit pénal fiscal, p. 63 ; S. SANSONETTI/D. HOSTETTLER, *Commentaire romand de la loi sur l'impôt fédéral direct,* 2e éd., Helbing Lichtenhahn, Bâle, 2017 art. 182 N 8.

[748] H. TORRIONE, « Les infractions fiscales en matière d'impôts directs et dans le domaine de l'impôt anticipé, des droits de timbre et de la TVA », p. 1019 *in* BÉGUIN ET AL., *Les procédures en droit fiscal,* Stämpfli, Berne, 2021, pp. 1019-1219.

[749] A. MACALUSO/L. HULLIGER, « Le droit fiscal face aux principes du droit pénal et de la procédure » *in* P. -M. GLAUSER (édit.), *Droit pénal fiscal,* Zürich, Schulthess, 2013, p. 36.

2. Définition de l'évasion fiscale : entre économie d'impôt légitime et manœuvre frauduleuse

En Suisse, l'évasion fiscale ne relève pas du pénal. Elle se manifeste lorsqu'un contribuable masque la véritable intention économique derrière une structure juridique artificielle ou atypique et recoupe la notion de *tax avoidance* et doit ainsi être différenciée du concept anglo-saxon de *tax evasion*[750].

Selon notre Haute Cour, le Tribunal fédéral suisse, trois conditions cumulatives définissent l'évasion fiscale : (*i*) La structure juridique choisie semble insolite, inappropriée ou étrange, voire contraire à la finalité économique visée ; (*ii*) ce choix doit avoir été effectué arbitrairement, avec l'unique dessein d'économiser des impôts qui seraient normalement dus si la situation avait été structurée de manière convenable et (*iii*) reconnue par l'autorité fiscale, cette structuration entraînerait effectivement une réduction de l'impôt. Si ces trois critères sont réunis, l'autorité fiscale peut écarter la structure juridique choisie pour se concentrer sur la réalité économique de l'opération. Le Tribunal fédéral suisse a clairement établi qu'un contribuable ne peut, en vue de réduire sa charge fiscale, adopter une démarche atypique et inappropriée qui violerait le principe de bonne foi[751].

L'évasion fiscale ou *tax avoidance*, comme décrite précédemment, est une manipulation de la structure juridique sans transgresser le cadre légal, mais elle demeure sous la vigilance des autorités fiscales. Dans ce contexte, il arrive que l'autorité fiscale fasse abstraction de la structure de droit civil, afin de suivre la réalité économique et fiscale du cas d'espèce. En revanche, la soustraction fiscale ou *tax evasion* consiste à ne pas déclarer ou à sous-estimer sciemment des revenus ou des actifs pour réduire sa charge fiscale. Contrairement à l'évasion, la soustraction est pénalement répréhensible en Suisse et peut entraîner des sanctions pénales[752].

---

[750] L. CORNU, *Théorie de l'évasion fiscale et interprétation économique*, Genève, Schulthess, 2014, p. 310 ; A. MACALUSO/L. HULLIGER, « Le droit fiscal face aux principes du droit pénal et de la procédure » *in* P. -M. GLAUSER (édit.), *Droit pénal fiscal,* Zürich, Schulthess, 2013, p. 25.

[751] ATF 138 II 239, c. 4.1.

[752] L. CORNU, Théorie de l'évasion fiscale et interprétation économique, Genève, Schulthess, 2014, p. 310.

3. Contraventions et délits fiscaux

a) Généralités

La fraude fiscale, considérée par beaucoup comme une entrave majeure à la justice sociale et à l'équité fiscale se doit de pouvoir être sanctionnée. La mise en place de ces sanctions répond à une double exigence. D'une part, elle vise à restituer à l'État ce qui lui est dû, garantissant ainsi l'intégralité des recettes fiscales et, d'autre part, elle sert de mécanisme de dissuasion. La sévérité des sanctions, en théorie, devrait dissuader les potentiels fraudeurs d'envisager une telle entreprise[753].

La question de l'effet dissuasif des sanctions pénales, en particulier dans le domaine fiscal, est complexe et fait l'objet de nombreux débats. De nombreuses études s'accordent à dire que la dissuasion dépend de deux éléments clés : la certitude et la sévérité de la sanction. Si les individus sont convaincus qu'ils seront pris et punis, et si la sanction est suffisamment sévère, ils seront probablement dissuadés de commettre l'infraction[754].

La fraude fiscale présente certaines caractéristiques qui la distinguent d'autres crimes. Souvent, elle est perçue comme un crime « *sans victime* », où le seul lésé est l'État ou la collectivité publique. Cette perception peut diminuer l'effet dissuasif des sanctions.

Comme mentionné précédemment, l'ordre juridique suisse distingue les infractions sanctionnées pénalement de celles sanctionnées administrativement. Nous distinguons trois types de catégories d'infractions en Suisse, les contraventions, les délits et les crimes (par ordre de gravité).

La première catégorie, les contraventions, sont punies de l'amende. Les normes juridiques sont principalement contenues dans les dispositions pénales fiscales de la sixième partie de la LIFD, celles-ci sont reprises de manière analogue dans le titre 6 de la LHID. Ces dispositions traitent notamment des contraventions en matière fiscale.

La deuxième catégorie, celle des délits fiscaux contient les infractions qui peuvent être punies d'une peine privative de liberté allant jusqu'à trois ans au plus ou d'une peine pécuniaire, ceci assorti d'une amende.

---

[753] A. KUHN, *Sanctions pénales : est-ce bien la peine ? Et dans quelle mesure ?,* Les Éditions de l'Hèbe, Charmey 2010, p. 72.

[754] A. HOK, *Reformatio in pejus et principe « ne bis in idem » en droit pénal fiscal, in* not@lex 1/22, Centre de droit notarial, Schulthess, Lausanne, 2022 p. 6.

Une sous-catégorie des délits est celle du délit fiscal qualifié. Le Code pénal suisse[755] contient également des normes permettant de sanctionner les infractions en matière fiscale. En particulier, l'art. 305 bis CP définit le délit fiscal qualifié par la somme des impôts soustraits, notamment si ceux-ci s'élèvent à plus de CHF 300'000 francs par période fiscale.

Le délit fiscal qualifié a été mis en place pour lutter contre le blanchiment d'argent. Dans cette mesure, l'un des éléments constitutifs du blanchiment d'argent est la provenance de l'argent d'un crime, qui a été étendu au délit fiscal qualifié[756].

Une grave infraction fiscale peut être définie en particulier comme une soustraction continue - soit sur plusieurs périodes fiscales - de montants importants d'impôt[757] ou par les délits fiscaux[758].

La dernière catégorie, celle des crimes, contient les infractions punies d'une peine privative de liberté de plus de 3 ans. En matière fiscale, les crimes à proprement dit sont peu nombreux. En matière d'impôt direct, seul le blanchiment d'argent en lien avec un délit fiscal qualifié est punissable d'une peine privative de liberté allant jusqu'à 5 ans. En matière d'impôt indirect, l'article 14 DPA[759] prévoit que l'escroquerie en matière de prestations et de contributions est constitutive d'un crime, lorsqu'elle est effectuée par métier ou avec le concours d'un tiers.

Nous reviendrons plus en détail sur les différentes infractions dans la suite de la contribution, en mettant notamment en exergue certains éléments de chaque infraction[760].

b) Contraventions

En matière fiscale, on distingue deux premières catégories d'infraction principales : d'une part, les contraventions sanctionnées de l'amende et

---

[755] Code pénal suisse du 21 décembre 1937 (CP), RS 311.0.

[756] S. L'EPLATTENIER, *Contraventions, délits et crimes fiscaux,* LaPD – La Pratique du Droit, Lausanne, 2019, p. 307 ss.

[757] Cf. art. 175 et 176 LIFD.

[758] Cf. art. 186, 187 et 190 LIFD ; S. SANSONETTI/D. HOSTETTLER, *Commentaire romand de la loi sur l'impôt fédéral direct,* 2e éd., Helbing Lichtenhahn, Bâle, 2017 art. 190 N 1.

[759] Loi fédérale du 22 mars 1974 sur le droit pénal administratif (DPA), RS 313.0.

[760] Cf. *Infra* II. B. 4.

d'autre part, les délits sanctionnés d'une peine privative de liberté[761]. En matière de contraventions fiscales, le montant de l'amende peut s'élever jusqu'à trois fois le montant de l'impôt soustrait.

Les articles 174 à 185 LIFD énoncent différentes normes sanctionnant la violation des obligations de procédure et soustraction d'impôt, et qui entrent dans la catégorie des infractions. Sans volonté d'être exhaustif, nous pouvons notamment distinguer :

– **la violation des obligations de procédure**[762] qui sanctionne notamment le fait de ne pas déposer une déclaration d'impôt, de ne pas fournir les informations nécessaires ou en ne s'acquittant pas d'obligation imposée par la loi[763]. Le bien juridiquement protégé par cette norme est la bonne exécution de la taxation, il ne s'agit donc qu'indirectement d'une protection des intérêts financiers de l'État[764].

– **la soustraction d'impôt ainsi que sa tentative ainsi que l'instigation, complicité et participation**[765] qui punit l'acte de faire en sorte qu'une taxation ne soit pas effectuée alors qu'elle devrait l'être ou qu'une taxation entrée en force soit incomplète. Le bien juridiquement protégé de cette norme est la protection des intérêts patrimoniaux de la collectivité publique dans la mesure où ses ressources n'augmentent pas contrairement à ce que prévoit la législation fiscale[766]. Certains auteurs mentionnent également la protection de la constatation exacte et complète des faits, dans le but de déterminer la charge fiscale ou encore l'ordre fiscal[767]. Ainsi, les biens juridiques protégés par les articles 175 à 177 LIFD sont multiples.

– **la dissimulation ou distraction de biens successoraux dans la procédure d'inventaire**[768] qui sanctionne la dissimulation ou la

---

[761] H. TORRIONE, « Les infractions fiscales en matière d'impôts directs et dans le domaine de l'impôt anticipé, des droits de timbre et de la TVA », p. 1038 in : BÉGUIN ET AL., *Les procédures en droit fiscal,* Stämpfli, Berne, 2021, pp. 1019-1219.

[762] Articles 174 LIFD et 55 LHID.

[763] Art. 124 à 126 LIFD.

[764] S. SANSONETTI/D. HOSTETTLER, *Commentaire romand de la loi sur l'impôt fédéral direct,* 2e éd., Helbing Lichtenhahn, Bâle, 2017 art. 174 N 6.

[765] Articles 175 à 177 LIFD.

[766] S. SANSONETTI/D. HOSTETTLER, *Commentaire romand de la loi sur l'impôt fédéral direct,* 2e éd., Helbing Lichtenhahn, Bâle, 2017 art. 175 N 4.

[767] S. SANSONETTI/D. HOSTETTLER, *Commentaire romand de la loi sur l'impôt fédéral direct,* 2e éd., Helbing Lichtenhahn, Bâle, 2017 art. 175 N 4 ; F. RICHNER/W. FREI/S. KAUFMANN/H. -U. MEUTER, *Handkommentar zum DBG*, Geiger AG, 3e éd., art. 175 N 5.

[768] Article 178 LIFD

distraction de biens successoraux dont le contribuable est tenu d'annoncer l'existence dans le cadre de la procédure d'inventaire. Le bien juridiquement protégé par cette norme est le déroulement régulier de la procédure d'inventaire et plus généralement de l'administration de la justice fiscale et indirectement la protection des intérêts patrimoniaux de l'État[769].

En matière de contraventions, il est important de souligner que la compétence pour la poursuite de l'infraction relève des autorités fiscales qui ne disposent pas de moyens de contraintes, mais uniquement des possibilités octroyées par les lois fiscales[770]. Il s'agit ici d'un des principaux éléments qui différencient les contraventions des délits fiscaux, abordés dans le prochain chapitre.

c) Délits fiscaux

En droit suisse, le délit est défini comme une infraction punissable d'une peine privative de liberté de trois ans au plus. À la différence des contraventions où il est souvent question de « *soustraction* » les délits concernent plus généralement ce qui pourrait être désigné comme la « *fraude fiscale* ».

À la différence des contraventions, la poursuite de l'infraction en matière de délits est attribuée au juge pénal, qui dispose de toutes les mesures prévues par le Code de procédure pénale[771] au contraire de l'autorité fiscale qui ne dispose que des mesures des lois fiscales[772].

– **La fraude fiscale ou usage de faux[773]** est définie comme suit : « *Celui qui, dans le but de commettre une soustraction d'impôt, fait usage de titres faux, falsifiés ou inexacts quant à leur contenu ou qui, tenu de percevoir l'impôt à la source détourne à son profit ou à celui d'un tiers les montants perçus* ». Ce délit entre en concours réel avec la soustraction des articles 175 à 177 LIFD. Ainsi, cette norme réprime

---

[769] S. SANSONETTI/D. HOSTETTLER, *Commentaire romand de la loi sur l'impôt fédéral direct,* 2e éd., Helbing Lichtenhahn, Bâle, 2017 art. 178 N 2.

[770] H. TORRIONE, « Les infractions fiscales en matière d'impôts directs et dans le domaine de l'impôt anticipé, des droits de timbre et de la TVA », p. 1188 in : BÉGUIN ET AL., *Les procédures en droit fiscal,* Stämpfli, Berne, 2021, pp. 1019-1219.

[771] Code de procédure pénale suisse du 5 octobre 2007 (Code de procédure pénale, CPP) RS 312.0.

[772] H. TORRIONE, « Les infractions fiscales en matière d'impôts directs et dans le domaine de l'impôt anticipé, des droits de timbre et de la TVA », p. 1189 in : BÉGUIN ET AL., *Les procédures en droit fiscal,* Stämpfli, Berne, 2021, pp. 1019-1219.

[773] Articles 59 LHID et 186 LIFD.

exclusivement l'utilisation d'un moyen particulier dans le cadre d'une soustraction[774]. Le bien juridiquement protégé par cette norme est tout d'abord le patrimoine de la collectivité mais également la confiance que les autorités mettent dans un titre[775].

– **Le détournement de l'impôt à la source**[776] qui sanctionne le fait de détourner des montants perçus à son profit ou à celui d'un tiers. Cette infraction s'inspire de l'abus de confiance[777]. Il s'agit ici d'une sanction liée directement à un mode de perception particulier, l'imposition à la source. Cette norme vise à rendre responsable une personne physique qui agit soit en tant que débitrice directe de l'impôt, soit en tant qu'organe d'une personne morale[778].

En matière de délits fiscaux[779], la compétence de la poursuite est attribuée exclusivement à l'autorité pénale. La procédure de poursuite débute généralement par une dénonciation de l'administration fiscale faite au ministère public, qui se chargera de l'instruction et de l'accusation[780].

Après avoir abordé les délits en matière fiscale, nous examinons les crimes, qui sont traités de manière analogue, bien que plus graves.

d) Crimes

En Suisse, le crime est défini comme une infraction sanctionnée d'une peine privative de liberté de plus de trois ans. Comme mentionné précédemment, deux infractions de droit fiscal entrent dans cette catégorie : l'escroquerie en matière de prestations et de contributions et les cas graves de blanchiment de fraude fiscale.

---

[774] H. TORRIONE, « Les infractions fiscales en matière d'impôts directs et dans le domaine de l'impôt anticipé, des droits de timbre et de la TVA », p. 1189 in : BÉGUIN ET AL., *Les procédures en droit fiscal,* Stämpfli, Berne, 2021, pp. 1019-1219.

[775] S. SANSONETTI/D. HOSTETTLER, *Commentaire romand de la loi sur l'impôt fédéral direct,* 2e éd., Helbing Lichtenhahn, Bâle, 2017 art. 186 N 6.

[776] Art. 187 LIFD.

[777] Art. 138 ch. À al. 2 CP ; S. SANSONETTI/D. HOSTETTLER, *Commentaire romand de la loi sur l'impôt fédéral direct,* 2e éd., Helbing Lichtenhahn, Bâle, 2017 art. 187 N 1.

[778] Art. 138 ch. À al. 2 CP ; S. SANSONETTI/D. HOSTETTLER, *Commentaire romand de la loi sur l'impôt fédéral direct,* 2e éd., Helbing Lichtenhahn, Bâle, 2017 art. 187 N 3.

[779] NdA : dans le domaine des impôts directs uniquement.

[780] H. TORRIONE, « Les infractions fiscales en matière d'impôts directs et dans le domaine de l'impôt anticipé, des droits de timbre et de la TVA », p. 1207 in : BÉGUIN ET AL., *Les procédures en droit fiscal,* Stämpfli, Berne, 2021, pp. 1019-1219.

L'infraction d'escroquerie en matière de prestations et de contributions[781] est réalisée lorsque le comportement d'un contribuable a pour effet de soustraire aux pouvoirs publics un montant important représentant une contribution, un subside ou une autre prestation. Cette infraction peut être constitutive d'un crime mais uniquement quand elle est réalisée par métier ou avec le concours de tiers dans le domaine des contributions ou des douanes.

Les cas graves de blanchiment de fraude fiscale sont également punis d'une peine privative de liberté de 5 ans au plus (art. 305 bis al. 2 CP). Comme mentionné précédemment, c'est le cumul d'une soustraction d'impôt d'au moins CHF 300'000 – soit un délit fiscal qualifié – et un acte de blanchiment d'argent qui sont ici visés.

4. Interaction avec le blanchiment d'argent

La Suisse, compte tenu de son rôle en tant que centre financier mondial, s'est penchée sur la régulation de la fraude fiscale et du blanchiment d'argent de manière stricte et explicite[782]. L'interaction entre ces deux domaines trouve une expression claire dans l'article 305 bis du Code pénal suisse réprimant le blanchiment d'impôt.

Le délit fiscal qualifié, en droit suisse, concerne les actes intentionnels où un contribuable cause ou tente de causer un manque à gagner en recettes fiscales dépassant CHF 300'000 en une période fiscale. Si un individu ou une entité bénéficie financièrement de cette fraude, l'argent acquis est techniquement « *sale* » ou illicite. L'article 305 bis CP qualifie le fait d'introduire cet argent dans le circuit économique légal comme un acte de blanchiment d'argent. Ainsi, la fraude fiscale devient indirectement une source de fonds blanchis, mettant en relief le lien étroit entre ces deux infractions.

Les mécanismes de blanchiment sont divers et variés, mais ils suivent généralement trois étapes clés : placement, superposition et intégration. Dans le contexte du blanchiment d'impôts, le placement pourrait impliquer le dépôt des fonds dans une banque suisse ou l'achat d'actifs tangibles. La superposition se réfère à une série complexe de transactions visant à brouiller l'origine des fonds – cela pourrait inclure le transfert d'argent entre différents comptes, souvent dans diverses

[781] Art. 14 de la loi fédérale du 22 mars 1974 sur le droit pénal administratif (DPA), RS 313.0.

[782] S. L'EPLATTENIER, *Contraventions, délits et crimes fiscaux,* LaPD – La Pratique du Droit, Lausanne, 2019, p. 307 ss.

juridictions, ou l'achat et la vente rapide d'actifs. Finalement, l'intégration vise à faire entrer l'argent « *nettoyé* » dans l'économie légitime, par exemple en investissant dans des entreprises légales ou en achetant des biens de grande valeur.

L'article 305 bis CP souligne la détermination de la Suisse à lutter contre les infractions financières, en reconnaissant explicitement la nature insidieuse du lien entre la fraude fiscale et le blanchiment d'argent.

Cette norme sanctionne également le blanchiment de capitaux provenant de fraudes fiscales commises à l'étranger. Par exemple, les systèmes fiscaux *offshore* sont caractérisés par l'utilisation de juridictions étrangères, souvent à faible fiscalité, permettant aux entités de réduire illicitement leur charge fiscale. Ainsi, un professionnel du secteur bancaire ou un fiscaliste basé en Suisse peut se voir poursuivi pénalement en Suisse pour avoir facilité une soustraction fiscale dans un autre pays. Dans ce contexte juridique, le mécanisme d'échange de renseignements entre juridictions acquiert une dimension cruciale, car il permet une coopération transfrontalière efficiente et assure l'application des sanctions pertinentes aux contrevenants.

Après cette première partie où nous avons présenté certains concepts clés entourant la fraude fiscale, nous continuons notre contribution avec un descriptif de certaines méthodes de perception de l'impôt en Suisse, dans le but de mettre en évidence certains mécanismes permettant de prévenir la fraude fiscale.

B. Pratiques et mécanisme de collecte de l'impôt en Suisse

La Suisse navigue dans un labyrinthe d'une certaine finesse lorsqu'il s'agit de la collecte d'impôts. Cette diversité se traduit par une mosaïque de procédures spécifiquement conçues pour répondre aux nuances des divers revenus et profils de contribuables.

Ce chapitre s'efforcera d'expliquer ce système en abordant successivement : les différents modes de perception (VI.B.1) ; le mécanisme de rappel d'impôt (VI.B.2) ; et la procédure de dénonciation spontanée non punissable (VI.B.3).

1. Modes de perception de l'impôt

La Suisse, en raison de sa structure fédérale, se distingue par une variété de mécanismes adaptés à différents types de revenus et de contribuables. Chacune des méthodes de perception reflète la volonté de la Suisse de garantir une collecte efficace et équitable de l'impôt, tout en tenant compte des spécificités de sa population et de son économie.

Nous aborderons successivement l'imposition selon le rôle ordinaire (VI.B.1.a) ; l'imposition à la source (VI.B.1.b) ; l'impôt anticipé (VI.B.1.c) ; ainsi que différents outils visant à garantir le paiement de l'impôt (VI.B.1.d).

a) Rôle ordinaire

Il s'agit de la méthode de perception d'impôt la plus commune en Suisse, où l'administration fiscale émet une décision de taxation après avoir examiné la déclaration d'impôt du contribuable.

La loi fédérale énonce quels impôts sont prélevés au niveau fédéral. En outre elle prévoit également que la taxation et la perception des impôts directs sont effectuées par les cantons[783]. La loi d'harmonisation prévoit également de manière analogue les impôts à prélever[784].

Pour la première étape, celle de la taxation, le contribuable est invité à déposer une déclaration d'impôt annuelle sur formulaire ad hoc ou par un programme électronique mis à disposition par l'État[785]. Ceci constitue une des facettes de l'obligation de collaborer du contribuable.

Après avoir examiné la déclaration, l'autorité fiscale émet une décision qui fixe le montant d'impôt dû sur la base des informations fournies par le contribuable. En l'absence de déclaration, l'autorité peut également procéder à une taxation d'office[786].

Une fois la décision entrée en force, le contribuable dispose d'un délai pour effectuer le paiement ou pour adresser une réclamation à l'autorité s'il constate des irrégularités. L'autorité fiscale se charge ensuite de recevoir le paiement ou de procéder aux démarches pour entamer le recouvrement de la créance d'impôt.

Le rôle ordinaire constitue la méthode la plus courante pour imposer les personnes physiques. Le contribuable a l'obligation de faire tout ce qui est nécessaire pour assurer une taxation complète et exacte[787]. Outre les dispositions pénales sanctionnant certaines infractions contenues dans les lois fiscales ayant *a priori* un effet préventif, il n'existe pas d'autres mécanismes visant à garantir la perception de l'impôt dans le cadre du rôle ordinaire.

---

[783] art. 1 et 2 LIFD.
[784] art. 1 et 2 LHID.
[785] art. 124 ss LIFD.
[786] art. 130 LIFD.
[787] art. 126 LIFD.

b) Imposition à la source

L'imposition à la source constitue une méthode spéciale de perception. Cette méthode concerne principalement les personnes non-résidentes en Suisse ou les personnes ne disposant pas de permis d'établissement[788] en Suisse. Au lieu de taxer ces individus par le biais d'une déclaration d'impôt traditionnelle, l'impôt est prélevé directement à la source, c'est-à-dire sur le salaire ou la rémunération versée par l'employeur et est calculé sur la base de barèmes spécifiques.

En outre, l'employeur est érigé en tant que débiteur de la prestation imposable[789]. C'est en effet à lui qu'il incombe de calculer, de retenir et de verser l'impôt aux autorités fiscales. En ne remplissant pas son obligation, le débiteur de la prestation imposable peut se rendre coupable de violation de différentes normes pénales, dont le détournement de l'impôt à la source[790].

Le mécanisme d'imposition à la source garantit que les impôts dus par les non-résidents sont bien collectés, même si les contribuables quittent le pays ou qu'ils n'y ont jamais résidé. Au contraire de l'imposition selon le rôle ordinaire, l'imposition à la source n'a ainsi pas qu'une unique fonction fiscale mais également une fonction de garantie.

c) Impôt anticipé

L'impôt anticipé est un impôt perçu à la source sur les rendements de capitaux mobiliers, tels que les intérêts des comptes bancaires en Suisse ou les dividendes versés par des sociétés de capitaux suisses. Il est également prélevé sur certaines prestations d'assurance ainsi que sur certains gains issus de jeux d'argent. Cet impôt est prélevé par la Confédération (et non par les cantons).

Cet impôt est un moyen de technique fiscale visant à lutter contre la fraude fiscale. En effet, il s'agit d'un impôt remboursable sous certaines conditions ; il ne constitue normalement pas une charge définitive pour le contribuable domicilié en Suisse qui déclare correctement le montant reçu pour l'impôt sur le revenu.

Le taux d'imposition s'élève à 35 %. Ce taux ne tient pas compte de la capacité contributive du contribuable. En substance, un contribuable reçoit une prestation soumise à l'impôt anticipé et s'il déclare ce revenu,

---

[788] Outre cas particuliers, il s'agit d'une résidence de plus de dix ans en Suisse.
[789] Cf. art. 88, 100 et 107 LIFD.
[790] Cf. art. 187 LIFD.

il pourra demander au remboursement des 35 % d'impôt prélevés de manière anticipée.

Le législateur suisse, par le biais de la mise en place de l'impôt anticipé, a la volonté d'empêcher la fraude fiscale en prélevant l'impôt directement à la source avant que ces revenus ne soient versés au bénéficiaire. Le fraudeur qui ne déclare pas ses revenus et qui ne bénéficie par du remboursement de l'impôt anticipé se trouve donc pénalisé.

d) Sûretés, séquestre fiscal et hypothèque légale

L'administration fiscale dispose également d'autres outils ayant pour but de garantir le paiement de l'impôt. Il existe notamment trois mesures : la demande de sûretés, le séquestre fiscal et l'hypothèque légale. Ces trois garanties sont de natures réelles[791] en référence au fait qu'un droit réel limité permet de faire réaliser l'objet de la garantie afin d'obtenir le paiement de la créance. Celles-ci s'opposent aux garanties de natures personnelles, où un tiers répond de la créance[792].

La demande de sûretés[793] permet à l'administration d'exiger des sûretés sous la forme d'une somme d'argent, de titres sûrs et négociables ou d'un cautionnement. Le séquestre fiscal est une mesure exceptionnelle prise lorsque l'administration fiscale estime qu'il y a un risque que le contribuable cherche à se soustraire à ses obligations fiscales. Cette mesure peut également être prise si la créance n'est pas encore déterminée ou que la décision de taxation n'est pas entrée en force. Il existe différents motifs pour lesquels une demande de sûretés peut être effectuée[794] : Une absence de domicile en Suisse, des difficultés de paiements antérieurs et les cas où les droits de l'administration fiscale sont menacés, par exemple quand le contribuable a la possibilité de déplacer facilement son patrimoine à l'étranger.

Le séquestre fiscal[795] constitue une mesure conservatoire en vue d'une future exécution forcée. Il permet par exemple de bloquer temporairement certains biens du contribuable (comme un compte bancaire) jusqu'à ce que la situation fiscale soit clarifiée. Le séquestre est en principe soumis de manière analogue aux règles générales régissant la demande de sûretés et est ordonné dans des situations similaires.

---

[791] P. SANSONETTI, « Les garanties de la créance fiscale » *in* JdT 2011 II p. 56.
[792] P. SANSONETTI, « Les garanties de la créance fiscale » *in* JdT 2011 II p. 52.
[793] Art. 169 LIFD.
[794] P. SANSONETTI, « Les garanties de la créance fiscale » *in* JdT 2011 II p. 57.
[795] Art. 170 LIFD.

Le troisième outil, l'hypothèque légale, n'est pas codifié dans la loi fiscale fédérale. Les cantons sont compétents pour instituer des hypothèques légales[796]. Ces hypothèques légales sont constituées dans le cadre de garantie de créances liées à un immeuble. Elles visent ainsi à garantir des impôts prélevés sur le revenu ou le bénéfice de produits d'immeubles. Une hypothèque légale permet ainsi la réalisation de l'immeuble afin de payer l'impôt[797].

Il est à relever que ces outils sont utilisés pour garantir le paiement de l'impôt suisse. Dans d'autres domaines, il existe des instruments visant à effectuer un blocage d'actifs étrangers en Suisse et pouvant notamment servir à garantir le paiement de l'impôt étranger. Dans le domaine des affaires étrangères, la Suisse a notamment légiféré par le biais de la loi sur les valeurs patrimoniales d'origine illicite[798], qui vise à bloquer, confisquer et restituer les valeurs patrimoniales acquises par des actes de corruption, de gestion déloyale ou par d'autres crimes.

Cette loi trouve son origine dans les fonds bloqués lors des événements du printemps arabe de début 2011[799]. Il est possible de mentionner notamment les blocages des fonds égyptiens (*Moubarak)* et tunisiens (*Ben Ali*) qui étaient intervenus sans base légale formelle, mais par le biais dans le cadre des prérogatives du Conseil fédéral en matière de sauvegarde des intérêts du pays[800]. Cette situation a été la même avec le blocage de fonds ukrainiens en 2014 (*Ianoukovitch*).

Il s'agit ici d'une voie complémentaire à l'entraide judiciaire internationale, destinée à s'appliquer à des situations exceptionnelles. De plus, cette loi intègre également des mécanismes d'échanges d'informations complémentaires à l'échange d'informations en vigueur en matière fiscale[801].

La Suisse utilise ainsi différents instruments, en matière fiscale comme en matière d'affaires étrangères afin d'atteindre ses buts. Plus récemment, il peut être noté que la Suisse a conclu en décembre 2017

---

796 P. SANSONETTI, « Les garanties de la créance fiscale » *in* JdT 2011 II p. 69.
797 P. SANSONETTI, « Les garanties de la créance fiscale » *in* JdT 2011 II p. 71.
798 Loi fédérale sur le blocage et la restitution des valeurs patrimoniales d'origine illicite de personnes politiquement exposées à l'étranger, (Loi sur les valeurs patrimoniales d'origine illicite, LVP), RS 196.1.
799 *Message relatif à la loi sur les valeurs patrimoniales d'origine illicite*, FF 2014 5121.
800 Art. 184 al. 3 Cst.
801 *Message relatif à la loi sur les valeurs patrimoniales d'origine illicite*, FF 2014 5121.

un accord tripartite avec le Nigeria et la Banque mondiale (accord *Abacha*)[802] visant à restituer plus de 321 millions de dollars américains au profit du peuple nigérian dans une situation analogue à celles mentionnées ci-dessus[803].

2. Mécanismes de rappel d'impôt

En Suisse, le mécanisme de rappel d'impôt[804], joue un rôle crucial dans la rectification et le rajustement des impôts précédemment perçus. Le rappel d'impôt intervient lorsque des moyens de preuve ou des faits jusque-là inconnus de l'autorité fiscale lui permettent d'établir qu'une taxation n'a pas été effectuée, alors qu'elle aurait dû l'être, ou qu'une taxation entrée en force est incomplète ou qu'une taxation non effectuée ou incomplète est due à un crime ou à un délit commis contre l'autorité fiscale. En d'autres termes, le fisc découvre que certains éléments n'ont pas été correctement déclarés ou évalués, ce qui conduit à une imposition insuffisante du contribuable qu'il convient de rectifier.

Après la découverte de l'omission, l'administration fiscale procède au rappel d'impôt et émet une nouvelle décision de taxation. Le contribuable est alors tenu de payer les montants supplémentaires dus, généralement assortis d'intérêts.

Le mécanisme de rappel d'impôt, constitue une mesure de sécurité permettant à l'État de percevoir les impôts dus, même en cas d'erreur ou d'omission dans la déclaration initiale. Cela renforce l'intégrité du système fiscal suisse et garantit que chaque contribuable paie sa part équitable.

Malgré son efficacité, le mécanisme de rappel d'impôt présente certains défis. Premièrement, il repose largement sur la capacité de l'administration fiscale à détecter les erreurs ou omissions, ce qui peut nécessiter des ressources considérables. Deuxièmement, il peut parfois être perçu comme punitif par les contribuables, en particulier s'ils estiment que leur erreur était involontaire. Enfin, le processus peut être long et coûteux, tant pour l'administration que pour le contribuable.

---

[802] *Memorandum of understanding among the Governement of the Federal Republic of Nigeria, the Swiss Federal Council and the International Development Association on the return, monitoring and mamagement of illegally-acquired assets confiscated by Switzerland to be restituted to the Federal Republic of Nigeria,* 4 décembre 2017.
[803] *Communiqué du Conseil fédéral du 4 décembre 2017* :
https://www.admin.ch/gov/fr/accueil/documentation/communiques.msg-id-69088.html
[804] Art. 151 ss LIFD.

Bien que le rappel d'impôt soit un outil essentiel pour garantir l'équité fiscale en Suisse, il est impératif d'en gérer les défis de manière à maintenir la confiance des contribuables et l'efficacité du système.

3. La dénonciation spontanée non punissable

Une amnistie fiscale générale est le fait d'accorder à tous les contribuables, sans condition et pendant un bref délai la possibilité de se dénoncer sans encourir de sanction[805]. La Suisse a connu deux amnisties fiscales générales, en 1940 et 1944. Les citoyens suisses ont également refusé un tel projet le 2 février 1964[806]. Outre ces situations spécifiques, la Suisse ne connait pas de mécanisme d'amnistie fiscale.

L'amnistie fiscale est une mesure légale par laquelle l'État renonce, durant une période définie, à sanctionner certaines irrégularités fiscales. Elle vise généralement à encourager la régularisation volontaire des situations fiscales non conformes.

En revanche, il existe en Suisse un mécanisme de dénonciation spontanée non punissable[807] qui vise à encourager les contribuables à régulariser leur situation fiscale. En substance, lorsque le contribuable dénonce spontanément et pour la première fois une soustraction d'impôt, il est renoncé à la poursuite pénale à condition (*i*) qu'aucune autorité fiscale n'en ait connaissance ; (*ii*) que le contribuable collabore sans réserve avec l'administration pour déterminer le montant du rappel d'impôt ; et (iii) qu'il s'efforce d'acquitter le rappel d'impôt dû. En substance, l'autorité renonce à infliger une sanction – l'amende – mais prélève l'impôt dû sur les dix dernières périodes fiscales, qui correspond au délai de prescription de la créance d'impôt. Ce montant est augmenté des intérêts moratoires. Dans le cadre de successions, le délai de prélèvement de l'impôt est réduit à 3 ans. Le régime pour les héritiers dans le cadre d'un rappel d'impôt s'inscrivant dans une succession est donc plus favorable.

Plusieurs raisons peuvent motiver la mise en place de telles mesures, il s'agit notamment de : (*i*) la récupération des revenus fiscaux: par cette incitation, les autorités espèrent percevoir des impôts dus mais non payés, contribuant ainsi au budget de l'État ; (*ii*) la simplification

[805] Définition de l'Administration fédérale des contributions : https://www.efd.admin.ch/efd/fr/home/impots/imposition-nationale/denonciation-spontanee-et-rappel-dimpot-simplifie-en-cas-de-succ.html

[806] A. Fehr, *Origine, échec et adoption d'un projet d'amnistie fiscale générale en Suisse (1958-1968),* Société suisse d'histoire, Vol. 67, 2017, Nr. 3, p. 361 ss.

[807] Art. 175 al. 3 LIFD.

administrative : la régularisation volontaire réduit la charge administrative de traque et de régularisation forcée des fraudeurs ; et (*iii*) la restauration de la confiance: la dénonciation spontanée permet de renouer le lien de confiance entre l'administration fiscale et les contribuables en évitant que ces derniers n'alimentent l'économie parallèle en employant de l'argent non déclaré.

Depuis l'introduction de la dénonciation spontanée non punissable dans le paysage fiscal suisse en 2010, plus de 130'000 dénonciations ont été effectuées. Voici les chiffres détaillés communiqués par l'administration fédérale des contributions[808] :

2010	**2011**	**2012**	**2013**	**2014**	**2015**	**2016**	**2017**	**2018**	**2019**	**2020**	**2021**	**2022**	**Total**
3'892	4'541	3'261	3'835	6'463	6'517	7'232	12'811	21'938	29'541	16'814	14'191	898	131'934

En conclusion, la dénonciation spontanée non punissable joue un rôle essentiel dans le paysage fiscal suisse, favorisant une culture de conformité fiscale et renforçant le lien de confiance entre les contribuables et l'administration fiscale. Ces mesures, tout en augmentant les recettes de l'État, valorisent l'honnêteté et la proactivité des contribuables.

C. Mesures visant à identifier et sanctionner la fraude

La prévention de la fraude fiscale en Suisse est un enjeu crucial qui nécessite des stratégies multi-facettes pour garantir l'intégrité et l'efficacité du système fiscal. Dans une économie aussi complexe et mondialisée que celle de la Suisse, les mécanismes traditionnels de collecte de l'impôt doivent être renforcés par des mesures proactives pour détecter et empêcher les infractions. La présente section se propose de détailler certaines mesures que la Suisse a mises en place pour identifier et sanctionner la fraude fiscale.

Tout d'abord, nous explorerons la collaboration intercantonale et entre les cantons et la Confédération en matière fiscale (VI.C.1). Ensuite, nous nous pencherons sur le rôle crucial que joue la coopération

[808] Administration fédérale des contributions : https://www.estv.admin.ch/estv/fr/accueil/afc/statistiques-fiscales/chiffres-indicatifs-afc/division-affaires-penales-enquetes.html

internationale, en particulier l'échange de renseignements fiscaux, pour combler les lacunes et contrecarrer les stratagèmes de fraude qui s'étendent au-delà des frontières (VI.C.2). Enfin, nous aborderons les enquêtes spéciales, un outil de l'arsenal des autorités fiscales, qui leur permet de poursuivre les cas les plus complexes et insaisissables de fraude fiscale (VI.C.3).

En comprenant ces mécanismes, nous aurons une vision complète des efforts déployés par la Suisse pour maintenir un environnement fiscal juste et transparent.

1. Relations entre les cantons et avec l'administration fédérale

La collaboration intercantonale en matière fiscale est une composante essentielle de l'efficacité de la prévention de la fraude fiscale en Suisse. Avec 26 cantons, chacun disposant de sa propre législation fiscale, la communication et la coordination sont indispensables pour éviter les lacunes et les situations de double imposition.

Cette collaboration prend plusieurs formes : échanges d'informations, conseils mutuels et même des formations conjointes pour les responsables fiscaux. Néanmoins, cette entente n'est pas sans défis. Parfois, des différends surviennent concernant les interprétations ou les compétences, nécessitant des mécanismes de résolution. Malgré cela, l'interdépendance économique et le désir d'un système fiscal harmonisé favorisent une coopération étroite entre les cantons.

On peut en outre mentionner que l'administration fédérale des contributions disposant de spécialistes très bien formés et expérimentés échange également fréquemment avec les autorités cantonales en termes de bonnes pratiques, en particulier lorsqu'il s'agit de l'application de la loi fédérale sur l'impôt fédéral direct[809].

2. Échange de renseignement international

La Suisse, en tant que centre financier mondial, reconnaît l'importance de la coopération internationale en matière fiscale. Elle s'est engagée, ces dernières années, à améliorer la transparence et à participer activement à l'échange international de renseignements fiscaux. Ceci

---

[809] On indiquera dans ce cadre, que l'art. 112 al. 1 LIFD prévoit que « Les autorités de la Confédération, des cantons, des districts, des cercles et des communes communiquent, sur demande, tout renseignement nécessaire à l'application de la présente loi aux autorités chargées de son exécution. Elles peuvent spontanément signaler à celles-ci les cas qui pourraient avoir fait l'objet d'une imposition incomplète ».

est particulièrement crucial dans le contexte de la mondialisation, où les opérations financières transcendent facilement les frontières.

Depuis 2017, la Suisse, comme la plupart des autres États d'ailleurs, applique trois différentes méthodes d'échange de renseignements en matière fiscale : (*i*) l'échange sur demande : qui repose principalement sur les conventions de double imposition et la reprise du contenu de l'article 26 al. 1 MC-OCDE[810] ; (*ii*) l'échange spontané : qui a été introduit par la Convention concernant l'assistance administrative mutuelle en matière fiscale (MAC). Cette méthode vise à ce que les autorités fiscales d'un État aient connaissance d'un traitement fiscal favorable appliqué dans un autre État [811] et (*iii*) l'échange automatique, qui prévoit un échange de renseignements à intervalle régulier concernant des données prédéfinies, sur la base d'un accord conclu avec un État.

En termes d'échanges de renseignement sur demande, la position de la Suisse, historiquement très restrictive a été modifiée en 2009 et implémentée dans les très nombreuses conventions de double imposition qui ont été signées ou amendées depuis[812]. Dans le domaine de l'échange de renseignements fiscaux, la procédure a été optimisée. Auparavant, la notification au contribuable de la décision d'échanger des informations ayant lieu avant l'échange effectif, causait certaines crispations. De plus, les lenteurs du système, source de tensions, ont été améliorées, renforçant ainsi l'efficacité du mécanisme d'échange d'informations fiscales.

En Suisse, l'échange automatique de renseignements a notamment eu un effet sur le mécanisme de dénonciation spontanée non punissable[813]. L'administration fédérale des contributions considère que les éléments faisant l'objet de l'échange automatique de renseignements sont connus de l'administration depuis le 30 septembre 2018, avec pour conséquence

---

[810] F. NEUKOMM/S. CRAMER, « L'assistance administrative internationale en matière fiscale – les procédures d'échange des renseignements », p. 967 ss *in* BÉGUIN ET AL., *Les procédures en droit fiscal,* Stämpfli, Berne, 2021, pp. 967-1018.

[811] F. NEUKOMM/S. CRAMER, « L'assistance administrative internationale en matière fiscale – les procédures d'échange des renseignements », p. 1005 ss *in* BÉGUIN ET AL., *Les procédures en droit fiscal,* Stämpfli, Berne, 2021, pp. 967-1018.

[812] X. OBERSON, « Le développement de l'assistance internationale en matière fiscale », p.42 ss *in* P. -M. GLAUSER, *Droit pénal fiscal,* Schulthess, Genève, 2013, pp. 41-63.

[813] *Supra* VI.B.3.

qu'une dénonciation ne peut plus être considérée comme spontanée si elle porte sur de tels éléments[814].

Le cadre d'échange de renseignements se conforme aux normes établies par l'OCDE aussi bien concernant l'échange sur demande, qu'automatique ou spontané, assurant une coopération fluide et fiable avec d'autres juridictions. Cela permet non seulement de lutter contre la fraude, mais aussi de renforcer la réputation de la Suisse en tant que partenaire fiable et transparent.

3. Enquête spéciale

À teneur des art. 190 et suivants LIFD, l'Administration fédérale des contributions peut être autorisée par le Département fédéral des finances à mener des enquêtes spéciales en collaboration avec les administrations fiscales cantonales, notamment lorsqu'il existe un soupçon fondé de graves infractions fiscales, d'assistance ou d'incitations à de tels actes[815].

Ces enquêtes, tout en étant intensives en ressources, ont prouvé à maintes reprises leur efficacité en identifiant et en sanctionnant les fraudes les plus sophistiquées et les plus graves, renforçant ainsi la confiance dans le système fiscal suisse. L'Administration fédérale des contributions a institué la Division Affaires pénales et enquêtes (« *DAPE* ») en tant qu'organe spécial chargé des enquêtes au sens des articles 190 et suivants LIFD[816].

Selon les chiffres communiqués par l'Administration fédérale des contributions[817], le nombre de procédures ouvertes au sens de l'article 190 LIFD est limité, voici les chiffres communiqués pour les dix dernières années :

---

[814] Administration fiscale des contributions, *Information : Conséquences l'EAR aux dénonciations spontanées : prise de position de l'AFC, https://www.estv.admin.ch/dam/estv/fr/dokumente/international/aia/170905_Haltung-ESTV_AIA-SSA_Text_d-f-i.pdf.download.pdf/170905_Haltung-ESTV_AIA-SSA_Text_d-f-i.pdf*

[815] *Supra* VI.A.3

[816] S. SANSONETTI/D. HOSTETTLER, *Commentaire romand de la loi sur l'impôt fédéral direct,* 2e éd., Helbing Lichtenhahn, Bâle, 2017 art. 190 N 3

[817] Administration fédérale des contributions : https://www.estv.admin.ch/estv/fr/accueil/afc/statistiques-fiscales/chiffres-indicatifs-afc/division-affaires-penales-enquetes.html

2012		**2013**		**2014**		**2015**		**2016**		**2017**		**2018**		**2019**		**2020**		**2021**	
PP[818]	PM[819]	PP	PM	PP	PM	PP	PM	PP	PM	PP	PM	PP	PM	PP	PM	PP	PM	PP	PM
6	5	10	4	10	8	4	4	7	7	10	12	7	9	10	4	4	2	9	4

En revanche, selon les chiffres communiqués par l'Administration fédérale des contributions il est possible de constater que chacune de ces enquêtes réussies conduit à un retour se montant jusqu'à plusieurs millions de francs suisses par cas :

2012	**2013**	**2014**	**2015**	**2016**	**2017**	**2018**	**2019**	**2020**	**2021**
9,5	0,6	21,6	133,7	41,4	268,7	24,8	221,6	85,4	136,7

Ces enquêtes spéciales peuvent être vues comme une anomalie dans la loi fiscale : les autorités cantonales étant en principe en charge de toute la procédure fiscale pour les impôts directs allant de la taxation à l'encaissement, alors qu'avec les enquêtes spéciales, une partie importante de la procédure fiscale est exécutée par un organe fédéral. Toutefois, mener ces enquêtes requiert une expertise et une formation spécifiques pour les agents fiscaux, étant donné la complexité des dossiers traités. De plus, l'aspect délicat de ces opérations implique une éthique irréprochable et une transparence totale pour éviter toute perception de partialité ou d'abus. Pour le surplus, les enquêtes portant sur des malversations parfois importantes avec des états de fait fréquemment complexes sont très chronophages et risquerait de surcharger les administrations cantonales si un organe fédéral spécialisé ne s'en voyait pas déléguer la charge.

D. Adhésion des contribuables en Suisse

En Suisse, pays connu pour sa stabilité économique et sa fiscalité avantageuse, l'interaction entre les contribuables, leurs mandataires, et l'administration fiscale revêt une importance particulière. La confiance et la transparence sont les maîtres-mots qui guident cette relation. Dans ce chapitre, nous allons explorer cette dynamique complexe, notamment avec l'examen de la pratique du *ruling* fiscal, dans le but d'effectuer une évaluation sommaire de la fiscalité suisse.

---

818 Personnes physiques.

819 Personnes morales.

1. Relation des contribuables et mandataires avec l'administration fiscale

La relation entre les contribuables, leurs représentants et l'administration fiscale se fonde sur une coopération basée sur la confiance mutuelle. Cette collaboration est nécessaire pour garantir que les droits et obligations de chaque partie soient respectés. La communication ouverte facilite la compréhension des décisions fiscales et promeut un climat de respect réciproque.

Un exemple concret de cette collaboration en action est la pratique du *ruling* fiscal. Typique du système suisse, le *ruling* fiscal est une démarche proactive par laquelle un contribuable, ou son mandataire, sollicite de l'administration fiscale une interprétation anticipée de sa situation fiscale. Cette démarche est généralement entreprise avant la réalisation d'une opération fiscale d'envergure, offrant ainsi au contribuable la possibilité de cerner, avec précision, la position de l'administration vis-à-vis de l'opération envisagée. Cet outil, en fournissant une clarification préliminaire, renforce considérablement la sécurité juridique. Il témoigne aussi d'une volonté de dialogue et de transparence, permettant de prévenir d'éventuels litiges et de consolider la confiance mutuelle entre l'administration et les contribuables[820].

En substance, le *ruling* est un document qui contient une description de l'état de fait précise et complète ainsi que de ses conséquences fiscales sur lequel l'autorité fiscale appose son timbre s'il est validé. Il s'agit ainsi d'une sorte de jeu de questions et réponses amélioré, qui repose principalement sur la pratique des autorités fiscales sans être inscrit dans la loi.

La confiance mutuelle est un pilier de la relation entre les contribuables, leurs mandataires, et l'administration fiscale suisse. Cette confiance est renforcée par des outils tels que le *ruling* fiscal, qui exemplifie la volonté d'établir une communication claire et ouverte. Cette démarche anticipative offre non seulement une prévisibilité et une sécurité juridique accrues aux contribuables, mais elle illustre également la proactivité de l'administration fiscale suisse, soucieuse d'accompagner et d'éclairer les contribuables dans leurs démarches. Une telle dynamique, basée sur le dialogue et la transparence, est essentielle pour maintenir l'intégrité et la stabilité du système fiscal suisse.

---

[820] D. Berdoz/M. Bugnon, « La procédure mixte en matière d'impôts directs », p. 665 ss *in* Béguin et al., *Les procédures en droit fiscal,* Stämpfli, Berne, 2021, pp. 501-724.

2. Frontière de l'optimisation fiscale : Où se situe la limite ?

Après avoir exploré les diverses infractions relatives à la fraude fiscale, il est opportun de s'intéresser à l'optimisation fiscale, cette marge de manœuvre légitime offerte aux contribuables. Concrètement, le droit fiscal suisse autorise chaque contribuable à structurer son patrimoine et ses relations tierces de manière à minimiser la charge fiscale[821].

Cependant, il est crucial de distinguer l'optimisation fiscale légitime de l'évasion fiscale. La première est une démarche légale, où le contribuable, souvent guidé par un mandataire compétent, exploite judicieusement le cadre juridique suisse (et international). Par exemple, cela peut inclure le soin apporté à sa déclaration fiscale en revendiquant toutes les déductions pertinentes, ou en optant pour une structure de type *holding* pour bénéficier de mécanismes d'allègement fiscal ou encore, choisir judicieusement le lieu du siège d'une société pour tirer profit de la concurrence fiscale existante entre les cantons.

Cependant, entre l'optimisation légale et l'évasion illicite se trouvent des zones grises, souvent sujettes à interprétation et débat. Le Tribunal fédéral a d'ailleurs reconnu le droit du contribuable à privilégier, parmi diverses structures, celle minimisant sa charge fiscale[822]. Néanmoins, cette marge de manœuvre doit s'exercer dans le respect des règles fiscales établies. En somme, l'optimisation fiscale représente l'unique mécanisme licite d'évitement fiscal à la disposition du contribuable.

3. Évaluation de la fiscalité suisse : juste, simple et à bon rendement ?

La fiscalité suisse jouit d'une réputation internationale pour son équilibre et ses avantages notables. Elle se distingue par sa simplicité, une caractéristique souvent applaudie par les experts et les investisseurs. Toutefois, ce système fiscal, malgré ses atouts, n'échappe pas à la critique. Des interrogations surgissent régulièrement quant à son équité, notamment vis-à-vis des grandes entreprises. Des suggestions telles qu'une harmonisation intercantonale ou des incitations fiscales ciblées ont été soulevées pour rehausser la conformité et l'acceptabilité du système.

---

[821] L. CORNU, Théorie de l'évasion fiscale et interprétation économique, Genève, Schulthess, 2014, p. 294.
[822] ATF 102 Ib 157, consid. 3a ; L. CORNU, *Théorie de l'évasion fiscale et interprétation économique*, Genève, Schulthess, 2014, p. 294.

L'architecture fiscale suisse est marquée par son caractère décentralisé qui réserve une autonomie remarquable à chaque canton en matière d'imposition. Cette singularité a des répercussions palpables sur la psychologie des contribuables. En effet, la capacité de chaque canton à définir ses propres taux fiscaux crée un lien direct entre les contribuables et leur communauté. Cette proximité encourage une perception positive de l'impôt, le percevant moins comme un fardeau et davantage comme un investissement direct dans le développement et la prospérité de leur canton. Cette décentralisation, toutefois, peut aussi mener à des disparités intercantonales, soulevant des questions d'équité et de compétitivité.

La fiscalité suisse, dans son essence, cherche à concilier simplicité, efficacité, et équité. La décentralisation, bien qu'elle renforce le lien entre le contribuable et sa communauté, peut être source de disparités. Une réflexion continue est nécessaire pour équilibrer ces éléments et pour s'assurer que la fiscalité suisse reste non seulement efficace et compétitive, mais aussi juste et équitable. Des initiatives comme l'harmonisation intercantonale ou des incitations ciblées pourraient être des pistes prometteuses pour l'avenir.

CONCLUSION

Au fil de cet article, nous avons détaillé et analysé l'univers complexe et multiforme de la fraude fiscale en Suisse, un sujet à la fois essentiel et délicat. La structure fédérale du pays, avec ses nuances intercantonales, génère un cadre juridique où le droit administratif côtoie le droit pénal, et où les frontières entre économie d'impôt légitime et manœuvre frauduleuse peuvent parfois paraître floues. L'interaction étroite de cette problématique avec le blanchiment d'argent illustre la gravité des enjeux.

Les mécanismes entourant l'impôt en Suisse ont été expliqués, mettant en lumière une série de modes de perception, du rôle ordinaire à des mesures plus spécifiques telles que l'impôt anticipé ou le séquestre fiscal. De même, la manière dont l'administration fiscale réagit face aux défaillances, que ce soit par le biais de mécanismes de rappel d'impôt ou de sanctions diverses, donne une vision complète du système.

La coopération intercantonale, ainsi que la participation active de la Suisse à l'échange international de renseignements fiscaux, ont été mises en exergue comme des piliers cruciaux pour identifier et sanctionner la fraude. Les enquêtes spéciales, quant à elles, par leur efficacité prouvée renforcent la confiance dans l'efficacité du dispositif.

En outre, la relation entre contribuables, leurs mandataires et l'administration fiscale s'avèrent centrales pour comprendre la dynamique fiscale du pays. De la pratique du *ruling* fiscal, en passant par les nuances de l'optimisation fiscale jusqu'à l'évaluation globale de la fiscalité suisse, nous avons exploré la manière dont le système cherche à maintenir un équilibre entre équité, simplicité et rendement.

Pour garantir la stabilité économique et la confiance des citoyens, la Suisse doit continuellement renforcer ses mesures préventives contre la fraude fiscale. La sensibilisation des contribuables, une meilleure coopération intercantonale et internationale et l'intégration de technologies avancées pour la détection des fraudes sont autant d'axes d'amélioration. Plusieurs des stratégies adoptées par la Suisse pourraient d'ailleurs inspirer d'autres juridictions souhaitant consolider leur dispositif anti-fraude.

Pour conclure, la prévention de la fraude fiscale n'est pas seulement une question de recouvrement de revenus, c'est une démarche essentielle pour garantir la pérennité et la justice du contrat social sur lequel repose toute société moderne.

L'AFRIQUE CENTRALE ET LA PRÉVENTION DE LA FRAUDE FISCALE : CAS DE L'IMPOSITION DES ACTIVITÉS NUMÉRIQUES

Prof. Trésor-Gauthier M. KALONJI

Docteur en droit fiscal – Université de Neuchâtel/Suisse
Professeur à l'Université Pédagogique Nationale
et l'École Nationale des Finances – RDC
Conseiller Fiscal Principal – Daldewolf RDC

INTRODUCTION

Le phénomène de fraude fiscale – à l'instar de son *alter ego* l'évasion fiscale – est un sujet qui attise beaucoup de passion sur le plan international, aussi bien dans les pays émergeants que dans ceux en transition et en développement. À l'échelle continentale africaine, il est le facteur d'un manque à gagner annuel d'environ 224 milliards de dollars US, soit 9,4 % du PIB de l'Afrique (2384,8 milliards de dollars en 2017) ou encore 175 dollars volés à chaque Africain, entre le Cap et Le Caire (7.100 dollars par seconde). C'est également – toujours en Afrique – environ 60 % des bénéfices des multinationales qui sont rapatriées par voie légale (dividendes) et illégale dans les pays d'origine des multinationales et/ou dans des paradis fiscaux, faute d'une capacité suffisante de la part des administrations fiscales[823]. En Afrique centrale, pour ne citer que le cas de la République Démocratique du Congo, des pertes de près de 15 milliards de dollars US seraient enregistrées chaque année à cause de la fraude et l'évasion fiscale[824]. Pour des simples cas

[823] Voir les rapports et ressources cités par R. FÉNÉLON MASSALA, « Évasion fiscale : l'Afrique perd 7 100 dollars par seconde », *Financial Afrik*, publié [en ligne] le 25 juin 2020 : <https://www.financialafrik.com/2020/06/25/evasion-fiscale-lafrique-perd-7-100-dollars-par-seconde/> (consulté le 09 septembre 2023).

[824] Pour plus de détails, lire en ligne : <https://www.radiookapi.net/economie/2015/05/04/la-rdc-enregistre-chaque-annee-une-fraude-fiscale-de-15-milliards-usd> (consulté le 09 septembre 2023).

d'exonérations fiscales frauduleuses, c'est près de cinq milliards USD qui échapperaient annuellement au Trésor public[825].

Au-delà de tous ces chiffres qui donneraient du tournis, on serait d'avis que l'évasion et la fraude fiscales sont des manifestations de fuite devant l'impôt, qui sont au cœur même du sous-développement du continent africain. Les pertes financières subies par les pays africains peuvent permettre une consolidation du développement, en termes de construction des routes de desserte agricole, de réhabilitation d'écoles et d'universités, de modernisation des infrastructures publiques, de facilitation d'un accès aux services publics, etc.

Au siècle actuel caractérisé par la numérisation des activités économiques, qui est aussi une réalité en Afrique[826], la fraude et l'évasion fiscales se sont davantage accentuées. Les entreprises multinationales, en particulier celles qui s'occupent du commerce numérique, ne payent pas leur juste part d'impôt, spécialement dans les juridictions où elles n'ont pas de présence physique. Cette situation est à la base des manques à gagner considérables pour les États de sources de revenus qui, depuis quelques années, sont engagés dans une concurrence fiscale rude, en vue de se rendre attractifs vis-à-vis des revenus mobiles étrangers[827].

Au regard de ce qui précède, l'on se poserait la question de savoir si les régimes classiques d'imposition des entreprises restent encore adéquats

---

[825] Voir F. **MANSIANGA,** « RDC : l'IGF se félicite de la prise en compte de ses dénonciations sur les exonérations et compensations dans la loi des finances 2021 », *Actualité.cd*, publié [en ligne] le 18 novembre 2020 : <https://actualite.cd/2020/11/18/rdc-ligf-se-felicite-de-la-prise-en-compte-de-ses-denonciations-sur-les-exonerations-et> (consulté le 20 février 2021).

[826] En effet, selon un rapport de la Société financière internationale (SFI), le marché du e-commerce par exemple pourrait augmenter de 15 milliards $ en Afrique, entre 2025 et 2030. Ce marché est en plein essor et les géants du Web en tirent aussi profit. Pour plus de détails, voir (i) <https://www.agenceecofin.com/finance/2805-88632-le-marche-du-e-commerce-pourrait-augmenter-de-15-milliards-en-afrique-entre-2025-et-2030-rapport> (consulté le 09 septembre 2023), (ii) Y. SHI, « Les nouvelles opportunités du commerce électronique », *Afrique Renouveau*, 24 décembre 2019, en ligne : <https://www.un.org/africarenewal/fr/magazine/dececembre-2019-mars-2020/les-nouvelles-opportunités-du-commerce-électronique> (consulté le 09 septembre 2023).

[827] En effet, des études ont démontré que la moyenne mondiale des taux d'impôt sur les bénéfices des sociétés était passée de plus de 40 % en 1980 à moins de 25 % en 2015, et pourrait atteindre 0 % en 2052. Voir A. ZACHARIE, « BEPS 2.0 : La nouvelle négociation internationale sur la fiscalité des multinationales », *Justice fiscale - Note politique 22#*, novembre 2019, en ligne : <https://www.cncd.be/IMG/pdf/www_notepolitique_22_fiscalite_multinationales_ocde.pdf> (consulté le 09 septembre 2023).

pour prévenir et lutter efficacement contre la fraude ou l'évasion fiscale, dans un contexte mondial fortement numérisé ? Quels seraient les choix idoines de politique fiscale susceptibles de pallier les limites du principe de territorialité fiscale en vue de garantir aux États leur pleine souveraineté d'imposition ? L'Afrique subsaharienne – et celle centrale en particulier – est-elle suffisamment armée, d'un point de vue fiscal, pour faire face à la fraude ou l'évasion fiscale liée aux activités numériques ? Autant de questions qui justifient la rédaction de la présente contribution.

Au fait, depuis le début de la dernière décennie, l'une des questions fiscales brulantes au niveau du globe est « *de réformer le système fiscal international pour relever les défis fiscaux soulevés par la numérisation de l'économie, rétablir la stabilité du cadre fiscal international et éviter le risque de nouvelles mesures fiscales unilatérales non coordonnées qui pourraient déclencher des sanctions commerciales* »[828]. Cette préoccupation de réforme de la fiscalité internationale concerne également l'Afrique, dont la majorité des pays dépendent largement de l'imposition des entreprises multinationales, d'autant que les recettes fiscales issues de ces entreprises représentent généralement une très grande portion de l'assiette fiscale[829]. Pourtant, les entreprises des activités numériques apparaissent parmi les « *mauvais élèves* » en matière de paiement d'impôt dans les territoires africains, justifiant cette situation par l'absence de présence physique dans lesdits territoires, alors même que les chiffres d'affaires qu'ils y réalisent sont loin d'être fictifs.

Dans un élan de changement de paradigme dans l'ordre fiscal mondial, et à l'échelle africaine singulièrement, certains pays d'Afrique ont opté pour l'imposition effective des activités numériques, à l'instar de certains pays occidentaux. Cette approche unilatéraliste et fragmentée ne serait sans poser problème à l'accord global de l'OCDE, obtenu en octobre 2021, concernant l'imposition des activités des entreprises multinationales. Au fait, ledit accord, qui prévoit un taux global minimum de 15 %, serait moins rentable pour les pays africains, dont la moyenne du taux de l'impôt sur les sociétés oscille entre 25 et 30 %.

Dans certains systèmes fiscaux du continent africain, particulièrement en droit congolais, les politiques fiscales en matière d'imposition des

---

828 OCDE, *Cadre inclusif sur le BEPS de l'OCDE et du G20 - Relever les défis fiscaux soulevés par la numérisation de l'économie. Points clés*, Paris, OCDE, 2020, p. 3.

829 OCDE, *Projet OCDE/G20 sur l'érosion de la base d'imposition et le transfert de bénéfices. Rapports finaux 2015 - Note d'information*, Paris, OCDE, 2015, p. 3.

activités numériques n'ont pas été orientées dans le cadre de l'impôt sur les sociétés, mais plutôt de la Taxe sur la valeur ajoutée (TVA) sur les activités du commerce électronique. Cette approche de prévention et de lutte contre la fraude ou l'évasion fiscale est telle que, même si le redevable de l'impôt n'a pas de présence physique sur le territoire congolais, l'impôt est retenu à la source par le client localisé sur ledit territoire. Il va sans dire que les entreprises du commerce électronique ne pourraient pas se servir de la raison d'absence d'une présence physique sur le territoire congolais, pour échapper à l'impôt.

Cela dit, en vue de creuser en détail la présente contribution dédiée à la prévention de la fraude ou l'évasion fiscale en Afrique centrale, notre propos sera parcellisé en deux sections reprenant, d'une part, les considérations générales sur le concept de fraude ou évasion fiscale ainsi que les particularités congolaises à ce propos ***(section I)*** et, d'autre part, le paradigme de prévention et de lutte contre la fraude ou l'évasion fiscale portant sur les activités numériques des entreprises multinationales ***(section II)***.

I. CONSIDÉRATIONS GÉNÉRALES ET PARTICULARITÉS EN DROIT CONGOLAIS

A. Cadre conceptuel

1. Remarques préliminaires

Souvent, le contribuable cherche à éviter le prélèvement que le fisc prétend opérer sur son patrimoine, ou au moins à en réduire l'ampleur : c'est le phénomène de « *fuite devant l'impôt* » ou « *fuite devant la fiscalité* ». Ce phénomène a des conséquences graves tant pour le rendement de l'impôt que pour la justice fiscale ainsi que l'économie qui subit de ce fait des distorsions, dans la mesure où la fuite devant l'impôt fausse le jeu de la concurrence.

De manière générale, il existe trois méthodes de fuite devant l'impôt, à savoir (i) l'évasion fiscale, (ii) la fraude fiscale et (iii) l'optimisation fiscale. Il est d'ailleurs fréquent de confondre ces trois notions, pourtant juridiquement distinctes, quand bien même elles ont en commun pour finalité la réduction ou l'exonération de la charge fiscale[830].

---

[830] A. DUMAS, « Quelques distinctions au travers de la notion de "graves infractions fiscales" », *in* J. HURTADO POZO et O. THORMANN (éds.), *Droit pénal économique*, Genève, Schulthess, 2011, p. 404 ; I. REARDON-KOFMEL, *The Judicial Concept of Tax Avoidance in Switzerland: An Analysis from the Perspective of Swiss Domestic Law and its Double Taxation Conventions where there are no Anti-abuse Provisions*,

2. Quelques précisions sémantiques : évasion fiscale, fraude fiscale et optimisation fiscale

Avant de décrire les contours respectifs de chacun des phénomènes prérappelés, il n'est pas sans intérêt de préciser que le verbe « *s'évader* » est le fait de se soustraire à l'emprise de quelque chose, pour mieux jouir de la liberté ; « *frauder* » c'est réaliser un acte malhonnête, dans l'intention de tromper, en contrevenant à la loi ou aux règlements ; et « *optimiser* » correspond au fait de rendre meilleur quelque chose[831].

(i) Évasion fiscale :

Le concept d'évasion fiscale peut désigner fondamentalement deux contenus juridiques différents, mais complémentaires[832] :

➢ D'une part, le concept désigne une construction (montage ou schéma) juridique insolite élaborée par le contribuable aux fins d'échapper totalement ou partiellement à l'impôt, tout en demeurant dans les limites de la loi[833]. En d'autres termes, il s'agit de l'ensemble des astuces anormales dont fait usage un contribuable aux fins de se dérober de l'esprit d'une loi fiscale, tout en observant normalement la lettre de cette dernière[834]. Ainsi, en parlant de l'évasion fiscale, on vise juridiquement le problème fiscal posé par le comportement du contribuable qui tente de contourner l'un des éléments nécessaires à l'imposition, c'est-à-dire l'objet ou le sujet de l'impôt.

Bale, Helbing Lichtenhahn, 2014, p. 51 ; SAINT-AMANS P., « Les progrès récents en matière de coopération dans le domaine de la lutte contre la fraude fiscale internationale », *in* Association d'Économie Financière (éd.), *Rapport moral sur l'argent dans le monde 2014 : Régulation, gouvernance et complexité dans la finance mondialisée*, Paris, Arcueil, 2014, p. 223.

831 G. BLANLUET, « L'optimisation fiscale », *in* R. SÈVE (dir.), *L'entreprise multinationale dans tous ses États*, Paris, Dalloz, 2013, p.61 ; Ph. DEROUIN, « Définition et distinctions de la fraude et de l'évasion fiscales », *in* J. CAPDEVILLE LASSERRE et Cie (dir.), *Fraude et évasion fiscales : État des lieux et moyens de lutte*, Paris, Joly, 2015, p. 1.

832 L. CORNU, *Théorie de l'évasion fiscale et interprétation économique : les limites imposées par les principes généraux du droit*, Genève, Schulthess, 2014, p. 266.

833 A. MARGAIRAZ, *La fraude fiscale et ses succédanés : comment on échappe à l'impôt*, Blonay, Margairaz, 1987, p. 16 ; D. GUTMANN, « L'évasion fiscale des sociétés », *Revue internationale de droit comparé*, Vol. 62, No. 2, 2010, p. 533.

834 P. PINTEAUX, « De l'optimisation à l'évasion fiscale internationale », *Économie et Management*, No. 163, avril 2017, p.63 ; A. DULIN (éd.), *Les mécanismes de l'évitement fiscal, leur impact sur le consentement à l'impôt et la cohésion sociale,* Avis du Conseil économique, social et environnemental (Mandature 2015-2020 – Séance du 13 décembre 2016), Paris, Journal Officiel de la République Française, décembre 2016, p. 19.

➢ D'autre part, le concept d'évasion fiscale peut désigner toute solution (méthode) juridique anti-abus (légale ou développée par la doctrine et la jurisprudence), destinée à contrecarrer le comportement du contribuable qui recherche, au détriment de la collectivité publique, une exonération ou une réduction de l'impôt dû, sans néanmoins porter atteinte aux textes de la loi fiscale applicable[835]. Dans cette optique, l'expression consacrée est celle de « *théorie de l'évasion fiscale* » qui a pour synonymes, notamment, les expressions « *doctrine de l'évasion fiscale* » et « *instrument de l'évasion fiscale* »[836].

La théorie de l'évasion fiscale – en tant que solution ou méthode anti-abus destinée à faire échec aux comportements abusifs en matière fiscale – est un outil principalement à la portée du juge et de l'administration, en tant qu'autorités chargées d'appliquer et de faire respecter au quotidien les lois fiscales. Toutefois, il appartient également au législateur de prévenir les comportements d'évasion fiscale par l'organisation d'une législation fiscale adéquate, difficile à battre en brèche par des comportements artificiels ou insolites des contribuables.

(ii) Fraude fiscale :

L'évasion fiscale ne constitue pas la seule voie qu'un contribuable – personne physique ou morale – peut utiliser pour éviter l'impôt[837] et *ipso facto* « *frustrer le Trésor* »[838]. Il est aussi possible de heurter carrément la lettre des dispositions fiscales pour arriver à réduire ou ne pas du tout payer l'impôt[839]. Cela n'est rien d'autre qu'enfreindre la loi fiscale, et désigne génériquement, dans plusieurs systèmes fiscaux, ce

---

835 L. CORNU, *op. cit.*, p. 265 ; F. PONCE, « L'évasion fiscale en droit interne. État des lieux de l'évasion fiscale en matière d'impôts directs dans la jurisprudence et la doctrine », *Revue de droit administratif et de droit fiscal*, Partie 2 - Droit fiscal, Année 66 (2010), No. 2, p. 149.

836 P.-M. GLAUSER, « Transparence fiscale : vers un nouveau mode d'allocation internationale du profit dans les groupes de sociétés ? Commentaire de l'arrêt du 30 janvier 2006 (2A.145/2005) du Tribunal fédéral », *Revue fiscale*, No. 7/8 (2006), p. 497.

837 L. CORNU, *op. cit.*, p. 309.

838 A. MARGAIRAZ, *op. cit..*, p. 22.

839 B. CHAPPUIS, « La responsabilité contractuelle du conseiller fiscal », *in* P. PICHONNAZ et F. WERRO (éds.), *La pratique contractuelle - Tome 4. Symposium en droit des contrats*, Université de Fribourg, Genève/Zurich/Bâle, éditions Schulthess, 2015, p.171 ; R. PALAN, R. RONEN, R. MURPHY et Ch. CHAVAGNEUX, « Les paradis fiscaux : entre évasion fiscale, contournement des règles et inégalités mondiales », *L'Économie politique*, No. 42, 2009/2, p. 28.

qu'on qualifie de fraude fiscale[840]. En tant qu'infraction à la loi fiscale, la fraude fiscale doit être interprétée strictement, conformément au principe de la légalité pénale dont s'inspire la légalité fiscale[841].

La différence entre l'évasion fiscale et la fraude fiscale n'est pas toujours évidente, pour autant que les régimes juridiques retenus pour ces deux phénomènes divergent d'un système fiscal à l'autre, sur le plan international[842]. Dans certains systèmes – comme en Suisse et en Belgique – l'évasion fiscale n'est pas répréhensible et correspond à la terminologie anglo-saxonne de « *tax avoidance* », à la différence de « *tax evasion* » ou « *tax fraud* » (fraude fiscale) qui est un terme générique renvoyant à toute infraction fiscale (« *tax offense* »), correspondant au minimum à la dissimulation ou l'omission volontaire de la matière imposable, et répréhensible – à tout le moins – sur le plan administratif[843]. En revanche, dans d'autres systèmes comme celui de la France, l'évasion fiscale est l'équivalent de « *tax evasion* » et désigne – tout en se situant à leur lisière (« *zone grise* ») [844] – à la fois un pan de l'optimisation fiscale (ou « *zone blanche* » représentant l'utilisation par des moyens légaux, de failles du système fiscal telle que l'exploitation de niches fiscales, afin de réduire ou éviter totalement l'impôt : « *tax avoidance* ») et un autre pan de la fraude fiscale (« *zone noire* » cristallisant la pratique illicite ou le détournement illégal du système

---

[840] Ph. MALHERBE, *Éléments de droit fiscal international*, Bruxelles, Bruylant, 2015, p. 1199 ; A. MARGAIRAZ, *op. cit.*, p.16 et s. ; P. RASSAT, Th. LAMORLETTE et Th. CAMELLI, *Stratégies fiscales internationales : optimisation fiscale internationale pour les entreprises : mondialisation et fiscalité la fin des paradis fiscaux ? nouvelles opportunités*, Paris, Maxima, 2010, p. 160.

[841] Ph. MALHERBE, *op. cit.*, p. 119.

[842] J. BURGER, *Les délits pénaux fiscaux : une mise en perspective des droits français, luxembourgeois et internationaux*, Thèse de doctorat en droit, Université Nancy 2, 2011, p.11; L. OGAZÓN JUÁREZ et R. HAMZAOUI, « Common Strategies Against Tax Avoidance: A global Overview », *in* M. COTRUT (ed.), *International Tax Structures in the BEPS Era: An Analysis of Anti-Abuse Measures*, Amsterdam, IBFD, 2015, p. 5.

[843] H. TORRIONE, « Abus (impôt éludé), fraude et soustraction en droit fiscal suisse. une étude comparative de ces notions à partir de la jurisprudence du TF et de l'arrêt du TAF du 5 mars 2009 dans l'affaire UBS », *in* P. -M. GLAUSER (éd.), *Évasion fiscale : une approche théorique et pratique de l'évasion fiscale*, Zurich, Schulthess, 2010, p.157; P. PISTONE et R. SZUDOCZKY, « Coordination of Tax Laws and Tax Policies in the EU », *in* M. LANG et Al. (éds.), *Introduction to European Tax Law on Direct Taxation*, Vienne, Linde, 2018, p. 53.

[844] A. MOLÉ, *Les paradis fiscaux dans la concurrence fiscale internationale*, Thèse de doctorat en droit, Université Paris Dauphine, 2015, p. 259.

fiscal afin de ne pas payer l'impôt : « *tax fraud* »)[845]. La fraude fiscale demeure une infraction fiscale pénale, conformément à l'article 1741 du code général des impôts [français][846].

De ce qui précède, il ressort que le critère fondamental de la distinction entre la fraude fiscale et l'évasion fiscale réside dans une « *appréciation objective de l'état de fait* »[847]. En effet, à l'opposé du *modus operandi* usité dans l'évasion fiscale, le contribuable qui commet la fraude fiscale ne paye pas un impôt nettement dû conformément aux dispositions de la législation fiscale. À cette fin, il peut notamment user d'une dissimulation par action ou inaction des éléments nécessaires à l'imposition, fabriquer – ou tout simplement utiliser – des faux documents ou titres pour abuser de la confiance du fisc[848]. Somme toute, la dichotomie essentielle entre l'évasion fiscale et la fraude fiscale se trouve dans la consécration explicite, dans ce dernier cas, d'une disposition légale dont la violation est sanctionnée pénalement ou financièrement[849]. À cet effet, il est intéressant d'emprunter cette expression de LAUMONIER qui note que « *l'évasion fiscale est en quelque sorte une asymptote de la fraude. De la même manière qu'en géométrie, une courbe se rapproche indéfiniment d'un référentiel sans jamais le croiser, l'évasion fiscale n'est, stricto sensu, jamais illégale puisqu'elle ne croise jamais la définition de la fraude fiscale qui est la seule infraction légalement définie* »[850].

(iii) Optimisation fiscale :

Désignée également sous le vocable de planification fiscale, l'optimisation fiscale désigne l'ensemble des montages fiscaux permettant à un contribuable – personne physique ou morale – de payer le moins d'impôt possible tout en respectant les dispositions légales, réglementaires ou conventionnelles[851]. Ce procédé est indispensable pour tous les agents économiques qui souhaitent économiser leurs ressources, par une

---

[845] E. VERNIER, *Fraude fiscale et paradis fiscaux : décrypter les pratiques pour mieux les combattre*, Paris, Dunod, 2014, p. 15 ; D. GUTMANN, *op. cit.*, p. 549.
[846] Ph. DEROUIN, *op. cit.*, p. 2.
[847] L. CORNU, *op. cit.*, p. 310.
[848] H. TORRIONE, *op. cit.*, p. 162 ; E. VERNIER, *op. cit.*, p. 20.
[849] H. TORRIONE, *op. cit*, p. 163 ; L. CORNU, *op. cit.*, p. 311.
[850] A. LAUMONIER, *La coopération entre États dans la lutte contre la fraude et l'évasion fiscales internationales*, Thèse de doctorat en droit, Université de Bordeaux, 2017, p. 32.
[851] P. RASSAT, Th. LAMORLETTE et Th. CAMELLI, *op. cit.*, p. 160 et s. ; E. VERNIER, *op. cit.*, p. 17.

réduction de la charge fiscale[852]. C'est une opération éminemment judicieuse pour les structures de fortune complexes, et relève même « *de bon sens, car celui qui ne pratique aucune planification fiscale gaspille ses ressources* »[853]. En effet, il est tout à fait loisible et légitime d'organiser son patrimoine et ses affaires de manière à réaliser une économie d'impôt[854], ce dans les limites autorisées par la lettre de la loi[855]. Cela relève du principe de la licéité du choix de la voie la moins imposée, qui fonde le contribuable de recourir légitimement au procédé juridique le plus favorable du point de vue fiscal – parmi plusieurs qui se présenteraient à lui – dans l'optique d'un même résultat économique[856]. Bref, l'optimisation fiscale est le comportement qui permet au contribuable de se maintenir en dehors du champ de définition du fait générateur d'un impôt[857], en renonçant aux avantages personnels et/ou économiques liés à ce fait générateur, voire en mettant à profit un vide législatif volontaire[858].

Certes, l'optimisation fiscale est théoriquement pleine de vertus, mais en pratique il n'est toujours pas évident de la distinguer de l'évasion fiscale, avec laquelle elle entretient une large accointance : il n'est pas aisé de tracer nettement une limite entre l'optimisation fiscale et l'évasion fiscale[859], compte tenu non seulement de leur accointance théorique et pratique[860] très accentuée, mais aussi les deux notions relèvent en pratique de ce qu'il convient de qualifier de « *résistance à l'impôt* » ou de « *réduction d'impôt* »[861]. Les deux procédés sont non

---

[852] L. CORNU, *op. cit.*, p. 293 ; E. VERNIER, *op. cit.*, p. 21.
[853] G. BLANLUET, *op. cit*, p. 62.
[854] P.-M. GLAUSER, « Notion d'évasion fiscale – Introduction générale », *in* P.-M. GLAUSER (éd.), *Evasion fiscale. Une approche théorique et pratique de l'évasion fiscale*, Genève, Schulthess, 2010, p.1 ; Ph. MALHERBE, *op. cit.,* p. 120 ; H. TORRIONE, *op. cit.*, p. 167.
[855] P. PIANTAVIGNA, «Tax Abuse and Aggressive Tax Planning in the BEPS Era: How EU Law and the OECD are establishing a Unifying Conceptual Framework in International Tax Law, despite Linguistic Discrepancies », *World Tax Journal*, Février 2017, p. 65 et s.
[856] B. CHAPPUIS, *op. cit.*, p. 169 ; A. DULIN, *op. cit.*, p. 10.
[857] Ph. MALHERBE, *op. cit.,* p. 120.
[858] A. DUMAS, *op. cit.*, p. 400.
[859] A. J. RAPPO, « Fraude et évasion fiscale : la convention franco-suisse de double imposition », *in* J. CAPDEVILLE LASSERRE et Al. (dir.), *Fraude et évasion fiscales : état des lieux et moyens de lutte*, Paris, Joly, 2015, p. 48.
[860] L. CORNU, *op. cit.*, p. 296.
[861] I. REARDON-KOFMEL, *op. cit.,* p. 51.

seulement irrépréhensibles pénalement[862] – à l'opposé de la fraude fiscale – mais aussi ils interviennent avant la réalisation d'un état de fait, contrairement à la fraude fiscale qui implique qu'un état de fait se soit déjà réalisé pour être ensuite dissimulé afin d'éviter des conséquences fiscales[863]. Dès lors, lorsqu'un contribuable projette de réduire sa charge fiscale sans commettre une infraction fiscale, son comportement ne peut tomber que sous le coup alternatif, soit de l'optimisation fiscale, soit de l'évasion fiscale. Dans la pratique, la frontière entre ces deux phénomènes n'est pas étanche et relève plutôt d'une question d'appréciation des faits que d'une application rigoureuse de critères juridiques[864].

Sous un autre registre, il arrive qu'en pratique l'optimisation fiscale use de montages assez sophistiqués, aboutissant finalement à des résultats aussi choquants que ceux de l'évasion fiscale ou de la fraude fiscale[865]. Dans ce cas, on parle de la « *planification fiscale agressive* »[866], contre laquelle des organisations internationales – comme l'OCDE – sont très investies dans le cadre de leurs travaux relatifs à la mise en place d'une meilleure politique fiscale universelle, permettant de mieux réguler les comportements fiscaux des contribuables à travers le globe[867].

B. État des lieux et perspective en droit congolais

1. Inexistence d'une théorie de l'évasion fiscale au profit de clauses générales de la fraude fiscale et de la simulation en matière fiscale

En droit congolais, il n'existe ni une clause générale anti-abus, moins encore une construction jurisprudentielle de la théorie de l'évasion fiscale. Le législateur congolais n'emploie même pas le terme d'évasion fiscale pour pouvoir désigner certains comportements d'évitement fiscal. Pour sa part, la doctrine (littérature) préfère parfois – à la place de l'évasion fiscale – le concept de « *résistance à l'impôt* » ; c'est-à-dire « *un ensemble de comportements, individuels ou collectifs, qui*

---

862 I. REARDON-KOFMEL, *op. cit.*, p. 52 ; A. J. RAPPO, *op. cit.*., p. 48.

863 L. CORNU, *op. cit.*, p. 294.

864 R. PALAN, R. RONEN, R. MURPHY et Ch. CHAVAGNEUX, *op. cit.*, p.29.

865 A. MOLÉ, *op. cit.*, p. 363 ; P. PISTONE et R. SZUDOCZKY, *op. cit.*, p. 54.

866 L. OGAZÓN JUÁREZ L. et HAMZAOUI R., *op. cit.*, p. 6.

867 P. PISTONE, « EU Law, the BEPS Project and the Global Framework for Transparent Tax Competition », *Archiv für schweizerisches Abgaberecht*, Vol. 84 (2015/2016), No. 1/2, p. 157 et s. ; G. BLANLUET, *op. cit.*, p. 64 ; P. PIANTAVIGNA, *op. cit.*, p. 66.

tendent à réduire ou à supprimer la charge fiscale. Ces comportements peuvent être infractionnels ou non. […] une attitude du contribuable devant l'impôt pour échapper au paiement de celui-ci sans pourtant enfreindre aux dispositions légales »[868].

En effet, l'article 101 de la loi prérappelée parle plutôt d'« *intention frauduleuse* », qui consiste de la part d'un individu « *à poser des actes en vue de se soustraire ou de soustraire un tiers à l'établissement ou au paiement total ou partiel de l'impôt dû* »[869]. Il ressort de la volonté du législateur que la fraude fiscale (intention frauduleuse) est générique et renvoie à plusieurs types de violations à la loi fiscale, en l'occurrence : (i) l'omission volontaire de déclaration d'impôts ; (ii) la dissimulation volontaire des sommes sujettes à l'impôt ; (iii) la passation délibérée des écritures fictives ou inexactes dans les livres comptables ; (iv) l'incitation du public à refuser ou retarder le paiement de l'impôt ; (v) l'opposition à l'action de l'Administration des impôts ; (vi) l'organisation d'insolvabilité et autres manœuvres tendant à faire obstacle au recouvrement de l'impôt ; et (vii) le non-reversement de tout impôt dont le contribuable n'est que redevable légal[870].

La répression de la fraude fiscale en droit congolais ne se fait que sur le plan administratif, et le législateur a consacré les pénalités d'assiette, les pénalités de recouvrement, les amendes administratives et les astreintes[871].

Il ressort de ce qui précède que le législateur congolais ne distingue aucunement l'évasion fiscale de la fraude fiscale. Tout montage insolite (évasion) d'un contribuable qui viserait une simple minoration ou un évitement absolu d'un impôt, est réprimé sous le label de la fraude fiscale, à l'exception de cas de pure optimisation fiscale.

En guise d'illustration de l'optimisation fiscale, nous pouvons évoquer notamment le cas d'un citoyen vivant à Kinshasa – ou ailleurs dans le pays – qui se réserverait de faire une commande de voiture

---

[868] C. MUFUNDJI TSHINAT-KARK, « Le système d'imposition des revenus en République démocratique du Congo. L'état de lieu, enjeux et perspectives d'avenir », *KAS African Law Study Library – Librairie Africaine d'Études Juridiques*, No. 2/2015, p.378 et références citées.

[869] Article 101, alinéa 2, de loi n° 004/2003 du 13 mars 2003 portant réforme des procédures fiscales.

[870] Article 102 de loi n° 004/2003 du 13 mars 2003 portant réforme des procédures fiscales.

[871] Article 83 de loi n° 004/2003 du 13 mars 2003 portant réforme des procédures fiscales.

d'occasion du Japon ou des Émirats arabes unis, préférant en acheter localement en vue d'éviter le paiement du droit de douane (impôt à l'importation). C'est aussi le cas pour des concubins qui refuseraient de se marier légalement, évitant à l'effet même d'être imposés conjointement en ce qui concerne l'impôt professionnel sur les rémunérations, conformément aux dispositions pertinentes de l'Ordonnance-loi n° 69-009 du 10 février 1969, telle que modifiée et complétée à ce jour[872], relative aux impôts cédulaires sur les revenus. En effet, une imposition conjointe des époux légaux avec personnes à charge est légèrement lourde par rapport à une imposition séparée, réservée aux conjoints concubins ayant le même nombre de personnes à charge[873]. Dans l'un ou l'autre de ces deux exemples d'optimisation fiscale, le contribuable se maintient en dehors du champ de définition du fait générateur de l'impôt (importation d'un véhicule ou acte de mariage), se traduisant par une abnégation des avantages personnels ou économiques liés à ce fait générateur. En conséquence, la loi fiscale n'est point énervée et rien ne peut être reproché aux concernés.

Par ailleurs, dans la vue d'appréhender certaines pratiques qui ne relèveraient pas *stricto sensu* de la fraude fiscale, mais permettraient d'éluder l'impôt, le législateur congolais a consacré une clause générale de simulation dans le domaine fiscal, cristallisée à l'article 40 de la loi portant réforme des procédures fiscales, qui dispose que « *toute opération conclue sous la forme de contrats ou d'actes juridiques quelconques dissimulant une réalisation ou un transfert d'éléments imposables effectué directement ou par personnes interposées n'est pas opposable à l'administration des impôts. Celle-ci dispose du droit de restituer à l'opération son véritable caractère et de déterminer en conséquence les bases imposables des impôts et autres droits dus par des personnes physiques ou morales* »[874].

---

[872] Notamment par l'Ordonnance-loi n° 13/008 du 23 février 2013 modifiant et complétant certaines dispositions de l'ordonnance-loi n° 69/009 du 10 février 1969 relative aux impôts cédulaires sur les revenus (JO RDC, 54e année, numéro spécial, 27 février 2013).

[873] Dans ce sens, *voy.* T. -G. KALONJI, « L'impact de la famille sur l'imposition des personnes physiques en République démocratique du Congo : quelle place pour le principe de l'égalité fiscale à l'aune de l'impôt professionnel sur les rémunérations ? », *Revue Européenne et Internationale de Droit Fiscal (REIDF),* No. 2018/2, p. 245.

[874] Article 40 de la Loi n° 3-04 du 13 mars 2003 portant réforme des procédures fiscales.

Comme on peut le constater, cette clause générale de simulation en matière fiscale ne pourrait être attachée, ni à la théorie de l'évasion fiscale, moins encore à celle de la fraude fiscale. Dans le premier cas (évasion fiscale), l'acte posé par le contribuable est unique, simplement insolite et ne comporte aucun mensonge ou tromperie comme c'est bien le cas avec la simulation qui exige, par ailleurs, l'existence de deux actes (un vrai et un faux). Dans le second cas (fraude fiscale), l'acte posé est forcément une violation de la lettre de la loi, alors que la simulation ne viole pas nécessairement ladite lettre. Par exemple, le fait pour deux entreprises – liées au sein d'un groupe multinational – de simuler un contrat de vente des biens en une donation à titre gratuit (justifiée par exemple par le déstockage des dépôts pour risque d'avarie), pour échapper à l'imposition, ne constitue aucunement – *ex mea sententia* – une violation de la loi sur l'imposition des opérations de vente, pour autant que la donation intervenue est aussi un acte juridique valable. En cas de démonstration suffisante de la simulation dans ce cas de figure, l'administration des impôts se limitera simplement à la requalification des faits pour ensuite déterminer convenablement la base imposable, sans application d'un quelconque redressement avec éventuelle pénalité.

2. Pour une codification en droit positif congolais de la clause générale anti-évasion fiscale

Certes, l'absence en droit congolais d'une distinction formelle entre l'évasion fiscale et la fraude fiscale garantit une répression généralisée de l'évitement d'impôt, sous le label de la violation de la loi fiscale, mais elle ne protège pas du tout le trésor public de toutes les situations juridiques (montages) qui, tout en ne relevant pas d'une quelconque violation de la loi fiscale, ne pourraient pas non plus être fondamentalement subsumées sous l'étiquette de la simulation fiscale. Reprenons à l'envers l'exemple fourni précédemment sur le couple concubin. À supposer qu'un couple légalement marié réalise que l'imposition conjointe sur ses rémunérations pèse plus que dans une situation où les concernés ne seraient pas mariés, ils seraient tentés de se présenter devant le juge pour requérir un divorce de forme, dans la seule intention d'être désormais imposés séparément en vue de payer moins d'impôts auprès du fisc, mais tout en restant unis de manière informelle (concubinage).

Ce cas de figure insolite qui, à notre avis, ne relève pas strictement d'une violation de la loi fiscale, moins encore de la simulation fiscale, constituerait plutôt une évasion fiscale, pour autant qu'il s'agit d'un détournement des objectifs d'une institution juridique (le divorce) à une fin des plus étranges, à savoir minimiser une charge fiscale. Il convient de préciser qu'en droit congolais, les mariés ne peuvent pas divorcer pour des raisons essentiellement fiscales, et le divorce n'est possible uniquement qu'en cas de « *destruction irrémédiable de l'union conjugale* »[875]. Pourtant, dans le cas de figure, il n'y a aucunement destruction irrémédiable de l'union conjugale, car les époux ont l'intention de poursuivre leur union après le prononcé du divorce, cette fois-là sous le format d'un concubinage. En plus, il n'existe aucune obligation légale pour des partenaires « *idylliques* » de contracter un mariage préalablement à une vie d'ensemble. En tout état de cause, dans l'état actuel de la législation fiscale congolaise, ce schéma juridique insolite (divorce de façade à des fins fiscales) échapperait carrément aux dispositions relatives à la fraude fiscale, pour autant qu'il ne rentre aucunement dans les sept (7) catégories de violations de la loi fiscale constitutives de l'infraction générale de fraude fiscale[876], moins encore dans les dispositions juridiques relatives à la simulation fiscale.

Qu'il nous soit permis d'approfondir notre réflexion par un autre exemple : un citoyen étranger peut décider de requérir la nationalité congolaise par la naturalisation ou par le mariage, rien que pour échapper à l'impôt qui pèse sur les personnes étrangères au Congo, en ce qui concerne l'exercice d'une activité professionnelle sur le territoire congolais, à savoir un impôt exceptionnel sur les rémunérations du

---

[875]En effet, les articles 549 et 550 de la Loi n °87-010 du 1er août 1987 portant code de la famille, telle que modifiée et complétée par la Loi n° 16/008 du 15 juillet 2016, disposent respectivement que *« chacun des époux peut agir en divorce en fondant son action sur la destruction irrémédiable de l'union conjugale* » et « *il y a destruction irrémédiable de l'union conjugale si le tribunal tire des faits, la conviction que la continuation de la vie conjugale et la sauvegarde du ménage sont devenues impossibles. Le tribunal devra indiquer dans les motifs de sa décision, les faits et situations d'où il déduit sa conviction que l'union est irrémédiablement détruite* ».

[876]Pour rappel, les sept violations constitutives de fraude fiscale sont : (i) l'omission volontaire de déclaration d'impôts ; (ii) la dissimulation volontaire des sommes sujettes à l'impôt ; (iii) la passation délibérée des écritures fictives ou inexactes dans les livres comptables ; (iv) l'incitation du public à refuser ou retarder le paiement de l'impôt ; (v) l'opposition à l'action de l'Administration des impôts ; (vi) l'organisation d'insolvabilité et autres manœuvres tendant à faire obstacle au recouvrement de l'impôt ; et (vii) le non-reversement de tout impôt dont le contribuable n'est que redevable légal.

personnel expatrié[877], institué par le législateur dans le but de favoriser l'embauchage de la main-d'œuvre nationale et ainsi décourager le recours à celle étrangère[878]. Le citoyen étranger concerné pourrait ainsi acquérir la nationalité congolaise uniquement pour travailler pendant quelques années sur le territoire congolais, échapper ainsi au régime fiscal applicable aux étrangers et, plus tard, recouvrer sa nationalité initiale en quittant le pays d'accueil. Il s'agit d'un cas emblématique de détournement des objectifs d'une institution juridique (acquisition de la nationalité) à des fins qui en sont contraires, en l'occurrence minimiser la charge fiscale professionnelle pendant autant d'années possibles.

Cet état de fait cristallisant un cas de figure insolite – constitutif d'une évasion fiscale – échapperait en toute logique aux dispositions relatives à la fraude fiscale, dans la mesure où il n'y a pas de violation de loi fiscale quelconque. Il ne s'agit pas non plus d'un cas d'optimisation fiscale, pour autant qu'il y a indéniablement heurt à la bonne foi des autorités publiques, finalement révélé par l'attitude ultime de la personne prérappelée, à savoir l'abandon de la nationalité congolaise en vue du recouvrement de celle originelle. Il ne s'agit pas non plus d'un cas de simulation fiscale, pour autant qu'il n'y a pas un quelconque contrat liant deux personnes.

Ces quelques exemples – certes généraux, mais assez illustratifs des cas abusifs pouvant se situer dans la zone « *neutre* » entre l'optimisation fiscale et la fraude fiscale – plaident en faveur de la formalisation en droit positif congolais d'une clause anti-abus générale prévoyant qu'en cas d'abus de la part d'un contribuable, la forme juridique imprimée à l'état de fait est inopérante et sanctionnée par une imposition adéquate à la situation correspondant au résultat économique recherché par le contribuable[879]. Concrètement, par exemple dans le cas du couple marié ayant dissimulé derrière le divorce des motifs d'économie d'impôt, les autorités fiscales seraient fondées à continuer à imposer conjointement les revenus du couple, même après le divorce, dans la mesure où la vie

---

877 *Cf.* Ordonnance-loi n° 69-007 du 10 février 1969 relative à l'impôt exceptionnel sur les rémunérations du personnel expatrié, telle que modifiée et complétée à ce jour.

878 *Voy.* T. -G. KALONJI, *Précis de droit fiscal congolais*, Sarrebruck, Éditions Universitaires Européennes, 2014, pp. 66 s.

879 Pour le sens et la portée d'une telle clause générale anti-abus, *voy.* L. OGAZÓN JUÁREZ et R. HAMZAOUI, "Common Strategies Against Tax Avoidance: A global Overview", *in* M. COTRUT (ed.), *International Tax Structures in the BEPS Era: An Analysis of Anti-Abuse Measures*, Amsterdam, International Bureau of Fiscal Documentation (IBFD), 2015, p. 8.

commune serait maintenue entre les concernés (comme s'ils étaient toujours mariés).

II. PRÉVENTION ET LUTTE CONTRE LA FRAUDE OU L'ÉVASION FISCALE : CAS DES ACTIVITÉS NUMÉRIQUES DES ENTREPRISES MULTINATIONALES

La fraude et l'évasion fiscales à l'échelle internationale, tirent leur source notamment de la mobilité accrue des personnes et des actifs ainsi que de l'émergence de nouveaux modèles économiques générés par l'essor du numérique, qui impactent significativement et négativement l'organisation et le fonctionnement des systèmes fiscaux du globe[880].

En effet, depuis quelques décennies, le monde assiste au développement spectaculaire d'entreprises transnationales ou simplement à l'implantation à l'étranger d'entreprises moyennes ou grandes, dont les activités ont profondément modifié la structure et le fonctionnement de l'économie mondiale[881] et échappent *ipso facto* aux principes d'imposition classiques[882]. Ces derniers se révèlent progressivement obsolètes – car relevant d'un droit fiscal conçu pour un ancien monde[883] – et en conséquence inefficaces lorsqu'il s'agit de réguler des situations du siècle actuel, quasiment nouvelles dans l'histoire de l'impôt[884].

Il est ainsi opportun d'envisager des mécanismes de politique fiscale congruents au modèle d'affaires du siècle présent, en termes de prévention et de lutte contre la fraude et l'évasion fiscales. Ces mécanismes se conçoivent aussi bien à l'échelle mondiale et africaine ***(section A ci-après)*** qu'au niveau des systèmes fiscaux nationaux ***(section B)***.

---

[880] C. MARPILLAT, *La territorialité de l'impôt sur les sociétés dans l'économie numérique*, Bruxelles, Larcier, 2018, p. 18.

[881] P. KARNS MARGARET, A. MINGST KAREN and W. STILES KENDALL, *International Organizations: The Politics and Processes of Global Governance*, Boulder, Lynne Rienner Publishers, 2015, p. 19.

[882]M. BOUVIER, « Éditorial. La lutte contre l'évasion fiscale internationale : répression ou prévention ? », *Revue Française des Finances Publiques*, No. 110 (2010), p. V.

[883]A. LAUMONIER, *op. cit.*, p.539.

[884] P. SAINT-AMANS, « Les progrès récents en matière de coopération dans le domaine de la lutte contre la fraude fiscale internationale », *in* Association d'Économie Financière (éd.), *Rapport moral sur l'argent dans le monde 2014 : Régulation, gouvernance et complexité dans la finance mondialisée*, Paris, Arcueil, 2014, p. 232.

A. Quelques mécanismes préconisés au niveau mondial et africain

Face à l'émergence d'un nouveau paradigme de modèle d'affaires numérique qui échappe au droit fiscal classique et érode de plus en plus les bases imposables ainsi que, par ricochet, les finances des États, l'OCDE et l'ATAF proposent des mécanismes juridiques appropriés et coordonnés pour la protection des systèmes fiscaux domestiques. Ces mécanismes sont censés permettre aux États et territoires du globe – et ceux africains en particulier – de mettre à niveau leurs régimes d'imposition des sociétés, en vue d'obvier aux pratiques de planification fiscale « *agressive* » menées par des entreprises multinationales.

1. Au niveau de l'OCDE

L'OCDE a lancé, en 2013, le Plan sur l'érosion de la base d'imposition et le transfert de bénéfices (BEPS : *Base Erosion and Profit Shifting*)[885], dont l'objectif fondamental était de « *faire en sorte que les règles fiscales internationales ne facilitent pas le transfert des bénéfices d'entreprises hors du pays où les activités économiques réelles se déroulent et où a lieu la création de valeur* »[886]. Dans cette optique, le phénomène de BEPS désigne les pratiques parfaitement légales que les multinationales utilisent afin d'échapper à leurs responsabilités fiscales, c'est-à-dire l'évasion fiscale[887].

La mise en place de ce Plan BEPS a eu pour mission, en toile de fond, de permettre aux États de retrouver la maîtrise de leurs compétences d'imposition sur les bénéfices des sociétés multinationales[888]. L'une des règles majeures de la fiscalité internationale est qu'une entreprise ne peut être imposée sur ses bénéfices que dans le pays où son siège est installé. Or de nombreuses multinationales ne sont pas présentes physiquement dans les pays où elles réalisent leurs bénéfices, particulièrement en Afrique. Leurs filiales se situent au contraire dans des pays à fiscalité basse, généralement ceux du Nord. Aussi, dans un

885 P. SAINT-AMANS et E. ROBERT, « Le projet BEPS et son héritage », *Revue Européenne et Internationale de Droit Fiscal*, No. 2016/4, p. 410.
886 OCDE, *Les travaux de l'OCDE dans le domaine fiscal*, Paris, OCDE, 2017, p. 10.
887 M. D. RUITER, "The OECD/G20 Base Erosion and Profit Shifting Project", *Archiv für schweizerisches Abgaberecht*, Vol. 84 (2015/2016), No. 1-2, p.163.
888 P. SAINT-AMANS et E. ROBERT, *op. cit.*, p. 410 ; E. TRAVERSA et M. POSSOZ, « L'action de l'OCDE en matière de lutte contre l'évasion fiscale internationale et d'échange de renseignements : Développements récents », *Revue générale du contentieux fiscal*, Vol. 2015, No. 1., p. 24.

monde caractérisé par l'essor du numérique, l'activité économique peut s'effectuer par l'intermédiaire d'une interface numérique dans la juridiction du marché sans aucune présence physique (même les serveurs des sites Internet n'ont pas besoin d'être installés localement)[889]. Ainsi, le principe ici posé par le Plan BEPS est que les bénéfices devraient être imposés là où les activités économiques sont exercées et là où la valeur est créée.

En vue de garantir une totale refonte de la fiscalité internationale des entreprises axée sur la cohérence, la substance et la transparence, le Plan d'action BEPS avait recensé quinze (15) actions censées donner lieu à la rédaction de 15 rapports[890]. L'Action 1 (« *Relever les défis fiscaux posés par l'économie numérique* ») s'est particulièrement intéressée à la question de l'imposition des activités numériques. Selon le rapport final de cette Action 1 de 2014, l'économie numérique génère 16 000 milliards de dollars, représentant les achats réalisés sur internet[891]. Par ailleurs, si l'économie numérique et ses modèles d'affaires ne soulèvent pas de questions d'érosion de la base d'imposition et du transfert de bénéfices qui lui soient propres et exclusives, certaines de ses caractéristiques fondamentales accentuent des risques de ladite érosion qui ont été identifiés. Aussi, les travaux sur les actions pertinentes du Plan BEPS ont été informés de ces révélations et en ont tenu compte afin de s'assurer que les solutions proposées répondent pleinement aux problèmes de BEPS dans le contexte de l'économie numérique.

Parmi les propositions qui ont été préconisées dans le cadre de l'Action 1 BEPS, il a notamment été convenu de modifier la définition d'établissement stable pour répondre aux cas où les montages factices relatifs aux ventes de biens ou de services d'une société à un groupe international débouchent effectivement sur la conclusion de contrats de sorte que les ventes seraient traitées comme si elles avaient été réalisées par cette société. Par exemple, lorsque les forces de vente d'une filiale locale d'un revendeur de produits corporels en ligne ou un fournisseur de services publicitaires en ligne jouent habituellement un rôle essentiel dans la conclusion avec d'éventuels gros clients de contrats concernant

[889] S. DELPEUCH, S. LAFFITTE, M. PARENTI, H. PARIS, B. SOUILLARD et F. TOUBAL, « Quel reporting pays par pays pour les réformes futures ? », *Focus du Conseil d'analyse économique*, n° 38, Novembre2019, p. 6.

[890]OCDE, *Plan d'action concernant l'érosion de la base d'imposition et le transfert de bénéfices*, Paris, OCDE, 2013, p. 27.

[891] OCDE, *Relever les défis fiscaux posés par l'économie numérique, Action 1 - Rapport final 2015*, Paris, OCDE, 2017, p. 168.

lesdits produits ou services et ces contrats sont d'ordinaire conclus sans modification substantielle de la société mère, cette activité se traduirait par la création d'un établissement stable de ladite société mère[892].

Les efforts mis en œuvre dans le cadre de l'Action 1 du plan BEPS avaient abouti à un constat d'échec en 2015. En mars 2018, le Cadre inclusif OCDE/G20 sur le BEPS[893] a publié, en collaboration avec le Groupe de réflexion sur l'économie numérique (GREN), un rapport intérimaire sur les travaux de l'Action 1 BEPS, qui reconnaissait la nécessité d'élaborer une solution mondiale[894]. Depuis lors, les membres dudit Cadre inclusif ont travaillé sur une solution mondiale basée sur une approche à deux piliers :

Le Pilier 1 « *cherche à adapter le système fiscal international aux nouveaux modèles d'affaires en modifiant les règles relatives au lien et à la répartition des bénéfices applicables aux bénéfices commerciaux. Dans ce contexte, son objectif est d'étendre les droits d'imposition des juridictions du marché (qui, dans certains modèles d'affaires, correspondent aux juridictions où sont situés les utilisateurs) lorsqu'une entreprise participe de façon active et soutenue à l'économie de cette juridiction via l'exercice d'activités sur son territoire ou à distance mais ciblant cette même juridiction. En outre, le Pilier 1 entend renforcer sensiblement la sécurité juridique en matière fiscale par l'introduction de mécanismes novateurs de prévention et de règlement des différends. Le Pilier 1 a pour but de concilier les différents objectifs des membres du Cadre inclusif OCDE/G20 sur le BEPS et d'aboutir à*

---

[892] OCDE, *Projet OCDE/G20 sur l'érosion de la base d'imposition et le transfert de bénéfices. Rapports finaux 2015 - Résumés*, Paris, OCDE, 2015, p. 6.

[893] Dans le but d'accélérer ce processus d'amélioration des politiques fiscales domestiques des États, l'OCDE a mis en place le Cadre Inclusif sur les BEPS, qui est un forum au sein duquel les pays développés ainsi que ceux en développement se retrouvent pour travailler et collaborer sur un pied d'égalité, en vue de débattre des questions fiscales et juguler l'évasion et la fraude fiscales. En outre, d'autres organisations régionales contribuent également à la mise en œuvre du Projet BEPS, en accompagnant les pays membres dans les différentes étapes. Il s'agit notamment du Forum sur l'administration fiscale africaine (ATAF), du Centre interaméricain des administrations fiscales (CIAT), du Cercle de Réflexion et d'Échange des Dirigeants des Administrations fiscales (CREDAF) et du Groupe d'étude sur l'administration et la recherche fiscales en Asie (SGATAR), qui sont accrédités auprès de l'OCDE en qualité d'Observateurs.

[894] OCDE, *Les défis fiscaux soulevés par la numérisation de l'économie – rapport intérimaire 2018, Cadre inclusif sur le BEPS, Projet OCDE/G20 sur l'érosion de la base d'imposition et le transfert de bénéfices*, Paris, OCDE, 2018.

la suppression des mesures unilatérales concernées »[895]. Le champ d'application de ce Pilier 1 couvre les entreprises multinationales « *dont le chiffre d'affaires mondial dépasse 20 milliards d'euros et dont la rentabilité (c'est-à-dire le ratio bénéfice avant impôt/chiffre d'affaires) est supérieure à 10 %, sachant que le seuil de chiffre d'affaires sera abaissé à 10 milliards d'euros sous réserve d'une mise en œuvre réussie, y compris du volet relatif à la sécurité juridique en matière fiscale pour le Montant A, l'examen correspondant devant débuter 7 ans après l'entrée en vigueur de l'accord, et être achevé en un an au plus. Les industries extractives et services financiers réglementés sont exclus* »[896].

Le Pilier 2 « *apporte une réponse aux problématiques de BEPS non résolues et entend faire en sorte que les grandes entreprises multinationales paient un niveau d'impôt minimum sur leurs bénéfices, indépendamment de la localisation de leur siège ou de la juridiction où elles exercent leurs activités. Pour ce faire, il établit des règles interdépendantes qui visent à (i) garantir un niveau minimum d'imposition tout en évitant la double imposition ou une imposition en l'absence de bénéfice économique, (ii) gérer les différences de système fiscal entre juridictions et de modèles d'affaires entre entreprises, (iii) assurer la transparence et l'égalité de traitement, et (iv) minimiser les coûts administratifs et de mise en conformité* »[897]. En termes de champ d'application, les règles du Pilier 2 s'appliqueront aux entreprises multinationales qui réalisent un chiffre d'affaires d'au moins 750 millions d'euros, tel que déterminé dans le cadre de l'Action 13 du BEPS (déclaration pays par pays). Les pays sont libres d'assujettir à la règle d'inclusion du revenu les entreprises multinationales ayant leur siège dans leur territoire, même si celles-ci n'atteignent pas le seuil de chiffre d'affaires. Les entités publiques, organisations internationales, organisations à but non lucratif, fonds de pension ou fonds d'investissement qui sont des Entités Mères Ultimes d'un Groupe d'entreprises

---

[895] OCDE, *Cadre inclusif sur le BEPS de l'OCDE et du G20 - Relever les défis fiscaux soulevés par la numérisation de l'économie. Points clés*, Paris, OCDE, 2020, p. 9.

[896] Cadre inclusif OCDE/G20 sur le BEPS - Déclaration sur une solution reposant sur deux piliers pour résoudre les défis fiscaux soulevés par la numérisation de l'économie, Paris, 1er juillet 2021. Disponible en ligne : <https://www.oecd.org/fr/fiscalite/beps/declaration-sur-une-solution-reposant-sur-deux-piliers-pour-resoudre-les-defis-fiscaux-souleves-par-la-numerisation-de-l-economie-juillet-2021.pdf> (consulté le 05 septembre 2023).

[897] OCDE, *Cadre inclusif sur le BEPS de l'OCDE et du G20 - Relever les défis fiscaux soulevés par la numérisation de l'économie. Points clés*, Paris, OCDE, 2020, p. 19 et s.

multinationales ou toute structure de détention utilisée par ces entités, organisations ou fonds ne sont pas soumis aux règles globales de lutte contre l'érosion de la base d'imposition (GloBE)[898].

En date du 8 octobre 2021, un accord historique sur les Piliers 1 et 2 a été conclu – sous la forme d'une déclaration[899] – par 136 pays et juridictions[900] (sur les 140 membres que compte le Cadre inclusif OCDE/G20 sur le BEPS[901]), permettant ainsi de garantir l'application d'un taux d'imposition minimum de 15 % aux entreprises multinationales, à compter de 2023. Cette nouvelle perspective fiscale internationale permettra également de réattribuer à des pays du monde entier plus de 125 milliards USD de bénéfices d'environ 100 entreprises multinationales parmi les plus grandes et les plus rentables au monde, de sorte que ces entreprises acquittent leur juste part de l'impôt quelles que soient les juridictions où elles exercent leurs activités et réalisent des bénéfices[902]. La particularité de cet accord historique est aussi son acceptation par les États-Unis d'Amérique, qui bloquaient les négociations depuis toutes ces années. Avant cet accord, ils étaient favorables à un taux minimum global de 12,5 %[903].

Il convient également de préciser que les pays et juridictions concernés ont convenu de signer une convention multilatérale dès que

---

898 Cadre inclusif OCDE/G20 sur le BEPS - Déclaration sur une solution reposant sur deux piliers pour résoudre les défis fiscaux soulevés par la numérisation de l'économie, Paris, 1er juillet 2021 (déjà cité).

899 Voir Projet OCDE/G20 sur l'érosion de la base d'imposition et le transfert de bénéfices - Déclaration sur une solution reposant sur deux piliers pour résoudre les défis fiscaux soulevés par la numérisation de l'économie, Paris, 8 octobre 2021. Disponible en ligne : <https://www.oecd.org/fr/fiscalite/beps/declaration-sur-une-solution-reposant-sur-deux-piliers-pour-resoudre-les-defis-fiscaux-souleves-par-la-numerisation-de-l-economie-octobre-2021.pdf> (consulté le 05 septembre 2023).

900 Les 136 pays et juridictions représentent plus de 90 % du PIB mondial ; ce qui permet de conclure à une inclusivité mondiale.

901 Les quatre pays qui n'ont pas joint la Déclaration à la date concernée, sont : le Kenya, le Nigéria, le Pakistan et le Sri Lanka.

902 Voir le communiqué de presse de l'OCDE, intitulé « La communauté internationale conclut un accord fiscal sans précédent adapté à l'ère du numérique », publié [en ligne] le 08 octobre 2021 : <https://www.oecd.org/fr/fiscalite/beps/la-reforme-majeure-du-systeme-fiscal-international-finalisee-aujourd-hui-a-l-ocde-permettra-de-garantir-l-application-d-un-taux-d-imposition-minimum-de-15-pourcent-aux-entreprises-multinationales-emn-a-compter-de-2023.htm> (consulté le 05 septembre 2023).

903 L. NARDON et S. RUST, « De la taxe numérique à l'imposition des multinationales La révolution fiscale de Joe Biden », *Briefings de l'IFRI*, IFRI, 15 avril 2021, p. 7.

possible[904], pour servir d'instrument à la mise en œuvre du nouveau droit d'imposition convenu au titre du Pilier Un. Ladite convention sera également « *garante du maintien du statu quo et de la suppression des dispositions en lien avec toutes les taxes sur les services numériques et autres mesures unilatérales existantes, ce qui contribuera aussi à améliorer la sécurité juridique en matière fiscale et à apaiser les tensions commerciales* »[905].

2. Au niveau de l'ATAF

Les pays africains ont été associés, dès le départ, dans la conception du projet BEPS. En 2014, le Forum sur l'Administration Fiscale Africaine (*African Tax Administration Forum* -ATAF) avait reçu mandat de ses membres pour représenter les pays africains auprès de l'OCDE, en relayant leurs contributions au Plan BEPS, en termes de priorités, défis et besoins concernant le phénomène de BEPS. Créé pour mener à bien le mandat confié à l'ATAF, le Comité technique sur la fiscalité transfrontière a apporté de nombreuses contributions au Plan BEPS, qui ont permis la mise sur pied d'un certain nombre de mesures prioritaires pour les pays africains concernant le phénomène de BEPS[906].

À ce jour, plusieurs pays africains font partie du Cadre inclusif OCDE/G20 sur le BEPS, au sein duquel ils travaillent et collaborent sur un pied d'égalité avec les autres pays développés et en développement du globe. La plupart d'entre eux ont activement participé aux négociations, et la solution reposant sur deux piliers comporte un certain nombre de dispositions visant à répondre aux préoccupations des pays à faible capacité. De ce fait, l'OCDE veille à ce que les règles puissent être administrées de manière efficace et efficiente, tout en offrant aux pays qui en ont besoin un soutien complet au renforcement des capacités[907].

---

[904] Aux dernières nouvelles, le Cadre inclusif OCDE/G20 sur le BEPS a déjà préparé le texte de la Convention multilatérale (CML) relatives aux taxes sur les services numériques (TSN) et autres mesures similaires pertinentes dans le cadre du Montant A du Pilier Un. Elle a été soumise aux commentaires de l'opinion publique entre décembre 2022 et janvier 2023.

[905] Voir le communiqué de presse de l'OCDE, intitulé « La communauté internationale conclut un accord fiscal sans précédent adapté à l'ère du numérique » (déjà cité).

[906] OCDE, *Cadre inclusif sur le BEPS, Rapport d'étape juillet 2016 – juin 2017*, Paris, OCDE, 2017, p. 30.

[907] Voir le communiqué de presse de l'OCDE, intitulé « La communauté internationale conclut un accord fiscal sans précédent adapté à l'ère du numérique » (déjà cité).

Au regard des difficultés éprouvées par certains pays à taxer les entreprises à forte composante numérique qui opèrent dans leur juridiction, l'ATAF a, à la demande de ses pays membres, publié le 30 septembre 2020, un document de travail intitulé « *Approche suggérée de l'ATAF pour la rédaction d'une législation sur la taxe sur les services numériques* »[908].

À l'époque, l'ATAF reconnaissait les efforts déjà déployés par le Cadre inclusif OCDE/G20 sur le BEPS, en termes d'avancement des discussions sur une solution consensuelle mondiale aux défis fiscaux soulevés par la numérisation de l'économie, tout en soutenant les efforts de ses pays membres qui se battent au sein dudit Cadre inclusif pour s'assurer que toute solution globale éventuelle soit adaptée aux besoins de l'Afrique. Néanmoins, face à l'étirement en longueur desdites discussions, l'ATAF ne pouvait attendre, ce qui « *pourrait retarder considérablement la promulgation et la mise en œuvre d'une législation qui garantit aux pays des droits d'imposition appropriés sur les bénéfices des entreprises à forte composante numérique. De tels retards pourraient éventuellement coûter aux pays africains plusieurs millions de dollars d'impôts, vu qu'un bon nombre de ces entreprises ont vu leurs bénéfices augmenter considérablement pendant la pandémie de COVID-19 […]* »[909]. Aussi, l'ATAF recommande absolument d'éviter que la taxe sur le numérique étouffe la croissance du secteur numérique dans les pays africains, surtout pour les entreprises en démarrage et les PME. Cela nécessite d'entrevoir un seuil de *minimis* élevé, pour s'assurer que ladite taxe ne touche que les entreprises numériques bien établies et rentables. Aussi, plusieurs pays ayant opté à ladite taxe seraient favorables pour son abrogation, une fois la solution globale trouvée au niveau des travaux de l'OCDE[910].

À notre avis, cette approche préconisée par l'ATAF n'a pas été substantiellement réaliste pour deux raisons : d'une part, en tant que « *conseiller fiscal* » des pays membres, l'ATAF aurait pu proposer un seuil minimum d'imposition, en tenant compte des réalités africaines ; c'est-à-dire en prenant en compte deux paramètres, à savoir le taux d'impôt sur la société et les chiffres d'affaires des entreprises

---

908 Disponible en ligne :
<https://events.ataftax.org/includes/preview.php?file_id=79&language=fr_FR> (consulté le 9 septembre 2023).

909 ATAF, *Approche suggérée de l'ATAF - pour la rédaction d'une législation sur la taxe sur les services numériques*, Pretoria, 2020, p. 1.

910 *Idem*, p. 2.

numériques. D'autre part, en préconisant que les pays ayant opté pour une taxe sur le numérique pourraient abroger celle-ci après l'obtention d'un accord global au niveau de l'OCDE, l'ATAF a, non seulement donné l'impression qu'il « *snobait* » l'issue des discussions menées au sein de l'OCDE (peut-être pour la simple raison que la solution attendue ne serait pas « *rentable* » pour l'Afrique), mais aussi « *ignoré* » les conséquences liées au principe de la légalité fiscale, qui caractérise la plupart des systèmes africains, et qui préconise que chaque imposition soit prévue par une loi. Or, avec toutes les subtilités politiques qui accompagnent l'adoption des lois à caractère fiscal, il ne serait pas évident, dans la plupart des cas, de convaincre les parlementaires, soit d'adopter une loi fiscale provisoire, soit de voter pour son abrogation un ou deux ans aussitôt après.

B. Quelques solutions nationales africaines et particularités en droit congolais

Avant l'avènement de l'accord historique précité [d'octobre 2021] sur l'imposition des entreprises multinationales, de nombreux États africains s'étaient déjà dotés – à l'instar de leurs homologues occidentaux[911] – d'une taxe numérique, dans la perspective de s'assurer que les entreprises multinationales du secteur du numérique s'acquittassent de leur juste part d'impôt ***(section 1 ci-après)***. D'autres États comme la République Démocratique du Congo, ont plutôt renforcé leurs dispositifs TVA, afin d'y inclure la possibilité d'imposer les activités numériques ***(section 2)***.

[911] En effet, les pays comme l'Autriche, l'Espagne, les États-Unis, la France, la Hongrie, l'Inde, l'Italie, la Pologne, le Royaume-Uni et la Turquie ont adopté une taxe digitale nationale, et d'autres comme la Belgique, la Slovaquie et la République tchèque examinaient déjà la possibilité des projets similaires. Voir L. NARDON et S. RUST, *Op. cit.*, p. 5.

1. Approche unilatéraliste et fragmentée de la lutte contre la fraude liée à l'imposition des activités numériques

Des pays comme l'Ouganda[912], le Ghana, le Maroc, le Sénégal et le Nigeria[913] ont manifesté depuis quelques années, leur intention de créer, en droit interne, une taxe sur les activités digitales[914]. En revanche, d'autres pays sont déjà très avancés sur la question. C'est le cas de l'Afrique du Sud, qui dispose d'une réglementation fiscale sur les services numériques depuis 2014, l'a renforcée en 2020[915]. Le Zimbabwe a introduit des règles pour l'imposition des plateformes de commerce électronique non-résidentes à partir de janvier 2019, et la taxe – de 5 % sur les revenus (une taxe brute) – s'applique sur : (i) les revenus des services de radiodiffusion par satellite domiciliés à l'étranger en ce qui concerne la fourniture ou la livraison de programmes de télévision ou de radio, et (ii) les opérateurs de commerce électronique en ce qui concerne la fourniture ou la livraison de biens ou de services au

912 En Ouganda, en juillet 2023, le gouvernement a ramené sur la table le projet visant à imposer une taxe de 5 % sur les revenus des entreprises numériques non résidentes offrant des services numériques dans le pays. Lire à ce propos S. NJOYA, « Ouganda : le président exige du Parlement l'approbation de la taxe de 5 % sur les entreprises étrangères du numérique », publié [en ligne] le 10 juillet 2023 : <https://www.wearetech.africa/fr/fils/actualites/gestion-publique/ouganda-le-president-exige-du-parlement-lapprobation-de-la-taxe-de-5-sur-les-entreprises-etrangeres-du-numerique> (consulté le 09 septembre 2023).

913 Par exemple, selon un rapport de 2023, les entreprises numériques étrangères opérant au Nigeria ont payé 1,3 billion de nairas (près de 1,3 milliard de dollars) d'impôts au gouvernement en un peu plus d'un an, selon les autorités du pays. Les chiffres du Federal Inland Revenue Service ont été publiés jeudi sur le site web du Bureau national des statistiques du pays. Les revenus ont été générés par plusieurs entreprises dont Google, Netflix, X, Meta de janvier 2022 à mars 2023. Elles comprennent la taxe sur la valeur ajoutée ainsi que l'impôt sur les sociétés et l'impôt sur le revenu. Pour plus de détails, lire en ligne : <https://www.trtafrika.com/fr/business/medias-sociaux-le-nigeria-a-percu-13-milliard-de-dollars-de-taxes-des-entreprises-numeriques-14676375> (consulté le 09 septembre 2023).

914 M. PAURON, « Gafam – Fiscalité : comment les faire payer ? », *Gafam : l'Afrique face au cybercolonialisme des géants du Web*, publié [en ligne] le 16 août 2018 : <https://www.jeuneafrique.com/dossiers/gafam-lafrique-face-aux-geants-du-web/> (consulté le 05 septembre 2023).

915 M. EDJ, « Le numérique, un potentiel de recettes fiscales pour les pays africains », publié [en ligne] le 17 juillet 2020 : <https://www.agenceecofin.com/gestion-publique/1707-78660-le-numerique-un-potentiel-de-recettes-fiscales-pour-les-pays-africains> (consulté le 05 septembre 2023).

Zimbabwe[916]. Le Cameroun a choisi d'appliquer, depuis octobre 2020, une TVA de 19,25 % sur les publicités Facebook ciblant le territoire de ce pays, avec pour conséquence que les annonceurs ayant défini le Cameroun comme pays acheteur paient plus cher que les autres[917]. Le Kenya avait aussi commencé – à partir de l'exercice fiscal 2021 – à taxer les services numériques en imposant le téléchargement d'applications, de logiciels, de vidéos, musique, e-book et autres contenus numériques (c'est le *Digital Service Tax*[918], dont le taux est de 1,5 % de la valeur brute des transactions des entreprises numériques étrangères)[919].

Avec l'obtention de l'accord mondial sur une fiscalité minimum des entreprises multinationales, il se peut que les États africains rétropédalent et abandonnent leurs projets isolés d'imposition des activités du numérique, au profit de l'imposition globale. Cependant, cette hypothèse n'est pas évidente, car des voix se sont levées pour conjecturer que ledit accord n'était pas avantageux pour les pays en développement[920]. Tout présage qu'avec le taux d'imposition convenu (15 %), « *les recettes fiscales supplémentaires dégagées bénéficieront pour les deux tiers aux pays riches du G7 et à l'Union européenne. Les pays les plus pauvres récupèreront moins de 3 %* »[921].

---

[916] Voir V. GRONDONA, A. MUHEET CHOWDHARY et D. URIBE, *Mesures nationales sur l'imposition de l'économie numérique*, Document de Recherche, South Centre, Genève, septembre 2020, p. 28.

[917] Source : <https://afriqueitnews.com/finance/6-taxes-digitales-deja-appliquees-envisagees-gouvernements-africains/> (consulté le 05 septembre 2023).

[918] Le *Digital Service Tax* a été introduit au Kenya par la loi de finances 2019 et promulguée par la loi de finances 2020 avec une date d'entrée en vigueur au 1er janvier 2021. Il a été introduite à la fois dans la loi sur l'impôt sur le revenu (« *Income Tax Act* ») et dans la loi sur la taxe sur la valeur ajoutée (« *Value Added Tax Act* »). Pour d'autres détails, lire en ligne : <https://kra.go.ke/images/publications/Brochure-Digital-Service-Tax-Website.pdf> (consulté le 09 septembre 2023).

[919] D. WHITEHOUSE, « Kenya : taxe digitale, une vraie fausse bonne idée ? », publié [en ligne] le 17 juillet 2020 : <https://www.jeuneafrique.com/1128151/economie/kenya-taxe-digitale-une-vraie-fausse-bonne-idee/> (consulté le 05 septembre 2023).

[920] Par exemple, dans un communiqué de presse, OXFAM France avait relevé que ce compromis « ne met pas fin aux paradis fiscaux et ne laisse que des miettes aux pays en développement ». Voir le Communiqué de presse de OXFAM France du 8 octobre 2021, intitulé « Taxation des multinationales : un accord au rabais ». Disponible en ligne : <https://www.oxfamfrance.org/communiques-de-presse/taxation-des-multinationales-un-accord-au-rabais/> (consulté le 05 septembre 2023).

[921] Dossier RFI « Taxation des multinationales: l'OCDE annonce l'accord de 136 pays pour un taux à 15 % », publié [en ligne] le 08 octobre 2021 : <https://www.rfi.fr/fr/en-

Somme toute, il n'est pas exclu que les États et juridictions africains « *snobent* » la solution globale sur l'imposition des multinationales, au profit des impositions fragmentées (nationales) en particulier en ce qui concerne les activités du numérique. Une telle perspective ne sera pas sans poser des problèmes aux relations bilatérales (notamment en termes de représailles commerciales) entre les États-Unis (dont plusieurs entreprises du web portent la nationalité) et les pays africains qui auront opté pour une telle solution fragmentée.

2. Spécificité en droit congolais : choix de la TVA sur les activités du commerce électronique

À ce jour, il n'existe pas encore en droit congolais un régime fiscal typiquement applicable aux activités numériques, telles que la publicité en ligne ou encore la vente en ligne. Autrement dit, il n'existe pas encore un impôt typique sur les transactions numériques. Néanmoins, il existe un régime de la TVA sur les activités du commerce électronique.

En effet, dans le cadre de l'application de la TVA, le législateur a récemment mis en place un dispositif de lutte contre la fraude et l'évasion fiscales des activités numériques, en essayant de les imposer. Les opérations imposables à la TVA comprennent notamment les prestations de services faites à des tiers, lorsqu'elles sont effectuées entre deux personnes distinctes, moyennant une contrepartie, que le but soit lucratif ou non, que le résultat soit bénéficiaire ou non[922]. Il s'agit particulièrement des services électroniques fournis en ligne par des entreprises résidentes et non résidentes[923] et comprenant, en autres, la fourniture et l'hébergement de sites informatiques, la fourniture en ligne de logiciels et leur mise à jour, la fourniture d'images, de textes et d'informations, la mise à disposition de bases de données, la fourniture de musique, de films et de jeux, la fourniture de livres et publications numérisés, la fourniture de services d'enseignement à distance, la maintenance à distance de programmes et d'équipements[924].

Il ressort de ce qui précède que le législateur congolais a opté pour l'imposition des activités numériques au travers de la TVA (16 %). Il

bref/20211008-taxation-des-multinationales-l-ocde-annonce-l-accord-de-136-pays-pour-un-taux-fix%C3%A9-%C3%A0-15> (consulté le 05 septembre 2023).

[922] Article 4 du Décret n° 011/42 du 22 novembre 2011 portant mesures d'exécution de l'ordonnance-loi n° 10/001 du 20 aout 2010 portant institution de la Taxe sur la Valeur ajoutée.

[923] Article 17 du Décret n° 011/42 précité.

[924] Article 23 du Décret n° 011/42 précité.

s'agit potentiellement d'une approche d'imposition par une retenue à la source, dans la mesure où, si le contribuable n'est pas en RD Congo ou n'y a pas désigné un représentant, c'est le client qui en est redevable[925]. Ainsi, les entreprises du commerce électronique ne pourraient pas se servir de la raison d'absence d'une présence physique sur le territoire congolais, en vue d'échapper à l'impôt.

CONCLUSION

La fraude et l'évasion fiscales goupillées par les entreprises multinationales œuvrant particulièrement dans le secteur du numérique, fait perdre beaucoup de recettes fiscales aux pays africains. Au courant de récentes années, l'Afrique s'est davantage « *numérisée* » avec en conséquence l'essor du commerce électronique ; mais les administrations fiscales africaines ont du mal à en tirer profit, car les « *géants du web* » ne paient pas leur juste part d'impôt sur les chiffres d'affaires générés en Afrique.

À partir de la fin de la dernière décennie, quelques pays africains ont – à l'instar des économies avancées – changé de paradigme, en renforçant leurs politiques fiscales nationales, dans l'optique de cibler également les entreprises du numérique. Certes, cet élan a déjà été encouragé par des organisations comme l'ATAF, mais des problèmes pourraient se poser avec l'avènement, en octobre 2021, de l'accord global sur l'imposition minimum des entreprises multinationales, obtenu sous les auspices de l'OCDE. Il semble que cette solution globale n'est pas assez avantageuse pour les pays africains, qui pourraient par conséquent s'arc-bouter à leurs projets domestiques de mise en place ou de pérennisation – selon le cas – des taxes sur le numérique. De ce fait, le choix d'élargissement de l'assiette de la TVA, comme dans le cas de la République Démocratique du Congo, en vue d'imposer les transactions liées aux activités numériques, est une option qui semble moins problématique.

[925] Voir article 23 de l'Ordonnance-Loi n° 10/001 du 20 août 2010 portant institution de la TVA.

RAPPORT GÉNÉRAL

- Pélagie THEOUA-NDRI : Professeur titulaire
- Dieudonné ASSOUVI : Haut fonctionnaire
- Donald SONOMBITI : Haut fonctionnaire
- Wehelmine Aguémon : Maître assistant

RAPPORT GÉNÉRAL DU COLLOQUE

INTRODUCTION

Les 12 et 13 octobre 2023, s'est tenu au Palais des congrès de Cotonou un colloque international sur « La prévention de la fraude fiscale », organisé par le ministère de l'Économie et des Finances du Bénin, en collaboration avec le CERAF et la SOAFIP, avec le soutien de l'Ambassade de France.

Le colloque a débuté par les allocutions de Monsieur le Directeur général des impôts, de Monsieur le Directeur de l'ENA et le discours d'ouverture de Monsieur le ministre d'État ministre de l'Économie et des Finances. Un rapport introductif, présenté par le professeur MÉDÉ Nicaise, a par la suite permis de situer le contexte du colloque, d'en préciser la pertinence et d'en exposer les principales articulations.

En effet, le financement du développement est, pour les États africains, plus qu'une nécessité, c'est une exigence de survie. Face à la dégradation croissante des niveaux de l'aide publique au développement ainsi que des divers autres concours financiers des bailleurs de fonds, l'optimisation de la mobilisation des ressources propres, notamment des ressources fiscales, est au cœur des préoccupations des pouvoirs publics. Pour autant, les montants des déperditions de ressources de l'impôt du fait de la fraude fiscale ne cessent de croître[926].

Aussi l'intérêt du présent colloque sur la prévention de la fraude est-il sans équivoque. En suscitant la réflexion sur les voies et moyens d'empêcher la réalisation de la fraude fiscale sous toutes ses formes, le colloque a permis d'envisager des pistes de solutions pour une dynamisation des dispositifs de lutte déjà en vigueur.

En substance, les différentes interventions de ce colloque ont été réparties en 4 panels. De l'économie des interventions, il ressort que pour assurer une prévention optimale de la fraude fiscale, il convient

---

[926] DGI= importance du colloque pour faire face à ce défi et pour améliorer le cadre institutionnel de gouvernance de l'administration fiscale. Près de 10 à 20 % dans le PIB des pays en développement = difficile de dépasser 20 % par les États africains compte tenu de l'insuffisance des capacités des administrations.

d'articuler les actions autour de la réalité d'un cadre juridique à revisiter (I) et de l'existence de dispositifs techniques à questionner (II).

I- Un cadre juridique à revisiter

Le premier panel relatif à « la prévention normative de la fraude fiscale » a été l'occasion de discuter de la capacité du cadre juridique en vigueur à constituer une base normative efficace à la prévention de la fraude fiscale. Des interventions des panélistes et des participants, il est ressorti deux idées majeures : la nécessaire amélioration des textes législatifs et réglementaires et l'indispensable évaluation des conventions fiscales.

A- La nécessaire amélioration de la législation

D'emblée, après avoir soulevé la question théorique, mais importante, de la quintessence de la notion de fraude du fait de ses similitudes de plus en plus fortes avec l'évasion fiscale, il est apparu essentiel de mettre l'accent sur les actions concrètes à mener pour améliorer la qualité des lois et règlements fiscaux. Les actions conjointes de l'administration fiscale, du législateur et du juge ont été mises en exergue.

L'action du Parlement et de l'administration fiscale

Bien que des avancées importantes dans la production des textes fiscaux aient été relevées, ce sont essentiellement les problématiques liées à la capacité des textes à prévenir la fraude à travers leur clarté, la garantie des droits des contribuables, ou leur capacité à assurer une saine répartition des compétences, qui ont constitué la charnière des échanges sur la question. Plusieurs insuffisances ont pu être examinées, tout en mettant en évidence les éléments d'amélioration souhaités.

D'abord, sur la capacité des textes à prévenir la fraude en garantissant la protection des droits des contribuables, la question du rescrit fiscal s'est offerte comme un prétexte. En admettant sa contribution au « droit à l'information administrative » du contribuable, la subordination de son accès par les contribuables à des conditions discutables constitue un élément de complexification qui corrompt l'attractivité de son but. Aussi la révision de ses modalités de mise en œuvre est-elle souhaitée. En fait, c'est toute la question récurrente de la simplification des procédures qui est ainsi mise en évidence.

Ensuite, les imprécisions, voire le laxisme des textes, ont également été examinées. L'encadrement juridique de la fonction de Conseil fiscal en a été l'occasion. Le Conseil fiscal, dans son office, protège le contribuable et aide à éviter la fraude fiscale conformément aux règles d'éthique du métier. Toutefois, l'inorganisation de cette fonction par les pouvoirs publics a permis aux comptables et avocats d'exercer indirectement cette fonction. Certes, la pertinence de cette question n'a pas fait l'unanimité au sein des participants. Il n'en demeure pas moins que ce point a été l'occasion d'interpeller sur les conséquences du laxisme ou de l'imprécision des textes dans l'encadrement juridique des activités liées à la fiscalité.

Le rôle du juge

Même si le rôle du juge est réputé consister essentiellement à dire le droit, il lui est aujourd'hui reconnu un pouvoir normatif en évolution. Ainsi, bien que le rôle du juge dans l'amélioration des textes fiscaux ne soit pas apparent, il a pu être prouvé au cours des échanges que son office est décisif eu égard à la précision qu'il peut apporter à certaines notions. C'est le cas de son appréciation de la notion « d'établissement stable », pour déterminer le rattachement du droit du bénéfice et l'attribution du droit d'imposition dans le cadre des activités d'entreprises internationales.

Dans cette dynamique d'amélioration des textes, il est apparu indispensable d'évaluer les conventions fiscales.

B- L'indispensable évaluation des conventions fiscales

Le sujet n'est pas nouveau. Les conventions fiscales constituent des instruments essentiels de lutte contre la double imposition ou la non double imposition, la fraude et l'évasion fiscales. Cela dit, la pertinence des modèles de ces conventions quant à la garantie des intérêts des États africains, États importateurs de capitaux, est discutable. Les modèles de collaboration désavantageux qu'elles promeuvent, nourries des transactions économiques déséquilibrées, imposent selon les participants leur évaluation en vue soit de leur adaptation, soit de leur dénonciation.

Sous réserve de la prise en compte de ces recommandations, il appert qu'un autre pan du système de prévention de la fraude fiscale demeure en questionnement. Il s'agit des dispositifs techniques en vigueur.

II- Des dispositifs techniques à questionner

Les panels 2 et 3 relatifs aux préventions managériales et technologiques de la fraude fiscale, placés dans une perspective comparative par les contributions du Panel 4, ont mis en exergue l'existence de plusieurs dispositifs contribuant à la prévention de la fraude fiscale. À l'examen des communications et des discussions, il ressort que l'apport de ces dispositifs est réel (A). Toutefois, compte tenu de leur incomplétude, ils nécessitent encore d'être améliorés face à l'étendue des défis (B).

A- L'existence de dispositifs techniques importants

La mise en place, au sein des administrations fiscales, de mécanismes de collaboration institutionnelle et l'introduction de la technologie au service de la gouvernance fiscale s'offrent comme des mesures importantes pour la prévention de la fraude fiscale.

En effet, les actions de l'administration fiscale béninoise en matière de digitalisation des services favorisent non seulement la transparence utile à l'amélioration des contrôles fiscaux, mais aussi un meilleur partage d'information. L'institutionnalisation de l'inter-opérationnalisation des systèmes d'information à travers l'Identifiant Fiscal Unique (IFU), conformément aux standards internationaux, en est une illustration. C'est dans cette même dynamique que s'inscrit l'interconnexion entre les services des douanes et des impôts et le renforcement des échanges de renseignements. À l'attention des contribuables, la communication institutionnelle initiée a permis de renforcer la confiance des contribuables, avec l'accès par ceux-ci aux informations de la Direction générale des Impôts (DGI).

De plus, pour rappel, les techniques modernes de prévention de la fraude fiscale sont basées sur des dispositifs technologiques permettant à l'administration de détenir, en temps réel, l'information sur les activités et les opérations des contribuables. La facture électronique répond à ce besoin et constitue l'une des réformes importantes de la DGI.

Cependant, loin de tirer un satisfecit sans réserve de ces acquis, l'incomplétude ou les limites de ces dispositifs ont été exposées pour prévenir efficacement la fraude fiscale. En fait, il est observé une insuffisance des dispositifs par rapport à l'étendue des défis.

B- L'insuffisance des dispositifs techniques face à l'étendue des défis

Sans passer sous silence les limites inhérentes aux dispositifs déjà exposées, les insuffisances évoquées à ce stade concernent les champs non encore suffisamment explorés, les défis constants non encore relevés et l'importante question du ralliement des ressources humaines à la dynamique de performance recherchée.

Les domaines insuffisamment explorés

Les discussions sur les domaines jugés non encore suffisamment explorés ont porté sur la sous-exploitation, à la fois, des TIC au service de la maîtrise de la base imposable et de la liquidation de l'impôt, et des potentiels des cadastres. En effet, le potentiel offert par le numérique doit être davantage mis à contribution pour maîtriser la base imposable et liquider l'impôt. Avec des retours d'expériences ainsi que des notes de capitalisation d'initiatives de digitalisation dans de nombreux pays tels que le Bénin et la France, il a été démontré que les TIC peuvent permettre d'accroître davantage les recettes, d'administrer l'impôt avec efficacité et efficience, de réduire la charge administrative pour le contribuable et même de favoriser d'autres changements sociétaux. Cependant, pour déployer leur plein potentiel, plusieurs défis devront être relevés. Il s'agit notamment de la fracture numérique et du coût extrêmement lourd de la transformation digitale des administrations.

De même, la mise en place d'un cadastre répondant à des normes technologiques peut être d'une contribution indéniable pour la prévention de la fraude fiscale. Dans cette perspective, il convient de régler au préalable le point de la bonne synergie à établir entre les administrations fiscales et foncières afin de tirer le meilleur profit du cadastre ; celui-ci demeurant jusqu'ici un chantier entier au Bénin. L'Intelligence Artificielle (IA) pourrait dans ces cadres être explorée, non sans prendre les dispositions indispensables pour contenir ses possibles effets néfastes.

Par ailleurs, comme l'a relevé le partage des expériences étrangères, il y a lieu de poursuivre la réflexion sur l'aménagement des mécanismes de perception de l'impôt et des mécanismes de sanction à la fraude.

Les défis constants non encore relevés

La constante problématique de la fiscalisation du secteur informel ne peut être occultée du débat sur la prévention de la fraude fiscale. Son incidence sur le niveau de mobilisation des recettes publiques est réelle. Pour appréhender ce secteur, les efforts des administrations fiscales s'orientent vers des réformes technologiques. Ces réformes méritent, toutefois, des adaptations et des mesures correctrices. Parmi celles-ci figurent, notamment, la simplification des impôts et des incitations fiscales des MPME. Sur ce point, le modèle du projet ARCH, basé sur l'identification des personnes, est proposé comme pouvant, sous certaines conditions, apporter une plus-value à la maîtrise des personnes exerçant des métiers difficilement fiscalisables. Il reste, cependant, à démontrer comment l'intégration de préoccupations fiscales dans un projet destiné à des personnes vulnérables pourrait rencontrer un succès.

La mobilisation de l'engagement des ressources humaines

Sans doute, au niveau des administrations, aucun résultat probant n'est susceptible d'être obtenu sans la mobilisation du plein potentiel des ressources humaines affectées. La qualification des ressources humaines et leur engagement actif à la cause de la lutte contre la fraude est indispensable. Posée dans une perspective globale, la réforme du système de motivation des agents des administrations fiscales est vivement souhaitée. Outre la diffusion de valeurs morales, il est suggéré en remplacement d'un système de motivation systématique, un système de motivation basé sur la rémunération par la performance. L'objectif visé est celui de la cristallisation de la culture de la performance dans la gouvernance fiscale. En outre, la piste de la motivation par la reconnaissance officielle du travail bien fait a été soulevée lors des débats.

CONCLUSION

Somme toute, les discussions ont permis de fructueux échanges sur des aspects importants de la prévention de la fraude fiscale, avec des pistes de solutions intéressantes. Il faut, néanmoins, noter que plusieurs questions clés n'ont pas pu être abordées au cours du présent colloque. C'est le cas de la restructuration des systèmes fiscaux pour plus de justice fiscale, en vue de renforcer le consentement à l'impôt. C'est également le cas de l'épineuse question des facultés contributives, dans le contexte de l'imposition multiple des revenus ou encore de la nécessité de créer une citoyenneté fiscale pour renforcer l'assentiment à l'impôt… En clair, ce colloque a été l'occasion de poser les jalons de la co-construction d'un système de prévention efficiente de la fraude fiscale. Le débat n'est pas clos. La voie est ouverte à la poursuite des échanges sur le sujet.

Le rapporteur général
Professeur Pélagie THÉOUA-N'DRI

VARIA

GOUVERNANCE LOCALE AU TOGO : DÉMARCHE VERS UNE AUTONOMIE FISCALE ET FINANCIÈRE DES COLLECTIVITÉS LOCALES

SOGOYOU Bekeyi Essowèdéou

Chef division du Centre des Impôts des moyennes entreprises 1, Office Togolais des Recettes (OTR)

INTRODUCTION

En Afrique francophone, la première loi municipale fut la loi n° 55-1489 du 18 novembre 1955 relative à la réorganisation municipale en Afrique Occidentale Française, en Afrique Équatoriale Française, au Togo, au Cameroun et à Madagascar. Après les indépendances, la plupart des textes de lois sur la décentralisation adoptés en Afrique de l'Ouest francophone reconnaissent à la collectivité territoriale « *la personnalité morale et l'autonomie financière* »[927].

Dans plusieurs pays d'Afrique de l'Ouest, les gouvernements ont pris l'engagement politique de lancer ou d'approfondir le processus de décentralisation afin, notamment, d'accroître la démocratie locale, de rapprocher les services publics des populations et de promouvoir le développement local. La décentralisation est un processus complexe et de longue haleine qui va bien au-delà d'un réaménagement du territoire. L'État doit assurer un transfert effectif des compétences et des ressources financières et soutenir le renforcement des capacités locales de gouvernance et de gestion. La réussite de la décentralisation dépend d'une part de la volonté politique de redéfinir les relations entre l'État central et les collectivités territoriales, d'autre part de l'adhésion de la population.

Dans le contexte particulier du Togo, il faut relever qu'après une longue période de vide juridique institutionnel, la première loi sur la

[927] Cossoba NANAKO. *La libre administration des collectivités territoriales au Bénin et au Niger*. Droit. Université d'Abomey-Calavi (Bénin), 2016. Français. tel-01374605, p. 59.

décentralisation au Togo[928] date du 11 février 1998. Le Togo a connu ses premiers conseillers élus en 1987 avant de basculer sous le régime des délégations spéciales par décret[929] en date du 16 novembre 2001.

Pour amorcer une nouvelle réforme en matière de décentralisation, l'Assemblée nationale a adopté la loi n°2019-006 du 26 juin 2019 portant modification de la loi n°2017-011 du 13 mars 2017 relative à la décentralisation et aux libertés locales modifiée par la loi n°2018-003 du 31 janvier 2018 qui a consacré la création de cent dix-sept (117) communes et a permis l'élection des conseillers municipaux le 30 juin 2019.

Le législateur togolais, dans le cadre de la réforme de la décentralisation, n'a pas manqué de rappeler ce principe fondamental de l'autonomie d'administration des collectivités vis-à-vis du pouvoir central et surtout de l'autonomie financière. En effet, en son article 2, la loi susvisée dispose que le territoire national est « *divisé en collectivités locales dotées de la personnalité morale et de l'autonomie financière* ». Cette autonomie financière vise essentiellement à éviter la situation de dépendance financière des collectivités locales vis-à-vis du pouvoir central. Cela est davantage conforté par la loi qui précise que ces collectivités disposent de ressources propres et ont pour mission la conception, la programmation et l'exécution des actions de développement d'intérêt local de leur ressort territorial, en particulier dans les domaines économique, social et culturel[930].

Il importe de remarquer que l'autonomie financière des collectivités locales togolaises n'est pas sans difficulté face à l'insuffisance voire dans certains cas l'indisponibilité des ressources. Ces contraintes sont tributaires de la dépendance dans laquelle ont demeuré les délégations spéciales et les préfectures pendant une période relativement longue. Et face à l'urgence d'une prise en main rapide des rênes, se pose le problème de la capacité des instances décentralisées à mobiliser elles-mêmes leurs ressources financières ; mais avant tout il faudrait qu'elles soient en mesure de définir et d'élaborer elles-mêmes leurs politiques budgétaires en général et en particulier en matière fiscale, longtemps restées l'apanage du pouvoir central.

---

[928] Loi n° 98-006 11 février 1998 portant décentralisation.

[929] Décret n°2001-191 du 16 novembre 2001.

[930] Articles 6 et 7 de la loi N° 2019-006 du 26 juin 2019 portant modification de la loi N°2017-011 du 13 mars 2017 relative à la décentralisation et aux libertés locales modifiée par la loi N°2018-003 du 31 janvier 2018.

Par principe, l'État est seul titulaire du pouvoir fiscal, ce pouvoir est exercé en interne par une pluralité d'organes sur la base d'une habilitation juridique qui les autorise à agir dans un champ déterminé[931]. Mais même sans pouvoir fiscal propre, au sens du pouvoir fiscal de l'État souverain, une certaine autonomie fiscale doit être reconnue aux collectivités territoriales, laquelle peut varier dans son étendue entre collectivités territoriales ou catégories de collectivités territoriales[932].

Face à ces différentes considérations, cette étude appelle de notre part des questionnements, à savoir : quel rôle joue la fiscalité dans le processus d'une autonomisation financière des collectivités locales ? Quels autres moyens de financement sont envisageables par les collectivités pour assurer une autonomie financière effective ?

Ce projet d'étude comporte un double intérêt. D'une part, il présente un intérêt théorique non seulement au regard du constat d'une quasi-absence de littérature scientifique sur la question de la gouvernance fiscale locale au Togo, mais aussi en raison de l'objectif de contribuer à l'enrichissement de la littérature et de la doctrine fiscale grâce aux résultats de nos recherches. Cette étude apportera donc une plus-value pour l'élaboration des normes ainsi qu'à la proposition des stratégies potentielles.

Sur le plan pratique, cette étude apportera une édification sur les opportunités et instruments légaux de mobilisation des ressources financières au profit des collectivités locales, ainsi qu'à l'endroit de l'administration fiscale sur son rôle dans l'effectivité de l'autonomisation financière desdites collectivités.

Par ailleurs, l'objectif de la présente étude est d'étudier les sources traditionnelles de financement des collectivités locales tout en explorant de nouvelles perspectives de financement pouvant permettre de mobiliser les ressources nécessaires à l'exécution de projets de développement communautaires.

---

931 Il s'agit notamment de l'Assemblée nationale dans son rôle d'organe délibérant, le Gouvernement à travers le ministère des Finances dans son rôle de locomotive dans la définition de la politique fiscale ; l'administration fiscale dans son rôle d'agent de mise en œuvre de la politique fiscale via l'administration du système fiscal selon la chaîne d'imposition, de collecte et de contrôle.

932 Ludovic AYRAULT « L'autonomie fiscale des collectivités territoriales en question : réflexions sur sa remise en cause », https://www.cairn.info/revue-gestion-et-finances-publiques-2017-2-page-25.htm

La méthodologie de recherche sera essentiellement analytique qui s'appuie fondamentalement sur une analyse documentaire. Il est question aussi de faire une analyse systémique des mécanismes de financements des collectivités locales et les instruments d'autonomisation de ces collectivités dans une corrélation concrète avec : la structure fiscale (impôts fonciers et autres taxes locales, les systèmes d'allocation des ressources financières ; les principaux acteurs : administration fiscale, opérateurs économiques, autorités et collectivités locales commune et préfecture.

La contribution attendue à l'issue de l'étude réside dans son aspect synthétique et pratique. Il s'agit de proposer une grille d'analyse des principaux impôts locaux avec un focus particulier sur les dispositifs permettant une meilleure implication des collectivités locales dans la détermination d'une politique fiscale « *locale* ».

Il sera question d'identifier les instruments fiscaux prévus par la législation permettant aux collectivités locales de prétendre à une meilleure autonomie financière. Cette autonomie financière passe par l'analyse des différents instruments de responsabilisation des collectivités locales, par l'émergence d'une approche de plus en plus inclusive et participative dans la détermination de la politique fiscale en matière d'impôts locaux.

Il est question également d'aboutir à l'identification des meilleures pratiques permettant aux collectivités de s'impliquer davantage dans l'administration de la chose fiscale notamment en ce qui concerne les procédures de contrôle, de sensibilisation des administrés à plus de civisme fiscal et surtout la coopération active desdites collectivités en ce qui concerne l'identification et la localisation de la matière imposable (entreprises, lieu de résidence fiscale, et propriété foncière).

Ainsi au regard de tout ce qui précède, notre étude sera articulée sur un plan binaire qui nous amènera à démontrer que cette autonomie financière tant voulue passe par la responsabilisation fiscale des collectivités locales (I), couplée avec la nécessaire recherche d'une diversification des ressources autres que fiscales (II).

I- LA RESPONSABILISATION FISCALE DES COLLECTIVITÉS LOCALES

L'on dénote de la part des instances dirigeantes une volonté de promouvoir l'émergence d'une approche participative non seulement dans la détermination de la politique fiscale en matière de fiscalité locale (A) mais aussi dans l'administration de la fiscalité locale (B).

A- L'émergence d'une participation active des collectivités dans la détermination de la politique fiscale

L'autonomie financière des collectivités est assurée en partie par les recettes fiscales issues des impôts locaux. Les impôts locaux sont destinés à alimenter le budget des collectivités locales (les communes). Certaines sont affectées en totalité aux communes, d'autres le sont en partie, d'où la distinction qu'opère le code général des impôts entre les taxes affectées, composées de la Taxe Professionnelle Unique (TPU) selon le régime forfaitaire[933], de la Taxe d'Habitation (TH)[934].

Il existe une autre catégorie d'impôts dits « *partagés* » car leurs produits de recettes sont répartis entre le budget de l'État et le budget des collectivités locales. Il s'agit essentiellement de la Patente qui est une taxe annuelle qui frappe les activités lucratives non-salariées exercées au Togo à titre habituel par les personnes physiques ou morales[935]. Sont également imposables à la patente, les établissements publics à caractère industriel ou commercial et les sociétés d'État. Au titre toujours de la fiscalité partagée il y a la Taxe Foncière sur la Propriété Bâtie (TFPB) et la Taxe Foncière sur la Propriété Non Bâtie (TFPNB). Les produits de recettes de toutes ces taxes partagées sont reversés à hauteur de 50 % aux communes.

Les taux d'imposition et les règles d'assiettes de ces impôts et taxes sont strictement fixés par le code général des impôts. Leurs modifications n'interviennent que par la loi, sur proposition du Gouvernement (État central). Les collectivités locales n'ont *a priori* aucun pouvoir de délibération à cet effet.

---

933 La TPU est un impôt synthétique collecté auprès des artisans, des petits commerçants et prestataires de services, les transporteurs routiers (de personnes, de marchandises, de sables et autres gravats, les propriétaires de taxis-motos, de pirogue, de bétails, les ambulants quel que soit le moyen de déplacement utilisé, qui ont un chiffre d'affaires inférieur ou égal à trente millions (30 000 000) de francs CFA. Elle est affectée à hauteur de 90 % aux communes. (cf. Art. 128 et s. du CGI et Art. 56 et S. du LPF).

934 La TH comme son nom l'indique, est une taxe due par toute personne physique majeure et disposant de revenus, du moment où cette personne réside (jouissance d'une habitation) sur le territoire togolais. La TH est collectée et reversée à 100 % au profit des collectivités locales. (cf. Art. 288 et s. CGI, Art. 88 LPF).

935 Art. 250 et suiv. CGI et Art. 83 et suiv. LPF.

L'innovation avec le nouveau code général des impôts[936], c'est d'instituer un certain nombre de taxes dont le taux est laissé à la discrétion des communes. Ceci est une des conséquences de la nouvelle loi sur la décentralisation, mais il s'agit d'un acte salutaire qui marque ainsi une dynamique vers la responsabilisation et l'implication des conseils municipaux dans les décisions concernant un point non négligeable de la politique fiscale qu'est la détermination du niveau de taxation et ainsi du niveau de prélèvement des taxes (locales) fiscales. C'est le cas de la taxe de voirie, la taxe sur les spectacles et autres manifestations publiques, la taxe sur les appareils automatiques procurant un jeu, un spectacle ou un divertissement[937].

Bien que l'on puisse estimer que l'enjeu n'est pas de taille vu le caractère relativement mineur des taxes concernées, cela peut être considéré, comme une amorce vers le transfert de compétence effectif de l'État, qui pourra donner lieu ultérieurement à des concessions de responsabilités beaucoup plus importantes en termes de fixation des taux en ce qui concerne les impôts locaux de base que sont la taxe d'habitation, la taxe foncière ou même la patente.

Une chose est d'offrir aux collectivités locales le pouvoir de définir leur propre politique fiscale, mais une autre est de pouvoir ressentir de la part des autorités locales un réel engagement dans l'apport de leur soutien et implication pour faciliter la fiscalisation de leurs administrés (entreprises et particuliers).

B- La nécessité d'une participation active dans l'administration de la fiscalité locale

Le recouvrement des taxes et impôts au niveau local a généralement été faible en raison du manque de volonté des populations de payer leurs impôts ; la coercition est souvent le principal moyen utilisé pour les y contraindre. La création de collectivités territoriales sous la gestion d'un conseil élu permettait d'espérer que la mobilisation des ressources financières, humaines, etc., fût plus aisée, et que la décentralisation rapprochât le Gouvernement de la population et lui permît d'influencer le choix des priorités et la gestion locale.

Il faut rappeler que la participation et l'adhésion actives de la population aux affaires de la commune n'est possible que si elle se sent

---

[936] Loi n° 2018-024 du 20 novembre 2018 entrée en vigueur le 1er janvier 2019, loi n°2018-024 du 20 novembre 2018.
[937] Art. 298 et 299 CGI.

bien informée au sujet de la prise de décision sur les priorités, les revenus, les dépenses et la gestion du budget de la commune[938].

Cette réticence doit être surmontée par les premières autorités locales qui doivent jouer leur rôle pour le bon fonctionnement de leur commune. À cet effet la loi sur la décentralisation ne manque pas de rappeler que le maire doit coordonner les actions de développement ; qui passe forcément par la veille active à la collecte effective des impôts et taxes locales ainsi que des droits municipaux[939].

En premier lieu, les élus locaux doivent être aujourd'hui des acteurs à part entière dans la gestion de la gouvernance fiscale. Ils doivent pouvoir constituer un appui sûr pour le fisc dans sa mission d'identification des matières imposables, ainsi que du recouvrement des impôts liquidés. C'est en cela que réside l'importance pour les maires de maîtriser le fichier de la population active en âge de contribuer, le répertoire des entreprises exerçant sur le territoire de leurs communes, ainsi que la cartographie des propriétés immobilières situées dans leur ressort, avec si possible l'identité complète des propriétaires desdits immeubles.

Cela facilite aisément l'identification et la localisation des contributeurs potentiels et ainsi une communication beaucoup plus ciblée et tournée vers le civisme fiscal en tant que vecteur de développement de leur localité. L'illustration concrète est celle du recensement fiscal réalisé par l'administration fiscale avec la collaboration des autorités de la Ville de Lomé[940].

Ce recensement fiscal a permis de dénombrer 97907 unités économiques et 286 194 immeubles dans le Grand Lomé[941]. Les unités économiques se concentrent plus dans les territoires des divisions du Sud-Est (24,5 %), d'Agoè (19,6 %) et d'Adidogomé (19,6 %). Les

---

[938] Nassirou BAKO-ARIFARI, et al., *Financer la décentralisation rurale : Taxes et impôts à l'échelle locale au Bénin, Burkina Faso et Mali* 2004, P.6, 96 pages.

[939] Art.141, loi sur la décentralisation : « *Le maire est chargé de :*
1° établir le projet d'ordre du jour des séances du conseil municipal ;
2° présider les séances et exécuter les délibérations ;
3° coordonner les actions de développement ;
4° veiller à la rentrée des impôts, taxes et droits municipaux ;
5° déterminer, en accord avec le conseil municipal, le mode d'exécution des travaux communaux ».

[940] En effet, la phase de collecte de cette opération de recensement a duré cinq (05) mois (mai-novembre 2018). La collecte a été faite au moyen des tablettes permettant ainsi de géo-localiser systématiquement toutes les unités économiques et propriétés foncières.

[941] « Rapport du recensement fiscal dans le Grand Lomé », décembre 2018.

secteurs du Sud-Ouest, du Nord-Ouest et Nord-Est sont moins denses avec des pourcentages respectifs de 13,0 %, 11,6 % et 9,6 % des unités dénombrées. Le constat général est que les entreprises individuelles[942] constituent l'essentiel du tissu économique du Grand Lomé avec un poids de 90,9 %. La répartition par secteur d'activité révèle une prépondérance des entreprises du secteur tertiaire (96,1 %) essentiellement dans les branches « *commerce* » et « *services* ». Par contre les secteurs primaire et secondaire ne représentent que 0,1 % et 3,1 % de la population recensée. Par ailleurs, très peu d'entreprises recensées ont pu fournir leur numéro d'identification fiscale (20,7 %). Sur le critère de la tenue d'une comptabilité, il ressort que la majorité (52.5 %) des entreprises ont déclaré ne pas tenir de comptabilité. La plupart des entreprises ne connaissaient pas leur régime d'imposition (57,9 %). Une proportion de 30,7 % se retrouve au régime de la Taxe Professionnelle Unique pendant que l'on enregistre 5,9 % et 5,6 % des effectifs respectivement au Réel avec TVA et au Réel sans TVA.

En marge des unités économiques (entreprises) le recensement a permis de dénombrer 286194 immeubles[943] dont 71,1 % bâtis, 14,3 % non bâtis et le reste constitué d'immeubles en construction, de baraques, et autres[944].

Il faut souligner que l'identification des immeubles et de leurs propriétaires demeure un défi énorme. Seulement 7,1 % des immeubles recensés sont immatriculés, c'est-à-dire doté d'un titre foncier et seulement 0,3 % appartiennent à des personnes ayant un numéro d'identification. En effet, leur identification devrait en principe être facilitée par les élus locaux s'ils détenaient le répertoire des immeubles et leurs propriétaires.

L'identification précise des unités économiques, des opérateurs économiques et des immeubles, est la base pour permettre au fisc de

---

[942] On note également que la plupart des entreprises sont gérées par leurs propriétaires (88,0 % de gérants-propriétaires).

[943] Les immeubles répartis en fonction des territoires fiscaux : la division d'Agoè (30,70 %), suivie de la division d'Adidogomé (30,60 %) concentrent à elles seules plus de 60 % des immeubles recensés. Elles sont suivies du secteur de la division du Sud-Est qui compte 63 669 immeubles soit un taux de 22,2 %. Pour le reste des secteurs, on enregistre au Nord-Ouest, au Nord-Est et au Sud-Ouest respectivement 7,1 %; 6,5 % et 2,9 % des immeubles recensés.

[944] En ce qui concerne l'usage, les immeubles recensés dans le Grand Lomé sont principalement affectés à des fins d'habitation (68,6 %) puis à des fins professionnelles (29,6 %).

maîtriser le potentiel fiscal et ainsi d'élargir l'assiette de tous les impôts dont les impôts locaux pour le compte des collectivités locales.

En marge de ces aspects, il importe aussi, que dans la gestion des ressources fiscales mises à leur disposition, les maires fassent preuve d'une utilisation responsable et transparente des deniers publics. Dans tous ces domaines, la reddition de comptes doit s'exercer dans la logique de l'offre (une obligation des autorités communales) et de la demande (un devoir citoyen et un droit des populations qui aspirent à un mieux-être). Ni les biens matériels, ni les ressources financières ne doivent être détournés de leur objet initial en application des principes qui consacrent le caractère sacré et inviolable des biens communs. Le maire doit rendre compte de la gestion des affaires communales au conseil municipal ; et ils (les élus locaux de façon générale) ont le devoir de rendre compte périodiquement à leurs électeurs de la gestion administrative et financière de la collectivité territoriale[945]. Cela aura pour effet de conforter la confiance des administrés en leurs représentants locaux, et surtout de susciter plus d'engouement à contribuer davantage aux charges de fonctionnement et de développement de la collectivité.

La manne fiscale est importante mais à elle seule, elle ne peut suffire. Les collectivités se doivent d'explorer d'autres moyens de financement de leur projet de développement pour aspirer à une autonomie financière réelle.

II- LA NÉCESSITÉ DE DIVERSIFICATION DES SOURCES DE FINANCEMENT DES COLLECTIVITÉS LOCALES

La diversification des sources de financement des collectivités locales peut passer par l'institution des taxes communales (A) ; l'appui du secteur privé n'est pas à négliger aussi (B).

A- Le recours aux taxes communales

La mobilisation et la gestion transparente des ressources financières font partie des questions majeures auxquelles les collectivités territoriales sont actuellement confrontées. Ces collectivités locales bénéficient des produits de recettes des impôts et taxes collectées par l'administration fiscale pour leur compte. Bien entendu ces ressources n'étant pas suffisantes pour couvrir les charges de fonctionnement et d'investissement, il devient urgent que lesdites collectivités mettent en œuvre l'ensemble des taxes locales proprement dites.

[945] Art 18 loi sur la décentralisation de 2019.

En l'état actuel des choses c'est l'État (pouvoir central) qui met à la disposition des collectivités territoriales les ressources financières nécessaires à l'exercice de leurs compétences[946]. Cela ne doit pas pour autant avoir pour effet de maintenir les collectivités locales sous perfusion, mais celles-ci doivent pouvoir diversifier leurs ressources sans toutefois verser dans l'excès. Comme relevé dans les développements précédents, même si la création des impôts et taxes ne peut se faire que par le biais de la légifération, le législateur entend accompagner les collectivités en leur accordant une certaine marge de décision afin d'adapter la politique fiscale aux réalités spécifiques de chacune d'entre elles. C'est ainsi qu'à défaut de pouvoir créer les impôts et taxes[947] qui relèvent du domaine exclusif de la loi, les conseils locaux ont la possibilité de moduler les taux d'imposition toujours sous encadrement des fourchettes de taux ou de tarifs préalablement établis par la loi de finances[948].

Toutefois, il leur est laissé plein pouvoir de non seulement créer mais aussi d'administrer les taxes communales qui n'ont pas le caractère fiscal. Ainsi, dans la commune ou la région, où s'exercent des activités spécifiques susceptibles d'être imposées, le conseil local peut, par délibération, créer des taxes non fiscales y afférentes, sous réserve de l'approbation de l'autorité de tutelle et du ministre chargé des Finances.

La création de taxes communales peut avoir des appréciations et adhésions diversifiées selon que l'on se retrouve dans le cadre de communes fortement urbanisées ou plutôt que l'on soit en face de communes essentiellement rurales. Dans ce dernier cas de figure, la question de l'exploitation du potentiel des ressources naturelles revêt un intérêt certain.

En effet, en milieu rural, la capacité de payer les taxes et impôts de la population, qui tire la plupart de ses revenus de l'agriculture, de l'élevage, de la pêche, etc., repose sur les ressources naturelles. Celles-ci peuvent aussi alimenter directement les fonds communaux par le biais, par exemple, des bénéfices tirés des marchés ruraux de bois, de la taxe sur la production de coton, des taxes liées aux marchés locaux des produits agricoles, des taxes sur les domaines ou l'affectation de concessions d'exploitation des ressources naturelles. Il est aussi possible que la

---

[946] L'article 309 de la loi de 2019.

[947] Il s'agit ici des impôts et taxes dont les règles d'assiette, de taux et de recouvrement sont prévues dans le code général des impôts.

[948] Voir art.332, loi 2019 sur la décentralisation.

commune demande une contribution pour l'utilisation des points d'eau, des couloirs de passage ou des pâturages, surtout quand elle a investi dans leur aménagement et entretien. Le défi est de mobiliser équitablement les ressources au niveau local sans affaiblir l'économie locale et la durabilité, en particulier quand il s'agit des ressources naturelles[949].

B- Le recours possible au partenariat public-privé

Les collectivités locales ont la possibilité de recourir au partenariat public-privé, afin d'assurer la réalisation de certains de leurs projets de développement sans avoir besoin au préalable d'attendre une dotation budgétaire ou la mobilisation de recettes issues des impôts locaux ou taxes communales. L'expression de « *partenariat public-privé* » est assez récente : d'origine anglo-saxonne, elle a été introduite dans le vocabulaire juridique français à la fin des années 1990. Le partenariat public-privé consiste à associer le secteur privé à une opération publique. Il s'agit pour une personne publique de solliciter l'assistance d'un co-contractant privé, pour la réalisation d'équipements publics ou la fourniture de services publics. La collectivité publique pourrait réaliser elle-même ces équipements ou fournir elle-même ces services, mais elle choisit d'en confier la réalisation ou la gestion à un partenaire privé. L'avantage principal du partenariat est qu'il permet de bénéficier des atouts du secteur privé, tout en conservant une maîtrise sur la réalisation de l'opération. Parmi les atouts du secteur privé recherchés par les personnes publiques, figurent en bonne place le financement et l'expertise technique. Dans un contexte de ressources publiques contraintes, le partenariat public-privé a connu un essor important[950].

Les communes gagneraient à inciter les entreprises locales à mettre en place des infrastructures commerciales, éducatives, sportives et ludiques, qui impliqueront *de facto* une viabilisation des zones d'installation par le branchement au réseau électrique, les adductions d'eau. Il en est de même avec des accords de partenariat avec les organismes non gouvernementaux pour faciliter la réalisation des œuvres sociales et projets socio-éducatifs ou sanitaires sur leur territoire.

---

[949] N. BAKO-ARIFARI, et al., *Financer la décentralisation rurale : Taxes et impôts à l'échelle locale au Bénin, Burkina Faso et Mali*, 2004, P10, 96 pages. Pour l'exemple d'autres revenus, sont issus : - de la vente de sable pour le secteur du bâtiment ; - de la taxation sur la chasse (paiement par fusil) ; - des cotisations villageoises ; - des contributions des cadres ; - des taxes prélevées sur le passage des voitures d'occasion- de la taxation des contrebandiers traversant les forêts classées afin d'éviter les postes de douane sur les grandes routes.

[950] https://www.lagazettedescommunes.com/87727/les-partenariats-public-prive/

CONCLUSION

La vraie gouvernance locale se caractérise par la libre administration des collectivités distinctes de l'État, gérées par des conseils élus et dotées de la personnalité morale et de l'autonomie financière[951].

Pour assurer le fonctionnement de la collectivité et exécuter le plan de développement communal, les communes doivent mobiliser des ressources financières locales. Le volume à mobiliser est fonction des ambitions de développement de la commune, des procédures de contrepartie concernant les investissements, des subventions disponibles, et de la capacité et de la volonté des populations communales de participer par le paiement des taxes et impôts ou de contributions occasionnelles. En plus, quelques communes peuvent avoir accès à des ressources additionnelles par le biais des projets locaux des organisations non gouvernementales ou d'autres bailleurs de fonds, de leurs ressortissants résidant en ville ou à l'extérieur du pays. Sur l'initiative des autorités et avec le consentement des populations communales, des ressources additionnelles peuvent être décidées pour soutenir, dans le respect de la loi, les plans de développement communal.

L'autonomie financière des collectivités passe certainement par un élargissement de l'assiette des impôts locaux, mais cela ne suffit pas car les besoins sont de plus en plus croissants et les populations de plus en plus exigeantes quant à la gestion transparente des ressources financières et naturelles. D'autres voies sont envisageables : l'institution de taxes communales dans des proportions raisonnables et supportables de sorte à éviter des prélèvements aux effets confiscatoires de revenus, et aussi surtout le recours au partenariat avec des entreprises du secteur privé pour assurer la mise en place d'infrastructures pouvant offrir des biens et services aux populations.

---

[951] Art 47 de la loi de 2019 sur la décentralisation.

UEMOA

U E M O A

Colloque scientifique international
sur « la prévention de la fraude fiscale »
Cotonou, 12-13 octobre 2023

LE REGLEMENT N°08/2008/CMUEMOA PORTANT ADOPTION DES REGLES VISANT A ELIMINER LA DOUBLE IMPOSITION ET L'ASSISTANCE ADMINISTRATIVE ENTRE LES ETATS MEMBRES DE L'UEMOA: UN MOYEN DE PREVENTION ET DE LA LUTTE CONTRE LA FRAUDE FISCALE

Présenté par Habasso TRAORE
Directeur des Finances publiques et
de la fiscalité intérieure
Commission de l'UEMOA

UEMOA

PLAN

1 Problématique de l'élimination de la double imposition du revenu au sein de l'UEMOA

2 Originalité du Règlement n°08/2008/CM/UEMOA

3 Prévention et lutte contre la fraude fiscale

4 Perspectives

1-Problématique de l'élimination de la double imposition du revenu au sein de l'UEMOA

➔ **Exigences du Marché commun:**

- ❑ libre circulation des personnes, des biens, des services, des capitaux
- ❑ mobilité des capitaux (investissements)
- ❑ d'où la nécessité d'harmoniser certains aspects de la fiscalité intérieure des Etats membres

➔ **Art 4 Traité UEMOA:** mandat pour harmoniser la fiscalité intérieure

1-Problématique de l'élimination de la double imposition du revenu au sein de l'UEMOA

➔ **1998: Début de l'harmonisation de la fiscalité dans l'UEMOA avec pour o bjectifs :**

- ❑ approfondir le marché commun: libre circulation des personnes, des biens, des services, des capitaux, faciliter le droit d'établissement
- ❑ assurer la cohérence des systèmes de taxation des Etats de l'Union
- ❑ promouvoir l'égalité de traitement des opérateurs économiques au sein de l'Union
- ❑ améliorer le rendement des impôts.

1-Problématique de l'élimination de la double imposition du revenu au sein de l'UEMOA

➔ **Sur le plan de la fiscalité intérieure: adoption par l'UEMOA de 3 programmes:**

- ❑ Programme d'harmonisation de la fiscalité indirecte (1998)
- ❑ Programme d'harmonisation de la fiscalité directe (2006)
- ❑ Programme de transition fiscale (2006)

➔ **En matiere de fiscalité international, adoption d'un dispositif communautaire pour éliminer la double imposition du revenu**:

- ❑ Règlement n°08/2008/CM/UEMOA portant adoption des règles visant à éviter la double imposition au sein de l'UEMOA et des règles d'assistance en matière fiscale (2008)
- ❑ Règlement d'exécution portant définition des modalités d'aplication du Réglement n°08/2008 (2010)

2 Originalité du Règlement n °08/2008/CM/UEMOA

➔ **Le Règlementse distingue:**

❑ **En la forme:**

- ➢ **Procédé original :** acte communautaire (Règlement prévu par le Traité de l'UEMOA) ayant vocation à s'appliquer directement sur les territoires des Etats de l'Union
- ➢ **Le Règlement s'applique directement** dans les 8 Etats sans avoir besoin d'une ratification (comme dans les conventions fiscales)

❑ **Au fond:**

- ❖ il s'agit d'une convention multilatérale élaborée par tous les Etats de l'UEMOA
- ❖ objet du règlement:
  - ➢ éviter la double imposition juridique entre les Etats membres
  - ➢ établir une assistance en matière fiscale pour lutter contre l'évasion et la fraude fiscale
  - ➢ lutter contre la discrimination fiscale dans l'Union
- ❖ les dispositions du règlement sont conformes à celles du modèle de convention de l'OCDE avec des emprunts au modèle de convention ONU

2 Originalité du Règlement n °08/2008/CM/UEMOA

- En adoptant le Règlement n°08-2008, l'UEMOA a fait preuve d'originalité en édictant un dispositif fiscal communautaire ayant vocation à s'appliquer directement sur plusieurs territoires étatiques distincts.
- Le Règlement a les attributs d'une convention multilatérale entre les Etats de l'Union avec l'avantage de l'entrée en vigueur par le biais d'un acte communautaire.
- Il remplace l'acte n°24/84/CE du 29 octobre 1984 portant adoption de la Convention fiscale entre les Etats membres de la CEAO
- Les conventions fiscales bilatérales signées par les Etats avec des pays tiers continuent à produire leurs effets.

2 Originalité du Règlement n °08/2008/CM/UEMOA

- **Interprétation du Règlement :** la Commission suit l'application des règles communautaires et donne son avis à l'occasion des requêtes et demandes d'avis des contribuables
- **Contentieux:** la Cour de justice de l'Union est compétente pour connaitre des différends nés de l'interprétation et de l'application du texte communautaire

  ➔ *les juridictions nationales étant compétentes en application des lois fiscales nationales*

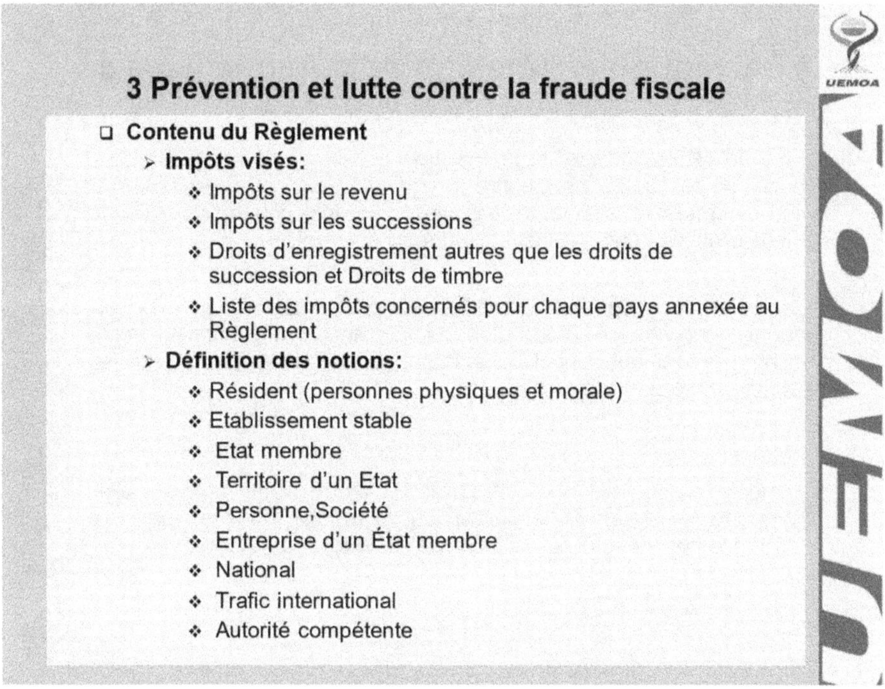
3 Prévention et lutte contre la fraude fiscale
Contenu du Règlement
Impôts visés:
Impôts sur le revenu
Impôts sur les successions
Droits d'enregistrement autres que les droits de succession et Droits de timbre
Liste des impôts concernés pour chaque pays annexée au Règlement
Définition des notions:
Résident (personnes physiques et morale)
Etablissement stable
Etat membre
Territoire d'un Etat
Personne,Société
Entreprise d'un État membre
National
Trafic international
Autorité compétente
UEMOA

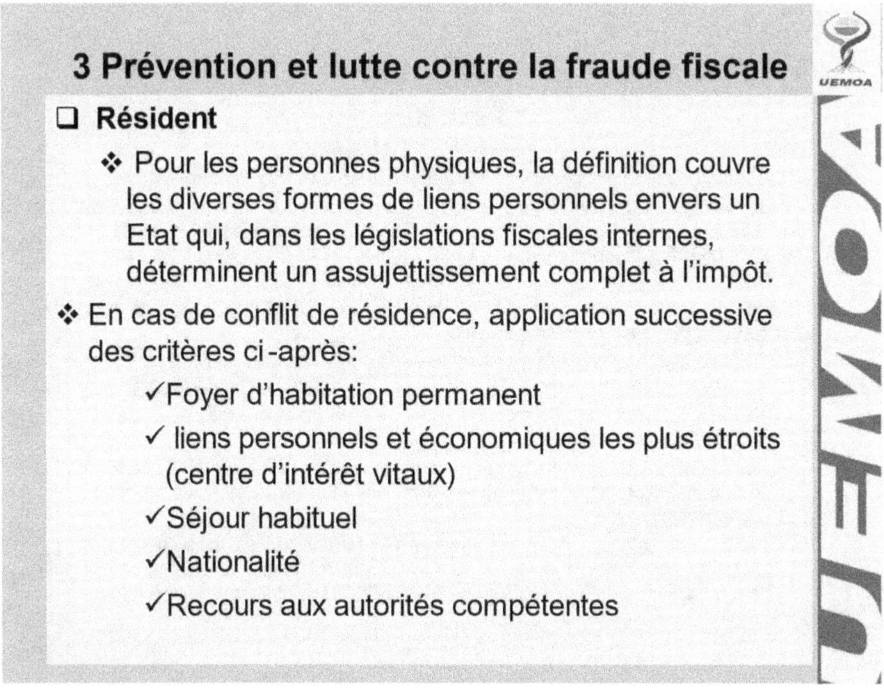
3 Prévention et lutte contre la fraude fiscale
Résident
Pour les personnes physiques, la définition couvre les diverses formes de liens personnels envers un Etat qui, dans les législations fiscales internes, déterminent un assujettissement complet à l'impôt.
En cas de conflit de résidence, application successive des critères ci-après:
✓Foyer d'habitation permanent
✓ liens personnels et économiques les plus étroits (centre d'intérêt vitaux)
✓Séjour habituel
✓Nationalité
✓Recours aux autorités compétentes
UEMOA

3 Prévention et lutte contre la fraude fiscale

- Personnes morales

Pour les sociétés et tous autres groupements de personnes, le conflit de résidence peut naître lorsqu'un Etat membre se base sur le lieu d'enregistrement pour revendiquer le droit d'imposer et l'autre sur le lieu ou se trouve le siège de direction effective.

Le siège de direction effective est le lieu où sont prises, quant au fond, les décisions clés sur le plan de la gestion et sur le plan commercial qui sont nécessaires pour la conduite des activités de l'entité dans son ensemble.

- Impôts visés

Impôts perçus au nom de l'Etat ou d'une autre autorité. Peu importe le système de perception : impôts prélevés par voie d'imposition directe ou par voie de retenue à la source.

3 Prévention et lutte contre la fraude fiscale

- Répartition du droit d'imposer entre Etat de la source et Etat de la résidence
- Revenus immobiliers (art 7):Etat de la source, c'està-dire à l'Etat dans lequel est situé le bien immobilier qui produit ce revenu. Sont concernés également les revenus de biens immobiliers des entreprises industrielles, commerciales ou autres
- Bénéfices des entreprises (art 8): Etat de résidence mais Etat de la source pour les revenus des établissements stables
- Difficultés pratiques liées à l'imposition de l'ES:
  - les bénéfices doivent être calculés comme si l'établissement stable était une entité distincte de l'entreprise dont il fait partie (méthode de la comptabilisation distincte)
  - les bénéfices doivent être calculés comme si l'établissement stable effectuait des transactions en toute indépendance avec son siège (principe de pleine concurrence)
  - la répartition des dépenses administratives, financières et autres entre l'établissement stable et le siège (plusieurs méthodes existent dont les formules de repartition des charges au prorate des ventes, des salaires etc.)

3 Prévention et lutte contre la fraude fiscale

- Bénéfices des entreprises de navigation aérienne et maritime (art 9): Etat membre où le siège de direction effective de l'entreprise d'exploitation, en trafic international, de navires ou d'aéronefs est situé
- Dividendes, intérêts redevances (art 11,12 et 13): principe du partage d'imposition des dividendes entre l'Etat membre dont le bénéficiaire est un résident et l'Etat membre dont la société qui paie est résident.
- ❖ taux d'imposition par l'Etat source limité à 10% pour les dividendes et 15% pour les intérêts et les redevances .
- ❖ Toutefois, cette limitation est subordonnée à la condition que la personne qui reçoit les dividendes en soit le bénéficiaire effectif.
- ❖ dividendes d'une participation se rattachant effectivement à un établissement ou à une base fixe du bénéficiaire situés dans le pays de la source: sont imposables au titre des bénéfices et non au titre des dividendes (art 11-4)

3 Prévention et lutte contre la fraude fiscale

- Gains en capital (art 14): Etat de situation des biens pour les gains en capital provenant de l'aliénation de biens immobiliers à l'Etat où sont situés ces biens. S'applique aussi aux biens immobiliers qui font partie de l'actif d'une entreprise.
- Revenus des professions indépendantes (libérales) (art 15): l'Etat de source lorsque les revenus sont imputables:
  - à une base fixe du contribuable
  - ou si le séjour de celui-ci dans ce pays s'étend sur une période ou des périodes d'une durée totale supérieure à 183 jours
- Autres types de revenus (art 16 à 21): revenus des professions dépendantes, des membres des conseils d'administration, des artistes et sportifs , des étudiants et stagiaires, pensions: dispositions spécifiques
- Autres revenus (art 22): revenus relevant d'une catégorie non expressément traitée et revenus provenant de sources non expressément mentionnées et revenus provenant d'Etats tiers: droit d'imposer attribué exclusivement à l'Etat de la résidence. Exception: revenus liés aux activités d'un ES situé dans un Etat membre

3 Prévention et lutte contre la fraude fiscale

- **Méthodes pour éliminer la double imposition (art)**
  - méthode de l'imputation limitée (dividendes, intérêts et redevances): imputation (dans l'Etat de résidence) de l'impôt de l'Etat de la source limitée au montant de l'impôt obtenu en appliquant sur le revenu imposable le taux de l'impôt en vigueur dans l'Etat de résidence
  - méthode de l'exonération avec taux effectif (pour les autres revenus): exonération (dans l'Etat de résidence) du revenu déjà imposé dans l'Etat de la source. Mais le taux de l'impôt à appliquer aux revenus est déterminé en prenant en compte l'ensemble des revenus sans distinction de leurs sources

3 Prévention et lutte contre la fraude fiscale

- **Dispositions pertinentes du Règlement:**
- **Le principe de la force attractive de l'établissement stable (art 7** - b et c) : si une entreprise a un établissement stable dans l'autre Etat membre aux fins d'y vendre des marchandises, les ventes de même nature ou nature analogue sont imposables dans ledit Etat même si elles ne sont pas effectuées par l'intermédiaire de l'établissement stable. Il en est de même lorsque l'établissement stable est utilisé pour d'autres activités commerciales et que des activités de même nature ou de nature analogue sont exercées sans aucune liaison avec l'établissement stable.

3 Prévention et lutte contre la fraude fiscale

- **Lutte contre les prix de transfert (art 10): droit pour** les Etats membres, pour calculer l'impôt dû par des entreprises associées, **rectifier la comptabilité des entreprises, si par suite des relations spéciales existant entre ces dernières**, leurs livres ne font pas apparaître les bénéfices réels imposables qu'elles réalisent dans cet Etat.

  L'application de ce principe présuppose que les Etats aient dans leur législation interne un dispositif de lutte contre les prix de transfert.

Des dispositions spécifiques sont prévues pour effectuer des ajustements corrélatifs suite à l'application de cette règle anti-prix de transfert pour éliminer la double imposition.

Exception : pas d'ajustement en cas de condamnation judicaire pour fraude.

- **Notion de bénéficiaire effectif (art 11, 12 et 13): pas de** limitation du taux d'imposition de l'Etat de la source pour les dividendes, intérêts et redevances si la condition du bénéficiaire effectif n'est pas respectée.

3 Prévention et lutte contre la fraude fiscale

- **Assistance administrative au profit des Etats:**
  - organisation de l'échange de renseignements entre les Etats membres: pour l'établissement, la perception, le contrôle et le recouvrement des impôts de toute nature. 3 formes:
  - échange automatique: l'Etat communique aux autres Etats des informations dont il dispose sans demande préalable. Est fait dans les cas prévus par le texte communautaire
  - échange d'office: se fait pour des catégories d'informations données: liste des bénéficiaires d'intérêt, de dividendes et de redevances,etc. Liste des entreprises exploitant des ES dans d'autres Etats

3 Prévention et lutte contre la fraude fiscale

- échange sur demande: laissée à l'initiative de l'Etat demandeur

- Vérification fiscale conjointe: le règlement offre la possibilité aux Etats de diligenter :
  - des vérifications conjointes ou à l'étranger sur des contribuables ayant des liens dans les Etats concernés
  - des vérifications simultanées sur leurs territoires respectifs sur des entreprises apparentées
- assistance en matière de recouvrement d'impôts (art 34):
  - organisée en vue de recouvrer les créances de toute nature devenues définitives et non prescrites, même pour les impôts non prévus par le règlement.
  - possibilité de prendre des mesures conservatoires pour garantir le recouvrement des créances susceptibles de recours

4 Perspectives

- **Rôle de la Commission:**
  - veiller à une bonne application des règles visant relative à la non double imposition à travers le traitement des réclamations des contribuables;
  - mise à jour des dispositions du Règlement (relecture) pour le mettre en conformité avec les standards internationaux
  - Prise en compte des travaux menés dans le cadre du BEPS dont notamment:
  - un dispositif contre le chanladage des conventions fiscales et l'utilisation abusive du traité
  - l'amélioration de la définition du bénéficaire effectif
  - l'amélioration des modalités d'imposition des revenus d'emploi

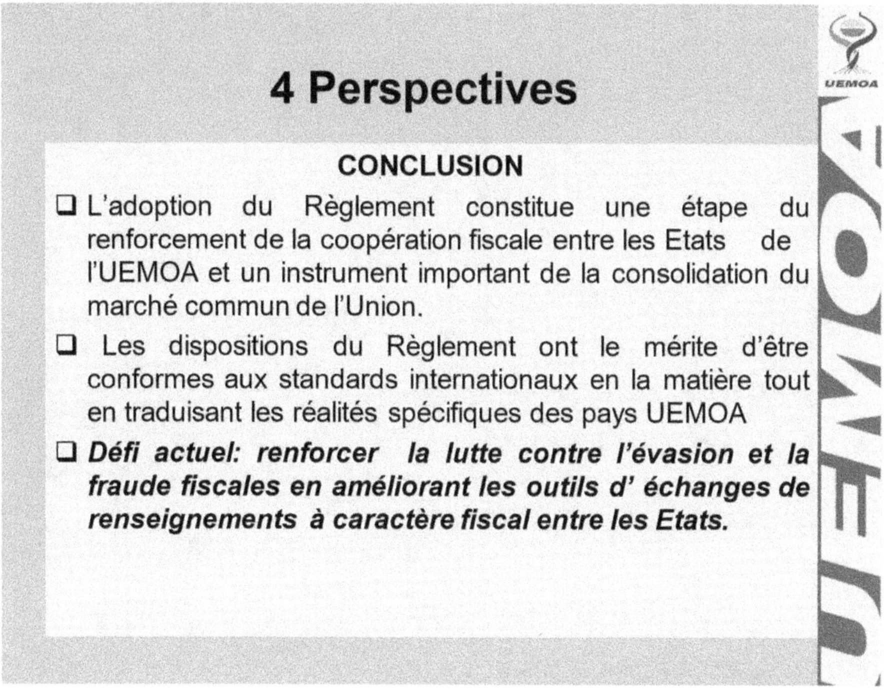
UEMOA
4 Perspectives
CONCLUSION
L'adoption du Règlement constitue une étape du renforcement de la coopération fiscale entre les Etats de l'UEMOA et un instrument important de la consolidation du marché commun de l'Union.
Les dispositions du Règlement ont le mérite d'être conformes aux standards internationaux en la matière tout en traduisant les réalités spécifiques des pays UEMOA
Défi actuel: renforcer la lutte contre l'évasion et la fraude fiscales en améliorant les outils d' échanges de renseignements à caractère fiscal entre les Etats.
UEMOA

UEMOA
Merci pour votre aimable attention
UEMOA
UEMOA

Structures éditoriales du groupe L'Harmattan

L'Harmattan Italie
Via degli Artisti, 15
10124 Torino
harmattan.italia@gmail.com

L'Harmattan Hongrie
Kossuth l. u. 14-16.
1053 Budapest
harmattan@harmattan.hu

L'Harmattan Sénégal
10 VDN en face Mermoz
BP 45034 Dakar-Fann
senharmattan@gmail.com

L'Harmattan Cameroun
TSINGA/FECAFOOT
BP 11486 Yaoundé
inkoukam@gmail.com

L'Harmattan Burkina Faso
Achille Somé – tengnule@hotmail.fr

L'Harmattan Guinée
Almamya, rue KA 028 OKB Agency
BP 3470 Conakry
harmattanguinee@yahoo.fr

L'Harmattan RDC
185, avenue Nyangwe
Commune de Lingwala – Kinshasa
matangilamusadila@yahoo.fr

L'Harmattan Congo
219, avenue Nelson Mandela
BP 2874 Brazzaville
harmattan.congo@yahoo.fr

L'Harmattan Mali
ACI 2000 - Immeuble Mgr Jean Marie Cisse
Bureau 10
BP 145 Bamako-Mali
mali@harmattan.fr

L'Harmattan Togo
Djidjole – Lomé
Maison Amela
face EPP BATOME
ddamela@aol.com

L'Harmattan Côte d'Ivoire
Résidence Karl – Cité des Arts
Abidjan-Cocody
03 BP 1588 Abidjan
espace_harmattan.ci@hotmail.fr

Nos librairies en France

Librairie internationale
16, rue des Écoles
75005 Paris
librairie.internationale@harmattan.fr
01 40 46 79 11
www.librairieharmattan.com

Librairie des savoirs
21, rue des Écoles
75005 Paris
librairie.sh@harmattan.fr
01 46 34 13 71
www.librairieharmattansh.com

Librairie Le Lucernaire
53, rue Notre-Dame-des-Champs
75006 Paris
librairie@lucernaire.fr
01 42 22 67 13

www.ingramcontent.com/pod-product-compliance
Lightning Source LLC
LaVergne TN
LVHW011225061026
849535LV00001BA/186
9782336466606